Histoires magiques
de l'Histoire de France

**

Guy Breton
Louis Pauwels

Histoires magiques de l'Histoire de France

**

Des fantômes parmi nous
Faits insolites et inexplicables
Les grands illuminés
Des êtres venus d'ailleurs
Les grands mystères
Présences dans l'invisible
Etranges faits divers

ÉDITIONS FRANCE LOISIRS

Édition du Club France Loisirs
avec l'autorisation de Omnibus

France Loisirs
123, boulevard de Grenelle, Paris
www.franceloisirs.com

ISBN : 2-7441-3801-0

Sommaire

DES FANTÔMES PARMI NOUS

FAITS INSOLITES ET INEXPLICABLES

LES GRANDS ILLUMINÉS

DES ÊTRES VENUS D'AILLEURS

LES GRANDS MYSTÈRES

PRÉSENCES DANS L'INVISIBLE

ÉTRANGES FAITS DIVERS

DES FANTÔMES PARMI NOUS

Qui nous donnera la vraie clairvoyance, ce sens merveilleux qui nous permettrait de voir la foule des êtres morts dont nous sommes entourés, qui se pressent autour de nous, s'efforcent par quelques signes d'attirer notre attention, et désirent peut-être que nous leur venions en aide ?

Maurice MAETERLINCK

Guy Breton
Frédéric II et le fantôme de la bonne du curé

Louis Pauwels
La nonne et le fantôme de Toulouse-Lautrec

Guy Breton
Les fantômes et le Tout-Paris

Guy Breton
Roland de Jouvenel

Guy Breton
Charles Dickens dicte de l'au-delà

Guy Breton
Des musiques venues du ciel

Guy Breton
Un chevalier venu du passé

Louis Pauwels
Le Grand Condé et son fantôme

Guy Breton
Quand les soldats tués à la guerre portent témoignage sur l'au-delà

Louis Pauwels
Le combat des ombres

Louis Pauwels
Un chien cabalistique

Guy Breton
L'existence du fantôme d'Anne Boleyn a été reconnue par la cour martiale d'Angleterre

Avertissement

Les phénomènes de hantise et la pratique de l'évocation des morts sont aussi vieux que l'humanité. La Bible, dans le Premier Livre de Samuel, *en donne un exemple et Homère nous montre Ulysse faisant du spiritisme trois mille ans avant que le mot ne soit inventé. Auparavant, Egyptiens, Chaldéens, Sumériens interrogeaient les spectres. Aussi peut-on dire que, dès que l'homme eut inventé l'écriture, il nota des apparitions de défunts et des contacts avec un au-delà. Les fantômes sont donc de tous les temps et de tous les pays. C'est pourquoi nous n'avons pas adopté, dans ce volume, la présentation des autres tomes de notre collection. Les histoires s'y trouvent mêlées sans qu'on ait tenu compte du lieu où elles se sont déroulées.*

Frédéric II et le fantôme de la bonne du curé

Il y avait en 1762, dans un petit village de Prusse nommé Quarrey, un brave curé, l'abbé Hartmann, dont la vieille bonne Angelica était une véritable perle. Levée à l'aube, couchée la dernière, elle faisait une cuisine délicieuse, cirait une fois par semaine les parquets du presbytère, savait, comme pas une, laver et repasser soutanes, surplis et nappes d'autel, brodait d'admirables étoles, réussissait à merveille les tartes et les confitures et trouvait encore le temps de faire, à la veillée, une partie de dominos avec son maître — ce maître auquel elle vouait un véritable culte et qu'elle soignait comme un enfant.

Son rôle ne se bornait pas, d'ailleurs, à tenir la maison et à fleurir l'autel. Elle bêchait aussi le jardin, sonnait les cloches à l'angélus et savait protéger farouchement l'abbé Hartmann contre les importuns. Il ne fallait pas venir frapper à la porte du presbytère à l'heure où le brave curé, l'estomac rempli de saucisses aux choux arrosées d'un verre de schnaps, faisait sa sieste. Angelica, cessant pour un moment d'être la douce et humble personne qui glissait sans bruit dans les couloirs du presbytère, devenait un véritable chien de garde.

— M. le curé est occupé ! glapissait-elle. Revenez plus tard !

Plusieurs paroissiens, qui s'étaient permis d'insister, avaient dû fuir sous la menace d'un gourdin qu'Angelica, dans son désir de protéger le sommeil de son saint homme, n'hésitait pas à brandir avec fureur. On racontait même qu'un jour elle avait botté le derrière d'une bigote, véritable punaise de sacristie, qui venait pour la dixième fois demander au curé de lui bénir un moule à gaufres reproduisant le portrait de saint Irénée...

Bref, Angelica n'était pas seulement une maîtresse de maison accomplie. C'était aussi une maîtresse femme...

— Quand je ne serai plus là, disait-elle souvent, je me demande ce que vous deviendrez, monsieur le curé !

Le brave abbé Hartmann la rassurait :

— Angelica, vous nous enterrerez tous !... Et vous ferez encore des confitures de mirabelles alors que nos os, depuis longtemps, ne seront plus que poussière...

Mais le saint homme propose et Dieu dispose.

Un jour de novembre 1762, la bonne et vigilante Angelica rentra du lavoir en claquant des dents, se coucha avec de la fièvre non sans avoir préparé pour son maître une succulente perdrix aux marrons, et, sans une plainte, trépassa de ce monde dans l'autre...

Naturellement, la peine de l'abbé Hartmann fut immense. Et c'est la mort dans l'âme qu'après avoir enterré la malheureuse Angelica le curé engagea une nouvelle servante.

Celle-ci se nommait Frida. Elle avait tout juste quarante ans, l'âge canonique imposé alors aux bonnes des ecclésiastiques, et paraissait pleine de bonne volonté.

Elle vint s'installer le 12 novembre au presbytère. C'est le lendemain qu'eurent lieu les premiers faits bizarres.

Ce jour-là, Frida se lève à l'aube. Elle descend à la cuisine et ce qu'elle voit la fige sur le seuil : la cuisinière est allumée, une soupe à la citrouille — le régal de l'abbé Hartmann — est en train de mijoter doucement ; le carrelage a été lavé ; sur la table, des légumes sont épluchés.

Stupéfaite, elle entre dans la salle à manger pour préparer le feu. Inutile : les flammes dansent dans la cheminée, la pièce est déjà tiède. Qu'est-ce que cela signifie ?

Soudain, Frida devient rouge de confusion. Serait-ce M. le curé qui, levé avant elle, aurait tout préparé pour lui faire honte ?

Elle entend justement son pas dans l'escalier. Elle se précipite :

— Excusez-moi, monsieur le curé...

— Pourquoi donc ?

— C'est vous, n'est-ce pas, qui avez tout préparé ?

— Préparé quoi ?

— Mais... le feu, la soupe et les légumes que j'ai trouvés en me levant... Sans parler du carrelage que vous avez lavé...

— Moi ?! D'abord, ma bonne Frida, je ne sais rien faire de tout cela ; et puis, je viens tout juste de me lever... Allons, allons, vous n'étiez pas bien réveillée...

Et l'abbé s'en va dire sa messe. Quand il revient, il se met à table.

— Oh ! de la soupe à la citrouille ! Comment avez-vous deviné que c'était mon plat préféré ?

Frida baisse la tête :

— Je n'ai rien deviné, monsieur le curé, puisque je vous ai dit qu'elle cuisait quand je suis descendue...

Le curé fronce les sourcils. Il se demande si sa nouvelle servante a bien toute sa raison.

A ce moment, un bruit vient de la cour : quelqu'un est en train de tourner la manivelle du puits. Frida et le curé se précipitent et trouvent sur la margelle un seau rempli d'eau. La chaîne bouge encore.

— Voyez, dit Frida, ça continue...

Cette fois, l'abbé Hartmann est perplexe. Et il l'est bien davantage lorsqu'il apprend, une demi-heure plus tard, que son lit a été refait par des mains mystérieuses et qu'une pintade a été retrouvée sur la table de la cuisine, tuée, plumée, vidée, prête à être embrochée...

Alors, Frida prend peur :

— Je ne vais pas rester ici, monsieur le curé... Il y a un fantôme...

— Mais non, mais non, dit l'abbé Hartmann... Les fantômes n'existent pas...

Mais, dans son for intérieur, il commence à se demander si Angelica n'est pas pour quelque chose dans ces phénomènes étranges.

Au cours de la matinée, Frida, de plus en plus épouvantée, trouve la maison balayée, époussetée, le bois coupé en bûches, le vin tiré.

Finalement, elle monte se réfugier dans sa chambre. Quand elle en redescend pour préparer le repas, elle découvre le couvert mis, la pintade cuite à point, la salade préparée, du pain frais et une tarte aux poires toute chaude. Alors, elle remonte dans sa chambre, prend ses affaires, et va trouver l'abbé Hartmann :

— Je m'en vais, monsieur le curé, dit-elle en pleurant. Je n'ai plus rien à faire ici. Quelqu'un fait tout à ma place. Ce n'est plus tenable !... Excusez-moi, mais j'ai trop peur...

Et, s'étant signée, elle quitte le presbytère en courant.

A partir de ce moment, l'abbé Hartmann va vivre des jours extraordinaires. « Quelqu'un » d'invisible fait sa vaisselle, prépare ses repas, lave et repasse son linge, bêche son jardin et sonne l'angélus.

Rapidement, toute la ville, mise au courant par Frida, ne parle que des prodiges qui se déroulent au presbytère. On vient en foule voir la manivelle du puits tourner toute seule, les assiettes traverser l'espace et se poser sur la table, le couteau éplucher les légumes et le fer à repasser se promener sur les chemises et les surplis.

Bientôt, ces manifestations étranges sont connues dans la province entière et, un jour, le roi de Prusse Frédéric II lui-même en est informé. Il ordonne sur-le-champ à un capitaine et un lieutenant de sa garde d'aller voir ce qui se passe.

Les deux officiers arrivent le lendemain à Quarrey et se précipitent au presbytère.

— Il paraît qu'il y a un fantôme ici ? dit le capitaine en riant.

Mais il s'arrête car là, devant lui, dans le jardin, une brouette roule toute seule.

— Mais c'est le diable ! dit-il.

Aussitôt, il reçoit, en même temps, un formidable coup de pied au derrière et une magistrale paire de gifles.

Et dès lors personne, dans le petit village prussien, ne douta plus qu'il s'agissait là du fantôme de la brave et énergique Angelica...

RÉPONSES À L'INCRÉDULE

— *Cette histoire ressemble à un conte...*

— Pourtant, elle est vraie ! Un médecin anglais, à la fin du siècle dernier, s'est penché sur ce cas et a publié des documents datant du XVIIIe siècle prouvant que le village de Quarrey tout entier a assisté aux manifestations bizarres qui se déroulaient dans le presbytère.

— *Comment tout cela s'est-il terminé ? Un jour, le fantôme d'Angelica a rendu son tablier ?...*

— Non... Les prodiges dont j'ai parlé ont continué à se produire pendant quelques mois. Et Frédéric le Grand, le roi philosophe, l'ami de Voltaire, a pris à ce point les choses au sérieux qu'il a ordonné que le presbytère soit rasé et le mobilier du curé brûlé. Les maçons sont venus, ont tout démoli, puis tout incendié, au grand désespoir du pauvre curé qui se voyait déjà jeté à la rue. Mais Frédéric le Grand avait également donné l'ordre de construire un nouveau presbytère dans une autre rue du village. L'abbé Hartmann s'y installa...

— *Dans cette maison, y eut-il des manifestations ?*

— Aucune ! et le brave prêtre put engager une servante sans craindre le fantôme de la trop fidèle et trop irascible Angelica...

— *Quelle explication donnez-vous ?*

— Aucune. Je suis bien trop prudent pour essayer d'expliquer quoi que ce soit dans un domaine où l'on ignore tout. Je me contente de rapporter des faits.

— *Il y a tout de même un détail qui me chiffonne : je n'aurais pas cru qu'un fantôme puisse montrer des sentiments aussi mesquins qu'un vivant... Car nous sommes là devant une vulgaire histoire de jalousie. Et je suis sûr que, si la bonne*

Frida était restée au presbytère, le fantôme d'Angelica lui aurait cassé des assiettes sur la tête ou fait des croche-pieds dans l'escalier...

— Ce n'est pas impossible. Le commandant de gendarmerie Tizané, parlant des cas de hantise qu'il a observés pendant trente ans de carrière, écrit que tout se passe « comme si une puissance invisible, intelligente, malicieuse, très adroite, douée d'esprit d'à-propos et répondant parfois aux désirs des témoins, se manifestait de temps en temps ». Cette puissance inconnue peut bien se montrer également jalouse, coléreuse ou sournoise...

— *Il est un deuxième point qui m'étonne : c'est lorsque vous dites que, le presbytère ayant été détruit, les manifestations cessèrent. Faut-il supposer que l'habitation et le fantôme sont indissolublement liés, tout comme dans le célèbre film de René Clair* Fantôme à vendre *?*

— Dans son ouvrage *Les Maisons hantées*, Camille Flammarion rapporte plusieurs cas assez troublants de hantise où l'on voit des fantômes cesser d'exister — si j'ose dire — quand la maison qui les abrite est démolie. Et il écrit : « Ne pourrions-nous, sans trop de hardiesse, supposer que les vivants laissent après eux certains reliquats de force, de fluide vital, imprégnés dans l'appartement, lesquels, au contact de la présence effective d'une personne sensitive, peuvent subir une revivification susceptible de produire ces étranges phénomènes ? »

Plus loin, il ajoute : « Certains phénomènes de hantise peuvent-ils provenir des habitations ? Les murs, les meubles d'une maison peuvent-ils s'imprégner de vibrations et présenter aux sensitifs une ambiance spéciale, comme l'enseigne la psychométrie ? Le Dr Luys me l'a plus d'une fois affirmé à l'hôpital de la Charité où j'ai assisté à ses expériences, et le Pr d'Arsonval m'a paru admettre cette hypothèse... »

— *Il faudrait donc penser que l'esprit de certains défunts demeure attaché à la maison où ils sont morts ?*

— Peut-être...

— *Vous savez que vous allez finir par me faire peur... Maintenant, quand j'entendrai un meuble craquer la nuit, je penserai qu'il s'agit de l'esprit d'un ancien locataire de mon appartement...*

— Pensez qu'il y a aussi des vers de bois...

SOURCES

Camille FLAMMARION, *Les Maisons hantées*, Flammarion.
Danielle HEMMERT et Alex ROUDÈNE, *L'Univers des fantômes*, Albin Michel, 1972.
Gougenot des MOUSSEAUX, *La Magie au* XIXe *siècle*, 1860.
Commandant TIZANÉ, *Sur la piste de l'homme inconnu.*

La nonne et le fantôme de Toulouse-Lautrec

Au bout du défilé profond et tortueux, une dernière montée encore plus raide et voici que du plateau aride surgit une fantastique concentration de tours et de murailles... Nous sommes à Boussagues, en pays cévenol, terre ancienne de passage et de combats, où Jules César déjà faisait creuser chaque roche d'un « vigilaire » où s'embusquaient ses centurions. Sur la lande, alentour, quelques châtaigneraies rompent la rudesse du site où courent encore les ombres des camisards, martyrisés par le Roi-Soleil. Mais là où d'entre les tours du nid d'aigle, un donjon dépasse, recouvert d'ardoises grossières, un charmant manoir fut élevé sous la Renaissance. On l'appelle depuis toujours « la maison du Bailly ». Après bien des vicissitudes, il devint la propriété, sous Napoléon, du baron de Senegra, grand-maître de Hollande. Ce haut personnage était le mécène et l'ami de beaucoup de grands peintres de l'époque, d'Ingres, notamment. A la fin du siècle dernier, le manoir fut acquis par un riche aristocrate, descendant des comtes de Toulouse, peintre lui aussi, et parmi les plus grands : Henri de Toulouse-Lautrec-Monfa, « père » de la Goulue et d'Yvette Guilbert.

Comme on le sait cet artiste de génie était aussi un viveur désespéré. Sa brève existence se passa à rôtir le balai dans les lieux de plaisir parisiens qu'il fouillait avec un trait aussi cruel que le fut son destin. Parfois il s'échappait vers Londres, Bruxelles ou Madrid à l'affût de nouveaux divertissements qu'il fixait sur son calepin avec une intensité de vie incroyable, la sienne. En dépit et sans doute à cause de son infirmité : ce géant du crayon interlope est un nain, séquelle de deux chutes qu'il fit étant petit...

Accaparé par son art et ses passions, c'est à peine si le comte se souvient de sa terre de Boussagues, dont il a confié dès l'origine la gestion à sa mère, née Tapié de Céleyran. Celle-ci a mis la propriété à la disposition des sœurs de la Sainte Famille, ordre rigoureux dont les religieuses se vouent à des tâches d'éducation. Vers la fin du siècle, deux de ses représentantes s'installent au manoir. Elles sont notamment chargées du jardin d'enfants, du catéchisme et du « chœur des grandes adolescentes ». C'est l'abbé Blanc qui dessert la paroisse à l'époque. Il revient des Indes, où il a été missionnaire, et connaît huit ou neuf langues dont le grec, le sanskrit et le tamoul. Pour rien au monde ce prêtre d'exception ne voudrait quitter Boussagues, dont le site étrange et désolé favorise ses méditations.

Pour autant cet érudit n'administre pas sa paroisse en contemplatif : après avoir entendu ses édifiantes formules traduites dans le texte de la Bible des Hébreux, ses ouailles le voient grimper à l'échelle et pousser les tuiles de la tour, de toute la force de son long corps d'ascète. Puis il corrige avec une angélique patience les devoirs des petits écoliers pauvres de ce désert... Pourtant sa bienveillance ne va pas jusqu'à faire preuve de complaisance quand on lui rapporte que des jeunes gens sont allés visiter les châtaigneraies en compagnie ! En fait, ce bon prêtre est un homme de grand caractère qui sait ce qu'il veut, d'autant que c'est peu de chose : demeurer avant tout dans cette retraite tant qu'il pourra assumer les charges de son ministère et s'y dévouer loin des tumultes de la ville.

Mgr de Cabrières, le cardinal de Montpellier, en sait quelque chose : quant il veut nommer pour la troisième fois le curé Blanc à un poste plus important, il lui dépêche un successeur qui reçoit l'ordre de décharger ses meubles devant le presbytère et de n'en plus bouger. Le curé le reçoit avec flegme et cordialité mais, après lui avoir fait les honneurs de sa cure, il le prie de prendre congé sans tarder ! Une fois de plus Mgr de Cabrières doit céder...

Quelles sont à présent les relations entre le curé et les deux religieuses qui habitent une aile de la demeure ? L'une d'elles, sœur Delphine, est un caractère aussi. Bien nécessaire, là-haut, sans doute, où les hivers sont terribles et la vie, entre les pierres de l'enceinte séculaire, le plus souvent mélancolique. Sa compagne, sœur Saint-Jean, de santé plus fragile, meurt dès 1890 dans la grande salle du Nord au deuxième étage du manoir...

Entre le curé Blanc et la sœur il arrive donc que l'atmosphère se tende... Quand la nonne a garni le maître-autel de trop de cierges au gré de son vicaire, qui voudrait consacrer davantage aux démarches de charité, ou quand le savant prêtre s'irrite de la voir limiter ses frais de culture au *Pèlerin* ou aux seuls ouvrages de piété. Ou encore, quand elle lui fait part, timidement, de bien étranges visions qui lui adviennent parfois, la nuit...

Voici, planté pour l'essentiel, le décor d'une thébaïde si sereine qu'à côté un couvent du mont Athos eût pu paraître dissipé...

Si sereine ? Sans doute. N'eût été l'inquiétude que la sœur manifestait à propos de tout ce qui touchait aux trépassés et à l'existence d'un au-delà. De son vivant la sœur Saint-Jean partageait ce genre de préoccupations et toutes deux parlaient souvent des chances de la survie. Celle qui mourrait la première s'était même engagée à donner un signe à l'autre lorsqu'elle aurait définitivement gagné son paradis. C'est deux ans après la mort de la sœur Saint-Jean que ce signal parvint à la survivante. Alors qu'un soir de novembre, ses dévotions faites, sœur Delphine allait prendre son infusion vespérale, elle entendit grincer une porte du donjon et aussitôt un formidable coup de vent s'y engouffrer. Il lui sembla que la tour venait de se changer en un gigantesque tuyau d'orgue rugissant toutes les affres du purgatoire... Mais, couvrant le vacarme, elle entendit bientôt distinctement sœur Saint-Jean l'appeler d'une voix tendre et plaintive.

Ravie et terrifiée, la nonne vit dans cette manifestation une preuve tangible de l'immortalité de l'âme et se fit un devoir d'en informer certains habitants de Boussagues. Elle avait dans le pays une telle réputation de bonté, de finesse et de bon sens que tous la crurent sur parole. Le curé l'apprit à son tour et se fâcha, lui, la première fois pour de bon. Il reprocha à la sœur d'exciter ses paroissiens à la superstition, et la menaça d'un exorcisme. Cela ne troubla guère la religieuse qui rétorqua que sa bonne foi et sa conscience répondaient de ses dires.

Quelques mois plus tard une autre rumeur se répand dans la ville : sœur Delphine n'entend pas seulement des voix, elle a des visions aussi, qui lui tombent généralement quand elle dit son chapelet, agenouillée sur son prie-Dieu. Et que voit-elle ? La Vierge Marie vêtue d'azur et d'or ou l'Enfant Jésus, étreignant des lis ? Pas du tout. C'est une sorte d'enfant de chœur qui lui apparaît à chaque fois, mais d'une apparence si bizarre qu'on ne risque pas d'en rencontrer jamais un pareil dans Boussagues... Il porte certes la petite calotte et par-dessus ses habits de ville un surplis blanc avec une ceinture d'étoffe rouge. S'il a bien la taille d'un enfant aussi, il arbore par contre des besicles et... un collier de barbe très fourni et du plus beau noir ! A voix basse on ajoute que le singulier servant de messe est affligé d'un tic qui lui fait passer continuellement la langue sur ses lèvres violacées, comme s'il mourait de soif...

C'est dans une pièce qu'on appelle « le bureau » que le fantôme officie, selon un rite immuable. Quand la bonne sœur entend des frôlements et des soupirs, elle ouvre la porte de cette chambre, voisine de la sienne, et braque une lampe à pétrole munie d'un réflecteur : le spectre est généralement déjà juché sur une chaise en train de régler avec soin la pendule comtoise. Sœur Delphine le voit ensuite descendre avec difficulté et s'approcher d'elle. Elle s'efface et le laisse entrer dans sa chambre. Il marche en claudiquant jusqu'à la fenêtre où il s'immobilise. La sœur prie à haute voix et il arrive que l'apparition récite avec elle un ou deux *ave* avant de disparaître brusquement, en poussant à chaque fois un cri suraigu...

Le curé Blanc est bien sûr au courant aussi. Il exhorte, il tempête, mais se refuse à faire de lui-même la preuve du phénomène. C'est bien pis quand, quelque temps plus tard, la sœur s'avise d'écrire à un proche parent du peintre, pour l'avertir qu'« il se passe des choses bien étranges au château » et de lui décrire en détail le fantôme et jusqu'à « la chemise bien empesée et qui bombait sous sa relevée de poitrine »...

Nous sommes en 1914 et bientôt d'autres histoires, sentant bien plus la poudre que le soufre, vont nourrir la chronique à Boussagues. C'est curieusement à cette époque aussi que se situe la dernière intrusion nocturne du petit homme aux jambes torses, apparition marquée d'un coup de théâtre extraordinaire. Cette nuit-là, il paraissait plus altéré que jamais et en proie à une agitation inhabituelle aussi. La sœur le vit grimper sur sa chaise et tenter de se grandir sur ses jambes atrophiées. Un rictus douloureux lui barrait la face tandis qu'il réclamait véhémentement... une absinthe ! La chère nonne avait maintenant l'habitude de cette présence qui ne la dérangeait guère plus que le vol d'un papillon nocturne autour de sa lampe. A cette demande inusitée elle ne put répondre que par des excuses... Soudain le fantôme se mit dans une colère folle, sauta de la chaise et se rua sur la comtoise. Il brisa tout d'abord le verre qui protégeait le cadran, puis arracha avec une force surnaturelle tout le mouvement du pendule qui passa, y compris les lourds poids de fonte, par la niche supérieure du meuble ! Entouré cette fois d'un halo bleuté, il s'acharna sur le balancier qu'il avait jeté par terre après avoir cassé les câbles qui retenaient les poids.

L'ultime vision de sœur Delphine fit encore plus de bruit au-dehors que dans sa chambrette et relégua même un temps au second plan les rumeurs de guerre. Tant et si bien que les propriétaires du manoir demandèrent au curé Blanc une enquête poussée sur ces singuliers événements. Le bon prêtre en fut très affecté. Mais à quel point son doute initial avait fait place à de la perplexité se lit dans la lettre qu'il envoya à la mère du peintre décédé. Parlant des voix et des visions répétées de la nonne, il conclut en disant : « Cela et bien d'autres choses qui arrivèrent après ne montraient pas l'intervention des anges et des saints... »

RÉPONSES À L'INCRÉDULE

— *Je savais que « M. Toulouse » aimait à se déguiser en clown et jusque dans le salon de Mme Natanson... J'ignorais qu'il se produisait aussi en fantôme, costumé en enfant de chœur... Si c'est du moins de lui qu'il s'agit !*

— Oui, ces faits sont peu connus. Ils ont été révélés bien après la mort du peintre, par sa petite cousine, la comtesse Attems, née Tapie de Celeyran. Il s'agit là d'un cas de hantise exceptionnellement complet et convaincant...

— *Pourquoi ?*

— Convaincant à cause de la qualité des témoins et des protagonistes de l'histoire. Quel intérêt pour la sœur Delphine, morte en 1919, presque en odeur de sainteté, d'inventer une histoire pareille ?

— *Prouver la survie, justement...*

— C'est assez invraisemblable. Par son apparence loufoque et son comportement pour le moins inquiétant sur la fin, le fantôme donnait une image vraiment peu édifiante d'un au-delà à la réalité duquel la sœur aurait voulu intéresser les consciences...

— *Il n'existe vraisemblablement aucune photo du fantôme. Comment sait-on que c'est celui du célèbre peintre de la vie parisienne ?*

— C'est le plus troublant de l'histoire : la sœur Delphine a toujours affirmé qu'à chacune de ses apparitions le fantôme était déguisé en enfant de chœur. Elle en a fait une description très détaillée à l'abbé Blanc, qui a dû convenir que l'apparition ressemblait d'une manière frappante au fils des propriétaires du manoir, Henri de Toulouse-Lautrec-Monfa.

— *Tout simplement parce qu'elle avait vu le peintre lors d'une de ses visites au château...*

— On sait avec certitude que la sœur n'a jamais rencontré Henri de Toulouse-Lautrec. On sait aussi qu'elle ignorait jusqu'à son existence : les Toulouse-Lautrec, de vieille et haute noblesse, vivaient dans le Bordelais, et cachaient à tout le monde la vie de bohème qu'Henri menait à Montmartre. Le comte Alphonse de Toulouse-Lautrec avait d'ailleurs complètement rompu avec son fils.

— *Comment pouvait-elle alors le décrire et pourquoi déguisé en enfant de chœur ?*

— Tout simplement parce qu'elle voyait le fantôme du peintre et déguisé de cette manière !

— *Pourquoi en enfant de chœur ?*

— Parce que c'était un des déguisements préférés de l'artiste que ses contemporains ont pu voir à plusieurs reprises ainsi costumé, lors de fêtes religieuses ou profanes. La description de la chemise blanche empesée est également conforme aux habitudes de l'artiste qui était très coquet.

— *Mais pourquoi le fantôme s'amusait-il à régler les pendules ?*

— Ce comportement est très troublant aussi et correspond à un trait réel de la personnalité du peintre. A la fin de sa vie surtout, Toulouse-Lautrec, qui est mort à trente-sept ans, oubliait tous ses rendez-vous. Il en était très désolé et passait son temps à demander l'heure et à remonter ses montres. Cet insomniaque souffrait beaucoup de sa solitude aussi et confiait à ses propres amis qu'il s'ennuyait dans la vie et que tuer le temps était pour lui une obsession. Il y a un rapport évident entre ce trait de caractère et la destruction finale de la pendule...

— *Et l'absinthe ?*

— Toulouse-Lautrec est sans doute mort alcoolique, encore qu'on n'en soit pas sûr. Mais la demande qu'il fait à la sœur est conforme à la réalité, sa colère aussi, ainsi que le rictus du buveur. Quand Victor, le garçon de l'Apollo-Bar, ne lui portait pas assez vite sa liqueur verte, il faisait des scandales terribles...

— *Tout cela n'explique pas pourquoi il se manifestait dans un endroit où il n'était jamais venu...*

— Il n'est pas certain qu'il n'y soit jamais venu. Toulouse-Lautrec est né en 1864 et les sœurs ne s'installèrent au château que vers 1888. Il connaissait en tout cas la tour et ses occupants puisqu'il écrivait à sa mère : « Je peux bien m'amuser et tout me permettre puisque maman entretient dans notre vieille tour de Boussagues des nonnes dont la principale fonction est de prier pour le salut de mon âme et qui montent et descendent dans leur donjon comme grenouilles dans un bocal !... »

— *Quelle est alors l'explication ?*

— Comme dans tous les cas de hantise, trois explications sont possibles. Ou bien la sœur, qui était certainement un médium, avait donné naissance au fantôme et agissait inconsciemment sur lui en lui dictant un comportement qu'elle lui connaissait de son vivant. Mais dans le cas présent l'explication par une « hantise hallucinatoire » est à exclure. Restent deux autres explications : soit que la sœur ait joué le rôle d'un intermédiaire, de catalyseur d'une force extérieure, l'esprit de Toulouse-Lautrec, ou encore qu'elle ait pu recueillir une imprégnation dont les murs de la tour étaient chargés. C'est le cas typique du fantôme que Chateaubriand a pu voir dans son adolescence, et dont l'image imbibait depuis des siècles les murs du château de Combourg...

— *C'est à croire que ces murs-là étaient en éponge...*

— Votre formule est excellente ! Nombre d'auteurs qui ont étudié la question pensent que les murs ne sont inertes qu'en apparence. Qu'ils s'imprègent en se gorgeant de toutes les joies, souffrances, cris de haine, d'agonie ou d'amour dont ils sont les témoins. Qu'ils sont aussi capables de les restituer sous la forme de radiations à partir desquelles certaines personnes peuvent reconstituer, « réincorporer » les souvenirs qu'ils ont accumulés. Pour Roger de Lafforest, tout ce qui se déroule ainsi entre quatre murs crée une atmosphère composée d'innombrables microvibrations qui « criblent le décor inerte de l'existence quotidienne, y laissant des cicatrices d'autant plus profondes que l'impact a été plus violent et plus répété »...

— *Ce n'est pas le cas dans votre histoire, car le peintre n'était pas un familier des lieux.*

— Non. Mais la vitalité de Toulouse-Lautrec, son « vouloir vivre », qui étaient prodigieux (dans sa brève vie il a accumulé une quantité de dessins et de peintures invraisemblable), ont pu laisser leur trace dans les lieux sans qu'il y soit revenu souvent. A cause de son infirmité, Toulouse-Lautrec éprouvait des frustrations terribles que les audaces et l'agressivité de sa peinture traduisent bien. D'une de ses maîtresses, Marie, il dit : « Je l'ai haïe comme jamais depuis le premier instant, mais je ne puis me passer d'elle. » Rien de surprenant alors qu'un tel tempérament ait pu laisser dans Boussagues des rémanences que la situation particulière du château contribuait d'ailleurs à fixer...

— *Comment cela ?*

— On sait depuis longtemps que la situation de certaines maisons favorise les phénomènes paranormaux. Comme il y a des maisons à cancer (certaines forces telluriques, sources souterraines ou puits semblent produire des ondes nocives pour les cellules), il y a des demeures hantées ou maléfiques, parce qu'elles sont implantées, par exemple, sur des failles de l'écorce terrestre. C'est le cas à Boussagues, qui est construit sur une série d'effondrements d'origine volcanique, et avec des matériaux anciens, notamment des pierres des fortifications du passé. Celles-ci ont pu transmettre, comme le feraient des accumulateurs et des échangeurs perpétuels, cette « mémoire des murs » que les influences de la physique microvibratoire dans notre vie quotidienne expliqueront sans doute un jour. Mais dont il est d'ores et déjà certain qu'elle conserve nos pensées, nos actions et nos paroles, pour l'éternité...

SOURCES

Comtesse Mary ATTEMS, *Notre oncle Lautrec*, Ed. Pierre Cailles, Genève.
Pierre LA MURE, *Moulin-Rouge*.
Roger de LAFFOREST, *Ces maisons qui tuent*, Ed. Robert Laffont.
Miroir de l'Histoire, 1963/9.

Les fantômes et le Tout-Paris

Voici deux histoires extraordinaires qui sont arrivées à ce qu'il est convenu d'appeler des personnalités du Tout-Paris... Ces personnalités ayant préféré conserver l'anonymat, je leur attribuerai dans mon récit des noms supposés, mais je certifie l'authenticité de tous les faits que je vais rapporter. Il y a quelques années, la femme d'un grand comédien — je l'appellerai Elisabeth — passait des vacances en Angleterre. Un jour, des amis lui disent :

— Nous sommes invités à passer le week-end chez un producteur, Arthur Stanley, qui a une grande maison près d'Oxford. Il y aura, comme toujours, une quinzaine de personnes. Venez donc avec nous, Arthur sera ravi de vous connaître...

Elisabeth accepte. Et le samedi suivant elle arrive, en fin d'après-midi, avec ses amis, dans un délicieux petit château du XVIIe siècle entouré d'un parc comme on en voit sur les toiles de Haddelsey. Emerveillée, elle croit entrer dans un roman de Daphné Du Maurier.

Arthur Stanley et sa femme viennent l'accueillir avec une chaleureuse affabilité et un domestique la conduit jusqu'à sa chambre. Elle se change pour le dîner.

Quand elle ressort, au bout d'un quart d'heure, elle rencontre sur le palier une ravissante petite fille blonde de six à sept ans qui lui fait une révérence et lui dit :

— Bonjour, madame. Je m'appelle Janet.

— Bonjour, Janet...

— Madame, vous viendrez tout à l'heure jouer à la balle avec moi sur la pelouse ?

— Mais oui, bien sûr !

— Merci, madame !

Et la petite Janet se sauve en courant.

Elisabeth descend alors au salon où elle retrouve ses hôtes entourés de leurs invités, et tout le monde passe à table. Le dîner est fort gai. Il y a là des journalistes, des comédiens, des écrivains qui, selon leur habitude, racontent avec drôlerie mille méchancetés sur leurs confrères. Elisabeth profite d'un silence dans la conversation pour se tourner vers la maîtresse de maison.

— Chère madame, j'ai rencontré tout à l'heure votre délicieuse petite fille. Elle m'a demandé de jouer au ballon avec elle. Je n'y manquerai pas... Elle est adorable...

Mrs. Stanley devient blême et baisse la tête sans répondre tandis qu'une sorte de gêne semble s'emparer des convives. Puis l'un d'eux, comme pour faire diversion, se met à raconter des histoires de chasse, avec une gaieté un peu affectée...

Elisabeth a l'impression d'avoir gaffé.

« Cette petite Janet, pense-t-elle, n'est peut-être pas la fille de Mrs. Stanley... Serait-ce la fille d'un domestique ?... Non, ma phrase n'aurait pas produit une telle gêne !... Serait-ce alors une fille qu'Arthur Stanley aurait eue avec une femme de chambre ?... »

Le dîner se termine et, dès qu'elle est sortie de table, Elisabeth va retrouver ses amis dans un coin du salon.

— J'ai gaffé, n'est-ce pas, tout à l'heure ?

— Oh ! chère amie, c'est de notre faute. Nous aurions dû vous prévenir. Mrs. Stanley a perdu sa fille voilà deux ans. Depuis, Janet hante la maison. Et tout le monde la voit... sauf sa maman !...

La deuxième histoire a pour héroïne principale une très grande dame de la couture française. Je l'appellerai Blanche. Elle possédait, à une quarantaine de kilomètres de Paris, une très belle propriété qu'elle prétendait hantée.

— Savez-vous, disait-elle, que j'ai un fantôme dans ma maison ?... Mais oui, c'est merveilleux ! Quelquefois, il fait un bruit de tous les diables, il claque les portes, les volets, il fait retentir les sonnettes... Au début, cela m'a effrayée ; mais maintenant j'y suis habituée, je n'ai plus peur... D'ailleurs, je lui parle. Je l'ai appelé Anatole. Quand il fait trop de vacarme, je lui crie : « Arrête, Anatole ! Allons, mon chou, du calme !... » Et il s'arrête bien sagement.

Longtemps, les amis de Blanche se contentèrent de sourire sans rien dire. Puis, un jour que la couturière racontait à un groupe d'amis les derniers exploits d'Anatole qui, assurait-elle, avait vidé une bibliothèque dans la nuit en poussant des cris de joie, quelqu'un se permit de lui dire :

— Ecoute, Blanche, arrête avec ton Anatole. Comment peux-tu raconter des histoires pareilles... ? Enfin, tu sais bien que les fantômes n'existent pas...

— Quoi ? dit Blanche. Anatole n'existe pas ? On voit bien que vous ne l'avez jamais entendu !...

— Mais on ne demande qu'à l'entendre, dit l'ami.

— Oui, dirent les autres, on ne demande que cela !

— Eh bien, je vous prends au mot ! Venez ce soir chez moi. Tous. Et vous verrez si Anatole n'existe pas !

Le soir, tous les amis arrivent chez Blanche. Or, pendant qu'ils prennent l'apéritif, brusquement les avertisseurs de leurs voitures, qui se trouvent rangées à l'entrée du jardin, se mettent à hurler.

— Votre numéro est au point, dit quelqu'un en riant.

— Ce n'est pas un numéro, réplique Blanche, c'est Anatole.

Tout le monde ricane. Puis on va voir, on ouvre les capots, on scrute les circuits électriques sans pouvoir expliquer comment les avertisseurs ont pu se déclencher. Finalement, comme ils continuent de mugir, on débranche les batteries. Sans résultat...

— Je ne comprends pas comment vous faites, dit un invité, mais votre tour d'illusionniste est parfait !

— Je vous assure qu'il n'y a pas de truc, répond Blanche. C'est Anatole !

Au bout d'un moment, comme tout le monde commence à être assourdi, elle crie :

— Bon, eh bien, maintenant, en voilà assez, Anatole. Arrête !... Allons, assez joué !...

Brusquement, tous les avertisseurs se taisent.

Les invités rentrent à la maison, perplexes.

— C'est incompréhensible, dit un jeune ingénieur. Il n'y avait aucun fil, rien !... Vous savez qu'on finirait par y croire, à votre fantôme...

On se met à table et l'on dîne en écoutant Blanche conter des anecdotes sur Anatole.

— A quelle heure vient-il ? demande une jeune femme. A minuit, sans doute ?

— Non, dit Blanche, il n'a pas d'heure.

Le repas se termine. On passe au salon.

Soudain, un vacarme épouvantable secoue la maison. Toutes les portes, après s'être ouvertes en même temps, se sont refermées en claquant violemment.

— Ah ! le voilà ! dit Blanche, ravie. Bonsoir, Anatole !

Aussitôt, toutes les lampes s'éteignent et toutes les portes claquent de nouveau.

Certains invités rient un peu nerveusement. Les autres se taisent et l'on sent que la peur commence à les gagner.

Brusquement, la lumière revient, accompagnée d'un grand cri qui éclate dans la pièce même.

— Arrête, Anatole ! dit Blanche.

Les femmes essaient de sourire ; mais elles sont livides. A ce moment, le piano joue tout seul quelques notes, comme si un enfant tapait au hasard sur le clavier. Puis un rideau se détache et tombe près d'une jeune femme qui pousse un cri.

— Rentrons ! dit-elle à son mari. Je ne veux plus rester ici.

— Si certains d'entre vous veulent coucher, dit Blanche, j'ai des lits pour tout le monde... Et Anatole ne vous a pas montré le quart de ce qu'il sait faire... Parfois, il organise de véritables sarabandes dans la cuisine : toutes les casseroles volent en l'air...

Mais les invités remercient leur hôtesse et regagnent leurs voitures ; sauf un, l'ingénieur, qui passera la nuit et que Blanche retrouvera le lendemain, les yeux cernés et le teint cireux, à l'heure du petit déjeuner.

Des mois passèrent. Et un jour Blanche fit faire des travaux dans sa maison. Pour agrandir une pièce, les maçons durent démolir un mur. Au troisième coup de pic, ils découvrirent un squelette. Un homme, il y a une centaine d'années, avait été emmuré là...

On alla porter ses ossements au cimetière.

Et depuis lors il n'y eut plus jamais de manifestations dans la maison de Blanche...

RÉPONSES À L'INCRÉDULE

— *Vos histoires sont troublantes, comme d'habitude ; mais il s'y ajoute un petit côté mystérieux car on aimerait bien identifier les héros. Vous ne pouvez pas nous mettre un peu sur la voie ?*

— Non. Je vous dirai seulement que le mari — ou plutôt l'ex-mari — de celle que j'appelle Elisabeth est un célèbre comédien français d'origine étrangère...

— *Et la couturière ?*

— Je ne peux rien dire, elle est morte il y a quelques années.

— *Mais vous êtes sûr de l'authenticité de leurs histoires ?*

— Absolument. Elles m'ont été racontées par des témoins dignes de foi, et confirmées par d'autres témoins.

— *Nous avons souvent parlé de fantômes sans jamais parvenir à un quelconque essai d'explication du phénomène...*

— Dans l'état actuel de nos connaissances, je crois qu'il faut se contenter de constater des faits sans chercher à bâtir des théories qui ne reposeraient que sur des suppositions... Il n'en reste pas moins que, pour de nombreux chercheurs, et même pour de nombreux scientifiques, ces phénomènes sont considérés comme la preuve que les êtres ne sont pas anéantis par la mort et qu'ils continuent à vivre... A partir de là, naturellement, mille questions se posent : En quoi consiste leur substance ? Où résident-ils ? Sont-ils heureux ? Restent-ils en relation avec nous ? etc.

— *Je reviens au cas de la petite fille, la petite Janet... Celle que vous appelez Elisabeth semble l'avoir vue. Peut-on penser qu'elle avait une réalité ?*

— Pour quelques spécialistes il n'y a, dans l'apparition d'un fantôme, qu'une impression cérébrale qui se transforme en image. Cela n'a pas plus de réalité qu'un arc-en-ciel que l'on voit, que l'on analyse et que l'on photographie... Or, votre voisin voit un autre arc-en-ciel que vous, et votre œil gauche ne voit pas le même que votre œil droit... Tout cela n'a aucune réalité. L'arc-en-ciel est une illusion d'optique, et le fantôme est *peut-être* — soyons prudents — une illusion créée par un esprit qui nous « suggère » une forme... Ce serait cette impression mentale qui se transformerait en image... Je vais vous citer un autre cas : il s'agit d'ailleurs encore d'une personnalité du monde du théâtre et du cinéma. Ce comédien — il s'agit de Michel Simon — roulait une nuit à très vive allure. Soudain, il voit dans la lumière de ses phares, sur le bord de la route, un homme qui lui fait de grands signes. Au moment où il passe à sa hauteur, il a les jambes coupées car il reconnaît son père... son père qui est mort depuis longtemps... Il s'arrête, fait marche arrière : personne ! Il est tellement ému qu'il est pris de tremblements. Il préfère alors ne pas continuer sa route. Il fait demi-tour et va jusqu'à une auberge qu'il a remarquée en passant. Il y couche. Et, le lendemain, il apprend que, deux cents mètres environ après l'endroit où il a eu sa vision, un arbre avait été abattu par le vent et barrait la route...

— *Et il s'y serait tué ?*

— Immanquablement. Toutefois, là encore, comme dans le cas du cargo italien dont vous m'avez parlé [1], on ne peut pas dire que le fantôme du père de l'acteur a empêché un accident ; mais il a joué un rôle dans le destin de son fils.

---

1. Voir « Contacts avec l'au-delà », *Une châtelaine venue de l'au-delà* (Tome 1).

— *Admettons comme hypothèse de travail que les fantômes existent. Où « vivraient »-ils ?*

— Les métaphysiciens vous répondront : « Dans un au-delà tout proche de nous et qui ne serait rien d'autre qu'un univers parallèle avec lequel nous aurions, de temps en temps, des contacts... »

— *Si je m'en rapporte à tout ce que vous m'avez dit ici et ailleurs sur les apparitions, les manifestations, les poltergeists, les phénomènes de hantise, cet au-delà semble grouillant d'esprits de toute espèce, de larves ricanantes, de morts tapageurs, mêlés à des défunts souriants et affectueux qui nous tendent la main...*

— Que voulez-vous, il faut de tout pour faire un « Autre Monde »...

SOURCES

Camille FLAMMARION, *La Mort et son mystère.*
— *Après la mort.*

Roland de Jouvenel

Au soir du 2 mai 1946, au cœur d'un grand appartement dont les fenêtres s'ouvrent sur les marronniers en fleur des Tuileries, un jeune garçon meurt d'une typhoïde. Il allait avoir quinze ans et s'appelait Roland de Jouvenel.

Pendant quelques jours, sa mère, Mme Marcelle de Jouvenel, écrasée de chagrin, n'écarte plus les volets, oublie de manger, ne répond pas au téléphone, ne reçoit personne. Elle est hantée par l'idée du suicide.

Un soir, comme un automate, elle se lève, ouvre la porte-fenêtre qui donne sur le balcon, regarde la rue, se penche sur le vide haut de quatre étages et va sauter quand elle sent soudain une main se poser sur son épaule. Elle se retourne. Il n'y a personne ; mais la main invisible la retient toujours avec autorité. Alors, elle rentre dans la chambre, ferme la fenêtre et s'effondre dans un fauteuil en pleurant.

Quelques jours après, elle parle de cet incident à une amie qui lui dit aussitôt :

— Votre fils est près de vous, vous devriez essayer d'entrer en communication avec lui.

Mme de Jouvenel hausse les épaules. Elle ne croit pas au spiritisme et trouve ridicule les gens qui essayent de faire parler Victor Hugo ou Napoléon au moyen d'un guéridon.

— Il ne s'agit pas de faire tourner une table, lui dit son amie. Il vous suffit de prendre un crayon et de laisser courir votre main.

Mme de Jouvenel refuse. Tout ce qui touche de près ou de loin au surnaturel l'effraie.

Alors, chaque matin, son amie lui téléphone, insistant pour

qu'elle consente au moins à faire un essai. Finalement, excédée, Mme de Jouvenel se décide.

« Comme cela, pense-t-elle, je pourrai lui dire que rien ne s'est passé... Elle me laissera tranquille... »

Elle prend un bloc et un crayon.

Et voilà qu'au bout de quelques instants l'incroyable se produit : sa main, comme traversée par un courant électrique, commence à écrire d'une façon détendue et régulière, sans ratures ni hésitation, d'une grande écriture penchée qui n'est ni la sienne, ni celle de Roland.

Quand sa main s'arrête, elle peut lire ceci : « Puisque tu me demandes de venir, me voici. Ne te désole pas. Je suis là, tout près de toi. Je t'aime. Tu vas être heureuse. Maman, ton fils vit... Crois ces mots : la mort, c'est la vie... »

Elle est bouleversée ; elle ne peut y croire, et pourtant les mots sont là... Alors, elle replace le crayon sur le bloc et, de nouveau, les phrases s'alignent sans que sa volonté intervienne.

Le lendemain et le surlendemain, elle recommence. Et dès lors, chaque soir, Mme de Jouvenel écrit sous la dictée de son fils. Les premiers messages contiennent une sorte d'enseignement religieux, comme si Roland, de l'au-delà, prenait en main la conversion et l'évolution spirituelle de sa mère. Elle reçoit par exemple :

« Chacun, sur terre, doit déjà forger sa vie future, car la vie éternelle n'est qu'un prolongement. Dis-toi que ta vie humaine n'est qu'une racine en terre, une graine dans l'argile, et que ton éclosion sera au ciel... »

Puis, les messages prennent un tour scientifique. Il semble que Roland s'irrite de voir que les savants s'intéressent si peu à la recherche de l'essentiel. Et Mme de Jouvenel, qui n'a ni culture scientifique, ni culture philosophique, écrit « sous la dictée » :

« La science pure en ses prolongements les plus hauts peut parfois expliquer le monde invisible. Déjà les savants ont prouvé la désintégration de la matière ; magiciens sans le savoir, ils ont surmonté des difficultés incroyables, dissocié l'atome, conçu la réalité d'une substance intermédiaire entre le corps et l'éther. Mais ils n'étendent pas leurs recherches à l'âme et ne font pas porter sur elle leurs investigations... L'analyse des radiations humaines les intéresse mille fois moins que celle des radiations lumineuses. L'attraction des particules de la matière les captive plus que celle du rayonnement fluidique de l'homme. Qui orientera la curiosité vers ces horizons inexplorés ?

» La science sera le véhicule emprunté pour redonner au monde l'idée que l'impensable est une réalité. Ce n'est que par la voie scientifique parfaite que l'homme se convertira au mystère... »

Puis les messages proclament que tout est vivant, même la matière. Et la main de Mme de Jouvenel écrit :

« La matière vit, la poussière vit, l'eau vit, le fer, le cuivre, le cristal, tout vit ; et cet ensemble d'atomes est mû par le même principe que celui qui régit l'homme... En chaque pierre se sont accumulés des siècles de fluide ; des nappes de vibrations dorment en elle comme des algues au fond de la mer... »

Plus tard, nouveau message sur ce sujet :

« Ceci est très important : sache que la pensée peut influencer la matière, cela finira par être découvert par la science. Mais, à l'intérieur de ce phénomène, il y en a un autre : les pensées reliées, c'est-à-dire reliées à nous... L'important est que la pensée en elle-même soit devenue un instrument assez puissant, un levier assez fort pour déboîter la matière de son opacité, de son immobilité. Par le relais de nos cerveaux émetteurs d'ondes, la matière peut devenir une associée. Chaque intelligence a sa longueur d'ondes... Je ne cesse de te dire : purifie-toi et travaille à augmenter ta longueur d'onde... »

Et, comme Mme de Jouvenel se pose des questions sur la forme concrète que devrait avoir une pensée pour agir sur la matière, sa main écrit brusquement :

« Une hélice qui tourne devient invisible à partir d'une certaine accélération. Vous ne voyez pas les pensées en raison de la vitesse de leurs vibrations... »

Pendant des mois, des années, Mme de Jouvenel reçoit ainsi des messages traitant de tout : de la quatrième dimension, des courants telluriques, de l'espace stellaire, de la microphysique... Un jour de 1961, il y est même question d'antimatière, mot que Mme de Jouvenel n'a jamais entendu prononcer : « Le principe de l'antimatière est peut-être la plus grande découverte de l'époque... A l'intérieur de ce zéro absolu, une superstructure foisonne... »

Ce n'est que bien plus tard que Mme de Jouvenel apprend que deux Prix Nobel, le Dr Cowan et le Dr Libby, admettent la possibilité d'étoiles et de galaxies composées d'antimatière...

De temps en temps, les messages contiennent des vues sur l'avenir. Un jour, Mme de Jouvenel reçoit ceci :

« Je puis affirmer, sans fixer de date ni donner de plus amples explications, que vous allez traverser de nouvelles angoisses. Des courants vont encore secouer les hommes, des bancs d'ondes chaotiques ébranler les cerveaux. Il n'y aura pas de guerre maintenant ; les électricités de combat vont suspendre leurs effets, mais les guérillas écorcheront sans cesse votre planète ; il faut une plaie ouverte pour que le sang n'arrête pas de couler. Les foyers d'expiation voltigeront sans cesse au-dessus du monde et se poseront de place en place. Les coupables et les innocents périront ensemble... »

En 1962, les messages annoncent clairement un temps que nous ne connaissons que trop bien :

« Le monde, en se désacralisant, a engendré son suicide. Vous entrez dans l'ère de l'autodestruction. Les attentats, les suicides, les accidents, les conflits qui sévissent en si grand nombre en sont la preuve. S'entre-tuer, démolir, détruire, s'incorporent aux automatismes sociaux... »

Et, pendant vingt-cinq ans, de 1946 à 1971, date de sa mort, Mme de Jouvenel recevra des milliers et des milliers de messages sur des sujets dont elle ne connaît rien, écrits dans un style qui ne correspond aucunement au sien, mais qui ouvrent des perspectives vertigineuses sur la physique, la chimie, la biologie, les mathématiques de demain, comme si quelqu'un, placé « ailleurs », quelqu'un qui sait déjà, essayait de nous aider et de nous ouvrir un peu les yeux...

RÉPONSES À L'INCRÉDULE

— *Cette histoire est très troublante. Mais ne peut-on pas penser que Mme de Jouvenel écrivait sous la dictée de son subconscient ?*

— Il faudrait alors admettre que le subconscient de Mme de Jouvenel était doté d'une culture scientifique qu'elle n'avait jamais acquise nulle part et qui n'était, à l'époque, que le fait de quelques savants tels que Teilhard de Chardin ou les deux Prix Nobel que j'ai cités... Il faudrait admettre aussi que son subconscient lui ait dicté des messages dans un style qu'elle n'avait jamais employé...

— *Mme de Jouvenel avait-elle écrit auparavant ?*

— Oui. Elle avait publié, sous son nom de jeune fille : Marcelle Prat, quelques petits romans mondains dans le genre de ceux qu'écrit Françoise Sagan. Elle avait aussi fait du journalisme. Elle avait été reporter au *Matin*. Mais 1°/ son style était totalement différent de celui des messages ; 2°/ elle ne connaissait rien à la science et s'en désintéressait totalement ; 3°/ elle n'était aucunement préoccupée par les problèmes religieux.

— *Comment était le petit Roland de Jouvenel ?*

— C'était un enfant prodigieusement intelligent et sensible. Il écrivait des poèmes, et il semble qu'il ait eu la prescience de son destin. Un jour que sa mère lui parlait de ses études et de ses examens, et qu'elle lui disait : « Pense à ton avenir ! », il lui répondit, l'air grave : « Es-tu sûre que j'aurai un avenir ? »

— *Les messages qui avaient trait à la science, à la physique, ont-ils été communiqués à des savants ?*

— Oui, à des physiciens. Et certains furent assez surpris de trouver dans les messages reçus par Mme de Jouvenel, sous forme d'affirmations, des théories que les plus audacieux d'entre eux n'avaient pas encore osé émettre, notamment dans le domaine de la microphysique et de l'antimatière. Mme de Jouvenel a également soumis — sans en préciser l'origine — quelques textes touchant au psychisme et à la biologie au père Teilhard de Chardin. Le savant lui a répondu : « Je suis pleinement d'accord avec l'auteur... Il faut des remaniements profonds dans nos conceptions de la science. Celle-ci devant inévitablement intégrer peu à peu le psychisme en prolongement du physique... »

— *On peut donc dire que les messages reçus par Mme de Jouvenel ont « entrouvert » une porte sur le futur et sur la connaissance de l'univers ?*

— Oui.

— *Les messages reçus par Mme de Jouvenel font-ils état de la vie après la mort et des conditions de cette vie ?*

— Bien sûr. Et il faudrait que je vous cite des pages entières. Mieux vaut se reporter aux livres que Mme de Jouvenel a publiés. Mais voici tout de même un très court passage où il est question de l'après-mort :

« Une forêt dans la brume perd sa matérialité. Elle est prise dans un enveloppement nuageux. Sache que cette métamorphose s'apparente aux transformations par lesquelles vous devez passer après la mort... Pour ne pas avoir trop froid quand tu quitteras la terre, il faut que ta vie intérieure soit torride. Les steppes de glace dans lesquelles tu seras prise fondront si ta ferveur est chaude comme un brasier... »

— *En dehors des messages, Mme de Jouvenel a-t-elle eu d'autres manifestations ?*

— Oui. Entre autres, un soir, dans des circonstances curieuses. Elle avait invité chez elle, après le dîner, un haut fonctionnaire de la préfecture qui s'intéressait à ses livres. Vers minuit, comme ce monsieur s'attardait de façon incompréhensible, Mme de Jouvenel commença à s'étonner. Tout à coup, deux photos de Roland qui se trouvaient placées dans un éventail, sur un meuble, se détachèrent d'elles-mêmes et vinrent en vol plané atterrir aux pieds du visiteur... Celui-ci se leva aussitôt et dit à Mme de Jouvenel : « J'avais demandé mentalement un signe. Maintenant, je peux partir : le signe s'est produit... »

— *Je sais qu'il est impossible de donner une explication de ces phénomènes. Mais j'aimerais savoir ce qu'en pensent les Eglises. Quelle est leur attitude ?*

— Je vous répondrai par une citation. Dans la lettre-préface du remarquable ouvrage de Jean Prieur *Les Témoins de l'Invisible*, Gabriel Marcel, parlant des signes de survie, dit ceci : « Nous sommes d'accord, vous et moi, pour nous étonner et j'irai même jusqu'à dire pour nous indigner de la fin de non-recevoir des Eglises qui, à une exception près, semble-t-il, paraissent bien s'opposer de plus en plus à cette attente, à cette angoisse. Ce qui joue ici, n'en doutons pas, c'est, comme dans d'autres domaines, la peur assez ignoble d'être considérés comme des retardataires, d'être jugés comme les tenants de craintes ou d'espérances superstitieuses que les clartés émanant d'une raison progressiste auraient dissipées une fois pour toutes. On ne redira jamais assez combien un grand nombre de prêtres ou de pasteurs sont contaminés par un rationalisme dont pourtant les philosophes vraiment novateurs, un Bergson ou un Blondel, ont depuis longtemps démontré la faiblesse. Ce rationalisme prend, bien entendu, les formes les plus variées, et il semble que l'on voie aujourd'hui se conclure sous nos yeux les alliances les plus inattendues entre un certain marxisme et un certain freudisme. On se garde bien de se rappeler, d'ailleurs, que Freud, à la fin de sa vie, avait découvert l'intérêt et l'importance de la recherche métapsychique... »

L'attitude des Eglises, vous le voyez, rejoint celle du rationalisme le plus étroit. Et pourtant les signes impliquant l'existence d'une « après-vie » sont nombreux. Voulez-vous un nouvel exemple ? Tournez la page et je vous raconterai une autre histoire de « communication ». Elle se passe, celle-là, en Angleterre et aux Etats-Unis...

SOURCES

Robert ARON et Jean-Claude RENARD, *Mors et Vita* (préface de Gabriel MARCEL), Plon.

Marcelle de JOUVENEL, *Au diapason du ciel*, Ed. Fernand Lanore.

— *Quand les sources chantent.*

— *Au seuil du Royaume.*

— *En absolue fidélité.*

— *La seconde vie.*

Jean PRIEUR, *Les Témoins de l'Invisible*, Ed. Fernand Lanore.

— *Qui est Roland de Jouvenel ?*

— *Les morts ont donné signe de vie.*

— *Les Tablettes d'or* (autour de Roland et de ses messages).

Charles Dickens dicte de l'au-delà

Nous sommes le 8 juin 1870, dans une ravissante maison de Gadshill, entre Rochester et Chatham, dans le Kent. Il est huit heures du soir. Près d'une fenêtre ouverte sur un jardin rempli de roses trémières, de tulipes et de chèvrefeuille, un homme à la barbe en éventail écrit fébrilement. La fatigue, pourtant, cerne ses yeux et voile son regard habituellement brillant. De temps en temps, il s'arrête, comme s'il était épuisé. Mais il fait un effort, retrempe sa plume dans l'encrier et continue à aligner des mots.

Cet homme, qui travaille malgré la maladie, est l'un des plus grands écrivains anglais. Il s'appelle Charles Dickens.

Il écrit présentement un très curieux roman, un roman fantastique, intitulé *Le Mystère d'Edwin Drood*, qui, depuis cinq mois, paraît en livraisons mensuelles, et qu'un immense public suit passionnément.

Vers minuit, Dickens pose sa plume et pousse un soupir de soulagement. Il vient de terminer — mais avec quel mal ! — le sixième chapitre qu'il doit poster le lendemain matin à son éditeur. Il lui en reste encore six à écrire pour conter la fin de l'étrange aventure de son héros. Il s'y remettra dans quelques jours, lorsqu'il aura repris des forces. Pour l'instant, il est exténué. Il souffle ses chandelles et monte péniblement se coucher.

Le lendemain, on le trouvera mort dans son lit. Il avait cinquante-huit ans.

La nouvelle du décès de Charles Dickens causa dans le monde entier une émotion considérable. André Maurois raconte que, dans toutes les maisons anglaises, américaines, canadiennes, australiennes, on annonça cette mort aux enfants comme un deuil de famille, et qu'un petit garçon bouleversé demanda alors : « Est-ce que le père Noël va mourir aussi ? »

Mais, si les admirateurs que l'auteur de *David Copperfield* comptait dans le monde furent extrêmement peinés en apprenant sa disparition, les milliers de lecteurs qui suivaient chaque mois les épisodes du *Mystère d'Edwin Drood* furent encore plus bouleversés. Car à leur chagrin s'ajoutait une immense déception : jamais ils ne connaîtraient la fin de cet extraordinaire roman... même sous une forme résumée, Dickens n'ayant laissé aucun plan de son ouvrage.

Deux années passent, et le public oublie peu à peu *Edwin Drood* et son mystère...

Arrive le 3 octobre 1872. Ce jour-là, à Brettleboro, une petite ville américaine dans l'Etat de Vermont, une vieille dame, Mrs. Blanck, qui tenait une espèce de pension de famille et s'occupait un peu de spiritisme, voit entrer dans son bureau l'un de ses locataires, le jeune Thomas P. James, employé chez un imprimeur.

Le garçon est pâle et tremblant.

— Asseyez-vous, lui dit Mrs. Blanck. Etes-vous souffrant, Mr. James ?

L'autre ne répond pas tout de suite. Il semble bouleversé. Finalement, il relève la tête et dit :

— Mrs. Blanck, connaissez-vous l'écrivain Charles Dickens ?

La vieille dame sourit :

— Bien sûr ! Qui ne connaît l'auteur de *Mr. Pickwick* et d'*Oliver Twist* ?...

— Il est bien mort, n'est-ce pas ?

— Il y a deux ans... Pourquoi me demandez-vous cela ?

Thomas James hésite quelques instants :

— Parce que... tout à l'heure, j'étais dans ma chambre. Je lisais un magazine et... comment vous dire... j'ai senti une présence... Au point que je me suis retourné. Mais il n'y avait personne... Alors, j'ai repris ma lecture, mais l'impression que quelqu'un était près de moi est devenue si forte que mon cœur s'est mis à battre très vite. Si vite que j'ai eu peur d'avoir un malaise, et que je me suis étendu sur mon lit... C'est alors que j'ai entendu une voix dans ma tête...

Mrs. Blanck est littéralement captivée :

— Et que vous a dit cette voix ?

— Elle m'a dit : « Je suis Charles Dickens. Je vous ai choisi pour un travail. Levez-vous, prenez un papier et un crayon et asseyez-vous devant votre table. »

» J'ai obéi. Ma main s'est mise alors à tracer des mots comme si quelqu'un la commandait... Et voilà ce que j'ai écrit sans même m'en rendre compte.

Et Thomas James montre un papier à Mrs. Blanck qui lit :

« En mourant, j'ai laissé un roman inachevé... Il s'intitule *Le Mystère d'Edwin Drood*. Je vous ai choisi, Thomas, pour le terminer. Je viendrai régulièrement vous dicter les chapitres qui manquent... A ce soir... »

— Voilà, ajoute le jeune Thomas James. Je suis venu vous voir tout de suite, Mrs. Blanck, parce que je sais que vous vous occupez un peu de spiritisme... Mais je n'oserai jamais raconter cette histoire à personne. Jamais ! J'aurais trop peur qu'on se moque de moi... Que pensez-vous que je doive faire ?

Mrs. Blanck est ravie :

— Ce qui vous arrive, Mr. James, est merveilleux ! Il faut, dès ce soir, vous mettre à votre table avec un crayon et un papier. L'esprit de Dickens serait trop malheureux si vous refusiez de lui obéir...

Thomas James promet et se rend à son imprimerie. Le soir, il rentre fatigué, dîne avec les autres pensionnaires, puis va trouver Mrs. Blanck :

— J'ai un peu peur, lui dit-il. Accepteriez-vous de monter avec moi ?

Enchantée, la vieille dame accepte. Quelques instants plus tard, ils sont tous deux dans la chambre du jeune homme. Thomas James, assis devant sa table, crayon en main, attend.

Soudain — Mrs. Blanck le racontera plus tard — il se met à écrire à toute vitesse, sans une rature et « comme s'il avait du mal à suivre ce qui lui était dicté ».

Lorsque, au bout d'une heure, il s'arrête brusquement, une quinzaine de feuilles sont remplies.

Et dès lors, pendant des jours et des jours, seul ou devant témoins, car Mrs. Blanck n'a pu tenir sa langue et des personnes viennent parfois assister aux séances de communication avec l'au-delà, Thomas James va écrire des centaines de pages auxquelles il n'apportera jamais aucune correction.

— C'est inutile, dit-il. Et d'ailleurs je n'en aurais pas le droit.

Certains soirs, il ne trace que quelques lignes et sa main s'arrête. Parfois, au contraire, il couvre de son écriture enfantine — il a quitté l'école à treize ans — plus de trente feuillets avant d'aller dormir. Finalement, au mois de mars 1873, après cinq mois de travail, les six derniers chapitres du *Mystère d'Edwin Drood* sont terminés. Thomas James en remet le manuscrit à Mrs. Blanck qui, aidée par l'imprimeur chez lequel travaille son pensionnaire, se met en quête d'un éditeur. Il leur faudra des mois pour en trouver un.

Enfin, le livre paraît en novembre 1873 avec ce titre : *Fin du mystère d'Edwin Drood*, suivi de cette extraordinaire mention : « Dicté de l'au-delà à Thomas James par Charles Dickens. »

Naturellement, les critiques se précipitent sur le livre en ricanant, prêts à le mettre en pièces. L'ayant lu, leur ébahissement est sans borne. Tous doivent reconnaître que l'on retrouve, dans cet ouvrage, le style, la verve, l'humour et toute la malice du grand romancier anglais, et l'un d'eux va jusqu'à écrire : « Si l'on ne savait pas que ce livre a été composé par un jeune homme de Brettleboro, on pourrait croire qu'il est de Charles Dickens lui-même... »

RÉPONSES À L'INCRÉDULE

— *Histoire extrêmement troublante ! Que sait-on de ce jeune Thomas James ? Avait-il déjà écrit quelque chose ?*

— Non, absolument rien. Il avait quitté l'école à treize ans pour devenir apprenti imprimeur et savait tout juste lire et écrire. De plus, lorsqu'il lisait, c'était un de ces magazines pour adolescents remplis d'histoires d'Indiens... Il n'avait jamais ouvert un livre de Dickens...

— *Par la suite, a-t-il écrit d'autres livres ?*

— Aucun ! Pas même un conte, rien !... Après la publication de la *Fin du mystère d'Edwin Drood* et devant l'enthousiasme de la critique, l'éditeur, qui ne croyait pas un mot de l'histoire racontée par Mrs. Blanck et pensait avoir mis la main sur un jeune romancier plein de promesses capable de prendre la suite de Dickens, lui commanda un second livre... Le pauvre Thomas James refusa, disant qu'il ne saurait jamais imaginer une histoire. Alors l'éditeur tira de sa poche un contrat, lui promit beaucoup d'argent et lui ordonna de se mettre au travail. Alléché par la somme qu'on lui faisait miroiter, Thomas finit par accepter de faire un essai... Ce fut lamentable. Il se montra incapable d'écrire trois lignes correctement, et sa carrière personnelle s'arrêta là...

— *Ne peut-on pas penser que* La Fin du mystère d'Edwin Drood *a été écrite par un romancier professionnel ?... Peut-être y avait-il un écrivain parmi les autres pensionnaires de Mrs. Blanck ?*

— Croyez-moi, si cet auteur avait existé et qu'il eût été capable de pasticher avec autant de talent le style de Dickens, il n'aurait pas caché son nom très longtemps... Je connais les écrivains...

— *Il y a bien eu, il y a quelques années,* La Chasse spirituelle, *ce livre qui a été présenté comme un inédit de Rimbaud et qui était un extraordinaire pastiche anonyme.*

— Oui, mais tout le monde littéraire a su bien vite qui en était l'auteur... C'était Pascal Pia !...

— *Revenons à Thomas James. Je pense que son cas a dû faire l'objet d'études ?*

— Bien sûr. L'homme qui s'y est intéressé le plus est le romancier anglais Conan Doyle (père de Sherlock Holmes) qui, vous le savez, s'est passionné, dans les dernières années de sa vie, pour le spiritisme et les sciences occultes. Conan Doyle a fait étudier le livre de Thomas James par des critiques littéraires. Leur conclusion fut que l'auteur avait acquis le style, le vocabulaire et jusqu'à la façon de penser de Dickens. Ce qui leur parut inexplicable de la part d'un jeune Américain inculte...

— *Sait-on ce qu'est devenu Thomas James ?*

— Non. Après la publication de son livre, il est retombé dans l'obscurité la plus complète.

— *Toute cette histoire me fait penser à la pianiste anglaise Rosemary Brown qui, dénuée de toute culture musicale, prétendait composer sous la dictée de Liszt, Chopin, Berlioz, etc.*

— C'est vrai. Nous allons d'ailleurs en parler dans un instant.

— *Alors, que conclure ?*

— Peut-être, dans certains cas, sommes-nous « aidés » ?... Et si c'était cela qu'on appelle l'inspiration ?...

SOURCES

Danielle HEMMERT et Alex ROUDÈNE, *L'Univers des fantômes.*
George LANGELAAN, *Les Faits maudits.*

Des musiques venues du ciel

Le 17 octobre 1968, les auditeurs de la BBC entendirent avec la stupéfaction que l'on imagine une présentatrice, Miss Monica Sims, annoncer qu'elle allait leur faire écouter des musiques que Liszt, Chopin et Beethoven avaient dictées de l'au-delà à une certaine Rosemary Brown... La station diffusa alors des œuvres inconnues où l'on retrouvait le style de chacun des compositeurs annoncés. Le lendemain, des milliers de lettres parvenaient à la direction de la BBC. Les auditeurs, fort troublés, demandaient des renseignements sur Rosemary Brown. D'où venait-elle ? Etait-ce une mystificatrice ? Avait-elle reçu une instruction musicale ? Des musicologues s'étaient-ils penchés sur les œuvres qu'elle prétendait avoir reçues des grands musiciens morts ? etc.

Pour répondre à toutes ces questions, la BBC organisa d'autres émissions au cours desquelles on apprit que Rosemary Brown était une brave ménagère habitant Londres, qu'elle s'occupait de sa maison, de sa cuisine, de ses enfants, qu'elle était veuve, qu'elle avait peu d'argent, qu'elle avait appris le solfège et un peu de piano dans son enfance, mais qu'elle ignorait tout des règles de la composition musicale...

On apprit aussi, et les intéressés vinrent le dire eux-mêmes, que des musicologues spécialistes de Liszt, Chopin et Beethoven avaient trouvé, dans les œuvres qu'elle prétendait avoir reçues de l'au-delà, la manière et même certains tics d'écriture des trois compositeurs...

Alors, Rosemary Brown devint une sorte de vedette. La presse lui consacra des articles, la télévision la montra et la maison Philips fit enregistrer sur disque certaines de ses musiques.

Pourtant, bien des points demeuraient obscurs dans l'histoire de Mrs. Brown... Au point qu'un éditeur anglais lui demanda de raconter ce qui lui était arrivé.

La brave femme se mit au travail. Quelques mois plus tard, elle apportait un énorme cahier où se trouvait relatée, dans un style un peu enfantin, l'histoire la plus extraordinaire que l'on puisse imaginer.

L'éditeur la publia sans rien y changer, et le livre eut aussitôt un succès prodigieux [1]. Le résumer serait le trahir et trahir son auteur. Aussi vais-je me contenter d'en citer des extraits. Il commence ainsi :

« La première fois que je vis Franz Liszt, j'avais environ sept ans et j'étais déjà familiarisée avec les esprits de ceux que l'on appelle "les morts".

» Je me trouvais dans la chambre à coucher de la grande et vieille maison de Londres où je vis encore. Je ne fus pas effrayée le moins du monde lorsque je le vis debout au pied de mon lit. Depuis ma plus petite enfance, je m'étais accoutumée à voir des êtres désincarnés, ce que la plupart des gens appellent des "esprits" ; de sorte que rien ne me terrorisait dans ces visions.

» Lors de cette première rencontre, Liszt se présenta à moi sous les traits d'un vieillard. Ses longs cheveux étaient très blancs et il était vêtu de ce que je pris pour une sorte de longue robe noire. A sept ans, je ne savais pas que c'était une soutane... Sa visite fut très brève. La seule chose qu'il me dit ce matin-là fut que, dans ce monde, il avait été compositeur et pianiste ; il ajouta : "Lorsque tu seras grande, je reviendrai et je te donnerai de la musique..." »

Rosemary Brown raconte ensuite comment, durant toute sa petite enfance, elle continua à voir des êtres d'un autre monde. Liszt, naturellement, lui apparut souvent. Puis elle grandit, se maria, eut des enfants, sans que ses visions cessassent pour autant.

En 1961, elle devint veuve. Elle entra alors comme femme

1. Cet ouvrage a été traduit en français et publié sous le titre *En communication avec l'au-delà*, Ed. J'ai lu.

de ménage dans une cantine scolaire. La malchance la poursuivit : elle fit une chute et se fractura deux côtes. Obligée de rester chez elle, Mrs. Brown, pour se distraire un peu, ouvrit un jour son piano, instrument qu'elle n'avait pas touché depuis longtemps, et joua quelques airs.

« Ce fut alors, écrit-elle, que Liszt m'apparut, se tenant à mes côtés. Je me rendis bientôt compte qu'il guidait mes mains sur l'instrument. La musique était exécutée sans aucun effort de ma part, et c'était une mélodie que je n'avais jamais entendue auparavant.

» Curieusement, je n'étais aucunement surprise de ce fait extraordinaire. Tout cela me semblait naturel et normal. Je me disais : “Voilà une très belle musique”, prenant ainsi plaisir à écouter la création d'une œuvre que je savais pertinement n'être pas de moi. Liszt n'avait pas parlé, il s'était tout simplement tenu à mes côtés. Je n'étais pas en transe, je l'avais vu avec la pleine conscience de l'événement.

» Après, il continua à revenir et à me communiquer de plus en plus de partitions musicales. De sa méthode d'alors, je puis dire qu'il se servait de mes mains simplement comme d'une paire de gants. Je n'aurais pu, en effet, jouer correctement du piano à ces moments-là, ayant perdu tout doigté à cause du manque de pratique... Avec son aide, cependant, mon jeu apparut comme techniquement correct.

» A l'époque, je ne notais pas la musique ainsi transmise. A la longue, Liszt commença à me parler. Les notes étaient dans ma tête ou au bout de mes doigts ; il me disait simplement le nom du morceau que nous allions jouer ensemble. »

Au bout d'un moment, Mrs. Brown regretta d'être la seule à entendre ces compositions et eut envie de les noter. Malheureusement, elle n'avait pas de connaissances suffisantes pour le faire et commettait des erreurs d'écriture, notant par exemple un *sol* dièse là où il aurait fallu un *la* bémol... Elle eut alors une idée :

« Je me rendis compte, écrit-elle, qu'il était possible de

demander à Liszt l'aide nécessaire, ce qui améliora grandement ma notation... »

Un jour, Liszt vint avec Frédéric Chopin.

« Quand Liszt vint pour la première fois avec Chopin, écrit-elle, il me le présenta très solennellement : "Mon ami, M. Frédéric Chopin."

» Chopin alors s'inclina très poliment et dit : "Enchanté !"

» Ensuite, il se tint de manière réservée à l'arrière-plan tandis que je m'asseyais au piano et que je travaillais avec Liszt à mes côtés. »

Puis Chopin prit bientôt l'habitude de venir seul.

« Avec lui, je travaille au piano et je n'entends pas la musique avant qu'elle ne vienne. Les notes prennent naissance graduellement. Il me précise exactement les notes et les accords, et ensuite nous les exécutons au piano. Si je tente un accord et que mes doigts sont sur une mauvaise note, alors Chopin me donne une légère poussée ; si je le laisse guider mes doigts, ils se posent sur les notes qui conviennent. Chopin s'exclame alors : "Ah ! c'est très bien !"

» Mais une grande partie de sa musique nouvelle est trop difficile pour que je puisse la jouer correctement. Je commets beaucoup de fautes et je n'obtiens qu'une vague idée de ce qu'elle peut donner. On m'a proposé, par exemple, de jouer à l'Albert Hall pour la journée du Souvenir de 1970. J'ai demandé à Chopin s'il lui était possible de me donner un nouveau morceau de musique. Ce devait être quelque chose de très court, car on ne m'accordait que quelques minutes.

» "Mais oui !" me répondit-il immédiatement. Et, au cours des jours suivants, il revint avec une brillante petite *Etude*, presque un peu trop brillante selon moi. Il me fallut des semaines de pratique pour arriver à maîtriser ce morceau... »

Par la suite, Mrs. Brown devait, toujours grâce à Liszt, faire connaissance de bien d'autres musiciens.

« Aujourd'hui, écrit-elle, Liszt est l'organisateur et le directeur d'un groupe de compositeurs célèbres qui me rendent visite et qui me donnent leurs nouvelles compositions. Ce groupe, à l'heure actuelle, comprend douze personnes : Liszt, Chopin, Schubert, Beethoven, Bach, Brahms, Schumann,

Debussy, Grieg, Berlioz, Rachmaninov et Monteverdi. Je les ai nommés dans l'ordre où ils vinrent à moi. D'autres, tels qu'Albert Schweitzer, m'apparurent brièvement et me donnèrent quelques pages de musique, mais ne sont pas revenus jusqu'à présent. Mozart, par exemple, n'est venu en tout que trois fois. Aujourd'hui, après six ans de travail, j'ai dans mes tiroirs environ quatre cents œuvres musicales [1] : des mélodies, des pièces pour piano, des quatuors à cordes encore inachevés, le début d'un opéra, ainsi que des esquisses de concerti et de symphonies... »

Et, depuis 1968, ces œuvres posent un problème insoluble aux musicologues du monde entier...

RÉPONSES À L'INCRÉDULE

— *Votre histoire est passionnante, mais j'aimerais savoir, puisque l'on a montré les partitions de Mrs. Brown à des musicologues spécialistes des compositeurs dont elle se dit l'« intermédiaire », si ces personnages ont témoigné officiellement.*

— Bien sûr.

— *Et qu'ont-ils dit ?*

— Je vais vous rapporter quelques jugements. Richard Rodney Benett, par exemple, qui est à la fois compositeur et spécialiste de Debussy, a déclaré : « Nous pouvons tous imiter Liszt au piano, si nous le voulons, mais inventer un morceau de musique cohérent qui semble remonter aux racines mêmes du style du compositeur, c'est beaucoup plus compliqué. Ici, en général, la notation est extraordinairement assurée et compétente. On ne saurait confectionner de la musique de cette

1. En 1978, elle disait à Joël André, au cours d'une interview publiée par *Psi International*, qu'elle en avait environ six cents...

espèce sans des années d'entraînement. Je n'aurais pu, moi-même, fabriquer certains des Beethoven ou des Debussy... »

Ecoutez, d'autre part, ce que Humphrey Searle, spécialiste de Liszt, a déclaré de son côté au sujet de Mrs. Brown : « La plupart des morceaux qu'elle a écrits sont très intéressants au point de vue musical. Par ailleurs, il est évident qu'elle ne connaît pas la technique du pastiche. Je dois admettre que l'origine des morceaux est bien celle qu'elle déclare être. Je suis sûr qu'elle est parfaitement sincère. » Il ajoute : « Des morceaux de Liszt, celui que je préfère est *Grübelei*, une œuvre remarquable que Liszt aurait tout à fait pu écrire. »

— Ce qui me frappe, dans cette déclaration, c'est qu'Humphrey Searle ne se contente pas de reconnaître les qualités des œuvres présentées par Mrs. Brown, il semble ne pas mettre en doute leur origine...

— Certains musicologues sont encore plus catégoriques. Ecoutez ce que dit le pianiste John Lill, spécialiste de Beethoven : « Je crois fermement aux origines que Rosemary Brown attribue à cette musique... Les compositeurs essayent de manifester leur style le plus clairement possible, mais il est évidemment très difficile de transmettre des œuvres complexes d'une dimension à une autre. Je pense que Rosemary est exceptionnellement douée pour servir d'intermédiaire. Quand les conditions sont bonnes, elle transcrit fidèlement les intentions de ses interlocuteurs... »

Ian Parott, qui enseigne la musique à l'université du pays de Galles, va plus loin encore. Après s'être penché sur les partitions de Rosemary Brown, il a déclaré en janvier 1978 : « Je considère, pour ma part, que cette musique provient d'une autre dimension... C'est une musique réellement paranormale, je ne vois pas d'autre possibilité... »

— Il a donc, comme ses confrères, reconnu la « patte », si j'ose dire, des compositeurs défunts ?

— Oui. Il a précisé à ce propos : « Je distinguerai trois compositions parmi les meilleures. Toutes trois sont remarquables à leur manière : *Grübelei* (1969), de Liszt ; *Mouvement d'une sonate en* do *mineur* (1971), de Beethoven ; et le *Revenant*, de Stravinski (1972). Chacune possède de subtiles caractéristiques de ces trois personnalités si différentes... Un truqueur "habile" serait-il capable d'obtenir de tels effets ? J'en doute ! »

— *Est-on sûr que Mrs. Brown n'avait pas fait des études musicales très poussées ?*

— Vous pensez qu'elle aurait pu s'amuser à composer des pastiches et que toute cette affaire ne serait qu'une mystification ? Cette hypothèse, bien entendu, a été émise. Elle ne tient pas. Une enquête a prouvé que Mrs. Brown avait tout juste étudié le solfège et le piano. D'ailleurs, un professeur, Mrs. Mary Firth, diplômée de la Royal Academy of Music, qui s'est penchée sur son cas, a déclaré : « J'ai contrôlé la justesse de son oreille, ses aptitudes au déchiffrage, et lui ai fait passer toutes les misérables épreuves que les professeurs infligent aux étudiants. J'ai découvert, à ma grande surprise, qu'elle ne semblait avoir aucune capacité musicale fondamentale. En d'autres termes, elle était incapable de noter une simple mélodie que je lui jouais. Quand je jouais deux parties simples, elle était totalement perdue ! J'ajoute que, même si elle était passée par le conservatoire et qu'elle eût étudié la fugue et le contrepoint, il lui aurait fallu d'abord du génie, ensuite un extraordinaire talent de faussaire. Car la direction de la BBC a fait examiner ses manuscrits par des experts et l'on a découvert que l'écriture et la façon dont les notes étaient tracées correspondaient à la façon de faire de chacun des compositeurs dont elle assure être l'"intermédiaire". »

— *Votre opinion est donc que Mrs. Brown était réellement « guidée » lorsqu'elle écrivait de la musique ?*

— Ne me faites pas dire ce que je n'ai pas dit. Vous savez que je me garde bien d'affirmer quoi que ce soit, et même d'émettre une opinion, dans ce genre d'affaires. Je me borne à rapporter des faits et des témoignages. C'est tout. Je peux néanmoins, en guise de réponse à votre question, vous donner l'opinion du Dr Lloyd Wepper, directeur du London College of Music : « Je suis convaincu, écrit-il, que Rosemary possède une faculté médiumnique absolument authentique. La musique qu'elle transmet est, de toute évidence, dans le style des compositeurs avec lesquels elle affirme être en relation. Un étudiant en musique peut apprendre à imiter le style d'un compositeur passé, mais Rosemary ne possède pas les connaissances musicales nécessaires. Sa musique semble donc provenir d'une source inconnue... »

— *Mrs. Brown a-t-elle été examinée par des psychiatres ?*

— Oui. Tous l'ont déclarée absolument saine de corps et d'esprit, et parfaitement équilibrée.

— *Qu'en pensent les parapsychologues ?*

— Le Pr Tenhaeff, de l'université d'Utrecht, lui a fait subir, avec son équipe, de nombreux tests. Il est arrivé à cette conclusion que Rosemary Brown est certainement l'un des plus étonnants médiums de tous les temps. Cependant, d'autres parapsychologues ont pensé qu'on se trouvait devant un cas exceptionnel de cryptomnésie, c'est-à-dire que Mrs. Brown puiserait inconsciemment dans une partie secrète de sa mémoire où se trouvent enregistrées d'une façon latente, sans qu'elle s'en doute, toutes les œuvres musicales qu'elle a entendues depuis sa naissance.

— *Il s'agirait donc d'un plagiat inconscient ?*

— Exactement... Mais cette hypothèse ne peut pas être retenue, car il aurait fallu que Mrs. Brown assistât à un nombre extraordinaire de concerts, ce qui n'est absolument pas le cas. En outre, tous les musicologues qui ont étudié ses partitions l'ont noté, les œuvres qu'elle prétend recevoir ne contiennent aucune réminiscence...

— *Ne peut-on pas imaginer que Mrs. Brown avait dans son entourage un merveilleux musicien qui... l'aurait aidée ?*

— On y a pensé aussi, bien sûr. Et le magazine *Life* a payé des détectives pour essayer de trouver ce « compositeur clandestin ». L'enquête, qui a duré des semaines, n'a donné aucun résultat.

— *Est-ce que Mrs. Brown a eu des « contacts » avec d'autres personnages que ces compositeurs ?*

— Oui, elle prétend qu'Einstein vient parfois la voir...

— *Le cas de Mrs. Brown est-il unique ?*

— Non, on a beaucoup parlé, avant la guerre, d'une jeune Italienne de Catane, Iole Catera — elle avait vingt-deux ans en 1937 —, qui écrivait de la musique « sous la dictée » de grands compositeurs décédés, notamment Bellini et Johann Strauss. Cette jeune fille, de famille modeste, n'avait même pas appris le solfège. Son cas fut étudié par le Dr Salvatore Gueli, de Catane, membre correspondant de l'Académie de médecine de Paris, qui fit de nombreuses communications à son sujet.

— *Comment faisait-elle pour écrire cette musique en ignorant le solfège ?*

— Elle prétendait « voir » devant elle, aussi nettement que s'il se fût agi d'un document imprimé, une ligne d'écriture musicale qu'elle n'avait qu'à copier sur du papier à musique. Dès qu'elle avait terminé, une autre ligne apparaissait, et ainsi de suite jusqu'à la fin du morceau. Elle écrivit ainsi des mélodies, des sonates, des pièces pour piano, et même des partitions d'orchestre qui furent jouées avec succès... L'énigme qu'elle posait ne fut jamais élucidée...

— *Existe-t-il des cas de « transmissions médiumniques » de ce genre dans d'autres domaines que la musique ?*

— Oui. Il y a des médiums qui prétendent recevoir des poèmes de Victor Hugo ou de Sully Prudhomme, d'autres qui affirment être en relations avec Maupassant ou Mérimée, et je vous ai déjà parlé de ce jeune Américain qui a écrit la fin d'un roman de Dickens sous la dictée de l'auteur mort depuis deux ans... Mais il y a aussi des cas dans le domaine médical, notamment celui de George Chapman, cet ancien pompier anglais qui habitait Aylesbury, petite ville du centre de la

Grande-Bretagne. George Chapman se prétendait habité par l'esprit d'un médecin londonien mort en 1937, le Dr Lang. Il soignait et obtenait des guérisons extraordinaires.

— *Ne peut-on pas imaginer qu'il s'agit d'un magnétiseur qui, pour enjoliver les choses à des fins publicitaires, a inventé toute cette histoire ?*

— C'est ce qu'a pensé la petite-fille du Dr Lang. Et, bien résolue à confondre le charlatan et même à le poursuivre en justice, elle est allée voir Chapman. Mais, dans son cabinet, elle a manqué de défaillir en reconnaissant la voix, les gestes et la manière d'être de son grand-père. Et quand Chapman, avec cette voix véritablement d'outre-tombe, lui a dit : « Bonjour, ma petite Susan » et a évoqué des souvenirs de son enfance, elle a été prise de tremblements et n'a pu articuler que : « Oui, grand-papa... Non, grand-papa... » Après quoi, elle est rentrée chez elle, complètement bouleversée. Or, quelques jours plus tard, George Chapman est venu la voir et lui a désigné, comme s'il les reconnaissait, trois objets qui avaient appartenu au Dr Lang...

— *Et cet ancien pompier guidé par un esprit a guéri beaucoup de monde ?*

— Robert Barrat, qui a fait une enquête sur lui pour *Paris-Match*, écrit : « Plusieurs milliers de malades attestent publiquement qu'ils ont été guéris "miraculeusement" ou que leur état de santé s'est amélioré grâce à l'intervention du médecin de l'au-delà. » De nombreuses personnalités (et même des médecins) ont eu recours à lui...

— *Devant tous ces phénomènes, faut-il donc penser qu'une forme de survie existe et que les êtres qui nous ont quittés s'intéressent à nous ?*

— Dans l'état actuel de nos connaissances, on ne peut expliquer ces phénomènes qu'en recourant à l'hypothèse d'une vie après la mort. Et, si vous le voulez bien, j'emprunterai ma conclusion à Robert Barrat qui écrit excellemment à la fin de son article sur George Chapman : « Dépouillé de son corps, quelque chose de l'homme continuerait à vivre dans un univers différent du nôtre, mais avec quelques souvenirs de l'existence terrestre et la possibilité, quelquefois, de communiquer avec les mortels que nous sommes. C'est ce à quoi l'homme a toujours cru. Dans l'histoire de l'humanité, notre civilisation occidentale a été la première, depuis quelques siècles, à mettre en doute l'existence, chez l'être humain, d'un principe spirituel survivant à la mort du corps. Mais le balancier de l'histoire a amorcé le mouvement de retour. Beaucoup de grands noms de la science internationale remettent en question les dogmes orgueilleux du matérialisme. Einstein croyait en une force divine. Ses disciples les plus célèbres pensent que la matière pourrait bien n'être que de l'esprit concentré, et que la lumière charrierait de l'information. Matière, énergie, lumière, chaleur, pensée ne seraient que des formes diverses d'une force que certains appellent l'Esprit universel et d'autres Dieu. »

SOURCES

Rosemary Brown, *En communication avec l'au-delà*, J'ai lu.
Revue *Psi International*, n° 4, mars-avril 1978.
Paris-Match du 17 août 1974.

Un chevalier venu du passé

Le 18 août 1914, les troupes allemandes qui se trouvaient dans la région de Mons s'efforçaient de prendre une petite colline. Tout de suite, leurs attaques, soutenues par une forte artillerie, furent d'une extrême violence. Des troupes déferlaient de tous côtés et les Anglais, qui défendaient la position, semblaient en bien mauvaise posture. Il était évident que les Allemands, bien supérieurs en nombre, allaient s'emparer de la butte. Déjà un régiment de uhlans s'élançaient pour l'assaut final. Soudain, alors que les Anglais attendaient le choc, baïonnette au canon, les assaillants ralentirent, s'arrêtèrent et s'enfuirent, comme pris de terreur.

Que s'était-il passé ?

Un fait extraordinaire que les combattants n'allaient pas oublier de sitôt, mais que le haut commandement ne devait apprendre que beaucoup plus tard. En effet les officiers présents n'osèrent pas faire état dans leurs rapports de ce qu'ils avaient vu.

Car ce qu'ils avaient vu passait l'imagination.

Il faudra qu'une infirmière, Miss Phyllis Campbell, en service dans un hôpital d'évacuation, surprenne un soir une conversation entre des blessés qui avaient combattu sur la colline pour que le bruit du prodige se propage hors du régiment.

Tous les hommes parlaient avec véhémence, et la jeune fille crut comprendre qu'ils s'entretenaient d'un « chevalier ».

Elle s'approcha en souriant :

— Qui est donc ce chevalier ? Qui avez-vous surnommé ainsi ?

Les soldats se turent comme des enfants pris en faute.

— C'est un de vos officiers ?

— Non...

— Alors, on me fait des cachotteries, à moi ?

— Non, Miss, dit un artilleur, on va vous le dire ; mais jurez-moi que vous n'allez pas vous moquer de nous...

— Je le jure ! dit Miss Campbell.

— Eh bien, voilà, dit l'artilleur. Cela va vous paraître incroyable, mais c'est pourtant la vérité. Hier, au moment de l'attaque, je me trouvais sur la colline avec une batterie. Notre tir n'était ni assez rapide, ni assez nourri pour arrêter les Allemands et leur progression nous angoissait. A certain moment, nous avons vu un régiment de uhlans monter à l'assaut et il allait foncer sur nous lorsque, soudain, un nuage lumineux apparut entre eux et nous. Nous regardions, stupéfaits. Puis la lumière s'atténua, le nuage se dilua, et, à sa place, il y avait...

— Il y avait quoi ?

— Une chose stupéfiante... Je vous demande de me croire, n'est-ce pas... *Il y avait un guerrier en armure sur un cheval blanc...*

Miss Campbell regarda les autres blessés.

— C'est vrai, Miss, dit l'un d'eux, nous l'avons tous vu !

— Oui, oui, tous ! dirent les autres.

L'artilleur continua :

— C'était un chevalier, mais il était sans casque. On voyait très bien ses longs cheveux blonds. A sa vue, les Allemands s'arrêtèrent. Alors, il leva vers eux son épée. Pris de panique, ils tournèrent bride et se sauvèrent sans oser se retourner... Nous étions, bien sûr, aussi éberlués que les Allemands ; mais nous avons profité de cette retraite pour charger et les repousser jusqu'à Mons. Une heure plus tard, des renforts étaient arrivés et notre position sur la colline se trouvait assurée...

— Et le chevalier ?

— Il s'est volatilisé au moment où nous chargions... Mais on peut dire que c'est grâce à lui que nous avons remporté la victoire !

Les jours qui suivirent, Miss Campbell devait entendre cette histoire des dizaines de fois. Fort intriguée, on le conçoit — et tout de même un peu sceptique —, elle interrogea les hommes qui s'étaient battus sur la colline, cherchant à connaître les circonstances exactes de l'apparition. Tous confirmèrent les détails donnés par l'artilleur : les cheveux blonds du chevalier, l'armure brillante comme de l'or, le cheval blanc et l'épée étincelante braquée sur les Allemands.

Miss Campbell, qui avait l'esprit cartésien, finit par penser que tous ces soldats avaient dû être victimes d'une sorte d'hallucination collective.

Les années passèrent, la guerre se termina et l'infirmière rentra en Angleterre.

Or, un jour, elle participa à une rencontre internationale de la Croix-Rouge. Il y avait là des infirmières appartenant à tous les pays (alliés et ennemis) qui s'étaient battus pendant quatre ans.

Miss Campbell fit ainsi la connaissance d'un groupe d'Allemandes fort sympathiques avec lesquelles elle passa toutes ses soirées à parler de la guerre. Parmi ces charmantes gretchen se trouvait une infirmière de Potsdam qui, un soir que Miss Campbell parlait des combats auxquels elle avait été mêlée, sursauta :

— Tiens, dit-elle, vous étiez près de Mons en août 14 ! Moi aussi... A ce propos, je vais vous raconter une histoire extrêmement curieuse : un jour, nos troupes attaquaient une petite colline qui était tenue par les Anglais. Un régiment de uhlans allait monter à l'assaut quand un extraordinaire phénomène se produisit. Une sorte de nuage se transforma en un cavalier géant monté sur un cheval blanc. Ce cavalier était en armure, comme un chevalier du Moyen Age, et brandissait une épée. A la vue de ce personnage fantastique, les uhlans furent pris de frayeur et s'enfuirent...

— Qui vous a raconté cela ? demanda Miss Campbell.

— Un officier de ce régiment de uhlans, précisément, que j'ai soigné à l'hôpital de Mons...

— Vous a-t-il donné des détails sur le chevalier mystérieux ?

— Oui, il m'a dit qu'il ne portait pas de casque et qu'il avait de longs cheveux blonds... C'est curieux, n'est-ce pas ?

Puis elle éclata de rire :

— Si les Anglais avaient su qu'ils devaient leur victoire à une apparition !...

— Mais ils le savaient, dit Miss Campbell.

Et elle conta ce que les tommies avaient vu.

— Nos soldats, ajouta-t-elle, ont cru qu'il s'agissait de saint Georges, patron de l'Angleterre, venu au secours de l'armée britannique...

— C'est drôle, dit l'infirmière allemande, les nôtres ont cru que c'était le diable...

Et les dames de la Croix-Rouge, cette nuit-là, eurent bien du mal à s'endormir...

RÉPONSES À L'INCRÉDULE

— *Ce chevalier médiéval qui apparaît en pleine guerre de 14-18 me fait penser à l'Indien qui se trompe de film dans* Hellzapoppin.

— A ceci près que, dans le cas du chevalier, il n'y a aucune explication...

— *Ne s'agit-il pas tout simplement d'une hallucination collective ?*

— Non, car l'apparition a été vue par deux groupes d'hommes qui n'étaient unis par aucun lien. Deux groupes d'hommes trop éloignés pour correspondre ou pour se suggestionner. Il aurait fallu que les Anglais hurlent dans le fracas de la bataille — et en allemand : « Oh ! regardez le beau chevalier blond en armure, sans casque et sur un cheval blanc !... » C'est impensable !

— *Des gens sérieux se sont-ils penchés sur cette histoire ?*

— Oui, et ces « gens sérieux », comme vous dites — en l'occurrence des physiciens américains de Princeton — suggèrent (prudemment) qu'il pourrait s'agir d'un contact entre cet univers invisible à nos yeux où tout continue d'exister à jamais, que nous appelons le Passé, et quelques instants de cet « Ici-Maintenant » qui n'a pas plus de durée qu'un battement de cils et que nous désignons sous le nom de Présent. Contact fortuit, accidentel, qui aurait amené le chevalier médiéval à faire irruption dans l'espace-temps du 18 août 1914.

— *Mais pourquoi ce contact accidentel ?*

— Rappelez-vous ce que disait Einstein à propos de ce personnage qui avait vécu quelques heures avec des gens morts trente ans auparavant : « Cet homme a trébuché dans le temps comme d'autres ratent une marche d'escalier... [1] » Les tommies et les soldats allemands ont peut-être, eux aussi, raté une marche... Certains parapsychologues prétendent, d'ailleurs, que les guerres, pour des raisons encore inexplicables, semblent créer un climat favorable à ce genre de phénomènes...

— *Si les guerres créaient un climat favorable, il y aurait d'autres exemples.*

— Mais il y en a !... Il y en a même beaucoup. Des soldats ont vu, sur tous les champs de bataille, depuis l'Antiquité, des choses prodigieuses. Tous les chroniqueurs en parlent. Permettez-moi de vous donner un seul exemple. Il date de la dernière guerre. En juin 1940, un aviateur anglais, le lieutenant Grayson, effectuait un vol de nuit au-dessus de Douvres, par un merveilleux clair de lune. A certain moment, il aperçoit devant lui un biplan d'un type très démodé. Intrigué, il le prend en chasse, le rattrape et constate avec stupéfaction qu'il s'agit d'un vieux Fokker de la guerre 14-18, entièrement peint en rouge et orné de la Croix de fer. S'approchant encore, il remarque que cet étrange appareil porte un emblème sur son fuselage : un cirque volant. Il pourrait alors tirer ; mais — il le dira plus tard — cet avion lui semble tellement bizarre qu'il n'ose pas. Tout à coup, le Fokker qui vole à dix mètres devant lui disparaît comme par enchantement. Très troublé l'Anglais rentre à son camp et raconte ce qu'il a vu. Ses camarades

1. Voir « Contacts avec l'au-delà », *L'étrange concert* (Tome 1).

déclarent en ricanant qu'il devrait être interdit aux pilotes de la RAF d'avoir du whisky dans leur avion...

Des années passent. Et un jour de 1943 le lieutenant Grayson achète un vieux livre sur la guerre aérienne de 14-18. Il y découvre avec stupeur la photo d'un Fokker rouge orné d'un « cirque volant ». Il s'agit, explique la légende, du biplan sur lequel volait l'as n° 1 de l'aviation allemande pendant la Première Guerre mondiale, le fameux baron Manfred von Richthofen, surnommé le Baron rouge à cause de la couleur de son appareil.

Or, von Richthofen avait été abattu avec son Fokker le 21 avril 1918. Que venait-il faire dans un fragment de l'espace-temps de juin 1940 ?

SOURCES

George LANGELAAN, *Les Faits maudits*.
Guy TARADE, *Les Dossiers de l'étrange*.
Archives de la Croix-Rouge internationale.
Coronet, avril 1943.

Le Grand Condé et son fantôme

Au milieu du jour, ce 26 septembre 1598, un grand cri d'affliction s'élève du beau château de Chantilly, dont la construction s'achève à peine. Louise de Budos, duchesse de Montmorency, vient d'expirer, alors qu'elle allait peut-être donner au connétable Henri un second fils qui perpétuerait sa race. A Chantilly et à Fontainebleau, où le connétable s'est rendu pour régler des affaires qu'Henri IV lui a confiées, c'est la stupeur et la douleur. L'épouse bien-aimée d'Henri de Montmorency, si douce et si belle, n'avait que vingt-trois ans !

Montmorency ne retournera à son château que pour le service funèbre et pour prier les frères feuillants de fonder à Chantilly un monastère. Puis avant de se retirer, désespéré, dans sa maison de Mello, il fait clouer portes et fenêtres de la pièce où la malheureuse Louise est morte. Trois mois passent, et puis une rumeur se met à courir dans les pays d'Oise. Une rumeur qui paraît à tous incroyable. On entend dire dans les bonnes maisons, et aussi dans les taudis, que le connétable... s'est remarié ! On précise même que l'élue est une certaine Mme de Dizimieu, tante de Louise, qui vivait déjà à son foyer du vivant de la duchesse. Et l'on se signe, car le délai est trop court et l'union contraire aux textes canoniques...

Pierre de L'Estoile, le grand chroniqueur de l'époque, commente ainsi l'événement : « Mourut en ce temps à Chantilly, en la fleur de ses ans et de son âge, Mme la Connétable, la fleur des beautés de la cour, miroir hideux de la justice de Dieu en sa fin, qui fut avec désespoirs, frayeurs et gémissements épouvantables, servant d'instruction aux courtisans et courtisanes de ce siècle, de craindre Dieu et de ne pas faire comme celle-ci *qui s'était donnée au diable*, qui l'a payé de sa vanité et curiosité, vices dont la plupart des seigneurs et dames de la cour font aujourd'hui leur dieu ! »

Pierre de L'Estoile, on le voit n'y va pas par quatre chemins, et accuse Louise de Budos de sorcellerie.

Un siècle plus tard, Saint-Simon reprend les faits et les nourrit de plusieurs témoignages. Voici l'étrange récit que l'auteur des célèbres *Mémoires* fait de l'événement. Selon lui, Louise de Budos, jeune veuve de dix-huit ans, et sa mère se trouvaient aux côtés de la femme du connétable lorsque celle-ci mourut en 1593. Mère et fille font leur possible pour soulager la douleur de Montmorency qui reste longtemps inconsolable. Un jour qu'elles se promènent aux alentours du château de Pézenas, elles tombent sur une pauvre femme qui demande l'aumône en tenant un enfant dans ses bras. Louise, émue à la vue du bébé, oblige sa mère à donner quelques pièces à la mendiante qui se confond en remerciements et assure aux deux femmes que si elles le voulaient leur charité porterait mille bénédictions. La condition, c'est qu'elles acceptent une bague qu'elle leur tend et qu'il faudra passer au doigt du connétable.

Avec un bel art du raccourci Saint-Simon conclut : « Le conseil fut de point en point suivi et le connétable épousa Louise de Budos »...

L'histoire, comme on sait, ne s'arrête pas là et pendant cinq années la petite Louise et son grand capitaine furent parfaitement heureux.

Montmorency est fréquemment parti en campagne aux côtés du futur Henri IV, qui fait ce qu'il peut pour hâter en France le temps de la poule au pot. Louise ainsi se trouve souvent seule au château de Chantilly que le connétable vient de faire relever. Un soir qu'elle est avec sa tante et le comte de Cramail, l'entourage lui trouve une mine terriblement défaite. Aurait-elle reçu quelque mauvaise nouvelle du connétable ? Certes non, répond Louise qui tente de rassurer son monde. A quelques jours de là, alors qu'elle se promenait après dîner avec ces deux mêmes personnes, elle les quitte brusquement, en les priant de ne surtout pas bouger. Elle s'avance vers un homme qui est debout au détour d'une allée et qui semble l'attendre. Elle le rejoint, s'arrête à ses côtés et lui parle assez longtemps.

Quand l'homme s'en va, la tante et Cramail la rejoignent à leur tour, très intrigués. La jeune femme paraît si abattue que cette fois ils ne doutent plus qu'elle vient d'apprendre quelque fatale nouvelle des armées. Elle tente encore de les rassurer et se montre encore plus évasive et plus accablée que la précédente fois.

Le lendemain au dîner, alors qu'on va servir les desserts, on vient lui dire que l'homme qui l'a entretenue la veille demande à lui parler de nouveau. Cette visite paraît la bouleverser et elle dit, à haute voix, qu'elle trouve l'homme décidément bien empressé. Elle prie qu'on le fasse attendre, mais sort de table assez rapidement en défendant vivement qu'on vienne la déranger, même si on entendait du bruit ou les échos d'une éventuelle dispute, insiste-t-elle.

Louise s'éloigna avec son visiteur vers un cabinet de travail, situé près de la grande galerie, où elle s'enferma avec lui. La famille, pour l'heure réduite, il est vrai, à sa tante et à ce gentilhomme, commence à trouver ce comportement extraordinaire. Pour des raisons qui peuvent nous paraître tout aussi singulières, on la laisse confrontée toute la journée à l'inconnu et ce n'est qu'au soir, et après avoir tenu conseil avec toutes les personnes responsables au château, qu'on se décide à frapper à la porte du cabinet. Elle est fermée de l'intérieur et on a beau appeler et conjurer, Louise ne répond pas. Il faut donc se résoudre à enfoncer la porte. Un spectacle terrible attend les témoins : la connétable est étendue par terre dans une posture qui glace d'horreur les témoins. Elle est couchée à plat sur le dos, et sa tête a subi une torsion de 180°, de telle sorte que sa face est à présent entièrement tournée vers le sol. Le visage ne porte aucune trace de violence.

La malheureuse est bien sûr morte et il règne dans la pièce une odeur de soufre nauséabonde.

D'après Saint-Simon, Louise de Budos serait donc morte victime du Malin. Quant au remariage du connétable avec Laurence de Dizimieu, il serait dû à un nouveau sortilège.

Au soir du drame, la douleur avait jeté Laurence sur le corps sans vie de sa nièce. Après avoir longuement baisé la dépouille, elle avait pris, dans son égarement, la bague de la mendiante que Louise portait à son doigt comme un talisman. Puis l'avait aussitôt enfilée sur le sien, comme une pieuse relique...

Le connétable, éperdu de douleur, rentra d'une traite à son château où tous les témoins purent voir la sincérité de son désespoir. Et puis, dès qu'il reprit un peu contenance, il fit à Laurence — qu'il ne pouvait souffrir auparavant — mille marques d'amitié. Celle-ci fut heureuse de ces dispositions nouvelles et les mit sur le compte du désarroi. Mais, alors qu'elle s'apprêtait à partir pour de bon, il lui demanda tout net... de l'épouser !

Singulier mystère... Laurence n'est pas riche et, de plus, sa figure est des plus disgraciées. Quant à la garder seulement pour donner une mère à ses enfants, le duc pourrait en trouver de plus proches dans sa famille et, à coup sûr, de moins détestées. Jusqu'à cet incroyable revirement du moins... Le premier moment d'étonnement passé, la tante de Louise, qui n'a que vingt-huit ans, ne songe pas, bien sûr, à refuser l'offre mirifique que lui fait le plus éminent seigneur du royaume. Qui, à soixante-cinq ans, trouve encore tous les jours dans son courrier les lettres les plus galantes : « Si je n'estois femme de qui vous aimez le sexe, je ne serais pas si hardie ! » lui écrit à cette époque une ardente solliciteuse...

Le connétable se montre si pressé qu'il n'attend même pas la dispense de Rome pour fixer la date du mariage. Ce n'est que quelque temps après sa célébration qu'il songe à se tourner vers le pape. A Jean des Porcellets, seigneur de Maillan, personnage important dans le Midi, est confiée la mission d'aller requérir l'indulgence pontificale. En place du duc, Rome tance l'émissaire, mais accorde son pardon. Sous condition qu'il soit procédé au plus vite à un nouveau mariage, dans les règles cette fois.

Laurence, pendant tout ce temps, ne jouit pas comme elle devrait de son bonheur. Sans cesse elle se questionne. Comment donc l'amour a-t-il pu tomber si inopinément à son prince ? Un jour elle s'avise que c'est certainement la bague de sa défunte nièce qui est à l'origine du miracle. Les amies à qui elle se confie se moquent d'elle. Mais, comme elle est de plus en plus tourmentée, on lui suggère de se séparer tout simplement du bijou. Alors, un jour qu'elle se promène dans les jardins du château d'Ecouen, elle jette la bague dans une mare...

Presque au même moment, Jean de Maillan est rentré de son ambassade romaine. Le connétable le reçoit aussitôt pour lui signifier que non seulement il n'est plus question pour lui de se marier, mais qu'il envisage même de se séparer le plus rapidement possible de Laurence. Le pape, ulcéré de ce comportement extraordinaire, enjoint alors au connétable de convoler chrétiennement et sur-le-champ. De longues tractations s'engagent.

Montmorency jure que, s'il peut se débarrasser de celle qui est malgré tout sa femme, il ne se mariera plus jamais, et que plus jamais il n'aura d'enfants. Le pape se montre inflexible et si fort est alors son pouvoir que, le 18 avril 1601, le mariage doit être célébré publiquement, par l'évêque d'Arles, à Beaucaire.

Etrange mariage en vérité ! Laurence n'a pas encore quitté ses atours que son époux exige une séparation immédiate... Avec interdiction de jamais reparaître à Chantilly... Pour éviter toute plainte, Montmorency lui constitue un revenu honorable, mais l'oblige, comme en proie à un éternel ressentiment, à fuir de château en château, jusqu'à sa propre mort, en 1614.

A demi folle et ignorée de la cour comme de la ville, Laurence de Dizimieu vécut encore quarante années. Quant à Louise de Budos, qui avait connu de son vivant d'extraordinaires aventures, elle eut, après sa mort, une étrange activité, si l'on en croit toujours Saint-Simon. « Une tradition constamment crue dans la Maison de Condé veut que la connétable Louise apparaisse, dans l'âge où elle était et avec les habits de son temps, à la fenêtre de la salle d'armes de Chantilly, peu avant la mort de l'aîné de la Maison de Condé. Ce qu'il y a de très certain, c'est que fort peu de jours avant la petite vérole de Mme la duchesse, bâtarde de Louis XIV [1], le Grand Condé

---

1. Louise-Françoise, dite Mlle de Nantes, fille de Louis XIV et de Mme de Montespan, qui épouse en 1685 Louis, duc de Bourbon, petit-fils du Grand Condé.

étant à Chantilly d'où il ne sortait plus guère, Vervillon, son écuyer, revenant de tirer et arrivant à soleil couchant au château, vit à la fenêtre ouverte de la salle d'armes, vis-à-vis de la statue de la connétable, une femme vêtue singulièrement, appuyée et très avancée sur cette fenêtre, et qui regardait tellement en bas qu'il ne put voir que peu et imparfaitement son visage. Vervillon, qui n'ignorait rien de la tradition de la maison et qui savait que cette salle était toujours fermée et ses fenêtres aussi, fut si frappé de cela qu'il s'arrêta. Se tournant vers le palefrenier qui le suivait, il lui demanda s'il ne voyait pas quelque chose à la fenêtre et ce que c'était. Le palefrenier lui dit qu'il voyait la même forme. Vervillon, sûr qu'il ne l'imaginait pas, avance, toujours en regardant, jusqu'à ce qu'étant arrivé fort près de la porte il ne pût plus la voir. Au lieu d'aller à sa chambre, il met pied à terre chez le concierge et lui demande pourquoi la salle d'armes est ouverte. Celui-ci répond qu'elle ne l'est pas, conteste, présente ses clefs, monte tout de suite avec Vervillon, lui montre la porte de la salle d'armes bien fermée, et l'ouvre : ils entrent tous, trouvent portes et fenêtres bien closes et personne dedans. Vervillon bien étonné s'en va dans sa chambre, y emmène le concierge, lui conte ce qu'il a vu, puis à M. le prince de Conti, alors exilé à Chantilly, et fait parler devant eux le palefrenier. La chose gagne d'oreille en oreille les principaux de la maison et les effraie. Vervillon, ajoute Saint-Simon, était depuis des années à M. le Prince, brave homme, fort estimé, fort mêlé avec le monde. Il a vécu plus de trente ans depuis cela et toujours avec beaucoup d'amis considérables...

» A deux jours de là, M. le prince de Condé sut que Mme la duchesse avait la petite vérole à Fontainebleau, d'où la cour était pour cela partie. Il alla la trouver, y tomba malade tout de suite et y mourut fort promptement le 11 décembre 1686... [1] »

---

1. Les apparitions du fantôme de Louise de Budos à Chantilly sont également relatées par Mme de Sévigné.

RÉPONSES À L'INCRÉDULE

— *Singulière histoire où se trouvent mêlés un envoûtement, le Malin et un fantôme...*

— Essayons de débrouiller l'affaire. Souvenons-nous... Tout commence par l'envoûtement, c'est-à-dire par l'anneau magique qui aurait fait tomber le connétable sous le charme de Louise. Celle-ci et sa famille sont à l'évidence convaincues que certains objets peuvent être chargés de pouvoirs...

— *Quelle crédulité !*

— Peut-être. Mais il n'y a pas que les animistes, à travers le monde, qui croient que la matière est reliée à quelque chose qui en dépasse l'apparence !

— *... Capable de mener un Montmorency devant l'autel ? Alors que sans la bague...*

— Je n'en sais rien. Mais l'envoûtement, en tout cas, est une réalité, qui passe souvent par l'intermédiaire d'un objet, servant en quelque sorte de « condensateur psychique »... L'anneau est très souvent le support de cette force. Dans la Grèce ancienne on y croyait tellement qu'on interdisait aux prêtres d'en porter, dont les pouvoirs devaient venir de la seule divinité... Dans les contes de l'Orient, il est partout question de prodiges opérés par les anneaux, celui de Salomon notamment, qui commandait à toute la nature et dont le possesseur serait maître du monde.

— *Et vous... la « condensation psychique », l'envoûtement par l'anneau, vous y croyez ?*

— Ni plus ni moins que Platon et que les Ecritures qui en font état également. Les phénomènes d'envoûtement, en tout cas, sont de tous les temps et de toutes les civilisations...

— *Tout comme la présence du Malin...*

— Il serait très étonnant qu'en 1598 surtout... il fût absent ! L'année de la mort de Louise est aussi celle d'une des plus retentissantes affaires de sorcellerie du XVIe siècle, celle du curé Aupetit, de Pageas en Limousin, qui avoue sous la torture avoir vu le diable. Saint-Simon lui-même est d'ailleurs convaincu que, dans le cas de Louise, Satan était à l'œuvre, puisque, comme L'Estoile cent ans auparavant, il parle d'une odeur de soufre, qui emplissait la chambre de la morte.

— *Il y a aussi cette curieuse et terrifiante posture dans laquelle on retrouve le cadavre de la jeune femme...*

— Elle a pu être causée par une crise hystérique ou alors par la possession diabolique, dont les spécialistes vous diront qu'elle engendre des déploiements de force physique prodigieux, des violences et des mutilations corporelles, médicalement inexpliquées...

— *La suite de l'histoire rappelle le thème de la Dame Blanche.*

— Oui. Grise ou blanche, elle est là pour annoncer un trépas, protéger, ou réconforter. Comme celle qui aide les mourants dans cet hôpital londonien et qui se manifeste si régulièrement que le Dr Paul Turner fit une enquête, qui conclut à la réalité du phénomène. La dame en question, habillée de gris, est debout au pied du lit ou assise près du fourneau, donne même des verres d'eau aux malades, mais chacune de ses apparitions précède inéluctablement le décès de ceux qui la voient. Même si tout indique qu'en apparence le malade va s'en tirer...

— *Dans ce cas, elle est donc signe plus que cause du trépas ?*

— Dans tous les cas, je crois ! Disons qu'elle apparaît sur la scène spatiale quand la scène temporelle a déjà accompli sa révolution... entraînant le vivant en sursis !

— *Ce genre de signes n'a plus alors d'autre sens que celui d'un ultime et cruel sarcasme du destin...*

— La déploration métaphysique n'est heureusement pas la seule manière d'aborder le problème ! L'hypothèse qui me satisfait le plus est celle de la vision psychométrique...

— *Expliquez-vous clairement.*

— Il s'agit de la perception, le plus souvent par une personne douée de facultés médiumniques, d'images représentant des scènes qui se sont déroulées dans le passé, au même endroit. Ces images sont « vraies », c'est-à-dire qu'elles ont une réalité objective, extérieure au cerveau qui les capte. Elles apparaissent le plus souvent par l'intermédiaire d'un objet ayant appartenu à la personne qui se manifeste ainsi. Quant au mécanisme qui provoque cette projection d'images, il est inexplicable...

— *Et ce qui est inexplicable est sans importance...*

— Que de telles images puissent se former me paraît au contraire d'une importance capitale. Non pas tant parce qu'elles font resurgir des brumes du passé, et souvent avec une grande précision, des personnes ou des situations parfaitement oubliées. Non pas tant même parce qu'elles projettent le « double » anecdotique ou prémonitoire d'événements historiques importants. Mais parce qu'elles font sauter à leur manière le verrou de l'espace-temps que nos concepts limités ont mis en place depuis si longtemps... Mettant sous clé des pouvoirs, qui, libérés — je suis certain que c'est pour bientôt —, permettront à l'humanité de résoudre beaucoup de problèmes jusqu'ici insolubles...

SOURCES

J.-M. CHARCOT, *Leçons du mardi à la Salpêtrière*, Ed. CEPL.
Jean PALOU, *La Sorcellerie*, collection « Que sais-je ? ».
Duc de SAINT-SIMON, *Mémoires*.
Mme de SÉVIGNÉ, *Lettres*.
François RIBADEAU-DUMAS, *Histoire de la magie*, Les Productions de Paris.

Quand les soldats tués à la guerre portent témoignage sur l'au-delà

Camille Flammarion, qui a enquêté auprès de milliers de personnes sur les phénomènes *post mortem*, écrivait : « Les guerres sont des champs d'expérience, hélas privilégiés, pour ceux qui se penchent sur les problèmes de l'immédiate après-vie. Au cours de ces massacres, en effet, la plupart des gens qui sont tués — civils ou militaires — entrent dans la mort de façon brutale et sans y être préparés. Aussi les messages que l'on a pu obtenir de ces défunts, soit par l'écriture automatique, soit par les tables, font-ils généralement état du profond étonnement que ceux-ci éprouvent en comprenant qu'ils sont morts. Le passage est si subit que certains "sujets" croient fermement qu'ils continuent à vivre. Il y a donc là pour le chercheur un terrain d'étude tout à fait exceptionnel. »

De son côté, Maurice Maeterlinck écrivait : « Les victimes de mort violente (due à un accident ou à une guerre) qui se trouvent projetées brusquement de la vie dans l'au-delà où elles ont quelque peine à s'habituer à leur nouvel état, semblent, d'après des témoignages dignes de foi, plus disposées et plus aptes que d'autres à entrer en communication avec les vivants. Des liens les unissent encore à ce côté-ci du réel, ce qui paraît faciliter le dialogue. »

Pendant la Deuxième Guerre mondiale, de nombreux centres spirites entrèrent en contact avec des soldats morts au combat. Le plus important fut celui qu'avait créé jadis le colonel Gascoigne. Cet officier britannique, héros de la bataille de Khartoum et ancien compagnon de Cecil Rhodes durant les premières années de la Rhodésie, était passionné de spiritisme. Il avait étudié tout ce qui touchait aux relations entre morts et vivants dans les civilisations anciennes, possédait sur ces sujets une bibliothèque d'une extraordinaire richesse et était l'inventeur d'un moyen de communiquer avec les défunts.

Après sa mort, sa veuve et sa fille, utilisant la méthode qu'il leur avait enseignée, dialoguèrent régulièrement avec lui. Vint 1940. Lorsque Hitler commença à attaquer l'Angleterre, les deux femmes reçurent du colonel des messages les incitant à « appeler » des soldats tués par l'ennemi et à les interroger. Elles obéirent. Les réponses qu'elles obtinrent alors — et pendant cinq ans — furent stupéfiantes. En voici quelques-unes [1] :

Message d'un marin

J'étais sur un pétrolier. Lorsque notre bateau fut coulé, nous nous sommes tous noyés très vite. Je n'ai pas souffert, mais j'ai été extrêmement surpris de me trouver en possession d'une force merveilleuse qui me permit de repousser toutes sortes d'épaves. J'ai avancé ainsi parmi les débris et, au bout d'un moment, je me suis rendu compte que nous étions en eau profonde. Tout était immobile comme dans un rêve. Je me souviens de la grande facilité avec laquelle nous bougions et respirions (tant est que nous respirions, car, en y repensant, je crois que c'était un autre type de respiration). De toute façon, je me suis libéré, tout comme quelques-uns de mes amis, et nous nous sommes éloignés, sans savoir très bien ce que nous faisions. Puis nous avons découvert qu'il y avait un inconnu parmi nous. Ses vêtements étaient tout à fait secs et il marchait comme si l'eau qui nous entourait n'existait pas. Peu après avoir observé ce phénomène, je le lui fis remarquer.

Tout cela était si étrange ! Après avoir marché droit devant nous pendant un temps infini, je vis que nous nous dirigions

---

1. Avant de livrer ces textes au lecteur, je tiens à préciser que Mme Gascoigne et sa fille étaient fort honorablement connues dans la haute société londonienne et qu'elles appartenaient à un milieu austère où l'idée même d'une supercherie était impensable...

vers ce qui me semblait être un lever de soleil ; je n'en avais jamais vu de plus beau. Je regardai en arrière, dans la direction d'où nous étions venus, quand l'inconnu mit sa main sur mon épaule et dit : « Pas encore, vous devez continuer jusqu'à la Vallée de l'Ombre de la Mort. Là seulement vous pourrez vous en retourner, si vous le désirez. » Je répondis : « Oh, ça m'est bien égal », et continuai mon chemin, un peu ahuri, jusqu'à ce que nous arrivions à une sorte de jardin. Je dis une sorte, car il n'était ni fermé ni bien délimité. A flanc de colline, il était rempli de fleurs, de fleurs merveilleuses. Avant même d'avoir gagné cet endroit, j'avais « réalisé » que nous ne nous déplacions plus dans l'eau. J'étais fatigué, je tombais de sommeil et mes pieds refusaient de me porter. L'inconnu nous proposa de nous reposer. Je m'assis par terre sur l'herbe et m'endormis immédiatement.

Vous ne pouvez imaginer ma surprise lorsque, au réveil, je me retrouvai dans un endroit inconnu. Tout d'abord, je ne pus me souvenir comment j'étais arrivé là ; mais, petit à petit, tout me revint en mémoire. Avec l'aide des camarades qui étaient encore près de moi, je pus reconstituer toute l'histoire. Pendant tout ce temps, l'inconnu était resté avec nous écoutant sans mot dire. Finalement, je lui demandai d'où il venait, et pourquoi il nous avait amenés ici. Il répondit : « Oh, je suis un simple marin, comme vous, mais, ayant accosté depuis quelque temps maintenant, j'ai pensé que je pouvais vous aider. »

Il nous fallut un certain temps pour admettre que nous étions « morts » ; mais tout était si différent de ce à quoi je m'attendais que je ne pouvais y croire.

C'est magnifique, vraiment magnifique. Si ma mère savait ! Cette « terre » est bien meilleure que celle que nous avons quittée, et tout va bien. J'aimerais qu'elle puisse la voir. Papa est venu me rejoindre peu après cette prise de conscience ; et nous avons passé de merveilleux moments ensemble. L'appeler « Papa » me fait drôle car il est plus jeune que moi maintenant ; il en a tout l'air en tout cas. Nous allons bientôt travailler ensemble, mais je ne suis pas pressé.

Message d'un Néo-Zélandais

Vous ne connaissez pas ma famille, elle est loin et ne pourrait jamais comprendre. J'appartiens aux troupes coloniales et mon nom est Simson. Je suis venu de la Nouvelle-Zélande. Je fais partie des pertes subies en Grèce. Je devrais rentrer chez moi maintenant, mais je ne peux pas abandonner mes camarades. Je pourrais y aller aussi vite que la pensée elle-même, et revenir tout aussi rapidement, mais le temps n'importe plus maintenant. Et, si je laisse se défaire le contact que j'ai avec nos gars, il va être difficile à retrouver. J'ai l'impression que nous pouvons faire quelque chose ici et maintenant, et si cette impression est juste, il faut continuer la lutte.

Qui est « vivant », qui est « mort » ? Je ne m'en rends pas très bien compte. Tous se ressemblent tant ! Sauf que les « morts » sont bien plus énergiques et ne se fatiguent pas. Mes parents ne comprendraient pas combien je me sens plus vivant maintenant. Ce n'est donc pas la peine d'essayer de le leur dire.

Je poursuis le même travail, sous les ordres du même officier, et avec beaucoup de mes anciens camarades ; nous travaillons pour les autres, surtout lorsqu'ils dorment. Il nous arrive de mener des raids contre des régiments ennemis « morts », en utilisant les armes de la pensée ! C'est un jeu fantastique. Nous pouvons presque tout faire maintenant. Ce qui est le plus extraordinaire, c'est que nous sommes tous heureux. Sur terre, je n'étais pas particulièrement doué pour le bonheur. Plus que les autres, j'étais soucieux, tourmenté et enclin à l'ennui. Ici, en revanche, il règne une atmosphère d'insouciance, et on n'a plus le temps de s'ennuyer. Avoir quitté mon corps ne peut donc faire naître chez moi aucune nostalgie. Je reste ici, tout simplement. Nos gars, tous nos gars sont heureux, eux aussi. Et les autres connaissent tant de difficultés que c'est notre devoir de les soutenir.

Question : Peut-on vous aider ? Avez-vous besoin de notre aide ?

— Oui, nous en avons besoin. Ça m'aide considérablement, ça me donne plus d'énergie pour me rapprocher de mes camarades. Ce serait encore mieux si vous pouviez aussi parler aux autres. Vous nous donnez confiance en nous. Il nous est le plus souvent impossible de voir le résultat de notre travail. Maintenant je peux voir et sentir vos réactions, et, tout comme pour vous, je suppose, cela rend le travail tangible. C'est un résultat. Je crois que c'est tout pour le moment. Bonne nuit.

Message d'un Norvégien

Merci. Vous parler me fait tout drôle, mais c'est assez facile. Je ne suis pas anglais, même pas britannique. Je suis norvégien. J'ai habité l'Angleterre pendant des années, et je pratique votre langue aussi bien que la mienne.

J'ai été descendu par les Allemands à Trondheim. J'étais commerçant ; ils ont tiré. Je n'aime pas les Allemands. Je ne pourrais jamais les aimer ; et je suis maintenu ici par ma haine. Je n'arrive pas à m'en débarrasser. Leurs actes d'une cruauté gratuite me mettent encore tellement en colère quand j'y pense ! Je suis miné par cette fureur, je ne peux m'en libérer. Je vous supplie de m'aider ; votre père m'a mené à vous pour que je me rapproche de lui. Il me dit qu'il faut pardonner aux nazis, qu'ils ne savent pas ce qu'ils font, qu'ils sont comme des somnambules ; et que tant que je ne leur pardonne pas je ne peux pas me libérer, et sortir de cette couche inférieure, si proche de la terre.

Ici, tout ce qui vous arrive, vous le ressentez plus fortement, et nous exécrons de plus en plus la race allemande. Lorsqu'ils nous rejoignent dans le corps astral, ils nous semblent être de pires ennemis que pendant notre vie terrestre. C'est affreux, cette colère dont nous ne pouvons pas nous défaire. Donnez-moi la tranquillité et permettez-moi de dormir. Je veux dormir et oublier. Cela me permettrait d'avoir un jugement plus équitable et d'arriver à leur pardonner.

Je comprends pourquoi le Christ a vite accordé son pardon à tout le monde avant de quitter la terre. Je vois pourquoi et combien cela est nécessaire, et, avec l'aide de votre père et de ce contact avec vous, je pourrais m'échapper.

Message d'un Ecossais fait prisonnier en Crète

C'est vrai, j'étais en Crète. Je suis originaire de la haute Ecosse. J'étais dans la marine et je suis resté en Crète avec d'autres qui ne pouvaient pas être embarqués. J'ai vu les navires partir et j'ai compris qu'il était inutile pour nous d'espérer échapper. Ça a été un des pires moments. J'ai été touché à l'épaule, et je n'ai rien pu faire d'autre que de me laisser faire prisonnier. On m'a mis sur une civière, et on m'a conduit à l'hôpital. Tout ce qu'ils ont fait pour moi, c'est me donner un lit. Ma plaie s'est infectée et est devenue très douloureuse. J'imagine que je me suis mis à délirer. Ils m'ont posé des questions, mais je ne pense pas qu'ils aient fait quoi que ce soit pour moi ; peut-être ne pouvaient-ils rien faire. Je ne sais pas. De toute façon, après avoir souffert interminablement, j'ai, semble-t-il, sombré dans un sommeil absolu. Au réveil, la douleur avait disparu et j'étais dehors. J'ai donc pensé que je m'étais échappé, et je me suis promené, heureux d'être libre, mais incapable de comprendre ce qui s'était passé. Je n'arrivais pas à marcher convenablement. Je ne pouvais garder mes pieds sur terre. J'étais dans une sorte de brouillard. Je voyais un lieu et des gens, et puis, tout à coup, tout était changé. Je pensais que je délirais encore. Maintenant je sais que je percevais deux couches en même temps. Je n'avais pas encore appris à maîtriser mon corps spirituel. Tout cela m'inquiétait. Le désespoir me gagnait. Des gens s'approchaient de moi pour m'aider et, alors que nous commencions à nous comprendre, j'étais poussé par l'envie de me cacher des Allemands. Cela ressemblait à une torture. Et puis les gens arrivèrent à me rejoindre, et je pus dormir — du véritable sommeil de la mort : l'extinction de notre vie et la naissance d'une autre. Je n'y connais pas grand-chose, mais cette vie paraît si naturelle que j'avais hâte de communiquer avec vous pour essayer mon pouvoir dans le milieu physique avant de retourner porter secours à ceux qui ont souffert comme moi. Je sais que c'est possible et je ne veux pas perdre de temps. Il est merveilleux de découvrir que rien n'a été gâché. J'ai toutes les capacités que j'avais rêvé posséder sur la terre. C'est merveilleux. Bonne nuit.

Deux lettres d'un pilote polonais qui avait passé sa dernière permission chez Mme Gascoigne

Oui, j'ai été abattu. J'ai survécu à de nombreux combats, mais pas à celui-là. Je suis blessé, je ne peux contrôler l'appareil. Touché à la jambe. Ça fait mal. Les commandes ne répondent plus. Je tombe. Je ne peux pas sortir de l'appareil. Je suis tout à fait conscient de la chute. Je me relève sans trop de mal et je vois mon mitrailleur. Lui aussi est blessé, mais pas trop. Les Allemands viennent nous chercher, mais ils ne me voient pas. Je cours me cacher. Mais ils ne me cherchent pas. Ils emmènent mon ami avec eux. Je tourne en rond pendant un certain temps, je me sens bien et n'arrive pas à imaginer comment j'ai pu m'écraser sans me faire de mal. Ma jambe est guérie. Je me promène. Je m'approche de paysans français pour leur demander du secours, mais ils ne me voient pas. Je commence à me poser des questions. Je n'ai ni faim ni soif et je ne suis pas particulièrement fatigué. Je commence à voir mon environnement se transformer. Il y a des couleurs partout ; c'est le coucher du soleil, ou son lever. Les couleurs semblent se refléter autant sur la terre que dans le ciel. Je me suis couché et j'ai regardé les couleurs prendre forme. C'était comme au cinéma lorsqu'une image s'efface pour laisser place à une autre. J'étais stupéfait. Je ne sais pas où je suis. Je demande, je prie, j'oublie que je n'ai pas de religion. Je prie à l'aide et elle m'est accordée. Quelqu'un d'extrêmement bizarre, mais malgré tout proche de nous, s'approche de moi. Il me dit de ne pas me soucier du changement : c'est mieux pour tout le monde et je vais être très heureux dans ces terres. Je ne comprends plus très bien. J'imagine que je suis fait prisonnier. Ensuite il m'explique qu'il n'existe ni prison ni prisonnier, et je me sens de nouveau libre. Il m'emmène alors et m'ordonne de dormir. Il touche mes yeux et je suis immédiatement endormi. A mon réveil, il est encore là et je suis de nouveau sur la terre, en territoire occupé, avec les Allemands tout autour. Je suis revenu dans mon corps. Je trouve difficile de le quitter.

Je ne vois pas de couleurs, mais mon nouvel ami est près de moi, et il me parle. Je ne le vois pas très bien. Ils font quelque chose à mon corps. Je suis très malheureux. Mon ami me dit de concentrer toute mon attention sur un événement en dehors de la guerre. Je me concentre donc sur la dernière fois que j'ai eu une vie de famille avec vous à H. Je vous vois tous très bien. Je vous réveille. Vous sentez ma présence toute proche et vous me parlez. Je vous demande de me garder dans la maison, tranquille, loin de la bataille, jusqu'à ce que je puisse partir, et vous répondez « bien sûr ». Je reste donc, et maintenant je commence à me sentir de nouveau heureux. Je suis entre deux mondes. Aidez-moi à me défaire de celui-là et à partir. Je veux continuer. Je veux continuer. Je crois que je peux. Aidez-moi, je vous en prie.

S. Z.

Du même, plusieurs jours après :

Merci. Oui, je vais bien. Je ne me sens pas encore prêt à quitter votre maison. Il m'arrive de partir pour de courts moments, mais c'est bon de pouvoir revenir auprès de vous tous.

Lorsque vous vous asseyez sur la même chaise que moi, cela me fait une drôle d'impression. Je suis en même temps très proche et très loin de vous.

De temps en temps je me rends en Pologne, mais je n'ose pas y rester. Je n'ai pas encore la force suffisante pour les aider, et ils ont tant besoin de cette force ! Je vois mes vieux amis, certains sont mourants, d'autres déjà morts. Mais je ne peux rien faire. Je suis fatigué et me sens trop malade pour les approcher. Nous devons bientôt aider, mais nous sommes trop faibles pour le moment.

Votre père, ou quelqu'un qui lui ressemble, vient avec moi, et nous essayons d'aider. Mais je ne suis bon à rien. Je veux aider, mais je suis comme un enfant, je ne peux pas. C'est que je n'ai jamais cru en rien ; je n'attendais rien après la mort. Je me sens perdu. J'ignore tout. Tout ce dont je me suis moqué me revient à la mémoire. J'étais un homme mauvais, j'ai négligé trop de choses, mes prières, mon église. Mais je ne sais pas si c'est vraiment important. Je n'avais pas la foi. Maintenant je découvre que s'il n'y a pas d'extinction, je dois endurer en quelque sorte une extinction consciente. Ma pensée et mes sens sont présents, mais je n'ai aucune force.

Ici, vous trouvez ce que vous attendiez. Vous construisez votre réveil. Tout arrive comme vous l'avez imaginé. C'est tout au moins ce qu'ils m'ont dit. Je ne m'attendais à rien, et rien n'est arrivé. Mais maintenant je suis en train de me sortir des zones dépressives, et je commence à sentir ma force. Merci de votre aide.

S. Z.

Message d'un officier de cavalerie

Merci. Je suis vivant, après tout. Je croyais que seule l'extinction pouvait suivre un tel enfer. De tous côtés, anglais comme allemand, c'était l'hécatombe. Les blindés, la mitraille et les avions ! J'avais l'impression que nous étions exterminés par les machines que nous avions créées. Elles semblaient tellement plus vindicatives que les hommes qu'elles contenaient ! Je pense que c'est la guerre des machines. Ce sont elles qui nous dirigent. Nous sommes les esclaves d'un mauvais génie qui a permis leur existence. Je ressens si fortement l'influence du mal. J'ai hâte d'être loin, et de m'allonger sur du sable propre, et d'oublier les horreurs de cet enfer dont l'homme n'est plus maître.

J'ai prié à l'aide lorsque nous nous sommes enlisés et que le feu a commencé. J'ai prié de toute mon âme, tout en sachant qu'il n'existait aucune échappatoire. Mais la prière me donnait du courage. Il me semblait que rien n'avait vraiment d'importance, à l'exception de ce sentiment concernant le mal. Et ce dernier s'était même un peu effacé. Je ne peux pas lui donner de nom, ni l'expliquer. Il semblait monter du sable et se répandre tout autour des blindés. Je me sentais malade et pitoyable. Puis ces sensations disparurent et je me retrouvai dehors en train de parler à mon colonel. Il ne paraissait pas remarquer les balles qui nous tombaient dessus sans arrêt. Je courus me mettre à l'abri, mais il m'appela et me dit de ne pas prendre cette peine. Il avait l'air aussi jeune qu'une nouvelle recrue et paraissait jouir de la bataille. Il me prit par l'épaule et dit : « Ne voyez-vous pas, Kit, que nous sommes morts, et pourtant nous sommes plus vivants que les autres. Nous pouvons continuer à nous battre, à tourmenter l'ennemi, à l'égarer, à inspirer nos chefs et à profiter de notre invisibilité. » Je voyais bien qu'il était sérieux, mais il me parut fou. Je répondis : « Oui, mon colonel, mais je suis si fatigué que je ne pense pas pouvoir continuer. » Il me laissa et je ne sais pas ce qui arriva, mais je me réveillai ici avec une seule idée en tête : retourner sur le champ de bataille et le retrouver. Il n'était pas fou. C'était moi l'idiot.

Votre père m'a laissé écrire à travers vous pour me permettre de prendre assez de force au monde physique pour aborder le monde invisible. Je pars maintenant. Merci beaucoup.

4 février 1942.

Message d'un soldat tué par les Japonais

Je tombai en avant dans la boue marécageuse de la jungle, et pendant un bon moment je restai inconscient, dans une sorte de cauchemar. Mon corps tenait bon, alors que mon esprit voulait s'échapper. Ne croyez jamais que les gens apparemment inconscients le soient vraiment ; moi en tout cas je ne l'étais pas. J'étais conscient mais paralysé. C'était une horrible impression. Puis quelque chose claqua, me libérant, et je me sentis extrêmement soulagé.

En rejoignant mes compagnons, je compris tout de suite ce qui s'était passé, en constatant qu'ils ne me voyaient plus ; mais j'étais tellement préoccupé par le peu de changement qui s'était produit en moi que je n'avais pas le temps de penser à autre chose. Je voulais leur dire qu'ils n'avaient pas besoin de craindre la mort et tout ce qui s'ensuit, mais cela m'était impossible. Puis je vis que les morts japonais aidaient leurs camarades ; les Japonais vivants pouvaient parfois les voir et les entendre et utilisaient les informations données. Je sentis que je devais faire la même chose. Après nombre d'essais infructueux, car ni mes avertissements ni mes conseils ne pouvaient être acceptés par les cerveaux de mes compagnons, je m'éloignai, me demandant ce que j'allais bien pouvoir faire.

Ce n'est pas que je voulusse les abandonner, mais il n'y avait apparemment aucune autre solution. Je me suis promené dans la forêt. Pour un temps, j'ai complètement oublié la guerre et toutes les épreuves que mes amis traversaient. J'étais tellement fasciné par la vie qui m'entourait ! Je connais bien la jungle ; j'y ai vécu, seul, pendant des mois et des mois. J'y revenais à la recherche de repos et de paix après la tourmente de la guerre, et j'y trouvais tout ce que je cherchais en mieux, oh oui, en bien mieux.

Je découvrais des choses qui m'avaient été cachées pendant toute ma vie terrestre. Je ne puis décrire la beauté de ce qui m'entourait. La jungle m'avait toujours paru riche en couleurs, en bruits et en arbres magnifiques, mais jamais jusque-là je n'avais perçu la signification cachée derrière chacune de ces manifestations familières. Un rayon, ou un son, semblait imprégner la texture même de la vie de la jungle...

Je ne peux expliquer. J'étais heureux, magnifiquement heureux, et entièrement moi-même ; mais ce moi avait gagné en entendement et en capacité de bonheur, jusqu'à la félicité.

Puis une voix résonna à mes oreilles et, petit à petit, je perçus une forme brillante et belle qui me dit : « Vous voyez ici la contrée de la béatitude, mais vous avez laissé derrière vous une contrée de tumulte et de passion. Ne souhaitez-vous pas aider les autres à trouver la clé qui mène à ce lieu de joie ? »

Je fus si ému à l'idée que je n'avais pas pensé à un autre que moi pendant des siècles que je dus rougir comme une jeune fille. Mais « Celui qui brille » ne sembla pas le remarquer. Je bégayai que je n'avais pas encore très bien compris où je me trouvais, et lui demandai son aide. Il répondit : « Non, vous avez trouvé votre chemin, et vous devez découvrir le reste par vous-même ; mais d'autres pourraient ne pas avoir cette chance et avoir besoin de secours. »

Je ne voulais pas tourner le dos à ce lieu magnifique, mais « Celui qui brille » promit de m'accompagner jusqu'au bout. Il m'expliqua qu'il me suffirait d'évoquer ce lieu et d'y souhaiter retourner pour y revenir. En attendant, me dit-il, nous devons tous les deux nous rendre sur le champ de bataille.

C'est avec regret que je le suivis. Nous avons en quelque sorte transité, ou plutôt, non, il n'y eut point de transit : notre environnement s'effaçait et un autre prenait sa place. La jungle bougeait et se dissolvait, et un autre type de jungle apparaissait, celle-là remplie d'hommes criant des ordres et hurlant de douleur. Tout d'abord, cela me parut insoutenable, mais « Celui qui brille » me dit : « Viens te mettre aux côtés de cet homme, il va venir à nous. »

Une seconde après, une balle déchirait son estomac, et il se recroquevillait à nos pieds en geignant. « Celui qui brille » se pencha vers lui et toucha sa tête et ses yeux. Ses geignements se turent instantanément et je vis son esprit abandonner son corps torturé. Il nous rejoignit, pâle et ahuri, dans la dense végétation de la jungle. Avant que je puisse comprendre ce qui s'était passé, nous étions de retour dans la merveilleuse jungle ; ce fut magnifique...

L'homme qui nous avait rejoints était un de nos soldats. Calme, il m'avait toujours paru ennuyeux. Je le connaissais à peine. Il ne se mêlait jamais à nos jeux, préférant lire. En me voyant, il s'anima : « Je ne pensais pas vous trouver ici, je croyais vous avoir vu mort il y a quelques jours. » Je répondis : « Vous avez raison et, il y a quelques minutes, je vous ai vu mort. » « Celui qui brille » me regarda et je compris que je n'aurais pas dû le lui annoncer si brutalement. Mais Burrows ne sembla pas affecté par la nouvelle ; il se contenta de dire : « Bon, j'ai été touché, n'est-ce pas ? Ça m'est bien égal, cette bataille, c'est l'horreur, et on n'a pas grande chance de s'en sortir de toute façon. » Puis il demanda : « Comment est-ce, ici ? »

Je lui expliquai que c'était superbe et qu'il n'avait rien à craindre. Ensuite, nous avons marché dans la jungle en compagnie de « Celui qui brille ». Il nous a expliqué beaucoup de choses. Nous fûmes ainsi rapidement remis du choc. Il nous ramena au front pour que nous puissions aider nos compagnons et les introduire à cette vie-ci. Nous en sommes là. Je voulais aller plus loin et apprendre à inculquer mes idées à ceux qui dirigent les combats. Je vous suis reconnaissant pour cette première leçon. Elle ne s'est pas trop mal passée. Mais je me sens fatigué, et voudrais me retrouver dans ma jungle, source rafraîchissante. Je comprends qu'il n'y a pas d'endroits différents, tous correspondent à nos états d'esprit. C'est comme ce que l'on nous avait appris quand nous étions enfants : « Le royaume de Dieu est en vous. » Bonne nuit.

4 février 1942.

Extrait d'un message provenant d'un soldat tué en Libye au cours d'une escarmouche

Combien j'aurais voulu boire ! Mais, pour une raison quelconque, je n'y parvenais pas. Néanmoins, mon envie était telle que j'arrivai à mes fins. Vous allez rire. Mais je n'avais jamais de ma vie désiré quelque chose plus ardemment que ce whisky-soda. Et voilà qu'il apparut, comme par magie ; le soda pétillant et limpide ! Je m'en versai un verre et bus jusqu'à plus soif ! Tout d'abord, le whisky me sembla bon, mais après quelque temps je ne voulus goûter qu'au soda, pur et limpide. Mon souhait se réalisa. Je ne m'étais pas encore rendu compte que mes désirs étaient le moteur des événements.

29 janvier 1943.

Autre message de Libye

O.K., ça marche. Je suis heureux. Il y a longtemps que je cherche à vous remercier, mais impossible de me faire entendre de vous.

Nous sommes arrivés au printemps. Je venais de Snodsbury.

Je vous donnerai mon nom plus tard, mais vous ne vous souviendrez probablement pas de moi. Nous avons tous été séparés et j'ai été envoyé en Egypte. C'était quelque chose ! Je n'aurais jamais cru que j'allais traverser tout ça. Vous voyez ce que je veux dire. Je ne savais pas que c'était ça, mourir. Je croyais que tout était bien fini et terminé. Parfois c'était tellement dur que je ne voyais pas comment on pouvait encore tenir. Et puis, tout à coup, ça s'est arrêté — et je me suis senti frais comme un gardon. L'instant d'avant je n'en pouvais plus et j'avais chaud ; terriblement chaud, et soif, avec un horrible mal à la tête. Le fracas de la bataille me mettait littéralement en pièces. Puis, tout à coup, je me suis retrouvé en pleine forme, aussi frais et dispos que possible. J'observais ce qui se passait et j'entendais le bruit, mais sans en être affecté. Je ne pouvais pas croire que j'étais fichu. Je voyais mon corps troué de partout, et pourtant je ne pouvais y croire. Il me semble que j'ai tenté de le traîner pour l'éloigner du canon, mais que je ne pus l'extraire de la masse que formaient ceux qui étaient tombés tout autour de moi, et même sur moi. Nous avions bel et bien été touchés de plein fouet.

Les autres n'étaient pas là ; cela me sembla bizarre. Il n'y avait personne. Puis je vis notre capitaine. Il vint à moi, et je fis un signe en direction de son corps. Il eut un instant le souffle coupé, puis déclara : « Eh bien, je suppose qu'il n'y a plus rien à dire. Drôle de planète, Johnson. Et je présume qu'il vaut mieux continuer. » Je répondis : « Oui, mon capitaine, mais qu'est-ce qu'on fait maintenant ? — Charger le canon évidemment, espèce de corniaud », dit-il, tout comme avant. Je lui obéis, mais si fort que je me sentisse je ne pouvais bouger les obus. Ce n'était pas qu'ils étaient vraiment lourds, mais je ne pouvais pas les tenir. Je dis cela à mon capitaine qui vint m'aider. Il n'avait plus que le juron à la bouche. Nous avons essayé à deux, mais bougera-t-il ? Pas d'un centimètre. Nous étions là, deux gars costauds, essayant tant que faire se peut de soulever un petit obus antiaérien, et rien n'y faisait. En fin de compte, je m'assis et me mis à rire : « Eh bien, dis-je, vous avez déjà entendu dire que deux types morts aient tiré le canon, vous ? — Absolument répondit-il, rouge de colère, et, en plus, on va y arriver. Nous sommes en assez bonne forme, n'est-ce pas ? Allez, viens. » Je me tins coi une fois de plus, pensant qu'il était devenu fou et qu'il valait mieux ne pas le pousser à bout. Nous essayâmes de nouveau et j'ai commencé à voir, non pas les efforts que nous faisions avec nos mains, vous comprenez, mais le capitaine lui-même. Sa ténacité était telle qu'il semblait projeter une force. A mes yeux, il était comme ce que l'on imagine être une station-relais de radio (si tant est que l'on puisse en voir une), et la réponse passait, non pas par ses doigts, mais par son corps tout entier.

Des tas de gens aux formes indistinctes nous rejoignirent et travaillèrent avec nous. On ne peut pas dire que le canon ait été, au sens propre du terme, tiré, mais des projectiles en étaient lancés. Les avions qui passaient et repassaient au-dessus de nous se mirent soudain à perdre de la vitesse, à retourner à leur base ou à s'écraser. J'étais bluffé. Je n'avais jamais de ma vie vu une chose pareille. En apparence il n'y eut aucun bruit, la décharge fut silencieuse. Nous sentîmes tous néanmoins le recul du canon. Ça nous a encouragés pour la suite. Ce fut une expérience des plus bizarres. C'est à ce moment-là que je vis Jock s'approcher. Lui aussi avait reçu des balles, mais il n'avait pas jusqu'à maintenant été avec nous. Nous ayant reconnus, moi et le capitaine, il se mit au garde-à-vous. Le capitaine était trop occupé pour faire attention à lui, mais Jock avait toujours été un discuteur. Je me suis empressé de lui clouer le bec : « Attends un peu, mon garçon, les morts de la bande sont en train d'inventer une nouvelle tactique opérationnelle. Viens donc nous rejoindre et tâche de ne pas abandonner en cours de route. » Je me tins près de Jock et lui fis regarder ce que faisait le capitaine.

Le capitaine était un gars formidable, c'est certain. Sa volonté ne semblait reculer devant rien. Je m'apprêtais à bouger quand il me foudroya du regard, et dit : « Tiens-toi tranquille et pense — pour l'amour de Dieu, pense de toutes tes forces, c'est ça que tu dois faire maintenant. Nous avons notre intelligence et notre volonté, et si nous nous serrons les coudes tous les trois nous arriverons à tirer et à protéger l'abri antiaérien de nos gars. Tu ne vois donc pas les hommes qui nous aident ? » C'est alors que je vis Sandy, descendu jeudi dernier. Il se tenait debout dans l'eau qui lui montait jusqu'à la ceinture et faisait de drôles de mouvements avec ses bras. Je regardai ses yeux. C'étaient bien ceux de Sandy, mais ils étaient différents, clairs comme des étoiles. Il paraissait inspiré, si l'on peut dire...

Je ne crois pas pouvoir terminer cette histoire aujourd'hui. Puis-je m'arrêter maintenant et revenir ? J'ai beaucoup aimé vous la raconter. Vous comprenez, c'est ma première véritable aventure. Merci.

Johnson.

La suite du message vint quelques jours plus tard :

O.K., ça marche. Je vais bien. J'aimerais tant finir mon histoire. Bon, eh bien, comme je le disais, Sandy paraissait inspiré, je ne trouve pas d'autre mot et, tout à coup, c'est lui qui semblait être notre meneur ; le capitaine pour sa part obéissait consciencieusement à ses ordres. Au fur et à mesure que les formes qui m'entouraient devenaient plus distinctes, je perdis contact avec les vivants ; les morts me parurent plus vrais. Ensuite ce fut l'attaque des Boches qui se saisirent du canon, mais nous ne fûmes pas touchés. Un Allemand nous traversa, ne paraissant ni nous voir, ni nous entendre, contrairement à nous qui avions même l'odeur de sa sueur dans les narines. Cette odeur me parut soudain tellement repoussante, bien que familière, que je faillis me sentir mal. Puis je vis que Sandy et le capitaine s'étaient éloignés. Je fis lever Jock et lui dis : « Ne perdons surtout pas de vue ces deux-là, sinon on est perdu. » Jock acquiesça mais, une fois debout, je découvris que nous ne pouvions garder les pieds sur terre. C'était risible et il nous était difficile d'avancer. Jock et moi flottions en quelque sorte. J'ai proposé : « Si on se tenait la main pour rester au sol », avec pour résultat que nous avons flotté de plus belle. Nous avons mis un temps infini pour rattraper Sandy et le capitaine. Ils ne nous accordèrent d'ailleurs aucune attention, tout occupés par quelqu'un qui s'était joint à eux. L'inconnu ne portait pas d'uniforme et, pendant quelques secondes, je me suis demandé comment un civil avait pu arriver là. Il avait l'air arabe. Quand il s'est tourné vers moi et m'a regardé, je me suis senti comme recréé par lui. Je me suis agenouillé et j'ai murmuré : « Le Christ » avec tout le respect d'un enfant. « Non, pas le Christ, mais un de ses messagers, dit l'homme devant lequel j'étais prosterné. Il vous veut », me dit-il. Il me voulait ! « Mais pourquoi donc ? » ai-je demandé d'une voix entrecoupée. Il leva son regard vers les autres, mais pour ma part je ne vis rien d'autre qu'une glorieuse lumière. Elle emplissait ma tête et y brûlait quelque chose qui me retenait à cet endroit. Puis la voix se fit de nouveau entendre : « Par votre sacrifice, vous avez atteint la couronne de la fortitude. » Puis je ne me souviens de rien. Ça a été mon dernier moment sur la terre. J'aimerais que certains gars sachent comment on s'en va. C'est merveilleux.

Je suis fatigué maintenant et je ne peux pas terminer. Merci.

Johnson [1].

On ne peut pas parler de ces messages comme de textes ordinaires. Le moyen par lequel ils nous sont parvenus (l'écriture automatique) n'est pas accepté par tout le monde et leurs lecteurs sont divisés en deux catégories : ceux qui ricanent et ceux qui sont troublés. Les premiers déclarent que ces « communications » sont issues du subconscient de Mme Gascoigne. Et il se peut qu'ils aient raison. Les autres, au contraire, pensent qu'il s'agit de prodigieux documents sur ce qui nous attend dans l'immédiate après-vie. Et il se pourrait qu'ils n'aient pas tort...

1. Ces messages ont été traduits de l'anglais par Isabelle Chapman.

RÉPONSES À L'INCRÉDULE

— *D'où tenez-vous ces textes ?*

— Ils ont été publiés par le plus célèbre personnage de la Royal Air Force, le maréchal Lord Dowding (dont on a dit qu'il était le Churchill de l'aviation) dans un ouvrage intitulé *Many Mansions*.

— *Et comment étaient Mme Gascoigne et sa fille ? N'étaient-elles pas un peu... étranges ?*

— Tous ceux qui les ont rencontrées — il en existe encore — ont affirmé qu'elles étaient fort intelligentes, cultivées et pleines de bon sens.

— *Mais n'avaient-elles pas une tendance à la fabulation ?*

— Tout est possible, bien sûr. Mais sachant qu'elles étaient saines d'esprit, qu'elles ne faisaient pas commerce de leur activité, qu'elles ne recherchaient ni la publicité ni la notoriété, on peut se demander dans quel but elles auraient inventé tout cela.

— *Bien des gens sont animés par des pulsions qui demeurent incompréhensibles au commun des mortels...*

— Je vous l'accorde. Mais, en acceptant votre hypothèse, il reste à expliquer comment ces deux femmes, qui vivaient en Angleterre, auraient pu être au courant de faits qui s'étaient souvent déroulés à des milliers de kilomètres de chez elles et dont on n'eut parfois la confirmation que bien longtemps après la guerre.

— *Et Lord Dowding, qui a rapporté ces textes dans son livre, croyait-il, lui, tout ce que racontaient Mme Gascoigne et sa fille ?*

— Absolument ! Il faut dire qu'il avait eu lui-même des

contacts avec des pilotes morts pendant la bataille d'Angleterre...

— *Un maréchal de la Royal Air Force ! On croit rêver !...*

— Vous ne rêvez pas ! J'ajoute que Lord Dowding en parlait volontiers. Il a même écrit un livre sur ce sujet, préfacé des ouvrages traitant de spiritisme et avoué dans des interviews qu'il avait été aidé dans son combat contre l'Allemagne par des aviateurs anglais abattus par la Luftwaffe.

— *Vous galéjez ?*

— Pas du tout. Lord Dowding a déclaré textuellement au journaliste Jean Potter, en 1963 : « Je suis entré plus de vingt fois en contact avec des pilotes morts pendant la bataille d'Angleterre. Ils me racontaient comment ils s'étaient fait abattre et je tirais des leçons de leurs récits pour conseiller mes équipages de chasse. J'ai pu ainsi éviter la mort de beaucoup de mes hommes. C'est ce qui a contribué à la victoire finale ! »

— *Ce que vous rapportez là est proprement ahurissant !*

— Ce sont les propos mêmes du maréchal Dowding, croyez-en ce que vous voulez.

— *Et comment prétendait-il avoir ces dialogues avec les pilotes défunts ?*

— Par l'intermédiaire de la femme d'un médecin de Wimbledon qui était médium. Les messages qu'il obtint grâce à elle offrent d'ailleurs de nombreux points de ressemblance avec ceux que recevaient Mme Gascoigne et sa fille. « Grâce à mes conversations avec mes correspondants invisibles, déclara-t-il, j'ai pu avoir une idée de la vie qu'ils menaient dans l'au-delà. La mort était venue si brusquement qu'ils ne savaient pas comment c'était arrivé. Encore dans un état proche de la terre, errant entre un état physique et un état astral, ils ne se rendaient pas compte qu'ils étaient morts. Pour ces pauvres gars, la situation était terrible. Ils voyaient les gens dans les rues, essayaient de les arrêter, mais les passants continuaient à marcher au milieu d'eux. » Et il ajoutait : « Les fantômes que la terre retient essaient d'obtenir de l'aide pour se libérer de la terre. C'est pourquoi ils s'efforcent de communiquer par tous les moyens à leur portée »... Dans le but de les aider, Lord Dowding créa d'ailleurs un petit cercle de spirites, mais ne parvint jamais lui-même à entendre ou voir quoi que ce soit. En revanche, la femme médium voyait les défunts qui venaient vers eux et les lui décrivait. « Notre première tâche, dit-il, était de leur parler comme s'ils étaient vivants. » Et il ajoute avec humour : « Comment dire à un gars : Mon vieux, je regrette, mais vous êtes mort ? »...

— *A vous entendre, les défunts, ignorant qu'ils sont morts, rôderaient éternellement autour de nous ?*

— Non. Lord Dowding nous dit, à propos de ceux qui venaient, attirés par son médium : « Au bout d'un certain temps, ils avaient l'impression que nous disparaissions. Ils demandaient : "Pourquoi brillez-vous d'une petite lueur tremblante ?" C'était bon signe. Cela signifiait qu'ils s'éloignaient de la terre et qu'ils avaient cessé de voir notre corps physique pour ne plus voir que notre corps astral. Notre tâche était terminée. »

Parfois, Lord Dowding était obligé d'user d'un subterfuge pour que les pilotes se rendent compte de leur nouvel état. « Je leur demandais, dit-il, de me donner une claque dans le dos. Bien entendu, leur main passait à travers moi et ils commençaient à comprendre... »

— *Est-ce que Lord Dowding et son amie médium ont pu identifier certains de leurs correspondants ?*

— Oui. La jeune femme décrivait des uniformes, des badges, des insignes qui correspondaient à ceux qu'avaient les pilotes d'avions portés manquants. Elle donnait aussi des détails sur leur physique, indiquait la couleur de leurs cheveux et de leurs yeux et n'omettait aucun signe particulier. Toutes ces précisions étaient ensuite vérifiées et toutes furent reconnues exactes.

— *Ces « fantômes » ne donnaient pas leurs noms ?*

— Si, parfois, et le médium les notait avec soin. Ce qui

permit à Lord Dowding de savoir avant tout le monde qu'un de ses bombardiers avait été abattu et que les sept membres de l'équipage venaient de mourir en Allemagne...

— *Etrange maréchal de l'air, en vérité ! Et tous ces dialogues avec les pilotes morts ne l'ont pas rendu un peu bizarre ?*

— Non. Mais, soupçonnant que certaines personnes de son entourage le penseraient peut-être, il déclara un jour avec humour : « Il n'est pas si mauvais d'être un peu "fêlé", parfois, cela permet à la lumière d'entrer »...

SOURCES

Lord DOWDING, *Many Mansions*, Londres, 1943.

— *Gods Magic and Aspects of Spiritualism*, Londres, 1946.

— *Dark Star*, Londres, 1951.

Raoul FOIN, *Les Mystères qui nous entourent.*

Marcel JULLIAN, *La Bataille d'Angleterre*, Presses de la Cité, 1965.

Jean PRIEUR, *Les Témoins de l'Invisible*, Ed. Fernand Lanore.

R.-M. TRISTAM, *Lettres de Christopher* (avant-propos de Lord Dowding), La Colombe, 1954.

Le combat des ombres

Nous sommes au début de mai et déjà le vent d'Afrique change en fournaise le printemps crétois. Sur une petite plage du nord de l'île chemine une caravane de mulets, en route pour les montagnes Blanches d'où l'on peut voir, par beau temps, Cythère et même le Péloponnèse... Mais, au lieu de prendre la route d'Eskifou vers l'intérieur, le chef muletier poursuit le long de la côte. Guthrie, un touriste anglais, le rappelle en arrière.

— Excusez-moi, monsieur, dit l'homme qui porte un ample vêtement ottoman, je croyais que vous vouliez voir les « ombres ».

— Ce ne serait pas de refus ! plaisante l'Anglais. Mais où pensez-vous trouver de l'ombre dans ce désert ?

— C'est sérieux ! dit le muletier, froissé. On peut les voir le soir tout près d'ici... Près des ruines du château Franco Kastelli. C'est une ancienne forteresse vénitienne. Il y a plus de cent ans les Grecs et les Turcs ont combattu là, après bien d'autres... Et depuis les ombres reviennent chaque mois de mai.

— Et que font-elles, ces ombres ?

— Elles se battent et beaucoup d'entre elles sont tuées ou blessées !

— Je vois ! dit Guthrie en s'épongeant. Il est temps que vous preniez un peu de repos, mon cher Yami... à l'ombre, bien sûr !

Le soir au bivouac, dans une petite bergerie à mi-pente de l'Aspra-Vouna, une montagne de deux mille mètres, l'Anglais, qui est accompagné de deux amis, regarde pensivement le soleil s'abîmer dans la mer. C'est l'heure indécise où tout ce qui paraît banal le jour se teinte d'étrangeté... Sur cette terre immémoriale où, depuis le sombre roi Minos, coule le torrent de sang des guerres de conquête et des insurrections...

— Et si ce ciel et ces paysages pouvaient refléter à travers le temps quelque chose de ces drames ? dit soudain Guthrie... Demain, si vous le voulez, nous irons voir si on joue au théâtre d'ombres de Franco Kastelli !...

Le lendemain matin les touristes anglais se remettent en route avant le lever du soleil. En interrogeant encore leurs deux guides ils ont appris que les ombres se manifestaient aussi le matin parfois, et que certains en Crète les appellent, pour cette raison, « les Drosoulites » ou « Hommes de la rosée ». Guthrie, qui est ingénieur et qui en ces années trente a gardé quelque chose de l'esprit d'aventure des Anglais du XIXe siècle, espère bien dégourdir un peu ses lénifiantes journées de vacances. Quelle qu'en soit l'issue, pense-t-il, de retour à Londres, dans son club, cette course donnera bien la matière d'une anecdote... Ou, qui sait, celle d'une déclaration à l'Académie des sciences, à propos d'un phénomène dont il ne doute plus, depuis qu'on lui a parlé de rosée, qu'il est de nature météorologique, ou optique, que c'est une illusion, un mirage, mais qu'il sera le premier à observer avec le flegme et la rigueur d'un esprit fort...

Revoici la petite troupe sur la plage qui mène au château. Le jour n'est pas encore levé, mais une lueur vient de l'est, des lointaines côtes de Syrie. Yami pousse les mules au trot et crie : « Le château est là, au fond de ce petit golfe ! »...

A cet endroit la plage est parfaitement plate, et on aperçoit à moins d'un kilomètre les pans de mur écroulés de la vieille forteresse avec sa tour ébréchée. Nos voyageurs se disent que la topographie très simple du lieu rendra toute supercherie impossible et que si, même, un phénomène quelconque devait se produire à l'intérieur des ruines, ils n'auraient aucune difficulté pour en voir la couleur de plus près...

Ils s'asseyent dans le sable tiède et dégustent le café que Yami leur a versé d'une bouteille Thermos. Puis, avec un de ses deux compagnons, Guthrie s'avance d'une centaine de mètres vers la citadelle. Le troisième Anglais, resté en arrière, trouve que la nuit a été bien courte. Il se demande aussi ce qu'il est venu faire là et, dans l'attente de l'improbable, se roule dans une couverture et allume sa pipe...

Yami qui finit de décharger les mules l'entend soudain appeler :

— Hé !... Hé, là !... oui, là ! Je les vois ! Les ombres viennent sur nous !

Il s'est dressé d'un bond et fait de grands signes à ses compagnons qui semblent, eux, n'avoir rien vu. Comme il continue de gesticuler, ils reviennent précipitamment sur leurs pas. Yami a prudemment entraîné ses mules vers la mer...

— C'est inouï ! Je ne les vois plus maintenant !... Mais je suis sûr de ne pas avoir rêvé !

A nouveau réunis, les trois hommes scrutent intensément les ruines.

— Ça y est ! Ils sont à nouveau là !... Il faut s'accroupir pour les voir...

— *My God !* murmure Guthrie. C'est une véritable armée qui défile !

A trois cents mètres devant eux et venant de l'est, ils voient distinctement s'avancer une longue file d'hommes en armes.

— Ce ne sont certainement pas les Grecs et les Turcs dont parlait Yami. On dirait plutôt des légionnaires romains ! dit Guthrie.

— Ou alors des Perses ! suggère un de ses compagnons.

— Croyez-vous que nous risquions quelque chose ? demande anxieusement le plus jeune.

— Certainement pas ! répond Guthrie. C'est sûrement un mirage... Voyez, quand on se lève, les jambes des « ombres » semblent s'évaporer !

— J'ai vu des tas de mirages en Afrique, mais jamais rien de pareil ! réplique le plus âgé. Regardez ! On distingue nettement leurs casques et leurs cottes de mailles... et certains sont beaucoup plus grands que d'autres !

— C'est curieux ! dit encore Guthrie. Il n'y a que des fantassins... Maintenant ils vont droit sur les ruines ! L'aube n'est pas loin... Regardez ! On voit des lances qui scintillent...

C'est vraiment fou ! Il faut absolument que j'aille voir ça de plus près. Yami !...

Le guide crétois a rassemblé les mules qui s'agitent nerveusement.

— Par la sainte Panasia, partons ! crie-t-il. Les ombres portent malheur !

— Bon... je vais y aller à pied ! Essayez de ne pas me perdre de vue ! dit Guthrie.

Ses compagnons veulent le retenir, mais l'ingénieur est déjà parti en courant. Cinq minutes se sont écoulées depuis le début de l'apparition et le petit groupe, resté sur le bord de mer, regarde, pétrifié, l'Anglais se porter vers la tête de la colonne qui se trouve maintenant à moins de cent mètres du château. Quelques secondes plus tard, les témoins le voient *traverser* la colonne et se diriger vers les hauteurs qui enserrent la forteresse du côté des montagnes.

Guthrie est à quatre cents mètres d'eux à présent, mais ses compagnons le voient toujours très nettement par *transparence* à travers la troupe fantastique, dont le défilé n'a été en rien perturbé quand l'Anglais s'y est ouvert un passage.

A travers la colonne toujours, ils le voient encore plusieurs fois agiter les bras, se rapprocher, s'éloigner et leur faire des signes pour faire comprendre *qu'il voit aussi le phénomène du côté où il se trouve*.

Un quart d'heure en tout s'est écoulé. Ceux qui contemplent, fascinés, l'incroyable spectacle, doivent à nouveau s'accroupir pour continuer à le voir. Déjà les jambes et les troncs des spectres sont redevenus invisibles... Bientôt ne subsiste des guerriers venus des ténèbres qu'un reflet sur un glaive ou un bouclier. Ombres rendues à l'ombre, dissoutes comme la rosée au soleil levant...

RÉPONSES À L'INCRÉDULE

— *Tout ça est un peu fort de café !... Ce Yami n'aurait-il pas mis un peu trop de cherry-brandy dans celui des Anglais ?*
— Je ne pense pas. Le capitaine Bennett, un parlementaire et ministre anglais, correspondant de guerre du *Times* en 14-18, a enquêté sur place à cette période. Il a recueilli un grand nombre de témoignages qui confirment que le phénomène se produit régulièrement dans ce site sauvage de la Crète méridionale, tel qu'il a été décrit, et le plus souvent à la fin du printemps. Il est si connu là-bas qu'il y a peu de Crétois qui n'y prêtent foi...

— *Bennett a-t-il vu les ombres ?*
— Non. Le 17 mai 1928, il s'est rendu sur la plage aux Drosoulites et y a installé un campement avec l'aide de quatre gendarmes prêtés par le gouverneur de l'île. Comme ses moyens n'étaient pas illimités, il n'a pas pu rester au-delà du 30 mai...

— *Et qu'a-t-il vu durant ces quinze jours ?*
— Strictement rien. Mais, trois jours après qu'il eut levé le camp, les Hommes de la rosée se sont manifestés avec une vigueur exceptionnelle...

— *Comme par hasard !*
— Affirmer que tous les témoins rencontrés par Bennett sont des menteurs ou des hallucinés serait une sottise bien pire que de croire à la véracité du phénomène !

— *Et qu'ont-ils vu, ces témoins ?*
— Plusieurs habitants du village voisin de Thymi lui ont fait une description très voisine de celle de Guthrie...

— *Une manière comme une autre d'attirer le touriste !*

— Peut-être. Il y en avait pourtant fort peu sur l'île à l'époque ! Il se trouve que Bennett a aussi interviewé un pope qui vivait seul dans un petit cottage près du château en ruine. Il n'a répondu qu'avec beaucoup de réticence, autant par crainte d'encourager les superstitions que de voir sa thébaïde envahie par les curieux. Le bon père avait vu les Drosoulites à plusieurs reprises et en avait même parlé à l'archevêque de Crète. Celui-ci s'était rendu sur les lieux et avait pu constater la réalité du phénomène. Il confirma que les « spectres » défilaient armés, et que certaines fois on voyait même distinctement la forme de leurs étendards et de leurs enseignes. Qu'on pouvait les voir *de part et d'autre* de l'itinéraire invariable qu'ils empruntaient et qu'ils n'apparaissaient effectivement qu'au crépuscule, au moment du coucher ou du lever du soleil...

— *Il y a donc toutes les chances pour que ces apparitions soient liées à un phénomène naturel !*

— C'est bien possible. Mais vous allez rire... Certains observateurs ne voient *jamais* les Drosoulites alors que d'autres, qui regardent à côté d'eux et dans les mêmes conditions, les voient parfaitement... L'évêque de Réthimno est resté vingt jours sur la plage de Franco Kastelli à la même époque que l'archevêque et il n'a rien vu...

— *Il avait peut-être la vue un peu basse ou alors un peu trop claire justement ! Pourquoi voulez-vous en effet qu'il s'agisse d'autre chose que d'un simple mirage ? Les gouttes de rosée en suspension dans l'air forment sur cette plage un écran qui est aussi un miroir où vos « Hommes de la rosée » se reflètent, d'où leur nom !*

— Je pense plutôt que ne les voient, dans certaines circonstances, que ceux qui sont doués de facultés médiumniques, pour répondre à la première partie de votre question. Si ce ne sont que des doubles ou des reflets, par ailleurs, où se trouvent *les originaux* ? Les mirages, comme vous semblez fort bien le savoir, reflètent parfois des objets très éloignés, mais qui *existent* dans l'instant où la lumière, inégalement réfractée dans des couches d'air inégalement chaudes, les projette sur l'horizon. A supposer même qu'une telle troupe se déplace quelque part sur l'île ou même au-delà, comment expliquer les armes et les costumes que tous les témoins s'accordent à dire comme étant de l'Antiquité ?...

— *Avec ces guerres incessantes les Crétois voient sans doute des soldats partout...*

— Une hallucination collective, alors ? Touchant les seuls Crétois ? Vraiment peu plausible !... Il se trouve que le 4 juin 1928 un officier grec, alors très connu, le général Hadjimichalis, et qui n'habitait pas l'île, a vu très distinctement les Drosoulites. Il avait été prévenu par une femme venue en Crète pour faire les moissons et qui en les voyant les a d'abord décrits comme étant des moissonneurs. D'ailleurs Guthrie et ses compagnons les ont vus aussi et ils n'étaient pas crétois...

— *Je persiste à croire que ces visions, si elles existent, peuvent recevoir une explication naturelle. Il aurait déjà fallu vérifier si dans une ville ou un village voisin il n'y a pas en juin un défilé folklorique ou commémoratif d'une bataille ayant eu lieu dans l'Antiquité...*

— Un des gouverneurs de la Crète, M. Psyllakis, qui avait d'ailleurs vu les ombres, l'a fait vers 1905. Il n'existait et il n'existe toujours pas de manifestations de ce genre en Crète...

— *A Rhodes alors, ou en Afrique peut-être... Les objets reflétés par les mirages peuvent se trouver à de très grandes distances...*

— C'est vrai. Mais où exactement se trouvent ces objets ? Rhodes, par exemple, est à trois cents kilomètres de là et l'Afrique à plus de six cents... Nous sommes très loin d'un mirage classique... De plus la plage de Franco Kastelli est totalement enclavée par les montagnes Blanches qui culminent à deux mille cinq cents mètres. On n'a jamais vu de mirages transportés par-dessus de tels obstacles...

— Il est tout de même surprenant que les ombres ne déboulent qu'en Crète... Mais peut-être l'Achéron prend-il sa source au pays de Minos aussi ?...

— S'il s'agit bien là d'un phénomène singulier, il n'est pas unique... Loin de là. L'histoire relate de nombreuses visions de troupes fantômes, à toutes les époques.

Un conservateur de la Bibliothèque nationale, Jean-Pierre Seguin, a indiqué dans un article paru dans *Le Monde*, en juillet 1967, qu'il disposait d'une bonne centaine de publications qui font état de l'apparition de troupes armées, mais aussi d'animaux, de figures humaines et de divers objets effrayants, parfois projetés dans le ciel. Ainsi à Sarlat, le lundi 11 septembre 1587, deux armées, équipées de pied en cap, se livrèrent une longue bataille au-dessus de la paroisse de Carsac.

En 1895, un périodique allemand alors très lu, le *Hausfreund*, publie le récit suivant étayé de nombreuses preuves et témoignages : au commencement de l'année 1795 se produisirent près d'Ujest en Silésie supérieure des faits qui eurent un retentissement considérable dans toute l'Allemagne.

Le 27 janvier de cette année-là, entre trois et quatre heures de l'après-midi, une cinquantaine de personnes travaillant dans les champs virent tout à coup un corps d'infanterie disposé sur trois rangs et précédé de deux officiers portant des drapeaux rouges marcher vers elles. A un certain point, ces troupes s'arrêtèrent et la première ligne tira dans la direction des paysans, qui n'entendirent toutefois aucun bruit. Une fumée très épaisse s'éleva aussitôt des rangs et, quand elle disparut, on vit, à la place de l'infanterie, des hussards à cheval, qui disparurent tout aussi soudainement.

Le 3 février, vers huit heures du matin, quatre cents paysans cette fois virent de nouveau, à la même place, les mêmes soldats. Un « esprit fort » monta à cheval et galopa vers eux ; mais en arrivant sur place il n'en trouva aucune trace, alors que les spectateurs restés en arrière le voyaient au milieu des soldats fantômes qui portaient des uniformes divers. Le 15 du mois, la scène se renouvela devant trente personnes. Alors le général von Sass, immédiatement prévenu de l'apparition, envoya sur place un détachement de soldats. Aussitôt que ceux-ci furent arrivés, les soldats fantômes, qui avaient entre-temps disparu, réapparurent. L'officier qui commandait le détachement éperonna son cheval et s'élança dans cette direction ; aussitôt un officier à cheval se détacha aussi des rangs des fantômes et alla à sa rencontre. Tous deux se saluèrent. Mais, lorsque l'officier prussien demanda à l'autre qui il était et ce qu'il venait faire, il n'obtint pas de réponse. Il saisit alors son pistolet et allait tirer, lorsque tout disparut soudain.

— *La différence ici, c'est qu'il s'établit un contact entre les spectres et les vivants...*

— Oui. Et c'est peut-être le plus inexplicable...

— *Croyez-vous qu'il s'agisse d'autre chose que d'une hallucination visuelle ?*

— Je suis assez tenté de le croire, toujours à cause de l'abondance des témoignages. Dont la plupart échappent à la définition clinique de l'hallucination visuelle et à tout ce qu'on sait des mirages. Ecoutez plutôt ! Il s'agit de deux autres cas d'un intérêt exceptionnel, parmi les centaines que l'on a recensés depuis le combat relaté dans le Livre II des Maccabées, qui s'est passé dans le ciel de Jérusalem alors qu'Antiochus s'apprêtait à faire la guerre à l'Egypte...

Le premier cas, qui est un des mieux authentifiés, concerne une vision qui a eu lieu à Keinton en Angleterre, au début de 1642...

— *Ça n'est pas d'hier !*

— C'est un préjugé bien dommageable que de croire que l'ancienneté d'un fait en altère la crédibilité ! Cette même année éclate en Angleterre une guerre civile qui nous est aussi bien connue que la dernière année du règne de Louis XIII à la même époque, ou les événements de février 1936...

— *Vous croyez ?*

— Quand le juge de paix du canton de Keinton, William Wood, entouré de plusieurs personnes honorables, certifie sous serment avoir vu une bataille de spectres opposant les Puritains et l'armée de Charles Ier, il n'y a aucune raison a priori de douter de leur sincérité...

Le 23 janvier 1643 donc, entre minuit et une heure du matin, des bergers, des paysans et des voyageurs commencent à entendre sur Edgehill des roulements lointains de tambour, puis des cris de soldats à l'agonie, des coups de mousquets et de canon. Progressivement les bruits se rapprochent et deviennent si forts que les témoins, épouvantés, veulent s'enfuir. C'est alors que la furia des « soldats incorporels », comme dit le principal témoin, commence à déferler sur les collines proches, pétrifiant sur place les spectateurs. En tête de cette première armée, on distingue facilement les drapeaux de Charles Ier, précédés de plusieurs canons et de tambours en uniforme amarante, battant la charge. De l'autre côté de la colline surgissent ensuite les bataillons puritains, précédés de troupes de cavalerie qui fondent sur leurs adversaires. Bientôt la mêlée est terrifiante et parmi les témoins nul ne songe plus à s'enfuir de crainte que ces soldats infernaux ne se retournent contre eux... Au bout de trois heures de combats au corps à corps, les partisans de Charles Ier s'enfuient...

L'événement fait évidemment sensation dans tout le comté et dès le lendemain les notabilités, ministres du culte en tête, se portent vers le lieu de la bataille, armés de rouleaux de papier et de plumes et bien sûr de goupillons et de manuels d'exorcisme.

A trois reprises encore la bataille des fantômes se reproduit avec un fracas d'armes encore plus considérable, et le bruit fait autour de l'affaire arrive finalement aux oreilles du roi. Charles Ier nomme aussitôt une commission, conduite par le colonel Lewis Kirke. Huit jours après, la bataille a encore lieu et des membres de la commission arrivent même à reconnaître plusieurs des spectres, notamment Sir Edmond Varney, qui avait été tué au cours du combat historique d'Edgehill... deux mois auparavant !

— *En admettant que les témoins n'aient pas éprouvé seulement des hallucinations visuelles et auditives, on ne voit vraiment pas quel peut être le sens de ces doublons de l'his-*

toire, de ces ratés de la Raison, mais aussi de l'imagination. Puisqu'ils ne sont que la réplique fidèle d'un fait qui s'est déjà produit...

— C'est en effet irritant pour notre conception humaine — trop humaine ! — de l'espace-temps. Mais, dans le cas des combats fantômes décalés dans le temps, il y a plus troublant encore...

— *Vous n'allez tout de même pas soutenir que des contemporains d'Hugues Capet ont assisté à la bataille de la Marne, par exemple ?*

— A peu de chose près, si !... Dans les tout premiers jours de février 1574, cinq soldats de la garde bourgeoise d'Utrecht, qui sont de garde aux environs de minuit, voient sur l'horizon proche la représentation d'une terrible bataille. Une première armée a manœuvré en venant du nord-ouest, très rapidement, pour surprendre, semble-t-il, une autre armée venant du sud-est et se déplaçant lentement et dans un certain désordre, comme si elle venait de sortir d'un camp retranché. A partir de là les gardes, qui ont l'habitude (les envahisseurs espagnols harcèlent les positions des « patriotes » du comte de Nassau), suivent les différentes phases de la bataille et notamment son épilogue, quand ils voient l'armée du nord-ouest se reformer une dernière fois et se jeter sur l'ennemi formé en carré entouré d'une double rangée de mousquets. Les lances de l'armée du sud-est se brisent comme de « frêles roseaux », notent les sentinelles qui déposeront ensuite sous serment, et ses colonnes sont repoussées en désordre.

Les magistrats d'Utrecht prennent cette vision très au sérieux : elle paraît décrire l'aboutissement de mouvements de troupes, avant le grand choc qui opposera les Espagnols de don Luis de Requesens aux Hollandais. Les précisions des gardes sont si convaincantes que les habitants d'Utrecht ne doutent plus de l'issue de la bataille décisive... à venir ! Celle-ci se déroule le 13 février à Mook, c'est-à-dire douze jours après la vision. Le comte Louis de Nassau, frère de Guillaume d'Orange, y trouve, avec de nombreux chevaliers, une mort glorieuse. L'historien américain Motley, spécialiste de cette période, est formel : il existe de telles similitudes entre la vision et sa réalisation douze jours plus tard qu'on ne peut invoquer le hasard. Mais, là encore, on peut formuler l'hypothèse d'un temps différent qui ne serait plus fragmenté en « avant », « pendant » et « après », comme le temps que nous connaissons, temps relatif aux spectateurs que nous sommes, enfermés dans un théâtre d'ombres, qui, s'ils pouvaient en sortir, auraient la révélation du temps absolu, déployé immobile, dans un éternel présent...

— *En admettant que de telles visions se soient produites, il n'a, bien sûr, pas été possible d'expliquer leur nature ni pourquoi elles avaient eu lieu...*

— Non, pas jusqu'ici...

— *C'est d'ailleurs de peu d'importance puisqu'elles appartiennent au passé et qu'avec les progrès de la science et de l'information...*

— Détrompez-vous ! Dans un livre récent, un ancien commandant de gendarmerie, Emile Tizané, qui a consacré quarante années de sa vie à enquêter sur les phénomènes de hantise, assure que les apparitions sont aujourd'hui aussi nombreuses qu'autrefois. Quant aux combats de fantômes, imaginez-vous qu'il n'y a pas si longtemps non plus le ministre de la Défense de Sa Gracieuse Majesté Elizabeth II a pris la tête d'une expédition destinée à vérifier le bien-fondé d'une bataille de spectres qui se déroule tous les 23 octobre à Kineton... à l'intérieur d'un terrain qui sert de dépôt de munitions de l'armée !

— *Quel a été le résultat ?*

— Je l'ignore, mais je vais faire mon enquête moi aussi...

— *Et, en attendant, vous y croyez ?*

— Faute d'avoir vu un fantôme, dont je ne nie pas a priori l'existence, je crois avec Alexis Carrel que dans certaines circonstances, qu'un jour la Connaissance établira, l'homme est capable de se replier ou de s'étendre, bien au-delà des limites de son apparence...

SOURCES

Erich de DÄNIKEN, *Le Livre des apparitions*, Ed. Albin Michel.

Werner KELLER, *La parapsychologie ouvre le futur*, Ed. Robert Laffont.

Emile TIZANÉ, *L'Hôte inconnu dans le crime sans cause*, Ed. Tchou.

Le Livre des pouvoirs de l'esprit, Ed. CAL.

Revue métapsychique, 1938-1939.

Un chien cabalistique

Au début de ce siècle, Mistral, c'est à la fois un héros et une légende. Parce qu'il a su intéresser la terre entière au beau parler d'oc qui s'éteint et rendre sensibles le souffle âpre et doux qui court sur le Rhône, les charmes de ses fées et sorcières... Mais, bien que jetant ses contemporains en plein rêve, le « Mage de l'Occident » a oublié d'être un rêveur... Il est plutôt le hardi général qui mobilise tous les défenseurs de la culture occitane pour inventer la dernière et aussi la plus ingénieuse illusion romantique du siècle. Du romantisme et du fantastique, le « capoulié » des félibres sait tout. Comme il connaît toutes les cultures locales d'Europe et d'ailleurs. Il se passionne pour l'occultisme aussi, pour les religions ésotériques, et croit même à la réincarnation. Sans doute a-t-il lu les théosophes ou fréquenté les spirites, qui, derrière Allan Kardec, sont alors légion ? Peut-être. Mais à ceux qui l'interrogent, comme ici un journaliste de son époque, le Prix Nobel de littérature répond que sa foi dans la transmigration de l'âme et sa faculté de revivre dans un autre corps, très différent, c'est tout simplement à... un chien qu'il la doit ! Un chien bien singulier il est vrai. Un chien comme on n'en avait encore jamais vu entre Aix et les Saintes-Maries et dont il narre ici l'histoire...

— Mon cher ami, vous vous intéressez aux histoires magiques... Vous pensez qu'il y a des forces inconnues et que nous sommes entourés d'esprits. Eh bien, je vais vous faire une confidence : j'y crois aussi ! Et, si j'y crois, c'est à cause d'un chien. Oui, parfaitement, d'un chien !

» C'était un chien d'une race que personne n'avait jamais

vue ici. Je l'avais rencontré un soir. Il a aussitôt couru vers moi. Il m'a regardé, et il ne m'a plus lâché. Alors, que voulez-vous, je l'ai emmené à la maison, puisqu'il m'avait choisi pour maître. Et je l'ai appelé Pan Perdu. Pan Perdu, c'est le nom d'un nain troubadour, dans nos légendes du Midi.

— Et qu'est-ce qu'il avait d'extraordinaire, votre chien ?

— D'abord son regard, mon cher ami. Un regard extraordinairement perçant qu'il posait fixement sur moi. Un regard qui me gênait, et qui me faisait penser : mais ce n'est pas possible, c'est un regard humain !...

— Vous savez, beaucoup de chiens...

— Attendez ! Personne n'avait jamais vu ce chien dans le pays, absolument personne, avant que je le rencontre. Bon !... Le voilà installé dans notre maison. C'était en automne. Le jour des Morts, ma femme, avec sa bonne, va porter une couronne sur le tombeau de ma famille. Comme vous le savez, notre cimetière est clos de murs et fermé par une grille. Pan Perdu trottait derrière ma femme. Il n'était jamais entré dans ce cimetière...

» Ma femme ouvre la grille, et voilà Pan Perdu qui prend les devants et qui disparaît entre les arbres. Et savez-vous où ma femme et la bonne l'ont retrouvé ? Couché sur le tombeau de mes ancêtres ! Il les y attendait. Oui ! Comment ce chien étrange avait-il pu reconnaître, parmi des centaines de tombes, celle des miens ?...

» Ma femme, avec la bonne pour témoin, m'a raconté la chose, au retour. Elle était très émue, vous savez, et encore toute pâle... Eh bien, à partir de ce fait, je suis devenu convaincu que le chien Pan Perdu était l'esprit d'un ami mort, ou de l'un de mes ancêtres, spécialement venu chez moi pour me protéger. Vous trouvez cela stupide ?

— Non. Mais c'est peut-être une simple question de flair. Votre chien a senti les traces de votre présence autour de cette tombe...

— Certainement pas ! Ni ma femme, ni moi, ni personne d'entre nous n'étions venus au cimetière depuis un an...

— Mais avez-vous fini par savoir d'où venait ce chien bizarre ?

— Ecoutez, je pense que ce chien est venu tout exprès d'Amérique pour trouver son vrai maître, c'est-à-dire moi, parce que l'esprit d'un de mes ancêtres s'est incarné en lui, et qu'il me cherchait à travers la Terre !...

— Votre chien est venu d'Amérique ? A la nage et puis à pied ?

— Non ! En bateau et en chemin de fer...

— Expliquez-moi ça !

— Eh bien, vous savez qu'en 1889, pour l'Exposition, Buffalo Bill est venu à Paris, avec ses chevaux, sa troupe de Peaux-Rouges, et une meute de petits chiens indiens. Après l'Exposition, Buffalo Bill est allé à Marseille, où il a donné des représentations. Alors, mon chien (je dis bien « mon » chien, celui qui m'était destiné et qui me cherchait à travers le monde) s'est échappé d'un wagon, à Tarascon ou en Arles, et est venu jusqu'ici... Or, vous le savez et toute la France le sait, je ressemble absolument à Buffalo Bill. Je porte comme lui des grands chapeaux et j'ai la même barbe en pointe. Quand il m'a vu, il a couru vers moi, comme il aurait couru vers Buffalo Bill, mais c'était bien moi qu'il cherchait. Et vous savez où il m'attendait, ce soir-là, alors que je me promenais dans la campagne ? Eh bien, il m'attendait exactement derrière le mas où je suis né, et que j'ai quitté depuis longtemps. Il m'attendait au pied des grands cyprès noirs. Et c'était là que je jouais toujours quand j'étais petit.

— Quelle jolie coïncidence !

— Eh bien, moi, mon cher ami, j'appelle cela une coïncidence exagérée. Tellement exagérée qu'elle ressemble à la prédestination, au destin, et au long parcours d'une âme qui me cherchait dans le corps d'un petit chien. D'ailleurs, j'ai d'autres preuves...

— Dites toujours...

— J'avais un voisin, un vieillard appelé Eynaud. Eynaud avait été, dans sa jeunesse, garçon de labour de mon père, et je l'avais beaucoup aimé, enfant. Or Pan Perdu, dès qu'il s'est installé chez moi, est allé rendre visite à Eynaud, et il lui a fait de grandes démonstrations d'amitié. Et ensuite, tous les jours, il allait lui rendre visite. Et Eynaud, comme moi, était frappé par le regard de Pan Perdu, par quelque chose de tout à fait attachant, de mystérieux et de cabalistique, qu'il y avait dans ses prunelles. Et quand Eynaud a été sur le point mourir, avec sa famille autour de lui, il s'est relevé sur son lit, il a dit : « Mes enfants, êtes-vous là ? » Ils s'attendaient tous à une recommandation ultime. Il leur en a fait une, en effet. Il leur a dit : « Je vous recommande à tous Pan Perdu, le chien du poète. Tant qu'il vivra, servez-lui de la paille fraîche. » Et, là-dessus, il est mort...

— Et vous en concluez ?

— J'en conclus que les grands vieillards connaissent les grands mystères. Mais je veux vous raconter la dernière histoire de Pan Perdu. Voici...

» Il devenait vieux. Et, une fois qu'il était couché à nos pieds, ma femme causait avec lui. Elle lui disait :

» — Ah ! mon pauvre Pan Perdu, tu commences à te faire vieux ! C'est bien dommage que nous n'ayons pas un rejeton de toi !

» Deux jours après, la bonne accourt en criant :

» — Monsieur ! Madame ! Venez vite au chenil !

» Nous accourons, et qu'est-ce que nous voyons ? Une chienne qui allaitait trois petits chiens, sous le regard de Pan Perdu. Oui, mon cher ami, cela s'est passé ainsi. Et, je vous l'assure, Pan Perdu souriait.

J'ai gardé un de ces petits chiens à sa ressemblance. Je l'ai appelé Pan Panet. C'est lui qui figure sur toutes nos cartes illustrées... Vous savez bien, ces cartes que l'on vend un peu partout, et où l'on voit le poète Mistral et son chien...

RÉPONSES À L'INCRÉDULE

— Pas étonnant que le père de Mireille ait pu voir plus de choses que le commun des mortels !... Et qui était son crédule confident ?

— Jules Bois, un journaliste célèbre du début du siècle. Passionné d'occultisme, lui aussi, et d'histoires fantastiques, il interviewait les plus grandes personnalités de l'époque — Alphonse Daudet, Anatole France, Huysmans, Verlaine, Camille Flammarion — sur le thème de l'au-delà...

— *Son chien cabalistique ne vient, lui, que de l'autre côté de l'Atlantique... A l'en croire !*

— L'histoire est belle, n'est-ce pas ?

— *Et en plus elle ne fait pas peur aux petits enfants !*

— Elle va pourtant nous servir de fil conducteur dans notre quête aux esprits...

— *Comment cela ?*

— Parce que depuis toujours les esprits s'incarnent dans toutes sortes de créatures, chiens et animaux notamment, qui forment même le gros de la troupe qui désole les carrefours maudits, les châteaux et les maisons hantées...

— *Mais le chien de Mistral ?*

— Vous voyez qu'à cette créature, surgie on ne sait trop d'où, le poète prête un esprit aussi... Ce qui est une idée à la fois très ancienne et très moderne. Ancienne, parce que chez tous les peuples archaïques l'âme de l'homme et celle de l'animal sont infiniment liées. Nouvelle, parce que la physique la plus avancée nous enseigne que toutes les choses sont issues d'une substance unique, qu'on l'appelle âme, esprit ou énergie. Qu'un homme puisse être changé en bête, tout en gardant certains caractères de sa condition précédente, est aussi une croyance vieille comme le monde. Les Zoroastriens y croyaient, tout comme Platon et Pythagore, et le christianisme l'admet jusqu'au VIe siècle. Au temps de Mistral, sous l'influence du spriritisme, on parlait de métempsycose, c'est-à-dire du passage de l'âme après la mort, dans des corps innombrables, allant du végétal à l'animal, puis à l'homme, mais aussi avec... des retours en arrière !

— *Que certains hommes renaissent en chiens peut être tout bénéfice. Du moins pour ceux qui étaient leurs semblables !*

— Pour les adeptes de la métempsycose ça n'en était pas moins une régression de l'esprit vers une forme animale moins évoluée. Du ver de terre et de la tarentule à l'éléphant, la nouvelle forme varie suivant la gravité des fautes commises durant la vie...

— *Y a-t-il vraiment une chance pour que cet animal soit venu d'Amérique dans les valises du colonel Cody ?*

— Je n'en sais rien. Mais je sais que lors de la fameuse Exposition de 1889, qui marqua l'achèvement de la tour Eiffel, et rassembla trente-trois millions de visiteurs, Buffalo Bill avait emmené en France plusieurs Indiens Navajos...

— *Et alors ?*

— Pour cette mystérieuse tribu, encore aujourd'hui une des minorités non assimilées des Etats-Unis, le chien est l'animal privilégié de la transmigration de l'âme et, plus encore que le chien, son frère sauvage, le coyote qui donne aux Navajos des bâtards apprivoisés.

— *Pan Perdu était donc un massacreur d'Indiens, changé pour ses péchés en coyote. Et, pour que nul n'en ignore, il avait gardé son regard humain !*

— Souriez, souriez... Ce regard, justement, Mistral y insiste : ce n'était pas un regard de chien ressemblant à un regard humain, mais proprement le regard d'un homme... Sans le savoir peut-être, l'inventeur du Félibrige ramène au vieux mythe de la lycanthropie, cette maladie qui persuade ceux qui en sont atteints qu'ils ont été transformés en animal. A l'exception des yeux, précisément, qui restent ces « fenêtres de l'âme » dont parle le poète et trahissent la personne métamorphosée. Suscitant gêne, terreur ou au contraire attendrissement, comme le pense, à propos des bêtes captives, Emerson, le grand philosophe visionnaire américain du siècle dernier : « Elles lancent, dit-il, une sorte d'appel à la sympathie et à la fraternité, un regard dans lequel Ovide a découvert l'évidence de ses *Métamorphoses*... »

— *Alors ce chien... coyote ou loup-garou ?*

— Un chien d'Indien, supérieurement initié par un chaman navajo peut-être. Mistral dit bien que jamais personne n'avait vu de bête semblable dans le pays de Saint-Rémy. Je trouve troublant en tout cas chez les Navajos, maîtres inspirés de la magie naturelle, que le coyote soit la réincarnation d'un homme condamné à errer pour toujours à travers le monde...

— *Et c'est ainsi que le coyote Pan Perdu s'est retrouvé un jour juste derrière le mas natal de Mistral...*

— Cela n'est pas si invraisemblable, compte tenu des dons paranormaux de certains animaux. A l'époque de Mistral, on ne savait pas encore grand-chose de la psychologie animale, ni d'ailleurs des animaux en général, qui pour le monde savant n'avaient droit à l'existence qu'à travers leurs fossiles, pour l'établissement des planches de zoologie. Ce sont les Anglo-Saxons qui commencent à s'intéresser les premiers à l'intelligence animale. En partant de l'idée que de la bête à l'homme il y a une évolution continue et non pas la rupture que le christianisme a introduite. Dans leurs recherches ils se sont appuyés sur des intuitions telles celles de l'Américain Charles Leyland qui, après avoir également étudié les traditions des Peaux-Rouges, était arrivé à la certitude qu'à l'aube de toute vie les animaux étaient semblables aux hommes et vice versa.

L'étude du comportement animal par la parapsychologie a démontré ensuite que les animaux étaient aussi bons télépathes que les hommes et qu'ils avaient des dons de télékinésie, cette faculté qui permet de déplacer des objets à distance sans l'intervention des muscles. Qu'enfin ils nous étaient très supérieurs pour la précognition...

Etudiant d'abord les dons déjà connus des animaux, Rhine détermine qu'un chien est capable de retrouver, dix jours après, le propriétaire d'un bâton qu'il avait reniflé pendant dix secondes... Ou le frère d'un jumeau, en se guidant, non plus sur une odeur, mais sur certaines caractéristiques physiologiques communes aux vrais jumeaux. Il prouve aussi que le chien est capable de suivre un animal plusieurs jours après son passage et d'avoir une connaissance globale de son environnement (est-ce un ami, un ennemi, est-il blessé, a-t-il faim ou peur) simplement en reniflant ses sécrétions glandulaires...

Rhine a approfondi le cas du chat Sugar, qui, voyageant pendant deux mille cinq cents kilomètres dans la malle d'une voiture et ne pouvant donc pas « marquer » son itinéraire, se perdit et parvint néanmoins à retourner chez ses maîtres après un voyage de plusieurs mois. En 1958 le fondateur de la Duke University put rééditer aussi les exploits des chevaux d'Elberfeld, étudiés notamment par Maeterlinck, chevaux qui parvenaient à effectuer des opérations arithmétiques très compliquées en désignant les chiffres avec leurs sabots ou leur bouche. Aucun trucage n'était possible, car ces animaux donnaient leurs réponses aussi bien dans l'obscurité qu'à distance ou à travers une cloison. Après avoir étudié le cas de Rolf, un fox-terrier qui donnait à deux fillettes les résultats de leurs devoirs d'arithmétique, Rhine démontra qu'il ne s'agissait nullement d'une supercherie ou d'un dressage, mais d'un *don télépathique*. Plus récemment le Français Rémy Chauvin a pu prouver que certains chiens arrivaient parfaitement à distinguer entre un fil métallique neutre et un fil où passe un courant électrique. Sans le toucher bien sûr, en percevant le plus léger changement de l'ionisation de l'air dans les parages du fil conducteur...

— *Nous sommes encore assez loin de l'exploit de Pan Perdu, qui changeant de continent réussit à retrouver un homme qu'il n'avait encore jamais vu...*

— Patience ! Il y a quelques années le chercheur soviétique Vassiliev a pu déterminer qu'un lien radiobiologique animait toutes les communications vitales d'une même espèce d'animaux.

— *Mistral, que je sache, n'était pas un chien !*

— C'est vrai. Mais c'était sans doute un bon télépathe...

— *Et c'est par télépathie que Pan Perdu trouve une tombe sur laquelle il n'était jamais allé ?*

— Je le crois. Il a pu suffire que Mistral, sa femme ou la bonne aient projeté dans leur cerveau une image eidétique du cimetière (il s'agit d'une image très vive d'un objet quelconque qui comporte chez certains sujets des détails qu'ils ne remarquent pas lors d'une perception directe) pour que le chien, après l'avoir captée télépathiquement, ait pu s'orienter d'après elle...

— *Sauf à nous faire croire à la prédestination, au* fatum *des Anciens, vous n'expliquez pas ce qui a pu guider cette bête vers son futur maître qu'elle n'avait jamais vu auparavant.*

— Un chercheur italien, Ernest Bozzano, a mis en évidence il y a un demi-siècle déjà les extraordinaires prémonitions et transformations dont les animaux étaient capables. Dans son livre, *Les Manifestations métapsychiques chez les animaux*, il a analysé cent trente cas de hantises, de visions de fantômes et d'apparitions, où divers animaux jouent un rôle déterminant. Tous ces cas paraissent authentiques et témoignent de prémonitions de mort absolument saisissantes : des chiens se mettant à hurler à la mort, par exemple, alors que leur maître, qui ne mourra que plusieurs jours plus tard, est encore en excellente santé. Dans dix-sept cas des animaux aperçoivent aussi des spectres que les hommes ne voient pas et qui leur causent une intense frayeur. Le plus souvent on se rend compte qu'il s'agit de hantises qui se sont déjà manifestées dans le passé, auprès d'autres personnes qui les ont effectivement vues...

Bozzano, qui croit à un au-delà et qui est un peu spirite, conclut à la possibilité de survie de la psyché animale et à sa capacité de se projeter comme la psyché humaine dans d'autres corps. C'est tout le sens du totémisme indien, qui permet au Cherokee qui doit voyager à pied en hiver de s'identifier si bien au loup (grâce à des chants et à des opérations magiques) que ses membres deviennent réellement insensibles au froid...

Dans toutes les parties du monde et à toutes les périodes les hommes ont cru qu'ils pouvaient ainsi se métamorphoser temporairement ou définitivement en une entité ou une forme animale. Paracelse, le père de la médecine hermétique et de la thérapie chimique, y croit absolument, tout comme les Romains qui admettaient la possibilité pour l'âme d'exister temporairement, séparée du corps. Ils l'appelaient le *genius*, mot qui vient du mot « animal » et qui a aussi donné celui de « guide »... Quoi de si étonnant alors que le père du Félibrige ait prêté à son chien des dons exceptionnels de clairvoyance.

— *J'admets que cette brave bête ait guidé tout Maillane vers sa bonne étoile... Mais la fin de l'histoire montre bien qu'avec cette histoire de chien réincarné Mistral a voulu jouer à la Mère l'Oye...*

— La naissance des trois petits chiens ?... Eh bien, cet épilogue aussi peut avoir une explication... presque naturelle ou du moins sensée ! Au temps de Mistral toujours, on croyait beaucoup au « corps astral », à ces doubles, que selon la doctrine spirite certains humains savent jeter hors d'eux-mêmes pour qu'ils puissent se réincarner ailleurs. Le yogi, qui est aujourd'hui un personnage autrement à la mode qu'Allan Kardec, le fondateur du spiritisme, cherche aussi à desserrer les liens qui rattachent l'esprit au corps, à se dégager du karma, cette somme des actes d'une vie, qui va peser lourdement sur les vies à venir d'une personne, les prédestiner, en somme. Libérée, l'âme peut aller habiter dans n'importe quel organisme vivant ou mort, dit la doctrine brahmanique.

L'année où Mistral meurt, en 1914, le Pr Richet, Prix Nobel de médecine, constate expérimentalement, par ailleurs, la matérialisation de formes et de figures humaines produites par des médiums à partir de portraits de personnes décédées qu'on leur présente. Ces formes sortent de leur bouche en longs filaments blanchâtres ou s'impriment dans des baquets de cire disposés près d'eux... Richet se demande à son tour si la matière vivante ne peut pas être modelée par la pensée et il baptise cette opération « idéoplastie ».

— *Accordez-moi que, même pour un chien, l'idéoplastie n'est ni la manière la plus simple ni la plus agréable de faire des petits !*

— Ce n'est qu'une hypothèse... Mais, au fait, dans le mot « Panet » il y a « pain ». Cela ne vous rappelle rien ?

— *Au fait !*

— Moi, ça me fait penser à la multiplication des pains qui, comme d'autres miracles, pourront sans doute s'expliquer un jour prochain autrement que par l'intervention divine...

— *De quelle manière ?*

— Par les dons de certains êtres exceptionnels, qui arrivent à provoquer ces anomalies de la matière que les savants constatent quotidiennement dans leurs laboratoires et qui remettent en cause, fondamentalement, ce qui hier encore étaient des lois éternelles de la physique établie...

— *Si je vous suis bien, ce que Jésus a fait, un chien de Peau-Rouge peut le faire ?*

— Dans le domaine des pouvoirs paranormaux, oui. Cela n'ôte d'ailleurs rien à Jésus-Christ... Comme le grand anthropologue James Frazer, je pense que dans l'univers la somme d'énergie vitale est constante, que du minéral à l'humain la chaîne des transformations peut s'allonger sans cesse et que les formes qu'elles engendrent sont liées les unes aux autres à l'infini...

— *Par une sorte de fatalité ?*

— Cette histoire prouve, au contraire, que pour tout être vivant la part de modifiable peut rester immense...

— *A quelle condition ?*

— Celle de le vouloir...

SOURCES

Jules BOIS, *L'Au-delà et les forces inconnues*, 1902.
Ernest BOZZANO, *Les Manifestations métapsychiques chez les animaux.*

Rémy Chauvin, *Certaines choses que je ne m'explique pas*, Ed. Retz.
Frank Hamel, *Les Animaux humains*, Ed. Albin Michel.
Emile Tizané, *Les Apparitions de la Vierge*, Ed. Tchou.

L'existence du fantôme d'Anne Boleyn a été reconnue par la cour martiale d'Angleterre

Le 19 mai 1536, à neuf heures du matin, la reine d'Angleterre Anne Boleyn, épouse d'Henri VIII, qui avait été enfermée le 23 avril à la tour de Londres sous l'inculpation d'adultère et de complot, fut conduite en robe de soie blanche largement décolletée sur un échafaud où l'attendait un bourreau immobile. Lorsqu'elle eut gravi, entourée de ses quatre dames d'honneur, les dernières marches qui la menaient au supplice, la jeune femme découvrit le billot, le sabre et une bière entrouverte. Elle ne sourcilla pas. Avec la sérénité des purs, elle priait.

La veille, en apprenant que, par une grâce de son monstrueux époux, elle ne serait ni pendue, ni brûlée, mais décapitée, elle avait demandé doucement :

— Le bourreau est-il au moins habile ?

Puis elle avait ajouté en portant la main à son cou :

— C'est vrai qu'il n'aura pas grand-peine ; il est si mince !...

Les quatre dames d'honneur s'approchèrent pour l'assister. Elle les repoussa en souriant, défit elle-même sa coiffe toute scintillante de perles et ne conserva que la résille qui retenait sa longue chevelure noire. Après quoi, elle s'agenouilla et posa la tête sur le billot.

Pendant que le bourreau levait le bras, on entendit Anne murmurer :

— Mon doux Jésus, ayez pitié de moi !

Puis le sabre s'abattit sur le cou frêle si souvent caressé par Henri VIII.

La tête bondit et tomba dans la paille.

Les dames d'honneur virent alors avec stupeur que les lèvres de la reine remuaient encore en une prière silencieuse.

A ce moment, un coup de canon fit trembler Londres. Il était destiné à apprendre au roi, enfermé dans le palais de Whitehall, que sa deuxième femme était morte et qu'il pouvait préparer ses noces avec Jeanne Seymour.

Aussitôt, les dames d'honneur vinrent en pleurant s'emparer « avec moult soins précieux » de la tête et du doux corps d'Anne Boleyn, puis elles les placèrent dans la bière qui fut portée immédiatement à la chapelle de Saint Peter ad Vincula où on l'enterra sans aucune cérémonie religieuse.

Henri VIII, qui devait se marier dès le lendemain avec Jeanne Seymour, pensait bien alors qu'on ne parlerait plus jamais d'Anne Boleyn, inhumée « comme une épave anonyme », et que son souvenir même s'effacerait des mémoires.

C'était méconnaître la malice des fantômes.

Quelques jours avant sa mort, Anne avait écrit un poème dans lequel elle se comparait, de façon étrangement prémonitoire, à un « *guiltless ghost* » (innocent fantôme). Or, ce « *guiltless ghost* » ne cesse, depuis 1536, de hanter l'Angleterre. Il est vrai que, dans ce pays, chacun sait que les innocents ne peuvent connaître le repos tant que justice ne leur a pas été rendue.

La première manifestation du fantôme d'Anne eut lieu la nuit même qui suivit l'exécution. Quelques personnes du Norfolk, qui assurèrent plus tard avoir été horrifiées — ce que l'on admet aisément —, virent passer une voiture tirée par quatre chevaux décapités. A l'intérieur se trouvait la reine en robe blanche, tenant sa tête sur ses genoux. Cet épouvantable équipage parvint jusqu'aux portes de Blickling Hall, où Anne était née, et disparut subitement.

Dès lors, le fantôme d'Anne Boleyn ne cessa plus de hanter ce château où elle avait vécu enfant, glissant dans les couloirs, gravissant silencieusement les escaliers, se chauffant au coin d'une cheminée, traversant les murs, sillonnant le parc les nuits de clair de lune, faisant vibrer les cordes des psaltérions et des violes du salon de musique, ou effrayant les chats par son insolite clarté. Au point que les habitants de Blickling Hall s'habituèrent très vite à cette « présence » et qu'aujourd'hui personne n'éprouve la moindre frayeur en entendant, la nuit, le célèbre bruissement de la robe de soie blanche, pas même la plus peureuse des femmes de chambre...

La principale caractéristique des fantômes, on le sait, est l'ubiquité. Celui d'Anne Boleyn apparaît donc en bien d'autres lieux.

On le voit ainsi, régulièrement, à Rockford Hall, dans le sud-est de l'Essex, château qui appartenait jadis, tout comme Blickling Hall, à la famille d'Anne. Là, il erre sur les pelouses pendant les « douze jours de Noël », c'est-à-dire pendant la période qui sépare le 25 décembre de l'Epiphanie [1].

Il semble se plaire également dans une pièce de la partie nord-est du bâtiment connu sous le nom de « Nursery d'Anne ». Non content d'y faire entendre des hurlements, des claquements de portes et des bruits divers, il s'y livre à de lugubres facéties. C'est ainsi que des taches de sang apparaissent, dit-on, sur le plancher, le jour anniversaire de l'exécution.

Cette chambre hantée a naturellement attiré de nombreux spirites. Certains y connurent des émotions fortes. L'écrivain Charlotte Mason raconte, par exemple, qu'au cours d'une réunion tenue un soir de 1928 un chat noir tomba soudain de la cheminée dans un nuage de suie, plongeant les participants dans une indescriptible terreur. Une autre fois, des mains surgies de l'invisible arrachèrent les rubans d'une petite fille que la sagesse eût commandé de laisser à la maison. Enfin, en 1965, les membres d'une association spécialisée dans les contacts avec l'au-delà furent délicieusement malades de peur en voyant passer au milieu d'eux une femme sans tête...

---

1. Ces douze jours étaient considérés, avant le christianisme, dans les sociétés primitives d'Europe, comme une période magique. Ils commençaient au solstice, que les Anciens situaient le 25 décembre, pour s'achever quand l'allongement des jours devenait sensible, c'est-à-dire le 6 janvier. L'Eglise « christianisa » cette période en l'encadrant par la fête de Noël et la fête des Rois.

Le fantôme d'Anne Boleyn apparaît aussi pendant la nuit de Noël à Hever Castle, près d'Edenbridge, dans le Kent. Au douzième coup de minuit, on la voit glisser lentement sur un pont qui enjambe la rivière Eden. Or, c'est là que s'était nouée l'idylle de la jeune femme avec Henri VIII. Allez donc comprendre les fantômes !

Le spectre d'Anne Boleyn se montre parfois malicieux. C'est ainsi qu'il semble prendre un malin plaisir à fréquenter Marwell Hall, dans le Hampshire, château hanté par le fantôme de sa rivale, Jeanne Seymour. Et certaines nuits les habitants voient flotter sur la pelouse les silhouettes scintillantes de deux dames blanches. Celle qui a une tête et celle qui n'en a pas [1]...

Mais c'est naturellement à la Tour de Londres que le fantôme d'Anne Boleyn est le plus assidu. C'en est même, depuis quatre siècles et demi, le principal et le plus célèbre pensionnaire. Au point que ses apparitions sont mentionnées de façon réglementaire sur le registre du corps de garde de la Tour. Quand on feuillette ce document officiel, on s'aperçoit que le spectre de la jeune reine furette dans tous les coins de l'ancienne bâtisse. On le signale tantôt dans la tour Blanche, tantôt dans la tour Verte, tantôt dans le Logis du Roi, tantôt à Saint Peter ad Vincula, tantôt même sur les toits...

Durant les XVIIe et XVIIIe siècles, il semble avoir curieusement été attiré par les décapitations. A plusieurs reprises, en effet, les juges prétendirent l'avoir vu rôder autour des bourreaux, au moment où ceux-ci procédaient à une décollation.

Parfois, il se promène entouré de « personnages » de son espèce et participe à d'étranges cérémonies, ainsi qu'un officier de la Tour en fut témoin, il y a quelques années. Cet homme faisait une ronde de nuit lorsqu'il constata que les vitraux de la chapelle étaient éclairés par une lumière étrange. Intrigué, il alla chercher une échelle, grimpa jusqu'à la fenêtre et jeta un

---

1. Jeanne Seymour, que Henri VIII avait épousée le 20 mai 1536, mourut l'année suivante, le 24 octobre 1537, après avoir mis au monde le futur Edouard VI.

coup d'œil dans la nef. Ce qu'il vit faillit le faire tomber à la renverse. Anne Boleyn, resplendissante dans des broderies Tudor, conduisait une procession de dames et de seigneurs qui remontaient lentement et en silence l'allée centrale. Lorsque les personnages eurent atteint le chœur, la vision s'évanouit progressivement tandis que la lumière s'éteignait.

Pour d'autres gardes, la rencontre avec le fantôme d'Anne Boleyn faillit avoir de très fâcheuses conséquences. Un soir d'hiver de 1933, le guardsman en faction devant la Tour vit surgir devant lui une forme blanche. Après les sommations d'usage, l'homme s'approcha de l'apparition et s'aperçut qu'il s'agissait de la silhouette sans tête d'Anne Boleyn. Terrorisé, il s'enfuit en hurlant.

Cet abandon de poste, qui aurait dû lui valoir les arrêts de rigueur, eut une conclusion impensable dans un autre pays que l'Angleterre. Les supérieurs du brave factionnaire notèrent, en effet, dans leur rapport : « Le poste étant connu pour être hanté, le garde a seulement été réprimandé. »

Un jeune soldat du Sixthe Rifles, qui était de service au pied de la Bloody Tower, la tour Sanglante, connut une aventure plus mouvementée encore : apercevant une dame blanche qui s'approchait de lui, il chargea, baïonnette en avant, et tomba évanoui après avoir constaté que son arme avait traversé la promeneuse de part en part sans rencontrer de résistance.

Lorsqu'on le retrouva étendu sur le pavé, lors de la relève de la garde, on crut qu'il était ivre et il fut appelé à comparaître devant la cour martiale. Là, il décrivit son combat avec le fantôme d'Anne Boleyn. Les juges militaires l'écoutèrent sans sourciller, tout comme ils écoutèrent ensuite deux officiers venus raconter comment ils avaient vu, eux aussi, le spectre de la reine, le même soir. Et le jeune soldat fut acquitté...

Est-ce le fait d'avoir vu son existence implicitement reconnue par la cour martiale d'Angleterre qui a donné de l'assurance au fantôme d'Anne Boleyn ? On pourrait le croire, car il s'est conduit, un jour, avec une désinvolture dont la très digne Society for Psychical Research a été stupéfaite. Les membres de cette honorable compagnie, qui étudient depuis longtemps les faits et gestes du spectre sans tête et connaissent toutes ses manies, n'avaient jamais eu avec lui que des relations courtoises et même agréables. Or, le soir du 24 décembre 1979, un photographe travaillant pour la SPR alla se placer muni d'un appareil armé de pellicules ultrasensibles, près du petit pont d'Hever Castle où la jeune reine a l'habitude d'apparaître chaque nuit de Noël.

Il attendait depuis un bon moment lorsque, au douzième coup de minuit, une tache blanche et scintillante surgit des ténèbres et prit peu à peu la forme d'une femme sans tête. Le garçon, ravi, fit une photo. Il n'eut pas le temps de recommencer : le fantôme, à une vitesse stupéfiante, se précipita dans sa direction et passa à travers lui. Très ému, le reporter se retourna et vit la forme glisser sur le pont, puis disparaître.

Le lendemain, il voulut développer son unique cliché. Il constata alors avec effarement que le fantôme, *en traversant son appareil, avait, de façon inexplicable, entièrement voilé le film qui s'y trouvait...*

RÉPONSES À L'INCRÉDULE

— *Voilà un fantôme débordant d'activité !*

— L'Angleterre est remplie de ces spectres baladeurs. Il existe d'ailleurs là-bas un « Annuaire des fantômes » où se trouvent répertoriés les mille cent soixante visiteurs de l'au-delà reconnus comme authentiques par le « Club des Fantômes » fondé en 1862. Et il n'est pas rare que des gens qui annoncent, dans la rubrique immobilière du *Times*, que leur maison est à vendre indiquent, parmi les caractéristiques pouvant intéresser l'acquéreur, qu'elle est agréablement hantée...

En 1953, une certaine Mrs. Muriel Ward fit insérer le texte suivant : « A vendre presbytère du XVe siècle en bon état, avec un grand choix de fantômes amicaux. Prix : 7 500 livres. »

Un acheteur s'étant présenté, Mrs. Ward précisa que, parmi les « fantômes amicaux », se trouvaient un moine, une vieille dame qui venait prendre un petit déjeuner à chaque Noël et un groupe de joyeux garçons du XVIIe siècle surgissant d'un carrosse tous les 15 septembre pour organiser une fête dans le presbytère...

— *Je suppose qu'Anne Boleyn n'est pas le seul personnage célèbre dont on prétend voir le fantôme ?*

— Non. Il y a d'abord le propre frère d'Anne Boleyn, Lord Rochford, qui fut exécuté deux jours avant elle. On le voit, paraît-il, à la tombée du jour, près de Blickling Hall, passer sur un cheval au galop. Détail affreux : le cavalier et sa monture sont décapités. Autre fantôme familial : celui de Thomas Boleyn, père d'Anne. Lui, hante la campagne du Norfolk le jour anniversaire de la mort de sa fille, et les braves gens expliquent qu'il expie le péché de n'avoir rien tenté pour la sauver... Il y a encore Jeanne Seymour qui, je vous l'ai dit, hante curieusement Marwell Hall en compagnie d'Anne qu'elle remplaça dans le cœur et dans le lit d'Henri VIII. Et puis, il y a la malheureuse Jeanne Grey qui avait été proclamée reine d'Angleterre à la mort d'Edouard VI et qui, neuf jours plus tard, fut condamnée à être décapitée sur l'ordre de Marie Tudor. Elle avait tout juste dix-sept ans.

Depuis lors, son fantôme fréquente la Tour de Londres où elle mourut, et ses apparitions sont généralement annoncées par la presse anglaise. Certains journaux français s'en font d'ailleurs l'écho, ainsi que le prouve cet article que j'ai découpé dans *France-Soir* du 14 février 1957 :

UN FANTÔME VÊTU DE BLANC REND VISITE
À DEUX SOLDATS DE LA TOUR DE LONDRES

Londres, 13 février

« Deux soldats de la garde à la Tour de Londres ont vu, hier matin, un fantôme évoluer sur le sommet de la "tour de Sel", haute de douze mètres, et l'une des plus sombres et des plus sinistres de cette sombre et sinistre forteresse.

» Le premier d'entre eux entendit, à trois heures du matin, un objet tomber sur le toit de sa guérite, au pied de la Tour.

N'écoutant que son courage, il bondit à l'extérieur, leva les yeux et "aperçut une forme blanche entre les créneaux"...

» Le garde numéro deux, appelé en renfort, fut d'abord incrédule, mais, quand il leva à son tour les yeux, il fut frappé de stupeur : "Par le diable, tu as raison !"

» C'était hier le 403e anniversaire de l'exécution de Lady Jeanne Grey. »

— *Vos histoires de fantômes me font mourir de rire, car je n'y crois pas un instant, mais continuez. Y a-t-il d'autres grands personnages qui se promènent dans les châteaux britanniques ?*

— Bien sûr ! Il y a la très belle Lady Hamilton, le grand amour de Nelson, qui hante le no 2 de Cambridge Square où elle s'amuse, dit-on, à ouvrir des portes fermées à clé. Il y a aussi le duc de Buckingham, l'amoureux d'Anne d'Autriche, qui se promène depuis 1628, date de son assassinat, dans le château de Windsor. On cite encore le fantôme de George III qui vient de temps en temps faire une petite apparition, et celui d'Elisabeth Ire avec lequel un capitaine de Horse Guards essaya, une nuit — en vain d'ailleurs —, d'engager la conversation. Mais il faudrait parler de tous les autres, les anonymes, soldats, commerçants, abbés, comédiens, banquiers, qui hantent de modestes maisons, des auberges, des boutiques, des sacristies, des fermes, des écoles...

— *Je continue, bien entendu, à n'accorder aucune foi à toutes vos billevesées. Mais, puisqu'il faut bien faire montre de courtoisie et ne pas interrompre le dialogue sur un éclat de rire malséant, permettez-moi de reprendre mon sérieux pour vous poser une question. Comment se fait-il que l'on « voie » (remarquez tout de même mes guillemets) tant de fantômes dans les îles Britanniques ?*

— C'est une question de mentalité. Devant un phénomène, l'attitude d'un Français est, en général, totalement différente de celle d'un Anglais. A cause de son rationalisme, le Français *croit* à la réalité des choses *parce qu'il les voit*. L'Anglais, lui, *les voit, parce qu'il y croit*.

— *Cela revient à dire qu'il est victime de son imagination et de sa crédulité.*

— Ceci est votre interprétation. Il y en a une autre. Cela signifie peut-être que notre rationalisme a éteint en nous une aptitude à voir ce que d'autres hommes — et les animaux — perçoivent parfaitement.

— *Ah oui ! Descartes et quelques autres nous auraient fait perdre le sens du merveilleux... Je connais l'antienne ! Et vous ne m'empêcherez pas de croire que vos fantômes ne sont que des hallucinations.*

— C'est votre droit le plus strict. Seulement, vous m'expliquerez comment un fantôme qui ne serait qu'une hallucination peut voiler une pellicule placée à l'intérieur d'un appareil photographique...

SOURCES

Warren ARMSTRONG, *Les Chevaux du Diable*, Presses de la Cité.

Roger DELORME, « Les Fantômes de la Tour de Londres », *Miroir de l'Histoire*, n° 320, novembre 1980.

Paul FRIEDMAN, *Lady Ann Boleyn*, 2 tomes, 1903.

Eric MAPLE, *Ann Boleyn, a Very Guiltless Ghost*.

Cyrille de NEUBOURG, *Fantômes et Maisons hantées*, Grasset.

FAITS INSOLITES ET INEXPLICABLES

Le plus beau sentiment qu'on puisse éprouver, c'est le sens du mystère. C'est la source de tout art véritable, de toute vraie science. Celui qui n'a jamais connu cette émotion, qui ne possède pas le don d'émerveillement, ni de ravissement, autant vaudrait qu'il fût mort : ses yeux sont fermés.

Albert EINSTEIN

Louis Pauwels
Rosette Tamisier ou le tableau qui saigne

Guy Breton
Le visionnaire de Salon

Louis Pauwels
Quand le zéphyr engrossait les dames

Guy Breton
Les trois rêves de l'auteur de « Quo Vadis ? »

Louis Pauwels
Un ministre des Finances alchimiste

Guy Breton
La magie des nombres

Louis Pauwels
La momie de Bussy-Rabutin

Guy Breton
La bête du Gévaudan

Guy Breton
Les coïncidences exagérées

Louis Pauwels
Le miracle de saint Janvier

Guy Breton
Gustav Meyrink reçut-il un message du roi du monde ?

Rosette Tamisier, ou le tableau qui saigne

En ce dimanche d'octobre 1850, l'arrière-été s'accroche encore aux cèdres roussis des crêtes du Luberon, qui n'était pas alors un haut lieu de vacances pour intellectuels d'avant-garde. On s'ennuyait même ferme le jour du Seigneur sur les bords de la Sorgue, et seules les promenades venaient tromper la monotonie du repos sabbatique. Rosette Tamisier, trente et un ans, une fille du pays, une « vieille fille », dit-on à Saint-Saturnin, aime pourtant ces mornes après-midi où elle peut se livrer à la méditation, là-haut, dans la petite chapelle qui domine le bourg.

Si Rosette est dévote, ce n'est pas par le mouvement tardif d'un cœur frustré des bonheurs d'ici-bas. Dès l'âge de huit ans, elle fait preuve d'une grande piété. Surtout depuis le jour où une dame lui est apparue dans une grande clarté, et a posé sa main sur une plaie qu'elle porte depuis plusieurs jours sur sa poitrine. Instantanément la blessure a guéri et ce prodige a encore accru la ferveur de la petite fille.

Ce dimanche-là, Rosette a franchi une fois de plus le parvis de la chapelle qui recèle, pour tout trésor, une lumière douce propre au recueillement, une belle chaire romaine, et un bien curieux tableau... Large de deux mètres environ, haut d'un mètre cinquante, il représente une descente de Croix, de peinture naïve. On y voit un saint Saturnin coiffé d'une mitre, ce qui peut surprendre, car le personnage est mort au IIIe siècle, et un pauvre Christ rabougri dans les bras d'une Vierge en costume de moniale veillé par... un bœuf aux cornes de zébu. Une dernière étrangeté frappe l'observateur : c'est le côté droit du Christ qui est percé.

Rosette, mains jointes, s'avance lentement vers l'autel suivie de sa camarade, Joséphine Imbert, qui l'escorte partout, depuis que sa pieuse amie lui a appris miraculeusement à lire et à écrire...

Jusque-là parfaitement illettrée, Joséphine avait été priée par Rosette, lors d'un bref voyage qu'elle avait fait dans sa famille, de lui donner de ses nouvelles.

— Mais je ne sais pas écrire... s'était plainte la malheureuse.

Arrivée chez elle, la voici saisie d'une impulsion irrésistible. Dans une missive de trois pages, écrite en un « style sublime », comme diront plus tard certains témoins, elle confie son affection pour Rosette.

L'événement a causé un tel bruit dans le village que le maire a fait dresser procès-verbal...

Les deux visiteuses dominicales sont à présent arrivées au pied de l'autel au-dessus duquel le tableau est suspendu. Voici que les yeux de Rosette, ses larges yeux saillants et un peu trop ronds, deviennent fixes, tandis que ses lèvres bougent sans qu'elle paraisse s'en rendre compte. Soudain elle se dresse, monte en boitillant les deux marches qui la séparent de l'autel. Elle l'escalade avec une habileté surprenante, se hisse vers le tableau et porte ses lèvres sur la main droite du crucifié, juste à l'endroit de la plaie.

Elle redescend, retombe à genoux et passe un doigt sur sa bouche. Incrédule, elle se tourne vers son amie. Celle-ci la regarde hébétée.

Mais oui... cette saveur qui s'insinue dans sa bouche, ce liquide poisseux qui teint ses lèvres, c'est bien du sang...

— Monte... Monte, toi aussi, dit-elle à son amie bouleversée... C'est le tableau... qui saigne !...

Joséphine hésite. Rosette, alors, lui saisit le bras et l'aide à escalader l'autel. Rapidement la jeune fille porte à son tour ses lèvres sur la toile et quand elle se laisse retomber, elle a la bouche imprégnée de sang.

C'est Rosette qui se ressaisit la première. Comme pour se prouver qu'elle n'est pas la victime d'une hallucination, elle retire le mouchoir qu'elle porte noué sur sa tête et l'applique doucement sur la blessure que le Christ porte au côté droit. Aussitôt le linge s'imprègne de cinq gouttes couleur de sang.

Effarées les deux compagnes se signent, puis se lèvent et, après une génuflexion terrifiée, tournent les talons.

— Monsieur le curé, monsieur le curé !... venez vite ! crient-elles quelques instants plus tard à la porte du presbytère. Venez vite... il y a du sang sur le tableau...

C'est ainsi que commence une étonnante, une odieuse, une bien lamentable histoire...

Mais qui est donc cette Rosette Tamisier et d'où vient-elle ?

Elle est née en 1818 à Saignon dans le Vaucluse, sans doute d'une famille anciennement noble. Ses parents toutefois sont des gens très modestes, des cultivateurs qui ont bien du mal à élever leurs cinq enfants. Rosette, comme on l'appelle familièrement, est l'aînée.

De santé fragile, maigrichonne, affligée d'une malformation accidentelle de la jambe, la jeune fille aide sa mère aux durs travaux du ménage, non sans apprendre à lire et à écrire, ce qui pour une petite paysanne, privée d'instituteur, est un vrai tour de force.

Elle ne veut toutefois pas garder égoïstement ce savoir et en 1833, pour sa quinzième année, elle ouvre une école qui est bientôt fréquentée par quarante petits élèves. Elle a dix-huit ans quand des religieuses de la Présentation à Marie viennent prendre la direction de l'hôpital communal.

Rosette Tamisier se voit alors forcée d'abandonner son enseignement car la supérieure de la communauté des sœurs accepte de lui laisser commencer son noviciat. Ses dévotions alternent avec les plus pénibles travaux et bientôt son séjour au couvent est marqué par un événement prodigieux.

Ce jour-là, on l'a chargée d'arracher les mauvaises herbes du jardin et de repiquer des légumes. Il lui prend l'idée de planter un chou la tête dans le terreau, les racines tournées vers le ciel.

En une seule nuit, le chou pousse d'une manière si extraordinaire qu'on peut l'arracher dès le lendemain et en nourrir toute la communauté.

D'autres faits étranges se produisent. A certaines heures de la journée, Rose sombre soudain dans une sorte de léthargie. Son visage reflète alors une sorte de béatitude douloureuse ; c'est aux pieds et aux mains que Rosette a mal et sous le sein gauche comme le Christ en Croix.

Au bout de six mois, la jeune fille est admise dans une autre maison de l'Ordre, à Salon-de-Provence. Là, elle tombe presque immédiatement et pour de longs mois gravement malade.

Si gravement que bientôt elle ne peut plus s'alimenter. Ce sont alors des anges qui lui apportent les saintes espèces lui permettant de survivre. Une surveillance rigoureuse s'exerce autour de sa chambre. Mais, tout le temps que dure son jeûne, il est impossible de découvrir la moindre supercherie.

Sa santé reste si précaire, que sur l'ordre des médecins, elle est obligée de retourner à la vie laïque. Revenue dans sa famille, elle doit rester alitée, et ses pauvres journées se passent à broder des ornements d'église.

Le Bon Dieu ne lui manque pourtant pas dans ses épreuves, et là aussi, elle est miraculeusement ravitaillée en hosties que les anges vont distraire du ciboire de M. le curé.

Un jour, dans l'église de Saignon, elle tombe en extase. Comme l'indique le dossier judiciaire de l'affaire conservé aux archives du tribunal de Nîmes, des témoins, tout à fait dignes de foi, la voient entrer en lévitation. L'un d'eux passe plusieurs fois ses mains sous ses genoux et se rend compte comme d'autres fidèles qu'elle ne touche plus terre.

Au fil des années la réputation de sainteté de Rosette grandit, et à ceux qui se plaignent du développement de la déchristianisation, le vicaire Sabon lance :

— Vous verrez qu'une fille de Saignon va faire des choses extraordinaires et que cela fera un grand bien à la religion.

En 1845 un jeune frère de Rose épouse une demoiselle Jean, de Saint-Saturnin-lès-Apt, qui est maîtresse d'auberge. Le couple s'établit dans cette petite ville et Rose fait de fréquents séjours chez sa belle-sœur.

Certes elle est trop faible pour aider aux travaux pénibles mais qu'importe... elle a si bon caractère, une si belle élévation d'âme que toute la maison en est illuminée.

Ainsi, quand en 1847, au cours d'un de ses séjours à Saint-Saturnin, elle tombe une fois de plus gravement malade, ses parents la soignent de longs mois avec dévouement, heureux, semble-t-il, d'atténuer un peu les souffrances de cette fille au corps chétif mais tellement aimée de Dieu...

Dès que le miracle du tableau qui saigne est connu dans le pays les gens affluent dans l'espoir de voir le prodige se réitérer.

Le Dr Bernard, médecin à Apt, se livre à une enquête minutieuse mais décide de différer ses conclusions, jusqu'à une nouvelle manifestation surnaturelle.

Il n'aura pas longtemps à attendre. Dès le 13 décembre un nouveau miracle se produit. A huit heures du matin, Joséphine Imbert se présente au presbytère et demande au curé Grand de monter sans retard à la chapelle.

Quand celui-ci pousse la porte, il aperçoit, dans le clair-obscur, la petite silhouette frêle de Rose. Elle est à genoux devant l'autel et tout son être semble comme aspiré vers le tableau.

Joséphine et la femme Jean, belle-sœur de Rosette, sont sur les talons du curé. L'ecclésiastique, qui est très myope, allume un cierge, grimpe sur un escabeau et approche la flamme du tableau...

La main droite du Christ qui pend à la verticale s'orne d'une grande goutte de sang...

Quand il déplace la lumière du cierge, il voit ensuite que le flanc du crucifié porte une trace sanguinolente et autour quatre gouttes rubicondes.

Appelé sur les lieux, un jeune médecin de vingt-huit ans, le Dr Clément, fait un constat. Cela lui répugne, car il est libre penseur et redoute les sarcasmes de son entourage. Dès le lendemain toutefois il signe un procès-verbal très favorable à la thèse surnaturelle.

Dès le 16 décembre, Rose prévient qu'un nouveau miracle est en préparation.

Toute une partie du canton accourt de grand matin, et la piété des fidèles est récompensée d'un premier prodige. Avant même que le tableau ne se mette à saigner, la cloche de la chapelle tinte joyeusement. Le petit clocher de la chapelle est pourtant vide de tout sonneur.

Cette fois le maire s'est déplacé, flanqué du médecin Clément et du gendarme Allard. A l'instant du miracle, tous ne peuvent que baisser respectueusement la tête. Un médecin d'Apt, le Dr Bernard qui a été un des premiers convaincus, se porte vers Saint-Saturnin au grand trot de son cheval, mais arrive trop tard... Le sang est déjà coagulé...

En vain certaines personnes présentes émettent des doutes, le Dr Clément notamment, qui suggère que Rose a une nature, à l'évidence, maladive.

— Ce sont des maux surnaturels, coupe le Dr Bernard en rappelant que les douleurs de Rose s'exaspèrent le vendredi.

Le sous-préfet, lui-même, prévenu par le maire, se déplace et soumet Rose à un interrogatoire serré. Il en résulte que ce fonctionnaire est troublé par l'intelligence et l'imparable logique de Rosette Tamisier, dont il vante par ailleurs la modestie et les belles qualités d'élocution. Il recueille de sa bouche l'annonce d'un autre miracle qui pourrait avoir lieu le 20 décembre suivant.

Dès la veille de ce grand jour, tout le canton se mobilise. L'archevêque d'Avignon lui-même, alerté par de nombreuses lettres de fidèles, a décidé de se rendre sur place. Pour ne pas risquer d'être retardé en route, il couche au presbytère, tandis que le sous-préfet, un juge d'instruction et un substitut passent la nuit à l'auberge.

Quand le jour tombe, la chapelle s'entoure d'un double cordon de gendarmes...

Cette fois le Dr Bernard se montre plus prudent. Dès sept heures du soir, son cabriolet est entré au village en se frayant difficilement un passage parmi les nombreux attelages qui de toute la région ont convergé sur Saint-Saturnin.

Où donc toutes ces bonnes gens vont-elles passer la nuit ? Nul n'en a cure. On ne songe qu'au lendemain et en attendant s'élèvent, des chars à bancs, prières et cantiques, tandis que les plus pauvres piétinent dans la boue sans oser maudire la pluie glaciale qui tombe du ciel depuis deux jours.

Le lendemain le presbytère s'anime bien avant le point du jour.

Monseigneur a demandé qu'on le réveille très tôt. On n'a pas manqué de déférer à sa requête mais huit heures le trouvent encore devant son bouillon.

Cette Excellence aurait dû savoir que le ciel, qui est une longue patience, n'aime pas attendre, de sorte que sa robe n'était pas encore nouée quand le carillon annonciateur d'un autre miracle se met à sonner.

En fait, si le prélat est frustré ce matin-là des manifestations essentielles du phénomène, c'est aussi à cause du zèle excessif de M. le sous-préfet Grave.

Celui-ci a passé une assez mauvaise nuit. Debout dès cinq heures, il a arpenté sa chambre en proie à une exaltation de moins en moins contenue. Ce jeune fonctionnaire est persuadé de l'authenticité des miracles de Saint-Saturnin et ce matin-là est son jour. A la face du monde athée, des incrédules de tout poil, des ricaneurs de la « préfectorale », il entend fournir des preuves éclatantes du miracle.

A huit heures tapantes, il escalade la colline aux mystères. A sa vue les gendarmes rectifient la position, et l'abbé Grand, qui se trouve déjà sur place, tente d'empêcher le bouillant fonctionnaire de pousser la porte de la chapelle.

— Il serait séant, dit-il, d'attendre Monseigneur.

Rien n'y fait. Usant de ses droits de police, le sous-préfet se porte vers la grille d'entrée, prétextant l'organisation du service d'ordre intérieur de l'édifice.

Quand Monseigneur arrive, tout essoufflé, quelques minutes plus tard, porté par une marée humaine qu'on a peine à contenir, le miracle est, si l'on peut dire, consommé. Avec une précipitation qui conduit le curé Grand et les Drs Bernard et Clément à se poser des questions sur son équilibre foncier, le sous-préfet a bondi sur l'autel.

A l'aide d'un linge immaculé, il a recueilli de nombreuses gouttes de sang, après avoir appliqué à plusieurs reprises le morceau d'étoffe contre les différentes plaies. En fin de compte et en dépit des adjurations et des trépignements indignés des médecins, il a même achevé la toilette du tableau en... frottant toutes les plaies avec énergie !

Au pied de l'autel, Rosette est abîmée, pâle comme une morte dans son extase.

Monseigneur non plus que les personnalités présentes ne veulent cacher leur déception. Le prélat grimpe tout de même sur un escabeau que deux gendarmes maintiennent ferme et recueille quelques gouttes d'un liquide rouge, mais d'une couleur et d'une abondance bien moindre que l'instant auparavant.

Dans le groupe des officiels, tous se poussent pour voir, et sur tous les visages c'est le désappointement. Sur tous, sauf sur celui du sous-préfet qui, dans ce lieu consacré, ne craint pas d'adresser une éclatante homélie à l'assistance.

— Le prodige vient de se renouveler ! clame-t-il. J'ai vu des gouttes de sang grossir après les avoir essuyées... vous devez me croire !...

C'est trop pour Monseigneur qui tourne les talons. En passant devant Rosette, qui est d'une pâleur effroyable, il ordonne qu'on la reconduise chez elle. Ce sont les deux médecins qui s'en chargent.

Ils soutiennent la jeune femme qui marche difficilement, et qui paraît souffrir beaucoup. Quand elle arrive sur le petit parvis de la chapelle, la foule oppressée fait silence. Dans le premier rang quelques pieuses femmes se jettent à genoux.

Parmi tous ceux qui s'étaient dérangés ce jour-là pour être témoins d'événements décisifs, rares cependant furent ceux qui ne s'en retournèrent pas déçus. Sans doute avait-on trop attendu de cette journée, gâchée de surcroît par les initiatives du sous-préfet.

A partir de cette journée beaucoup se prirent à douter dans la région, et le bruit que ces événements faisaient à présent dans tout le pays ne fait que renforcer les controverses qui s'élèvent de partout.

Dès le lendemain de la visite mémorable de l'archevêque, une autre émission de sang, encore plus spectaculaire, s'était pourtant produite devant de nombreux pèlerins.

Les journalistes accourent de partout en ces derniers jours de l'année. Ceux de la *Gazette de Provence* et de la commune d'Avignon notamment, qui sont plutôt favorables. Mais à mesure que la réputation de Rosette grandit, l'autorité ecclésiastique se met davantage en retrait.

Nul doute que dans l'esprit des hommes d'Eglise, il se passe réellement quelque chose à Saint-Saturnin...

Mais quoi donc, que diable ?...

Justement c'est le diable qui commence à être évoqué par plusieurs, pour expliquer ces phénomènes. Non sans perfidie, un missionnaire de Notre-Dame-de-Lumière, l'abbé Chavard, tend à Rosette un piège sous la forme d'une longue lettre malsaine qui relate des prodiges inventés, dont ce religieux se dit avoir été le témoin.

Il enjoint à Rose de lui livrer par retour de courrier une explication de ces mystères, et se fait fort de déchiffrer ensuite dans sa réponse les influences diaboliques qui s'exercent selon lui sur Rosette.

« Je suis bien orgueilleuse et pleine d'amour-propre, confesse la jeune femme dans sa lettre, mais je ne crois pas que cela vienne du démon... »

Dans cette missive pleine d'humilité et où elle confie à quel point sa pauvre vie est déchirée entre les soucis du ménage, les fatigues des vendanges et les épreuves mystiques, ce singulier bon père croit lire à livre ouvert l'influence du malin.

Seul, le curé Grand reste convaincu de la sainteté de sa paroissienne et, quelque temps après, il fait savoir comme une nouvelle marque de la providence que sa plaisanterie a mis rapidement l'abbé Chavard au désespoir et qu'il la regrettait amèrement.

Entre ceux qui tiennent pour le diable et ceux qui croient à l'intervention du ciel, entre les laïcs partisans de Rosette et les religieux qui jurent presque tous de la confondre, la zizanie est à son comble au tournant de l'année 1850.

Devant ce fléau qui vient maintenant battre sa bonne ville, l'archevêque d'Aix demande au clergé local des explications. L'évêque du Mans, celui de Gap, de La Rochelle aussi, sans chercher à se faire une opinion fondée crient à la supercherie, tandis que les occultistes, à leur tête M. de Mirville, l'auteur fameux en son temps du livre *Des Esprits*, adjurent qu'on leur fasse tenir des renseignements sur ce prodige pour qu'ils puissent « le proclamer dans l'univers tout entier ».

Rosette, elle, reste imperturbable et annonce pour le 1er janvier un miracle d'une force sans précédent. Les stigmates de son enfance ont à présent reparu sous formes de lignes sanglantes qui lui strient la poitrine et dessinent tantôt une croix, tantôt un cœur dont on peut recueillir parfaitement l'empreinte dans un linge.

A la veille de la Saint-Sylvestre, les partisans de l'un ou de l'autre bord en viennent aux mains dans les cabarets de la région et les journalistes écrivent ouvertement que le diable se promène dans les rues de Saint-Saturnin. C'en est trop pour les autorités religieuses.

Au moment même où le curé Grand met en place des conditions de contrôle également sans précédent pour un miracle imminent, lui parvient la décision de l'archevêque de constituer une commission d'enquête, qui se porte immédiatement sur les lieux pour apposer les scellés sur la porte de la chapelle.

C'est ensuite au triple galop que les enquêteurs de l'Eglise parcourent la région et la célèbre chapelle avant d'aller entendre le sous-préfet d'Apt. Celui-ci est un instant anéanti quand un des membres de la commission, l'abbé Caval, lui dit tout à trac que Rosette Tamisier fait assurément partie d'une secte qui veut instaurer sur terre le règne de l'« Esprit des Ténèbres ».

A ceux qui tentent de relater ce que leurs yeux ont vu, l'abbé lance en faisant tournoyer ses besicles : « J'ai bien autre chose à faire que de discuter... J'ai assez vu comme cela, je suis fixé... »

En vain le Dr Bernard sollicite une analyse officielle des traces de sang qu'il a recueillies.

— Nous saurons chercher la vérité mieux que vous, monsieur... réplique l'intransigeant abbé.

On espère que, dans la chapelle claquemurée, le miracle attendu va se produire en l'absence de tout témoin. Il n'en est rien.

C'est Rosette elle-même qui donne une explication de cet insuccès :

— Les violentes contradictions qui remuent les esprits des gens dérangent en ce moment les opérations de la grâce, dit-elle au Dr Bernard avec une belle présence d'esprit.

Les autorités ecclésiastiques veulent aller d'autant plus vite qu'en Espagne à la même époque vient d'éclater un scandale énorme, dont certains aspects rappellent ce qui se passe alors à Saint-Saturnin.

Une certaine sœur Patrocinio, qui portait des stigmates assez semblables à ceux de Rosette, avait été jetée en prison par le procureur et ses blessures s'étaient guéries avec quelques cataplasmes. La religieuse avait fini par avouer qu'elle ravivait ses plaies avec une pierre mystérieuse qui lui avait été donnée par son confesseur. La Patrocinio est enfermée dans un couvent d'où la reine Isabelle la fait bientôt tirer pour en faire sa favorite, au grand scandale de la cour et du bon peuple.

L'épiscopat craint que des faits analogues ne se produisent dans le Midi. Les conclusions de la Commission sont vite réunies et elles proclament qu'il est impossible de voir dans ces faits qui lui ont été soumis « les caractères d'un vrai miracle ». Ulcéré, le curé Grand écrit le jour même dans une lettre : « L'enfer rugit autour de nous... », tandis que la presse satirique parisienne taille des croupières au sous-préfet.

Les remous causés par cette conclusion sont loin de s'apaiser, quand ledit sous-préfet, dont les uns font un héros, les autres un simplet, reçoit une lettre signée d'un certain abbé Charvoz, d'Orelle.

C'est cette lettre qui allait précipiter sans retour les tristes destinées de Rosette Tamisier.

L'abbé Charvoz était en effet pontife à l'Œuvre de miséricorde et il avait été un des premiers disciples de Vintras, le fameux hérétique normand que Barrès évoque dans *La Colline inspirée*.

Dans sa lettre, l'abbé Charvoz prend avec beaucoup de finesse le parti de la thèse miraculeuse et accuse l'autorité épiscopale de vouloir étouffer par le mensonge les manifestations divines.

A cette époque, la religion catholique était religion d'Etat et l'hérésie pourchassée. Il n'en fallut pas plus au sous-préfet pour que Rose soit taxée d'hérétique vintrasienne, et que le parquet, sur les instances peut-être de l'archevêque d'Avignon, se saisisse de son cas.

Dès que la machine judiciaire se met en branle, les témoignages affluent. Côté laïc, on est d'abord nettement favorable à Rosette. Le juge de paix de Salon envoie un éloge de la jeune femme qui émane des sœurs de la Présentation et confirme que, durant son séjour dans la maison des sœurs, Rosette a été nourrie grâce à des hosties qui lui sont parvenues de façon miraculeuse.

Le juge de paix de L'Isle joint à son rapport, qui est favorable aussi, une chemise qui permet d'étayer l'authenticité des stigmates de son adolescence. Le maire même de Saint-Saturnin envoie une lettre pathétique dans laquelle il tient fermement pour le miracle.

Pendant ce temps, le curé Grand supplie le ciel pour que le prodige se renouvelle devant des pèlerins de plus en plus nombreux qui repartent morfondus. Rosette est malade depuis le début de l'année, intransportable même, et les mauvaises langues en tirent argument pour dire qu'elle ne peut plus se glisser dans la chapelle pour y préparer elle-même ses « miracles ».

Au matin du 5 février, pourtant, va se produire un événement capital.

Dans la nuit qui précède, elle a souffert atrocement et au petit matin elle a soufflé à ses proches : « J'ai eu trop mal pour qu'il ne soit pas arrivé quelque chose d'extraordinaire là-haut... »

Quand le curé pénètre avec un groupe de pèlerins dans la chapelle, le spectacle est saisissant. De toutes les plaies du crucifié et même de sa tête, le sang a ruisselé avec une abondance encore jamais observée auparavant.

Les plus sceptiques devraient du coup baisser la tête, mais c'est tout le contraire qui se produit. Pressé d'en finir, le procureur de la République n'écoute que les ragots et inculpe Rose de deux délits : celui d'escroquerie, et celui d'outrage à la religion.

Le juge se porte incontinent à Saint-Saturnin et interroge la miraculée longuement. Avec une douceur et une politesse qui paraissent au curé Grand bien excessives... Tout cela doit cacher un piège, redoute le saint homme.

Il a vu juste : le magistrat fait signer un mandat d'amener que la gendarmerie exécute le jour même. De quoi l'accuse-t-on au juste ?

D'une chose aussi vague que « outrage » et aussi exorbitante que « vol »... A cause des hosties qui ont disparu un temps du tabernacle du curé...

Le rapport du juge se conclut ainsi : « Valeur approximative des objets volés : nulle. »

Le petit cabriolet qui, le lendemain, conduit Rosette vers Apt est en quelque sorte son corbillard, car à partir de cet instant elle va disparaître des chroniques de l'époque.

Dans Apt et sur la route qui y conduit, des milliers de personnes mystérieusement alertées font la haie et regardent d'abord passer en silence la voiture dont l'intérieur est occulté par un rideau.

Quand l'attelage arrive dans les rues centrales de la ville, la foule se fait extrêmement dense. Foule versatile et cruelle d'où fusent les premiers cris, des cris de femmes, bien entendu :

— Qu'on la fouette !... Qu'on la fouette !...

Quelques instants plus tard, précédée de quatre gendarmes à cheval, qui lui ouvrent difficilement un chemin, la voiture pénètre dans la maison d'arrêt.

Désormais ce seront les experts, les chimistes et les magistrats qui occuperont le devant de la scène. Après avoir révoqué le sous-préfet qui défendait Rosette avec acharnement, le ministre de l'Intérieur passe la main à celui de la Justice qui commet un pharmacien aux fins d'expertise du tableau. Laborieusement le potard tente de démontrer que Rosette s'est servie d'une sangsue pour colorer les plaies ou alors d'une mixture à base de... cyanure de potassium.

Le dossier d'accusation déposé le 10 juillet se révèle si léger et si mal fagoté que le tribunal doit se résoudre à prononcer le non-lieu. L'abbé Grand et les fidèles de la miraculée triomphent. Pas très longtemps, hélas...

Un vieil ennemi de Rosette, l'abbé Caire, croit opportun d'insinuer que la complexité juridique même de cette affaire prouve bien... la présence de Satan...

Aussitôt, prenant prétexte d'un article du Code qui punit d'emprisonnement ceux qui ont outragé un objet du culte, les magistrats renvoient l'affaire devant le tribunal correctionnel de Carpentras.

« Rose Tamisier, j'ai trente-trois ans... l'âge du Christ... », proclame d'une voix assurée la petite miraculée, lors de sa dernière apparition en public. Elle se signe et s'assied ensuite face à ses juges dans la salle de la cour d'assises du tribunal de Carpentras.

Troublés et éperdus après deux jours de débats passionnés, les juges ne savent plus à quel saint — à quel diable — se vouer pour trouver la vérité.

Au grand mécontentement de tous, ils se déclarent incompétents et le procès est porté, le 6 novembre suivant, en appel devant la cour de Nîmes.

L'affaire est rapidement, brutalement expédiée. Rose est condamnée au maximum : six mois de prison et une amende de seize francs pour « délit d'outrage à la religion catholique ».

En fait, elle va subir une incarcération de vingt et un mois en tout, car elle refuse de faire payer par ses proches les frais du procès qui se montent à la somme considérable de huit cent quatre-vingt-deux francs.

Quand son martyre se termine, il n'y a personne pour l'attendre à la porte de la prison. Comme si l'on craignait qu'avec son élargissement un Dieu, décidément encombrant, n'allât à nouveau se manifester.

Tous s'étaient empressés d'oublier sa gloire passagère, mais le haut clergé ne lui pardonnera jamais le dérangement qu'elle a causé dans les consciences. Retournée dans son bourg natal à Saignon, pour y soigner son vieux père, Rose ne songe plus qu'à se faire toute petite, non sans espérer puiser dans les saints sacrements un peu de baume pour ses meurtrissures.

C'est un refus catégorique que lui opposent les autorités ecclésiastiques.

— Si cette fille demande à faire la sainte communion,

qu'elle avoue d'abord ses coupables jongleries, ordonne l'archevêque.

Tout au long du temps terrestre qui lui reste à courir, Rosette Tamisier demeurera ferme. Elle lutte désespérément et ne cesse de pleurer auprès de son curé pour qu'il la laisse accéder à nouveau à la sainte table, mais jamais elle n'avouera avoir menti.

L'Eglise demeure tout aussi inflexible. Malgré ses lettres pleines d'humilité à l'archevêque et sa vie exemplaire, on reste sourd à ses appels.

Quant aux miracles passés, ils tombèrent, eux aussi, dans un oubli total. En dépit des doutes ou des convictions qui subsistèrent dans les esprits de beaucoup de témoins absolument dignes de foi...

Qu'il était donc difficile et dangereux sous ce Second Empire, papelard et bigot, d'être distingué par la main du Seigneur !...

RÉPONSES À L'INCRÉDULE

— *Voilà encore une histoire parfaitement inconnue.*

— C'est vrai. Les ouvrages religieux, ceux de l'apologétique comme ceux, nombreux aussi au XIXe siècle, qui attaquent la religion, n'en parlent pas. C'est étonnant à une époque où les miracles suscitaient un intérêt prodigieux dans tout l'Occident et étaient pour la première fois l'objet d'études sérieuses, et de contrôles scientifiques. Ainsi, ceux accomplis au milieu du siècle dernier par Bernadette Soubirous et Jean-Marie Vianney, le curé d'Ars par exemple.

C'est Me Maurice Garçon, le célèbre avocat, qui exhuma cette affaire, grâce d'ailleurs aux autorités ecclésiastiques, qui, pour la première fois dans les années trente seulement, ont mis des documents et pièces à conviction à sa disposition.

— *Pourquoi un aussi long silence ?*

— Paradoxalement parce que l'Eglise craignait que les

autorités judiciaires ne soient convaincues de l'authenticité des prodiges de Saint-Saturnin... Elle est en effet extrêmement prudente en matière de reconnaissance de saints ou de miracles.

Jeanne d'Arc ne fut canonisée qu'en 1920 et sainte Bernadette en 1933. Sainte Thérèse de Lisieux, qui fut canonisée en un temps record, dut quand même attendre trente ans.

De plus, l'Eglise craint toujours l'intervention du diable dans les phénomènes paranormaux.

— *Mais vous-même, à titre personnel, vous croyez qu'elle a fait des miracles, cette Rosette Tamisier ?*

— J'en suis persuadé. Les archives de l'enquête civile et ecclésiastique, tout comme l'ensemble des témoignages, concordent sur plusieurs point. En dehors même du miracle du tableau, il est acquis que Rosette se soulevait de terre lorsqu'elle priait et qu'elle portait des stigmates.

— *La lévitation, hors des baraques foraines où c'est truqué, cela paraît incroyable...*

— On est pourtant bien obligé d'y croire tant les témoignages abondent depuis la plus haute Antiquité. Il y a un livre fort sérieux d'Olivier Leroy sur la question, où sont recensés les cas de lévitation, nombreux dans toutes les religions.

Saint Joseph de Copertino au XVIIe siècle vola dans les airs en présence du pape Urbain VII. Il entrait même tellement souvent en lévitation qu'il fut déclaré... impropre au travail manuel par les supérieurs du couvent des capucins dont il faisait partie.

Les aviateurs, entre autres, lui ont pourtant rendu justice en en faisant leur saint patron. Mais si l'Eglise reconnaît l'existence de la lévitation, elle ne considère pas pour autant qu'elle suffit à la canonisation.

On a également constaté des dons de lévitation chez certains médiums, notamment Douglas Home, qui effectuait sa transe devant les plus grands savants de la fin du siècle dernier. Ils constatèrent d'une manière indubitable que Home était capable de sortir à l'horizontale par une fenêtre et de rentrer par une autre, après avoir évolué plusieurs secondes sans appuis, au-dessus du vide...

Quant aux stigmates, ils sont au moins aussi répandus. Parmi les plus célèbres, il y a ceux qui persistèrent pendant des dizaines d'années sur les corps de Thérèse Neumann et du célèbre Padre Pio, qui sont morts respectivement en 1962 et en 1968...

— *Mais ce tableau qui saignait ?*

— Là aussi il y a de nombreux témoignages. Ceux de toute la population, mais aussi des gendarmes qui ont établi des rapports, du sous-préfet, du maire et des médecins. Une hallucination collective paraît impensable.

Le rapport du gendarme Brive, par exemple, indique nettement que lorsqu'on essuyait le sang qui avait coulé des plaies, il se reformait aussitôt et ainsi de suite, jusqu'à trois ou quatre fois, de plus en plus faiblement, il est vrai.

Au début des miracles, Rosette demandait à s'isoler dans la chapelle le matin qui précédait ces miracles. Certains en ont tiré argument pour dire que c'est elle-même qui répandait du sang sur la toile. C'est exclu, car outre la surveillance qui avait été établie autour de la chapelle, les autorités religieuses d'abord, civiles ensuite, avaient fait décrocher le tableau pour voir s'il n'était pas truqué. On ne découvrit jamais rien de suspect. Lors du dernier miracle notamment le sang se reformait avec une telle abondance que toute idée de subterfuge, de « jonglerie », comme disait l'archevêque, paraît exclue.

— *Comment expliquer alors l'acharnement de l'Eglise à nier ces faits ?*

— Cet acharnement, s'il n'est pas justifié, est compréhensible. Tout d'abord, il y a eu à la même époque le cas de la sœur Patrocinio, une nonne espagnole qui se dessinait sur le corps des fausses plaies, à l'aide d'un bâton de nitrate d'argent. Cela avait jeté un discrédit considérable sur la religion. D'autre part, on était à la veille de la grande flambée occultiste du milieu et de la fin du siècle dernier. Les hérésies fleurissaient, celle notamment de Vintras, qui avait fondé l'Œuvre de miséricorde, et dont la doctrine allait se répandre dans de nombreux pays d'Europe.

Il avait annoncé que toutes sortes de miracles allaient se produire et l'Eglise a fait le rapprochement, craignant que Rosette ne fasse partie de cette secte.

En fait, ce qu'il y a d'extraordinaire dans son cas, c'est que l'Eglise elle-même entreprend de faire un procès à une miraculée.

En dehors du curé de Saint-Saturnin, tous les hommes d'Eglise de son temps seront peu à peu contre la thèse miraculeuse. Alors que presque tous les laïcs, fonctionnaires, avocats, médecins et autres seront pour, les libres penseurs, comme le Dr Clément, y compris. Cela montre tout simplement qu'en cette matière l'Eglise fait preuve de beaucoup plus d'esprit critique et de prudence que les laïcs. Car, elle sait tout ce qu'elle a à perdre en reconnaissant prématurément, d'une part, des miracles qui n'en sont pas, en annexant à la religion, d'autre part, des phénomènes pour lesquels toute rationalité paraît exclue.

— *Et le fameux tableau, qu'est-il devenu ?*

— Aussitôt le jugement rendu, il a été enlevé de la chapelle, et nul ne sait ce qu'il est devenu. Peut-être se trouve-t-il avec certains dossiers ecclésiastiques auxquels, en dépit de ses demandes, Me Garçon n'a jamais pu avoir accès ?...

SOURCES

Archives de l'archevêché d'Avignon.

Archives catholiques de Nîmes.

Archives judiciaires du tribunal de Nîmes.

Me Maurice GARÇON, « Rosette Tamisier ou la miraculeuse aventure », *Cahiers de la Quinzaine*.

Stanislas de GUAÏTA, *Essais de sciences maudites*.

M. de MIRVILLE, *Des esprits et de leurs manifestations diverses*.

Le visionnaire de Salon

Il y avait, en 1697, à Salon-de-Provence, un jeune maréchal-ferrant nommé François-Michel, qui vivait heureux avec sa forge, son enclume, sa femme et ses quatre enfants. Bien qu'il fût apparenté à Nostradamus par sa mère, il ne s'était jamais senti attiré ni par les bizarreries de l'occultisme ni par les prestiges de la magie.

C'était un grand garçon simple, jovial et souriant, qui avait conservé de son passage dans le régiment de cavalerie de Grignan une allure résolue. Très pieux, il se rendait parfois pour prier dans une petite chapelle située en dehors de la ville, sur la route de Marseille.

Or, un soir qu'il revenait de faire ses dévotions, il se trouva, nous dit Saint-Simon qui rapporte cette histoire, « investi d'une grande lumière auprès d'un arbre ». Fort surpris, il s'arrête et voit brusquement apparaître une femme belle, blonde et vêtue de blanc, ayant un flambeau à la main.

Le maréchal-ferrant est extrêmement ému : « Est-ce la Vierge ? » se demande-t-il.

Non. Au bout d'un instant, l'apparition parle d'une voix douce et se présente :

— François-Michel, dit-elle, je suis la reine Marie-Thérèse... J'étais l'épouse du roi Louis XIV et je suis morte il y a quatorze ans...

François-Michel, apeuré, veut s'enfuir, mais le fantôme le retient par les épaules :

— N'aie pas peur, je ne te veux point de mal... Je viens t'annoncer, au nom de Dieu, que tu dois aller à Versailles pour parler au roi. Pour lui prouver que ta mission est d'origine divine, tu lui diras ceci qu'il est seul à connaître : il y a trente ans, un jour qu'il courait le cerf en forêt, il rencontra un être surnaturel qui fit cabrer son cheval et qui lui demanda de renoncer à sa vie scandaleuse... Maintenant, écoute-moi bien...

Le maréchal-ferrant, à demi évanoui de frayeur, hoche la tête.

— Je vais te donner le message que tu dois porter au roi, poursuit le fantôme de sa voix suave. Mais fais bien attention : tu ne dois le communiquer à personne d'autre. Si tu désobéis, ou si tu négliges de t'acquitter de ta mission, tu seras puni de mort... Avant toi, je m'étais adressée à trois habitants de Salon. Le premier révéla à sa femme ce que je lui avais confié. Il mourut aussitôt à ses pieds. Le second qui, lui aussi, a dévoilé mon secret, est mort également, ainsi que le troisième. Un sort semblable t'est réservé si tu révèles mes paroles à tout autre que Sa Majesté...

François-Michel, qui a appris les jours précédents les décès mystérieux des trois habitants de la ville, ses voisins, promet d'être discret.

Alors, le fantôme de la reine se penche et lui dit à voix basse ce qu'il faudra répéter à Louis XIV, au nom du Seigneur.

Puis il disparaît et le maréchal-ferrant se retrouve seul dans la nuit, auprès de son arbre, se demandant s'il a rêvé ou si ce spectre, dont il a encore le parfum sur sa veste, lui est bien apparu...

Après un long moment de réflexion, il rentre chez lui, persuadé qu'il a été le jouet d'une illusion et décidé à ne parler à personne de son aventure.

Mais à deux jours de là, comme il passe au même endroit, le spectre lui apparaît de nouveau et lui tient les mêmes propos :

— Attention, François-Michel, ajoute-t-il, je sais que tu doutes de moi... Comment peut-on douter de la parole d'une morte ? Tu sais que les morts ne mentent pas. A plus forte raison quand il s'agit d'une reine de France...

Personne n'a jamais parlé au brave maréchal-ferrant de la franchise des trépassés, mais il lui semble qu'effectivement elle va de soi, et il a honte de ses doutes... Alors, il reçoit l'ordre d'aller dire à l'intendant de Provence ce qu'il a vu.

— Tu lui diras que je t'ai ordonné d'aller à Versailles, lui dit le spectre de la reine, et je suis sûre qu'il te donnera de quoi payer ton voyage...

Cette fois, François-Michel est convaincu. Mais, nous dit Saint-Simon, « flottant entre la crainte des sanctions et les difficultés de l'exécution », il hésite à entreprendre les démarches.

Huit jours s'écoulent encore pendant lesquels il tergiverse avec lui-même. Mais un soir qu'il repasse près de la chapelle, la reine lui réapparaît. Elle ne sourit plus : ses yeux lancent des éclairs, sa voix est dure, son ton menaçant.

Un fantôme, c'est déjà très impressionnant. Un fantôme en colère, c'est épouvantable. François-Michel tremble et jure qu'il va obéir.

De fait, deux jours plus tard, il s'en va à Aix trouver Le Bret, l'intendant de la province, qui le reçoit en particulier.

— Voilà, dit François-Michel, j'ai rencontré le fantôme de la reine Marie-Thérèse...

— Le quoi ?

— Le fantôme... Le fantôme de la reine qui est morte il y a quatorze ans.

— Et c'est pour cela que vous venez me déranger ?

— Ah non, dit gentiment François-Michel, je viens vous voir parce que la reine m'a ordonné d'aller trouver le roi à Versailles...

— Le roi !

— Oui... Et elle m'a dit que vous me donneriez de l'argent pour le voyage...

— Ecoutez, monsieur, dit l'intendant, cette histoire pour m'extorquer de l'argent est fort amusante et assez ingénieuse, mais un peu simplette tout de même...

— Mais je vous jure que tout est vrai, dit François-Michel. J'ai vu ce fantôme trois fois près de la chapelle Sainte-Anne... Comme je vous vois, monsieur... Il m'a parlé. Et j'ai une mission à accomplir auprès du roi...

L'intendant Le Bret est persuadé maintenant qu'il a affaire à un illuminé.

François-Michel devine sa pensée.

— Je ne suis pas fou, monsieur l'intendant, renseignez-vous sur moi.

Effectivement, ce grand garçon de trente-six ans au regard droit et à la santé florissante n'a pas l'air d'un détraqué.

— Laissez-moi quelques jours, dit Le Bret perplexe, je vais réfléchir.

Et, fort intrigué par cette histoire, il prescrit, dès le lendemain, au lieutenant général de Salon de faire enquêter sur François-Michel.

Un rapport est bientôt sur son bureau. On y peut lire que le maréchal-ferrant est un homme fort considéré dans sa ville, sain de corps et d'esprit et connu pour son bon sens.

Alors, l'intendant convoque François-Michel, se fait répéter dans tous les détails l'histoire de l'apparition, et finalement — si extraordinaire que cela puisse paraître — lui remet l'argent nécessaire au voyage.

Le 9 avril 1697 au soir, François-Michel arrive à Versailles et s'installe dans une auberge. Il est à peine dans sa chambre que, brusquement, le fantôme qu'il connaît bien lui apparaît, le remercie d'avoir obéi et lui donne quelques conseils amicaux pour réussir dans sa mission. Cette fois, le spectre est charmant !

— Tu auras sans doute quelques difficultés pour obtenir une audience particulière, lui dit-il ; mais garde-toi de te rebuter, et surtout ne laisse en rien pénétrer ton secret par qui que ce puisse être si tu ne veux pas mourir à l'instant même...

Le lendemain, François-Michel se présente au palais et demande à parler au roi en particulier. On lui rit au nez. Les jours suivants, il revient à la charge et fait tant de bruit que Louis XIV finit par en être informé.

— Allez dire à cet homme que je ne reçois pas n'importe qui !

François-Michel, qui croit en sa mission et qui veut obéir au fantôme de la bonne reine Marie-Thérèse, fait répondre au roi qu'il lui dira « des choses si secrètes et tellement connues de lui seul » qu'il verra bien que son message vient de Dieu.

Louis XIV refuse encore.

— Alors, qu'on m'envoie à l'un des ministres d'Etat, déclare le visionnaire de Salon.

Le souverain le fait conduire à Barbezieux ; mais François-Michel éclate de rire et répond qu'on se moque de lui :

— Barbezieux n'est pas ministre, dit-il, et c'est à un ministre que je dois parler en l'absence du roi.

Cette déclaration stupéfie tout le monde. Comment ce maréchal-ferrant, qui ne s'est jamais intéressé qu'à son métier et qui vient pour la première fois à Versailles, sait-il que Barbezieux n'est que secrétaire d'Etat ?

Le roi ne tarde pas à être intrigué par ce provincial qui semble si bien connaître la cour. Il donne l'ordre au marquis de Pomponne — qui, lui, est ministre d'Etat — de le recevoir. Par trois fois, Pomponne s'entretient longuement avec François-Michel. Après chaque conversation, l'air mystérieux, il court chez le roi avec lequel il reste enfermé pendant des heures.

Des bruits commencent alors à circuler. On murmure que le maréchal-ferrant est un visionnaire qui prétend avoir reçu la visite de feu la reine. Et l'on ricane, bien entendu. Mais un matin, les rires se figent lorsqu'on apprend que Louis XIV vient de faire entrer François-Michel dans son cabinet particulier.

Cette fois, la cour est stupéfaite. Pour quelles raisons le souverain le plus puissant du monde, qui écarte impitoyablement les fâcheux et les importuns, a-t-il accordé une audience privée à ce maréchal-ferrant ?

Après une heure de tête-à-tête, François-Michel sort du cabinet royal et regagne son auberge. Aussitôt, tout le monde se précipite vers le roi. Sans doute Sa Majesté va-t-elle conter quelque anecdote savoureuse sur ce visionnaire ? Rapporter quelques bévues ? Se gausser ?... Déjà les courtisans gloussent de plaisir. Mais Louis XIV, l'air préoccupé, traverse le salon sans prononcer une parole.

Le lendemain, à l'heure de la promenade royale, M. de Duras, qui se croit autorisé à dire librement au roi tout ce qui lui plaît, s'écrie :

— Ce visionnaire de Salon est un fou, ou alors le roi n'est pas noble !...

Louis XIV a entendu. Il s'arrête, se tourne vers M. de Duras et répond avec gravité :

— Eh bien, monsieur le maréchal, je ne suis pas noble ! Car j'ai entretenu longuement cet homme et je vous assure qu'il est loin d'être fou !...

La cour n'est pas au bout de ses surprises. Quelques jours plus tard, le roi reçoit de nouveau François-Michel, reste avec lui plus d'une heure, veillant à ce que personne ne soit à portée de les entendre, et le raccompagne cérémonieusement jusqu'à l'escalier.

Cette fois, Louis XIV révèle à son entourage que le maréchal-ferrant lui a parlé d'un événement connu de lui seul.

— Il s'agit, ajoute-t-il, d'un fantôme que j'ai entrevu, il y a plus de vingt ans, dans la forêt de Fontainebleau, et dont je n'ai jamais parlé à personne...

La mission de François-Michel est terminée.

Avant de quitter Versailles, où il est défrayé de tout par le roi lui-même, il est reçu par Mme de Maintenon, par la princesse de Savoie et par plusieurs courtisans qui lui font de somptueux cadeaux. Enfin, il va prendre congé du souverain, publiquement, à la manière des ambassadeurs, quitte Versailles le 18 avril et rentre à Salon.

Qu'avait-il donc dit à Louis XIV ?

On ne le sut jamais, car ni lui ni aucun des ministres ne fit à ce sujet la plus petite révélation. Mais sans doute le message du fantôme de la reine était-il important puisque la cour, de plus en plus ébahie, apprit que le roi avait non seulement exempté François-Michel de la taille et du logement des gens de guerre, mais qu'il lui avait fait remettre une importante somme d'argent, et qu'il avait donné l'ordre à l'intendant de Provence de le protéger le reste de sa vie...

Il était ainsi prouvé qu'on pouvait être reçu par le roi de France en se présentant de la part d'un fantôme...

RÉPONSES À L'INCRÉDULE

— *Et ce maréchal-ferrant n'a jamais parlé ? Il n'a jamais rien raconté ?...*

— Jamais ! Pas plus que Louis XIV, d'ailleurs...

— *On n'a donc jamais su le fin mot de l'histoire ?*

— Non... Mais il est une hypothèse que soutiennent quelques historiens en se fondant sur un racontar rapporté par Saint-Simon : après le passage de François-Michel à Versailles — qui avait fait beaucoup de bruit puisqu'on composa des chansons sur lui et qu'on grava son portrait — toute la cour se posa des questions. Et finalement, une explication s'imposa à l'esprit de quelques personnes : l'aventure du visionnaire de Salon avait été organisée par quelqu'un qui voulait frapper l'esprit du roi...

— *Et ce quelqu'un ?*

— Ce serait Mme de Maintenon.

— *Mme de Maintenon ? Mais pourquoi ?*

— C'est très simple : on est en 1697. A cette époque la cour est agitée par la querelle quiétiste. Or le quiétisme, cette doctrine mystique d'après laquelle la perfection consistait dans l'anéantissement de la volonté, bref dans la quiétude de l'âme, était prôné par une femme un peu exaltée qui s'appelait Mme Guyon et que protégeait Fénelon ; lequel Fénelon était lui-même protégé par Mme de Maintenon. Ecoutez bien la suite : lorsque Bossuet déclara que Fénelon était un hérétique, Mme de Maintenon se trouva du même coup compromise et craignit de se voir répudiée par le roi... C'est alors que, connaissant la religiosité teintée de surperstition de Louis XIV, elle aurait pensé à faire intervenir en sa faveur un être venu de l'au-delà. Et, femme habile, elle aurait fixé son choix sur le fantôme de la douce reine Marie-Thérèse...

— *Comment s'y serait-elle prise ?*

— Saint-Simon nous dit que Mme de Maintenon se serait adressée à une de ses vieilles amies, une certaine Mme Arnoud qui était la femme de l'intendant de Marseille, et lui aurait demandé de monter entièrement une scène d'apparition de fantôme...

— *Peut-on se fier à Saint-Simon ?*

— Pas toujours... Mais en l'occurrence, je pense que oui. Car en 1750, un vieillard de Salon raconta à l'auteur du *Dictionnaire de la Provence* qu'un prêtre et Mme Arnoud, aidés d'une jeune femme qui avait tenu le rôle du fantôme, avaient été les auteurs de cette mystification. Il tenait, paraît-il, cet aveu du prêtre.

— *François-Michel aurait donc été de bonne foi ?*

— Absolument !

— *Et qu'aurait-il dit à Louis XIV ?*

— Toujours d'après Saint-Simon, qui situe, d'ailleurs, par erreur, cette histoire en 1699, il lui aurait demandé de la part du fantôme de Marie-Thérèse de déclarer Mme de Maintenon reine de France, ce qui aurait fortement consolidé la situation de la veuve Scarron, il faut bien le reconnaître.

— *Et cette machination ne réussit pas ?*

— Non, si l'on s'en tient à l'hypothèse de Saint-Simon, puisque Mme de Maintenon ne fut jamais reine de France. Mais il y a une autre hypothèse, avancée depuis peu par des historiens qui font autorité, comme M. Louis Hastier par exemple : en 1697, le mariage secret entre Louis XIV et Mme de Maintenon — dont on ne connaît pas la date exacte — n'aurait pas encore été célébré... Et c'est pour se faire épouser que Mme de Maintenon aurait monté cette histoire de fantôme. Dans ce cas, elle aurait réussi...

SOURCES

Louis HASTIER, *Vieilles Histoires, étranges énigmes.*
Duc de SAINT-SIMON, *Mémoires.*
Gérard de SÈDE, *La Race fabuleuse.*
Marquis de SOURCHES, *Mémoires.*
Annales de la Cour et de Paris pour les années 1697 et 1698.
Gazette d'Amsterdam, 1697.
Concordances singulières de deux prétendues apparitions, 1831.

Quand le zéphyr engrossait les dames

Dans la région des sentiments aussi il doit y avoir une grosse crise de l'emploi. Voici bien longtemps que la littérature française — ce qu'il en reste — n'a pas engendré de roman d'amour. De quelle manière les humains ont imaginé au cours des siècles comment l'amour les engendre est pourtant un passionnant roman aussi. Et qui, lui, existe. C'est un jeune professeur d'histoire, M. Pierre Darmon, qui l'a conçu et son histoire de la procréation apparaît comme le plus prolifique des mystères, une sorte d'immense tapisserie baroque, sur les pourtours de laquelle l'imagination des théologiens, des juristes, des philosophes et des médecins a énormément brodé.

— Est-ce que le sommeil favorise la naissance d'enfants mâles ? Oui.

— Est-ce que le fœtus ressemble plus à la mère qu'au père ? Certes.

— Plus une femme est lascive, plus elle est féconde ? Que non.

— Les petites femmes sont-elles plus fécondes que les grandes ? Oui-da.

— Les femmes qui ont la matrice froide sont-elles fécondes ? Non pas.

— Les femmes qui accouchent d'un garçon sont-elles plus fécondes ? Assurément.

Sont-ce là des devinettes tirées de l'*Almanach Vermot* ou des questions qu'on pose à l'examen de passage des sorciers bambaras ?

Eh bien, pas du tout ! Ce sont des sujets de thèse fort sérieux, soutenus devant la très vénérable faculté de médecine de Paris et ce jusqu'à l'époque où, vers 1770, Lavoisier donnait les premiers fondements de la chimie moderne...

Au XVe siècle, les moines Sprenger et Institor commettent le premier grand traité de démonologie, *Le Marteau des sorcières*. Pendant deux siècles, ce guide rouge — du sang de milliers de victimes — flamboiera dans toutes les parties de l'Europe, entre les mains d'inquisiteurs et de juges qui lui feront une confiance aveugle.

Au cours des procès de sorcellerie qu'il m'a été donné de raconter, la sexualité et la génération jouaient toujours un rôle déterminant. On y découvre, éclairée d'une manière tragique, l'idée que l'humanité s'est faite, au cours des âges, du rôle des sexes et de la procréation.

Mandatés par le pape pour faire la chasse aux sorcières, Sprenger et Institor assurent que celles-ci sont capables de détacher par un enchantement les *fascinus* (l'« objet qui fascine ») de ces messieurs et de les emporter. Les sorcières déposent ces petits animaux — ces petits moineaux ? —, doués d'une vie propre, dans un nid. « Là, dit le texte du XVe siècle, ils s'agitent et se nourrissent de grains, ce que plusieurs ont raconté. »

Et nos deux graves démonologues racontent l'histoire suivante qu'ils tiennent pour absolument véridique :

« Un homme constate que, sous l'effet d'un sortilège, son bien le plus précieux a disparu. Il s'adresse à une sorcière en renom et lui demande réparation par la pratique d'une greffe dont elle a le secret. La sorcière, bonne fille, le fait grimper à un arbre et lui présente sa collection. Dans un nid sautillent et gambadent plusieurs objets de virilité. Il en choisit un, le plus flatteur. "Surtout pas celui-là, s'exclame la sorcière qui, pour être diabolique, n'en a pas moins des scrupules, surtout pas celui-là, il appartient au curé de la paroisse !"... »

Quand, par ailleurs, une femme met au monde un enfant monstrueux, on considère pendant plusieurs siècles que c'est à cause d'une opération magique. Il faut donc rechercher le responsable. C'est toujours une sorcière ou un sorcier qui a fait féconder la mère par de mauvais germes. Et d'où viennent ces germes de monstre ? Ils flottent dans l'air. Ce n'est jamais, en tout cas, le mari qui est en cause...

Jusqu'en plein XVIIIe siècle, on trouve quantité de traités scientifiques qui expliquent doctement qu'« à l'origine de toute vie animale, il y a des petits êtres invisibles, déjà formés, mais sans vie, qui attendent de rentrer en contact avec une liqueur assez subtile pour les vivifier ».

Une femme peut par conséquent procréer toute seule, par l'effet d'un enchantement ou même simplement d'un rêve.

C'est ainsi que le 13 janvier 1637, le parlement de Grenoble innocente Magdeleine d'Automont d'Aiguemère du péché d'adultère. Cette chaste épouse vient de mettre au monde un garçon. Or, son mari est absent depuis quatre ans. Cependant, précise le jugement, « s'étant imaginé en songe la personne et l'attouchement dudit seigneur d'Aiguemère, son mari, elle reçut les mêmes sentiments de conception et de grossesse qu'elle eût pu recevoir en sa présence ». Les juges se réfèrent à saint Thomas qui a dit que, dans l'état d'innocence, les enfants se faisaient par la seule intention des idées.

Ce jugement est accompagné d'une déclaration hautement scientifique : « On suppose que la nuit du songe de Mme d'Aiguemère était une nuit d'été, que sa fenêtre était ouverte, son lit exposé au couchant, sa couverture en désordre, que le zéphyr du sud-ouest, dûment imprégné de molécules organiques d'insectes humains, d'embryons flottants, l'avait fécondée. »

Aussi incroyable que cela puisse paraître, l'humanité s'est imaginée jusqu'au milieu du XVIIe siècle que les enfants se faisaient soit selon la description d'Aristote, soit selon celle d'Hippocrate.

Pour le plus grand médecin de l'Antiquité, le fœtus est tout simplement le résultat du mélange de la semence masculine et féminine. La femelle, comme le mâle, distille une semence qui vient de toutes les parties du corps, mais plus particulièrement du cerveau. C'est ce qui explique, selon Hippocrate, les sensations délicieuses qui sont ressenties au niveau de tous les organes quand se produit le coït.

A la différence d'Hippocrate, ce... phallocrate d'Aristote estime, lui, que la liqueur dispensée par la femme pendant le coït est privée de toute essence de vie. Le rôle de la femme dans la pénétration se réduit donc à la fourniture du sang menstruel qui, en se coagulant, servira de nourriture au fœtus, tandis que son ventre fournira le logement de l'embryon déposé par l'homme. Qu'elle se contente « d'assurer le vivre et le couvert » du petit humain, comme le dit plaisamment Pierre Darmon.

Sait-on que Descartes a écrit un *Traité de l'Homme et de la Formation de Fœtus* qui est un modèle d'obscurantisme ? Il y reprend à la lettre les idées émises juste deux mille ans auparavant :

« Le fœtus, écrit-il, n'est à l'origine qu'un mélange confus de deux liqueurs qui se réchauffent et se dilatent, par ce moyen se disposent à former des membres, en commençant par faire un cœur par bouillonnement. »

De toute façon, pense aussi le plus rationnel des Français, le germe, c'est l'homme qui le contient, et le rôle de la femme est tout à fait secondaire. Un peu celui de la vivandière quand l'armée des mâles a gagné la bataille...

Ce germe, cependant, tient lui-même la vie de l'éther, de l'esprit ou des esprits, qui flottent dans l'air... Et c'est pourquoi l'imagination des femmes enceintes, branchée sur des esprits flottants, peut transformer l'enfant qu'elles portent...

En plein XVIIIe siècle, le siècle des Lumières, juste à la veille de la Révolution, paraît un traité de Benjamin Bablot sur le pouvoir de l'imagination des femmes enceintes. Comme beaucoup d'autres médecins, Bablot soutient que si une femme enceinte touche un chat, une souris ou une belette elle doit très vite s'essuyer la main pour éviter que le fœtus qu'elle porte... ne prenne la forme de l'animal en question !...

Swammerdam, qui est pourtant un naturaliste et un physiologiste de grand talent, raconte avec un sérieux imperturbable que, vers 1660, une femme enceinte s'effraya à la vue d'un nègre. Elle se précipita dans sa salle de bains pour se laver à l'eau très chaude et, grâce à cette sage précaution, l'enfant naquit blanc. Hélas !... les interstices de ses mains et ses pieds, que l'eau n'avait pu atteindre, étaient tout noirs !...

C'est seulement à la fin du XVIIe siècle que le grand anatomiste Reinier De Graaf émet l'hypothèse que les femmes pourraient bien porter elles aussi une semence sous forme d'œufs. Dans son *Nouveau Traité des organes génitaux de la femme*, il formule, au grand scandale d'une partie de ses contemporains, l'hypothèse hardie que voici :

« Je prétends, dit-il, que tous les animaux et l'homme même tirent leur origine d'un œuf, non pas d'un œuf formé dans la matrice par la semence, au sentiment d'Aristote, ou par la vertu séminale, suivant Harvey, mais d'un œuf qui existe avant le coït dans les testicules des femelles. »

Donc les femmes portent des œufs !... Ce sont donc des manières de poule ?... Voltaire, qui reste sec sur les mystères de la génération, s'en tire par l'ironie, c'est-à-dire comme il peut. « La femme, raille-t-il, n'est qu'une poule blanche en Europe, et une poule noire en Afrique !... »

Déjà marquée de l'irrespect des idées nouvelles, la thèse oviste soulevait, quelques années auparavant, des réserves d'un tout autre ordre. « C'est contraire aux Ecritures », proteste alors l'ensemble du monde croyant.

Le Dr Pierre Roussel, qui tient pour les thèses d'Hippocrate, trouve que l'ovisme offusque la dignité des femmes, et les théologiens font chorus pour dire que si jamais on découvrait des œufs dans les ovaires de la femme, ce ne pourrait être que l'effet... d'un prodige de Satan !

Les œufs ? Ce sont des aliments mal digérés, dit un savant de cette époque, tandis qu'un autre estime que cette thèse fait trop d'honneur à la femme, ce qui est tout à fait insupportable. D'autres, en revanche, se rallient d'enthousiasme à la thèse des œufs. Un médecin de Brest jure en 1684 qu'il vient de voir une femme enceinte de sept mois accoucher d'un grand plat d'œufs. « J'en ai vu, moi aussi, affirme le Dr de Houppeville dans une brochure qui paraît à Rouen à la même époque. Mais le diable est de les faire sortir sans qu'ils se cassent... surtout chez les vierges !... »

Quelques années plus tard grâce au microscope qui est d'invention récente, un jeune médecin allemand, Louis de Ham, découvre qu'une goutte de sperme est en fait « un océan où nageaient une multitude innombrable de petits poissons, dans mille directions différentes ».

Ces petits poissons suscitent aussitôt un engouement encore bien plus considérable. Que sont-ils au juste... des animaux ? Sans doute ! Mais quel genre d'animaux ? Des poissons, des têtards, des crapauds ? Disons des « animalcules », tranche le monde savant. Mais chose capitale, c'est à nouveau l'homme qui est à l'origine de la vie.

Voilà donc la fécondité, que cette risible thèse oviste avait attribuée aux femelles, rendue aux mâles, triomphe Maupertuis, le grand mathématicien français.

Mais ces animalcules seraient-ils alors des humains en réduction et ont-ils des sexes ? se demande-t-on. Certes, oui ! On croit distinguer des petits poissons mâles et femelles. Ils sont incroyablement nombreux et les adultes disposent d'une queue alors que les petits n'en ont pas. Il existe pour les spermatozoïdes une saison des amours au cours de laquelle ils s'accouplent. Bientôt les spermatozoïdes femelles mettent bas...

Leurs mœurs ne sont guère aimables et l'on pourrait dire alors à la manière de Hobbes que « le spermatozoïde est un loup pour l'homme »... Ils adorent se battre et si celui qui survit est estropié, il naîtra un enfant monstrueux.

Il faut noter aussi que les petits poissons mâles se trouvent dans la poche droite, les petits poissons femelles étant dans la poche gauche. Donc, chez l'homme, comme chez la femme, le testicule gauche — l'ovaire gauche chez la femme — donne des femelles. Pour avoir à coup sûr des garçons, ce qui est infiniment préférable, il suffit, conseille le médecin Michel Procope-Couteau, auteur d'un remarquable *Art de faire des garçons*, de... couper le testicule gauche. Mais trouvera-t-on des volontaires ? « Coupons déjà, pour prouver la justesse de cette thèse essentielle, les testicules et les ovaires des condamnés à mort et marions ensemble ces demi-eunuques... », suggère-t-il. Cet étrange médecin ne semble pas avoir trouvé le matériel humain qu'il demandait, mais sa thèse fait florès...

Pour avoir un garçon, se persuadent les gens, il suffit de se mettre du côté droit à l'instant de l'amour... Mais finalement, l'idée que l'homme provienne d'un têtard déplaît aussi vite que celle qui situait son origine dans un œuf.

L'abbé Spallanzani, le grand biologiste italien, précurseur de Pasteur, et qui meurt à l'orée du XIXe siècle, est le dernier à dire du bien des spermatozoïdes.

Créatures dotées pour lui d'une « sagesse suprême », d'une « sagesse adorable », ils ne sont plus pour le physiologiste suisse Haller, auteur de deux cents ouvrages sur ces questions, que des « insectes » qui naissent dans un environnement peu reluisant, « fécal », disons-le. Bientôt, on les traite de « parasites », de vulgaires « gymnodes cerçariés » et l'immense Cuvier, lui-même, les ravale en 1841 au rang de « microzoaires »...

Dès le début du XIXe siècle, on assiste à un retour en force de la vogue des œufs...

Mais alors si les spermatozoïdes ne sont que des « parasites » ?

En plein XIXe siècle, deux thèses vont vouloir balayer toutes les autres, celles de la génération chimique et électrique.

Tinchant démontre en quatre cents pages serrées que c'est l'homme qui « inspire le principe de vie contenu dans l'air », le distille dans son sang et le transforme en sperme, « germe de vie par excellence ». La femme, elle, ne fait que « condenser », en fournissant l'hydrogène et le carbone qui forment les membranes et les eaux... Vive le guerrier encore un coup, et tant pis pour la vivandière !...

Burdach, lui, n'est guère plus ramassé pour démontrer que l'acte sexuel est d'essence... électrique.

Le contact électrique qui parcourt le corps tout entier lorsque deux personnes se rejoignent provoque une commotion électrique, explique-t-il, et un « conflit électrique se manifeste dans la puissance du regard de deux êtres, enchaînés par les liens de l'amour »...

Ainsi, les contemporains de Victor Hugo sont-ils ravis d'apprendre que c'est la fée électricité qui, se glissant « entre les moelles épinières de l'homme et de la femme », communique aux organes générateurs de quoi assurer, avec l'extase, la survie de l'espèce...

Et quand donc croyez-vous que nos semblables commenceront à comprendre la véritable nature de la fécondation ? Il y a tout juste un peu plus de cent ans, avec les découvertes fondamentales de Van Beneden.

Il y a donc seulement un siècle que nous sommes sortis des idées magiques, folles ou baroques sur la procréation humaine.

Un siècle, contre deux ou trois mille ans de fantasmagorie, cela donne à réfléchir, non ?...

RÉPONSES À L'INCRÉDULE

— *Toute votre histoire de la procréation me paraît être marquée au coin d'une sacrée misogynie...*

— En effet, pendant deux ou trois siècles, toute une littérature spécialisée la développe, inspirée à la fois par l'Ecriture, l'observation scientifique et la philosophie.

« L'humidité de sa constitution la rend inapte aux tâches qui demandent du caractère », affirment d'éminents sorbonnards et, « de surcroît, on n'est pas tout à fait sûr qu'elle ait une âme »... C'est pour cette raison que, par prudence, les premières dissections humaines sont pratiquées sur des femmes.

En 1595, un opuscule en latin du philosophe allemand Acidalius ne proclame-t-il pas : « *Mulieres non esse homines* » : les femmes ne font pas partie du genre humain ?...

— *On comprend dès lors que les parents ne s'extasiaient pas à la venue d'une petite fille...*

— Oui. Depuis le IVe siècle av. J.-C., depuis Aristote, la femme n'est que le réceptacle de l'embryon déposé par l'homme. C'est un outil de la reproduction accordé à l'homme pour le décharger du fardeau d'avoir à nourrir cet embryon et à l'accoucher.

C'est pourquoi *L'Art de procréer des mâles*, un livre de Morel de Rubempré, connaît, en 1824 encore, un succès fou et de nombreuses rééditions. Il reprend pour l'essentiel les élucubrations de Millot en 1802, dont voici un échantillon : « Le mari doit toujours coucher à la gauche de la femme. Au moment de l'éjaculation, qu'il passe lestement la main gauche sous la fesse droite de son épouse, qu'il la soulève jusqu'à ce que la hanche forme, avec le plan sur lequel elle repose, un angle de vingt-cinq à trente degrés. Ce n'est pas tout, il faut tenir compte de l'élévation du lit, de la position du mari, s'il est debout, et la femme couchée, par exemple. S'il est lui-même allongé, il devra modifier l'angle de tir du "canon de la vie" en fonction de l'évasement des hanches de son épouse et de la profondeur du trou qu'elles creusent dans le matelas. »

Le grand Geoffroy Saint-Hilaire, dans son *Histoire des anomalies*, raconte sérieusement, en 1832, que les sentiments peuvent avoir un fort retentissement sur l'enfant à naître. Ainsi, une petite fille est née en l'an III de la République avec, sur son sein gauche, la marque d'un bonnet phrygien. Le Directoire récompensa par une pension de quatre cents francs une mère assez patriote pour accoucher d'une enfant porteuse sur la fesse d'un brevet patriotique et d'un emblème révolutionnaire.

Les premières réfutations sérieuses du rôle de l'imagination ou des frayeurs, ou des « envies », ne remontent qu'à la moitié du XIXe siècle. Dans les maternités anglaises, on demande alors aux femmes enceintes ce qui les a impressionnées au cours de leur grossesse et l'on s'aperçoit que :

— les enfants naissent sans anomalies ;

— que s'il y a des anomalies, ce n'est qu'après coup que les mères trouvent des explications.

Et pourtant, ces craintes d'un autre âge durent encore de nos jours. En 1971, un rapport sur la grossesse et l'accouchement, établi par Marie-Thérèse Miehe (collection « Diagnostics »), relève les questions suivantes posées par des jeunes femmes :

« J'ai vu un Noir et j'ai eu un choc. Est-ce que mon enfant va naître noir ? »

« J'ai écouté beaucoup de musique pendant neuf mois. Est-ce que mon enfant sera musicien ? »

« Est-ce que les envies, non satisfaites, causent des malformations ? »

Nous sommes donc loin d'être sortis de l'âge magique.

SOURCES

ARISTOTE, *De la Génération des animaux* ; traduit du grec par Barthélemy Saint-Hilaire.

BRANTÔME, *Histoires des dames galantes.*

Pierre DARMON, *Le Mythe de la procréation à l'âge baroque*, J.-J. PAUVERT.

HIPPOCRATE, *Livre de la géniture humaine.*

MOREL DE RUBEMPRÉ, *Les Secrets de la génération ou l'Art de procréer des garçons et des filles à volonté.*

Jean-Michel TINCHANT, *Doctrine nouvelle sur la reproduction de l'homme.*

VOLTAIRE, *L'Homme aux quarante écus.*

Les trois rêves de l'auteur de « Quo vadis ? »

En juillet 1901, les familles en villégiature à Biarritz pouvaient voir, chaque jour vers midi, un élégant quinquagénaire promener, au milieu des cabines de baigneurs, un regard profond, une barbiche soignée et une mélancolie venue de toute évidence du nord de l'Europe. Les dames et les demoiselles, sous leurs ombrelles, le considéraient avec une curiosité insistante. Non qu'elles eussent à son endroit quelque idée déshonnête ou matrimoniale, mais parce que le personnage les fascinait. N'avaient-elles point là, devant les yeux, à portée de la main même, le célèbre romancier polonais Henryk Sienkiewicz, auteur de *Quo vadis ?*, roman traduit en vingt-deux langues et dont l'adaptation française, sortie en librairie un an plus tôt, en juin 1900, atteignait déjà le tirage de 100 000 exemplaires, chiffre extraordinaire pour l'époque ?

Le prestige dont jouissait l'écrivain était si grand qu'aucune de ses ferventes admiratrices n'aurait eu l'audace de lui adresser la parole, même pour lui bredouiller le plus insipide compliment.

Or, ce que les Françaises, à leur grand regret, n'avaient pas le courage de faire, une Anglaise l'osa. C'était une charmante jeune fille blonde aux yeux myosotis. Un soir, dans le hall de l'hôtel où il était descendu, elle l'aborda et lui dit qu'elle avait lu *Quo vadis ?* et en avait été bouleversée.

Sienkiewicz, ravi et un peu troublé, l'invita à boire une tasse de thé. Ils se revirent le lendemain, puis tous les jours suivants et prirent l'habitude de se promener ensemble.

Un matin, le romancier dit à la jeune miss :

— Je n'ai pas l'habitude d'attacher de l'importance aux

songes, mais j'ai fait cette nuit un rêve étrange qui me laisse une impression de malaise dont je ne peux me débarrasser... Je me trouvais dans une rue où il y avait un corbillard derrière lequel se tenait un jeune homme blond aux yeux très clairs, vêtu d'un costume bleu à boutons de métal. Je le revois très distinctement...

— Vous parlait-il ?

— Non. Il me souriait en me regardant fixement et m'invitait d'un geste à monter dans cette voiture des morts... Je me suis réveillé très oppressé...

La jeune Anglaise s'intéressait aux sciences métaphysiques. Il lui arrivait même, lorsqu'elle était à Londres, d'aller écouter les conférences faites par des membres de la Society for Psychical Research. Elle conseilla au romancier de noter son rêve sans en omettre le moindre détail.

— Peut-être, dit-elle, a-t-il une signification que vous découvrirez un jour...

Docilement, Sienkiewicz suivit le conseil de son amie. Le lendemain matin, lorsqu'ils se retrouvèrent sur la plage, la jeune miss remarqua que l'écrivain paraissait préoccupé. Elle le questionna.

— Vous n'allez pas me croire, dit-il, mais j'ai fait cette nuit le même rêve qu'hier. Le jeune homme que je vous ai décrit, vêtu de façon identique, m'invitait en souriant à monter dans un corbillard. Je reculais, mais il avançait vers moi et tendait la main pour m'agripper... C'était horrible ! Je me suis réveillé en sueur. Croyez-vous que cela annonce que je cours un danger ?

La jeune fille le rassura, disant qu'il était bien difficile de savoir quand on avait affaire à un rêve prémonitoire et que les spécialistes étaient incapables de se prononcer. Puis ils parlèrent d'autre chose.

Mais le lendemain matin, lorsque la petite Anglaise sortit de son hôtel, elle trouva Sienkiewicz encore plus déprimé que la veille.

— Que vous arrive-t-il ? Ne me dites pas que vous avez encore fait le même rêve ?

— Si ! Exactement le même ! C'est épouvantable et ce

corbillard me hante. Je sais que je vais y penser toute la journée, comme hier et comme avant-hier.

La petite Anglaise lui prit le bras.

— Aujourd'hui, je ne vous quitte pas. Ce matin, nous allons nous promener, à midi, vous m'inviterez à déjeuner, cet après-midi, nous irons marcher sur la plage des Basques, et ce soir, nous dînerons ensemble...

A minuit, lorsqu'ils se quittèrent, Sienkiewicz souriait.

— Merci ! Grâce à vous, je crois que je vais passer une nuit sans cauchemar...

Le lendemain, à huit heures, la jeune fille était devant la porte de l'hôtel du romancier, un peu anxieuse.

— Alors ?

— Fini ! J'ai rêvé de vous !...

Sienkiewicz resta encore quelque temps à Biarritz sans que son étrange rêve revînt le tourmenter. Puis un soir, il fit de tendres adieux à la petite Anglaise et prit le train pour Paris où l'on préparait une adaptation théâtrale de *Quo vadis ?*

Là, il s'installa dans un hôtel de la rue de Rivoli. Vers midi, il voulut aller déjeuner, quitta sa chambre et se dirigea vers l'ascenseur. La cabine était justement à l'étage et le liftier tenait la grille ouverte. Sienkiewicz s'arrêta, horrifié ; le garçon, un adolescent blond aux yeux clairs qui le regardait fixement en l'invitant à entrer dans l'ascenseur, *était le personnage qu'il avait vu en rêve*. Même costume bleu, mêmes boutons de métal, même sourire étrange, même geste de la main...

Epouvanté, l'écrivain fit demi-tour et se précipita vers l'escalier qu'il descendit en courant. Arrivé au rez-de-chaussée, il entra dans la salle de lecture et se laissa choir dans un fauteuil.

A peine s'y trouvait-il qu'il entendit un fracas si épouvantable qu'il perdit connaissance. Quand il revint à lui, des gens couraient dans le hall et un employé lui apprit que l'ascenseur venait de s'écraser sur le sol.

Il se leva, se fraya un passage dans la foule et vit des corps étendus sur le tapis. Au milieu d'eux, il reconnut tout de suite celui du liftier blond au costume bleu orné de boutons de métal...

RÉPONSES À L'INCRÉDULE

— *Comment connaît-on cette histoire ?*

— Par Henryk Sienkiewicz lui-même qui l'a écrite sans en omettre un détail, et par Anton Niedermeier qui l'a publiée dans ses *Souvenirs*.

— *Peut-on expliquer ce genre de rêve prémonitoire ?*

— Il ne s'agit pas ici d'un rêve prémonitoire, mais de ce qu'on pourrait appeler un rêve-avertissement. Dans un rêve purement prémonitoire, Sienkiewicz aurait vu l'ascenseur s'écraser sur le sol et des cadavres dans le hall de l'hôtel. Ici, rien de semblable. Il voit seulement ce qui symbolise la mort : le corbillard. Mais en revanche, le jeune homme blond, avec son costume aux détails caractéristiques, est d'une précision photographique, afin d'être reconnu dans la réalité. Son rôle est d'alarmer le sujet pour empêcher celui-ci d'être victime d'un accident mortel. Et pour que Sienkiewicz n'oublie ni son visage, ni son aspect, le rêve revient trois fois !

— *Envoyé par qui ?*

— C'est toute la question. Selon certains, comme Myers, c'est notre esprit lui-même qui, voyageant dans le temps pendant notre sommeil, transformerait en symboles des visions du futur.

— *Nos rêves nous entraîneraient hors de notre temps et hors de notre monde ?*

— Deux spécialistes, Steven et Monfang, répondent à votre question : « Nos rêves, disent-ils, explorent pratiquement toutes les nuits des dimensions de l'univers où la science élaborée par la pensée vigile n'a pas encore atteint... Au-delà du rêve lui-même commence un nouveau monde de la pensée tellement hors de notre expérience usuelle que ceux-là à qui il est familier ne trouvent aucun mot pour nous le décrire... »

— *Mais comment notre esprit transforme-t-il des événements en symboles ?*

— On l'ignore totalement.

— *Et ces symboles, sait-on toujours les traduire ?*

— Non, car les chercheurs sérieux ont abandonné aujourd'hui le symbolisme puéril et délirant de Freud où, souvenez-vous, un parapluie était considéré comme un symbole phallique « à cause de ses possibilités de développement », et une gare un symbole sexuel, sous prétexte « que les trains y entrent et en sortent »...

— *Alors ?*

— Il faut être patient. Actuellement, en France aussi bien qu'en Angleterre, qu'en Allemagne, qu'aux Etats-Unis ou qu'en URSS, des biologistes se penchent sur notre cerveau pour tenter de découvrir les secrets de notre activité onirique, de décoder les symboles qui peuplent nos songes et de savoir dans quelle mesure nous pourrons cesser d'être de simples spectateurs... Car peut-être un jour saurons-nous diriger nos rêves vers un point précis du futur pour connaître notre avenir...

SOURCES

Aimé MICHEL, « Naissance de la science des rêves », in *Le Mystère des rêves*, Ed. Planète.

Anton NIEDERMEIER, *Souvenirs.*

Hervey de SAINT-DENYS, *Les Rêves et les moyens de les diriger*, Ed. Tchou.

STEVEN et MONFANG, « Le Dossier fantastique du rêve », in *Le Mystère des rêves*, Ed. Planète.

Un ministre des Finances alchimiste

Au cœur du Paris le plus ancien, la rue Sourdière file par-delà Saint-Roch vers un dédale de ruelles où s'établissent depuis toujours occultistes, mages et découvreurs de pierres philosophales. Nous sommes à la veille de la Révolution et cette voie étroite et sombre, qui existe toujours, abrite aussi la loge des Amis-Unis de Paris, groupés sous le nom de « Philalètes ». L'homme le plus en vue de cette confrérie, qui, comme tant d'autres « clubs » de l'époque, rêve aux temps nouveaux, est incontestablement Duchanteau. Bel homme, spirituel, éloquent, le frère est passionné de savoir occulte et il s'est consacré pendant des années à l'étude de l'hébreu cabalistique. Persuadé qu'il faut être juif pour être bon cabaliste, il a même embrassé la foi d'Abraham et, pour ne rien laisser au hasard, s'est porté à Amsterdam pour s'y faire circoncire.

Trouvant ensuite que l'ésotérique juive tardait à le conduire au-delà des limites du simple savoir humain, il s'est lancé avec une passion encore plus grande dans l'étude de l'alchimie.

Le grand Art aussi requiert une grande patience. Et une égale vertu. Car au regard de sa propre transformation, la transmutation des métaux est chose secondaire pour l'alchimiste véritable...

Duchanteau ne l'ignore pas. Mais après avoir fouillé des mois, du fond de sa mansarde, le ciel des idées hermétiques, il ne serait pas fâché qu'une pluie d'or, même ténue, vienne le rafraîchir devant ses fours...

Las ! rien ne se produit et pendant beaucoup d'autres mois il continue de mélanger l'eau de Scythie (le mercure) au lait de vierge (l'élixir) dans des alambics, comme le veut la tradition, qui ont forme d'animaux. Sans cesser de relire toujours de nouveaux grimoires qui, tous, lui disent la même chose : il faut réunir les choses inférieures avec les choses supérieures et le feu, le réceptacle et la matière première doivent se trouver dans le même sujet. Cette idée va désormais obséder l'alchimiste. Mais il se passera encore bien du temps avant qu'un certain matin enfin, recru de cuisines chimiques et la tête lourde de signes alambiqués, il s'élance soudain de son lit en proie à l'illumination.

— Je suis, s'écrie-t-il, moi-même le feu, le réceptacle et la matière première... Le secret de l'alchimie, c'est l'homme lui-même, où se trouvent l'inférieur et le supérieur !

Eperdu, il court chez ses amis les Philalètes :

— Tout homme mâle bien constitué a le pouvoir, depuis l'âge de vingt ans jusqu'à cinquante, de faire la pierre philosophale sans avoir besoin d'autre chose que de lui-même !

— Mais encore ? demandent ses compagnons ébahis...

Duchanteau se calme, et rajuste son paletot aux manches roussies par le feu de l'athanor (le four des alchimistes) :

— Qu'on me fasse entrer, dit-il, tout nu dans une chambre. Qu'on m'y enferme et qu'on me surveille, qu'on ne me donne pas la moindre chose à boire et à manger et j'en sortirai au bout de quarante jours avec la pierre philosophale !

Un tel programme suscite parmi les frères maçons réserves et perplexité. Mais avec son éloquence de toujours, Duchanteau peint la portée immense de son projet puis demande d'entreprendre sur-le-champ son exécution. Sa recette est simple, mais quelque peu effrayante : claquemuré à la loge des Amis-Unis, il ne doit absorber que sa propre urine et obtenir ainsi pendant quarante jours le raffinement. Pour réussir en lui-même le Grand Œuvre, la fabrication de la « poudre divine » qui permet de changer le vil plomb en un or « encore plus doux que celui de la minière », comme disent les alchimistes...

A ceux qui restent sceptiques, il dit en se résignant :

— Ne voyez-vous pas que vous avez là l'union des choses inférieures avec les choses supérieures ? L'eau du corps est la matière primitive, le corps est le creuset et ma chaleur le feu !...

Ce qu'il y a d'extraordinaire, c'est que le groupe des Philalètes accepta, pour finir, l'expérience. On fait entrer Duchanteau dans une autre chambre, complètement vide, on le met tout nu pour vérifier qu'il ne dissimule aucune nourriture, ni solide ni liquide, après quoi, on lui rend ses vêtements. Puis, les frères de la loge se relayent pour le surveiller jour et nuit... Dans les premiers jours, il souffre abominablement d'une soif que le curieux transit de ses eaux ne vient, bien sûr, pas soulager. La faim le tenaille aussi et au bout de cinq jours, épuisé, brûlé par la fièvre, il est bien près de renoncer. Mais peu à peu, en même temps que son urine s'épaissit et se purifie, ses souffrances paraissent s'apaiser. Ses facultés intellectuelles sont restées intactes et même il semble qu'elles augmentent de jour en jour. Ceux qui le surveillent se rendent compte notamment que sa mémoire est décuplée et qu'il tient maintenant des propos d'une intelligence prodigieuse. Chaque jour aussi, il devient plus gai, plus éloquent et versé en des matières où il ne brillait pas jusque-là. Chose encore plus étonnante, avec la disparition complète de ses douleurs, sa force physique s'est considérablement accrue. Pour ceux qui en doutent, il installe un frère sur chacun de ses bras et fait ensuite longuement la conversation...

Mais, inquiétant revers, ceux qui l'approchent ainsi se rendent compte qu'il est maintenant brûlant de fièvre, à ne plus pouvoir le toucher. Le Conseil de la loge prend peur. Que dira-t-on si Duchanteau vient à mourir ? Des pressions s'exercent, si fortes qu'elles l'obligent à renoncer. On arrête donc l'expérience au vingt-sixième jour. Mais pendant ces vingt-six jours, l'étrange alchimiste n'a pas avalé autre chose que le produit de sa vessie. Produit dont le volume s'est trouvé progressivement réduit, jusqu'à prendre une couleur rougeâtre et une consistance visqueuse et à exhaler une odeur suave, « balsamique », dira un des témoins de cette macération sans précédent. L'ultime distillation que Duchanteau évacua fut conservée dans un flacon scellé et classée parmi les archives de la loge.

Quant à l'alambic qui venait de fonctionner ainsi sans défaillance pendant des semaines, savez-vous ce qu'il en advint au soir de ce vingt-sixième jour ? Plus allègre et facétieux que jamais, Duchanteau invita tous ses compagnons pour un dîner au cours duquel il se dédommagea de sa longue abstinence en reprenant cinq à six fois de tous les plats ! Il but en conséquence et sortit de table parfaitement lucide et sans souffrir aucunement d'indigestion dans les heures et les jours qui suivirent. A partir de là il se porta comme un charme en ayant toutes ses facultés comme vivifiées par son étrange jeûne.

Et puis, un an après, désespéré d'avoir été si près du but, il veut recommencer l'expérience. Mais cette fois, il ne va que jusqu'au treizième jour. Ce treizième jour, il tombe soudain en défaillance, puis expire en quelques minutes...

Quant à la singulière alchimie serrée dans les archives des Philalètes, cet échantillon de « poudre divine », d'origine plus qu'humaine, il sera jeté dans le caniveau sous la Révolution.

C'est bien dommage car nul jamais n'aura pu en faire l'analyse. Et nul n'aura plus le courage et la folie de refaire l'expérience de Duchanteau...

Il faut croire qu'en la loge parisienne des Amis-Unis, le zèle alchimiste était plus poussé qu'ailleurs. Duchanteau à peine porté en terre, un autre ouvrier du Grand Œuvre défraie la rue de la Sourdière et même très au-delà... Il s'appelle Etienne Clavière et il est né à Genève en 1735. Il est banquier de son état mais chose rarissime, c'est un banquier révolutionnaire ! En cette fin du XVIIIe siècle les bourgeois genevois ne veulent plus souffrir l'autorité hautaine de leurs patriciens. Avec d'autres banquiers et des industriels aussi, Clavière constitue des clubs et des comités de sûreté publique qui se substituent aux autorités. Près de dix ans avant qu'en France la Bastille ne soit prise !... Les insurgés entassent des tonneaux de poudre dans la cathédrale Saint-Pierre et menacent de faire sauter la ville, si la coalition des Français et des Bernois ne se retire pas. Mais sous le nombre, les vaillants bourgeois de Genève doivent se résoudre à livrer les clés de leur cité et Clavière se condamne à un exil volontaire en Angleterre. Son prestige est si grand, qu'il obtient du cabinet de Londres une somme de cinquante mille livres qui doit lui permettre de construire en Irlande la « Nouvelle-Genève ». Dans son exil il entretient une correspondance active avec Marat, Mirabeau, qui le tient d'ailleurs pour son maître, et les frères de la loge des Amis-Unis, dont il est un des bienfaiteurs.

Quand le Suisse Necker revient au pouvoir, Clavière demande à s'installer en France, ce qu'il obtient. Il s'attache au parti des Girondins, occupe un emploi subalterne au ministère des Finances, tout heureux de pouvoir rencontrer maintenant autant qu'il veut ses amis les Philalètes. Il faut croire que c'est une époque où les bons financiers sont rares : moins d'un an plus tard on le trouve à la tête de son ministère, très occupé à courir derrière une inflation qui le prend chaque jour un peu plus de vitesse.

Est-ce à cette époque qu'il lui tombe une idée encore plus bizarre et tellement plus cruelle que celle du frère Duchanteau ? Un soir de 1792, on le voit se glisser par la porte basse du 37 de la rue de la Sourdière. Arrivé dans une petite salle du deuxième étage, il salue, index replié, les cinq dignitaires de la loge qui l'attendent et tire de sa redingote un grimoire. Quand il l'ouvre devant ces hommes triés sur le volet, ceux-ci voient que c'est un manuscrit et sans doute des plus anciens...

Gravement, Clavière commence :

— Pour vouloir la fin, faut-il oser les moyens ? Frères ! La Révolution est trahie du dedans, assiégée du dehors, l'or s'envole en papier brouillard !... Je crois avoir le pouvoir de renflouer les caisses sûrement !

Clavière baisse la tête et ajoute :

— Mais à quel prix !...

Il rapproche le quinquet et se met à lire. Ou plutôt il commente, page après page, l'enseignement du livre hors d'âge. Et ce qu'il dit provoque d'abord la stupeur et puis l'horreur de ceux qui l'écoutent. Ils apprennent tout d'abord que Clavière est un alchimiste des plus distingués qui a déjà « soufflé » (faire de l'alchimie) dans de nombreux laboratoires d'Europe. Qu'au hasard de ses voyages ensuite il a mis la main sur un parchemin millénaire qui livre un procédé de transmutation tout aussi singulier que celui de Duchanteau, l'horrible en plus.

— Il faut d'abord nous assurer d'une jeune fille et d'un

jeune garçon vierges, explique Clavière, puis nous devons obtenir d'eux la conception d'un enfant, un garçon nécessairement, qui devra naître sous l'influence d'une constellation particulière... Cet enfant, nous devons le préparer... par des bains de cendre et de sable et le frotter longuement à l'eau amère (l'élixir toujours). Puis l'enfant doit être placé... vivant... si nous voulons réussir, dans un récipient de verre, lui-même contenu dans une cornue en forme de pélican.

— Et pourquoi de pélican ? interrompt un des frères.

— La calcination de l'enfant doit être suivie de distillations répétées que cette forme permet parce que, explique posément le ministre-mage, les parties les plus ténues s'élèveront par le col et seront ramenées par le bec dans la poitrine ouverte !... Ainsi nous obtiendrons la matière philosophale absolue, à la foix élixir de longue vie et poudre de projection pour la transmutation des métaux en or.

Quand Clavière a terminé son exposé il se fait dans la salle un grand silence :

— Voilà... dit-il. Je suis sûr du résultat !

— Mais que coûtera un or acquis à ce prix ? demande alors un de ses invités scandalisé...

Clavière n'aura pas le temps de chiffrer sa réponse. Quelques jours plus tard il démissionne pour se mêler de plus près à l'effervescence populaire. Il organise la journée du 20 juin 1792, au cours de laquelle la populace envahit les Tuileries et force Louis XVI à coiffer le bonnet phrygien. Et, un an jour pour jour après la lugubre réunion de la rue de la Sourdière, Clavière, après avoir ardemment combattu Danton, Marat et Robespierre, est décrété d'accusation avec tous les autres Girondins. Traduit le 5 septembre devant le tribunal révolutionnaire il est d'abord emprisonné au Temple. Lorsqu'il apprend sa condamnation à mort, il déclame ces vers de *l'Orphelin de la Chine*, que Voltaire avait adapté pour illustrer la supériorité des forces spirituelles sur l'instinct brutal :

Les criminels tremblants sont traînés au supplice
Les mortels généreux disposent de leur sort.

Les criminels ? Est-ce donc que Clavière a eu le temps

d'engager ses funestes expérimentations ? Sans doute ne le saura-t-on jamais. Mais qu'un ministre des Finances suisse épris de Gilles de Rais ait lancé un appel à ses frères alchimistes pour sauver les finances de la France, c'est tout de même un moment extraordinaire de notre Histoire !

RÉPONSES À L'INCRÉDULE

— *Deux alchimistes étonnants peut-être, mais deux échecs cuisants !*

— Oui. Duchanteau et Clavière sont un peu les Bouvard et Pécuchet du Grand Œuvre... De la démarche alchimique ils n'ont suivi que le chemin vulgaire. Alors que pour les vrais initiés, la chrysophée (fabrication de l'or) n'est qu'un masque, qui cache des trésors bien plus précieux que le métal jaune : la perfection d'une âme qui se purifie, le triomphe de la vérité et de la vertu, un ABSOLU donc, dont l'or n'est que le symbole...

— *Et ces bizarreries se déroulent en plein siècle des Lumières et l'un d'eux est banquier en plus, espèce qui ne passe pas pour chimérique...*

— Nos deux alchimistes sont, en effet, les enfants d'un siècle où apparaissent la science et les techniques, siècle du scepticisme, de Voltaire et de Diderot, où la Raison — en apparence — triomphe. Mais en même temps qu'on rejette la religion, on accueille avec enthousiasme le merveilleux, pourvu qu'il se présente sous des dehors neufs. Le XVIIIe est aussi le siècle de l'occultisme, dont le rôle social et politique devient immense, comme l'a dit Valéry. Siècle où triomphent Cagliostro et l'immortel comte de Saint-Germain tandis que les loges maçonniques — il y en a 500 en France en 1771, dont 154 rien qu'à Paris — exaltent le goût de la pensée symbolique et la curiosité pour les arts magiques et les sciences hermétiques. Helvétius, Voltaire, Chamfort, Condorcet, Franklin, la fleur de la pensée française en est et ailleurs, en

Angleterre et en Ecosse, où la franc-maçonnerie est née, son développement est encore plus prodigieux. Rien d'étonnant donc que Clavière puisse être à la fois un banquier sans-culotte et un alchimiste convaincu !

— *Et qui étaient ces Philalètes ?*

— Cette société secrète qui se proposait, comme d'autres, de réformer l'homme social en profondeur a été fondée par les occultistes allemands dont le rôle est essentiel dans la formation des sociétés initiatiques européennes. Elle est une branche des Rose-Croix, dont le succès outre-Rhin est alors considérable aussi. Goethe, le plus grand écrivain allemand, est Rose-Croix, et pour faire bonne mesure, il adhère en 1783, avec son ami le philosophe Herder, à la secte des Illuminés de Bavière...

— *Qu'est-ce qui explique cet engouement ?*

— Toutes ces associations sont en fait le « banc d'essai » des idées nouvelles. Chacun peut enfin y revendiquer dans la fraternité la liberté de parole. Chacun peut se frotter aussi aux maîtres hermétistes et aux alchimistes qu'on accueille dans ces lieux. Ce sont en fait les premières enclaves de liberté après des siècles d'absolutisme et les bourgeois comme les grands esprits et les princes éclairés s'y attachent parce que s'y esquisse déjà ce que sera le régime constitutionnel...

— *Mais les grimoires, les cornues et les distillations d'enfants ?*

— C'est vrai qu'à cause de la défaillance des Eglises et des pouvoirs établis, auxquels on ne croit plus, le merveilleux aussi revient au galop... Partout se glissent les magiciens, les cabalistes et les pseudo-alchimistes, dont les fantasmagories sont très appréciées des marquises. Il se fonde ainsi des loges féminines, « l'Ordre des mouches à miel », celui des « Nymphes et des chevaliers à la Rose » dont les adeptes parodient les hommes, se dissipent avec eux avant d'aller vibrer contre le baquet de Mesmer. Mais le goût de l'irrationnel n'explique pas tout. Ces sociétés sont aussi des contre-pouvoirs, où le débat d'idées va conduire à l'action politique.

Elles ont donc besoin d'argent. Les riches, nobles ou roturiers, y sont particulièrement bien accueillis et récompensés de grades et de titres mirifiques entre autres : « Grand élu de la Voûte sacrée », « Sublime maçon du 14e degré », « Grand Pontife de la Jérusalem céleste » ou encore « Souverain prince de l'Aigle blanc et noir » !

En Allemagne un certain Samuel Richter fonde une société occulte qui reçoit pour mission de préparer la pierre philosophale. Ses cercles essaiment partout et regroupent des vrais et des faux savants qui confectionnent, à la demande, des toisons d'or et de l'extrait d'eau de jouvence ! Les hommes les plus cultivés d'Europe y croient et le roi Frédéric-Guillaume de Prusse lui-même veut être reçu « Rose-Croix d'or ». « Ormesus Magnus » est le titre qu'on lui taille sur mesure et trois esprits, ceux de Leibniz, de Marc Aurèle et du Grand Electeur viennent l'accueillir aux portes de la confrérie ! Dans ce climat, on comprend que nos deux « alchimistes » aient pu donner dans des déviations aussi choquantes...

— *Les prouesses de Duchanteau sont-elles vraisemblables ?*

— Seul un physiologue pourrait répondre... Ce qui est vrai, c'est que la proximité de l'or a toujours provoqué chez nos semblables une exaltation incroyable ! Pas seulement par cupidité. Mais parce qu'il a été le premier métal connu des hommes — alors même qu'ils ne pouvaient pas en faire des outils et des armes —, parce que aussi c'est le métal le plus difficile à exploiter et qu'il est inaltérable, il s'est chargé, dès les origines, d'une valeur symbolique primordiale. D'un bout à l'autre de la planète et de l'histoire il a toujours été synonyme de perfection et, en Occident, comme dans les textes védiques de l'Inde, il est aussi signe d'immortalité. Le Chinois Ho Hung assure que l'Elixir, la matière pure ou pierre philosophale, peut « guérir » les métaux ordinaires et les transformer en or. Les alchimistes d'Occident ont inclus l'homme dans cette « maturation » qu'ils ont comparée à une médecine qui, faisant disparaître les impuretés du métal, peut aussi laver celles du corps et empêcher sa déchéance. « La Pierre philosophale guérit toutes les maladies », proclame le grand alchimiste Arnold de Villanova. Et Thomas d'Aquin qui croit à l'alchimie et Roger Bacon qui affirme qu'elle peut prolonger la vie de plusieurs siècles, comme Nicolas Flamel qui a sans doute réussi la transmutation, s'inspirent d'Aristote, pour qui les corps physiques sont tous issus d'une même substance fondamentale qui au cours des temps a pris différentes formes ou qualités. Il est possible, assure le philosophe qui a inspiré toute la pensée scientifique d'Occident, de remonter de n'importe quel corps à cette « matière première », de partir donc d'un métal quelconque pour aboutir après affinage à la transmutation finale... Thèse qui a des accents singulièrement modernes !

— *Comment cela ?*

— Cette unité de la matière, reposant sur l'union des contraires : eau-feu, souffre-mercure, et la différenciation de ses composantes, l'eau, l'air, le feu, la terre a été pleinement réhabilitée par la physique nucléaire...

— *Alors la fabrication de l'or va devenir possible ?*

— Berthelot disait déjà que ce n'était pas impossible a priori...

— *Mais personne n'y songe plus !*

— Détrompez-vous ! L'alchimie est vivante, aujourd'hui comme hier... Il y a ceux qui poursuivent le Grand Œuvre dans des laboratoires sophistiqués et qu'on appelle les hyperchimistes comme Tiffereau et Jollivet-Castellot. Ceux-là ne s'attachent qu'à la nature chimique de la transmutation en fondant les plus sérieux espoirs sur les transmutations spontanées des corps radioactifs et la modification de l'atome par le bombardement de particules...

Il y a les autres qui existent aussi — j'en connais ! — Eugène Canseliet, disciple du mystérieux Fulcanelli, qui était sans doute un descendant direct des Valois, Armand Barbauld, faiseur de « médecines » dans son laboratoire de Turckheim ; d'autres encore, philosophes et poètes, qui perpétuent l'idéal alchimique en se racontant sans fin la légende dorée d'une âme qui s'épure et s'embellit...

SOURCES

Jules BOIS, *Le Monde invisible*, Flammarion.
M. CURON et S. HUTON, *Les Alchimistes*, Le Seuil.
Mircea ELIADE, *Forgerons et Alchimistes*, Flammarion.
Louis FIGUIER, *L'Alchimie et les Alchimistes*, 1856.
L. GÉRARDIN, *L'Alchimie*, Retz, Bibliothèque de l'Irrationnel.
Question de..., mai-juin 1978.

La magie des nombres

Le Dr Encausse, plus connu sous le nom de Papus, disait : « Si l'on savait lire les nombres qui jalonnent notre vie, nous aurions peut-être la connaissance de notre destin... Malheureusement, seuls quelques initiés savent les lire, et c'est bien dommage... » Oui, c'est bien dommage, car il existe dans l'Histoire quantité d'exemples saisissants qui semblent donner raison au docteur Encausse. Ces phénomènes mathématiques qu'on ne peut mettre sur le compte du hasard sont extrêmement nombreux. En voici quelques exemples :

Prenons le nombre 14. Ce nombre est lié d'une façon très étrange à la vie du Roi-Soleil. Il se retrouve, en effet, aux principaux points cruciaux de son existence politique :

Louis, qui fut le 14e monarque de ce nom, est monté sur le trône le 14 mai 1643. Or, additionnez les chiffres de 1643 : 1 + 6 + 4 + 3 = 14.

Alors qu'il était sur le point de perdre son trône pendant la Fronde, il fut sauvé par Turenne à Bléneau, en 1652 (1 + 6 + 5 + 2 = 14).

Il fut déclaré majeur à 14 ans et commença à gouverner lui-même en 1661 (1 + 6 + 6 + 1 = 14).

Or, cette année 1661 va être une année importante dans sa vie. C'est en 1661 que naît son fils, le Grand Dauphin. Et c'est aussi cette année-là que, invité par Fouquet au château de Vaux, il est ébloui, jaloux, et décide de construire Versailles... Oui, en 1661 : cette année qui, lorsqu'on en additionne les chiffres, donne 14...

Le Roi-Soleil fait édifier l'hôtel des Invalides en 1670 (1 + 6 + 7 + 0 = 14).

Son étoile pâlit à Ramillies et à Turin en 1706 (1 + 7 + 0 + 6 = 14).

Enfin, il meurt en 1715 (1 + 7 + 1 + 5 = 14), à l'âge de 77 ans (7 + 7 = 14), ayant régné 72 ans (7 x 2 = 14)...

Il apparaît donc bien que le nombre 14 ait été une sorte de signe du destin tout au long de la vie du Roi-Soleil... Un signe que ni Louis XIV, ni ses contemporains d'ailleurs, ne semblent avoir remarqué et dont nous ne pouvons, nous, que constater la mystérieuse présence...

Bien d'autres personnages célèbres semblent avoir eu leur destin écrit dans les dates importantes de leur vie. Ce fut le cas, par exemple, pour Louis-Philippe et sa femme, la douce reine Amélie :

Louis-Philippe devint roi en 1830. Il était né en 1773. Additionnons les chiffres de cette date : 1 + 7 + 7 + 3 = 18. Or 1830 + 18 = 1848, date de la Révolution qui le fit abdiquer.

Continuons : la reine Amélie, son épouse, est née, elle, en 1782 (1 + 7 + 8 + 2 = 18). 1830 + 18 = 1848.

Leur union datait de 1809. En additionnant 1, 8, 0, et 9, on trouve toujours le *18* fatidique qui, ajouté à 1830, donne la date de l'écroulement de leur trône et de leur exil...

Les chiffres font apparaître parfois des liens étranges qui existent entre des événements apparemment fort éloignés, ou encore entre certains personnages. C'est ainsi qu'un curieux parallèle peut être établi entre Napoléon et Hitler. Suivez-moi bien :

La Révolution française commence en 1789.

La Révolution allemande en 1918.

L'écart entre les deux dates est de *129 ans*.

L'avènement de Napoléon (18 Brumaire) date de 1799 ; l'avènement de Hitler date de 1928. Ecart : *129 ans...*

Napoléon est empereur en 1804. Hitler devient führer en 1933. Ecart : *129 ans !*

La campagne de Russie de Napoléon date de 1812.

La campagne de Russie de Hitler, de 1941.

Ecart : *129 ans...*

La défaite de Napoléon à Waterloo est de 1815.

Le débarquement allié, qui est l'événement déterminant de la chute de Hitler, est de 1944.

Ecart : *129 ans !...*

Enfin, Napoléon meurt en 1821. Et s'il faut accorder foi au dire de certains historiens qui refusent de croire qu'Hitler est mort dans le bunker de Berlin en 1945, le chef nazi aurait fini sa vie en Argentine, près de Mar del Plata, en 1950...

1950 — 1821 = *129 ans !...*

Autre exemple : si Napoléon et Hitler sont très curieusement liés par le nombre 129, on a remarqué que Saint Louis et Louis XVI, eux, l'étaient par le nombre 539.

Voici, en effet, ce que l'on peut constater :

Saint Louis naît le 23 avril 1215.

Louis XVI le 23 août 1754.

Ecart : *539 ans.*

Isabelle, sœur de Saint Louis, naît en 1225.

Elisabeth, sœur de Louis XVI, naît en 1764.

Ecart : *539 ans.*

Louis VIII, père de Saint Louis, meurt en 1226.

Le dauphin Louis, père de Louis XVI, meurt en 1765.

Ecart : *539 ans.*

Saint Louis, victorieux, conclut une paix avec Henri III d'Angleterre en 1243.

Louis XVI, victorieux, conclut une paix avec George III d'Angleterre en 1782.

Ecart : *539 ans.*

Un prince d'Orient annonce à Saint Louis, par une ambassade, son désir de se faire chrétien, en 1249.

Un prince d'Orient envoie un ambassadeur à Louis XVI pour les mêmes raisons, en 1788.

Ecart : *539 ans.*

Commencement de la révolte des Pastoureaux, dont l'apostat Jacob était le chef, en 1250.

Début de l'activité des Jacobins en 1789.

Ecart : *539 ans.*

A la fin de sa captivité, Saint Louis se rend à La Madeleine-en-Provence en 1254.

A la fin de sa captivité au Temple, Louis XVI monte sur l'échafaud et est inhumé au cimetière de la Madeleine en 1793.

Ecart : *539 ans.*

Comment, dès lors, ne pas croire que certains nombres, auxquels nous sommes liés par d'obscures affinités, régissent mystérieusement notre destin ?...

RÉPONSES À L'INCRÉDULE

— *Tout cela est très étrange. Et je suppose qu'il n'y a aucune explication ?*

— Aucune, bien entendu. Comme le disait le Dr Encausse : « On a l'impression, que nous sommes dirigés par un destin mathématicien qui nous donne, tout au long de notre existence, des informations chiffrées qu'il nous appartient de comprendre... »

— *Faudrait-il croire alors que tous les nombres qui surgissent dans nos vies : date de naissance, numéro de téléphone, numéro d'immatriculation de voiture, ont une signification ?...*

— Je n'en sais pas plus que vous. L'univers des nombres est un univers mystérieux qui touche à la magie... Je vais vous en donner un exemple avec le nombre π. Ce nombre, que l'on simplifie sous la forme de 3,1416, est un des plus importants des mathématiques puisqu'il indique le rapport existant entre la circonférence du cercle et son diamètre. Pendant des siècles, des savants chinois, égyptiens, grecs — Archimède lui-même — avant Leibniz et Newton, s'efforcèrent de l'évaluer. Or il peut être obtenu d'une façon extrêmement simple, mais bien singulière.

Prenez une feuille de papier et une épingle. Tracez sur la feuille plusieurs lignes parallèles séparées par une distance représentant le double de la longueur de l'épingle. Puis jetez l'épingle sur le dessin sans viser. Ceci cent fois, mille fois, cinq mille fois, dix mille fois et plus. Notez le nombre de fois que vous avez jeté l'épingle, puis le nombre de fois *où elle est tombée sur une ligne*. Divisez le premier chiffre par le second.

Pour 100 jets de l'épingle, vous obtiendrez 2,7 ; pour 500 jets, 2,94 ; pour 1 000 jets, environ 3 ; pour 2 500 jets, 3,004 ; pour 5 000 jets, 3,14 ; pour 10 000 jets, 3,141. *C'est-à-dire le début du nombre π avec 3 décimales*. Et si vous continuez, le nombre π s'affinera encore. Vous obtiendrez 3,1415 — 3,14159 — 3,141592 — 3,1415926 — 3,14159265 — 3,141592653 — 3,1415926535, etc. soit les chiffres que vous donnerait la meilleure machine à calculer...

Vous pouvez changer l'orientation de la feuille de papier, lancer l'épingle comme vous le voulez, vous trouverez toujours le même résultat, et ce sera le nombre π...

— *Voilà qui est bien étrange !...*

— Je vais vous donner un autre exemple du mystère qui entoure les nombres. Vous verrez que, quoi qu'en disent les rationalistes, ce qui touche aux mathématiques peut parfois déboucher sur l'inexplicable.

Faites l'expérience suivante : au cours d'une réunion d'amis, demandez qu'on évalue la quantité de petits pois se trouvant dans une tasse. Vous constaterez, en étudiant les résultats obtenus, que la plupart des nombres qui vous sont donnés se terminent par un zéro. Puis viennent, par ordre décroissant de fréquence, les chiffres terminaux 5, 8, 2, 3, 7, 6, 4, 9, 1, *et cela toujours dans cet ordre*. Vous pouvez refaire l'expérience autant de fois que vous le désirez, vous obtiendrez toujours la même série. Cette liste de chiffres semble liée de façon inexplicable, au phénomène de divination que constitue en somme une évaluation.

— *Et toutes les évaluations obéissent à cette règle ?*

— Toutes. Dans le *Corpus Inscriptionum Latinarum* figurent les inscriptions tombales de trois régions de l'ancienne Rome. Or vous savez peut-être que, si les Romains inscrivaient bien l'âge des morts sur les tombes, ils ne le faisaient pas aussi exactement que nous. Ils *évaluaient* cet âge. Eh bien, si l'on examine les nombres rapportés par le *Corpus Inscriptionum Latinarum*, on retrouve exactement la série 0, 5, 8, 2, 3, 7, 6, 4, 9, 1...

Mon dernier exemple est américain. Lors d'un recensement fait vers 1950 dans l'Alabama, on demanda aux citoyens d'indiquer leur âge. Sachant qu'il y avait dans cet Etat un fort pourcentage de Noirs qui ne connaissaient pas leur date de naissance et allaient se contenter d'une évaluation, un mathématicien américain, Leslie J. Myers, demanda à étudier les résultats. *Là encore il retrouva la même série de chiffres terminaux !...*

— *C'est stupéfiant ! On a l'impression que ces nombres surgissent d'un autre univers pour nous faire des signes que nous ne comprenons pas.*

— Des signes, en tout cas, qui semblent abolir le hasard. Parfois de façon malicieuse. Ecoutez plutôt cette histoire. Vers 1950, un groupe de théologiens des Etudes carmélitaines rédigea un gros livre sur Satan... Quand ce livre sortit de l'imprimerie, les auteurs eurent un haut-le-corps : leur ouvrage avait 666 pages... Et 666, vous le savez, est le chiffre de la Bête de l'Apocalypse...

SOURCES

Georges BARBARIN, *Dieu est-il mathématicien ?* Astra, 1945.

E.-T. BELL, *La Magie des nombres*, Payot, 1952.

G. BUSCHER, *Le Livre des merveilles*, Denoël, 1955.

Pierre LAGARDE, « Mathématique de l'histoire », *Historia*, n° 128, juillet 1957.

PAPUS (Dr Gérard ENCAUSSE), *La Science des nombres*, Ed. La Diffusion scientifique.

M.-C. POINSOT, *La Magie des nombres*, Ed. La Diffusion scientifique.

W.-J. REICHMANN, *La Fascination des nombres*, Payot, 1959.

André WARUSFEL, *Les Nombres et leurs mystères*, Le Seuil.

Charles WARUSFEL, « Les chiffres et l'histoire », *Historia*, n° 134, janvier 1958.

La momie de Bussy-Rabutin

« Il ne faut jamais faire de la dentelle avec un linceul » pourrait être l'autre titre de cette histoire. Attendez un peu, vous allez comprendre... Nous sommes sur les bords d'un fleuve qui serpente à travers un paysage aride. Un fleuve, si l'on peut dire ! En ce début du mois de juin, le Sègre, qui arrose la Catalogne, ne charrie déjà plus qu'un peu d'eau jaune et boueuse... Tout est jaune d'ailleurs dans cette austère province : le ciel brûlé de l'aube, l'herbe desséchée, la colline, les remparts et les hauts murs de Lérida, aujourd'hui ville assiégée. Une fois de plus. Car à travers cette ville martyre, c'est un fleuve de sang qui ne cesse de couler depuis des siècles. Depuis que Pompée la livre à César et que Maures et chrétiens s'y entr'égorgent, sans compter les Français qui ne passent jamais la marche d'Espagne sans l'investir...

Une fois de plus elle a été prise et pillée. Et ces Français que le peuple de Lérida a combattus farouchement et finalement chassés, les voilà qui reviennent à l'assaut, innombrables, en ce printemps de 1647. Et qui conduit les assiégeants dont les tentes et les feux de bivouac s'étagent sur tout l'horizon ? Le Grand Condé lui-même, le plus grand chef de guerre de son siècle, celui-là même qui mit fin, à la bataille de Rocroi, à des siècles d'invincibilité de l'infanterie espagnole...

Sa victoire est, là aussi, assurée. Lérida, cernée, manque d'eau, de pain, de poudre et de balles. Alors, à l'intérieur des murs, on s'apprête pour l'assaut final et les hommes, mais aussi les femmes, essayent de ne pas penser aux horreurs qui vont tomber.

Certes, entre chefs d'armée, on se fait force révérences, politesses et ronds de jambe. Mais ces magnifiques courtoisies ne changent rien au sort du pauvre peuple et de la piétaille. Pour eux, « la guerre en dentelles » s'accompagne de mitraille, de boue, de faim. De massacres toujours et de viols.

Devant Lérida, l'ouvrage le plus exposé au feu catalan, c'est la tranchée du prince. A cause même des dangers qu'on y encourt, c'est un suprême honneur que de la commander. C'est à Roger de Bussy, comte de Rabutin, que cet honneur est échu. Pour sa fantastique bravoure et aussi parce qu'il est bien en cour.

Le 2 juin au matin, il est de garde dans cette chausse-trape, exposée aux feux des assiégés, et surtout à leurs tentatives de sortie, encore fréquentes et meurtrières. Le jour se lève à peine qu'un émissaire du chevalier de La Vallière se présente devant la casemate de Bussy-Rabutin. Il est porteur d'une bien plaisante dépêche : pour rompre la monotonie du siège, La Vallière organise pour le jour même un déjeuner auquel sont également conviés Barbantane, lieutenant de la garde de Condé, et Jumeaux, son « maréchal de bataille », titre qui sonnait autrement bien qu'« officier d'état-major » qu'il est devenu par la suite.

A l'heure dite, Bussy-Rabutin, tout joyeux, se met en grande toilette, avec rubans, dentelles et chapeau à plumes, puis, au trot de son cheval, suivi de tous ses valets de pied, file vers le quartier général, installé à l'abri des couleuvrines, dans les ruines d'une vieille église. Quand il paraît, fringant, superbe, fusent des cris d'allégresse. Les plumets tourbillonnent et on s'embrasse, longuement, comme c'est la mode. Bientôt, sans qu'il soit besoin d'interroger, notre cavalier sait tout et davantage des cocuages et des polissonneries de Chantilly, de Paris et de Saint-Germain...

Potiner donne soif, et la jeunesse et toutes ces rumeurs galantes, grand-faim. Surprise ! Derrière un bosquet une large table est dressée... Elle croule sous les bouteilles et les provisions de bouche, tout ce que les gardes d'Enghien ont pu rafler à vingt lieues à la ronde. Les vins surtout abondent. Clairettes mousseuses du Midi, mais aussi bourgognes profonds et, pour ne pas dépayser, crus d'Alicante, de Chypre et marsalas. Sur des dessertes, à l'abri du soleil, s'empilent couques, gaufrettes et blancs-mangers.

Mais quelle est soudain cette musique à ravir, qui nous vient des buissons ? Ah ! la délicate attention ! Monsieur le Prince, chef de nos armées, a dépêché ses violons...

— Ohé !... Par ma fiquette ! On allait se griser sans moi les amis !

C'est un cinquième brave compagnon, La Bretèche, sous-lieutenant de la garde de Monsieur le Prince. Franc baffreur, bretteur et gouailleur, toujours le premier à faire carousse et à trousser, bref, le plus effronté des libertins. A rendre jaloux Bussy soi-même !

Sous les ombrages, quelle perfection ! D'un trait, on sèche les flacons, on s'en donne, on se gorge et quand la fringale retombe, le vin, le soleil et les chansons ont tôt fait de la réveiller. Tout est parfait en cette belle journée, tout, sauf... sauf l'amour, Messieurs !

— Bernique ! mais que ça manque de femmes ! lance soudain La Bretèche...

Monsieur le Prince ferait tout pour obliger ses officiers. Mais comment trouver ce gibier-là, à l'heure ? Il ne reste même plus une fillette à violer dans toute la province. Les dernières d'ailleurs, il a d'abord fallu leur faire sauter le poignard de la main... Barbantane s'est levé de table. Il vacille un peu et crie sa faim de chair fraîche vers le ciel :

— Par Saint-Foutu ! Dieu ou diable, fais-nous pleuvoir des filles !

Barbantane, c'est vraiment un gai luron ! Le voici qui court répéter sa prière à l'intérieur de l'église... Tous ces hardis compagnons s'esclaffent quand ils l'entendent brailler :

— Hélà ! notre Père, si vous avez aussi une fille, par ici !... on est preneurs !

Nos fiers gentilshommes reprennent l'invocation en chœur, et la fièvre amoureuse monte d'un cran...

— Saprelotte ! crie soudain Barbantane du fond de l'église. Messieurs ! Et une jolie femme, une ! Mais Dieu ! qu'elle est mignonne !

Nos dîneurs se précipitent, le chapeau à la main, pour violer en toute urbanité. — Ils restent figés d'horreur.

D'un grand coup de talon, Barbantane a défoncé un cercueil, abandonné — depuis combien de temps ? — dans le dépositoire, le « pourrissoir » comme on dit en Catalogne. Par les planches du couvercle disjoint, on aperçoit une femme, en effet. Ou plutôt ce qui reste d'une femme. Un visage jaunâtre de cuir bouilli, les orbites béantes, le rictus des dents privé de lèvres.

Barbantane, complètement gris, finit de défoncer le couvercle. Le cadavre apparaît en entier. Il est vêtu de velours noir, pailleté d'or, un collier de Tolède à son cou décharné, des bagues à ses mains jointes, pareilles à des serres d'oiseau... quelque noble dame, sans doute, que l'on embauma, et que la sécheresse extrême de l'air a momifiée.

— Messieurs ! Messieurs ! implore Rabutin que l'épouvante a d'un coup dessaoulé. Ne profanez pas...

La Vallière, que ces agapes n'avaient pourtant pas trop égaré jusqu'ici, est maintenant le plus fou :

— Crénom ! lance-t-il, voilà notre Bussy qui a la trouille. Et la trouille de quoi ? D'une charogne !...

Ulcéré, Bussy-Rabutin se redresse, prêt au duel.

— Peur, moi ? Foi de gentilhomme ! Je ne crains ni les vivants ni les morts !

Tout à sa besogne sacrilège, Barbantane tire maintenant la momie hors du cercueil. Il remet en place une pauvre touffe de cheveux, rajuste un corsage crevassé, lui fait mille grâces. Enfin, il l'enserre dans ses bras amoureux, pose la tête de la morte sur son épaule. Les bras pendouillent, le corps s'arque en grinçant. Tendre abandon...

Ces Messieurs s'esclaffent et disent :

— Pas toi tout seul ! passe-la-nous aussi...

— Mais il faut la distraire, Messieurs ! Voyez à sa mine comme elle s'ennuie, la jolie !...

Alors on envoie quérir les violons. Ils arrivent. Les voici. Jumeaux leur ordonne de jouer une courante à la mode. Ils obéissent. Et voilà donc Barbantane, Jumeaux et La Vallière qui font cascader gaiement la dépouille, dont les membres raidis résistent, dont la tête dodeline. Tous ces braves rient à ventre déboutonné. Ah ! Messieurs ! Messieurs ! Ce qu'on s'amuse !...

Les meilleures choses ont une fin. Comme ils sont bons garçons ils finissent par ranger la morte dans sa bière, comme une poupée de son qui n'amuse plus.

Que se passa-t-il ensuite ? Ils sont tous tellement ivres et hors du monde, que les souvenirs deviennent flous et que Bussy, les relatant dans ses *Mémoires*, hésite, reste vague...

Ils reviennent à table. Déjà le soleil décline sur l'horizon brouillé de chaleur. Un officier supérieur, le marquis de La Trousse, vient chercher La Vallière pour une question de service. Les deux hommes font quelques pas. La Vallière s'écroule, la tête fracassée par un coup de mousquet.

Personne n'a entendu la détonation. Personne n'a vu le tireur. Ce fut là, d'ailleurs, l'unique coup de feu de la journée.

Quelques jours plus tard, Barbantane, Jumeaux et La Bretèche meurent asphyxiés par des convulsions et une fièvre mystérieuse. Bussy lui-même est atteint. Il en réchappe de justesse. C'est alors une épidémie foudroyante qui s'abat sur le camp français. Les rangs de l'armée s'éclaircissent avec une terrifiante rapidité. Epouvantés, ceux qui restent valides désertent, se ruent dans la montagne où les Espagnols les massacrent jusqu'au dernier.

Derrière ses remparts ocres, Lérida, cette fois, restait imprenable. Sauvée par une morte profanée.

La guerre en dentelles ? Elle a existé réellement. Aussi hideuse que toutes les autres. Et la fin de cette terrible histoire est encore plus cruelle. Voici ce que Michelet en dit : « Désespéré, Condé fut obligé de s'en aller. Et, pour se soulager le cœur, il égorgea toute une petite ville qu'il prit sur son passage. »

RÉPONSES À L'INCRÉDULE

— *Votre histoire c'est un conte, une allégorie... Il ne faut pas remuer la cendre des morts...*

— Elle est au contraire authentique. C'est Roger de Rabutin, comte de Bussy, plus connu sous le nom de Bussy-Rabutin, qui la raconte dans ses *Mémoires*. Excellent général, meilleur écrivain encore, le cousin de Mme de Sévigné, dont il était très épris, avait eu une jeunesse des plus tumultueuses. Homme d'esprit et de cour, il avait participé activement à la Fronde et, disgracié par Louis XIV, écrit des chansons et des épigrammes sur les amours du jeune Roi-Soleil, qui lui valurent un an de Bastille et l'exil définitif dans ses terres. Mais cette histoire se passe quelque vingt ans auparavant, à l'orée du règne, quand le duc d'Enghien, appelé « le Grand Condé », écarte définitivement la menace espagnole sur la France, en reprenant Dunkerque.

— *Et la ville de Lérida n'a pas été prise à cause de cette courante sacrilège ?*

— Peut-être. Cette antique et noble cité — son université rayonne depuis l'an 1300 — savait certes se défendre. Depuis 49 av. J.-C., elle est le verrou qui barre l'accès vers le cœur de l'Espagne. Après la reddition qu'elle doit offrir à César, ce sont les Maures qui l'assiègent pendant quatre siècles, la conquièrent et la reperdent face aux chrétiens. Si elle résiste victorieusement au Grand Condé, elle succombe quelques années plus tard devant le duc d'Orléans, le futur Régent, dont les qualités d'homme de guerre sont moins connues que le relâchement de ses mœurs. Suchet la met au pillage en 1810 et, en 1936, franquistes et républicains la ruinent une nouvelle fois de fond en comble... Ceci dit, des fléaux plus naturels que la malédiction de la momie ont pu venir à la rescousse des bons bourgeois de Lérida. La peste peut-être, ou une autre épidémie galopante. Ce qui me trouble, c'est que la peste, qui depuis le milieu du XIIIe siècle — où elle tue vingt-cinq millions de personnes en Europe — est endémique sur le continent, n'est pas signalée dans ces parages à l'époque où se situe cette histoire.

— *Alors le choléra ?*

— On ne peut pas déterminer la nature exacte de ces terribles pandémies qui, au fil des siècles et jusqu'au XIXe, proviennent pour la plupart des Indes. Elles recouvrent sûrement des maladies très diverses. Je pense surtout que les assiégés avec l'expérience unique de leur état ont su rompre l'étau, en alliant toutes les ficelles de l'art défensif, aux ressources du surnaturel.

— *Comment cela ?*

— Disons tout d'abord que de part et d'autre des murailles, le sort des combattants était aussi peu enviable. Ceux qui campaient au-dehors, dans leurs tranchées et leurs abris de toile, étaient même plus rudoyés que ceux de l'intérieur. Outre les intempéries, la boue, le choléra, on sait qu'il est dangereux de dormir dehors, la nuit. Les heures nocturnes semblent en effet accentuer l'effet nocif de certains rayonnements cosmiques. Un médecin américain de l'armée Patton a pu vérifier, à la fin de la dernière guerre, que de dormir à la belle étoile pouvait constituer un grave danger. Sur vingt-trois blessés qu'il avait dû laisser sans abri dans les faubourgs de Pforzheim, plus de la moitié moururent, alors que ceux, plus grièvement atteints, mais qui avaient bénéficié de la simple protection d'un drap, survécurent à 95 %. A l'époque qui nous intéresse, les troupes de mercenaires, notamment, dormaient à la belle étoile, en campagne du moins.

— *Les joyeux danseurs nécrophiles ne sont pas morts de rayonnements cosmiques...*

— Non, mais dans la troupe, le taux des blessés ayant succombé de ce fait a pu être un premier élément de démoralisation...

— *Cet élément n'est pas propre à Lérida...*

— Non. La maladie épidémique a sans doute été déterminante. Tout commence par la mort de La Vallière, vraisemblablement tué par un de ces francs-tireurs qui se lèvent en Espagne dès que le pays risque de tomber sous le joug étranger. En 1808, ils décimeront les armées napoléoniennes. La Vallière, proche du commandant en chef, n'a-t-il pas été enterré suffisamment vite, par les chaleurs du mois de juin ? Portant ainsi la contagion dans l'armée ? Plus sûrement, les assiégés ont pu déclencher, à partir de cette opération de guérilla réussie, une offensive soutenue par... les armes bactériologiques de l'époque, charognes d'animaux abandonnés près des lieux de ravitaillement, fontaines, rivières et puits empoisonnés. Comme faisait Catalina Fiosela, cinquante ans auparavant. Cette Catalane — pur hasard — s'était répandue en Provence, Franche-Comté et Flandre, empoisonnant gens et bêtes à la commande. Elle fut brûlée vive avec trois de ses compagnons, à Bordeaux, le 1er mars 1610. On connaissait fort bien à l'époque la fabrication et le maniement de poisons redoutables, que des bandes « d'engraisseurs » recueillaient dans les hospices, en prélevant... la graisse des pestiférés vivants ou morts ! Il existe dès le XVe siècle de véritables confréries d'empoisonneurs, qui échangent leurs incantations magiques, leurs recettes et leurs antidotes au nez et à la barbe de la prévôté. Jean Le François, à l'époque du siège de Lérida, est arrêté porteur de fioles de belladone, de camphre, d'antimoine et de baume du Pérou. Torturé, il avoue que ses confrères et consœurs répandent la peste en enduisant les portes et les serrures d'une pommade empoisonnée. Au mois d'août 1628, les voleurs de Lyon réussissent à l'intérieur de leur ville l'opération que les assiégés de Lérida ont lancée contre les Français. Ils « engraissent » les portes des habitants et comme la peste est déjà déclarée, ceux-ci s'enfuient, abandonnant leurs maisons au pillage...

— *Difficile donc de soutenir que la momie est directement à l'origine des malheurs des Français...*

— Elle a pu donner la pichenette initiale qui a déclenché le désastre : si toutefois vous croyez... au mauvais œil !

— *Ses orbites étaient vides !*

— ... Rien à voir ! Il est probable qu'une fois dégrisés, les jeunes officiers ont regretté leur conduite inqualifiable. Dans ses *Mémoires* Bussy écrit : « Cela me fit horreur et je leur témoignai tant de fois de trouver ce plaisir-là ridicule, qu'enfin ils remirent le cadavre dans son cercueil. »

Bussy veut peut-être se donner le beau rôle, car c'était loin d'être un tendre, mais il semble suggérer que la fin de La Vallière a pu apparaître à ses compagnons comme l'effet du doigt divin foudroyant l'impie. Ou comme ils ne croyaient ni en Dieu ni dans le diable, comme un effet de la justice immanente, tombée de l'empire de morts. N'oublions pas que le XVIIe est un siècle totalement livré aux superstitions, à la croyance aux sorts, aux « Jettatura », comme disent les Napolitains. Le mauvais œil, comme les charmes et les maléfices des morts, frappant en premier lieu les malades, les blessés, les esprits faibles ou fragiles. Comme l'étaient sans doute ceux de nos joyeux drilles, tourmentés par la peur et le remords. Et quel effet a le mauvais œil, sur ceux qui en sont victimes ? Pour ceux qui y croient, il suscite le « vieil homme », c'est-à-dire... les convulsions et des fièvres presque toujours mortelles !

SOURCES

Roger de BUSSY-RABUTIN, *Mémoires*.
Roland VILLENEUVE, *L'Univers diabolique*, Ed. Albin Michel.
Michel MÉLIEUX et Jean ROSSIGNOL, *Les Corps à prodiges*, collection « Les pouvoirs inconnus de l'Homme », Tchou.

La bête du Gévaudan

Un soir de juin 1764, une jeune bergère de quatorze ans qui habite Langogne, dans le Gévaudan, rentre chez ses parents en pleurant. On se précipite. Ses vêtements sont déchirés, sa poitrine griffée, ses mains en sang.

— J'ai été attaquée par une bête sauvage, dit-elle, une bête énorme ! Heureusement que mes vaches m'ont défendue et l'ont chassée à coups de cornes, sans quoi, j'aurais été dévorée...

— Et les chiens ?

— Oh !... ils ont eu si peur qu'ils se sont enfuis...

Il semble en effet que les chiens aient été véritablement épouvantés car, lorsqu'on les retrouve deux heures plus tard, terrés dans un buisson, ils tremblent encore. On en conclut cependant que la jeune bergère a eu affaire à un loup.

Mais au bout de quelques semaines, on apprend que le cadavre d'une jeune fille de Saint-Etienne-de-Lugdarès a été retrouvé la tête arrachée, les épaules et la poitrine dévorées. Bientôt, les agressions se multiplient. Le 8 août, une adolescente de Masmejean est découverte atrocement mutilée ; fin août, deux jeunes vachers de Chaudeyrac sont décapités ; le 6 septembre, à Arzenc-de-Randon, une femme de trente-six ans est attaquée dans son jardin par le monstre qui la saisit au cou et lui perce la veine jugulaire ; le 16, un petit garçon de Saint-Flour-de-Mercoire a le thorax ouvert et les poumons arrachés...

Dès lors, la Bête — car on va dire la Bête avec un grand B comme celle de l'Apocalypse — va terroriser la région. Elle attaque presque chaque jour des bergers, des bergères et des enfants. Au bout de trois mois, plus de vingt-cinq personnes ont été déchiquetées. La Bête, en effet, ne dévore pas complètement ses victimes. Elle se contente de leur manger la tête et la poitrine. Il semble aussi qu'elle aime à sucer leur sang : les cadavres que l'on retrouve sont exsangues. Quel est donc ce monstre sanguinaire et maniaque dont tout le monde parle maintenant avec effroi ? Un loup géant ? Les paysans n'y croient guère. Pas plus qu'à une hyène ou à un loup-cervier, c'est-à-dire un lynx, animaux qui, dit-on, hantent encore quelques régions de France.

— Non, disent les habitants du Gévaudan. C'est un monstre inconnu, une Bête.

Et ce mot qu'ils prononcent avec épouvante, va lui rester. On le retrouve dans tous les récits du temps et dans tous les registres de paroisse où certains actes de sépulture portent la mention « Mangé par la Bête »...

Terrorisés, les paysans se barricadent chez eux et organisent une défense. Comme ils ont peu de fusils, ils fixent au bout de longues cannes des couteaux très effilés et arment leurs bergers de ces baïonnettes de fortune.

Un soir, le 11 octobre, la Bête surgit brusquement devant un groupe de jeunes garçons qui gardent un troupeau. Quelques-uns s'enfuient, épouvantés, mais le monstre les rattrape et leur arrache la tête. Alors, deux d'entre eux, plus courageux que les autres, se jettent sur l'animal, le blessent avec leurs couteaux emmanchés et le forcent à battre en retraite.

Mais ils ont eu si peur qu'ils tombent malades. Il faut avouer que le signalement qu'ils donnent de la Bête est effrayant :

— Elle est grosse comme un veau, disent-ils, avec les pattes de devant plus courtes que celles de derrière. Et celles de derrière ont des sabots, tout comme un cheval. Son dos est couvert de poils rougeâtres. Une raie noire, large de quatre doigts, le partage du col à la queue. Une queue qu'elle a très longue. Elle a aussi d'énormes griffes. Mais le plus repoussant est sa tête. Elle se termine par un groin, comme celle d'un porc. La gueule est énorme et pourvue de dents tranchantes. Enfin, les oreilles sont droites comme de petites cornes.

Un détail, qui est rapidement colporté, apporte la preuve

qu'il ne s'agit ni d'un loup, ni d'une bête connue dans la région : l'animal fait des bonds de vingt à trente pieds — c'est-à-dire d'environ dix mètres.

Cette dernière précision permet, d'ailleurs, d'expliquer comment des meurtres peuvent être commis par la Bête au cours de la même semaine en des points fort distants les uns des autres. Car le monstre, conscient, semble-t-il, de la frayeur qu'il suscite, se promène à travers la province sans se cacher.

A l'automne, devant le nombre croissant des attaques de la Bête (il y a maintenant près de quarante victimes), les autorités, un moment sceptiques, finissent par s'émouvoir. Une troupe de dragons est envoyée dans le Gévaudan. Des battues sont aussitôt organisées, mais, fait troublant, la Bête, qui semble douée d'intelligence, quitte le Gévaudan dès l'arrivée des troupes et se réfugie un moment en Auvergne.

Puis le temps passe, et l'histoire devient de plus en plus fantastique. C'est ainsi qu'on raconte que la Bête se déplace souvent dressée sur ses pattes de derrière ; qu'il lui arrive de s'asseoir et de gesticuler avec ses pattes de devant, comme pour narguer ses futures victimes et qu'elle traverse les rivières en deux ou trois sauts. Certains assurent même qu'ils l'ont vue marcher sur l'eau sans se mouiller ; d'autres qu'ils l'ont entendue rire et parler. Enfin, tous affirment qu'elle est invulnérable et que les coups de fusil ne semblent pas l'incommoder...

Alors, l'évêque de Mende, ému par la terreur des habitants de son diocèse, fait, comme au temps des grandes calamités publiques, exposer le Saint Sacrement dans la cathédrale... Hélas ! les battues ne donnent aucun résultat et la population en conçoit une frayeur plus grande encore.

Toute la France est, bien entendu, au courant de ce qui se passe dans le Gévaudan. Des images d'Epinal montrent la Bête en train de dévorer des familles entières avec des légendes de ce genre : *Figure de la Bête féroce qui dévore les hommes et principalement les femmes et les enfants, leur arrache les mamelles, leur mange le cœur et le foie et leur broie la tête. Elle fait ce carnage sur les limites du Gévaudan et de l'Auvergne.* Et déjà on parle à voix basse de phénomènes surnaturels observés sur le passage de la Bête... Des sorciers sont soupçonnés...

Enfin, alors que les restes de la soixante-troisième victime viennent d'être enterrés, une battue monstre est organisée. Vingt mille hommes y prennent part, dirigés par un grand chasseur de loups, M. Denneval, venu tout spécialement de Normandie. Et le 1er mai 1765, dans les rochers de Prunières, l'animal est cerné et tiré à cinquante pas de distance. Atteint par trois balles, on le croit mort ; mais il se relève. Frappé par une nouvelle décharge, il pousse un cri terrible et s'effondre. En a-t-on fini avec le monstre ? Non. Lorsque les chasseurs, qui se sont précipités, arrivent près des rochers encore dégoulinants de sang, la Bête a disparu. Ils partent alors à sa recherche et marchent toute la nuit. Au petit jour, ils parviennent à un village où on leur apprend une nouvelle qui les stupéfie : pendant qu'ils parcouraient la campagne, la Bête, que l'on croyait mortellement atteinte, a attaqué une bergère que l'on a retrouvée morte, la gorge tranchée et une joue arrachée...

Les hommes, alors, se réunissent, perplexes. Quel est donc cet animal qui meurt, ressuscite et disparaît comme par enchantement ?

Pendant tout l'été, de nombreuses personnes tombent encore sous les crocs de la Bête. Des paysans courageux l'attaquent à plusieurs reprises et croient la tuer. Mais, selon le scénario habituel, au moment où l'on s'approche de ce que l'on croit être sa dépouille, elle se remet sur ses pattes d'un bond et détale à une vitesse prodigieuse...

Ces faits sont tellement extraordinaires que les marchands, les colporteurs, les cavaliers de passage auxquels on les raconte, n'en écoutent les détails qu'en se protégeant d'un signe de croix...

Bientôt, l'histoire de la bête du Gévaudan passe les frontières et les journaux anglais en profitent pour ridiculiser la France. L'un d'eux va jusqu'à annoncer gravement qu'une armée française de cent vingt mille hommes a été défaite par l'animal qui a dévoré vingt-cinq mille soldats !...

Louis XV, furieux d'un tel affront, rappelle M. Denneval et le remplace par un certain M. de Beauterne qui a pour seul objectif, non de tuer la bête du Gévaudan, mais *d'annoncer sa mort* !

Et quelques semaines plus tard, le 21 septembre 1765, à la suite d'un combat assez confus et sur lequel on manque de renseignements, faute de témoignage direct, M. de Beauterne rédige un procès-verbal certifiant que le monstre a été tué... D'après lui, il s'agit d'un énorme loup de cinq pieds sept pouces et pesant cent trente livres... Et il rentre à Versailles où il est chaleureusement félicité par Louis XV.

Est-ce fini ? Non ! Un mois après sa mort officielle, la Bête reparaît et dévore trois jeunes filles. La nouvelle de ce nouveau massacre fait sensation à Versailles où l'on est présentement en train de faire embaumer le malheureux loup tué par M. de Beauterne...

Et la Bête continue ses méfaits pendant deux ans encore. (On comptera finalement plus de cent victimes.)

Le 19 juin 1767 enfin, un jeune chasseur nommé Jean Chastel rencontre, à la Sogne-d'Auvert, près de Saugues, un fauve monstrueux qui correspond au signalement donné par les bergers : une bête effrayante comme il n'en a jamais vue. Mais il n'a pas peur : il a dans son fusil deux balles bénites. Avant toutes choses, il récite les litanies de la Vierge ; puis, ayant refermé son livre de prières, il retire tranquillement ses lunettes, les plie et les glisse dans leur étui. La Bête ne bouge pas. Elle le regarde de ses yeux hideux. Toujours aussi calme, Jean Chastel prend son fusil, épaule, vise et tire. La Bête s'écroule, tuée net.

Le jeune homme abaisse alors son arme et dit :

— Bête, tu n'en mangeras plus !

Va-t-on savoir cette fois quel est cet animal qui ne ressemble à rien de connu ? Hélas non ! Chastel le fait dépouiller et part pour Versailles avec la peau qu'il veut montrer au roi. Mais on est en été, et, quand le chasseur arrive à la cour, les restes du monstre sont dans un tel état de putréfaction qu'on doit bien vite les enterrer sans pouvoir les examiner.

On ne saura donc jamais ce qu'était la bête du Gévaudan...

RÉPONSES À L'INCRÉDULE

— *Est-ce que l'on sait, finalement, ce qu'était ce monstre ?*

— Non ! On n'est pas plus avancé aujourd'hui qu'il y a deux cents ans.

— *N'était-ce pas tout simplement un loup ?*

— Non. Les descriptions que l'on a données de la Bête, je l'ai dit, ne correspondent absolument pas au signalement d'un loup. Même d'un loup géant... Pas plus qu'à celui d'une hyène ou qu'à celui d'un lynx, animaux que l'on trouvait encore assez souvent, au XVIIIe siècle, dans certaines régions de France, notamment dans les Pyrénées, ou précisément dans le Gévaudan...

— *Ne peut-on pas penser que les descriptions sont sujettes à caution ? Les paysans qui les ont faites pouvaient avoir eu de l'animal une vision déformée par la peur...*

— Je vous l'accorde. Mais il y a tout de même des éléments constants dans les témoignages, et des éléments fort étranges. Que nous dit-on, en effet ? Souvenez-vous : que la Bête était grosse comme un âne ou un veau, qu'elle était de couleur rougeâtre, qu'elle avait une tête qui se terminait par un groin, comme un porc, qu'elle avait les pattes de devant beaucoup plus petites que celles de derrière, que celles de derrière étaient dotées de sabots comme un cheval... On nous dit encore que cette Bête — détail très souvent mentionné dans les rapports et les procès-verbaux — marchait parfois debout sur les pattes de derrière. On nous dit aussi qu'elle s'amusait à faire mille singeries assise, et même qu'on l'entendait rire et parler...

Tout cela, évidemment, ne correspond pas du tout à ce que l'on sait des loups, des hyènes, des lynx, et même des animaux en général.

— *Cette bête qui marche debout sur les pattes de derrière ne vous fait-elle pas penser à un ours ?*

— Sans doute ; mais les ours n'ont pas de sabots, et, de plus, il est rare de les entendre rire et parler...

— *Alors ?*

— Eh bien, certaines personnes ont pensé qu'il ne s'agissait peut-être pas d'un animal, mais d'un homme, un sadique, qui se serait caché sous la peau d'une bête pour se livrer à des crimes abominables et à des actes de vampirisme. Car c'est un fait qu'il faut souligner : la plupart des victimes dont on a retrouvé les corps étaient *exsangues*. On leur avait sucé le sang.

Il y a d'ailleurs un autre détail qui a frappé les chercheurs et les historiens : c'est que cette Bête ne mangeait jamais complètement le corps de ses victimes. Elle leur arrachait la tête, elle leur dévorait la poitrine, le foie et les entrailles, et elle laissait le reste, ce qui est extrêmement étrange. Il n'y a pas un animal qui procède de cette façon.

— *A votre avis, il s'agirait donc d'un homme ? D'un personnage revêtu d'une peau de bête ? D'une espèce de loup-garou ?...*

— Non ! Cette hypothèse, pour séduisante qu'elle soit, ne peut pas non plus être retenue. Car la créature que Jean Chastel a tuée et dont il a rapporté la peau à Versailles, n'était pas un homme travesti... C'était un animal. Vous pensez bien que s'il avait découvert un homme vêtu d'une peau de bête, il l'aurait dit et la vérité aurait éclaté tout de suite. Donc, il faut éliminer également l'homme.

— *Que reste-t-il ?*

— Mille hypothèses plus invraisemblables les unes que les autres. N'est-on pas allé jusqu'à dire qu'il pouvait s'agir d'un animal préhistorique dont la race se serait perpétuée mystérieusement dans ces contrées sauvages de la France ?... On a parlé aussi d'un monstre fabriqué par des sorciers. Enfin, dernière supposition émise il y a quelque temps par certains auteurs qui ne reculent devant aucune extravagance : la bête du Gévaudan serait d'origine extraterrestre ! Elle aurait été apportée par un astronef, un ovni, au XVIIe siècle, et aurait été déposée, on ne sait pourquoi, dans le Gévaudan... Je suis ouvert à toutes les hypothèses, mais je crois tout de même qu'il faut éliminer cette Bête venue du ciel en soucoupe volante...

Alors, encore une fois, que reste-t-il ? Eh bien, rien ! Il semble que l'on se trouve devant un monstre inconnu des zoologistes, un monstre inclassable qu'il faut ranger dans la galerie des animaux fabuleux aux côtés des dragons, des licornes et des serpents à plumes...

ANNEXE

DESCRIPTION DE L'ANTHROPOPHAGE OU DE L'ANIMAL FÉROCE QUI DÉSOLE ET RAVAGE LE PAYS DES FRONTIÈRES DU GÉVAUDAN ET D'AUVERGNE QUE L'ON CARACTÉRISE DE MONSTRE EN SA NATURE

L'animal féroce et vorace a un corps allongé et par conséquent deux fois plus long qu'un loup ordinaire et beaucoup plus haut. Il est bas des pieds de devant qui sont forts et ses pattes sont extrêmement larges et armées de griffes redoutables dont l'empreinte sur la terre molle ou sur la neige s'enfonce de la longueur d'un doigt. La tête est fort grosse et le front large ; elle va en diminuant, finissant en museau, la gueule énorme, quasi toujours ouverte, avec des dents si meurtrières et si tranchantes qu'elles séparent en peu de temps la tête d'une personne, en un mot coupantes comme des rasoirs. Les oreilles sont extrêmement courtes, mais droites et relevées, les yeux sont étincelants qui inspirent de la frayeur, le poitrail beaucoup plus large, quasi comme celui d'un cheval, de différentes couleurs, les pieds de derrière plus hauts que ceux de devant, sans griffes, ne donnant presque pas d'empreintes, si ce n'est comme une espèce de talon, les côtés du corps sont rougeâtres, le dessous du ventre blanc, le dos couleur noirâtre avec une raie noire tout le long du dos, la queue longue, fournie et retroussée ; il est d'une agilité et d'une vitesse extrêmes, il est fin et rusé, faisant la distinction du sexe dont il est amoureux pour le détruire ; il ne séjourne jamais dans les bois, mais y passe lorsqu'il est poursuivi ; il se cache ordinairement dans les communs et les pâturaux, sous les genêts ou genévriers, et lève la tête pour examiner sa proie et y saute dessus en bondissant ; il est encore si fin et si rusé, comme on l'a remarqué il n'y a pas longtemps, qu'il s'assit sur son cû (sic) sur le haut de quelque roche ou quelque élévation pour examiner ce qui se passe dans les vallons, communs et pâturaux, et lorsqu'il veut s'approcher de sa proie, il va ventre à terre en rampant comme un serpent ; il a la peau fort dure, le poil long et luisant. Voilà à peu près la description de cet animal féroce ou plutôt de ce monstre cruel selon l'aveu de plusieurs personnes différentes qui l'ont vu, examiné et qui en ont été attaquées ; quantité d'habitants de ma paroisse en ont été victimes par des maladies mortelles qu'il leur a occasionnées. Enfin, si le portrait qu'en a fait faire M. Denneval à Mende a été envoyé à la cour, la figure en avait beaucoup de ressemblance.

Ollier, curé de Lorcières
Décembre 1765

SOURCES

Dr CABANÈS, *Le Monstre du Gévaudan* (Dans les coulisses de l'Histoire, 3e série).

Abel CHEVALLEY, *La Bête du Gévaudan.*

Alain DECAUX, « La Bête du Gévaudan était-elle un sadique ? » *Historia*, n° 370.

G. LENOTRE, « La Bête du Gévaudan », *Lectures pour tous.*

Abbé Xavier PIC, *La Bête qui mangeait le monde en pays de Gévaudan et d'Auvergne*, Albin Michel, 1976.

Abbé POURCHER, *Histoire de la bête du Gévaudan*, 1889.

Dr P. PUECH, *Qu'était la bête du Gévaudan ?*, 1962.

Les coïncidences exagérées

Le Petit Robert donne du mot « coïncidence » la définition suivante : « événements qui arrivent ensemble par hasard ». Et, à titre d'indication, il cite quelques-uns des adjectifs les plus communément employés avec ce substantif : « coïncidence *curieuse, étonnante, remarquable* ». On notera la notion d'étrangeté qui s'attache à ces épithètes, car leur choix par les rédacteurs du dictionnaire implique qu'une coïncidence n'est jamais trouvée ni naturelle ni normale.

Les linguistes rejoignent ici les parapsychologues qui considèrent en effet les coïncidences comme des faits « extraordinaires », voire « signifiants ».

Mais il en est des coïncidences comme des femmes : certaines sont plus troublantes que d'autres et donnent le vertige. Ces coïncidences sont dites « exagérées »... Il semble alors que le destin s'amuse à nous faire un signe amical que nous ne savons pas traduire. Je voudrais en donner ici quelques exemples.

Emile Deschamps, qui fut l'un des auteurs du livret des *Huguenots*, raconte une curieuse histoire. Cette histoire commence alors qu'il était en pension à Orléans. Un jour, un de ses condisciples lui dit :

— Mon oncle organise une petite fête pour mon anniversaire. Veux-tu venir ? Il y aura des jeux, un goûter...

Emile Deschamps, ravi, accepte et, le jeudi suivant, se rend avec quelques camarades chez M. de Fontgibeau, émigré récemment revenu d'Angleterre qui, vers quatre heures, fait servir à ses jeunes invités un succulent plum-pudding. Ce plat, presque inconnu en France à cette époque, émerveille les enfants et le petit Deschamps en conserve un souvenir ébloui.

Dix années passent. Et un jour qu'il est au restaurant, à Paris, boulevard Poissonnière, Emile Deschamps remarque sur la table des desserts un magnifique plum-pudding.

Des images de la belle journée passée chez M. de Fontgibeau quand il était enfant lui reviennent à la mémoire et, « avec un peu de soleil au cœur », il décide de commander une part de ce gâteau dont il n'a jamais remangé. Mais le serveur prend un air désolé :

— Impossible, monsieur, ce gâteau est retenu...

— Entièrement ? dit Emile Deschamps.

— Oui, entièrement.

Le jeune homme a l'air tellement déçu que la caissière décide de lui venir en aide. De sa place, elle s'adresse à un client qui se trouve non loin d'elle :

— Monsieur de Fontgibeau, dit-elle, auriez-vous la complaisance de permettre à monsieur de prendre une part de votre plum-pudding ?

Emile Deschamps se retourne, effaré, vers un monsieur d'âge respectable qui dîne avec des amis à une table voisine, et reconnaît le châtelain chez qui il est allé autrefois à Orléans...

M. de Fontgibeau adresse un sourire à la caissière et dit :

— Bien sûr ! Servez une part de plum-pudding à ce jeune homme...

Emile Deschamps, de sa place, remercie le vieillard sans oser, toutefois, se faire reconnaître...

De longues années s'écoulent de nouveau sans qu'il soit question pour Emile Deschamps, ni de plum-pudding ni de M. de Fontgibeau.

Et un jour, l'écrivain est invité à dîner par une charmante dame qui lui dit :

— Cher maître, si vous me faites le plaisir de venir vendredi soir, vous dégusterez un véritable plum-pudding anglais...

Emile Deschamps éclate de rire :

— Alors, je vous préviens, chère madame..., M. de Fontgibeau sera de la partie !...

— Qui est ce M. de Fontgibeau ? demande la maîtresse de maison un peu intriguée.

— C'est un vieux monsieur qui est toujours là quand je mange du plum-pudding...

Et il raconte en riant ses deux précédentes rencontres. Tout le monde s'esclaffe.

— Hélas ! dit la maîtresse de maison, cette fois, M. de Fontgibeau ne sera pas là pour vous accompagner...

Le jour du dîner arrive et, vers neuf heures du soir, tout le monde est à table autour d'un magnifique plum-pudding.

Soudain, la porte s'ouvre et un domestique annonce :

— M. de Fontgibeau...

Les dix convives, stupéfaits, voient entrer un vieillard marchant péniblement qui fait lentement le tour de la table comme s'il cherchait quelqu'un.

Emile Deschamps croit d'abord à une plaisanterie de ses amis. Mais le vieillard s'étant approché de lui, il le reconnaît. C'est bien M. de Fontgibeau lui-même !

« Mes cheveux se hérissèrent, écrit-il dans ses *Mémoires*. Don Juan n'était pas plus terrifié devant son convive de pierre. »

Alors, la maîtresse de maison demande au vieillard ce qu'il désire et l'autre explique qu'il est invité à dîner par le comte de Clermont.

— Ah ! ce n'est pas ici, dit la jeune femme. Le comte de Clermont habite à l'étage au-dessus...

Et l'on comprend alors que, par un hasard extraordinaire, M. de Fontgibeau, invité ce *même soir* chez un autre locataire de l'immeuble, *s'est trompé d'étage* et est entré là où, précisément, Emile Deschamps s'apprêtait à manger du plum-pudding...

Et l'auteur des *Huguenots* conclut dans ses *Mémoires :* « Trois fois du plum-pudding dans ma vie, et trois fois M. de Fontgibeau, cela doit vouloir dire quelque chose... Mais quoi ?... »

Deuxième exemple de coïncidence exagérée :

Le 8 février 1970, Mrs. Cantree, une brave fermière de Fort

Worth, revient de faire des courses en ville. En entrant dans sa cuisine, elle pousse un cri : sur le carrelage, son fils cadet, Robert, âgé de dix-huit ans, gît au milieu d'une mare de sang.

L'enquête de police établit que c'est en nettoyant son fusil de chasse que le jeune Robert Cantree a malencontreusement appuyé sur la détente. La balle l'a atteint en pleine tête. En tombant, le jeune homme a brisé sa montre qui s'est arrêtée à 11 h 30...

Mrs. Cantree est naturellement désespérée.

Or, quelques semaines plus tard, un télégramme émanant du ministère de la Guerre lui apprend que son fils aîné, Adam, caporal dans les Marines, a trouvé la mort au Viêt-nam, au cours d'une attaque.

Elle s'effondre, pensant que, décidément, le sort l'accable avec une particulière cruauté.

Puis le temps passe et un jour, elle reçoit la visite d'un compagnon d'armes de son fils. Ce jeune homme lui explique qu'Adam est mort devant lui :

— Je peux vous assurer, madame, dit-il, qu'il n'a pas souffert. Il a reçu une balle dans la tête. C'était le 8 février, à 11 h 30 exactement. Je l'ai noté...

Ainsi, à vingt mille kilomètres de distance, les deux fils de Mrs. Cantree avaient trouvé la même fin tragique, tués tous les deux d'une balle dans la tête, exactement le même jour, à la même heure...

Troisième exemple de coïncidence exagérée :

En 1874, le statuaire Emmanuel Frémiet, voulant faire une statue de Jeanne d'Arc, prit pour modèle Mlle Jeanne Laneau, non pas, bien entendu, en raison de son prénom, mais de sa plastique.

C'est Jeanne Laneau qui, place des Pyramides, à Paris, représente aujourd'hui la Pucelle d'Orléans.

Or, en 1936, un incendie s'étant déclaré dans sa chambre, Mlle Jeanne Laneau est morte brûlée vive...

Coïncidence encore :

En 1956, un jeune commerçant de San Remo, Giovani Cataneo, se fiance avec une ravissante et pudique adolescente nommée Bianca-Maria Pellegrini.

Les parents de la jeune fille exigent de longues fiançailles. Si longues que Giovani, pendant ses vacances, s'amuse à courtiser une demoiselle à l'œil coquin nommée Marina Locatelli, dont il devient bien vite l'amant. Et un jour, Marina lui apprend qu'elle attend un enfant. Giovani, la mort dans l'âme, doit l'épouser. Mais il prévient sa future belle-famille :

— J'épouse votre fille, dit-il, mais seulement par un mariage civil ; car pour le mariage religieux, il faut de l'amour. Et je ne suis pas amoureux de Marina...

La famille Locatelli, furieuse, a beau hurler, vociférer, taper du poing sur les tables et menacer Giovani de toutes les atrocités de l'enfer, le jeune homme tient bon et, seul, le mariage civil est finalement célébré.

Or dans l'Italie catholique des années cinquante, cet acte n'a qu'une valeur juridique et peut être annulé. Aussi le nouveau marié ne perd-il pas de temps. Dès le lendemain des noces, il se précipite au tribunal et dépose une demande de divorce...

La procédure est longue. Il lui faut attendre cinq ans pour obtenir satisfaction. Aussitôt qu'il est libre, il épouse — à l'église cette fois — la douce Bianca-Maria Pellegrini qui l'avait attendu.

Hélas ! après quatre années de bonheur, Bianca-Maria, qui est enceinte, doit être transportée d'urgence à l'hôpital de San Remo. Le soir même, on appelle Giovani pour l'informer que sa jeune femme est au plus mal.

Fou de douleur, il se précipite à l'hôpital. Quand il arrive, Bianca-Maria vient de mourir.

Alors, il s'effondre. Un médecin s'approche :

— Votre femme est morte il y a cinq minutes, dit-il.

Puis il ajoute :

— C'est curieux, elle s'est éteinte presque en même temps que sa voisine...

Giovani tourne alors la tête et reste figé : dans le lit qui se trouve derrière lui, il y a une femme dont on vient de fermer les yeux. Et cette femme, c'est Marina Locatelli... Ainsi, ses deux épouses — qui ne s'étaient jamais rencontrées — sont venues mourir côte à côte, à la même heure, dans le même hôpital...

Cinquième exemple de coïncidence exagérée :

Georges Rème était un cambrioleur célèbre pour ses évasions. Un jour qu'il avait, une fois de plus, réussi à s'échapper de prison, il vola une voiture dont il changea le numéro d'immatriculation, et se dirigea vers le Sud-Ouest. A Royan, il s'arrêta devant un garage pour prendre de l'essence. Or au bout de quelques instants, un autre automobiliste rangea sa voiture à côté de celle de Georges Rème.

Le garagiste, qui était sur le pas de sa porte, s'aperçut alors avec stupéfaction que les deux véhicules avaient exactement le même numéro minéralogique. Il alerta la police.

Et Georges Rème fut arrêté parce que — à la suite d'une coïncidence vraiment fabuleuse — *le possesseur du numéro qu'il avait peint, absolument au hasard, sur sa voiture*, était venu se ranger précisément à côté de lui...

Enfin, dernière coïncidence exagérée :

Un jour de 1956, à Charleroi, M. Emile Massart, voyant son chien malade, décida de l'abattre. Il l'emmena au fond de son jardin, l'attacha à un piquet, prit son fusil et tira. Mais il le rata. La balle passa à travers la haie et tua une dame qui passait dans la rue...

Or cette dame s'appelait Mlle Lechien.

RÉPONSES À L'INCRÉDULE

— *Coïncidences troublantes, en effet. Que peut-on penser ?*

— Eh bien, certains parapsychologues, refusant la notion simpliste de hasard, considèrent que ces coïncidences sont des signes que notre intelligence n'est pas en mesure — du moins pour l'instant — d'interpréter.

— *Les Anciens attribuaient déjà aux coïncidences une valeur de présages, donc de signes...*

— Ce qui n'était peut-être pas bête... Mais les clins d'œil du destin sont parfois malicieux, je vais vous en donner un exemple : quand il se maria, Camille Flammarion décida de faire son voyage de noces — un très court voyage de noces — en ballon... Et il promit au prêtre qui avait béni son mariage de l'emmener dans sa nacelle.

Un soir — une dizaine de jours après la cérémonie — il le fit prévenir que le départ était pour le lendemain. On l'informa que l'abbé avait quitté Paris pour passer quelques jours chez des cousins, au bord de la Marne. Flammarion fut un peu ennuyé, mais il décida de partir quand même.

« Ce brave abbé n'en saura rien, pensa-t-il ; nous l'emmènerons une autre fois... »

Et le ballon s'envola.

Il y a une infinité de directions pour sortir de Paris en ballon... Or le vent poussa Flammarion du côté de la Marne et l'amena *exactement au-dessus du jardin où l'abbé était en train de déjeuner...*

Coïncidence étrange, on en conviendra... Et coïncidence qu'un romancier aurait hésité à imaginer tellement elle semble peu plausible...

Enfin, connaissez-vous les coïncidences exagérées qui existent entre la mort du président Kennedy et celle du président Lincoln ?

— *Non.*

— Ecoutez bien : Lincoln fut élu président des Etats-Unis en 1860, Kennedy en 1960.

Tous deux furent tués en présence de leur femme.

Tous deux furent abattus d'une balle dans la tête tirée par-derrière.

Leurs successeurs se nomment Johnson.

Chacun de ces successeurs était démocrate du Sud.

Chacun de ces successeurs avait été membre du Sénat.

Andrew Johnson (successeur de Lincoln) naquit en 1808. Lindon Johnson (successeur de Kennedy) est né en 1908.

John Wilkes Booth (l'assassin de Lincoln) naquit en 1839. Lee Harvey Oswald est né en 1939.

Booth et Oswald furent tous deux assassinés avant d'avoir pu être jugés.

Les femmes des deux présidents perdirent chacune un enfant alors qu'elles se trouvaient à la Maison-Blanche.

Le secrétaire de Lincoln, qui se nommait Kennedy, lui conseilla vivement de ne pas aller au théâtre où il fut assassiné. Le secrétaire du président Kennedy, qui se nommait Lincoln, lui conseilla de ne pas se rendre à Dallas.

John Wilkes Booth abattit le président Lincoln dans un théâtre et courut à un entrepôt. Lee Harvey Oswald tira sur le président Kennedy d'un entrepôt et courut à un théâtre.

Les noms de Lincoln et Kennedy ont chacun sept lettres.

Les noms d'Andrew Johnson et Lyndon Johnson se composent chacun de treize lettres.

Les noms de John Wilkes Booth et Lee Harvey Oswald totalisent chacun quinze lettres...

— *C'est stupéfiant !... Alors quelle est votre conclusion ?*

— Eh bien, je crois que pour comprendre la signification de ces « coïncidences exagérées », de ces signes que le destin — ou quelqu'un — nous adresse, il faut attendre que l'homme devienne un peu plus intelligent...

SOURCES

Emile Deschamps, *Souvenirs.*

Dr Osty, « Hasards, fatalités, coïncidences », *Revue métapsychique*, n° 1, 1937.

Paris-Presse, 29 novembre 1956.

Pour terminer, voici deux faits inexplicables qui nous viennent l'un d'Italie, l'autre d'Allemagne. Bien qu'ils soient de natures fort différentes, tous les deux témoignent de l'existence de forces inconnues.

Le miracle de saint Janvier

En cette matinée du 19 septembre il semble, à celui qui connaît quelque peu les rythmes secrets de la ville, que dans le quartier du Duomo Naples n'est plus tout à fait dans Naples. Les marchands en plein air paraissent moins exubérants ce matin et les joueurs de toupie sont nombreux. Quant aux ébénistes fameux qui font de si jolis trilles dans leurs échoppes, ils semblent retenir eux aussi leurs vocalises. C'est qu'entre San Lorenzo et San Paolo, et venus des petites ruelles du port, beaucoup de Napolitains se pressent ce matin au Duomo...

Ils n'occupent pas du tout le vaste espace que délimitent les arcs gothiques de la cathédrale sous les trois nefs élevées au XIIIe siècle. Tous sont serrés sur les bas-côtés droits près de la troisième chapelle.

Il y a bien longtemps qu'on ne passe plus pour voir les carabiniers en martiale tenue monter la garde autour d'un buste d'argent. Comme si cet objet était le trésor le plus précieux de la ville...

Tous les hauts dignitaires du clergé sont là, mais aussi les représentants de la municipalité et les autorités civiles et militaires. A neuf heures précises, un prêtre assisté d'un chapelain sort un ostensoir du tabernacle et le présente à l'assistance. Un long murmure parcourt alors la foule.

Il a une bien curieuse forme, cet ostensoir. C'est une sorte de cylindre d'argent surmonté d'une couronne et d'une croix avec une poignée pour le tenir. Dans la lunule de cet ostensoir, il n'y a pas, comme dans tous les autres, d'hostie consacrée... mais deux fioles de verre de forme aplatie qui semblent contenir une masse compacte et noirâtre. L'une de ces fioles est deux fois plus grande que l'autre. Elle est aux deux tiers pleine et c'est sur elle que se concentre l'attention des fidèles.

Voici que, tout d'un coup, le prêtre, qui tient cet objet du culte à bout de bras, le fait tourner sur son axe tandis que le chapelain l'éclaire avec un cierge pour mieux faire voir la substance que contient la fiole.

Au premier rang de l'assistance éclatent alors les prières d'un groupe de femmes habillées très simplement, pauvrement parfois.

Le prêtre repose l'ostensoir et continue de prier aussi. Toute l'assistance semble maintenant attendre un événement qui tarde à se produire... Il n'y a pourtant pas dix minutes que l'officiant a pris place à côté du buste d'argent qui est revêtu d'un manteau et coiffé d'une mitre en or. Les femmes placées au premier rang haussent maintenant le ton et à mesure que leurs voix s'enflent, que leurs prières reprises par toute la foule roulent entre les pilastres de granit oriental, les assistants des premiers rangs semblent pris d'une étrange frénésie...

Le prêtre vient encore de retourner l'ostensoir. Les mains jointes des femmes se tendent tandis que semblent éclater des imprécations... Des imprécations dans une église !

Oui, il faut se rendre à l'évidence : les cris qui fusent, les mimiques ne sont plus d'impatience maintenant mais de colère !... Singulier comportement...

Dans leur châsse d'argent, les ossements de saint Janvier, dont c'est aujourd'hui l'anniversaire de la naissance, ne vont-ils pas se retourner sous l'effet d'une colère sacrée ? Cela ne risque guère !... Depuis sept cents ans, il a l'habitude de ces cris, de ces insultes, de ces transes et de ces conjurations, le bon san Gennaro dont le sang tarde aujourd'hui à entrer en ébullition... En ébullition ? Quelle est cette facétie ?

Ceux qui se sont rendus à Naples début mai ou encore le

16 décembre[1] savent pourtant qu'à ces dates le sang du saint martyr Janvier contenu dans une fiole se liquéfie presque à chaque fois...

Quand d'aventure le prodige ne s'accomplit pas, c'est pour tous les Napolitains un très mauvais présage... Aujourd'hui, en tout cas, ils pourront rentrer en paix chez eux. Et tous les journaux publieront demain la bonne nouvelle.

A 9 h 44 précises, au moment où le prêtre a renversé une fois de plus le ciboire, un observateur en costume de ville, placé à sa gauche, a brusquement agité son mouchoir. Aussitôt dans toute l'église, c'est un tonnerre de cris, d'applaudissements, de chants, de louanges : dans la grande fiole le sang s'est liquéfié !

« *E liquido, e liquido* », chante le prêtre au milieu des alléluias.

La fiole prend alors une belle teinte vermeille et maintenant les fidèles dont beaucoup sont en larmes se précipitent vers l'ampoule sacrée pour embrasser le sang de san Gennaro, de saint Janvier, décapité... sous Dioclétien en 305 ap. J.-C.

Qui était donc le saint martyr des grandes persécutions du IIIe siècle de notre ère ? Janvier était évêque de Bénévent, dans l'Italie du Sud, lorsqu'il fut décapité à Pouzzoles près de Naples. Une pieuse femme recueillit, dit-on, son sang dans deux ampoules qu'elle cacha chez elle.

Jusqu'à ce qu'en 313, les ossements du saint fussent transférés avec son sang à Naples. C'est lors de l'ensevelissement de ses restes dans les catacombes de la ville que le miracle se serait produit pour la première fois.

Au XIVe siècle, quand la cathédrale est achevée, on place la tête de saint Janvier dans le buste en argent. L'ostensoir, *la teca*, qui abrite les ampoules date de la même époque. Jusqu'en 1646, il était conservé dans une autre chapelle, le Tesoro Vecchio.

C'est cette même année qu'est consacrée en grande pompe

1. Pour commémorer le 16 décembre 1631 : Naples fut épargnée lors de l'éruption du Vésuve. Les autres dates du miracle de saint Janvier correspondent à son martyre (19 septembre) et à la translation de ses reliques (mai).

la chapelle baroque aux dix-neuf statues et aux cinquante-quatre bustes d'argent où depuis lors se trouvent les reliques.

Le miracle de la liquéfaction est bien antérieur à cette époque. Des chroniques qui courent sur toute la deuxième moitié du XIVe siècle l'évoquent d'une manière régulière. Ainsi au cours d'une procession, le 17 août 1389, le sang contenu dans la grande ampoule « se liquéfie comme s'il venait de couler du corps du bienheureux ».

Le 13 janvier 1497, lorsque les reliques sont placées dans l'actuelle chapelle d'une manière définitive le phénomène se produit également. C'est dès cette époque aussi que l'on établit un lien entre certains événements qui touchent la région et la manifestation du miracle.

Ce 13 janvier-là, par exemple, marque la fin d'une grave épidémie de peste. Lorsqu'en 1528, par contre, les Français assiègent la ville, le phénomène ne se produit ni en mai ni en septembre.

Le bon saint semble avoir oublié que c'est Charles II d'Anjou qui lui a élevé sa cathédrale et que l'ostensoir qui abrite son sang est un chef-d'œuvre de l'orfèvrerie française du XIVe siècle...

La persistance du miracle, sa régularité et son caractère extrêmement spectaculaire suscitent la création en 1659 d'une sorte de commission de contrôle qui se compose d'une députation laïque et d'une députation ecclésiastique.

Depuis cette date existent donc des procès-verbaux extrêmement précis et rigoureux conservés à la fois au Duomo et à la mairie de Naples.

Ces procès-verbaux constituent la « Biblioteca dei Girolamini » qui rassemble en outre tout ce qui a trait de près ou de loin à l'histoire ou aux tentatives d'explication du phénomène. C'est généralement un historien, et de premier plan, qui est placé à la tête de ce conservatoire.

Le prodige qui s'est donc répété des centaines de fois, dûment répertoriées, se produit parfois également quand des personnalités éminentes viennent visiter la chapelle. Hostile aux intrus, le saint — ou plutôt son sang ! — semble « avoir ses têtes » comme on dit. Il reste *duro*, compact, quand Joseph

Bonaparte, bombardé roi de Naples par Napoléon en 1806, lui rend visite. Victor-Emmanuel II essuie en 1860 le même refus. Le saint était-il fâché de l'abandon à la France, cette même année, de Nice et de la Savoie ?...

Niente miracolo non plus pour le jeune Umberto II, pourtant enfant de la ville et de plus accompagné en 1931 de sa fiancée la jolie Marie-José de Belgique.

Le prodige obéit aussi à d'autres variations : nous avons dit que l'ostensoir abrite deux ampoules. Il faut préciser que la plus petite ne contient que des traces de sang et qu'on n'y a jamais observé de liquéfaction.

C'est uniquement la grande, d'une contenance de soixante centimètres cubes, qui est le siège du phénomène. Parmi ces variations, il y a celles du volume de sang contenu dans l'ampoule. Ces variations sont elles-mêmes en relation avec l'époque de l'année où le miracle se produit : en mai, il est fréquent que l'ampoule se remplisse complètement lors de la liquéfaction. C'est beaucoup plus rare en septembre.

Il faut remonter jusqu'au 26 septembre 1831 pour trouver la fiole gorgée jusqu'à même le bouchon de mastic sombre qui l'obture depuis des siècles... le soir de ce jour, l'ampoule était de nouveau pleine à moitié seulement.

Le temps d'attente pour que se produise le miracle est aussi très variable. Parfois le sang est déjà liquéfié lorsque le prêtre sort l'ostensoir du tabernacle pour le présenter à la foule. Parfois il faut attendre des heures et même des jours, d'où l'impatience grandissante des assistants et notamment des *parenti*, des « parents » du saint, qui manifestent alors bruyamment leur déplaisir et leur inquiétude.

Il arrive aussi, mais très rarement, que le sang se liquéfie sans raison, ou du moins sans raison évidente.

Cela a été le cas lors de réparations de la *teca* ou encore lorsque des événements catastrophiques se sont abattus sur la région, telles des épidémies, des guerres ou des révolutions. On observe parfois des durées de liquéfaction particulièrement longues. Ainsi lors de l'éruption du Vésuve en 1631, elle s'est prolongée durant tout un mois. En décembre par ailleurs, le phénomène ne se produit que rarement. Assez rarement en tout cas pour que les Napolitains n'y attachent pas de signification précise, heureuse ou malheureuse...

Voyons à présent comment se comporte la substance à l'intérieur de la fiole. Lors des différentes manifestations de l'année, elle a également une apparence très variable.

Lorsque le prêtre, qui l'observe grâce à la lumière qui vient des cierges environnants, s'aperçoit d'un changement de consistance, il renverse immédiatement l'ostensoir pour répondre à l'attente des fidèles.

Les autorités civiles et religieuses ainsi que les Napolitains eux-mêmes ont mis au point toute une terminologie pour désigner la consistance du sang. « *E duro* », dit l'officiant quand il expose la fiole et que le miracle ne s'est pas encore produit.

« *E durissimo* », « *tenere* » (tendre), « *congelato* » ou « *liquido* » aurait-il pu dire aussi bien...

En règle générale, la liquéfaction commence par un ramollissement de la masse brunâtre. Souvent, alors que la substance s'est liquéfiée, sur sa périphérie subsiste un noyau dur qui flotte dans une masse plus molle. Ce noyau affecte différentes formes : cylindrique, ronde ou même carrée. On a aussi remarqué que le sang était nettement plus fluide en septembre qu'en mai.

Quelle est à présent la couleur du sang ?

Très variable aussi. Elle peut passer du marron-noir au rouge le plus intense, et souvent l'on distingue des traînées de couleurs un peu différentes à l'intérieur du flacon.

Chose plus étrange encore, il se produit parfois à la surface du sang, une émission importante de petites bulles qui éclatent pour former une sorte de mousse caractéristique.

Il arrive aussi que le sang paraisse entrer littéralement en ébullition, mais cette particularité n'est presque jamais observée au mois de mai. Si saisissants que soient ces phénomènes, on peut dire qu'ils ne sont que secondaires par rapport à une donnée infiniment plus troublante : Suivant la consistance du contenu de la fiole, on observe *un changement de poids*.

Pour bien comprendre à quel point on touche ici aux tréfonds de l'inexplicable, il suffit d'imaginer — encore que l'analogie ne soit que grossière — un homme juché sur une balance et dont le poids viendrait à changer d'une manière appréciable lorsqu'il remplirait d'air ses poumons ou lorsqu'il gonflerait ses muscles.

Les premières mesures scientifiques du poids de la fiole remontent à 1902. Entre le 12 et le 15 mai 1902, l'ampoule n'étant remplie qu'aux deux tiers, on observe une diminution de poids de près de trente grammes...

En septembre 1904, les résultats sont encore plus surprenants : le 19 septembre, début du phénomène, l'ampoule pleine passe par un maximum de poids qui décroît à mesure qu'elle se vide. Et puis brusquement, à partir du 22, le volume continue de décroître tandis que le poids... augmente !

Jusqu'à atteindre, le 26, presque le poids maximum de départ, alors que la fiole n'est plus pleine qu'aux deux tiers !

Mais au fait, quelle preuve a-t-on qu'il s'agisse bien de sang et de sang humain ? Il faut d'abord remarquer que Rome dans cette affaire n'a toujours pas conclu au miracle, les critères d'ensemble nécessaires n'étant pas réunis. Mais devant le caractère répétitif, spectaculaire et inexplicable du prodige, l'Eglise a autorisé plusieurs fois des savants à faire certaines expériences.

Toujours en 1902, les Prs Sperindeo et Jannuario se livrent à une analyse spectroscopique de la substance sitôt après la liquéfaction. Ils voient immédiatement, dans le spectre du jaune, apparaître après la ligne D, la raie sombre, caractéristique du sang. Il ne fait aucun doute que l'ampoule contienne du sang... Mais ne contient-elle que du sang ? et est-ce du sang humain ? L'analyse spectroscopique n'a pas pu établir qu'il n'y avait pas une autre substance mélangée au sang, dont la présence ne fait cependant aucun doute.

Le professeur Silva, par ailleurs, a fait, en 1904, une étude comparative avec du sang du bœuf. Il a prouvé que le corps contenu dans la fiole est bien du sang humain...

Cependant, au-delà de toutes les manifestations diverses et si spectaculaires du prodige, il en est une qui les englobe et qui même les conditionne toutes : c'est le mystère de la conservation du sang lui-même.

Selon L. Cavène, un Français qui a eu l'occasion de voir le phénomène une bonne quinzaine de fois, il constitue le véritable « miracle permanent » de ces miracles « saisonniers » du sang de saint Janvier...

Un miracle qui est observé et analysé depuis plus de trois siècles déjà... qui est le plus ancien de tous les « miracles du sang » connus, mais qui est aussi un des plus énigmatiques... Parce qu'il est en contradiction plus encore que les autres avec tout ce que nous savons de la nature.

RÉPONSES À L'INCRÉDULE

— *Vous nous racontez cette histoire avec autant d'enthousiasme qu'une de ces dames napolitaines du premier rang... Comment pouvez-vous exclure toute idée de supercherie ?*

— Je l'exclus parce que si elle était nécessaire à la perpétuation du miracle, elle n'aurait pu se faire qu'au prix d'un complot séculaire tout à fait invraisemblable.

Un complot rassemblant des personnes très différentes quant à leurs origines, leur religion, leur formation et surtout leurs motivations et leurs convictions en tant que témoins.

Selon un mot d'Alexandre Dumas, un tel complot « serait encore plus miraculeux que le miracle lui-même... ». Un simple détail sur les précautions qui sont prises par la commission de surveillance du phénomène : il faut deux clés pour ouvrir la serrure du reliquaire ; l'une est entre les mains du cardinal de Naples, l'autre ne quitte pas le siège de la commission de contrôle qui comprend douze membres laïcs nommés par le ministère et dont le président est le maire de Naples.

Le reliquaire ne peut être ouvert que lorsque ces deux instances en sont d'accord.

— *Par supercherie, on peut aussi entendre l'introduction à une époque donnée d'une substance autre que du sang puis-*

qu'il n'est pas prouvé qu'il y ait uniquement du sang dans la fiole !

— D'une part on a pu prouver que les fioles n'ont pas été ouvertes depuis le début du XVe siècle et d'autre part, quelle pourrait être cette substance miracle qui empêcherait le sang de se corrompre et le ferait en plus changer de couleur et de volume ?

— *C'est la science qui devrait le déterminer...*

— Vous avez raison. On manque encore de connaissances absolument précises sur les composantes du « liquide » mais quand on sera fixé, connaîtra-t-on mieux la nature du phénomène ?

Il n'existe à l'heure actuelle aucun corps chimique connu qui, mêlé à du sang, pourrait produire ces phénomènes. Toutes sortes d'hypothèses ont été avancées au cours des siècles. Certaines méritoires, d'autres absurdes, toutes insatisfaisantes.

Le père Herbert Thurston — l'Eglise est extrêmement méfiante en cette matière — soutient que le sang pourrait se liquéfier sous l'action de la lumière (« thèse phototropique »). Cette thèse s'écroule du simple fait que le phénomène peut ne pas se produire alors même que la fiole se trouve en pleine lumière ou... l'inverse : avoir lieu quand la fiole est dans l'obscurité du tabernacle.

Je passe sur les autres tentatives d'explication tant elles sont absurdes : adjonction de sérum artificiel liquéfiant le sang, graisses fondant à la chaleur des cierges, fermentation, etc.

— *Et le Vésuve ?*

— Une seule hypothèse déjà ancienne paraît être en effet corroborée par l'expérience : celle d'une liaison entre l'état du sang et l'activité du Vésuve... mais cette liaison est très imprécise...

— *Vous avez raison. Car le Vésuve n'entre pas en éruption le 19 septembre chaque année...*

— En effet !... Une hypothèse qui m'apparaît plus séduisante est celle d'une énergie psychique, libérée par la foule et qui aurait un prolongement mécanique. Les transes, la frénésie même des *parenti* du saint, qui assurent que sans eux le miracle ne pourrait se produire, peuvent favoriser cet effet psychomécanique.

Cette hypothèse est cependant loin d'être satisfaisante car le phénomène se produit aussi en leur absence. Leur rôle, de plus, s'il existe, n'est pas antérieur au XVIIIe siècle alors que le phénomène est bien plus ancien. Il n'est cependant pas exclu que l'explication « fluidale » puisse rendre compte en partie du phénomène...

— *Il pourrait s'apparenter à celui du « poltergeist », dont vous nous avez déjà parlé, ce fluide causant un chambard épouvantable dans les maisons où il se manifeste par l'intermédiaire d'un médium...*

— La parapsychologie n'a plus de secrets pour vous !... C'est en effet un rapprochement judicieux... Il pourrait s'agir d'un poltergeist qui, au lieu de renverser les meubles ou de faire éclater les ampoules électriques, mobiliserait le sang contenu... dans cette ampoule-là... Mais l'existence de ce fluide ne devrait pas être soumise à la présence, lors de toutes les liquéfactions, d'un médium. Cela serait par trop invraisemblable !

Il serait bien plutôt causé par un objet matériel ou un endroit bien délimité chargé de ce fluide.

— *Un peu comme une pile électrique ?*

— C'est cela... un peu comme ce squelette enchaîné dont parle Pline le Jeune, restes d'un mort ayant succombé dans des conditions tragiques.

Il produisait, jusqu'à sa découverte, des tas de phénomènes invraisemblables... jusqu'à ce qu'un acte rituel, sa réinhumation, ait « déchargé » ce squelette de son fluide maléfique.

Dans le cas de saint Janvier, certains auteurs ont souligné l'importance de la proximité du buste en argent pour le déclenchement de la liquéfaction. Or, ce buste contient précisément... le crâne du saint, victime d'une mort particulièrement tragique... Ici la décharge se produirait sous l'effet de certains facteurs favorables encore mal connus et se traduirait donc par le phénomène physique de la liquéfaction.

— *Un poltergeist positif donc, bien élevé aussi, et même bienveillant puisque son sang vivant protège la ville...*

— ... Faisant mentir par-delà la mort et par-dessus les siècles la devise de ses habitants : *Vedi Napoli e poi muori* !...

SOURCES

Pr Hans BENDER, *Etonnante Parapsychologie*, Retz, 1977.
H. THERSTON, « Les Phénomènes physiques du mysticisme », *La revue du Clergé français*, juin 1910.
Michel MÉLIEUX et Jean ROSSIGNOL, *Les Corps à prodiges*, collection « Les pouvoirs inconnus de l'Homme », Tchou.
Hubert LARCHER, *Prodiges sanguins après la mort*, Pèse.

Gustav Meyrink reçut-il un message du roi du monde ?

Un jour de l'automne 1915, l'écrivain autrichien Gustav Meyrink, l'auteur du célèbre roman *Le Golem*, se trouvait chez lui dans son fauteuil, près du feu, un journal sur les genoux. Il venait de lire les nouvelles du front et réfléchissait aux causes profondes de cette guerre mondiale qui mettait aux prises l'Allemagne, la France, l'Angleterre, l'Autriche, la Belgique, l'Italie, qui s'étendait maintenant à la Serbie, à la Grèce et à la Turquie, et qui allait faire des centaines de milliers de morts.

Quelles forces obscures, pensait-il, poussent l'humanité à déclencher de pareilles tueries ?

Soudain, cet homme, qu'une pratique du yoga et certaines techniques hindoues ont conduit à des états de conscience supérieurs, est saisi de tremblements ; son corps devient glacé et il reconnaît l'impression étrange qui annonce chez lui des phénomènes de voyance.

Presque aussitôt, il « voit » devant lui un personnage d'une race inconnue qu'il devait plus tard décrire ainsi :

« Six pieds de haut, d'une minceur extrême, imberbe, un visage aux reflets olivâtres, les yeux obliques et extraordinairement écartés. L'épiderme des lèvres et du visage lisse comme de la porcelaine ; les lèvres acérées, rouge vif, et si fortement serrées — en particulier aux commissures — comme dans un sourire implacable, qu'on aurait dit des lèvres peintes. Il avait sur la tête un curieux bonnet rouge. »

Cet étrange personnage tient à la main un diapason entre les branches duquel se trouve un petit marteau doré. A ses pieds grouillent des insectes qui se livrent, sans le moindre heurt, la moindre agressivité, à de mystérieuses besognes. Tout à coup, un son strident retentit, provenant sans doute du diapason que tient l'homme au bonnet rouge. Alors les insectes, comme animés par une folie meurtrière, se jettent les uns sur les autres et s'entre-tuent. Le spectacle est épouvantable. Ces bestioles qui, l'instant d'avant, trottinaient pacifiquement les unes à côté des autres, s'entre-dévorent maintenant avec une violence inimaginable sous le regard froid et amusé de l'homme au bonnet rouge. Puis tout s'efface.

Gustav Meyrink, dans son fauteuil, est profondément impressionné, car il lui apparaît que cette vision est une réponse symbolique à la question qu'il se posait au sujet des causes profondes de la guerre.

Il sait, pour avoir lu de nombreux ouvrages sur ce sujet, que d'après les occultistes orientaux, il y aurait au Tibet une secte : les Dugpas, qui est considérée comme un instrument direct des forces « démoniaques » de destruction. Cet homme au bonnet rouge qui déclenche la guerre chez les insectes par une vibration représenterait donc un de ces Dugpas.

Meyrink voit là un sujet à développer. Il se met aussitôt au travail et écrit une nouvelle intitulée *Le Jeu des grillons*, dans laquelle il expose les causes occultes de la guerre.

Le mois suivant, cette nouvelle paraît dans le magazine *Simplicissimus*. Or, quelques semaines plus tard, l'écrivain reçoit d'un inconnu, un peintre du nom de Höcker, la lettre suivante :

« Cher monsieur,

» Je dois vous dire tout d'abord que je suis un homme en parfaite santé et que je n'ai jamais été sujet à des hallucinations ou autres états anormaux. Hier, je me trouvais dans mon atelier, assis devant ma table en train de travailler. Tout à coup, j'entendis un bruit métallique musical. En me retournant, j'aperçus un homme de haute taille, d'une race que je ne connaissais pas, un curieux bonnet rouge sur la tête, qui se tenait debout dans la pièce. Je me rendis compte immédiatement qu'il s'agissait d'un trouble psychique. L'homme *tenait à la main une espèce de diapason* composé de deux branches, à l'aide duquel il avait produit le bruit dont j'ai parlé. *Entre les deux branches se trouvait un marteau doré*. Aussitôt, je vis apparaître sur le sol des monceaux de gros insectes blancs qui s'entre-déchiraient dans un bruissement d'ailes dont le vacarme assourdissant finit par devenir intolérable. J'ai encore dans les oreilles ce bruit qui ébranle tous mes nerfs. Quand l'hallucination eut pris fin, je me mis aussitôt à dessiner la scène avec un bâton de sépia. Puis je sortis pour prendre l'air. En passant devant un kiosque à journaux, une impulsion que je ne puis m'expliquer, étant donné que je n'aime pas cette revue, me poussa à demander *Simplicissimus*. Comme la vendeuse me présentait le dernier numéro, une décision tout aussi inexplicable me poussa à dire : "Non, pas ce numéro, le précédent, je vous prie !" Revenu chez moi, en feuilletant la revue, je trouvai à ma grande stupéfaction votre nouvelle *Le Jeu des grillons* relatant, à quelques détails près, tout ce que je venais de connaître moi-même une heure auparavant : l'homme au bonnet rouge, les insectes qui s'entre-déchiraient, etc. Je vous prie, chez monsieur, d'avoir l'amabilité, si vous le pouvez, de m'expliquer comment je dois interpréter la chose... »

Et c'est signé : Höcker.

Ayant lu cette lettre, Gustav Meyrink est agacé.

Encore un, pense-t-il, qui veut se rendre intéressant.

Pour l'écrivain il ne fait aucun doute, en effet, que ce M. Höcker est un fabulateur qui a imaginé toute cette histoire après avoir lu la nouvelle dans le journal.

Meyrink va jeter la lettre à la corbeille quand soudain, une idée le trouble. Il se souvient qu'en recopiant son manuscrit pour l'envoyer à la rédaction du magazine, il a modifié quelques détails de sa vision.

Comme il ne se rappelle plus très bien lesquels, il prend le numéro de *Simplicissimus* où figure sa nouvelle qu'il n'a pas relue — car il a horreur de relire ses propres œuvres — et parcourt son texte.

Il tombe alors sur une modification qu'il avait apportée au dernier moment et qui était totalement sortie de sa mémoire. Et cette modification le stupéfie car elle l'oblige à penser que son correspondant n'est pas — ne peut pas être — un farceur, et qu'il n'a pu s'inspirer de la nouvelle parue dans *Simplicis-*

simus pour lui raconter qu'il avait vu un homme à bonnet rouge portant *un diapason entre les branches duquel se trouvait un petit marteau*, pour la simple raison que ce diapason n'est pas mentionné dans la nouvelle. Gustav Meyrink l'a remplacé au dernier moment par un autre objet. Sur son brouillon, il avait tout d'abord écrit : *L'homme au bonnet rouge tenait à la main un diapason avec lequel il émettait des sons étranges...* Or, en recopiant, il lui avait semblé plus frappant, plus fantastique d'écrire : *L'homme au bonnet rouge tenait à la main un prisme avec lequel il captait les rayons du soleil...*

Il avait également transformé le *bruit strident que faisait le diapason* en une *lumière d'apocalypse qui aveuglait les insectes et les rendait fous...*

Enfin, il n'avait noté nulle part, même pas sur son brouillon, car le détail lui avait semblé insignifiant, que le *diapason portait un petit marteau doré entre ses branches.*

RÉPONSES À L'INCRÉDULE

— *Est-ce Meyrink lui-même qui a publié cette étrange histoire ?*

— Oui. Il l'a racontée dans *Mon éveil à la voyance*, où il rapporte des phénomènes extraordinaires dont il a été l'objet...

— *Je voudrais revenir sur un point : il semble établi que le peintre, ce M. Höcker, n'a pu s'inspirer de la nouvelle parue dans le* Simplicissimus, *mais n'aurait-il pas pu avoir connaissance de l'original, du brouillon écrit par Gustav Meyrink ?*

— Non. Parce que 1° Gustav Meyrink écrivait tout à la main (il n'avait pas de secrétaire) ; 2° il ne montrait ses manuscrits à personne ; 3° il ne jetait pas ses brouillons, mais les gardait dans un placard. Enfin, en admettant que ce brouillon ait été trouvé, personne n'aurait pu le déchiffrer car Meyrink usait, pour écrire vite, d'un système d'abréviations tout à fait personnel.

— *Ne peut-on penser qu'il ait raconté sa vision ?*

— Non. Meyrink était un être qui se confiait peu et qui ne se racontait que dans ses livres.

— *Alors, quelle explication donne-t-il du phénomène ?*

— Il n'en donne pas. C'est le mystère absolu. Il y a d'ailleurs un autre mystère : pour quelle raison M. Höcker a-t-il acheté, presque malgré lui, le numéro du *Simplicissimus* qui contenait la nouvelle ? « Les spirites diront qu'il y a été poussé par des esprits », écrit Meyrink ; mais il est bien évident que cette explication ne lui suffit pas...

— *Pensez-vous que Meyrink ait réellement cru recevoir un message ?*

— Je crois, oui... Gustav Meyrink était non seulement un grand écrivain cabaliste, mais — sinon un initié — du moins un homme qui *savait* beaucoup de choses. Il avait étudié la théologie, le bouddhisme, l'hindouisme, le taoïsme, etc. Il était Rose-Croix et appartenait à plusieurs sociétés secrètes. On a dit de lui que c'était un « prospecteur de l'invisible ». Après avoir lu le livre de Saint-Yves d'Alveydre, *Mission de l'Inde*, qui révélait l'existence de l'Agarttha, il s'est penché sur les mystères du Tibet.

— *Qu'est-ce que l'Agarttha ?*

— Un centre initiatique souterrain qui se trouverait au Tibet, et qui serait dirigé par un personnage mystérieux appelé le roi du monde auquel René Guénon a consacré un très curieux et très passionnant ouvrage. Selon Saint-Yves d'Alveydre, ce centre serait inviolable. Il écrit : « Appelant à leur secours les puissances cosmiques, les confédérés de l'Agarttha pourraient, au besoin, faire sauter une partie de la planète. »

— *Et quel serait le but de cet Agarttha ?*

— Dans la période que nous vivons — cette période de violence, cette période sombre que les Hindous appellent le Kali-Yuga — l'Agarttha lutterait contre les forces noires et susciterait, de temps à autre, des chefs spirituels et des courants de pensée capables de conduire l'Humanité vers la connaissance et la lumière.

— *Peut-on penser que certains écrivains sont inspirés par l'Agarttha ?*

— On le dit.

— *L'Agarttha lutterait, en somme, contre ceux que Meyrink appelle les Dugpas ?*

— C'est cela.

— *Et ces Dugpas auraient une réelle influence ?*

— Ce sont eux, par l'intermédiaire d'un groupe dont Louis Pauwels et Jacques Bergier ont parlé dans *Le Matin des magiciens*, qui auraient suscité Hitler et sa croix gammée...

— *Bigre !*

— Comme vous dites !

— *Alors, s'il faut croire à l'existence de ces centres mystérieux qui mènent le monde, lequel des deux aurait envoyé sa vision à Meyrink ?*

— L'Agarttha, pour lui dévoiler le rôle des autres et lui inspirer sa « nouvelle » sur les causes occultes de la guerre...

— *Quand Gustav Meyrink est-il mort ?*

— En 1932. Il avait soixante-quatre ans. Il est l'auteur de *La Nuit de Walpurgis*, du *Visage vert*, et surtout du *Golem* qui lui a valu sa renommée mondiale.

— *Qu'est-ce qu'un Golem ?*

— C'est une figure d'argile animée magiquement, une sorte d'automate qui personnifie les automates humains créés par la société moderne...

— *Dernière question : pourquoi le peintre inconnu, ce Höcker, aurait-il eu la même vision que Meyrink ?*

— Peut-être pour qu'il puisse venir apporter une confirmation du message de l'Agarttha à Meyrink, afin que celui-ci n'ait plus le moindre doute sur sa provenance... Mais ce n'est qu'une hypothèse, car, vous le savez, les desseins des sages sont impénétrables... Et nous ne sommes sans doute que les pions d'une partie gigantesque qui se joue dans l'invisible et dont nous ne connaissons ni les règles ni l'enjeu...

ANNEXE

PREMIER TEXTE PUBLIÉ EN OCCIDENT CONCERNANT L'AGARTTHA

L'écrivain Saint-Yves d'Alveydre (1842-1909) fut le premier à parler de l'Agarttha dans son ouvrage Mission de l'Inde en Europe. *Ce livre étrange fut publié en 1886 ; mais l'éditeur n'eut pas le temps de le distribuer aux libraires. L'auteur, prétextant que des autorités supérieures lui avaient ordonné de ne pas livrer des secrets jusqu'alors inviolés, le fit mettre immédiatement au pilon. Un exemplaire échappa à la destruction. Ce qui permit une réimpression en 1910. Le tirage en fut, hélas, si faible que cet ouvrage devint vite introuvable. Il vient, fort heureusement, d'être réédité par les soins de Claude Boumendil et Gilbert Tappa, directeurs des Editions Belisane, à Nice, avec une introduction de Jean Saunier. Voici, extraite de ce livre, la description que Saint-Yves d'Alveidre donne de l'Agarttha d'après les renseignements qu'il tenait de deux initiés hindous.*

Où est l'Agarttha ? Dans quel lieu précis réside-t-elle ? Par quelle route, à travers quels peuples faut-il marcher pour y pénétrer ?

A cette question, que ne manqueront pas de se poser les diplomates et les gens de guerre, il ne me convient pas de répondre plus que je ne vais le faire, tant que l'entente synarchique n'est pas faite ou tout au moins signée.

Mais, comme je sais que dans leurs compétitions mutuelles à travers toute l'Asie, certaines puissances frôlent, sans s'en douter, ce territoire sacré, comme je sais qu'au moment d'un conflit possible leurs armées devraient forcément soit y passer, soit le côtoyer, c'est par humanité pour ces peuples européens comme pour l'Agarttha elle-même que je ne crains pas de poursuivre la divulgation que j'ai commencée.

A la surface et dans les entrailles de la terre, l'étendue réelle de l'Agarttha défie l'étreinte et la contrainte de la profanation et de la violence. Sans parler de l'Amérique, dont les sous-sols lui ont appartenu dans une très haute Antiquité, en Asie seulement, près d'un demi-milliard d'hommes savent plus ou moins son existence et sa grandeur. Mais on ne trouvera pas un traître parmi eux pour indiquer où se trouvent son Conseil de Dieu et son Conseil des Dieux, sa tête pontificale et son cœur juridique.

Si cela arrivait néanmoins, et si elle était envahie malgré ses nombreux et terribles défenseurs, toute armée de conquête, fût-elle d'un million d'hommes, verrait se renouveler la réponse tonitruante du temple de Delphes aux innombrales hordes des satrapes persans.

Appelant à leur secours les Puissances cosmiques de la Terre et du Ciel, même vaincus, les Templiers et les confédérés de l'Agarttha pourraient au besoin faire sauter une partie de la Planète et broyer d'un cataclysme et les profanateurs armés et leur patrie.

C'est pour ces causes scientifiques que la partie centrale de cette terre sainte n'a jamais été profanée malgré le flux et le reflux, le choc et l'engloutissement mutuels des empires militaires, depuis Babylone jusqu'au royaume touranien de la Haute-Tartarie, depuis Suzes jusqu'à Pella, depuis Alexandrie jusqu'à Rome.

....

Les bibliothèques, qui renferment le véritable corps de tous les arts et de toutes les sciences antiques, depuis cinq cent cinquante-six siècles, sont inaccessibles à tout regard profane et à tout attentat.

On ne peut les trouver que dans les entrailles de la terre.

En ce qui regarde le Cycle de Ram, elles occupent certains des sous-sols de l'ancien Empire du Bélier et de ses colonies.

Les bibliothèques des Cycles antérieurs se retrouvent jusque sous les mers qui ont englouti l'antique continent astral, jusque dans les constructions souterraines de l'ancienne Amérique prédiluvienne.

Ce que je vais dire ici et plus loin ressemblera à un conte des *Mille et une nuits*, et pourtant rien n'est plus réel.

Les véritables archives universitaires de la Paradésa occupent des milliers de kilomètres. Depuis des cycles de siècles, chaque année, seuls quelques hauts initiés ne possédant que le secret de certaines régions savent le but réel de certains travaux.

....

Que le lecteur se figure un échiquier colossal s'étendant sous terre à travers presque toutes les régions du Globe.

Dans chacune des cases se trouvent les fastes des années terrestres de l'Humanité, dans certaines cases, les encyclopédies séculaires et celles des millénaires, dans d'autres enfin celles des Yougs mineurs et majeurs.

Le jour où l'Europe aura fait succéder la Synarchie trinitaire à l'anarchie de son Gouvernement général, toutes ces merveilles et bien d'autres seront spontanément accessibles aux représentants de sa première Chambre amphictyonique : celle de l'Enseignement.

Mais, d'ici là, malheur aux curieux, aux imprudents qui se mettraient à fouiller la terre !

Ils n'y trouveraient rien qu'une déconvenue certaine et une mort inévitable.

Seul, le Souverain Pontife de l'Agarttha, avec ses principaux assesseurs, dont je parlerai, rassemble tout entier dans sa totale connaissance, dans sa suprême initiation, le catalogue sacré de cette bibliothèque planétaire.

Seul, il possède dans son intégralité la clef cyclique indispensable non seulement pour ouvrir chacun des rayons, mais pour savoir exactement ce qui s'y trouve, passer de l'un à l'autre, et surtout en sortir.

A quoi servirait-il au profanateur d'avoir réussi à forcer une des cases souterraines de ce cerveau, de cette mémoire intégrale de l'Humanité ? !...

TÉMOIGNAGE DU PHYSICIEN OSSENDOWSKI SUR L'AGARTTHA

En 1920, le physicien russe Ferdinand Ossendowski, fuyant la Sibérie, fit un long périple à travers l'Asie. C'est alors qu'il traversait la Mongolie et se dirigeait vers le Tibet qu'il entendit parler de l'Agarttha — qu'il appelle Agharti — et du Roi du Monde. Voici son témoignage, extrait de Bêtes, Hommes et Dieux, *publié aux Editions Plon, en 1924.*

— Arrêtez ! murmura mon guide mongol un jour que nous traversions la plaine près de Tzagan Luk. Arrêtez !

Il se laissa glisser du haut de son chameau qui se coucha sans qu'il eût besoin de lui en donner l'ordre.

Le mongol éleva ses mains devant son visage en un geste de prière et commença à répéter la phrase sacrée :

— *Om mani padme Hung.*

Les autres Mongols aussitôt arrêtèrent leurs chameaux et commencèrent à prier.

« Qu'est-il arrivé ? » pensai-je tout en regardant autour de moi l'herbe d'un vert tendre qui s'étendait à l'horizon jusqu'au ciel sans nuage, illuminé par les derniers rayons rêveurs du soleil du soir.

Les Mongols prièrent pendant un moment, murmurèrent entre eux et, après avoir resserré les sangles des chameaux, reprirent leur marche.

— Avez-vous vu, me demanda le Mongol, comme nos chameaux remuaient les oreilles de frayeur, comme le troupeau de chevaux sur la plaine restait immobile et attentif et comme les moutons et le bétail se couchaient sur le sol ? Avez-vous remarqué que les oiseaux cessaient de voler, les marmottes de courir et les chiens d'aboyer ? L'air vibrait doucement et apportait de loin la musique d'un chant qui pénétrait jusqu'au cœur des hommes, des bêtes et des oiseaux. La terre et le ciel retenaient leur haleine. Le vent cessait de souffler ; le soleil s'arrêtait dans sa course. En un moment comme celui-ci, le loup qui s'approche des moutons à la dérobée fait halte dans sa marche sournoise ; le troupeau d'antilopes apeurées retient son élan éperdu ; le couteau du berger prêt à couper la gorge du mouton lui tombe des mains ; l'hermine rapace cesse de ramper derrière la perdrix salga sans méfiance. Tous les êtres vivants pris de peur, involontairement, tombent en prières, attendant leur destin. C'était ce qui se passait maintenant. C'était ce qui se passait toutes les fois que le Roi du Monde, en son palais souterrain, prie, cherchant la destinée des peuples de la terre.

Ainsi parla le vieux Mongol, simple berger sans culture.

La Mongolie avec ses montagnes dénudées et terribles, ses plaines illimitées couvertes des ossements épars des ancêtres, a donné naissance au mystère. Ce mystère, son peuple effrayé par les passions orageuses de la nature ou endormi par sa paix de mort en sent la profondeur, les lamas rouges et jaunes le conservent et le poétisent. Les pontifes de Lhassa et d'Ourga en gardent le silence et la possession.

C'est pendant mon voyage en Asie centrale que je connus pour la première fois le mystère des mystères, que je ne puis appeler autrement. Au début, je n'y attachais pas beaucoup d'attention, mais je m'aperçus par la suite de son importance quand j'eus analysé et comparé certains témoignages sporadiques et souvent sujets à controverse.

Les vieillards des rives de l'Amyl me racontèrent une ancienne légende selon laquelle une tribu mongole, en cherchant à échapper aux exigences de Gengis-Khan, se cacha dans une contrée souterraine. Plus tard, un Soyote des environs du lac de Nogan Kul me montra, dégageant un nuage de fumée, la porte qui sert d'entrée au royaume d'Agharti. C'est par cette porte qu'un chasseur, autrefois, pénétra dans le royaume et, après son retour, commença à raconter ce qu'il y avait vu. Les lamas lui coupèrent la langue pour l'empêcher de parler du mystère des mystères. Dans sa vieillesse, il revint à l'entrée de la caverne et disparut dans le royaume souterrain dont le souvenir avait orné et réjoui son cœur de nomade.

J'obtins des renseignements plus détaillés de la bouche du houtouktou Jelyl-Djamsrap de Narabanchi-Kure. Il me raconta l'histoire de l'arrivée du puissant Roi du Monde à sa sortie du royaume souterrain, son apparition, ses miracles et ses prophéties ; c'est alors seulement que je commençai à comprendre que dans cette légende, cette hypnose, cette vision collective, de quelque façon qu'on l'interprète, se cachait non seulement un mystère, mais une force réelle et souveraine, capable d'influer sur le cours de la vie politique de l'Asie. A partir de ce moment, je commençai mes recherches.

Le lama Gelong, favori du prince Choultoun-Beyli, et le prince lui-même me firent la description du royaume souterrain.

— Dans le monde, dit le Gelong, tout est constamment en état de transition et de changement, les peuples, les religions, les lois et les coutumes. Combien de grands empires et de brillantes cultures ont péri ! Et cela seul qui reste inchangé, c'est le mal, l'instrument des mauvais esprits. Il y a plus de six mille ans, un saint homme disparut avec toute une tribu dans l'intérieur du sol et n'a jamais reparu sur la surface de la terre. Beaucoup de gens cependant ont depuis visité ce royaume, Çakya Mouni, Undur-Geghen, Paspa, Baber et d'autres. Nul ne sait où se trouve cet endroit. L'un dit l'Afghanistan, d'autres disent l'Inde. Tous les hommes de cette religion sont protégés contre le mal et le crime n'existe pas à l'intérieur de ses frontières. La science s'y est développée dans la tranquillité, rien n'y est menacé de destruction. Le peuple souterrain a atteint le plus haut savoir. Maintenant c'est un grand royaume, comptant des millions de sujets sur lesquels règne le Roi du Monde. Il connaît toutes les forces de la nature, lit dans toutes les âmes humaines et dans le grand livre de la destinée. Invisible, il règne sur huit cents millions d'hommes qui sont prêts à exécuter tous ses ordres.

Le prince Choultoun-Beyli ajouta : ce royaume est Agharti. Il s'étend à travers tous les passages souterrains du Monde entier. J'ai entendu un savant lama chinois dire au Bogdo-Khan que toutes les cavernes souterraines de l'Amérique sont habitées par le peuple ancien qui disparut sous terre. On retrouve encore de leurs traces à la surface du pays. Ces peuples et ces espaces souterrains sont gouvernés par des chefs qui reconnaissent la souveraineté du Roi du Monde. Il n'y a pas en cela grand-chose de merveilleux. Vous savez que dans les deux plus grands océans de l'Est et de l'Ouest se trouvaient autrefois deux continents. Ils disparurent sous les eaux, mais leurs habitants passèrent dans le royaume souterrain. Les cavernes profondes sont éclairées d'une lumière particulière qui permet la croissance des céréales et des végétaux et donne au peuple une longue vie sans maladie. Là existent de nombreux peuples, de nombreuses tribus. Un vieux brahmane bouddhiste du Népal accomplissait la volonté des dieux en faisant une visite à l'ancien royaume de Gengis, le Siam, quand il rencontra un pêcheur qui lui ordonna de prendre place dans sa barque et de voguer avec lui sur la mer. Le troisième jour, ils atteignirent une île où vivait une race d'hommes ayant deux langues qui pouvaient parler séparément des langages différents. Ils lui montrèrent des animaux curieux, des tortues ayant seize pattes et un seul œil, d'énormes serpents dont la chair était savoureuse, des oiseaux ayant des dents qui attrapaient du poisson pour leurs maîtres en mer. Ces gens lui dirent qu'ils étaient venus du royaume souterrain et lui en décrivirent certaines régions.

Le lama Turgut, qui fit le voyage d'Ourga à Pékin avec moi, me donna d'autres détails.

— La capitale d'Agharti est entourée de villes où habitent des grands prêtres et des savants. Elle rappelle Lhassa où le palais du Dalaï-Lama, le Potala, se trouve au sommet d'une montagne recouverte de temples et de monastères. Le trône du Roi du Monde est entouré de deux millions de dieux incarnés. Ce sont les saints panditas [1]. Le palais lui-même est entouré des palais des Goros qui possèdent toutes les forces visibles et invisibles de la terre, de l'enfer et du ciel, et qui peuvent tout faire pour la vie et la mort des hommes. Si notre folle humanité commençait contre eux la guerre, ils seraient capables de faire sauter la surface de notre planète, de la transformer en déserts.

1. Grade le plus élevé chez les moines bouddhistes.

Ils peuvent dessécher les mers, changer les continents en océans et répandre les montagnes parmi les sables du désert. A leur commandement, les arbres, les herbes et les buissons se mettent à pousser ; des hommes vieux et faibles deviennent jeunes et vigoureux et les morts ressuscitent. Dans d'étranges chariots, inconnus de nous, ils franchissent à toute vitesse les étroits couloirs à l'intérieur de notre planète. Quelques brahmanes de l'Inde et des Dalaï-Lamas du Thibet ayant réussi à gravir des pics montagneux où nul autre pied humain ne s'est jamais posé y ont trouvé des inscriptions taillées dans le roc, des traces de pas dans la neige et des marques laissées par des roues de voitures. Le bienheureux Çakia-Mouni trouva, au sommet d'une montagne, des tablettes de pierre portant des mots qu'il ne réussit à comprendre qu'à un âge avancé, et pénétra ensuite au royaume d'Agharti d'où il rapporta des miettes de savoir sacré que sa mémoire avait conservées. C'est là, dans des palais de cristal merveilleux, qu'habitent les chefs invisibles des fidèles, le Roi du Monde, Brahytma, qui peut parler à Dieu comme je vous parle, et ses deux assistants, Mahytma, qui connaît les événements de l'avenir, et Mahynga, qui dirige les causes de ces événements.

Les saints panditas étudient le monde et ses forces. Quelquefois les plus savants d'entre eux se rassemblent et envoient des délégués à l'endroit où les yeux humains n'ont jamais pénétré. Ceci est décrit par le Tashi-Lama qui vivait il y a huit cent cinquante ans. Les plus hauts panditas, une main sur les yeux et l'autre à la base du cerveau de prêtres plus jeunes, les endorment profondément, lavent leurs corps avec une infusion de plantes, les immunisent contre la douleur, les rendent aussi durs que la pierre, les enveloppent dans des bandelettes magiques, puis se mettent à prier le Dieu puissant. Les jeunes hommes, pétrifiés, couchés, les yeux ouverts et les oreilles attentives, voient, entendent et se rappellent tout. Ensuite un Goro[1] s'approche et fixe sur eux un long regard. Lentement les corps se soulèvent de terre et disparaissent. Le Goro reste assis, les yeux fixés sur l'endroit où il les a envoyés. Des fils

1. Grand-prêtre du Roi du Monde.

invisibles les retiennent à sa volonté, quelques-uns d'entre eux voyagent parmi les étoiles, en observant les événements, les peuples inconnus, la vie et les lois. Ils y écoutent les conversations, lisent les livres, connaissent les fortunes et les misères, la sainteté et les péchés, la piété et le vice... Quelques-uns se mêlent à la flamme, voient la créature de feu, vive et féroce, combattant sans trêve, fondant et martelant des métaux dans les profondeurs des planètes, faisant bouillir l'eau des geysers et des sources thermales ; faisant fondre les rochers et déversant des flots en fusion sur la surface de la terre, par les orifices des montagnes. D'autres se précipitent avec les créatures de l'air, infiniment petites, évanescentes et transparentes, pénètrent les mystères de le but de leur existence. D'autres glissent jusqu'aux profondeurs de la mer et observent le royaume des sages créatures de l'eau qui transportent et répandent la bonne chaleur sur toute la terre, gouvernant les vents, les vagues et les tempêtes. Au monastère d'Erdeni Dzu vivait autrefois Pandita Houtouktou qui était venu d'Agharti. En mourant, il parla du temps où il vécut, selon la volonté du Goro, sur une étoile rouge à l'Est, où il flotta sur l'océan couvert de glace et vola parmi les feux orageux qui brûlent aux profondeurs de la terre.

Telles sont les histoires que j'entendis raconter dans les *yourtas* des princes et dans les monastères lamaïstes. Le ton sur lequel on me fit ce récit m'interdisait de laisser paraître le moindre doute.

Mystère...

Pendant mon séjour à Ourga, j'assayai de trouver une explication à cette légende du Roi du Monde. Naturellement, le Bouddha vivant était celui qui pouvait le mieux me renseigner et je m'efforçai, par conséquent, de le faire parler à ce sujet. Dans une conversation avec lui, je citai le nom du Roi du Monde. Le vieux pontife tourna brusquement la tête de mon côté et fixa sur moi ses yeux immobiles et sans vie. Malgré moi, je gardai le silence. Le silence se prolongea et le pontife reprit la conversation de telle sorte que je compris qu'il ne désirait pas aborder ce sujet. Sur les visages des autres personnages présents, je remarquai l'expression d'étonnement et de frayeur qu'avaient produite mes paroles, particulièrement chez le bibliothécaire du Bogdo-Khan. On comprendra facilement que ceci ne fit que me rendre d'autant plus impatient d'en savoir davantage à ce sujet.

Comme je quittais le cabinet de travail du bogdo houtouktou, je rencontrai le bibliothécaire qui était sorti avant moi, et je lui demandai s'il consentirait à me faire visiter la bibliothèque du Bouddha vivant. J'usai avec lui d'une ruse très simple.

— Savez-vous, mon cher lama, lui dis-je, j'étais un jour dans la plaine à l'heure où le Roi du Monde s'entretenait avec Dieu, et je ressentis l'impressionnante majesté de ce moment.

A ma surprise, le vieux lama me répondit d'un air calme :

— Il n'est pas juste que le bouddhisme et que notre religion jaune le cachent. La reconnaissance de l'existence du plus saint et du plus puissant des hommes, du royaume bienheureux, du grand temple de la science sacrée est une telle consolation pour nos cœurs de pécheurs et nos vies corrompues que la cacher à l'humanité serait un péché.

» Eh bien ! écoutez, ajouta-t-il, toute l'année, le Roi du Monde guide la tâche des panditas et des goros d'Agharti. Seulement, par moments, il se rend dans la caverne du temple où repose le corps embaumé de son prédécesseur dans un cercueil de pierre noire. Cette caverne est toujours sombre, mais quand le Roi du Monde y pénètre, les murs sont rayés de feu et du couvercle du cercueil montent des langues de flammes. Le doyen des goros se tient devant lui, la tête et le visage recouverts, les mains jointes sur la poitrine. Le goro n'enlève jamais le voile de son visage, car sa tête est un crâne nu, avec des yeux vivants et une langue qui parle. Il communie avec les âmes de ceux qui s'en sont allés.

» Le Roi du Monde parle longtemps, puis s'approche du cercueil en étendant la main. Les flammes brillent plus éclatantes ; les raies de feu sur les murs s'éteignent et reparaissent, s'entrelaçant, formant des signes mystérieux de l'alphabet vatannan[1]. Du cercueil commencent à sortir des banderoles

1. Langage de l'Etat souterrain du Roi du Monde.

transparentes de lumière à peine visibles. Ce sont les pensées de son prédécesseur. Bientôt, le Roi du Monde est entouré d'une auréole de cette lumière et les lettres de feu écrivent sans cesse sur les parois les désirs et les ordres de Dieu. A ce moment, le Roi du Monde est en rapport avec les pensées de tous ceux qui dirigent la destinée de l'humanité : les rois, les tsars, les khans, les chefs guerriers, les grands-prêtres, les savants, les hommes puissants. Il connaît leurs intentions et leurs idées. Si elles plaisent à Dieu, le Roi du Monde les favorisera de son aide invisible ; si elles déplaisent à Dieu, le Roi provoquera leur échec. Ce pouvoir est donné à Agharti par la science mystérieuse d'Om, mot par lequel nous commençons toutes nos prières [1]. « Om » est le nom d'un ancien saint, le premier des Goros, qui vécut il y a trois cent mille ans. Il fut le premier homme à connaître Dieu, le premier qui enseigna à l'humanité à croire, à espérer, à lutter avec le mal. Alors Dieu lui donna tout pouvoir sur les forces qui gouvernent le monde visible.

» Après sa conversation avec son prédécesseur, le Roi du Monde assemble le grand Conseil de Dieu, juge les actions et les pensées des grands hommes, les aide ou les abat. Mahytma et Mahynga trouvent la place de ces actions et de ces pensées parmi les causes qui gouvernent le monde. Ensuite, le Roi du Monde entre dans le grand temple et prie dans la solitude. Le feu apparaît sur l'autel, s'étendant petit à petit à tous les autels proches, et à travers la flamme ardente apparaît peu à peu le visage de Dieu. Le Roi du Monde annonce respectueusement à Dieu les décisions du Tout-Puissant. Quand il sort du temple, le Roi du Monde rayonne de la lumière divine...

— Quelqu'un a-t-il vu le Roi du Monde ? demandai-je.

— Oui, répondit le lama. Pendant les fêtes solennelles de l'ancien bouddhisme au Siam et aux Indes, le Roi du Monde apparut cinq fois. Il était sur un char magnifique traîné par des

---

1. Ce monosyllabe sacré, bien connu des adeptes du Yoga, s'écrit également *Aum*.

éléphants blancs, orné d'or, de pierres précieuses et des plus fines étoffes ; il était vêtu d'un manteau blanc, et portait sur la tête une tiare rouge d'où pendaient des rivières de diamants qui lui masquaient le visage. Il bénissait le peuple avec une pomme d'or surmontée d'un agneau. Les aveugles retrouvèrent la vue, les sourds entendirent, les infirmes recommencèrent à marcher et les morts se dressèrent dans leurs tombeaux partout où se posèrent les yeux du Roi du Monde. Il apparut aussi il y a cent quarante ans à Erdeni-Dzu et visita également l'ancien monastère de Sakkai et Narabanchi Kure.

» Un de nos Bouddhas vivants et un des Tashi Lamas reçut de lui un message écrit en caractères inconnus sur des tablettes d'or. Nul ne pouvait lire ces signes. Le Tashi Lama entra dans le temple, posa la tablette d'or sur sa tête et commença à prier. Grâce à cette prière, les pensées du Roi du Monde pénétrèrent dans son cerveau et, sans avoir lu les signes énigmatiques, il comprit et accomplit le message du Roi.

— Combien y a-t-il de personnes qui sont allées à Agharti ?

— Un grand nombre, répondit le lama, mais tous ces hommes ont tenu secret ce qu'ils ont vu. Quand les Olets détruisirent Lhassa, un de leurs détachements se trouvant dans les montagnes du sud-ouest arriva jusqu'aux limites d'Agharti. Ils y apprirent quelques-unes des sciences mystérieuses et les rapportèrent à la surface de la terre.

» Voilà pourquoi les Olets et les Kalmouks sont d'habiles sorciers et prophètes. Quelques tribus noires de l'Est pénétrèrent aussi à Agharti et y vécurent plusieurs siècles. Plus tard, elles furent chassées du royaume et retournèrent sur la surface de la terre, rapportant avec elles le mystère des prédictions selon les cartes, les herbes et les lignes de la main. Ce sont les bohémiens. Quelque part, au nord de l'Asie, existe une tribu qui est en train de disparaître et qui venait de la caverne d'Agharti. Les membres savent rappeler les esprits des morts quand ils flottent dans l'air.

Le lama resta silencieux quelque temps. Puis, comme s'il répondait à mes pensées, il continua :

— A Agharti, les savants panditas écrivent sur des tablettes de pierre toute la science de notre planète et des autres mondes.

Les savants bouddhistes chinois le savent bien. Leur science est la plus haute et la plus pure. Chaque siècle, cent sages de Chine se réunissent en un endroit secret, sur les rives de la mer, où sortent des profondeurs cent tortues immortelles. Sur leurs écailles, les Chinois écrivent les conclusions de la science divine du siècle.

» Ceci me rappelle l'hitoire que me raconta un vieux bonze chinois du temple du Ciel à Pékin. Il me dit que les tortues vivent plus de trois mille ans sans air ni nourriture et que c'est la raison pour laquelle toutes les colonnes du temple bleu du Ciel étaient posées sur des tortues vivantes afin d'empêcher le bois de pourrir.

» Plusieurs fois, les pontifes d'Ourga et de Lhassa ont envoyé des ambassadeurs auprès du Roi du Monde, me dit le lama bibliothécaire, mais il leur fut impossible de le découvrir. Seul un certain chef thibétain, après une bataille avec les Olets, trouva la caverne portant l'inscription : « Cette porte conduit à Agharti ». De la caverne sortit un homme de belle apparence qui lui présenta une tablette d'or portant les signes mystérieux, en lui disant :

» — Le Roi du Monde apparaîtra devant tous les hommes quand le temps sera venu pour lui de conduire tous les bons dans la guerre contre les méchants ; mais ce temps n'est pas encore venu. Les plus mauvais de l'humanité ne sont pas encore nés.

» Le Chiang-chun baron Ungern envoya le jeune prince Pounzig en ambassade auprès du Roi du Monde, mais il revint avec une lettre du Dalaï-Lama de Lhassa. Le baron le renvoya une seconde fois, il ne revint jamais.

Le houtouktou de Narabanchi me raconta ceci quand je lui fis une visite à son monastère au commencement de 1921 :

— Quand le Roi du Monde apparut devant les lamas, favorisés de Dieu, dans notre monastère, il y a trente ans, il fit une prophétie relative aux cinquante années qui devaient suivre. La voici :

« De plus en plus les hommes oublieront leurs âmes et

s'occuperont de leurs corps. La plus grande corruption régnera sur la terre. Les hommes deviendront semblables à des animaux féroces, assoiffés du sang de leurs frères. Le Croissant s'effacera et ses adeptes tomberont dans la mendicité et dans la guerre perpétuelle. Ses conquérants seront frappés par le soleil mais ne monteront pas deux fois ; il leur arrivera le plus grand des malheurs qui s'achèvera en insultes aux yeux des autres peuples. Les couronnes des rois, grands et petits, tomberont : un, deux, trois, quatre, cinq, six, sept, huit... Il y aura une guerre terrible entre tous les peuples. Les océans rougiront... la terre et le fond des mers seront couverts d'ossements... des royaumes seront morcelés, des peuples entiers mourront... la faim, la maladie, des crimes inconnus des lois, que jamais encore le monde n'avais vus. Alors viendront les ennemis de Dieu et de l'Esprit divin qui se trouvent dans l'homme. Ceux qui prennent la main d'un autre périront aussi. Les oubliés, les persécutés se lèveront et retiendront l'attention du monde entier. Il y aura des brouillards et des tempêtes. Des montagnes dénudées se couvriront de forêts. La terre tremblera... Des millions d'hommes échangeront les chaînes de l'esclavage et les humiliations pour la faim, la maladie et la mort. Les anciennes routes seront couvertes de foules allant d'un endroit à un autre. Les plus grandes, les plus belles cités périront par le feu... une, deux, trois... Le père se dressera contre le fils, le frère contre le frère, la mère contre la fille. Le vice, le crime, la destruction du corps et de l'âme suivront... Les familles seront dispersées... La fidélité et l'amour disparaîtront... De dix mille hommes, un seul survivra... il sera nu, fou, sans force et ne saura pas se bâtir une maison ni trouver sa nourriture... Il hurlera comme le loup furieux, dévorera des cadavres, mordra sa propre chair et défiera Dieu au combat... Toute la terre se videra. Dieu s'en détournera. Sur elle se répandra seulement la nuit et la mort. Alors j'enverrai un peuple, maintenant inconnu, qui, d'une main forte, arrachera les mauvaises herbes de la folie et du vice, et conduira ceux qui restent fidèles à l'esprit de l'homme dans la bataille contre le mal. Ils fonderont une nouvelle vie sur la terre purifiée par la mort des nations. Dans la cinquantième année, trois grands royaumes seulement apparaîtront, qui vivront heureux pendant soixante et onze ans. Ensuite, il y aura dix-huit ans de guerre et de destruction. Alors les peuples d'Agharti sortiront de leurs cavernes souterraines et apparaîtront sur la surface de la terre. »

Plus tard, voyageant à travers la Mongolie orientale, vers Pékin, je me demandai souvent :

— Qu'arriverait-il ? qu'arriverait-il si des peuples entiers, de couleurs, de religions, de tribus différentes commençaient à émigrer vers l'Ouest ?

Maintenant, à l'heure où j'écris ces dernières lignes, mes yeux se tournent involontairement vers ce cœur illimité de l'Asie sur lequel se déroule le tracé de mes courses errantes. A travers les tourbillons de neige ou les tempêtes de sable du Gobi, je revois le visage du houtouktou de Narabanchi tandis que d'une voix calme, sa main fine montrant l'horizon, il m'ouvrait le secret de ses intimes pensées.

Près de Karakoroum, sur les rives d'Ubsa-Nor, je vois les immenses champs multicolores, les troupeaux de chevaux et de bétail, les *yourtas* bleues des chefs. Au-dessus, je vois les bannières de Gengis-Kahn, des rois du Thibet, du Siam, d'Afghanistan, et des princes indiens ; les signes sacrés des pontifes lamaïstes ; les armes des Khans, des Olets et les simples signes des tribus mongoles du Nord. Je n'entends pas le bruit de la foule agitée. Les chanteurs ne chantent pas les airs mélancoliques des montagnes, des plaines et des déserts. Les jeunes cavaliers ne se plaisent pas à courir, montés sur leurs rapides chevaux... Il y a des foules innombrables de vieillards, de femmes et d'enfants, et, au-delà, au Nord et à l'Ouest, aussi loin que l'œil peut atteindre, le ciel est rouge comme la flamme, on entend le grondement et le pétillement de l'incendie, le bruit féroce de la bataille qui conduit ces guerriers versant, sous le ciel rougi, leur sang et celui des autres ! Qui conduit ces foules de vieillards sans armes ? Je vois un ordre sévère, une compréhension profonde et religieuse du but, de la patience, de la ténacité, une nouvelle émigration des peuples, la dernière marche des Mongols.

Karma a peut-être ouvert une nouvelle page dans l'histoire.

Et qu'arrivera-t-il si le Roi du Monde est avec eux ?

Mais ce grand mystère des mystères garde son profond silence.

SOURCES

René GUÉNON, *Le Roi du monde.*
Gustav MEYRINK, *Mon éveil à la voyance.*
Ferdinand OSSENDOWSKI, *Bêtes, Hommes et Dieux.*
SAINT-YVES D'ALVEYDRE, *Mission de l'Inde en Europe.*
Revue *Soleils*, n° 4, 1963.

LES GRANDS ILLUMINÉS

Un illuminé est un être
qui a reçu un peu de la lumière divine.
Soit.
Mais il en est aussi qui ne sont
éclairés que par une bougie...

Aldous HUXLEY

Louis Pauwels
Maître Philippe, thaumaturge du tsar

Louis Pauwels
Berbiguier, le fléau des farfadets

Louis Pauwels
Helena Blavatsky

Louis Pauwels
Vintras, l'aventurier du mystère

Louis Pauwels
Robespierre et la Mère de Dieu

Guy Breton
Une curieuse vie de saint

Louis Pauwels
Raymond Lulle, le docteur illuminé

Guy Breton
Joseph Smith, fondateur de la religion des mormons

Louis Pauwels
Le masque de Cavendish

Louis Pauwels
Les Illuminés de Bavière

Avertissement

Les Illuminés — quelles que soient la qualité et la provenance de la lumière qui éclaire leur esprit — hantent le monde depuis que les hommes regardent vers le ciel. Ils ne sont les produits ni d'une race ni d'une époque déterminée. Aussi avons-nous pensé qu'il n'y avait pas lieu de séparer dans ce volume — comme nous le faisons d'habitude — les personnages liés à l'histoire de France de ceux qui appartiennent à l'histoire de pays étrangers.

Maître Philippe, thaumaturge du tsar

C'est sans délai que le grand-duc Pierre de Russie souhaite obtenir audience de M. le président de la République. C'est très important et ne souffre aucun retard, laisse-t-il entendre... S'agit-il de l'emprunt russe ou de la campagne de Mandchourie ? se demande le président Loubet... Bien plutôt des récentes et graves émeutes de Moscou, sans doute... Ou alors de la visite prochaine du tsar en France ?... Bien pris dans son uniforme à col de lynx de Sibérie, le grand-duc tortille sa moustache et laisse tomber avec une certaine gêne :

— Le tsar aimerait très vivement que vous donniez le diplôme de docteur à M. Philippe...

Derrière son bureau de l'Elysée, le président Loubet, qui a reçu le grand-duc dans la journée, se demande s'il a bien entendu. Quand il demande, plus tard, à M. Delcassé qui est ce M. Philippe, et si, par hasard, on ne se serait pas moqué de lui, le ministre des Affaires étrangères ne peut que répondre que ce monsieur, qui est guérisseur à Lyon, aurait fait tous ces derniers mois la pluie et le beau temps à la cour de Nicolas II, tsar de toutes les Russies. Que lui, Delcassé, a déjà eu à connaître de cette affaire et qu'il s'est heurté à un « veto aussi formel qu'indigné » du ministère de l'Instruction publique. Que pour faire plaisir au tsar, enfin, il demanderait néanmoins à son collègue au gouvernement de faire envoyer un inspecteur à Lyon pour voir d'un peu plus près qui est ce M. Philippe. Un charlatan, sans doute, qui a dû hypnotiser le malheureux monarque, ajoute M. Delcassé...

L'inspecteur en question est, ni plus ni moins, l'éminent Pr Boussardel. C'est qu'à l'heure du grand rapprochement franco-russe, M. Loubet aimerait bien faire plaisir à son ami le tsar... Mais il n'est pas en son pouvoir de passer par-dessus le plus prestigieux monument de la France laïque, la sacro-sainte Instruction publique...

Quand cette sommité arrive dans la capitale située entre Rhône et Saône une chose la frappe tout de suite : tout le monde à Lyon connaît M. Philippe... Beaucoup dans les traboules, comme dans le quartier chic d'Ainay, l'appellent avec vénération « maître Philippe ».

— Maître ? demande le Pr Boussardel. Pourquoi donc, « maître » ?

— Parce que, dans tout Lyon, lui répond-on, il opère depuis des années des prodiges incroyables...

Le vent qui n'a pas cessé de souffler depuis le matin sur le petit village de Loisieux, en Savoie, a apporté dans la nuit un violent orage. Dans l'humble maisonnette des Philippe, où l'on se serre déjà à six, en ce printemps de 1849, on attend la naissance d'un autre petit enfant.

Pendant tout le temps de l'accouchement, la maman a chantonné. Sans doute de joie sereine, car le saint curé d'Ars, auquel elle a rendu visite, lui a prédit la naissance d'un fils qui serait un « être très élevé »...

Le curé qui enseignera le petit Nizier Anthelme Philippe assortit cette prédiction de quelques réserves : « Elevé ?... soupire le brave homme quelques années plus tard. Dans l'ordre du ciel ou celui de l'enfer ?... »

Sur les bancs de l'école, l'enfant, en effet, devine tout et répond à toutes les questions avant même qu'elles ne soient posées. Ce qui amène son maître à lui dire aux récréations : « Petit, tu as dû être mal baptisé, car le diable me paraît être ton maître... »

Dès l'âge de treize ans, Nizier guérit les petits maux de ses camarades et aux champs, il a trouvé un « truc » pratique pour garder les vaches : il trace autour des bêtes un grand cercle, qu'elles ne franchissent jamais...

Mais la vie paysanne lui pèse et il supplie ses parents de lui permettre d'aller étudier à Lyon. Trop pauvres, ceux-ci le confient à un oncle qui est boucher et voici donc Nizier qui livre pour trente francs par mois la rosette et le pot-au-feu du samedi aux riches soyeux. L'après-midi, il s'est inscrit à la faculté de médecine de Lyon dans les services du Pr Teissier. Scandale ! Dès les premiers cours il opère des guérisons proprement miraculeuses, ce qui n'est nullement dans la vocation des médecins, comme on sait... Il est mis à la porte « parce que faisant de la médecine occulte et étant un véritable charlatan ».

Nizier a perdu son inscription mais a trouvé sa voie : celle des grands thaumaturges.

Le hasard, qu'il appelle Providence, lui fait rencontrer Julie Landar, une riche et jolie fille d'industriel qui est si malade qu'on désespère de la sauver. Nizier la guérit en trois jours. Julie trouve que le meilleur moyen de prouver sa reconnaissance à son sauveteur est de l'épouser.

Voici notre homme à l'abri du besoin et entre le château de l'Arbresle, avec ses terrasses en cascade, et son petit hôtel particulier de la rue Tête-d'Or, il peut dès 1889 se livrer à son génie, à sa seule passion, guérir ses semblables ! Il ne profite pas en parvenu de son nouvel état. Mangeant moins que le plus pauvre de ses patients, il ne boit que de l'eau et va jusqu'à payer quarante mille francs de loyers par an pour des indigents menacés d'expulsion, ce qui n'est guère du goût de sa belle-mère.

Sobre à table, il l'est aussi dans son cabinet de travail où il ne se livre à aucun rituel compliqué. Il se contente de prier pour la guérison du malade et ses consultations se déroulent toujours sur le même mode simple : les malades se présentent en deux fournées quotidiennes le matin et l'après-midi ; M. Philippe, qui tutoie tout le monde, interpelle l'un d'eux en demandant s'il peut payer ce qu'on va lui demander pour sa guérison. Certains, venus de loin, et très pauvres, fondent alors en larmes ou baissent la tête. « Allons, bêtasse », dit le maître à telle femme de canut qui a « débaroulé » de la Croix-Rousse avec son enfant aux tibias atrocement déviés. « Ce n'est pas d'argent qu'il s'agit !... » Le petit, que deux docteurs ont déjà examiné et qui ne peut se tenir debout, voit en quelques secondes ses jambes se redresser. Dix témoins confirment le prodige. « Maintenant, il faut payer, dit Philippe à la mère. Vous allez me promettre de ne plus dire du mal de votre prochain, pendant trois mois, jour pour jour !... »

A une autre mère le récit de cette guérison a mis au cœur un fol espoir. Sa petite fille atteinte de tuberculose intestinale est à toute extrémité. Les plus grands médecins du moment se sont relayés au chevet de l'enfant, fille unique de riches négociants.

Quand elle se présente dans la salle d'attente du thaumaturge, celui-ci l'accueille avec ces mots :

— Madame, vous n'êtes pas assez riche pour nous payer... Seule la monnaie du Christ a cours ici ! Nous allons donc devoir nous cotiser...

S'adressant alors aux dizaines de malades qui attendent :

— Voulez-vous, mesdames et messieurs, promettre tous de ne pas dire du mal de votre prochain hors de sa présence pendant trois jours ? Et vous, madame, pendant trois mois ? Allons, je ramasse la monnaie du Christ !...

Tous promettent et l'enfant repart guérie...

Comme il y a là un ami du maître, le Dr Encausse, Philippe avise une autre petite fille qui, elle, souffre d'une méningite tuberculeuse. Incapable de marcher, la pauvre petite est recroquevillée, inerte, dans les bras de sa mère.

— Tenez, docteur, dit Philippe, faites donc faire le tour de la salle à cette enfant... Voyez, elle marche ! Le Bon Dieu a voulu qu'elle n'ait plus rien !...

Son chapeau melon posé sur ses genoux, le Pr Boussardel regarde tout cela avec un ébahissement dont il a du mal à se remettre... Pour faire bonne mesure, le maître guérit lors de cette même journée une hydropique au corps affreusement déformé par la maladie...

« Je déclare cette guérison absolument inexplicable par les lois scientifiques », consigne dans son rapport l'envoyé du ministre.

— Comment tout cela est-il possible ? demande-t-il à ses confrères lyonnais, en revenant tout retourné à son hôtel...

Entre les sarcasmes des uns et les haussements d'épaules des autres, nul ne peut lui donner seulement un début d'explication.

Si encore l'homme avait quelque chose d'extraordinaire dans ses manières ou son apparence, propre à fomenter la suggestibilité du malade... se dit le professeur ; au lieu de cela, on se trouve en présence d'un petit homme bedonnant, au teint cuit, qui a une bonne grosse moustache et des poches sous les yeux !...

— Je prie continuellement... Toute ma vie est prière... dit-il en fumant une pipe en terre au long tuyau mince qui éloigne les esprits infernaux.

— Ce n'est donc pas de la magie ? hasarde Boussardel.

— Oh ! non, monsieur, répond le maître Philippe. Je n'aime pas la magie, l'occultisme et tout ce qui s'ensuit... Là-dedans, on se trompe sans savoir, voyez-vous, mais on paye comme si l'on savait. La prière toujours et seulement ! La prière, ça suffit...

L'éminent professeur, qui voit toutes ses connaissances prises en défaut et qui est incapable de seulement donner un nom aux pouvoirs de cet homme, quitte alors dignement cette maison à miracles et regagne Paris pour dire sa perplexité...

Bien sûr, Philippe ne sera jamais docteur de la Faculté. Ni de Lyon, et encore moins de Paris. Mais sa réputation, déjà immense, ne cessera pas de grandir.

Une réputation telle que le tsar Nicolas II l'a prié de venir auprès de lui. Pour quoi faire ? Pour lui parler, pour lui demander conseil, pour le voir opérer des guérisons peut-être...

Dès son arrivée à Tsarskoïe Selo où le souverain a mis une maison à sa disposition, le maître Philippe se gagne le cœur et l'esprit du tsar et de son entourage proche. Encore qu'il ait été par la suite assez discret sur son séjour là-bas, il est établi qu'il opéra plusieurs guérisons et que très rapidement le tsar et tous les membres de sa famille prirent l'habitude de ne rien décider sans d'abord lui en référer. Bientôt, Nicolas II le fait nommer médecin de l'armée russe et... conseiller d'Etat avec grade de général !

Il était inévitable qu'un traitement aussi favorable lui attire la jalousie de certains membres de l'entourage. La presse s'en mêle et l'*Osvobojdeniè*, une feuille qui paraît à Saint-Pétersbourg, écrit : « Que penser d'un régime confiant sans contrôle les destinées de la Russie au premier charlatan venu ? »

Il est vrai que l'influence de Philippe était devenue au bout de quelques mois très considérable. Une dame de la cour ayant dit à la tsarine : « Je viens de voir M. Philippe », celle-ci répondit gravement : « On ne peut pas voir M. Philippe, car c'est un pur esprit ! »...

Trop considérable au goût du maître peut-être et cette anecdote révèle les raisons qui lui firent envisager de quitter la terre russe plus tôt que prévu. Philippe avait horreur des pratiques de nécromancie et du spiritisme dont le tsar et la tsarine ne pouvaient se passer. De plus, le clergé russe, alors très xénophobe, se mêla rapidement de l'affaire, aux côtés de la diplomatie française, d'ailleurs, qui estima que le maître lyonnais avait certainement la fibre de l'espionnage et elle s'efforça de le faire disgracier. Est-ce le tsar qui baissa pavillon devant toutes les attaques ou Philippe prit-il les devants pour les faire cesser ? On l'ignore. Toujours est-il que le thaumaturge revint en France non sans avoir guéri six personnes d'un coup, juste au moment de partir, et avoir fait tomber miraculeusement un vent terrible qui perturbait une parade militaire.

Contrairement à ce qui a pu être dit, il garda les meilleures relations avec le tsar qui, comme cadeau d'adieu, lui offrit une magnifique Serpollet, une voiture à vapeur très rapide que conduisaient également à l'époque le shah de Perse et le futur Edouard VII d'Angleterre.

A quelque temps de là, le Lyonnais fut remplacé par Grigori Raspoutine. Le moins que l'on puisse dire, c'est que ni le tsar ni l'Occident ne gagnèrent au change...

A Lyon, il reprend sa vie paisible, partagée entre sa famille, la prière, les guérisons et les démarches charitables. Un jour, sa belle-mère, qui ne s'est pas du tout faite à ses libéralités, le tance une fois de plus, alors que l'Arbresle est assiégée par un violent orage. A bout de patience, Philippe, d'un petit geste de la main, fait gambader tous les meubles de la demeure sur le perron. Madame mère pousse des cris d'orfraie et obtient de son gendre le rapatriement du précieux mobilier. Surprise : aucun des meubles n'a été touché par la pluie.

Philippe a exercé son sens de l'humour au détriment de maints naïfs un peu trop intéressés ou d'autres franchement malveillants. Au marché, il s'amuse à garnir l'intérieur des œufs d'une paysanne d'un louis d'or. La brave femme, croyant qu'il lui est tombé une poule enchantée, arrête sa vente et brise le contenu par terre. C'est en vain qu'elle cherche au milieu de cette omelette géante une autre pièce de monnaie...

Aux policiers qui le surveillent depuis son retour de Russie et qui se présentent un jour à sa porte pour enquêter, il inflige d'épouvantables coliques qui les obligent à battre en retraite vers le terrain vague le plus proche. Souvent, il va se reposer dans un petit village près de Lyon, dont les habitants l'ont nommé... capitaine des pompiers.

Comme ce placide soldat du feu reçoit des lettres du tsar, du roi d'Italie, de l'empereur d'Autriche et aussi de Guillaume II, les policiers resserrent leur surveillance tous les jours, violent son courrier, non seulement les lettres qu'il reçoit, mais encore ses lettres de réponse. Cet homme qui croit aux anges a désormais des anges gardiens à semelles cloutées et cela le fatigue infiniment.

— Ma vie est devenue un long chapelet d'ennuis, se plaint-il, quand soudain au milieu de l'année 1904, Victoire, sa fille chérie, tombe gravement malade.

» Je ne puis rien pour elle, que j'aime le plus au monde, dit-il, je dois la laisser partir... Me voici un crucifié vivant...

Sa santé déjà altérée par les persécutions policières se dégrade tout à fait. Elle meurt, il dépérit. S'il tente de se reposer dans un lit, il étouffe et bientôt, il ne peut plus quitter son fauteuil. Son esprit reste parfaitement lucide et l'idée de la mort ne l'effraie pas. « La mort n'existe pas », dit-il en se souvenant de ses vies antérieures, car il croit à la métempsycose.

— C'est dur, confie-t-il pourtant à ses proches, quand il faut partir et donner sa vie ailleurs...

Il s'éteint le 2 août 1905, un an très exactement après sa fille. Avant de mourir, il dit à ses familiers qu'après sa mort, certains le verront encore de temps en temps, qu'il ne disparaîtra définitivement vers les régions de l'univers où il a affaire qu'assez longtemps après sa mort...

Etrange M. Philippe !... « Sans effort apparent, il réalisait la perfection de l'Evangile », écrit un témoin de sa vie, Paul Sédir. Qu'ajouter à cela ? Rien, car il n'y a pas d'explication à cette vie semblable à nulle autre...

RÉPONSES À L'INCRÉDULE

— *Donc il n'y a pas d'explication aux prodiges opérés par Philippe...*

— Non, il n'y en a pas. Mais il y a des témoins innombrables qui l'ont vu opérer ses « miracles ». Ils sont trop proches de nous dans le temps, et les prodiges trop nombreux pour qu'on puisse les suspecter, pour l'essentiel. Dans le portrait qu'il fait de lui, un de ses biographes, Paul Sédir, rapporte un grand nombre de témoignages qui prouvent à l'évidence que le maître inconnu de Lyon avait des connaissances spontanées, une « science infuse » parfaitement inexplicables.

Il rappelle, par exemple, à des hommes de loi tel arrêté oublié, éclaire le sens d'un texte ancien pour des paléographes, fournit des dispositifs scientifiques inédits à des physiciens, indique à des botanistes le lieu où pousse une plante rarissime. Outre les médecins, les industriels et les hommes d'Etat, des financiers importants prenaient ses directives et même un policier, nommé Paoli, a établi un rapport où il rend compte de guérisons extraordinaires.

Il est certain que faire pousser les dents d'une jeune fille ou repousser le doigt sectionné d'une ouvrière, se rendre invisible, faire tomber la foudre, arrêter le cœur d'un homme, le ranimer ensuite, étaient des actes que Philippe accomplissait le plus « naturellement » du monde.

Le maître se méfiait pourtant de tout ce qui sortait du normal, d'une vie vécue « de la façon la plus commune », comme dit encore Sédir. Chez lui pas de transe, pas de pénitences, pas d'incantations, pas de rituel, une répugnance foncière pour le merveilleux et, au contraire, une confiance infinie dans la simple prière. « Tout le secret de son immense pouvoir étant dans sa parole », écrit en ce sens un de ses disciples, le Dr Gérard Encausse, qui se faisait appeler Papus.

— *Qui était ce Papus ?*

— Né à La Corogne d'une mère gitane, ce médecin a consacré sa vie à répandre les thèses des occultistes et les études hermétiques. C'était alors très à la mode et toute la seconde moitié du XIXe siècle est dominée par les influences des sociétés occultes, la croyance à la toute-puissance de l'esprit et la redécouverte de la magie. Doué d'une activité inlassable — on l'appelait le « Balzac de l'occultisme » — il avait précédé Philippe à la cour de Russie, grâce au grand-duc Nicolas, qu'il avait initié au martinisme, c'est-à-dire à la doctrine du philosophe mystique Louis Claude de Saint-Martin dont l'influence sera importante pour l'épanouissement du romantisme. Son fils, le Dr Philippe Encausse, filleul de maître Philippe, a écrit un étonnant ouvrage sur son parrain et les rapports de son père avec le thaumaturge lyonnais.

— *Le maître Philippe avait-il d'autres dons exceptionnels ?*

— Oui, notamment celui de prophétie. Bientôt, prédisait-il en 1898, les juifs seront mis dans des camps où ils endureront de grands tourments. Dans cinquante ans, le pont Maraud, à Lyon, disparaîtra, a-t-il annoncé à la même époque. Cinquante ans après, en 1944, les Allemands l'ont fait sauter. Il prophétisa aussi l'invasion de l'Occident par la Chine, la destruction de Lyon par l'eau, celle de Paris par le feu...

— *Et comment expliquez-vous que ce thaumaturge n'a pas pu guérir sa fille chérie ?*

— C'est un fait constant que les grands guérisseurs, comme les grands médiums, perdent une partie de leurs pouvoirs lorsqu'ils les appliquent à des fins personnelles ou égoïstes.

Philippe a affirmé qu'il avait dû obéir à un ordre mystérieux et qu'il s'était donc volontairement abstenu de sauver sa fille.

Plus tard, il assura qu'il avait dû la laisser partir « pour aplanir le chemin ». Cette mort, selon lui, aurait « retardé de plusieurs années l'apparition de catastrophes mondiales »...

SOURCES

Dr Philippe ENCAUSSE, *Le Maître Philippe de Lyon, thaumaturge et homme de Dieu*, Pythagore.

Victor-Emile MICHELET, *Les Compagnons de la Hiérophanie*, Dorbon-Aîné.

Papus, sa vie, son œuvre, Villain et Belhomme.

Claude PASTEUR, « Monsieur Philippe, un juste parmi les hommes », revue *Planète*, mai-juin 1971.

Berbiguier, le fléau des farfadets

Ils se glissent dans les meubles les plus soigneusement fermés. Ils ont même l'adresse de se placer entre la jarretière et la culotte, quoique le passage en soit des plus étroits ! C'est ainsi qu'ils se procurent l'agrément d'assister au lever et au coucher des dames et de contribuer par des attouchements à les porter à des actions qui les rendent coupables envers leurs maris. Ces démons voyeurs et malveillants, par ailleurs responsables du mauvais temps, des rhumatismes, des insomnies, des morts inexpliquées, de la Révolution et de toutes les diableries qui désolent la planète, un homme venu d'Avignon au siècle dernier leur a donné le nom de « farfadets ». Mais l'histoire de cet homme est si triste et si pitoyable, qu'elle n'évoque en rien les jeux et les malices des lutins de notre enfance. Elle donne raison, tout au contraire, à ce proverbe persan qui dit que notre ennemi le plus acharné ne nous fera jamais autant de mal que nous pourrions nous en faire à nous-même. Une histoire dont le héros, pour comble de malheur, vécut très vieux. Sans pouvoir s'échapper un seul instant de la tombe où son étrange folie l'avait, très jeune, muré...

Est-ce un nom ou une charade ? Alexis-Vincent-Charles Berbiguier de Terre-Neuve du Thym naît en 1764 dans ce haut lieu du Malin qu'est Carpentras. Ses parents sont de bons bourgeois terriens, bigots et papelins, qui habitent le quartier du Pont-aux-Fontaines, encore tout imprégné des égarements de l'antique culte d'Isis. Autour de lui, parmi les membres de sa famille, l'enfant n'aperçoit guère que des curés et des religieuses. Le mysticisme donc l'oppresse dès son plus jeune âge. Mais comment croire en Dieu sans aussitôt croire au diable aussi ? Surtout quand on a, comme Alexis, une tête comme il ne s'en trouve que sur les ciels maléfiques de Jérôme Bosch. Une tête énorme et branlante où poussent d'étranges protubérances, posée sur une telle gibbosité qu'elle lui rend la contemplation du ciel impossible, sauf à se coucher par terre.

Pauvre petit Alexis ! Ses parents, en plus, ne l'aiment pas. D'autant qu'il leur est né un deuxième fils paré, lui, de toutes les grâces du corps et de l'esprit, mais qui meurt hélas. Terrible injustice qui enlève aux malheureux parents l'enfant béni des dieux pour leur conserver une larve !...

Jusqu'à l'âge de trente ans, Alexis Berbiguier, qui a fait d'excellentes études, passe beaucoup de temps à contempler les spectacles de la nature. Les météores surtout l'émerveillent, qui annoncent, très nombreux à cette époque, les convulsions de la fin du siècle. Grâce au bel héritage que lui laissent ses parents, il peut se mettre dans ses meubles en Avignon, porter tous les jours l'habit à la française et une perruque en ailes de pigeon soigneusement poudrée. Car il a du personnel aussi. Une accorte femme de chambre, surnommée « la Mançotte », qui se fait aider par une jeune beauté, Jeanneton Lavalette. Tout se passe bien, d'abord : le temps pour les deux coquines de sonder notre homme, comprenez l'épaisseur de sa galette ! Bientôt, avec le ménage, elles lui font aussi les tarots. Elles découvrent alors que leur maître est un « luné » à qui les fées ont donné une soif inapaisable de « merveillosité », comme on dit dans le Midi. Très vite, elles corsent le jeu, le magnétisent, font voler au-dessus d'un tamis une paire de ciseaux qui prédisent mille malheurs. Comment les conjurer ? Par des cadeaux qu'on leur ferait et de nouvelles séances d'envoûtement. On hypnotise l'infirme, on lui bande les yeux, on l'émoustille, histoire de palper sa ceinture dorée. Puis des bruits anormaux, des frôlements, des fantômes même, se signalent dans la grande maison. On parvient à les enfermer à grands frais dans des pots garnis d'huile, de sel, et de laurier. C'est en fait la raison de Berbiguier qu'on emprisonne ainsi... Puis d'autres maléfices lui font voir les deux diablesses changées en chiennes et en chats : métamorphose qui leur permet de traquer les « farfadets », comme elles disent, qui fracturent les secrétaires et ouvrent les fenêtres aux jours d'orage.

Voici que des coups terribles ébranlent les murs. De la courtepointe d'Alexis sortent des cris de bêtes féroces. Terreur. Il erre toute la nuit et les suivantes dans Avignon, et n'ose rentrer qu'au petit jour... Pour tomber sur la Mançotte qui lui prédit, bien sûr, de nouvelles misères. Il faut donc fuir, se dit-il, fuir pendant qu'il est temps. Le plus loin possible, quitte à laisser sa maison et tout le saint-frusquin. Fuir la peur, ses idées noires et ses nuits qui, depuis des mois, sont blanches...

La veille du jour où la malle-poste doit l'emporter il ne sait où, le ciel, enfin, lui envoie un signe. « Il faut se coucher ce soir, il faut se coucher ! » lui dit sans fin une voix mystérieuse.

Le soir même, son alcôve est le théâtre d'un spectacle inouï : d'une sorte de soucoupe lumineuse, il voit jaillir une prodigieuse quantité d'étoiles et, dans la partie la plus éloignée du ciel, un trône resplendit de diamants, de rubis et de toutes les autres pierres précieuses. Puis, dans un coin du firmament, resté obscur, s'allume un cercle peuplé d'anges armés de trompettes. Dans un scintillement immense paraissent enfin le Père, le Fils et le Saint-Esprit, portés sur des nuées vers le sommet d'une montagne. A cet instant, dans le bruit d'apocalypse des cercueils qui se fendent, il semble à Berbiguier que tous les morts de la création ressuscitent... « Ils étaient aussi frais que lorsqu'ils vivaient ! » racontera-t-il. Maintenant il les voit, ces morts, prendre place autour du mont que surmonte le trône occupé par le Christ. Etouffé par les sanglots, il regarde ensuite pendant des heures comment s'ordonnent les destins pour l'éternité. Sûr désormais que le ciel lui enverra d'autres signes...

Las ! comme toujours dans sa vie, ses élans se retournent aussitôt vers la terre. Manie de l'autopunition, peut-être, il court rejoindre les deux sibylles qui lui promettent de consulter leur magie pour connaître le sens de ces visions. L'offensive des farfadets reprend alors de plus belle, et Alexis, épouvanté, s'enfuit à Fontaine-de-Vaucluse. Il s'installe au presbytère d'un curé de ses amis, mais à la nuit tombée se déclenche, là aussi, un sabbat digne du Mont-Chauve. Encore plus terrifié que son hôte, le curé court se mettre à l'abri et demande au prophète de se faire exorciser ailleurs.

Le grand vicaire du canton prend la relève. C'est un sage, qui conseille, avant celle de l'âme, une thérapie du corps, sous la forme d'une occupation saine et régulière. Pendant de nombreuses années, Berbiguier dirigera donc un bureau de loterie, puis sa bonne éducation et ses études poussées lui permettent de briguer le poste d'économe de l'hôpital d'Avignon. Les médecins lui font si bon accueil et il réussit d'abord si bien dans ses fonctions, qu'on l'autorise à s'installer à l'hôpital même. Pourquoi, alors, les religieuses appelleront-elles, jusqu'à la fin du siècle, le petit appartement qu'il occupe au premier étage « la chambre du diable » ? C'est que, très vite, Berbiguier se révèle être un singulier économe. Oh, ce n'est pas que ses comptes ne tombent pas juste, et jusqu'au demi-liard. Mais dès qu'il a terminé un relevé, il se précipite chez les médecins pour leur confier que les deux démones le tourmentent à nouveau et qu'il souhaite être soigné.

Le mesmérisme, du moins en Avignon, est encore en pleine vogue. Notre homme s'installe donc sous un arbre préalablement magnétisé et reçoit le traitement mis au point par Puységur [1]. Avec une variante que le Dr Nicolas, le chirurgien de l'hôpital, vient d'introduire : avant chaque séance, on lui fait boire un verre d'eau magnétisée avec une baguette en acier. Simple effet de l'imagination ? A chaque fois Berbiguier vomit abondamment...

— Comment vous trouvez-vous ? lui demandent les médecins qui font cercle.

— Le cœur me lève atrocement.

— Alors tout va bien !

On lui remet aussi la baguette en lui recommandant de la frapper contre le sol et de dire à chaque fois : « Coquines, vous souffrez maintenant ! » Le malheureux est l'attraction de l'hôpital et bientôt ce sont les Avignonnais eux-mêmes qui affluent dans les jardins publics où on le soigne. Un dimanche, alors qu'il est allongé sous son arbre devant un parterre nombreux, dans l'attente de la délivrance magnétique, il sent soudain un poids terrible lui tomber sur la tête et un gronde-

---

1. Voir « Etranges faits divers », *L'arbre du marquis de Puységur.*

ment effrayant se répercuter sous l'arbre. Devant les badauds stupéfaits, il s'élance vers la salle de soins, la perruque tout de travers. Justement son médecin discute avec un confrère de la cure miraculeuse. Quand il aperçoit l'économe ainsi attifé, il ne peut s'empêcher de rire. Il y a bien de quoi. Mais méchamment le médicastre révèle aussi qu'il met un vomitif dans l'eau et ajoute avec un clin d'œil :

— Si nous le faisions danser un peu avec l'ours, ou avec... la Grande Ourse ?

Ulcéré, Berbiguier tourne les talons et se souvenant peut-être de toutes les souffrances inutiles que les médecins lui ont infligées depuis l'enfance, il s'écrie :

— Vous qui ne croyez pas à l'âme, sous prétexte qu'en disséquant les corps vous ne la trouvez pas... vous êtes bien tous les mêmes... des farfadets !

Voici, avec le mot, les démons lâchés à nouveau. Ils ne cesseront plus de harceler Berbiguier. A la ville comme aux champs, qui le ravissent toujours autant, mais où il ne peut plus se rendre, puisque, sous ses pieds, les farfadets déclenchent des pétarades, et que le diable fait se lever un vent qui le transperce, le forçant à une nouvelle fuite éperdue. Plus loin, cette fois, beaucoup plus loin, puisque le tournant du siècle le trouve à Paris, installé à l'hôtel, dans ce coupe-gorge qu'était alors la rue Mazarine. Un de ses oncles s'y meurt et il a grand besoin de la plume élégante d'Alexis pour le défendre contre une meute d'héritiers sans scrupules. Berbiguier s'acquitte parfaitement de sa mission et l'oncle insiste pour le faire son légataire unique. Au grand dépit de son parent, Berbiguier refuse pendant des mois. Pour ne pas faire de peine, il finit par accepter. Un matin qu'il arrive au riche logis de l'oncle, il apprend que celui-ci est mort sans avoir eu le temps de tester. Berbiguier se montre très déçu. Mais plus qu'à lui-même, il en veut aux farfadets que son exil n'a pas découragés. Dans sa chambre d'hôtel malcommode, il en voit partout autour de lui. Mme Vandeval, cartomancienne, qui a ses pénates en face, saura-t-elle l'en délivrer ?

— Votre cas est des plus simples ! lui dit cette fée. Courez vite acheter une chandelle chez le premier marchand dont la boutique aura deux issues et faites-vous rendre, en sortant, une pièce de deux deniers. Lancez-la aussitôt en l'air...

Stupeur du boutiquier et de sa pratique quand, quelques instants plus tard, Berbiguier se baisse et ramasse en place du nickel une superbe pièce de deux écus ! Suivi par les témoins du prodige, il se précipite dans sa chambre et enveloppe, comme la Vandeval l'a recommandé, la bougie dans une feuille de papier qu'il pique avec une épingle : sur la feuille il a écrit une première liste de ses persécuteurs. C'est le début de la plus longue et de la plus inexpiable bataille d'esprits de l'histoire de l'occultisme...

Pour Berbiguier l'enjeu est clair. Ce n'est pas seulement sa vie et sa raison qui sont en question. Instruit par ses visions, il se croit aussi désigné par le Tout-Puissant pour sauver toute l'humanité de ces diables de farfadets. Conflit titanesque qui exige une stratégie sans défaut : s'assurer d'abord, une fois pour toutes, que ce n'est pas son esprit qui déménage. Ensuite, que ce n'est pas le Malin qui l'inspire, à son corps défendant.

Qu'il est sain d'esprit, qui mieux que Pinel, le grand aliéniste qui règne à la Salpêtrière, pourrait le lui dire ?

— Voyez-vous des animaux ? lui demande Pinel.

— Certes, non... répond Berbiguier ingénument. Mais je les sens. Sur tout le corps, et parfois ils poussent même un peu loin !

Pinel ne peut s'empêcher de rire. Le soir, après avoir fait les bains de siège qu'on lui a prescrits, Berbiguier ressent des attouchements plus indécents que jamais. Assurément c'est un coup de Pinel ! se dit-il, et il met l'aliéniste sur sa liste noire. Ainsi rassuré sur sa santé mentale, il se tourne ensuite vers le grand pénitencier de Notre-Dame qui par contre lui refuse son concours. Qu'à cela ne tienne ! Pour faire pièce au démon, il se mettra à la cuisine végétarienne, se privera de tabac et de ses derniers petits plaisirs. Seule faiblesse, il fait l'acquisition sur les quais d'un écureuil. Touchant antidote à sa terrible solitude, Coco est une bonne petite bête qui pousse l'affection jusqu'à se coucher en rond, la nuit, dans son bonnet de coton.

Voici qu'à l'entresol de son hôtel il trouve un jour une pièce de cinq francs. Il arrive à en retrouver le propriétaire, un jeune étudiant qui s'appelle Etienne Prieur. Vite en confiance, Berbiguier lui narre la mauvaise manière que lui a faite Pinel.

— Holà, s'exclame Prieur. Il s'agit aussi de lui rendre la monnaie de sa pièce, à celui-là !

Le lendemain, un ecclésiastique se présente à la porte de Berbiguier. Il entre en marmonnant des *De profundis*. Arrivé devant le bûcher, il saisit un couteau de cuisine et frappe trois fois sur les rondins en grondant :

— Monstres que vous êtes, Pinel, Vandeval, Nicolas et consorts... Que le diable vous en fasse autant !

Le désenvoûteur a du talent car pendant quelques jours les farfadets refluent. Répit de courte durée. Et cette fois les farfadets, non contents de tenailler le visionnaire toutes les nuits, s'en prennent aussi à Coco, son petit compagnon bien-aimé. Un soir, en rentrant, il découvre avec horreur... qu'on lui a coupé la queue ! Désespéré, il se précipite chez Prieur qui dissimule un méchant sourire.

— Ne cherchez point, dit l'étudiant. C'est encore un coup de Pinel !

Berbiguier est trop intelligent pour ne pas voir qu'il y a anguille sous roche. Accablé par la méchanceté humaine, il se réfugie tous les jours dans quatre églises différentes, allume des centaines de cierges, prie jusqu'à l'épuisement — sans aucun soulagement. « Il y a vingt ans maintenant que ces démons prennent mon corps pour une salle de danse ! écrit-il dans son journal. C'en est trop. Je ne résiste plus aux anges du Seigneur, je commence ! »

Et que commence-t-il ? A écrire ses Mémoires. En homme de culture qu'il est, il veut faire d'un livre l'arme absolue de son combat contre les farfadets. Et ce livre, cette planche de salut du genre humain menacé, il le fera tenir aux rois et aux souverains du monde entier. Afin qu'ils lui portent son soutien dans la bataille finale qui s'engage...

Miracle ! Lui qui dépérissait, le voici qui reprend du poids et des couleurs. En proportion des feuillets qu'il noircit, bientôt plus de mille. Mais gare au « choc en retour », comme disent les envoûteurs ! Un soir, au moment de se coucher, un farfadet le bouscule avec une telle violence qu'il tombe sur le lit et écrase son petit compagnon familier. Catastrophe ! Le seul être au monde qui l'aimait sincèrement est mort. Pauvre Alexis-Vincent-Charles Berbiguier !

Lui toujours si bon, si pieux, si charitable, ne songe plus alors qu'à la vengeance. C'est nuit et jour maintenant qu'il écrit, des milliers de feuillets, de son écriture fine et serrée. Quand les farfadets lui grattent la plante du pied ou s'allongent sur lui « comme d'abjectes chenilles », il se jette maintenant au bas du lit et les entraîne dans sa chute. A chaque fois, il en écrase un bon cent, ce qui l'autorise à se présenter partout comme « le Fléau des farfadets ». Et des farfadettes... Car Berbiguier croit savoir qu'il existe aussi des démons femelles, qui sont encore bien plus cruelles que les mâles : ce sont elles qui l'ont rendu impuissant aussi, l'empêchant de convoler avec la femme qu'il aimerait adorer le restant de sa vie. Le Dr Moreau qui consulte rue Mazarine a vite fait de deviner la dupe. Contre une ordonnance à cinq francs et une deuxième à dix, il lui conseille de manger des pommes de terre bien salées et poivrées accompagnées de truffes, qu'il peut d'ailleurs lui procurer moyennant commission. Cette plaisante thérapie, Berbiguier ne doute pas qu'elle va bientôt faire de l'effet.

Et de fait... Un soir à Saint-Germain-l'Auxerrois, alors qu'il est en train de faire ses prières, il entend qu'on bavarde derrière lui. Il se retourne, fulminant, et s'aperçoit alors qu'elle est belle comme le jour et qu'elle le regarde avec un air tout à fait aimable. Enfin un sourire dans cette vie perdue ! A la fin de l'office il se précipite dehors avec l'espoir de la revoir. Justement elle est là, près de la porte, et semble l'attendre. Mais à l'instant où il lui offre avec respect de l'eau bénite, elle disparaît. Quelques jours plus tard, il la revoit chez des voisins qui l'ont invité pour amuser la compagnie. La méchante l'attire derrière un paravent, minaude, fait mille grâces.

— Quittez donc vos chimères et faites un peu la cour aux dames ! dit-elle lui pinçant la cuisse.

— Moi ! dit Berbiguier, mort de convoitise. Souiller d'un crime énorme une vie sans tache !

De l'autre côté du paravent on rit.

— Dans ce cas vous souffrirez longtemps, je vous le prédis ! dit la donzelle fâchée de ne pouvoir l'affrioler davantage.

Le soir même, à l'endroit où elle l'a touché, lui pousse un vilain abcès...

Tout le quartier maintenant est au fait des manies du bonhomme et on menace les galopins de les emmener « voir Berbiguier ». Les complots et les farces cruelles redoublent, mais le mage impavide compose et se trouve même un éditeur. Voici enfin prête l'arme qui va déclencher l'holocauste : trois gros tomes, imprimés sur papier de Hollande et rehaussés de nombreuses gravures. Relié de maroquin rouge et frappé de la couronne et des fleurs de lys, il est présenté à Charles X puis envoyé à toutes les cours d'Europe. Coût de cette bombe : dix mille écus, une véritable fortune. En attendant la mise à feu, il en découd avec les farfadets sur un terrain qu'il connaît bien. Là où les meilleurs exorcistes de Paris ont échoué contre ceux qui nouent les aiguillettes, engrossent les filles et donnent la vérole aux femmes publiques, lui, Berbiguier, est maintenant sûr de réussir.

Dans un énorme chaudron qu'il s'est fait livrer, il fait cuire le plus gros foie de génisse qu'il a pu trouver, préalablement piqué de deux cents aiguilles. Il a fait fondre aussi cinq à six livres de soufre qui serviront à consumer la liste de ses tourmenteurs. Quand le foie a macéré six heures, il retire les aiguilles et les jette dans de l'huile bouillante. A l'évidence les farfadets souffrent atrocement : une énorme trombe d'eau vient de s'abattre sur le quartier. Ce succès l'incite à porter ses exorcismes au-dehors. De Dauphine à Saint-Honoré on le voit alors s'arrêter longuement près de tous les monuments de culte, et conjurer en direction des quatre points cardinaux.

Conjurer quoi ? Tout et le reste. Le mauvais temps, les marchands de foie et d'aiguilles, les bruits et les attouchements suspects, bref toutes les scélératesses des farfadets ! Des attroupements se forment, et les Parisiens, inquiets ou rigolards, suivent celui qui passe maintenant ses journées dehors et ne rentre plus jamais avant onze heures. Pour réduire et piquer derechef ses foies, jusqu'aux premières lueurs de l'aube... Les locataires qui n'osent plus lui faire de niches l'entendent proférer de sourdes malédictions :

— Entendez-vous, Seigneur, l'agitation de la compagnie infernale ?

A la Saint-Sylvestre 1820 il frappe un grand coup. Cette fête, prévient-il ses amis, qui entre-temps sont devenus ses disciples, ne sera rien moins que la Saint-Barthélemy des farfadets ! Pour assister au carnage on se bouscule dans les couloirs de l'hôtel. Le grand moment arrive. Dans la cheminée, transformée en four crématoire, volent les cœurs de bœuf, de mouton et de génisse. Quand ils sont à point on fait circuler des vases qui contiennent des milliers d'épingles, de clous et d'aiguilles.

— Renoncez-vous à Satan et aux autres esprits impurs ? clame le pontife.

— Nous renonçons ! répondent les fidèles.

— Alors, lardez ! Lardez ! clame Berbiguier hors de lui. Lardez les maudits ! Que cela leur serve de paiement !

Ce soir-là, on répand le soufre et le sel à pleins paniers et on plante onze mille dards dans les viscères. Quand tout est réduit en cendres, Berbiguier, le poil roussi et la bosse en drapeau, s'acharne encore à coups de baïonnette... Mais pour l'illuminé de Carpentras cet incendie est le bouquet d'artifice. L'épilogue d'une vie que seule l'ombre du feu éternel aura éclairée.

Etait-il fou, Berbiguier ? Pour avoir confondu Saint-Jean et Saint-Sylvestre, on l'enferma certes à l'asile de Montrouge. Mais il s'y comporta d'une manière si sensée qu'on le relâcha presque aussitôt. Il retourna à Carpentras, totalement ruiné, se mettre sous la protection d'une vieille sœur ! Il mourut bien plus tard, à quatre-vingt-sept ans, à l'instant où le canon tonnait aux Tuileries pour annoncer la victoire du Prince-Président. Sans savoir qu'à Paris, au lendemain de son départ, une « ballade fantasque » avait connu un immense succès.

Le nom de cette pièce qui tint l'affiche durant des mois au théâtre de la Porte-Saint-Martin ? *Les Farfadets*.

RÉPONSES À L'INCRÉDULE

— *Triste histoire, en effet. Comme celle de tous les fous...*

— Berbiguier n'était pas vraiment un fou. Du moins pas au sens clinique du mot. C'était tout au plus un excentrique, un illuminé méridional et demi, avec sur sa portée un demi-dièse en plus, comme on dit dans le Comtat. Doué en tout cas d'une prodigieuse faculté d'auto-analyse, d'introspection, comme on dit aujourd'hui. Ses *Mémoires* le prouvent...

— *Existent-ils encore ?*

— A la fin de sa vie, Berbiguier, qui y voyait l'empreinte du diable, a racheté tous les exemplaires qu'il pouvait... pour les brûler ! Il en reste un seul à la bibliothèque Inguimbertine de Carpentras. Sa lecture révèle une science immense du diabolisme sous toutes ses formes, décrites avec un lyrisme et une richesse d'expression dignes d'un grand écrivain.

— *Ont-ils eu finalement le succès qu'il espérait ?*

— Absolument pas. Charles X ne reçut même pas son exemplaire, puisqu'il fut chassé du trône le jour même où Berbiguier le lui envoya. On peut dire que du vivant de Berbiguier, les trois tomes de l'ouvrage ne furent même pas ouverts...

— *En somme le livre le moins lu de toute la littérature française !*

— Oui. Sauf par Berbiguier, qui le retravailla durant vingt-cinq ans et c'est pourquoi les psychanalystes s'y sont beaucoup intéressés. Ils voient dans son œuvre une cure exemplaire de libération psychique, par l'écriture. Sans laquelle Berbiguier serait sans doute devenu réellement fou.

— *J'ignorais que sa ville natale, Carpentras, était un haut lieu du satanisme...*

— Oui. Au Moyen Age les possédés y étaient particulièrement nombreux. L'un d'eux, le célèbre Antoine, sortait « flamme et fumée avec grand bruit comme quantité de poudre y ayant mis le feu ». A tel point qu'un jour, son exorciste fut gravement brûlé à la cuisse ! Tout le Comtat est d'ailleurs une terre d'élection des pieds fourchus ! Michel Vintras [1] est le plus célèbre. Il avait son temple à Carpentras, que fréquenta aussi l'abbé Cotton, un des correspondants de l'abbé Verger, celui qui devait poignarder l'archevêque de Paris, Mgr Sibour. En apprenant la nouvelle, le malheureux abbé Cotton devint fou et il fallut l'interner. Libéré en 1870, on pouvait le voir se promener tête nue, une couronne d'épines sur le front, vêtu d'une robe rouge, une chaîne de fer autour des reins et portant une croix sur l'épaule. Il parcourait la campagne, faisant la propagande de cinq candidats : Hugo, poète, Veuillot, pamphlétaire, Garibaldi, guerrier, Naquet, savant et lui-même, Cotton... prophète ! Sa liste recueillit trente-six voix !

— *Que des « lunés » sans doute ! Mais dites-moi... qu'arriverait-il de nos jours à Berbiguier ?*

— Il y a peu de temps encore, on l'aurait certainement enfermé en le soumettant à l'électrochoc et à la camisole chimique. Souvenez-vous le traitement qu'on a fait endurer à cet autre écrivain de génie, Antonin Artaud... A l'époque de Berbiguier on était plutôt plus libéral. Notamment dans le Midi, où on aimait et respectait ceux qui étaient illuminés autant par le croissant que par le soleil. « Nous en avons, qui plus, qui moins ! » disait-on sagement de la folie... Ce n'est que depuis des temps très récents que la maladie mentale n'est plus systématiquement justiciable d'un enfermement. Parfois sur la simple demande d'une épouse mal intentionnée !

Depuis peu on essaye de voir surtout dans le fou un homme en mal d'intégration sociale. Comme faisait il y a cent cinquante ans déjà l'aliéniste génial qu'était Pinel, le premier à dialoguer avec le malade...

---

1. Voir infra *Vintras, l'aventurier du mystère*.

— *Il n'a pas eu beaucoup de succès avec Berbiguier...*

— Non. Profondément croyant, Berbiguier voyait dans les médecins des libres penseurs, des mécréants, dont les certitudes et la suffisance mettaient à vif sa susceptibilité de Méridional et d'incompris...

— *... De paranoïaque, dites-le !*

— Les persécutions dont il a été victime n'ont rien d'imaginaire. Les femmes tout d'abord, qu'il vénérait pourtant, se sont toujours moquées de lui, quand elles n'essayaient pas de le dépouiller. Les hommes aussi, d'ailleurs, dont l'indifférence et les moqueries, tout au long des vingt-cinq années qu'il a passées à Paris, ont contribué à le jeter dans une sorte de « délire d'influence », qui ne lui permettait plus comme dans sa province de se fondre dans la nature ou de se réfugier en lui-même, puisque l'ennemi, les « farfadets », avaient presque entièrement pris possession de lui.

— *Pourquoi justement des farfadets ?*

— Parce que, selon la définition des traités de démonologie, ce sont des esprits omniprésents et invisibles... Innommables donc, comme les souffrances de l'isolement, de l'incompréhension et de la maladie qui n'ont cessé d'accabler Berbiguier. Sa grandeur, c'est d'avoir lutté toute sa vie contre ses obsessions. A quatre-vingt-sept ans, quand il se promenait, voûté et cassé, sur le boulevard des Platanes, à Carpentras, il disait, avec un gentil sourire, à ceux qui le rencontraient : « Les farfadets ? Imaginez-vous que ce matin encore j'en ai tué près de trois mille ! » Sa force surtout c'est d'avoir analysé et regardé vivre ce qui était, en somme, son double, perpétuellement assiégé par le mal. Le mal qui était en lui et celui, bien réel aussi, que les autres lui ont fait. Parce qu'il était différent. « La science infatigable de nos ennemis sait nous reconnaître partout », disait Gérard de Nerval, un autre « fou » qui face à la folie et à la persécution a su prendre comme Berbiguier le recul qui laisse une place au génie.

— *Mais alors cette pièce qui fut jouée à Paris avec tant de succès ?*

— C'est hélas ! la dernière mystification dont le Fléau fut la victime. Posthume, celle-là, heureusement. Un journaliste bien intentionné avait écrit dans le *Journal des débats* que le succès de cette pièce rachetait enfin l'obscurité dans laquelle de son vivant on avait tenu son œuvre. « Alexis Berbiguier, écrivait avec emphase le correspondant carpentrassien du journal, est du petit nombre de ceux à qui il a été donné d'éprouver un avant-goût de la gloire et de connaître l'opinion de la postérité. S'il vivait encore, ce pauvre Berbiguier de Terre-Neuve du Thym mourrait de joie de se voir enfin étudié, approuvé, mis en lumière, que dis-je, mis en ballet ! »

Cette jactance, méridionale, ne reposait sur rien. Car le fameux ballet n'avait strictement rien à voir avec les démons d'Alexis...

SOURCES

Lorédan LARCHEY, *L'Homme aux farfadets*, Ed. Henry, 1867.

Marie MAURON, *Berbiguier de Carpentras*, Ed. Le Livre contemporain.

Divers articles de Me Maurice Garçon, in *Les Nouvelles littéraires*, juillet 1939.

Helena Blavatsky

Cette fois encore, quand elle fait son entrée dans le salon, le piano se tait et les joueurs d'écarté, jeu qui fait fureur dans la société chic du Moscou des années 1860, laissent tomber leurs cartes... Il y a de quoi, notez bien ! Sur son ample caraco écarlate, rehaussé de lourdes broderies du Caucase, elle a passé un châle de même couleur, si long qu'il lui bat les mollets qu'elle paraît avoir fort courts. Mais le premier instant de stupeur passé, c'est surtout ses yeux qui fascinent. D'immenses yeux gris, où dansent des lueurs boréales, des yeux hypnotiques et impérieux, au point que les joueurs du raout des Yahontoff replongent précipitamment les leurs dans les cartes...

Tout à l'heure, quand la partie sera terminée, que feront-ils les aristocratiques invités du clan des Yahontoff ? Comme toute la bonne société de ce temps-là, ils parleront spiritisme et médiumnité, se risqueront peut-être à faire tanguer les guéridons, à la suite de l'illustre Douglas Home, un Anglais que le tsar Nicolas vient d'inviter, après qu'il a enthousiasmé Napoléon III et la cour des Tuileries.

... Si toutefois Helena Petrovna Blavatsky, la petite créature qui vient de faire une entrée si sensationnelle, leur en laisse le loisir ! Comme le bateleur qui veut assurer une autre recette, elle vient de lancer : « Tenez, jeune homme !... Rapprochez donc cette petite table et le jeu d'échecs qui est posé dessus !... »

L'interpellé hésite. Et puis, sur un signe du maître de maison, il s'approche. Mais il a beau tirer sur la table, et s'arc-bouter de toutes ses forces, le meuble ne bouge pas plus que s'il était scellé dans le parquet. Le comte Yahontoff vient alors à la rescousse de son fils : rien n'y fait, la table soudain paraît peser dix tonnes...

La compagnie se regarde médusée et se demande si ce n'est pas Roussalka, la fée maléfique de la mythologie russe, qu'on a conviée ce soir. Enfin la femme en rouge consent à lever l'enchantement. Elle explique ceci :

— J'arrive à suggestionner n'importe qui, en déchargeant sur lui des courants magnétiques et en faisant intervenir des entités invisibles et des « élémentals » avec lesquels je suis en contact permanent...

— Vous nous prenez pour des bobèches ! laisse alors tomber un élégant jeune homme. Venez donc nous raconter ça à l'Institut de physique de Saint-Pétersbourg !

— Prenez-le d'un peu moins haut ! réplique la petite bonne femme. Ce n'est pas votre doctorat tout neuf qui vous autorise à juger les sciences occultes !

Sous le châle piqué d'un œillet rouge, les yeux étincellent...

— Oui... vous nous avez hypnotisés, c'est tout !

— Hypnotisés ! rugit la femme en roulant des yeux terribles. Helena Blavatsky, hiérophante de la Doctrine secrète, une hypnotiseuse !

Elle se concentre intensément et soudain le pianiste qui madrigalise à l'autre bout du salon se lève d'un bond. Un formidable rugissement de bête féroce est sorti du Steinway. Il retombe et un tintement de cloches se fait entendre qui paraît tomber des lustres, aussitôt relayé par des craquements si forts qu'on dirait des éléphants lancés dans une forêt de bambous. Effarés, les invités remarquent aussi que la température de la pièce s'est élevée de plusieurs degrés...

D'une voix altérée, le jeune universitaire parvient à dire :

— Tout cela est en contradiction flagrante avec les enseignements les plus récents de la thermodynamique ! Il s'agit de prestidigitation... Remarquable, certes, mais de prestidigitation seulement... ou alors d'une hallucination collective !

Engoncée dans son fauteuil, la magicienne se tait. Elle caresse les bagues d'obsidienne qui chargent ses doigts et dit d'une voix soudain radoucie :

— Vous avez raison, jeune homme ! Tout cela est un peu

ridicule... Mais comment faire ? C'est bien malgré moi que ces forces se déchaînent. Je les cause, mais ne les commande pas !

— Vous n'êtes qu'un agent, alors, un simple médium de forces physiques parfaitement explicables ! dit son interlocuteur qui a repris tout son aplomb.

— C'est sans doute plus compliqué que ça ! répond Helena Blavatsky. Tenez, que lisez-vous là ?

Sa main courte, d'une blancheur d'ivoire, se lève de la feuille de papier sur laquelle les joueurs inscrivaient leurs points. Sur le papier, tracé d'une écriture mystérieuse, indéchiffrable, un message s'est inscrit.

— Dans notre langue théosophique, nous appelons ça des « précipitations »... Voyez, j'établis une image intellectuelle de chaque lettre, puis j'en forme l'image astrale. Alors par un courant magnétique semblable aux courants galvaniques dont vous vous servez dans vos laboratoires pour argenter les objets, je précipite des particules de matière solide dans le moule astral, et la lettre apparaît sur le papier...

— Ah ! bon... fait le jeune homme. Et que dit votre message ?

— Lisez vous-même...

L'invité prend la feuille et commence à lire un texte, qui comme par miracle est à présent écrit en cyrillique.

— « J'ai souvent entendu dire, sans l'avoir jamais cru jusqu'à maintenant, que certains pouvaient, par de puissants mots magiques, soumettre les lois de la Nature à leurs desseins tortueux »...

— Décidément... en ce moment il n'y en a que pour Milton ! soupire Helena Blavatsky.

Lentement le grand paquebot de la Cunard tourne sur son erre et vient s'amarrer aux immenses docks où s'alignent des centaines de silhouettes enturbannées. Nous sommes à Bombay. Le premier port de l'Inde est bien sûr anglais, et de la passerelle du bateau on voit sur Malabar Hill, parmi les tours du silence où les morts sont abandonnés aux vautours, les grandes villas édifiées par les richissimes sujets de Victoria.

Ceux qui attendent en bas n'ont d'yeux que pour une voyageuse qui s'appuie au bastingage et fait des petits signes d'amitié. Près d'elle, un peu en retrait, se tient un homme à la belle crinière argentée, aux traits énergiques, d'allure militaire. Que de chemin parcouru en vingt ans, depuis les soirées de magie blanche et d'occultisme de Moscou ! Voici celle qu'on n'appelle plus que « madame Blavatsky » chargée par le président des Etats-Unis, Rutherford B. Hayes lui-même, d'une mission dans la capitale de l'empire britannique des Indes... Cette ascension mérite qu'on revienne un instant sur ses débuts.

Helena Petrovna Blavatsky — H. P. B. pour les théosophes du monde entier — est née en Ukraine, sans doute à l'été 1831. Elle descend d'une vieille famille de huguenots français et par sa mère, la romancière Helena Fadeiev, elle est apparentée à la famille régnante des Romanov. Dès sa naissance semblent se multiplier les signes calamiteux : en quelques semaines le choléra tue cent mille personnes et, lors de son baptême, la robe du pope prend feu. Il en meurt et la bousculade qui s'ensuit fait de nombreux blessés. Très petite déjà elle exerce sur les enfants de son âge un envoûtement irrésistible...

A un petit serf qui l'ennuie elle promet d'envoyer une fée qui le chatouillera jusqu'à la mort. Avec tant de conviction que le gamin court se noyer dans la rivière. Une autre fois elle arrive à suggestionner si bien ses petits camarades en leur faisant croire que la mer va venir les recouvrir, que plusieurs tombent malades de peur. A quinze ans elle ne sort pratiquement plus des souterrains du château familial où du temps de son arrière-grand-père se sont perpétrées des horreurs sans nom. Un jour, un homme est assassiné dans la région. Sans hésiter, elle dit au commissaire venu enquêter : « Le criminel s'appelle Samoyolo Ivanof. Il est caché dans le grenier de Vlassov, un paysan du village d'Oreshkino. » Bien entendu, le renseignement est exact.

A dix-sept ans, H. P. B. termine des études pour le moins peu orthodoxes. Elle n'en parle pas moins cinq langues et connaît par cœur la plupart des rites et traditions ésotériques d'Extrême-Orient. Physiquement, hélas ! c'est un vrai pot à tabac et comme elle ne veut voir aucun garçon, son père lui lance un jour qu'elle serait même incapable de séduire le « général »...

Le « général », c'est le gouverneur de la province d'Erivan qui fréquente assidûment chez ses parents. Il a soixante-dix ans et il est si laid que les mauvaises langues prétendent qu'en dépit de son rang et de sa fortune, il ne s'est trouvé aucune femme dans toute la Sainte Russie pour entrer en ménage avec lui. Piquée au vif, Helena relève le défi et à dix-sept ans, la voilà affublée d'un mari cacochyme qui l'enferme aussitôt dans sa datcha sous la garde d'une compagnie de cosaques ! Il découvre que la jeune fille... entend le rester et qu'elle n'a fait cette fin que pour commencer une vie de voyages et d'aventures que l'autorité paternelle avait jusque-là contrariée. Comme il insiste, elle se met dans une colère indescriptible, casse les meubles et lacère les tableaux. Ce n'est bien sûr pas à la hussarde que notre général russe finira par la prendre. Mais en la droguant et en se saoulant lui-même comme un Polonais. Au bout de trois mois, vouant au sexe une haine définitive, elle parvient à s'échapper et à s'enfuir à cheval jusqu'à Tiflis.

Commence alors une errance qui la mène successivement en Perse, en Turquie et enfin en Egypte, où à l'ombre du Sphinx elle s'initie, sous la conduite d'un prêtre copte, aux mystères d'Isis. Pas très longtemps, car si Helena n'a rien d'une coureuse, elle restera toujours une grande voyageuse, une instable même. Du Caire elle gagne Paris, où elle s'initie à l'hypnotisme qu'elle s'en va mettre en pratique à Londres, où l'attendent ses premiers succès de médium. Encore peu probants puisque pour survivre elle donne des leçons de piano. C'est à cette époque aussi qu'elle fait la connaissance d'un certain nombre d'agitateurs politiques, dont elle n'oubliera pas les leçons, le moment venu. Mais très vite elle quitte les bords trop brumeux de la Tamise pour ceux du Mississippi où elle s'initie aux cultes vaudous et découvre les étranges pouvoirs des sorciers noirs qui savent voyager hors de leur corps. Elle observe aussi la transe sacrée des chamanes peaux-rouges qui sont de prodigieux télépathes, mais qui pour prix de leurs démonstrations la dépouillent de tous ses maigres biens.

Son western spirituel s'achève au Mexique où elle se mêle à une bande de mauvais garçons soiffards et pilleurs de diligences. Non pas pour profiter de biens mal acquis, mais des enseignements du mal, bien nécessaires, pense-t-elle, à qui veut l'extirper définitivement de l'humanité. Ce qui est dès cette époque la mission essentielle qu'elle se confie.

De retour à Londres, elle fait une rencontre décisive. En 1852, le maharadjah du Népal envoie en Angleterre une importante délégation diplomatique. Au cours d'une réception, Helena Blavatsky qui s'est toujours intéressée au bouddhisme, dont elle apprécie la tolérance, tombe sur un initié népalais, Mahatma Morya. C'est l'illumination. Celui que H. P. B. n'appellera plus que « le premier de ses supérieurs inconnus » la convainc d'aller respirer l'air affiné des monastères du tantrisme. Via le Japon, elle sillonne alors le Cachemire et assiste aux prodiges qu'accomplissent les moines bouddhiques du Ladakh...

En 1860, on la retrouve en Russie, le temps de se réconcilier avec son mari, et de défrayer les salons moscovites de la façon que l'on sait. Après les années de voyage et d'initiation commence sa vie publique qu'elle engage symboliquement à l'âge de trente-trois ans. Et d'une manière qui, encore une fois, n'appartient qu'à elle...

Vers 1866 les *carbonari* italiens lui ayant fait parvenir un message dans la datcha isolée où elle médite seule depuis des mois, elle saute dans ses bottes et enfile son caftan brodé pour chevaucher aux côtés de Garibaldi. Elle tombe sous les balles des gardes pontificaux à la bataille de Mentana et après une longue convalescence à Paris, où elle assimile plus complètement la doctrine spirite, elle ressent le besoin de retourner aux sources de toute spiritualité, cet Orient qui l'avait révélée à elle-même. Dire qu'elle y parvient sans encombre serait exagéré... Elle est une des premières à emprunter le canal de Suez. Mais le vapeur sur lequel elle a pris place explose alors qu'il s'engage sur le lac Timsah. Elle est une des seules rescapées de la tragédie et le choc est si grand que sa raison un moment vacille. La voici lancée sur les pas du Christ, mimant entre deux séances d'occultisme juif les grandes scènes de la

Passion ! Avec une conviction telle que les journaux américains, anglais et français lui consacrent des colonnes entières. Démente, Helena ? Certainement pas. Quelques mois plus tard, des diplomates occidentaux de passage au Caire parlent d'elle comme du « plus grand prestidigitateur du siècle »...

Le compliment est équivoque. Il jette une curieuse lumière sur celle dont les « miracles » commencent à être connus dans toute l'Europe.

Et si tous ces mystères n'étaient que tours de gibecière ? A « madame Blavatsky », qui visiblement se cherche en ces années 1870 — certains mettent en doute la réalité de plusieurs de ses voyages —, va échoir une grâce singulière. Qui changera radicalement le cours de sa vie, déjà bien près de son terme...

A New York à cette époque-là, le colonel Henry Steele Olcott est un personnage considérable. Sans doute est-ce sur les champs de bataille de la guerre de Sécession qui vient de se terminer que cet officier a glané sa notoriété ? Pas précisément. C'est à l'habileté plutôt qu'il a mis à débusquer les fraudeurs et les prévaricateurs de la terrible guerre civile qu'il doit et sa fortune et sa renommée. Acquises l'une et l'autre en toute honnêteté, par l'exercice averti du droit. Mais s'il sait traquer les escrocs, il aime aussi lever les esprits, habitude fort à la mode en Amérique, depuis que la famille Knox, qui habite l'Etat de New York, a réussi à faire parler l'esprit d'un homme assassiné et enterré dans la cave des inventeurs de l'alphabet spirite : c'est en effet grâce aux coups que l'esprit frappait contre les murs de la maison que les Knox ont pu retracer sa triste histoire et déchiffrer ensuite les messages de tous les esprits qui vont déferler sur l'Ancien et le Nouveau Continent, en ces années de spiritisme triomphant. Chez les Eddy aussi, dans le Vermont, les esprits pullulent. Olcott leur consacre un article retentissant qui est lu dans le monde entier. Un soir qu'il dîne dans la salle à manger de ces fermiers du Vermont, il voit entrer une curieuse créature. Elle est sans âge et sans charme et porte un chapeau rouge orné d'une gigantesque plume d'autruche.

— Non mais, regardez-moi ce phénomène ! ne peut s'empêcher de dire Olcott à son hôte.

Mais dès que la maritorne ouvre la bouche, le colonel est subjugué. Il traverse les Etats-Unis pour assister à une séance de spiritisme que madame Blavatsky — c'est bien sûr elle ! — organise à New York. Ce soir-là, elle converse avec l'esprit de John King, un théologien du siècle précédent. Comme le public est nombreux et relevé, elle ne résiste pas à la tentation de faire apparaître sur le buffet tous les fruits exotiques rares qu'on lui demande. Etaient-ils comestibles ? Si oui, ils auraient à tout le moins amélioré l'ordinaire de la voyante, qui vit à cette époque de la confection à domicile de nœuds et de cravates ! Olcott ne la quittera plus. Comme il est riche, il l'aide à fonder un journal et peu de temps après la Société théosophique, qui assurera définitivement la célébrité de madame Blavatsky.

Un des premiers correspondants de la Société est Alexandre III, qui crée à l'université impériale de Saint-Pétersbourg un comité de savants chargé d'expliquer scientifiquement les phénomènes spirites. « Rappelez-vous que la question de l'argent ne joue absolument pas », lui fait écrire le tsar de toutes les Russies pour l'encourager. Madame Blavatsky passe alors quinze heures par jour à son bureau de la 34e Avenue où elle occupe deux étages et prévient le monde scientifique et politique qu'elle ne posera pas la plume avant d'avoir élaboré la métaphysique de l'avenir, celle qui jettera un pont entre l'Occident et l'Orient, entre les religions mâles et femelles, pour... les réconcilier !

Le président des Etats-Unis, Hayes, est enthousiasmé par le projet et lui confie alors une mission, qui dans son esprit doit contribuer à ouvrir pour l'humanité les portes d'un avenir rénové.

Et c'est ainsi que le 17 décembre 1878 la petite Circé ukrainienne fait aux Indes une entrée des plus remarquées. Bien sûr flanquée de l'inséparable Olcott. A sa descente du *Canada*, drapée dans une fabuleuse toilette rehaussée de plumets, elle se jette à genoux et embrasse la terre des brahmanes. La foule des théosophes indiens, conduite par le pandit Krishnavarma en personne, veut la porter en triomphe. Ce noble pontife a bien fait les choses. Une superbe demeure leur a été réservée et dès le soir la fête commence : coups de fusils d'allégresse, pluies de petites pierres précieuses et de fleurs, bien sûr rouges, accueillent le couple vénéré à sa sortie du palais.

Un Anglais se présente. Est-ce un policier, ou un fonctionnaire anglais courroucé de cet accueil qui ne doit rien à l'occupant colonial ? Nullement. Il s'agit d'un des premiers adeptes anglais de la théosophie occidentale, qui en quelques mois s'est répandue jusqu'en Asie. Pour le remercier, la fondatrice toujours espiègle change le mouchoir qu'il tient à la main en une superbe orchidée rouge...

A partir de là, tout va très vite. Au jour de l'an indien, pour sa première conférence publique, le colonel Olcott proclame d'une voix formidable :

— Vous devez retrouver, avec la grandeur de vos traditions, la fierté d'être hindous ! C'est vous qui donnerez au monde sa nouvelle dimension spirituelle !...

Dans la foule quelques « observateurs » anglais se regardent, consternés.

De swamis en fakirs et en yogis, les visiteurs veulent tout voir des prodiges de l'ascèse hindoue. Madame Blavatsky multiplie en retour les « miracles » dont certains étaient sans doute plus à leur place à Tabarin que dans les lieux saints hindous.

Quand ils arrivent à Bénarès la Sainte, le maharadjah leur verse une dotation énorme qui devra assurer l'essor mondial de la Société théosophique. A travers toute l'Inde et puis à Ceylan, les appels à l'émancipation des Mahatamas blancs transforme leur voyage en tournée triomphale. C'est du monde entier que les subsides affluent maintenant et grâce aux princes indiens qui mettent la différence, les fondateurs de la croyance nouvelle peuvent acquérir près de Madras le somptueux palais d'Adyar où ils installent le siège mondial de leur mouvement.

Ces succès, on s'en doute, n'enchantent pas du tout les autorités anglaises. Depuis des lustres les missions protestantes et catholiques répètent que les croyances hindoues sont un tissu de stupidités et la langue indienne le véhicule de l'ignorance et de l'obscurantisme. Voilà maintenant que des étrangers menacent le vieux rêve de la Compagnie des Indes, alors réalisé depuis un an seulement : faire de tout le sous-continent indien un immense comptoir anglais. La police déclenche aussitôt une campagne de dénigrement systématique contre « les espions ». Mais le charme d'Helena Blavatsky et le magnétisme d'Olcott, et surtout la protection du puissant maharadjah du Cachemire, que le colonel a guéri de ses terribles migraines, les protègent...

Fêtée, choyée, célèbre et à l'abri de tout besoin, Helena Blavatsky va donc pouvoir mener l'existence d'une opulente maharani, tandis que ce nabab de colonel tient l'ensemble de l'aristocratie indienne sous son charme... C'est bien mal la connaître ! Poussée par un éternel besoin de rupture et d'accomplissement, la mère des théosophes s'embarque, dès janvier 1884, à bord d'un bateau qui met le cap sur Marseille. En dix-huit mois elle a ressuscité l'âme et la fierté nationale des Indiens et restauré les anciens cultes. Mais c'est en Europe maintenant qu'elle veut bâtir ce « deuxième pilier » qui permettra de propager la lumière et la paix entre le Levant et le Couchant. A son arrivée à Nice, l'allégresse se teinte juste d'un peu de snobisme : c'est toute l'Europe élégante et aristocratique qui lui fait fête dans le beau palais de Cimiez qu'on a mis à sa disposition.

Mais en Inde, pendant ce temps, les Anglais, craignant un retour en force des théosophes, font systématiquement campagne, sollicitant des faux témoignages et répandant partout que les deux prophètes ne sont que de vulgaires illusionnistes. Ainsi mis en cause, ceux-ci reviennent précipitamment sur les bords du Gange où la graine qu'ils avaient semée donnait de si belles fleurs de renouveau. Las ! Il ne leur faut pas plus de trois jours pour se rendre compte que le charme n'opère plus et que le travail de sape des autorités coloniales et des missionnaires, qui les comparent à l'Antéchrist, a fait son œuvre.

La fondatrice ne se défend pas ou à peine. Elle met en place, à Adyar, un état-major indien dirigé par le colonel, qui va s'employer inlassablement à restaurer la mystique immémoriale des dieux védiques. Quant à madame Blavatsky, qui n'a jamais trouvé le calme que dans le mouvement, elle se remet à vagabonder à travers toute l'Europe, tout en écrivant le livre qui est la somme de son expérience mystique, *La Doctrine secrète*. Et le plus étonnant de cette merveilleuse histoire, c'est qu'elle va accomplir l'essentiel de son œuvre au moment où, calomniée et discréditée, elle est presque totalement évincée du mouvement théosophique occidental. C'est à cette époque qu'elle rencontre Annie Besant, la très jolie femme d'un révérend anglais, avec qui elle s'entend d'ailleurs si mal qu'elle le quitte pour se consacrer, cheveux courts et foulard rouge au cou, à l'action sociale.

Dès le premier regard, madame Blavatsky l'attire, avec « une force surnaturelle », dira-t-elle. Elle devient son plus ardent disciple, et touchée à son tour par « l'appel des Indes », s'installe à Bénarès pour y poursuivre l'œuvre de sa mère spirituelle. Elle transforme complètement le palais Adyar, et fera bâtir un temple maçonnique qui abrite la plus grande collection d'ouvrages spiritualistes du monde.

Cela se passe en 1891. Elle est bientôt adorée à l'égal d'une déesse et devient une des personnalités les plus populaires du Congrès national indien, le parti qui mena l'Inde à l'indépendance.

1891, c'est aussi l'année où Helena Petrovna Blavatsky entreprend un voyage qui l'amène à renoncer — temporairement — à son corps matériel, pour s'envoler vers les régions éthérées, où veillent les grands visionnaires, dans l'attente, comme le veut la doctrine théosophique, d'une réincarnation plus parfaite. Là aussi elle occupera une place des plus singulières : celle de la seule femme de l'Histoire qui ait jamais réussi à fonder une religion.

RÉPONSES À L'INCRÉDULE

— *Qu'est-il resté de cette religion et en quoi consiste-t-elle ?*

— Les théosophes n'aiment pas qu'on assimile leur mouvement à une religion. Ils préfèrent parler d'une doctrine qui veut concilier, en les dépassant, tous les dogmes religieux, ainsi que la science et la philosophie.

Pour y parvenir, il faut, disent-ils, débarrasser les religions de tout ce qu'elles ont de superficiel et d'illusoire, notamment les rites et les églises, et accéder à la connaissance de la vérité, par un entraînement basé sur les techniques de méditation du bouddhisme.

— *Ce n'est donc pas une doctrine d'essence chrétienne...*

— Tout au contraire. Pour les théosophes, le surnaturel, tel que le conçoivent les chrétiens, n'existe pas. « Dieu est un rêve, la prière un vain mot, le rite une jonglerie et le prêtre un menteur ! » disait sans ambages Helena Blavatsky.

— *Pourtant elle croit aux miracles et même en fait...*

— Oui, elle n'est pas à une contradiction près. En fait, elle ne croit qu'aux « prodiges » et assure que la magie est aussi ancienne que l'humanité. Mais qu'elle exige une initiation, qu'elle doit être réservée aux esprits supérieurs, aux initiés, à ceux qui ont accès « aux lieux situés à l'arrière des temples ». Faire la magie, pour H. P. B. c'est surtout exalter le paganisme antique, l'ancienne sagesse du bouddhisme d'où, pour elle, toutes les autres religions sont issues. Mais en le dévoyant. Notamment le christianisme, qui a fait de Satan l'égal de Dieu et de Jésus, un piètre plagiaire de Bouddha ! Un des crimes, et pas des moindres, de ce faux messie, assure dès 1850 Helena, est d'avoir parsemé la terre de cathédrales, dont les flèches sont autant de... symboles phalliques !

— *Si cette dame vivait maintenant, elle aurait sûrement été présidente du MLF !*

— C'est possible. Toute sa vie Blavatsky a été obsédée par la libération de la femme et la création d'un véritable pouvoir féminin. Pour elle, l'émancipation de la femme doit passer par la destruction du « dieu-mâle » et son remplacement par une divinité féminine, une déesse-mère, qui n'existe guère que dans la religion hindoue. Qui est aussi la seule qui donne la première place à la paix, à la fécondité, au contraire du Dieu jaloux des juifs et des chrétiens, dieu de la guerre et de la sottise fanatique.

— *Là, elle n'a pas entièrement tort...*

— Oui. Elle a raison de mettre la sagesse bouddhique au-dessus du sectarisme des religions monothéistes quelles qu'elles soient. Au dieu des armées et des inquisiteurs, les bouddhistes opposent le « dhamapada », la tolérance, qui considère la croyance à un dieu unique comme le pire des aveuglements.

Le combat féministe de Blavatsky sera poursuivi plus radicalement encore par Annie Besant, sa disciple, qui était d'abord secrétaire du puissant syndicat anglais des... allumettières ! Dès 1875, cette charmante fille d'un bourgeois londonien prônait le contrôle des naissances, avant d'obtenir huit diplômes supérieurs de sciences et de fonder la Ligue malthusienne. Ses discours contre les « phallocrates » étaient si violents, qu'on lui avait ôté la garde de sa fille... La détestation que les deux fondatrices de la théosophie vouaient aux hommes et le féminisme militant qui animait les belles duchesses, militantes de choc de Blavatsky, ont longtemps imprégné le mouvement. Il est sans doute à l'origine des nombreux schismes qui ont déchiré la théosophie depuis ses origines et dont le plus retentissant est celui de l'Autrichien Rudolf Steiner. Grâce à une souscription internationale, cet éditeur des œuvres complètes de Goethe fit construire à Dornach, près de Bâle, un temple rival de celui d'Adyar, sorte d'immense Mecque en béton des « anthroposophes », comme Steiner a appelé son mouvement, ce qui veut dire « sagesse de l'homme ».

Dans ce temple, le « Goetheanum » dédié à Goethe, l'homme de science et le poète que Steiner vénérait, on devait jouer des « mystères » à caractère initiatique, comme ceux qui étaient présentés au Moyen Age sur les parvis des cathédrales. Il fut incendié en 1922, vraisemblablement par les nazis. Steiner le fit reconstruire en trois fois plus grand. La salle principale peut abriter aujourd'hui plus de mille personnes et c'est aussi le seul endroit du monde où l'on continue de jouer la version intégrale du *Faust* de Goethe...

— *C'est tout ce qu'on y fait ?*

— Le Goetheanum est un foyer culturel et artistique d'une importance considérable, qui a contribué à l'éducation de centaines de milliers d'enfants à travers le monde. Selon la méthode steinérienne, qui fait un large appel à la musique, à la connaissance de la nature et des langues étrangères. Parallèlement des centaines de médecins s'y retrouvent chaque année, qui soignent uniquement avec des produits pharmaceutiques naturels.

— *Et la théosophie ?*

— De la pensée de madame Blavatsky qui, pour Jules Bois, un journaliste du début du siècle, n'est qu'un « capharnaüm fantastique et enfantin », il ne reste pas grand-chose. Le génie de cette cosaque, aussi impétueuse qu'ambiguë, est ailleurs. Notamment dans le fantastique pouvoir de persuasion et de suggestion qu'elle a exercé sur des milliers de ses contemporains. Jules Bois, qui était très sceptique et catholique pratiquant, était allé la voir à Londres. Voici comment il la décrit, alors qu'elle est pourtant à la fin de sa vie : « Le soir tombait dans les brouillards de Londres. La lampe n'avait pas encore été apportée. Le visage de Blavatsky devenait étrange. Il semblait qu'autour d'elle l'éther s'était mis à vibrer. La femme qui parlait prenait des contours hiératiques. On eût dit qu'au lieu de cette grosse Slave un messager divin était là. L'impression était profonde, inoubliable... »

Ce pouvoir va lui permettre de subjuguer le président des Etats-Unis, Hayes, qui lui donnera un ordre de mission avec passeport diplomatique, pour engager la fusion des occultistes d'Occident et d'Orient. C'était tout à fait inouï, surtout pour une femme qui venait tout juste d'être naturalisée américaine ! Elle réussit de même à fasciner Gandhi qu'elle ramena à la fierté de sa civilisation d'origine et aussi à parachever sa propre œuvre en se trouvant un successeur, Annie Besant, qui jusqu'à l'instant de sa rencontre avec H. P. B. était une militante socialiste de choc, une pionnière du féminisme et jusqu'à la fin de sa vie tout le contraire d'une évaporée. Avec son protégé Krishnamurti, un des grands guides spirituels des temps modernes, et bien sûr Gandhi, qui n'adhéra toutefois jamais au mouvement théosophique, elle est effectivement à l'origine de l'élan qui conduisit près d'un demi-milliard d'Indiens vers l'indépendance de 1947.

Quant aux théosophes, ils sont toujours nombreux à travers le monde. S'ils ont renoncé aux pratiques occultes, ce qui est peut-être dommage, ils cultivent, comme il y a cent ans, la fraternité entre les peuples, l'étude des pouvoirs psychiques cachés de l'homme et des écritures aryennes. En ces temps de haine, de scientisme exacerbé, d'abandon de la tradition, leur rêve obstiné s'en trouve d'avance justifié.

SOURCES

Luc BENOIST, *L'Esotérisme*, PUF, 1963.
Annie BESANT, *L'Idéal théosophique*, Ed. Adyar.
Helena Petrovna BLAVATSKY, *Premiers Pas sur le chemin de l'occultisme*, Les Publications théosophiques.
Jacques LANTIER, *La Théosophie*, Ed. CAL.

Vintras, l'aventurier du mystère

Voici le moment tant attendu de l'élévation... Les fidèles, à genoux, gardent la tête inclinée. Il se fait un grand silence qui rend audibles à tous les froissements du lourd surplis rouge de l'officiant. Celui-ci porte aussi de fines chaussures rouges qu'on aperçoit toutes les fois qu'il s'agenouille... Sa tête s'orne d'une sorte de tiare pourpre et son manteau blanc est rehaussé d'un liséré cramoisi, toujours. L'autel, lui, est ordinaire, avec son tabernacle doré surmonté de la croix, et le prêtre vient de prononcer très exactement la formule consacrée : « Ceci est mon corps !... »

Le voici qui se retourne vers ses ouailles pour leur présenter la sainte hostie. Dans la lumière ténue des cierges, on distingue alors vaguement ses traits. Une belle barbe blanche s'étale sur le chaperon qui tombe sur les épaules. Le regard est bleu, extatique. Sur le front bombé on voit luire quelques perles de sueur...

Mais... miséricorde ! L'hostie qu'il élève n'est pas blanche ! En filigrane, elle laisse apparaître des taches rouges, reliées entre elles par un fin réseau de veines...

Mais il y a mieux... ou plutôt pire : la croix qui orne le manteau de cet étrange pontife est à l'envers...

— Ehglemphaël ! Ehglemphaël ! psalmodie maintenant l'officiant en inclinant sa tiare qui s'orne aussi... mais oui !... d'une ancre et d'un croissant !...

» Que ce calice, ô mon Dieu, poursuit-il, quoique vous étant offert par des mains pécheresses, n'en attire pas moins sur nous la miséricordieuse et divine effusion de votre grâce... Que le breuvage mortel, que nous y avons placé, ne se change pour l'ensemble de la famille humaine qu'en breuvage de pardon...

Diable ! Qui donc nous a chamboulé l'ordinaire de la messe et le rituel aussi, en ce dimanche d'octobre de l'an 1848 en la bonne ville de Tilly-sur-Seulles ?...

Dehors, les gras pâturages normands fument au premier soleil et de la vieille église romane tombe la cantate joyeuse des cloches. Mais ce n'est pas sous ses voûtes vénérables que se célèbre le sacrifice qu'on vient de voir. C'est à quelque distance de là, dans le grenier d'une maison située en lisière du village.

L'endroit est charmant, près de la rivière, avec ses saules et le moutonnement du bocage tout autour du jardin bien planté... La « messe » est à présent terminée et le « prêtre » s'apprête à passer un linge sur son front dont la sueur à présent dégouline.

Ciel !... Avant même que le mince tissu n'ait effleuré la tête, il s'imprègne d'un liquide rougeâtre qui pourrait bien être du sang. D'ailleurs ne sont-ce pas des traces sanglantes aussi qui apparaissent maintenant sur le front de l'homme barbu ?

Les fidèles récitent, avec une ferveur redoublée, les prières de la postcommunion. La main gauche sur la poitrine, la tête renversée en arrière, l'officiant continue de prier. Une femme, jeune et belle, s'est approchée. Avec des marques d'infini respect, elle défait un faux pli au bas de la robe blanche ornée de la croix renversée...

C'est le moins de ce qu'elle doit à ce martyr de sa foi, qui sort tout juste des geôles de Louis-Philippe, où il est resté enfermé durant plus de cinq années...

On aura compris qu'il ne s'agit pas tout à fait de la même foi que celle confessée à Rome par le successeur de saint Pierre, Pie IX, et que l'évêque de Bayeux ne souscrit pas du tout à cet étrange cérémonial.

Bientôt, il devra à nouveau lancer le bras séculier contre le « prophète » qu'il a déjà fait persécuter, il y a quelques années. C'est que le personnage aux fins escarpins rouges est assurément le plus grand hérésiarque d'un siècle qui en compte beaucoup. Il s'appelle Vintras et ses sectateurs se répandront pendant près de cent ans dans l'Europe tout entière.

Non seulement les papes et les évêques s'inquiètent de la progression de l'Œuvre de Miséricorde, que Vintras a fondée, mais aussi le roi Louis-Philippe, à qui le « prophète » promet une mort ignominieuse, et la venue sur le trône du véritable Louis XVII-Naundorff, que lui, Vintras, couronnera à Saint-Denis.

Mais suivons dans le « Livre d'Or » de Vintras comment tout cela a commencé, alors qu'il n'était encore que contre-maître dans une fabrique de papier-carton de Tilly-sur-Seulles.

« A neuf heures environ, dit-il, j'étais occupé à écrire sur mes registres et me pressais assez pour terminer, ayant l'intention d'assister à une messe dont on venait de sonner la dernière volée.

» On frappe à la porte de la chambre où j'étais à écrire. Croyant que c'était un ouvrier qui avait affaire à moi, je réponds assez brusquement : “Entrez !” Je fus bien surpris, au lieu d'un ouvrier, de voir un vieillard déguenillé. Je lui demandai sèchement ce qu'il me voulait.

» Il me répondit bien tranquillement : “Ne vous fâchez pas, Pierre Michel” (noms dont jamais personne ne se sert pour me nommer ; dans tout le pays on m'appelle Eugène, et même, lorsque je signe quelque chose, je ne mets jamais ces deux prénoms).

» Cette réponse de mon vieillard me fit une certaine sensation, mais elle augmenta lorsqu'il me dit : “Je suis bien fatigué ; partout où je me présente, on me regarde avec mépris comme un voleur.”

» Ces dernières paroles m'effrayèrent beaucoup, quoique dites d'un air triste et malheureux. Je me levai et pris devant moi non pas de la monnaie, mais une pièce de dix sous que je lui mis dans la main en lui disant : “Je ne vous prends pas pour cela, mon brave homme.” Et, en lui disant cela, je lui fis apercevoir que je voulais l'éconduire. Il ne demanda pas mieux et me tourna le dos d'un air peiné.

» A peine eut-il mis le pied sur la dernière marche que je retirai la porte sur moi et la fermai à clef. Ne l'entendant pas descendre, j'appelai un ouvrier et lui dis de monter à ma chambre. Là, sous prétexte d'affaire, j'y espérais lui faire parcourir avec moi tous les endroits où je jugeais possible de cacher mon vieillard que je n'avais pas vu sortir. Cet ouvrier monte à ma chambre, je sors avec lui en fermant ma porte à clef et je parcours tous les plus petits réduits. Je ne vis rien.

» J'allais entrer dans la fabrique quand, tout à coup, j'entends sonner une messe. J'éprouvai du plaisir pensant que, malgré le dérangement de mon vieillard, je pourrais néanmoins assister à une messe. Alors, je courus à ma chambre pour prendre un livre de prières. Je trouvai, à la place où j'écrivais, une lettre adressée à Mme de Generès, à Londres. Cette lettre était signée par Paul de Mont-Fleury, à Caen, et contenait une réfutation d'hérésie et une profession de foi orthodoxe.

» Cette lettre, quoique adressée à Mme de Generès, était destinée à remettre sous les yeux du duc de Normandie les plus grandes vérités de notre sainte religion catholique, apostolique et romaine. Sur la lettre était posée la pièce de dix sous donnée à mon vieillard ! »

Quelque temps après, Vintras vient à Paris pour ses affaires. Il tombe sur le même vieillard alors qu'il assiste à la messe à Notre-Dame-des-Victoires. Peu de temps après, celui-ci lui révèle qu'il est, ni plus ni moins... l'archange saint Michel...

Dès lors, les prodiges, les songes miraculeux, les visions vont se multiplier. Nous sommes en 1839 et Vintras ne doute plus de sa mission : régénérer l'Eglise et installer sur le trône celui que l'archange lui a désigné.

En quittant Paris, l'ange, qui est assis à côté de lui dans la diligence, lui demande de se retourner... Vintras voit Paris s'embraser, tandis qu'éclate un concert de cris affreux.

— C'est Ninive la prostituée qui brûle, lui dit l'ange, avec tous ses habitants !

Comme tous les prophètes, Vintras commence par annoncer les catastrophes qui vont s'abattre incessamment sur la France.

Un aristocrate fortuné, M. de Razac, est vivement intéressé par ses vaticinations et prête son château de Normandie. L'ange ne quitte plus Vintras et lui désigne des apôtres et des pontifes. A chacun il donne un nom d'ange qui finit toujours par « aël ». Lui, Vintras, s'appellera désormais Ashmanaraël.

Il trouve cela un peu long et demande à l'ange l'autorisation de raccourcir à « Strathanaël ». M. de Razac est baptisé Bothéraël et sa femme Anhédaël. Parmi les premiers apôtres, il y a un médecin, un avocat, et une descendante des chouans qui avait fait le coup de fusil dans le bocage, la comtesse d'Armaillé. A celle-ci, Vintras promet une destinée au moins aussi glorieuse que celle de Jeanne d'Arc — le bûcher en moins — et il décide sur-le-champ d'en faire son épouse spirituelle.

Ravie, la comtesse vient s'établir à Tilly, qu'elle ne quittera plus. On lui a installé un lit dans la chambre de Vintras et de sa femme ; elle sera un des témoins privilégiés des miracles qui vont tomber sur Tilly.

Sous forme de pluie d'hosties sanglantes d'abord qui sont envoyées par la poste de toute la France ou qui surgissent mystérieusement dans le tabernacle de la Septaine sacrée, nom qu'il donne à sa communauté — ou encore dans les missels bénis par lui ou dans les placards entre les piles de draps.

Quelle est l'origine de ces hosties ? C'est du pain eucharistique profané par des amateurs de sacrilèges, explique Vintras. De tous ces suppôts de Lucifer, le plus actif est une jeune fille d'Agen, initiée dès l'âge de douze ans aux horreurs de la profanation.

Une des femmes de l'entourage du prophète, Tyrzebhaël, alias Mme Cassini, se rend dans cette ville et arrive à dérober à la protectrice de la jeune possédée deux hosties que celle-ci vient de souiller abominablement.

Vintras fait placer l'une d'elles au château de M. de Razac, et l'autre dans sa maison de Tilly, serrée dans un médaillon de verre, cerclé d'or.

Toutes ces hosties se mettent à saigner d'abondance et on décide de les distribuer aux disciples les plus méritants qui sont alors plusieurs centaines.

Un matin de mai 1840, Vintras se lève avec un médaillon au cou, suspendu à un joli ruban bleu. C'est la Sainte Vierge elle-même qui le lui a passé autour de la tête dans la nuit.

Une autre fois, une délicieuse odeur de rose se répand dans toute la maison qu'elle imprègne pendant des jours. Mais le diable, cet éternel jaloux, veille.

Un matin deux prêtres du diocèse de Bayeux se présentent à Tilly. Ils viennent de la part de l'évêque pour se faire une opinion sur la réalité des prodiges qui s'accomplissent à l'Œuvre de Miséricorde, comme Vintras appelle à présent sa septaine.

Ils se promènent partout, discutent longuement et paraissent très impressionnés par les paroles du prophète. Finalement, ils se jettent à ses pieds et lui demandent sa bénédiction.

Strathanaël leur présente alors sa « croix de grâces », celle-là même qui a touché le sang du Seigneur.

A l'instant, les deux bons pères se changent en monstres épouvantables, qui font sonner sur le parquet leurs pieds fourchus et cornus. Ils s'enfuient non sans laisser derrière eux une odeur pestilentielle...

Le bruit de ces miracles se répand rapidement. Des septaines se forment un peu partout et notamment à Lyon, Poitiers, Angers, Montpellier, Cahors et Paris. Vintras se sent suffisamment conforté pour engager la deuxième partie de sa mission : asseoir Louis XVII sur le trône. Il ne fait aucun doute pour lui que l'aventurier allemand Naundorff est bien le dauphin que les alliés ont réussi à faire évader de la prison du Temple.

Mais comment déboulonner Louis-Philippe ?

En communiquant d'abord aux Français les visions terrifiantes que lui inspire le « criminel » :

— Sur un lit magnifique il est couché, lance-t-il publiquement. Il a la poitrine ouverte et se tord dans d'horribles contorsions. Un homme s'approche de lui et lui donne un coup de hache si violent que la tête roule sur le plancher.

Pour le roi-citoyen, dont le père a péri sur la guillotine, le tableau est rude !... Vintras ne s'en tient pas là. Avec l'aide de l'abbé Charvoz, qui jouera un grand rôle dans l'hérésie vintrasienne, il rédige un opuscule qu'ils font tenir à deux demoiselles fortunées. Celles-ci leur fournissent des fonds pour la publication.

L'évêché de Bayeux riposte en disant que cet opuscule qui expose la doctrine de Tilly contient des principes contraires à la foi catholique. En même temps, ils dépêchent auprès de

M. de Razac deux dominicains qui obtiennent du baron et de son épouse une rétractation solennelle.

« Nous détestons Vintras, nous le rejetons et nous y renonçons », signent-ils en avril 1842.

En même temps, les autorités civiles ouvrent une enquête.

Il s'avère qu'un des proches de Vintras, Geoffroi, pardon !... Aberhaël, a escroqué cinq mille francs à M. de Razac.

Le procès devient inévitable, d'autant que le maire d'une commune proche de Tilly fait parvenir une lettre à la reine pour lui signaler l'existence d'une association qui regroupe déjà près de cinq cent mille personnes en Normandie, avec pour but de renverser Louis-Philippe. Le 8 avril de la même année, le prophète est réveillé par un fort bruit de bottes dans son escalier.

Une douzaine de gendarmes enfoncent la porte de sa chambre et s'y engouffrent suivis d'un juge d'instruction.

Vintras est au lit avec son épouse. A six pas de là, sagement, Mme d'Armaillé est dans le sien.

On laisse au prophète le temps d'enfiler une culotte, on le charge de chaînes et on le traîne avec trois autres sectateurs, un ancien notaire, un ancien magistrat, un fabricant de carton, à la prison de Caen.

L'instruction est vivement menée et le 20 août, devant une affluence énorme de curieux et de fidèles, Vintras et Geoffroi, l'ex-notaire, qui ont pu être convaincus de quelques menues escroqueries (sous forme d'argent emprunté et pas toujours rendu), sont condamnés à une peine d'une sévérité ahurissante : cinq ans de prison pour Vintras, deux pour Geoffroi.

Autant Vintras avait été prudent tant qu'il n'était que le pasteur de l'Œuvre, autant, une fois emprisonné, il engage ses adeptes à protester et à professer publiquement leur foi.

Il fonde une confrérie nouvelle, la Sainte Chevalerie, chargée notamment de servir la Vierge Marie, à laquelle il voue depuis toujours une dévotion prioritaire.

Par des lettres quotidiennes, il commande que les chevaliers portent bannière, de couleur bleue et blanche, avec brodés dessus les chiffres de la France... de la Pologne et de l'Espagne !

— Serre les rangs, Strathanaël, et demande encore du temps et de l'amour, lui dit saint Joseph, lors d'une visite qu'il lui fait dans sa cellule.

A l'extérieur, c'est le début d'une nouvelle série de prodiges. Un des jeunes adeptes de l'Œuvre meurt tuberculeux quelques jours après que ses parents l'eurent fait renoncer à l'Eglise nouvelle. On l'enterre et le fossoyeur va pour combler la fosse. Soudain, il entend distinctement trois coups frappés de l'intérieur du cercueil. Au même instant, Vintras est réveillé en sursaut et voit ce même jeune homme enveloppé d'un linceul qui se dresse devant lui et s'écrie : « Mon ruban de Marie, voici ce que je veux pour être en paix. » Cette vision fait sensation parmi les fidèles et, quelques jours après, une foule considérable accourt autour de la tombe, car on a décidé de rouvrir le cercueil. Le cadavre est décomposé et livide, mais les lèvres sont vermeilles comme si le sang y battait encore...

Immédiatement, les vintrasiens concluent à un nouveau miracle. A quelque temps de là, au cours d'un dîner, l'évêque d'Angers, Mgr Paysant, se laisse aller à dire beaucoup de mal de Vintras. Il se lève de table et meurt peu de temps après, sans que la médecine ait pu expliquer les raisons de son décès.

L'évêque de Strasbourg, qui ne s'est pas montré plus tendre non plus avec le prophète, meurt alors qu'il écrit un article contre l'Œuvre de Miséricorde.

A Me Bardout, un avocat, qui a renoncé à le défendre lors de son procès, de crainte « d'être pris pour un fou », il faut passer la camisole de force et il meurt en peu de temps « dans un état d'imbécillité totale ».

Et voici que Vintras est prévenu d'une manière surnaturelle que le duc d'Orléans vient de mourir. Il le dit à ses codétenus. C'est le lendemain seulement que le courrier de Paris annonce effectivement la mort accidentelle du fils aîné de Louis-Philippe. Dans la prison, on s'émerveille et Vintras opère de nombreuses conversions. Les amis du prophète intriguent tant qu'ils peuvent et, après dix-huit mois de détention, celui-ci est transféré à Rennes. Là son régime s'adoucit et tous les jours arrivent en contrebande des bourriches de volailles, foies gras, sucreries et vins. On apprend à cette époque que les deux aumôniers, qui l'ont tant persécuté à la prison de Caen, meurent à leur tour. Ils ont tout juste la quarantaine et l'un d'eux, l'abbé Olivier, qui lui était tout particulièrement hostile, succombe dans les affreuses souffrances d'une scarlatine pustuleuse...

On image l'enthousiasme que ces événements déchaînent au-dehors !... Enthousiasme que certains, hélas ! cherchent à canaliser à leur profit exclusif. Tel cet abbé Maréchal, vintrasien de la première heure, qui, en 1845, se pique soudain, lui aussi, du don de prophétie.

Il proclame le dogme de « la Sainte Liberté des enfants de Dieu », qu'il fait mettre à l'épreuve à Tilly dans un premier temps.

Sainte Liberté ? On aura peut-être deviné que c'est libertinage qu'il voulait dire... Les pieuses demoiselles Garnier en tête, suivies de Lemeneur et autres, se rallient sans fausse honte à un dogme si moderne.

C'est la jeune fille des Geoffroi, Marie, qui se révèle la plus inspirée. A quatorze ans, cette ménade sait mieux que quiconque ranimer les goûts défaillants des septainaires et les jeter tous les jours dans des turpitudes nouvelles.

Et voici que certains font le pèlerinage à Tilly comme autrefois on s'embarquait pour Cythère...

Geoffroi sort de prison en 1845 et trouve lui aussi qu'à l'« Œuvre » les dévotions ont pris un tour épatant... Derrière ses hauts murs, Vintras, prévenu de ces débordements, se désespère de voir les anges changés en pourceaux.

Il prévient que son lit est « sacré » par les extases que la puissance divine y a opérées, et envoie un certain Gozzoli en mission de reconnaissance. « J'ai totalement cédé au torrent de l'amour divin, *rui in amorem* ! » s'excuse Ruthnaël, en citant saint Augustin. Gozzoli, ulcéré, voit que la maison de Dieu est devenue une maison de thé et court chez le procureur du roi. Ruthnaël s'enfuit précipitamment à l'étranger.

Réapparaît alors l'abbé Charvoz qui rentre de Londres où il a tenté en vain de convertir Naundorff, de plus en plus schismatique vis-à-vis de l'Œuvre.

« O Tilly, quand te reverrai-je, asile si pieux ! domaine si paisible ! Hélas ! Une mer furieuse s'élève sans cesse entre nous, et ses vagues haineuses, insultant à mon exil, me font un crime de ma douleur, de mes désirs », se lamente non sans poésie le prophète, toujours claquemuré !...

Quand il sort enfin de prison, ce n'est pas à Tilly qu'il va d'abord. La conduite éhontée des brebis perdues de la septaine est de notoriété publique et il redoute de nouvelles complications, s'il rentre directement. Il a aussi une garde-robe à refaire et des habitudes à renouer. Il préfère s'en remettre pour cela à son épouse mystique, qui est aussi mieux à même de régler les frais vite considérables de son séjour à Paris. Il complète alors la liturgie de l'Œuvre, se sacre pontife divin et institue autour de lui sept autres pontifes parmi lesquels on retrouve Ruthnaël. Celui-ci est revenu avec les marques de la plus évidente contrition. Après avoir dilapidé un héritage de vingt mille francs en compagnie d'une prostituée... Sa conversion fait grand bruit dans les autres septaines où les hosties sanglantes se remettent à circuler.

Maintenant le culte vintrasien est plus vivace que jamais et envahit l'Italie. En 1850, un concile provincial se réunit d'urgence. Rome envoie des décrets de condamnation et Mgr Dupanloup prend en France la tête d'une contre-offensive.

Au milieu des polémiques les plus furieuses éclate la nouvelle de la défection d'Alexandre Geoffroi, le disciple préféré du maître.

Et celui-ci accuse : « Vintras est un pédéraste et les dépravations qui ont eu pour siège Tilly remontent à l'origine de la fondation de l'Œuvre. »

Gozzoli retrempe sa plume dans le fiel le plus noir et rédige un pamphlet retentissant. Le scandale s'enfle et court dans toutes les septaines. A la même époque éclate l'affaire de Rosette Tamisier, cette stigmatisée qui fait accourir des foules autour du tableau qui saigne de Saint-Saturnin [1]. Elle passe pour être affiliée à une septaine vintrasienne.

---

1. Voir « Faits insolites et inexplicables », *Rosette Tamisier ou le tableau qui saigne.*

Nous sommes maintenant sous le Second Empire et Napoléon III ne badine pas avec les détracteurs de la religion catholique.

Le 17 mars 1852, au petit jour, le juge de paix et le commissaire de Caen se présentent à la porte de la septaine sacrée.

La maison est dévastée de fond en comble. Vintras, qui a été prévenu, s'enfuit en Belgique. Son fils, plusieurs pontifes et la comtesse d'Armaillé sont arrêtés...

Le temps des persécutions est néanmoins passé pour Vintras qui, de l'étranger, donne un nouvel essor à l'Œuvre. A Londres, il fonde un carmel et se lance avec ferveur dans la consultation... des tables tournantes.

En 1858, entouré de ses fidèles, gagnés à l'occultisme, il révèle qu'il est en fait le prophète Elie. Le gouvernement anglais l'autorise à ouvrir en grande pompe une université et une chapelle éliaque.

Désormais, il passera sa vie en voyages. En France, dès 1863, où il visite une douzaine de carmels et consacre plusieurs pontifes, en Espagne, en Italie, où il fonde à Florence le Carmel blanc, théâtre aussitôt de phénomènes surnaturels, extraordinaires.

Il fait de Lyon, ville qui a été longtemps la capitale mondiale de l'occultisme, la capitale du vintrasisme initiatique.

Et comment s'achève la vie de celui que Stanislas de Guaïta a appelé un grandiose aventurier du mystère ? Il s'était battu toute sa vie pour que la Vierge Marie reçoive, entre tous les saints, la primauté absolue. Eh bien, il meurt à l'aube du 8 décembre 1875, qui est le jour de l'Immaculée Conception !...

RÉPONSES À L'INCRÉDULE

— *En définitive... saint ou démon, votre prophète ?*

— Vintras n'était ni le diable en oraison, ni un parangon de vertu. Je pense qu'il était avant tout un imitateur de génie. Qui a fait d'abord dans l'imitation de Jésus-Christ grâce à la connaissance parfaite qu'il avait des textes et des rituels liturgiques chrétiens. C'est l'abbé Charvoz, une figure très originale, qui lui communique au fil des années son savoir.

L'abbé qui était un illuminé, mais certainement un très honnête homme, avait une érudition théologique immense. C'est lui qui a fourni à Vintras ses thèmes et son verbe, qui est un étonnant fatras de « lyrisme clinquant romantique », selon une formule de Me Maurice Garçon, auteur d'une étude sur Vintras. Une bonne partie du succès de l'hérésiarque s'explique en tout cas par son éloquence et ses talents de metteur en scène.

— *Et d'escamoteur ?*

— Il est vrai qu'il se livre, devant ses crédules adeptes, à un bonneteau d'hosties réellement endiablé. Jusqu'à la fin de sa vie, il répétera le faux miracle des hosties, ce qui jette évidemment une ombre déplaisante sur le personnage.

Mais s'il y a la part du bonimenteur, il y a aussi celle du littérateur qui accumule un nombre invraisemblable d'écrits d'édification religieuse, qui permettront la diffusion dans toute l'Europe de sa doctrine. Je ne vous conseille toutefois pas de relire Vintras car c'est un charroi d'une redondance verbale souvent insupportable. Mais il captivait les belles âmes du siècle dernier et même le clergé, qui soutenait ses efforts et le considérait comme un prosélyte de choc à opposer aux tenants de l'athéisme.

— *Qu'est-ce qui l'a jeté dans l'hérésie ?*

— Vintras, fils naturel d'une blanchisseuse de Bayeux, a

toujours balancé entre les incertitudes de la foi et les assurances matérielles. Son enfance pénible (sa mère meurt quand il a dix ans) l'explique en partie. Tour à tour tailleur, domestique, colporteur, passementier, cafetier, agent d'affaires et quelques autres métiers d'emprunt encore, c'est un homme qui vit jusqu'à trente ans d'expédients et de petites indélicatesses qu'il répare chaque fois aussi bien qu'il peut.

Quand il s'acoquine avec Geoffroi, un notaire déconfit, et s'installe à Tilly, il a déjà l'idée de devenir au moins un gagne-petit de l'autel. Mais ce projet lui vient après une illumination qu'il a au pèlerinage de Délivrande et qui paraît bien réelle. Désormais, il oscillera sans arrêt entre des transports religieux d'une sincérité certaine et la tentation de supercheries minables mais juteuses...

— *Avoir poussé des mineures à la débauche, c'est plus grave !*

— Cet aspect des choses est très controversé. D'études sérieuses, il ressort que les orgies qui se sont déroulées à Tilly sont imputables à l'abbé Maréchal seulement.

Jamais l'Eglise qui était fort bien renseignée sur tout ce qui se passait à Tilly n'a pu le confondre sur le plan des mœurs. Et on ne dispose d'aucun rapport de police à cet égard. Or, la première chose que l'Eglise s'efforçait d'établir contre les hérétiques, c'était précisément l'indignité de leurs mœurs...

Je crois que Vintras était un homme exceptionnellement sensible et exalté, mais sûrement pas un ruffian ou un entremetteur.

— *Un paranoïaque peut-être ?*

— Plusieurs médecins ont analysé après sa mort la personnalité de Vintras. Certains ont conclu à sa folie, sous la forme d'un « délire mystique systématisé ». Des diagnostics, établis lors du procès même, mettent au contraire en relief la pondération et l'esprit dialectique dont il était capable. Dans toutes les situations, et surtout après la cruelle condamnation de 1842, condamnation politique s'il en fut, il sait rester parfaitement maître de lui-même. S'il avait été fou, aurait-il pu acquérir par ailleurs, si tardivement, son immense culture théologique ? Comme souvent chez les illuminés, il a certainement cru à la réalité et à l'importance de sa mission. Sa force de conviction et son succès ne s'expliquent pas autrement, avec l'idée aussi, qu'il a eue en premier... de dire la messe en français ! En fait, Vintras était, à l'évidence, plus qu'un simple escroc. Il a réussi, de son vivant, à entretenir, grâce à la magie de son verbe, « du soleil à travers un carreau crotté », disait Guaïta, des bataillons de fidèles.

— *En fin de compte que reste-t-il de tout cela ?*

— Rien !... ou plutôt si !... Un des plus beaux livres de ce siècle : *La Colline inspirée*, de Barrès. C'est l'histoire d'un vintrasien, le curé Léopold Baillard, et qui commence ainsi :

« Il est des lieux où souffle l'Esprit, des lieux qui tirent l'âme de sa léthargie, des lieux enveloppés, baignés de mystère, élus de toute éternité, pour être le siège de l'émotion religieuse. »

SOURCES

Maurice BARRÈS, *La Colline inspirée*.
Me Maurice GARÇON, *Vintras, hérésiarque et prophète*, Emile Nourry.
Gaston MÉRY, *La Voyante*, E. Dentu.
Aimé MICHEL, *Les Pouvoirs du mysticisme*, Retz.
Le Livre des pouvoirs de l'esprit, CAL.

Robespierre et la Mère de Dieu

Si Robespierre a finalement perdu, c'est peut-être bien à cause d'une femme, d'une obscure prophétesse, dont l'Histoire n'a pas même retenu le nom. En 1793, les « enragés », rassemblés autour du sanglant Hébert, ont résolu d'en finir avec l'Eglise. Leur porte-parole, Chaumette, un philanthrope, inventeur d'une guillotine à roulettes qui facilite grandement la besogne des trancheurs, est saisi d'une véritable frénésie anticatholique. Dans les cimetières, il fait remplacer les croix par des statues du Sommeil, puisque l'âme ne peut être immortelle, et aux évêques « jureurs », il demande de jeter la mitre, la crosse et l'anneau, et de proclamer : « Tous les titres du charlatanisme sont déposés à la tribune du peuple, nous sommes régénérés ! »

Dans le chœur de Notre-Dame, il a fait construire une immense montagne en carton. Sur ses pentes, des femmes, les seins nus, allaitent des bébés pour en faire de bons petits soldats de la Liberté. On chercherait en vain une effigie de saints. A leur place, il y a une statue monumentale qui représente le peuple, brandissant une massue. Un temple de la philosophie politique remplace le maître-autel. On y distingue les bustes de tous les pères de la Révolution...

Et c'est la même chose, souvent en plus riant, dans les cathédrales de Bourges, du Mans, de Limoges, de Pau et d'ailleurs, où les prostituées organisent de folles bacchanales.

Robespierre a plus de goût et d'esprit que ces gens-là. Et une ambition plus haute. Il ne veut pas extirper du cœur des Français le sentiment religieux. Mais il veut qu'ils embrassent une religion nouvelle. Qu'ils remplacent l'adoration du Dieu de l'Eglise par le culte de l'Etre suprême, fondé sur la raison et la fraternité.

Le 18 floréal an II, plus prosaïquement 7 mai 1794, il fait voter par la Convention, où nul désormais n'ose le contredire, l'acte de naissance d'une religion, dont, par droit divin, pourrait-on dire, il sera le grand prêtre. Pendant... un peu plus d'un mois ! C'est déjà beaucoup trop pour les partisans de l'athéisme absolu. Certes Hébert vient d'être coupé en deux, mais ses amis, aux Jacobins et même à la Convention, cherchent et s'agitent. Pendant que Robespierre établit avec David, le peintre, et Chénier, le poète, les rites et les cantiques de la religion nouvelle, ils cherchent comment jeter au bas de ses autels cet Etre-là et son infernal pontife. Ils cherchent avec l'obstination désespérée de ceux pour qui le chemin de la tribune au tranchoir se raccourcit tous les jours davantage. Et en fin de compte, ils vont trouver...

Ce même jour du mois de mai 1794, deux hommes escaladent discrètement les six étages d'une maison d'allure misérable de la rue de la Contrescarpe. Ce sont des agents secrets, ou mieux des mouchards du Comité de salut public. Ils se nomment Héron et Sénart, et sont dépêchés là par Vadier, un député montagnard qui exècre tout autant Robespierre que sa divinité et Barère, surnommé « l'Anacréon de la guillotine », parce que la vue du panier à son bien rempli lui met à la bouche d'exquises fleurs de littérature. Quant aux deux espions, autant dire que ce sont de franches crapules : Héron est un ancien marin au long cours que ses hommes appellent tout simplement « le Chef ». Peut-être tient-il son autorité du fait qu'il ne sort jamais sans une artillerie très complète : sous son habit il porte deux espingoles, des pistolets de poche et une seconde ceinture avec d'autres pistolets d'un calibre plus considérable, plus un large poignard et un tout petit stylet. Son épouse, une belle Cancalaise dont il est très épris, le trompe avec un lieutenant en premier du régiment de Beauce et s'enfuit avec huit cent mille livres, fortune qui ne doit sûrement rien à sa solde de matelot. Il vient d'introduire une requête auprès de ses influents amis, qu'il a de bonnes chances de voir aboutir : celle de faire guillotiner sa femme de toute urgence...

Sénart au contraire est un scrupuleux. Fils d'un procureur de Châtellerault, il passe pour noble et a même épousé une filleule de Louis XVI et de Marie-Antoinette. Jamais il ne réunit ses commissions militaires qui écument la province sans les faire assister d'abord à la messe. En toute chose il met du sérieux : élu procureur à Tours il établit sans retard la guillotine à demeure et « sur une solide base en maçonnerie ».

— Tâche surtout de prendre l'air dévot ! souffle Héron à son acolyte en frappant du majeur deux, puis trois coups à une porte palière.

Après un assez long moment, une servante passe le nez.

— Vous venez pour la Mère de Dieu ? dit-elle. Il va vous falloir attendre... Elle n'est pas encore levée !

Il est onze heures ; nos deux lascars se plantent dans l'entrée exiguë et sombre.

— N'oublie pas, dit encore Héron. Tu viens de la campagne !

Paraît alors un homme affublé d'une immense redingote blanche et portant une toque de petit-gris. Il élève un quinquet vers les figures des visiteurs et trace sur son front un signe de reconnaissance que Héron répète avec empressement. Avant qu'il ait pu dire un mot, la servante reparaît et lance avec emphase :

— Venez ! Hommes mortels, vers l'immortalité ! La Mère de Dieu vous permet d'entrer !

Elle les précède dans une chambre assez vaste mais tout aussi sombre où elle allume un chandelier à trois branches et dispose, sur des gradins bas, trois fauteuils bleu et rouge.

— L'heure s'avance ! dit-elle encore. La Mère de Dieu va paraître pour recevoir ses enfants !

A ce moment arrive un militaire portant son bonnet sous un bras, un long bancal au côté, suivi d'une citoyenne que l'homme à la toque salue comme étant « l'Eclaireuse ». Une autre vient des pièces du fond qu'on appelle « la Chanteuse », une autre encore, qui est singulièrement belle et qui se nomme « la Colombe ». Voici que l'« Eclaireuse » agite une sonnette.

— Frères, voici votre Mère !

Les rideaux d'une alcôve s'écartent et paraît une grande personne sèche et diaphane. Sa tête et ses mains sont d'une maigreur phénoménale et agitées de tremblements séniles...

Sénart, qui est resté prudemment en retrait, compte à présent une bonne dizaine de personnes qui prennent place sur des tabourets et des sortes de chaises longues.

— Gloire à la Mère de Dieu ! crient les ouailles de Catherine Théot, en se précipitant sur sa pantoufle qu'ils baisent avec ferveur.

Dans son coin Sénart a du mal à ne pas rire.

Une collation est servie, mais à la prophétesse seulement. Deux jolies filles lui essuient ensuite tendrement le visage et les lèvres. D'une voix aigre et fêlée, elle prononce alors ces mots :

— Enfants de Dieu, Votre Mère est au milieu de vous. Je vais maintenant purifier les deux profanes !...

Tout à l'heure au bas de l'escalier, Sénart a consulté une dernière fois sa fiche de police. Il y est dit que celle qui se fait appeler « la Mère de Dieu » par des adeptes de jour en jour plus nombreux a soixante-neuf ans, qu'elle est fille de pauvre journalier normand et qu'elle a été très longtemps servante. A cinquante ans bien sonnés, elle a soudain sa Nuit. Elle se précipite chez un marchand d'« instruments de pénitence » et investit les économies de toute une vie dans un incroyable bric-à-brac de cilices, ceintures de fer, bracelets à « picquais » et jarretières métalliques, doublées de crin. La nuit elle dort sur une croix qui est un véritable chevalet de torture garni également de pointes d'acier. Quoique complètement illettrée, elle commence à catéchiser. Non sans succès, puisque l'archevêque de Paris, Mgr de Beaumont, s'inquiète et lui demande par lettre de lui faire part des lumières qu'elle pense avoir reçues. Une lettre de son archevêque ! Le peu de bon sens qui reste à Catherine Théot l'abandonne et la voici qui court les rues, ameutant les passants, interrompant les sermons et guettant les prédicateurs à leur sortie, pour les traiter d'hérétiques... L'un d'eux porte plainte et la visionnaire se retrouve pour trois ans à la Salpêtrière dans le carré des doux dingues. Une couturière la recueille ensuite, qui est aussi toquée qu'elle, et pendant dix ans, retirées, les deux bonnes femmes vont passer le temps à retoucher leurs visions cornues... Quand l'ouragan révolutionnaire déferle, elles refont surface et installent leur officine à mirages sur la montagne Sainte-Geneviève, où nous les retrouvons maintenant...

— Agenouillez-vous, mortels ! s'écrie l'Eclaireuse. Vous allez recevoir les sept dons de Dieu !

Les deux moutons se prosternent.

— Savez-vous lire ?

— Un peu !

La Théot passe derrière Sénart et lui saisit la tête qu'elle presse fortement. Celui-ci sent la bouche de la vieillarde lui effleurer le front, les paupières, l'envers de l'oreille et par deux fois le menton.

— A votre tour ! exige la belle Eclaireuse.

Rude épreuve ! Mais en policier zélé, Sénart se soumet et embrasse la vieille partout.

— Fils et Mère, baisez-vous sur la bouche ! demande ensuite la Chanteuse.

Là, il faut de l'héroïsme, mais allons-y, pour la République !

Héron écope des mêmes attouchements et dès qu'il a fini, tout le monde entre en transe, se prosterne, prie, et entame des cantiques. Une belle jeune femme garde sa bouche collée à celle de Catherine durant de longues minutes. Elle ne s'interrompt même pas quand la Colombe apparaît dans tous ses états.

— Nous sommes trahis ! crie-t-elle. Il y a des soldats plein la rue !... Ils montent l'escalier !

L'homme à la houppelande blanche, qui est un ancien chartreux défroqué du nom de dom Gerle, ancien membre de l'Assemblée constituante aussi, veut s'enfuir. Héron lui pointe une de ses pétoires sur la figure, tandis que Sénart, plus mort que vif, trouve la force de tirer la fenêtre et de crier :

— A la Garde ! A moi les gendarmes !...

Quelques instants plus tard, un étrange cortège dévale la rue de l'Estrapade : la « Mère de Dieu », tête branlante, trotte menu entre deux gendarmes, suivie de tout son troupeau d'illuminés encadré de gardes nationaux.

Devant marchent les deux sycophantes, Héron, radieux, faisant sonner son artillerie, Sénart, chafouin, la tête invisible sous son bicorne.

On arrive devant le ci-devant collège Louis-le-Grand, transformé en salle de police et en prison. Dans ce couloir, moins de quinze ans auparavant, Robespierre, alors étudiant en droit, ruminait, sombre et solitaire, ses rêves de grandeur. Vadier y occupe un petit bureau, où les accusés tout à l'heure seront interrogés.

Il apprendra que la Mère enseigne que l'Incorruptible est le nouveau Messie, l'incarnation de l'Etre suprême, envoyé sur la terre pour faire de la France le Paradis...

C'est tout ce qu'il voulait savoir.

Quelques jours après, c'est l'incroyable fête de l'Etre suprême [1], la journée la plus étonnante de l'histoire de Paris. Ce jour-là, on veut abolir deux mille ans de christianisme et revenir aux grandes célébrations de l'Antiquité, avec chars de la Liberté, tirés par le peuple de Paris, crémation de la statue de l'Athéisme, et homélie de Robespierre, qui n'est plus déjà que le prêtre fanatique du grand culte de la Mort. Cette journée, pourtant, alors que la France halète et agonise à l'ombre bleue de la Machine, marque l'apogée de l'homme qui a concentré entre ses mains plus de pouvoir qu'aucun autre avant et après lui. Elle le précipite aussi vers une fin vertigineuse et absurde qui interviendra moins de deux mois plus tard.

A la Convention, huit jours après, Barère fait éclater sa bombe : Robespierre était le disciple d'une vieille folle mystique ! C'est Catherine Théot, la Mère de Dieu, qui a inventé l'Etre suprême et qui a persuadé l'Incorruptible qu'il était le nouveau Messie ! Pour parfaire le traquenard, Vadier lui donne les couleurs du vaudeville. Il laisse entendre que Robespierre comptait effectivement au nombre des initiés de la secte et qu'il était le premier à sucer le menton de la vieille sorcière !

Tout cela est faux, bien sûr. Tout cela n'est qu'une machina-

---

1. Voir « Les Grandes Figures », *Robespierre ou la religion qui dura un jour* (Tome 1).

tion diabolique, servie par une coïncidence heureuse. La Convention n'en a cure. Sur les bancs de la fameuse salle tout en longueur des Tuileries, les députés se tordent de rire, et un rêve immense s'écroule...

— Vrai de vrai, tu étais au fait des simagrées de la Théot, camarade citoyen ? Quel effet ça fait, d'embrasser sur la bouche la Mère de Dieu ?...

D'abord ahuri, Robespierre s'indigne. Longuement, comme toujours, il confie à ses collègues son étonnement et sa douleur, devant cette indécente bouffonnerie.

— Comment, rétorque Vadier, cette conspiratrice, qui sacrifie à la superstition et aux vieilles idoles, n'est qu'une « femme à mépriser » ?

— Je n'ai pas dit cela ! interrompt Robespierre. Comprenez-moi...

Cette palinodie embarrassée de celui qui a pulvérisé tant de fois des arguments autrement plus sérieux est une erreur irréparable. On le hue, on refuse d'imprimer son discours et de l'envoyer aux départements. L'Incorruptible se laisse tomber sur son banc. Il sait ce que cet échec veut dire. Sa figure blême de chat se ferme un peu plus et il murmure :

— Je suis perdu !

Vadier enfoncera définitivement le clou en montrant une lettre d'un notaire genevois qui propose à Robespierre une Constitution... surnaturelle ! Robespierre se rue sur la tribune. On lui en refuse l'accès. Il hurle :

— La mort ! La mort !

— Tu l'as méritée mille fois ! lui répondent les conventionnels.

C'est fini. Au bout d'une bataille de trois heures, le Célébrant de l'Etre des Etres est mort, tué par le ridicule.

— Sortons ! s'écrie-t-il. Sortons en masse... cela fera plus d'effet !

Ils sont cinq, en tout, à le suivre. Ou plutôt à être jetés dans les fourgons par les gendarmes, qui remplacent les huissiers défaillants.

Quelques jours plus tard encore, le 9 thermidor, celui qui avait voulu ramener l'Age d'or par la terreur et l'échafaud périt par l'échafaud, au milieu des chants, des danses et des cris d'allégresse.

Le lendemain de ce jour où la Révolution bascula, Catherine Théot est conduite à la prison de la Force, et de là au Plessis. Robespierre s'était opposé à ce qu'on lui fasse du mal et elle risquait à présent d'être persécutée comme complice du tyran. Dans sa geôle, couverte de plaies dont on ne s'explique pas l'origine, la sibylle de la rue de la Contrescarpe continue de prophétiser...

« Un grand coup me frappera sur la colline du Panthéon, dans une maison voisine de l'Ecole de droit. Il annoncera mon rajeunissement et ma transformation en Immortelle ! » avait-elle vaticiné dans sa première prison.

Sa prophétie quant à son dernier lieu de détention se révéla exacte. Et de quel « grand coup » veut-elle donc parler ? Aux cuisiniers et aux guichetiers qui se moquent d'elle et la maltraitent, elle dit :

— Oui, je vais mourir ! Mais pas sur un échafaud comme vous l'espérez ! Je mourrai de ma propre mort et malheur ! Quand je mourrai, vous verrez !... La terre tremblera, et ça s'écroulera de partout !...

Le 31 août, la visionnaire, entourée de ses fidèles, entre en agonie. Elle meurt paisiblement à sept heures et demie. A cet instant précis, une formidable détonation ébranle les murs de la prison. La terre se met à trembler et toutes les vitres de Paris volent en éclats tandis que les portes de la prison voisine du Luxembourg s'ouvrent d'elles-mêmes.

Pour une raison qui ne fut jamais élucidée, la poudrière de Grenelle venait d'exploser, faisant des morts par centaines...

RÉPONSES À L'INCRÉDULE

— *C'est certainement une coïncidence...*
— Oui. C'est une coïncidence, bien sûr...

— *Dans la prison, l'impression a dû être profonde...*

— En effet ! Les geôliers de la Mère de Dieu ont pris ses prophéties au sérieux et, fous de terreur, ont installé son corps sur un grand lit de parade, croulant sous les fleurs et entouré de mille bougies ! Bien sûr, quand ils ont appris que c'était la poudrière centrale qui avait sauté et que l'illuminée n'y était pour rien, ils ont jeté son corps à la fosse commune sous un linceul de chaux...

— *Et Robespierre... la connaissait-il ?*

— Il ne l'avait jamais vue et ignorait son existence. Le parti des athées s'est tout simplement servi d'elle pour tourner en ridicule les idées religieuses de Robespierre.

— *... Qui étaient sincères ?*

— Certainement. Cet ancien élève des Oratoriens, qui devait à l'évêque d'Arras sa bourse de collégien et d'étudiant, a vécu jusqu'à la fin entouré de prêtres. Fervent disciple de Rousseau, qu'il avait peut-être rencontré dans sa retraite d'Ermenonville, il pourfendait Voltaire dans tous ses discours, au grand scandale des athées. « Attaquer le culte, c'est attenter à la moralité du peuple ! » disait-il à la tribune de la Convention, où il émaillait à dessein ses interventions de retentissants : « A Dieu ne plaise ! » A la veille et au début de la Révolution, le Bon Dieu ne s'était encore jamais aussi bien porté d'ailleurs. Quand on se met à fermer les églises, les gens se tournent avec frénésie vers toutes les formes de mysticisme. Les plus naïves ou les plus égarées, révélations de somnambules et de nécromanciens, tarots et horoscopes, ceux de Mlle Lenormand surtout, qui a dans sa pratique Saint-Just, Barère et Robespierre lui-même, qui tournait de l'œil chaque fois qu'il touchait le neuf de pique. Quand en 1793, on profane la châsse de sainte Geneviève, les sans-culottes du quartier veulent élever dans l'église un « autel, où de pieuses vestales entretiendraient un feu perpétuel ». Dans les familles, on adore le portrait de Chaumette placé entre deux bougies, et Pétion, le président de la Convention, a sa secte qui le trouve « très supérieur à Notre-Seigneur Jésus-Christ ».

Dans la bonne société aristocratique ça ne va guère mieux. La duchesse de Bourbon recueille tout ce que Paris compte de somnambules, de sorciers, de cabalistes et d'augures. Tous les jours le prophète Elie tient des conférences très suivies dans le jardin des Tuileries, on se croit suivi par son ange gardien ou persécuté par son diable gardien et ceux qui ne s'adonnent pas au magnétisme suivent la prophétesse Suzanne Labrousse, jusqu'à Rome, où elle se rend... pour convertir le pape !

Catherine Théot a du succès aussi, on l'a vu, avec une imagination encore plus fertile que les autres. La police trouve chez elle une recette pour fabriquer une épée magique qui rend invincible, mais surtout de nombreux brouillons de lettres, toutes adressées à son « cher fils » Robespierre et dans lesquelles elle le gratifie du nom de « Guide des milices célestes » et d'« ange du Seigneur ».

— *Les élucubrations de cette illuminée n'étaient pas des preuves de la culpabilité de Robespierre...*

— C'est vrai. Mais on n'était pas à ça près ! Le seul élément quelque peu compromettant pour l'Incorruptible, c'est la présence au domicile de la Théot de dom Gerle, l'homme à la houppelande blanche.

Cet étrange personnage, ancien député de la Constituante, qui avait lancé à Paris la visionnaire Suzanne Labrousse, allait fournir à Vadier le seul élément politique de son rapport. Il s'agit d'une lettre de Robespierre à l'ancien chartreux, dans laquelle il se porte garant de son patriotisme et de ses convictions révolutionnaires et lui remet de plus « une carte de Sûreté », talisman précieux sans lequel le moindre déplacement dans Paris peut se terminer à la Conciergerie.

— *C'était le prétexte...*

— En effet. A l'été 1794 tout était bon pour abattre l'Ange de la mort qui ne tenait plus que par la pression de la populace. Le règne de la Terreur absolue était arrivé et n'importe qui en France pouvait être arrêté la nuit, jugé à midi et guillotiné à quatre heures, sans même avoir pu ouvrir la bouche. Temps atroces, où les députés n'osaient plus coucher dans leur lit, changeaient continuellement de place dans la salle de séance, passaient leur journée à courir dans les rues et à se glisser dans les immeubles à deux entrées, pour dépister les espions. Barras, dans ses *Mémoires*, raconte qu'un député, ivre de fatigue, se tenait à sa place, le front appuyé sur sa main. Soudain on le voit bondir sur son siège comme piqué par un scorpion. Simplement parce que le Dictateur l'a dévisagé. Tremblant, décomposé, il se tourne vers un de ses collègues et balbutie : « Il va se figurer que je pense à quelque chose ! »

— *Ceux qui voyaient en Robespierre un dieu avaient raison. Mais c'était un dieu exterminateur...*

— Oui. A l'intérieur comme à l'extérieur il avait acquis un prestige immense, au point qu'il personnifiait, à lui tout seul, la Révolution. Et la Terreur. « Si Robespierre demande du sang, le sang sera versé ; s'il n'en demande pas, personne n'osera en demander ! » disait-on à la Convention. Les femmes surtout en remettent : « Tu es ma divinité suprême, je te regarde comme mon ange tutélaire », lui écrit une veuve, Jaquin, de Nantes... nantie de quarante mille livres de rente ! Les municipalités lui écrivent qu'elles se jettent à ses pieds et qu'elles chantent des *Te Deum* en son honneur...

— *En fait, l'Etre suprême, c'était lui !*

— C'est en tout cas de l'avoir laissé croire à ses ennemis qui l'a perdu.

— *Et qu'est devenu son principal détracteur, Vadier ?*

— Jusqu'à sa mort, en 1828, l'ancien conventionnel ne cessait de répéter dans son exil bruxellois l'histoire de Catherine Théot et le parti qu'il avait su en tirer. « Robespierre, disait-il, avec son inimitable accent ariégeois, ze l'ai anéanti, ze l'ai abîmé, ze l'ai abattu d'un coup... Vous vous rendez compte ! il disait que l'athéisme est aristocratique ! »

L'implacable voltairien, qui avait fait mordre la poussière à un homme dont la puissance passait, et de loin, celle du Roi-Soleil lui-même, mourut pieusement le jour de la Pentecôte de 1828 et son corps fut présenté à la cathédrale Sainte-Gudule, où le haut clergé rassemblé célébra un office solennel pour le repos de son âme...

SOURCES

Paul BARRAS, *Mémoires*.
Ernest HAMEL, *Histoire de Robespierre*.
Alphonse DE LAMARTINE, *Histoire des Girondins*.
Georges LENOTRE, *Le Mysticisme révolutionnaire, Robespierre*, Librairie académique Perrin.

Une curieuse vie de saint

Le 27 juillet 1680, la ville de Séville et les frères de la Charité, auxquels s'étaient joints de nombreux cardinaux, des archevêques, des évêques, des moines, des laïcs, de grands seigneurs et des maîtres de l'Université, introduisirent en Cour de Rome une demande de canonisation concernant le frère don Miguel de Mañara, mort un an plus tôt en odeur de sainteté au couvent de la Caridad. L'enquête menée par les éminents docteurs de la Congrégation des Rites fut longue et minutieuse. Elle dura dix ans et permit de découvrir que le personnage proposé au jugement de la Cour de Rome avait eu une vie particulièrement édifiante. En foi de quoi le pape signa le décret faisant de don Miguel de Mañara un *Vénérable*, premier grade sanctificatoire avant la béatification.

Immédiatement, les moines de la Caridad œuvrèrent pour que le Vatican s'intéressât aux miracles qui se produisaient auprès de la tombe de leur ancien frère et voulût bien accorder à celui-ci le titre de *Bienheureux*.

Aujourd'hui — et depuis quelques années déjà —, la Congrégation des Rites se penche sur le dossier de canonisation de don Miguel de Mañara dont le nom figurera peut-être un jour sur nos calendriers.

Mais qui donc est ce saint homme possédant des vertus à ce point remarquables que Rome s'apprête à lui accorder une auréole ?

Il s'agit d'un Sévillan qui vécut au XVIIe siècle et qui est plus connu sous le nom de don Juan... Oui, vous avez bien lu : don Juan, l'amant de mille et trois femmes, le violeur, l'aventurier, l'assassin [1] !...

---

1. Il ne faut pas confondre ce personnage bien réel avec le don Juan légendaire créé par Tirso de Molina et repris par Molière.

Né à Séville en 1627, don Miguel eut la révélation de sa vocation de séducteur alors qu'il n'avait pas quatorze ans. Ayant assisté à une représentation du *Trompeur de Séville* de Tirso de Molina, il sortit du théâtre en déclarant avec une tranquille assurance : « Je serai don Juan ! », comme un autre enfant aurait dit : « Je serai marin ! » Et tout aussitôt, il chercha à se faire la main. Issu d'une famille noble, il lui fallait, en vrai conquistador, des débuts éclatants.

Et, pour un coup d'essai ce fut un coup de maître : il devint l'amant de la maîtresse de l'archevêque de Séville. Il tira de ce premier contact des enseignements qu'un long apprentissage avec une dame du commun ne lui eût point donnés.

Puis il se tourna vers les femmes mariées qu'il charmait par sa parole, émerveillait par son audace et faisait se pâmer par une technique fort savante...

Lorsqu'un mari, apprenant son infortune, montrait une contrariété de mauvais aloi, don Miguel tirait son épée et tuait le gêneur.

Voulant à toute force égaler son modèle, il ne reculait devant aucun péril. Certain soir, il donna rendez-vous à une jeune fille dans un pavillon de chasse et avertit le frère de la belle. Celui-ci, croyant à une vantardise, se rendit à la porte de la chambre et écouta. Reconnaissant la voix de sa sœur, il injuria don Miguel, mais dut rester sur le palier et attendre la fin d'un duo dont quelques soupirs caractéristiques lui permettaient de suivre les péripéties. Après quoi, don Miguel sortit, l'épée haute, tua le frère et rentra tranquillement chez lui.

Tous ces exploits, on s'en doute, firent beaucoup pour sa réputation. Bientôt, il eut le surnom qu'il désirait. Tout Séville l'appela « don Juan ». On disait de lui qu'il attirait les femmes plus que l'aimant attire le fer.

Mais un soir, tout comme le don Juan de la légende, alors qu'il était dans la chambre d'une jeune fille, doña Teresa, le père parut, un flambeau à la main. Don Miguel sauta du lit, saisit son épée et, dans un corridor obscur, engagea un duel terrible. Le vieillard, qui avait dégainé, se battit furieusement, mais don Miguel le tua d'un coup en plein cœur et s'enfuit.

Cette fois, l'affaire était trop grave pour que les parents du jeune homme pussent l'arranger. Le père de doña Teresa étant le chef d'une puissante famille d'Andalousie, le roi lui-même ordonna des poursuites. Don Miguel dut fuir, quitter l'Espagne, se réfugier en Italie, puis aux Pays-Bas où le charme des belles Flamandes n'eut bientôt plus de secret pour lui.

Engagé dans un régiment espagnol qui guerroyait contre la Hollande, il montra une exceptionnelle bravoure qui lui valut d'être cité à l'ordre du jour de l'armée. Sa brillante conduite fut vite connue à Séville et, par décision royale, les poursuites judiciaires furent abandonnées. Don Miguel put rentrer chez lui.

A peine arrivé, il trouva un nouveau moyen de fasciner les belles Espagnoles : il participa à des corridas et montra, là encore, une extraordinaire habileté.

Un jour, il tomba gravement malade. Tous les maris d'Andalousie se réjouirent, mais don Miguel guérit, contre toute attente.

— Il trompe même la mort ! disait-on.

On aurait tort de croire que cet éternel insatisfait fût un écervelé papillonnant sans méthode. Don Miguel tenait ses comptes. Il possédait une liste complète de ses « victimes » avec, en regard, une liste des maris ou amants trompés suivis de la profession qu'ils exerçaient. Toutes les classes sociales étaient représentées. En tête de la colonne masculine, on lisait même le nom d'un pape... Pendant son séjour en Italie, don Miguel avait en effet séduit une belle Florentine à qui, disait-on, Sa Sainteté avait accordé ses faveurs...

Ensuite venait un empereur. « L'énumération, dit Mme Esther Van Loo, sa principale biographe, continuait, brutale, directe, précise. C'était un ahurissant pêle-mêle d'évêques, de princes et de ducs régnants, de marquis, de comtes, de chevaliers, de bourgeois ou de modestes artisans. »

Un soir, en parcourant son étrange « comptabilité », il s'aperçut qu'il n'avait pas encore goûté de l'inceste. Ses sœurs étant religieuses dans un couvent dont la règle sévère interdisait tout espoir, il allait se résigner à abuser d'une de ses tantes, lorsqu'il se souvint de l'existence d'une demi-sœur, fille naturelle de son père, qui habitait la Corse.

Le lendemain, don Miguel s'embarquait.

La jeune fille fut rapidement conquise par ce bel Andalou

qui se disait ami de son demi-frère. Mais au moment de célébrer leurs noces clandestines, par un raffinement démoniaque, il lui révéla son identité. Quelle victoire si la belle avait accepté de perdre son âme, et quelle saveur le goût du péché mortel aurait ajouté à la chose... Mais la jeune fille le repoussa et, l'ayant giflé, ameuta la maison. Le seigneur du lieu accourut, don Miguel le tua et, s'enfuyant, occit encore un domestique qui le poursuivait.

Ce premier échec marque le début d'une série d'événements qui vont impressionner vivement le jeune libertin.

Se rendant une nuit dans un couvent avec son écuyer pour y enlever une religieuse — d'ailleurs consentante — (ce genre de sacrilège manquait encore à son tableau de chasse), il entend des psaumes mortuaires chantés dans une église. Intrigué, il entre. L'église est vide.

A peine a-t-il fait quelques pas qu'un coup violent appliqué sur la nuque le jette par terre sans connaissance. Son compagnon le ranime et tous deux entendent distinctement une voix lugubre qui crie :

— Apportez le cercueil, il est mort !

Terrorisés, ils rentrent en courant chez eux et renoncent à l'enlèvement.

A partir de ce moment, les hallucinations se succèdent. Hélé par une jolie fille qui rêve à son balcon, il monte par une échelle de soie et trouve une chambre vide, tendue de noir, où repose un squelette entouré de quatre cierges.

Il est au bord de la folie lorsqu'il rencontre la seule femme qu'il aimera : doña Jeronima. Il l'épouse et vit heureux avec elle pendant treize ans.

Tout Séville s'émerveille. Don Juan s'est assagi. Don Juan est fidèle. A la vérité, pour la première fois de sa vie, don Juan a trouvé l'amour qu'il recherchait passionnément...

Subitement, doña Jeronima meurt, et don Juan, écrasé de douleur, est repris par ses hallucinations, des hallucinations épouvantables qui le rendent malade. Pour recouvrer la paix, il veut entrer dans un couvent. Son confesseur s'y oppose.

— Vous avez besoin d'activité. La vie contemplative ne vous convient pas.

Et don Miguel met sa fortune au service des pauvres, fonde des hospices, quête, soigne les malades, dirige le couvent de la Caridad avec la même passion qui le poussait jadis à la débauche.

Faisant en Espagne ce que saint Vincent de Paul fait en France, il s'épuise à la tâche et meurt à cinquante-deux ans, entouré du respect de ses confrères et de l'admiration de l'Espagne tout entière.

Il est enterré dans la chapelle du couvent, sous une plaque où il a demandé que soient écrits ces mots :

Ici gisent les os et les cendres
du pire homme qui fut au monde.
Priez pour lui.

Bientôt, des miracles ont lieu près de son tombeau. Aujourd'hui, je l'ai dit, la Congrégation des Rites se penche sur le dossier de canonisation de don Miguel et les femmes pourront, peut-être, implorer un jour un nouveau saint qui ne manquera pas, du haut du paradis, d'exaucer leurs prières avec une tendresse toute particulière, et parfois, qui sait, un peu de mélancolie...

RÉPONSES À L'INCRÉDULE

— *Etonnante histoire que celle de ce libertin athée et criminel qui aura peut-être un jour sa statue dans les églises... Mais je voudrais revenir sur le point le plus troublant de sa vie : ses visions. En eut-il beaucoup ?*

— Enormément ! Un soir, sortant de chez lui, il croise un groupe d'hommes qui marchent rapidement en portant une civière. Il s'arrête et demande aux porteurs pourquoi ils vont si vite.

— Don Miguel de Mañara est mort ! répondent-ils.

Il se précipite vers la civière et entrevoit un cadavre où il se reconnaît... C'est *lui* qu'on emporte...

Quelques jours plus tard, il rencontre une procession qui

débouche d'une rue et s'avance sans bruit et sans déplacer le moindre souffle d'air. Des pénitents suivent en longues files, tenant des cierges allumés... Et il remarque que la flamme de ces cierges est rigoureusement immobile malgré la marche.

Ce cortège de cauchemar le glace littéralement jusqu'à la moelle. Il demande alors :

— Quel saint fêtez-vous là ?

— Nous portons en terre don Miguel de Mañara...

Don Miguel éclate de rire. D'un rire nerveux qui s'arrête net car il aperçoit une bière recouverte d'un velours noir et soutenue par des moines. Derrière eux, les pénitents marchent d'un pas lent. Don Miguel insiste :

— Que portez-vous là ?

L'un des moines le regarde de ses yeux vitreux :

— Nous allons enterrer don Miguel de Mañara.

Le cortège continue sa route et entre dans l'église San Isodoro. Don Miguel le suit. Il entend des chants lugubres et assiste à une messe des morts. Quand elle est terminée, il ose s'approcher du cercueil placé au centre de la nef et il arrache le velours noir qui le recouvre. Il voit alors avec horreur que le visage du mort, encore une fois, est bien le sien.

Il s'évanouit. On le retrouve, sans connaissance, au petit matin, étendu dans l'église.

— *Toutes ses hallucinations étaient-elles aussi morbides ?*

— Toutes... Je vais vous donner un troisième exemple parmi des dizaines d'autres. Un jour qu'il se rend chez un homme d'affaires au sujet d'une ferme détruite par un incendie, il aperçoit une femme qui semble avoir exactement la taille et la démarche de sa chère Jeronima. Il la suit. L'inconnue marche de plus en plus vite et il est presque obligé de courir pour ne pas perdre sa trace. Elle entre dans une église. Il y entre aussi et s'approche d'elle. Il va la toucher quand elle se retourne. Sous la mantille, don Miguel voit avec terreur un squelette ricanant qui le regarde...

— *Ces hallucinations étaient-elles connues à Séville ?*

— Tout le monde en parlait...

— *Peut-on les expliquer ?*

— S'il avait été seul à les avoir, je pense qu'un psychiatre pourrait les expliquer par le dégoût qu'il avait de sa vie passée, du péché de la chair et même du corps humain. Mais bien souvent, des amis — parfois de grands personnages de Séville — partagèrent ses visions. Dès lors ces phénomènes sont inexplicables.

— *Ne pensez-vous pas qu'ils étaient dus simplement à l'état dans lequel il se trouvait après la mort de sa femme ?*

— Peut-être... Mais cela n'explique pas les hallucinations qu'il eut *avant* de se marier et dont des témoins certifient l'authenticité.

— *Finalement, ce sont toutes ces hallucinations qui ont entraîné sa conversion ?*

— Oui. Ces visions épouvantables le firent devenir un autre homme. Il fonda un hospice et voua complètement sa vie aux pauvres. Cela dura dix-huit ans ! On l'appelait d'ailleurs, à Séville, le Père des pauvres... Sa seule distraction était de s'occuper des rosiers qu'il avait plantés dans le jardin de l'hospice. Or, en 1678, la peste s'abattit sur l'Andalousie, attaquant des milliers de personnes. Don Miguel se dévoua sans compter et mourut d'épuisement en 1679, après avoir soigné des centaines de malades... Sept mois plus tard, son corps fut exhumé pour être transféré. On constata alors qu'il était intact. Le visagc était souriant, et sous ses chairs parfaitement saines, on avait l'impression que le sang coulait encore...

Quant aux rosiers qu'il avait plantés, ils continuent de fleurir chaque année, depuis plus de trois siècles.

SOURCES

Esther VAN LOO, *Le Vrai Don Juan, don Miguel de Mañara*, 1950.

Procès-verbaux du procès de canonisation.

Raymond Lulle, le docteur illuminé

En ces temps rudes où flambait le bûcher de Montségur, entre deux famines, deux pestes et deux croisades, une terre au milieu de la Méditerranée connaît soudain une paix prodigieuse. Où donc et en quelle époque en effet a-t-on pu voir solidaires juifs, musulmans et chrétiens ? Même si ce n'est que le temps d'une retombée de la guerre que les escadres catalanes ont si longtemps menée aux Arabes de Majorque... Ce miracle eut lieu vers 1230, quand Jacques le Conquérant accorda à la plus grande des Baléares des privilèges si exceptionnels que Palma, sa capitale, devint en peu d'années la cité la plus heureuse et la plus riche d'Europe...

Parmi les chevaliers et les barons qui suivent Jacques d'Aragon, le plus vaillant et le plus titré est certes Raymond Lulle, dont les ancêtres étaient consuls sous Auguste et puis compagnons de Charlemagne. Raymond est ébloui par la beauté de l'île qu'il vient de conquérir aux côtés de son suzerain. Bientôt, il ramène d'Espagne sa femme bien-aimée, la belle Isabel de Héril, et s'établit à Palma. Quant au roi Jacques, il jure de chômer désormais les travaux guerriers et de se consacrer, au milieu des vignes et des amandiers, à la « gaye science » des troubadours de sa cour.

Isabel de Héril est la plus belle femme de l'île et, avec la reine, la plus célébrée. Pourtant, elle n'est pas heureuse. Il y a sept ans qu'elle désespère d'avoir un fils ! S'il lui vient enfin une descendance, promet-elle, elle vouera l'enfant à Dieu. Ses prières sont récompensées et le 25 janvier, jour de la conversion de saint Paul, lui naît un fils qu'on appelle comme son père, Raymond.

Quand il a cinq ans, l'enfant est confié à un précepteur dont l'enseignement s'inspire des exemples édifiants que les parents ne cessent de mettre sous les yeux de leur fils. Raymond, pourtant, ne prend aucun plaisir à l'étude et quand, à quatorze ans, le roi le prend à son service, c'est pour l'adolescent une véritable délivrance : avec frénésie il se livre aussitôt à la vie frivole et magnifique de la cour de Palma. Bien fait, excellent cavalier, il éclipse tous les autres gentilshommes à la pavane et à la sauterelle et bientôt il n'est plus une fille tant soit peu bien née à Majorque qui ne rêve de l'attirer dans son lit...

Il succombe d'ailleurs tant et plus à la tentation, le dameret. En dépit d'un mariage qu'on lui arrange... pour le ranger. Peine perdue ! Il semble bien qu'il n'y aura jamais assez de moulins dans Majorque pour les bonnets de notre damoiseau... Pour tenter encore de l'assagir, Jacques le débonnaire songe à faire de lui son maire du palais. Raymond, qui n'a pas vingt ans, en profite pour s'attaquer à toutes les dames mariées de la cour. Avec un appétit proportionnel aux mérites de leur réputation... En voici une des plus affriolantes. Elle est mariée à un riche Génois, elle est aussi belle que vertueuse et porte le nom du mets divin et délectable : Ambroisie. Raymond n'en dort plus. A toute heure du jour, on le voit embusqué dans les églises où la beauté fait ses dévotions, ou sous les porches des hôpitaux où elle porte aux malades le viatique de sa bonté et de son aumônière. Comme tant d'autres, Raymond le sait, Ambroisie tombera. Le rayonnement qui toujours s'attache aux êtres convoités l'éblouit sans doute déjà. Manque seulement l'occasion. Lui faire tenir quelques vers serait sûrement d'un bon rapport : il sait les trousser en expert et avec une franchise qui représente bien ce que seraient leurs élans. Est-ce l'exaltation de son rêve sensuel ? Une nuit qu'il met la dernière main à un rondeau lascif, il voit se réfléchir sur le mur blanc du patio l'image d'un Christ en croix. L'expression de la face est si douloureuse que le séducteur est troublé. Mais bien vite il se remet à ses élucubrations amoureuses. Plusieurs fois dans les jours qui suivent, la vision se renouvelle. Elles semblent à Raymond certes bien réelles ; mais tellement moins que les appas auxquels il rêve...

Tous les jours donc parviennent au palais de la dame bouts

rimés et charmants cadeaux. Si bien qu'elle finit par répondre ceci : « Seigneur, vos vers démontrent l'excellence de votre esprit. Mais ils font voir en même temps l'erreur et la débilité de votre jugement ! Rien d'étonnant à ce que vous puissiez peindre la beauté avec de si vives couleurs puisque vous savez si bien embellir la laideur elle-même ! Oubliez une passion qui dégrade votre noblesse ! Si vous persistiez, je me verrais dans la nécessité de vous détromper... »

Paroles énigmatiques dans lesquelles la fatuité de ce don Juan ne veut voir qu'un aveu d'amour déguisé. L'occasion attendue justement se présente. C'est aujourd'hui l'anniversaire de notre cavalier. La belle ne manquera pas, en ce jour de la conversion de Paul, de courir à l'office. Pour ses vingt ans osera-t-elle lui refuser un baiser ou même un rendez-vous ? La voilà. La démarche altière, elle traverse la place et monte les degrés qui mènent au parvis de l'admirable cathédrale qui domine toujours la baie de Palma. Soudain, derrière elle, le pas d'un cheval. C'est Raymond qui fait voltiger ses plumets. Mais au lieu du sourire espéré, Ambroisie lui jette un regard terrible et se hâte vers l'entrée, suivie de sa servante. Quand elle s'engage dans la nef, elle manque défaillir : le cavalier l'a suivie et caracole à présent à ses côtés ! Sur les dalles de marbre, tout près du chœur, les sabots pétaradent, soulevant une rumeur indignée. Un fidèle saute à la bride du cheval, et Raymond sent son pourpoint violemment tiré. Crossé, injurié, il est jeté dehors dans un grand concert de vociférations. A Palma, le scandale est immense. Mais quelques heures plus tard, une servante se présente chez Raymond avec un message : sa maîtresse accepte de le recevoir le soir même.

A l'heure dite, le séducteur se glisse dans la place et se trouve en présence de celle qui l'enfièvre depuis des mois. Elle est assise dans la pénombre, couverte d'une légère chasuble de voile. Subjugué, Raymond s'approche et veut lui prendre la main. Elle se recule, s'approche d'un candélabre et dit : « Tu voulais me voir, n'est-ce pas ? Eh bien, soit... regarde ! » Elle laisse tomber son vêtement. Mais là où il y avait une poitrine, sans doute adorable, il n'y a plus qu'un cratère de chairs pourries, noirci par le feu des cautères. « Je suis livrée aux vers, avant même d'être enfermée au tombeau ! Tu vois combien la beauté est fragile, dit-elle. Pour toi, il y a peut-être autre chose à admirer... la beauté de Dieu, par exemple, qui est éternelle ! Et maintenant, aie la bonté de me laisser... »

Raymond est comme foudroyé. Il veut balbutier des mots de réconfort, mais fasciné par cette vision horrible, il recule et s'enfuit en chancelant. Dehors, il tombe à genoux et invoque le nom de Dieu. A nouveau, l'autre apparition se manifeste. Mais cette fois il entend le Christ lui dire : « Viens, Raymond. Suis-moi ! » Jusqu'à l'aube, il sanglote et reste à genoux. Et dans cette nuit de 1265 où il entre dans sa vingt-troisième année, il décide de changer totalement sa vie. Pour se consacrer à l'œuvre surhumaine que Dieu lui a confiée.

Nous sommes en l'an 1300 et, en ce matin de printemps, le bourdon de Notre-Dame paraît pris de folie. A l'aube, un cavalier fourbu a fait son entrée à l'archevêché. Il a apporté un message du pape Boniface qui annonce à la chrétienté que le trône porte un nouveau saint : Louis IX, Louis le saint mort tout juste trente ans auparavant de la peste à Tunis.

De l'autre côté du fleuve, à la Sorbonne, ces sonneries ne troublent guère une chaude dispute qui dure depuis deux jours déjà. Celui qui l'anime n'a que vingt-six ans, mais il est déjà le premier théologien de son temps. Il est écossais, et se nomme John Duns Scot, mais clercs et bacheliers ne l'appellent que « Docteur Subtil ». Titre mérité. Ne vient-il pas de démontrer par un raisonnement sans faille que si la Sainte Vierge n'était pas bénie entre toutes les femmes, elle n'aurait pas pu enfanter le Christ ?

Mais Duns Scot n'est pas qu'un froid logicien recru de syllogismes. En arrivant à la Sorbonne, il a révélé le feu qui dévore son âme en se jetant aux pieds d'une statue de Marie. « Animez-moi contre mes ennemis ! » a-t-il imploré à voix haute. Cette lumière de l'Eglise, qu'on s'arrache dans toutes les universités d'Europe, a donc des ennemis ? Oui. Car non contents d'être les pourvoyeurs des premiers gibets de l'Inquisition, les terribles dominicains trouvent, en effet, son raisonnement hérétique. Ils tiennent pour un autre, et à cause de cela sont tout prêts à favoriser rapidement cette fusion mystique qu'il espère avec la mère de Dieu. En allumant son bûcher...

Le cours tire à sa fin au milieu des frémissements d'admiration. Mais quel est donc ce fou au premier rang, qui ne cesse de manifester, avec de vigoureux mouvements de tête ? Un mendiant, sans doute, tant il est pauvrement vêtu, ou alors un pèlerin famélique venu d'une contrée lointaine... Irrité de ses simagrées, Duns Scot l'interpelle :

— *Dominus quae pars ?*

— *Dominus non es pars, sed totum !*

A la colle qu'on posait aux cancres de l'époque en grammaire, le vieillard vient de répondre par le postulat de base de la théologie scolastique. Ebloui, Duns Scot l'invite à passer dans son cabinet. Très vite, il se rend compte que l'homme à la barbe fleurie est au fait de toutes les controverses religieuses du temps et que sa science est l'égale de la sienne. Le voyageur tire de sa besace un petit livre qu'il tend au Docteur Subtil avec un sourire las.

— Il est pour vous ! dit-il.

— Vous en êtes l'auteur ?

— Oui.

— Votre nom n'est écrit nulle part...

— Le nom de Raymond le fol est bien indigne de figurer à côté de celui de Marie !

A ces mots, les yeux de Duns Scot, qui mourra à trente ans, assuré d'une gloire éternelle, s'illuminent. Il murmure :

— « Je suis vêtu d'un drap vil, mais l'amour vêt mon cœur de plaisantes pensées et mon corps d'un vêtement de pleurs, de larmes et de passions. Mon amour me guide et m'achemine vers la patrie où il n'y a pas de nuit... » Voyez ! Raymond Lulle, je connais vos écrits... Ils m'escortent depuis l'enfance !

Depuis trente ans, aussi, qu'il court le monde, de cours princières et papales en déserts et en ermitages, jamais le séducteur repenti n'a reçu d'accueil aussi fraternel. Qu'il est loin déjà le temps où il gravissait pieds nus les pentes de Montserrat ! Montserrat, montagne inspirée, où depuis le roi Arthur les chevaliers du Graal viennent prier dans la forteresse qui abrite le sanctuaire de la Vierge ! C'est face à ces rochers, en forme de minarets pointés sur l'absolu, qu'il a décidé, au lendemain de sa fameuse nuit, de vouer sa vie à la conversion de l'Islam. Il estime les Arabes et il les aime. Il sait quelles merveilleuses fleurs de civilisation ils ont fait lever à Majorque, à Séville, à Grenade. Ils ont la première médecine du temps et le traité mystique d'Ibn Arabi, un monument de la spiritualité universelle.

Pour les convertir, ces Arabes, il faut d'abord les connaître et donc parler leur langue. Il a acheté un jeune esclave sarrasin qui doit l'instruire. De longs mois, l'enseignement se poursuit et tout à son zèle d'étudiant et de prosélyte, Raymond parle au jeune homme de la Trinité et de l'Incarnation. On lui répond par des ricanements et des blasphèmes. Un jour, hors de lui, Lulle le frappe au visage. Quelques jours plus tard, dans le refuge qu'il s'est fait construire dans une partie aride de l'île, l'Arabe se jette sur lui. Le coup de couteau passe près du cœur. Raymond survira, mais c'est la fin des illusions et le pressentiment des terribles difficultés qui l'attendent.

Maintenant qu'il parle bien l'arabe, il veut acquérir aussi l'art de convaincre. C'est alors la deuxième grande illumination de sa vie. En quelques jours, l'Esprit saint lui dicte son *Grand Art*, un livre de combat contre les erreurs des Infidèles, adapté à « la capacité des gens les plus simples ».

Pieds nus avec une besace et son livre sous le bras, il fait son entrée dans la nouvelle capitale de l'infant Jacques II, qui s'est établi à Montpellier. Comment, en effet, partir en croisade sans l'appui des puissants ? Le prince s'étonne de l'allure du séducteur autrefois vêtu de soie, et qui maintenant va en guenilles. « Celui-là n'est pas pauvre qui désire ! » s'écrie Raymond devant la cour rassemblée. Face à la mer, dans les vignes et les oliviers, il bâtit un couvent pour former ses missionnaires. Bientôt c'est une multitude qui accourt de partout : ceux qui viennent prier là repartent guéris. Raymond s'enfuit à Rome et demande au pape de bénir un projet qu'il prépare de longue date. Les princes tartares sont prêts à se convertir et même à faire alliance avec les chrétiens. Qu'attend-on pour leur envoyer des missionnaires ? Le pape y consent. Ce premier succès remporté à quarante-cinq ans, à l'âge où d'autres ne songent plus qu'à la contemplation, allume dans l'âme de Lulle un incendie qui va le jeter à travers le monde. Sur les mers, les places publiques, dans les palais, à temps et à contretemps avec l'ardeur exaltée qui l'a fait passer du péché à la pénitence. Trois fois, il fera le tour de tout le monde connu alors, avec des incursions dans ces *terra incognita* d'où il ne serait pas revenu sans un corps d'athlète et le formidable désir de vie qui l'habite. La Grèce, l'Arabie, l'Ethiopie, l'Egypte, la Tartarie et jusqu'au cœur de la Perse vers les frontières de l'Inde, conquérant d'un royaume qui n'est pas d'ici-bas et qu'il promet aux humbles comme aux princes. A condition d'en reconquérir d'abord la clé qui se trouve à Jérusalem, sur cet « autel qui est l'exemple de tous les autres et où ne subsistent », il l'a vu de ses propres yeux, « que deux lampes et encore l'une brisée ! » Qu'attend la chrétienté, gémit-il, « pour délivrer de son abjection une cité dépeuplée, où ne demeurent pas cinquante hommes, mais où habitent dans des cavernes d'innombrables serpents » ? Là, c'est le poète qui parle, le disciple de saint François d'Assise et l'auteur du *Livre des bêtes*, le premier roman d'aventures de l'Occident. Car ce voyageur inlassable, qui aime les longues courses à travers une nature neuve et fantastique, est aussi un immense écrivain qui ne s'arrête jamais à l'étape sans noter aussitôt ce qu'il a vu.

En 1298, il s'embarque au Maroc, pour d'autres voyages fabuleux. En Angleterre, il apprend que dans le nord de l'Allemagne, où règne pourtant le très pieux Rodolphe de Habsbourg, le christianisme se dissout au contact des séduisantes solennités païennes. Il s'élance et poursuit très loin à l'est, jusqu'à une terre inconnue qu'il appelle « Girlanda ». Un ours, dit-il, y annonce tous les cinq ans aux habitants des pêches fabuleuses dont ils se nourrissent exclusivement. Est-ce la Russie ? Il arrive au palais du Grand Khan des Tartares et lui parle de son rêve chronique. Kotay l'autorise à prêcher les Turcs qu'il a soumis.

A Bône, sur cette terre d'Afrique où tout doit se jouer, au prix, espère-t-il, de son martyre, il réunit cinquante docteurs coraniques pour une controverse qui se prolonge dans la rue et jusque sous le minaret où le muezzin hulule. L'inévitable arrive : on le renverse, on le bat, on le traîne par sa barbe ; le voici en grand danger d'être décapité. Alerté, le roi de Bône le fait comparaître. « Chrétien insensé ! Tu as méprisé mes ordres... Ne vois-tu pas que d'un signe je puis t'ôter la vie ?... — Il est bien vrai, seigneur, que votre pouvoir surpasse le pouvoir de mon corps... répond Lulle. Mais la force et la charité de mon cœur ? Ils sont prêts à combattre tous les pouvoirs de votre âme et toutes les âmes qu'il y a dans votre seigneurie ! »

La foi, l'humilité sont une force terrible. Sauf à s'avilir, le roi ne peut rien contre Raymond. Alors il réunit tous les plus grands docteurs de l'Islam avec ordre de l'assiéger tout le temps qu'il faudra. Quelques-uns d'entre eux bientôt se convertissent. Alors au prix d'une violence inouïe qu'il se fait à lui-même, ce prince magnanime reconduit l'illuminé sur un navire en partance pour l'Espagne maure.

Lulle convainc le capitaine de le laisser à Bougie où habite Hamar, le lettré le plus savant d'Afrique du Nord. Il arrive sur la grande place de cette ville. « La loi de l'Islam est fausse ! clame-t-il. Et je suis prêt à le prouver ! » A coups de pied et de bâton, on refoule l'apôtre vers les latrines publiques où il reste enfermé des jours. Averti, le gouverneur l'en tire et comme nous sommes dans un pays bien plus civilisé que l'Occident d'alors, le loge dans une villa où il pourra disputer à son aise avec Hamar. « Convenons, lui dit ce sage, d'écrire, chacun de notre côté, un livre que vous enverrez, vous à tous les docteurs de l'Islam et moi je ferai de même pour votre pape et vos cardinaux. » Lulle met la dernière main à son ouvrage, quand surgissent les émissaires du roi de Bône, ulcéré d'avoir été désobéi.

Encore une fois, avec une tolérance inconnue ailleurs, on se contente de le reconduire au port. Au large de Pise, son bateau fait naufrage et le précieux texte, écrit en arabe, est perdu, avec d'autres écrits dont il n'a pas de double. Raymond est si désespéré qu'il en tombe malade. Il a soixante-cinq ans, il est seul, les privations et les coups l'ont rendu presque infirme. Alors au fond de sa détresse lui parvient un message du roi de France qui le mande à sa cour. Est-ce la fin de ses épreuves ? Philippe le Bel est-il enfin gagné à l'idée d'une nouvelle croisade ? Quand il arrive à Paris, la reine lui fait le plus gracieux accueil. Sa

Philosophie d'amour est son livre de chevet. Philippe, distrait déjà par la question templière, l'embrasse et le renvoie avec une lettre d'approbation qui ne l'engage guère. Qu'il aille donc de sa part au Concile de Vienne plaider son projet devant les prélats de la chrétienté ! A Vienne, son éloquence, la force de sa foi et plus encore — ô vanitas — sa barbe et ses haillons causent une impression profonde.

« Qu'on réforme la justice corrompue ! Qu'on soumette le clergé à la dîme pour la croisade ! Qu'on le dépouille de tous les objets de luxe ! Et que tous les ordres guerriers soient fondus en un seul pour marcher sur Jérusalem !... » On devine l'effet de ce discours sur ces excellences boutonnées dans leurs hermines... Clément V accepte seulement de fonder trois collèges de missionnaires et un prélèvement sur les biens ecclésiastiques. Déçu, Lulle part à Gênes pour s'embarquer à nouveau. Les nobles dames de la ville lui remettent vingt-cinq mille florins pour les chrétiens de Palestine. Et alors, surprise, il ne part plus... Ou plutôt il oblique sur l'Angleterre encore à l'appel d'un roi. Là, le mystère s'épaissit et nourrit la légende. On sait d'une façon certaine qu'informé de ses talents d'alchimiste cultivés aux côtés d'Arnaud de Villeneuve, un des grands médecins du temps, Edouard II le nomme inspecteur de la monnaie. A-t-il vraiment réussi à fabriquer ces « doublons de Raymond » dont il existe encore quelques exemplaires rarissimes ? A-t-il pu constituer ce trésor de guerre qui devait servir à financer totalement la croisade ? De l'or, il semble bien qu'il en ait eu et beaucoup. Mais à quoi sert même une montagne d'or, si manque la foi pour soulever les épées ?

Alors, la mort déjà dans l'âme, Raymond Lulle fait son testament. De ses biens il fait trois parts. L'une pour ses enfants, l'autre pour les orphelins, la troisième pour l'édition en latin et en catalan de ses écrits. Et combien de livres a-t-il écrit, Raymond Lulle ? Cent quatre-vingts ! Qui inspireront la science, la philosophie et la mystique des siècles qui suivront. Sans compter la poésie...

Voici mes yeux, luminaires d'erreur
Peut-être éteints aux pleurs de la prière...

Où se sont-ils fermés ces yeux inlassablement fixés sur l'Aimé ? Nul ne le sait avec certitude. En 1313, à plus de quatre-vingts ans, le fou du Christ repart pour l'Afrique où selon ses hagiographes il serait mort en tentant de relancer à Bougie la dispute avec Hamar. « Le Docteur illuminé fut frappé à la tête de deux coups d'alfange et livré à la populace qui le lapida », dit sa Légende dorée. Rien n'est moins sûr.

Car les Majorquins, qui lui vouent le culte qui va aux plus grands saints, prient depuis toujours sur ses restes mortels, dans la chapelle de gauche de l'église Saint-François de Palma...

RÉPONSES À L'INCRÉDULE

— *Quel dommage que ce géant de la pensée n'ait songé, dans l'action, qu'à rallumer la guerre sainte !*

— Il faut nuancer. La fièvre d'évangélisation qui n'a cessé de consumer Lulle peut faire penser en effet qu'il n'était qu'un nouveau Pierre l'Ermite, prêchant la neuvième croisade. En fait, c'est surtout une croisade spirituelle qu'il voulait appeler, destinée à convaincre par le verbe ces docteurs coraniques qu'il considérait comme ses pairs. Devant l'inertie du pape et des rois, il a songé ensuite à une croisade armée, c'est vrai. Mais pas par fanatisme religieux. Etant très au fait des affaires politiques de son temps, il savait que les ordres militaires, uniquement occupés depuis la fin des croisades à entasser des richesses, se dressaient peu à peu contre le pape et les rois. C'est surtout parce qu'il pressentait la tragédie des Templiers qu'il a donc proposé aux chefs de la chrétienté la reconquête des Lieux saints...

— *Discutable en soi, ce projet n'était-il pas dépassé ?*

— Si. Raymond Lulle a été finalement la voix qui clamait dans le désert, parce que ni les rois ni les papes ne comprenaient plus rien à ses projets. Philippe le Bel était occupé à organiser et à centraliser le pouvoir royal en France, et le pape Boniface VIII ne songeait qu'à affirmer la supériorité du pape sur tous les rois. Au prix de violences incroyables, excommunications et guerres notamment...

— *Le Docteur illuminé s'est donc trompé de siècle...*

— Oui, mais cela n'ôte rien à sa grandeur qui est ailleurs. Dans l'effort gigantesque qu'il a accompli pour confronter les esprits de toutes races et de toutes croyances. Dans la variété incroyable des domaines où son génie s'est appliqué, aussi. Les sciences, son *Grand Art*, étant la première tentative moderne pour mettre de l'unité dans la diversité des sciences, la théologie, la philosophie, la mystique surtout, où il est l'égal de saint François d'Assise. Son lyrisme et ses trouvailles verbales en font non seulement le premier troubadour d'oc, mais aussi un poète qui annonce les plus grands poètes des temps modernes... Comme l'a écrit Jean-Claude Frère, l'admirable synthèse littéraire qu'il a réussie, en embrassant toutes les connaissances de l'époque, fait de lui un mystique complet, qui a trouvé le divin dans le sentiment, mais aussi dans l'intelligence et dans l'action. Un mystique donc, mais aussi un homme, au sens le plus viril du mot...

— *Et il a trouvé la pierre philosophale aussi ?*

— Les esprits sceptiques comme vous-même auront du mal à y croire ! Mais il est vrai que durant tout le Moyen Age on parlera de « l'or de Raymond ». Il existe encore quelques « raymondines », des pièces représentant des nobles à la rose, frappées sous Edouard II. Elles sont rarissimes et faites dans un or très pur. Certains savants pensent que Lulle a été en tout cas capable de purifier par l'antimoine l'or qui se trouvait caché dans les filons d'argent.

— *Car il était aussi chimiste ?*

— Oui, et médecin. On lui doit, entre autres, la préparation du mercure et du carbonate de potassium...

— *C'est pour cela peut-être qu'il n'y a pas de « saint Raymond Lulle » au calendrier ?*

— Oui. La science avait alors très mauvaise réputation et comme toutes les institutions humaines, l'Eglise a besoin de catégories précises et limitées pour ses procès de canonisation. Le génie de Lulle était trop vaste et trop prophétique pour ne pas l'inquiéter...

— *A-t-on finalement levé le mystère de sa mort ?*

— Il y a tout lieu de penser qu'il n'est pas mort martyr comme le voudraient ses hagiographes chrétiens. Les documents historiques manquent, mais la thèse de la lapidation en tout cas ne tient pas, car c'est un supplice qui n'était pas usité chez les musulmans de l'époque qui étaient, de plus, singulièrement tolérants. En fait, comme l'indique un manuscrit du XVe siècle qui se trouve au British Museum, il prêchait encore à Tunis en décembre 1315 — à quatre-vingt-trois ans ! — et ne pouvait donc guère avoir été martyrisé cette même année à Bougie. Ce texte indique qu'il est mort en mars 1316 dans sa bonne ville de Palma où ses cendres, au reste, reposent...

SOURCES

Jean-Claude FRÈRE, *Raymond Lulle*, éd. CAL, 1972.
Armand LLINARÈS, *Raymond Lulle, philosophe de l'action*, PUF.
Raymond LULLE, *Le Livre des bêtes*, éd. Klincksieck.
Jean SOULAIROL, *Raymond Lulle*, Editions franciscaines.

Joseph Smith, fondateur de la religion des mormons

Il y avait en 1820, près de Manchester, dans l'Etat de New York, une famille de fermiers protestants dont les membres passaient leur temps à s'entre-déchirer à propos des moyens de parvenir à la félicité éternelle. Ils s'appelaient Smith. Les uns étaient paroissiens de l'Eglise presbytérienne, d'autres suivaient l'enseignement de l'Eglise baptiste, d'autres encore avaient opté pour la secte méthodiste. Cette division troublait beaucoup le plus jeune garçon de la famille, Joseph, âgé de quinze ans, qui, devant tant de voies pouvant mener au Paradis, demeurait perplexe. Laquelle choisir ?

Après bien des hésitations, il décida de demander conseil à Dieu lui-même. Il se rendit alors dans une forêt où, invoquant le Seigneur, il lui expliqua à haute voix ce qui le tourmentait.

Il avait à peine terminé son monologue que, raconte-t-il, des ténèbres l'environnèrent. Effrayé, il allait appeler au secours lorsqu'une colonne de lumière « plus brillante que le soleil » descendit peu à peu jusqu'à lui. Il vit alors deux personnages « dont l'éclat glorieux défiait toute description », écrira-t-il plus tard, se tenant au-dessus de lui, dans les airs. Celui qui paraissait le plus âgé l'appela et lui dit, en montrant son compagnon :

— Joseph, voici mon Fils bien-aimé. Ecoute-le !

Le jeune Smith fut naturellement très impressionné ; mais il reprit vite son sang-froid et, tout heureux de pouvoir s'entretenir directement avec deux personnes de la Sainte-Trinité, se permit de demander quelle secte possédait la vérité. Il lui fut répondu que baptistes, méthodistes et presbytériens étaient pareillement abominables et leurs prêtres également corrompus.

Sous le coup de ces révélations, Joseph s'évanouit. Lorsqu'il revint à lui, il était couché sur le dos et les deux personnages avaient disparu. Fort perplexe, il rentra chez lui et raconta son aventure. Mais les gens du village étaient des esprits forts. Ils ne le crurent point et se moquèrent de lui, allant jusqu'à le traiter de menteur. Les plus méchants le bombardèrent avec des fruits pourris ou des queues de poireaux. Bref, le pauvre Joseph connut le sort douloureux de ceux que le Seigneur a distingués...

Outragé, il se compara dans son for intérieur à saint Paul, persécuté pour avoir raconté sa vision, sur le chemin de Damas, et en tira un naïf orgueil. Hélas ! au cours des années qui suivirent, il n'eut point la conduite qu'on eût été en droit d'attendre d'un jeune homme ayant conversé amicalement avec le Seigneur. Au contraire. Au sortir de l'adolescence, Joseph sombra dans la débauche. Poussé par une sorte de folie de luxure, il fréquenta les mauvais lieux, connut les prostituées et eut des liaisons avec des fermières. Excès déplorables dus, d'après lui, au fait qu'il était doué d'un tempérament « jovial »...

Un soir — c'était le 21 septembre 1822 —, pris de remords, il se mit en prière, la tête dans les mains. Alors qu'il récitait avec ferveur un acte de contrition, sa chambre fut brusquement inondée par une grande lumière et un personnage vêtu de blanc, dont les pieds ne touchaient pas le sol, apparut à côté du lit.

Joseph comprit que c'était un ange. Comme il avait maintenant l'habitude des êtres de l'au-delà, il engagea la conversation sans aucune timidité :

— Qui êtes-vous ? demanda-t-il.

— Je suis un messager de Dieu et mon nom est Moroni. Je viens t'annoncer que le Seigneur t'a choisi pour créer une nouvelle religion dont l'Evangile se trouve écrit sur des plaques d'or enfouies dans la colline de Cumorah depuis quatorze siècles.

L'ange ajouta qu'une partie de cet Evangile contait l'histoire des premiers habitants du continent américain et faisait connaître leur origine.

— Pour le lire, précisa-t-il, tu trouveras dans la même cachette deux pierres magiques, l'*Urim* et le *Thummim*, qui ont la propriété de donner le don des langues. Mais attention, tu ne devras montrer à personne ni les plaques d'or, ni l'*Urim*, ni le *Thummim*, faute de quoi tu serais anéanti aussitôt !

Joseph s'apprêtait à demander quelques renseignements utiles quand l'ange, avec beaucoup de prévenance, lui envoya une vision précise du lieu où se trouvaient enfouies les plaques d'or.

— Regarde bien, tu ne peux pas te tromper !...

Quand l'image eut disparu, le jeune Smith, dont la vie devenait vraiment intéressante, vit se former au milieu de la chambre une sorte de colonne lumineuse.

Intrigué, il leva la tête et constata qu'elle montait « jusqu'au Paradis ».

L'ange alors pénétra dans ce couloir de lumière qui l'enveloppa entièrement, fit un petit signe d'adieu et partit comme une fusée en direction du Ciel.

Joseph se coucha. Il avait besoin de réfléchir. Mais il ne parvint pas à se concentrer comme il l'aurait voulu car à trois reprises, au cours de la nuit, l'ange revint pour lui répéter longuement ce que le Seigneur attendait de lui.

Finalement, le coq chanta et le jeune homme, renonçant à dormir, s'habilla et s'en alla aux champs où du travail l'attendait.

Chemin faisant, il entendit qu'on l'appelait. Levant les yeux, il vit l'ange Moroni qui flottait dans l'air au-dessus de lui.

— Ne va pas aux champs, dit l'ange. Va trouver ton père et révèle-lui la mission que tu as reçue.

Joseph courut trouver le père Smith et lui raconta en détail l'étrange nuit qu'il avait vécue.

Le vieux fermier presbytérien était respectueux de la volonté divine. Il engagea son fils à obéir sans tarder.

Joseph partit donc immédiatement en direction de la colline Cumorah et, grâce à la vision, trouva facilement l'endroit où il devait faire des fouilles. Après une heure de travail, il mit au jour une espèce de sarcophage de pierre dont il parvint à soulever le couvercle avec un levier. Alors ses yeux s'emplirent de larmes : les plaques d'or annoncées par l'ange Moroni étaient bien là, scintillantes sous le soleil, ainsi que l'*Urim* et le *Thummim*, les deux diamants qui allaient lui permettre de déchiffrer le nouvel Evangile...

Fou de joie, Joseph se penchait déjà pour prendre quelques plaques et les rapporter chez lui. Mais l'ange apparut et arrêta sa main :

— Non ! Pas aujourd'hui. Les temps ne sont pas encore venus. Le Seigneur a voulu que tu voies ce dépôt sacré, mais tu n'en prendras possession que dans quatre ans !

Puis Moroni disparut.

Un peu déçu, le jeune homme recouvrit soigneusement le sarcophage avec de la terre et rentra à la ferme paternelle.

Quatre années passèrent pendant lesquelles Joseph, repris par ses démons familiers, recommença à fréquenter les lupanars, à trousser les fermières et à s'enivrer comme un porc. De temps en temps, l'ange venait bien le morigéner, lui démontrant que sa conduite était indigne d'un futur fondateur de religion, mais la chair de Joseph Smith était une des plus faibles que l'Humanité ait connues... Et le malheureux, malgré ses remords et ses promesses, retombait régulièrement dans le stupre.

Enfin, le 21 septembre, vers minuit — quatre ans exactement après l'apparition de l'ange Moroni —, il monta dans une carriole en compagnie de sa femme (il venait de se marier) et se rendit sur la colline de Cumorah. Là, il retrouva le sarcophage, l'ouvrit — en présence de l'ange qui n'avait pas tardé à descendre du ciel dans sa colonne de lumière — et transporta dans sa voiture l'*Urim*, le *Thummim* et les plaques d'or. Puis il rentra chez lui où il cacha le tout dans un tonneau de haricots.

Après avoir pris quelque repos, il alla examiner son trésor, compta cinquante plaques d'or et constata qu'elles étaient couvertes de caractères bizarres et incompréhensibles. Plaçant alors l'*Urim* et le *Thummim* devant ses yeux comme des bésicles, il vit avec stupeur les étranges hiéroglyphes se transformer magiquement en mots anglais. Toute la journée, caché dans le fond d'une grange, il put lire ainsi, à la lueur d'une chandelle, l'extraordinaire histoire qui se trouvait gravée sur les plaques d'or.

Je la résume ici : vers l'an 600 av. J.-C., la famille de Léhi, qui vivait à Jérusalem, fut avertie par un homme « proche de Dieu » que la ville allait être détruite sous le règne de Sédécius. Elle partit aussitôt vers la mer, construisit un bateau, fit voile vers l'ouest et aborda un beau jour, grâce à un « compas-directeur » descendu mystérieusement du ciel, sur une terre qui devait devenir l'Amérique centrale.

De la tribu de Léhi devaient sortir deux peuples, les Néphites, issus de Nephi, et les Lamanites, fils de Laman. Les Néphites, qui avaient continué d'observer la loi mosaïque et de se transmettre les paroles des prophètes, attendaient le Messie. Ils furent récompensés. Un jour Jésus leur apparut et, assis sous un séquoia, leur raconta sa vie en Galilée, sa Crucifixion, sa mort, sa descente aux Enfers, sa Résurrection et son Ascension. Puis, comme il l'avait fait en Palestine, il fonda une Eglise parmi eux avant de remonter au ciel sur un nuage. Alors, les Néphites, chassés par les Lamanites qui occupaient un immense territoire allant de la Floride au Canada, émigrèrent vers l'ouest et s'installèrent près du lac Ontario. Plus tard, un homme d'une grande sagesse, nommé Mormon, fut chargé par ses frères d'écrire l'histoire de ces Hébreux venus de Judée pour peupler le nouveau continent et d'y ajouter une relation de la visite du Christ. Le sage obéit et grava ses récits sur des plaques d'or que l'on enterra dans la colline de Cumorah. Cela se passait en 421 ap. J.-C...

Joseph Smith fut émerveillé par les révélations qu'apportait le texte de Mormon. Emerveillé et ravi car il savait, pour en avoir souvent entendu parler autour de lui, que les Américains étaient profondément choqués par le silence de la Bible à l'égard du Nouveau Monde. Or l'Histoire qu'il venait de lire apportait une réponse à ceux qui s'interrogeaient sur l'origine des Peaux-Rouges. C'était simple : les Peaux-Rouges venaient d'Israël ! Œil-de-Faucon et Fleur-de-Prairie étaient des Israélites qui s'ignoraient.

Joseph Smith alla sans tarder mettre ses frères et quelques amis au courant de sa découverte. Il se heurta à une profonde incrédulité.

— Montre-nous les plaques d'or, lui dit-on.

— Impossible, l'ange m'a assuré que quiconque verrait les plaques mourrait aussitôt.

Ce fut suffisant pour faire réfléchir les plus audacieux.

— Mais, ajouta le jeune Smith, je suis prêt à dicter la traduction du texte de Mormon à n'importe lequel d'entre vous. Vous verrez alors que je dis la vérité.

Cette fois, les garçons haussèrent les épaules et allèrent raconter à tout venant que Joseph était devenu fou et qu'il cherchait quelqu'un pour transcrire un texte apporté par un ange...

Or, il y avait dans le village un personnage extravagant nommé Martin Harris, qui prétendait être allé dans la Lune, avoir rencontré le Démon sous la forme d'un âne « aux poils ras et lisses comme ceux d'une souris », et s'être entretenu avec le Christ, lequel, précisait-il, avait pris pour cette conversation amicale l'aspect d'un beau daim tacheté...

L'histoire de l'ange Moroni ne pouvait que séduire un tel personnage. Martin Harris courut chez Joseph Smith et se déclara prêt à l'aider. Ce fut le premier disciple de la religion mormone...

Dès le lendemain, les deux hommes entreprirent la transcription de ce qu'on devait appeler un jour le Troisième Testament. L'opération exigeait quelques précautions. Joseph ne voulait pas, en effet, que Martin Harris fût foudroyé à la vue des plaques d'or ou des pierres magiques. Il se tenait donc caché derrière un rideau d'épaisses couvertures et, de là, dictait le texte que l'*Urim* et le *Thummim* lui permettaient de lire. Le disciple n'avait plus qu'à écrire.

En quelques semaines, la Bible d'or fut transcrite. Elle remplissait plus de dix cahiers de cent pages que Joseph Smith désira publier.

Pour couvrir les frais d'impression, le jeune homme utilisa un moyen commun à toutes les religions : la quête. Mais une quête qu'il pratiquait de façon toute personnelle. Lorsqu'il rencontrait un voisin dont il connaissait la piété et la fortune, il l'abordait en ces termes :

— Ah ! quelle chance vous avez... Dieu m'a ordonné de demander au premier homme que je rencontrerais dans la rue cinquante dollars pour m'aider à publier la Bible d'or... Et il se trouve que c'est vous... Vous êtes vraiment béni du ciel !...

L'autre, flatté, versait généralement les cinquante dollars sans trop se faire prier.

Finalement, la Bible d'or fut publiée sous le titre de *Livre de Mormon*. Après quoi, Joseph Smith annonça à ses amis qu'il avait rendu les plaques d'or et les deux pierres magiques à l'ange Moroni...

Le *Livre de Mormon* fut diffusé par Joseph — qui avait pris le titre de prophète — et bientôt la nouvelle religion eut un millier d'adeptes. Hélas, ces braves gens qui venaient avec émerveillement écouter la bonne parole étaient loin de se douter qu'au moment même où il leur lisait les versets de la Bible d'or, le nouvel Ezéchiel était tourmenté par des pensées impures. Bien qu'il fût marié, en effet, le sacripant continuait à considérer avec concupiscence les femmes de son entourage et — ô horreur — tout particulièrement les épouses de ses disciples... Bien entendu, le prophète ne résistait pas toujours à la tentation et de nombreuses catéchumènes, entraînées dans la grange sous le prétexte anodin de voir le tonneau de haricots où avaient séjourné les plaques d'or, se retrouvaient dans des postures qu'elles eussent été fort embarrassées de décrire à leur mari...

Or, malgré la discrétion dont elles firent preuve, quelques maris finirent par soupçonner Joseph Smith d'utiliser son tonneau de haricots à des fins fort peu édifiantes. Des rumeurs coururent. C'est alors que le ciel montra combien il était bon avec les prophètes.

Une nuit, l'ange Moroni apparut à Joseph et lui dit en souriant :

— Je t'apporte un message du Seigneur : « Tu dois prendre plusieurs femmes ! »

Dès le lendemain, le prophète réunit ses disciples et leur fit part de l'ordre qu'il avait reçu de Dieu. Constatant que les braves fermiers montraient un visage renfrogné, il expliqua qu'il avait tenté de se détourner de cet étrange commandement, mais que l'ange avait tiré un glaive nu de dessous sa robe et l'avait menacé de le transpercer s'il désobéissait.

— J'ai donc décidé de me soumettre, conclut-il.

Comme les mines étaient de plus en plus renfrognées, il crut bon de préciser d'un air grave :

— Naturellement, cet ordre concerne tous les hommes de notre Eglise...

Propos qui détendirent nettement l'atmosphère.

Tous les disciples promirent alors du fond du cœur d'avoir le plus grand nombre possible d'épouses.

Joseph ajouta qu'il avait noté les paroles du Seigneur à mesure que l'Ange les lui transmettait et, tirant un papier de sa poche, il lut l'étonnant texte divin que voici :

« Si un homme épouse une vierge et qu'il désire en épouser une autre et que la première lui accorde son consentement et s'il en épouse d'autres et qu'elles soient vierges et qu'elles ne soient promises à aucun autre homme, alors il se trouve justifié ; il ne commet pas d'adultère, car elles lui sont données. Et s'il reçoit dix vierges, il ne commet pas d'adultère car elles lui appartiennent et elles lui sont données. Il est ainsi pleinement justifié ! »

La plupart des disciples, les yeux un peu brillants, déclarèrent en chœur que c'était là une bien bonne loi. D'autres, qui demeuraient attachés aux anciens commandements, étaient plongés dans une profonde perplexité. Se grattant le crâne, ils se demandaient comment le Seigneur, dans Sa Sagesse, Lui qui, depuis Moïse, était si pointilleux au sujet de la chair, pouvait brusquement leur ordonner de mener une vie de patachon.

Les voyant hésiter, Joseph déclara que l'homme qui mettait dans son lit un grand nombre d'épouses vivait selon le désir du Seigneur et contribuait ainsi à Sa plus grande gloire.

— La polygamie, ajouta-t-il, est d'essence divine. Est-ce que dans la Bible traditionnelle les Patriarches n'ont pas de nombreuses épouses ? Et David ? Et Salomon ?

Dès lors, les hésitants n'hésitèrent plus. Et les mormons instituèrent le « mariage plural » qui « scellait » un homme à deux, cinq, dix, vingt, trente femmes et plus. Mais soucieux du qu'en-dira-t-on, ils tinrent assez longtemps cette pratique secrète. Une inconséquence des maris devait la révéler au monde. Ces messieurs avaient en effet pris l'habitude de désigner leurs épouses par des numéros. Il y avait, par exemple, Mrs. Smith n° 1, Mrs. Smith n° 2, Mrs. Smith n° 3, etc. Appellation étrange qui ne tarda pas à éveiller l'attention des non-mormons. Bientôt, des journalistes, ayant enquêté, publièrent des articles d'une extrême violence sur les disciples de Joseph Smith qui furent traités de débauchés et d'immondes pourceaux. Alors, les pauvres, qui vivaient déjà tiraillés, malmenés, assourdis par des épouses braillardes et tyranniques, furent l'objet de persécutions. Les juges de l'Etat de New York les firent jeter en prison pour polygamie notoire et excessive...

Ceux qui échappèrent au cachot s'enfuirent vers l'ouest et s'installèrent d'abord à Nauvoo. Mais leur façon de vivre scandalisa les habitants de l'Illinois qui les dénoncèrent à leur tour.

On était alors en 1844. L'Eglise des mormons, qui avait pris le nom d'« Eglise des saints des derniers jours », existait depuis douze ans et comptait quarante mille membres. Est-ce le succès remporté par sa communauté qui le grisa ? On vit un jour Joseph Smith se lancer dans la politique et annoncer qu'il était candidat à la présidence des Etats-Unis. Ses espérances dans ce domaine furent de courte durée. Arrêté à la suite d'incidents, il fut assassiné dans sa prison.

Il laissait trente-deux veuves...

Après la mort du prophète, les mormons décidèrent de fuir les persécutions et de partir vers l'ouest. Ayant organisé un extraordinaire convoi de deux mille chariots, ils prirent la route, sans but précis, sous la direction d'un jeune forgeron, Brigham Young, devenu chef de l'Eglise.

Cet exode dura des mois et fut atrocement meurtrier. Minés par les fièvres, décimés par les Indiens, terrassés par d'étranges maladies, six mille disciples de Joseph Smith moururent en cours de route. Un jour enfin, complètement épuisés, les survivants arrivèrent devant le Grand Lac Salé. Brigham Young leur dit :

— Mes frères, c'est là que nous devons nous arrêter. Nous avons atteint la terre promise. Ce lac n'est-il pas situé au-dessous du niveau de la mer, comme la mer Morte ? Et n'est-il pas traversé par une rivière qui nous rappelle le Jourdain ?

Emerveillés, les mormons se jetèrent à genoux et crièrent : « Hosanna ! Hosanna ! »...

Isolés, n'ayant plus à craindre de persécutions, les mormons purent dès lors vivre selon les commandements divins transmis par l'ange Moroni à Joseph Smith. Ils bâtirent un temple avec piscine pour les baptêmes par immersion complète, et Brigham Young officialisa, par décret, la polygamie parmi ses disciples.

— Cette institution va nous permettre d'avoir beaucoup d'enfants. Or l'ange a dit que ceux qui se retrouveraient, après la mort, dans le jardin du Seigneur, entourés d'une nombreuse famille, auraient un sort des plus doux...

On assista alors à d'étranges mariages. Un homme épousa la mère et la fille le même jour. Un autre, qui aimait la diversité, prit pour femmes, au cours d'une seule cérémonie, quatre jeunes filles, leur mère (qui était veuve) et leur grand-mère... On vit aussi deux demoiselles, amies depuis l'enfance, épouser le même garçon pour ne point se séparer. Bien entendu, de telles pratiques créaient parfois des situations vaudevillesques. C'est ainsi qu'un fermier, qui avait pris pour son plaisir une seconde — et très jeune — épouse, en choisit une troisième, pour servir de bonne à sa première femme. « Celle-ci devenait vieille, expliqua-t-il, et avait besoin d'une personne plus alerte pour l'aider dans les travaux du ménage. Maintenant, tout le monde est content à la maison ! »

Brigham, pour sa part, s'unit à vingt-sept femmes qui lui donnèrent cinquante-six enfants. Cette vie conjugale, digne d'un chef musulman, lui fit connaître des moments exceptionnels. Un jour, il épousa une femme après le petit déjeuner, une autre après le déjeuner, une troisième dans l'après-midi et une quatrième à l'heure du dîner. Il lui arriva aussi une aventure qui prouva à tout le monde qu'il était aimé non seulement des femmes, mais du Ciel. Un soir, une troupe théâtrale vint donner une représentation à Salt Lake City. La vedette était une ravissante personne dont Brigham Young voulut immédiatement faire son épouse, intention qu'il annonça à la fin du spectacle. Trois spectateurs déclarèrent alors qu'ils avaient eu la même idée. Que faire ? Les quatre hommes se réunirent et il fut décidé que chacun irait prier le Seigneur pour connaître Sa volonté. Le lendemain matin, Brigham convoqua ses « concurrents » et leur demanda s'ils avaient reçu une réponse. Les malheureux avouèrent que le Ciel était resté muet. Alors le prophète révéla qu'au cours de la nuit l'ange Moroni lui était apparu pour lui dire que le désir de Dieu était qu'il épousât la comédienne. Les disciples se retirèrent avec des excuses et la jeune femme devint la vingt-deuxième Mrs. Young...

Ces étranges pratiques devaient, curieusement, retarder la création d'un nouvel Etat américain. En effet, lorsque les mormons demandèrent que l'Utah, où ils étaient installés, fût admis dans l'Union, les autorités fédérales refusèrent sous le prétexte qu'ils étaient polygames...

Les arguments des disciples de Joseph étaient pourtant pleins de bon sens :

— Sous le régime chrétien de la monogamie, disaient-ils, un homme de soixante-dix-huit ans ne peut avoir que cent cinquante-deux héritiers. Tandis qu'un polygame du même âge peut réunir dans un déjeuner de famille près de trois millions de convives. Voilà pourquoi le Tout-Puissant avait institué la polygamie parmi les Justes des Temps Anciens : c'était le moyen le plus efficace de multiplier rapidement la semence de vie sur la terre...

Finalement, les mormons, qui voulaient voir leur Etat admis dans l'Union, annoncèrent en 1890 qu'ils renonçaient à la polygamie. L'Utah fut alors officiellement reconnu, et l'Eglise des saints des derniers jours, considérée avec bienveillance par les autorités.

Il y eut pourtant quelques polygames irréductibles qui, rompant avec leurs frères renégats, s'exilèrent en Arizona, à Short Creek. Là, ces derniers disciples de Joseph Smith continuèrent pendant des années à observer chaque jour l'enseignement apporté par l'ange Moroni, et à coucher chaque soir avec les nombreuses et séduisantes épouses que le Seigneur, dans Sa bonté, leur avait impérieusement commandé de mettre dans leur lit...

RÉPONSES À L'INCRÉDULE

— *Extraordinaire histoire !... Avant toute chose, je voudrais savoir combien il y a aujourd'hui, dans le monde, de mormons qui considèrent Joseph Smith comme un prophète ?*

— Environ trois millions, dont cinq mille en France.

— *Bien ! Maintenant, revenons au commencement et aux rencontres de Joseph Smith avec Dieu, Jésus, et l'ange Moroni. Comment les connaît-on ?*

— Je dois avouer qu'il n'existe qu'une source : Joseph Smith lui-même.

— *Et les plaques d'or ?*

— Personne ne les a vues.

— *Vous avez parlé de signes étranges qui s'y trouvaient gravés et que Joseph Smith traduisit grâce à ses « bésicles » magiques. De quels signes s'agissait-il ?*

— Un jour, Martin Harris en demanda une copie à Joseph Smith. Celui-ci se fit tirer l'oreille. Alors Harris, qui entretenait le prophète, déclara qu'il ne lui donnerait plus d'argent tant qu'il n'aurait pas obtenu satisfaction. Le lendemain, Smith lui apporta un papier couvert de signes mystérieux qu'Harris alla montrer à un érudit de la région, le Dr Clarke. Le médecin jeta un coup d'œil et déclara qu'il s'agissait d'une plaisanterie. Harris se rendit alors à New York et soumit le papier au Pr Authon qui était fort réputé pour sa connaissance des langues orientales.

— *Et que dit le professeur ?*

— Voici sa réponse : « Ce papier est couvert d'un singulier griffonnage. Il comprend toutes sortes de caractères biscornus et peu convaincants qui ont, de toute évidence, été dessinés par une personne ayant sous les yeux un livre contenant divers alphabets. Des lettres grecques et hébraïques, des croix et des fioritures, des lettres romaines renversées ou placées de côté, sont disposées en colonnes perpendiculaires. Le tout se termine par un dessin grossier représentant un cercle divisé en compartiments ornés de différents signes étranges, évidemment copiés sur le calendrier mexicain donné par Humboldt, mais copiés de façon à ne pas trahir son origine. » Harris revint fort perplexe et eut une longue conversation avec le prophète. Celui-ci lui expliqua alors d'un ton sans réplique que le Pr Authon était un âne qui n'avait pas su reconnaître des « caractères égyptiens réformés »... Et Harris s'en tint à cette explication.

— *Joseph Smith aurait donc tout inventé. Mais alors où serait-il allé chercher l'histoire de ces Israélites ancêtres des Peaux-Rouges et tous les détails concernant les combats entre les Néphites et les Lamanites ? Car il est bien difficile de croire qu'un jeune fermier sans instruction ait été capable d'imaginer un récit aussi complet ?*

— L'explication généralement admise est que Joseph Smith aurait plagié purement et simplement un livre de Spaulding. En 1812, le révérend Salomon Spaulding avait publié un roman historique intitulé *Un manuscrit retrouvé*. L'auteur racontait la découverte de plaques d'or enterrées dans l'Ohio sur lesquelles était écrit, en caractères égyptiens, le récit des pérégrinations de tribus venues d'Israël en Amérique précolombienne... Vous voyez que tout y est !...

— *Et l'enseignement religieux ?*

— Il semble que ce soit un mélange habile de tout ce que le jeune Smith a entendu chez les presbytériens, les méthodistes et les baptistes de sa famille...

— *Quelle est aujourd'hui la doctrine des mormons ?*

— Elle peut se résumer en douze points :

1. Foi en la Sainte-Trinité.
2. Refus du péché originel et de l'enfer.
3. Baptême par immersion complète. Possibilité pour les vivants de recevoir le baptême aux lieu et place des défunts de la famille.
4. Mariage céleste qui permet d'unir non seulement les couples, mais encore ceux-ci à leurs enfants. (L'union céleste se prolonge dans l'autre vie et rend impossible le divorce.)
5. Les cérémonies ne peuvent avoir lieu que dans des temples américains.
6. L'Evangile existait sur la terre longtemps avant Jésus-Christ. Il fut rejeté et ensuite restauré plusieurs fois.
7. Dieu est un personnage ayant forme et dimensions.
8. Chaque être humain a vécu avant de venir sur la terre. Son esprit était « au commencement avec le Père ».
9. Les gens continuent à vivre en tant qu'êtres personnels vivants, après la mort.
10. Les mormons sont conseillés par des anges, ils ont le don des langues, des prophéties, de la vision et de la guérison.
11. Restauration des dix tribus d'Israël aux Etats-Unis. Retour de Jésus-Christ qui régnera en personne sur la nouvelle Sion (l'Amérique). Les Etats-Unis deviendront un nouveau paradis terrestre.
12. Ils adorent Dieu, tout-puissant, et concèdent à tous les hommes le privilège d'adorer comme ils veulent et *ce qu'ils veulent...*

— *Et la polygamie ?*

— Cette pratique qui, pour certains, était le côté le plus charmant de la religion mormone, est aujourd'hui interdite. Elle entraîne même l'excommunication. Ce qui n'empêche pas quelques traditionalistes, les « intégristes » mormons en quelque sorte, de vivre secrètement avec plusieurs femmes pour rester fidèles aux commandements de l'ange Moroni. De temps en temps, on leur fait un procès. Ils payent une amende, puis ils retournent vers leur harem...

— *Si j'ai bien compris, les mormons croient que le Christ renaîtra aux Etats-Unis ?*

— Oui. Ils prétendent que le Seigneur leur a révélé que les Etats-Unis étaient la nouvelle Terre promise et que Jésus régnera en personne sur le continent américain.

— *Et que font-ils en attendant de voir le Christ s'installer à la Maison-Blanche ?*

— Ils font la charité, vivent frugalement, refusent le vin, le thé, le café, le tabac et l'alcool, s'entretiennent quotidiennement avec des anges américains qui les conseillent dans leurs affaires, remettent 10 % de leurs revenus à l'Eglise, consacrent deux ans de leur vie à faire de l'apostolat en Europe (on a signalé des missionnaires mormons dans les « contrées perdues » du Val-d'Oise et même de l'Eure-et-Loir !) ; enfin, ils édifient des églises et chantent des psaumes avec le bel entrain de ceux qui ont le cœur pur et la certitude de détenir la Vérité...

SOURCES

Léon LEMONNIER, *Les Mormons*, 1948.
Robert R. MULLEN, *Les Saints des derniers jours*, 1970.
Irving WALLACE, *La Vingt-Cinquième Epouse du mormon*, 1963.
Le Livre de Mormon.

Le masque de Cavendish

Autant le dire, en dépit des apparences, nous ne sommes pas à la National Gallery et encore moins au Cabinet des Estampes. Si nous sommes bien au pays des énigmes indéchiffrables — même par la police d'ici, la meilleure du monde —, ce n'est pas non plus dans un de ces châteaux historiques anglais, friandise des touristes, que ces vingt-quatre lustres monumentaux viennent de s'allumer.

Leur lumière pâle éclaire pourtant des cimaises d'une richesse inouïe. On ne remarque pas tout d'abord ces dizaines de tableaux admirables, tant la salle est immense. Son parquet, qui brille d'un éclat uni et doux, pourrait porter des couples de danseurs par centaines. Le long des hauts murs, tendus de tapisseries précieuses, cinquante énormes fauteuils ne tiennent pas plus de place qu'une flottille de skiffs amarrés sur la Tamise. Une table en acajou massif de quinze mètres carrés fait penser à un guéridon, flottant sur cette immensité. Tout au fond, minuscule tête d'épingle fichée dans une tenture qui a les dimensions d'un rideau d'opéra, un buste d'albâtre.

Pressés les uns sur les autres, des tableaux de maîtres de toutes les époques. Et quels maîtres ! Ils y sont tous : des Gainsborough aux bleus somptueux, des Turner diaprés, de vastes paysages de Constable, des portraits majestueux de Reynolds, des primitifs de Rosetti, introuvables. Que de chefs-d'œuvre pour des centaines de millions de livres !...

Et pourquoi donc vingt-quatre lustres allumés, alors que dehors il fait jour ? Dehors ? Quinze ou vingt mètres plus haut faudrait-il dire, car nous sommes dans une salle souterraine, la plus grande d'un énorme château, invisible et secret, bâti dans les profondeurs d'un manoir anglais qui émerge là-haut, dans les taillis de Welbeck. Par-delà cette salle monstrueuse, il y a une rotonde de marbre blanc et un escalier cyclopéen qui s'enfonce dans les ténèbres... Des galeries, dont on ne distingue pas l'extrémité, s'ouvrent tout autour d'un palier circulaire où le carrosse de la reine Victoria pourrait virer à l'aise. Des revêtements de pierre noble et des boiseries travaillées font un barrage sûr à l'humidité dont l'odeur, pourtant mal dissipée par un courant d'air entretenu grâce à une soufflerie, est partout. A son extrémité, la rotonde est barrée par une haute porte à double vantail, recouverte d'ornements en bronze. S'il nous était donné de pousser cette porte de cathédrale, nous pourrions accéder enfin dans la chambre du « maître ». Là, les pieds s'enfoncent jusqu'aux chevilles dans un tapis de haute laine qui n'a pas moins de cent mètres carrés. Les meubles, en bois des îles sombre, sont rehaussés de ferrures d'argent. Pour rendre moins oppressants ces murs sans fenêtres, on les a tendus de vastes portières sombres, elles aussi. Seuls des flacons de cristal et une brosserie montée sur or, disposés sur une table d'ébène, accrochent un peu de lumière. Tout le funèbre décor s'ordonne autour de deux objets bien singuliers : un lit étroit, ou plutôt une misérable couchette de moine ayant des planches pour tout sommier et une couverture de crin en guise d'édredon. Dans la pénombre luit le deuxième objet posé sur un coussin de velours noir : c'est une tête de mort, un crâne, sans doute ancien, recouvert d'une patine verte...

Cette description, qui nous jette en plein rêve, correspond pourtant à la stricte réalité. C'est bien dans le living mortuaire, si l'on peut dire, de l'arrière-cousin du dernier duc de Portland, John William Cavendish, que nous venons de pénétrer. Cinquième duc de Portland par filiation lointaine, cet homme énigmatique et hors du commun, dont personne ne connaît la vie, et dont personne, jamais, n'a vu le visage, est mort en 1879. Nul à ce jour n'a pu percer sa véritable personnalité, connaître ses occupations ou même apercevoir une seule fois ses traits car il fut enterré avec le masque qui ne le quittait jamais en public.

Ce que l'on sait toutefois d'une façon certaine, c'est qu'il fut le bâtisseur le plus singulier de son temps, une sorte de facteur Cheval qui aurait eu les moyens, mais irrésistiblement attiré par les séjours sous terre. A l'instar des sociétés spirites qui prolifèrent à travers le monde, à cette même époque... A l'instant où son père expire là-haut dans une des chambres du manoir, il fait placarder dans tout le comté, et jusqu'à Londres, des avis d'embauche concernant l'ensemble des corps de métier représentés dans le royaume. Dans les jours qui suivent c'est toute une petite armée d'artisans et d'ouvriers qui s'abat sur Welbeck, sans compter de nombreux architectes et décorateurs, qui passent pour les meilleurs de l'Ile. Ils y resteront dix ans.

Bientôt c'est toute une petite ville de baraquements qui assiège le manoir, attentive aux ordres de l'énigmatique seigneur. Le va-et-vient est incessant, les attelages charrient jour après jour des montagnes de matériaux et pourtant aucune transformation visible n'affecte l'aspect extérieur du manoir. On aura compris que c'est sous les fondations de l'antique construction qu'on s'active. Pendant des années les meilleurs terrassiers affouillent la terre, remplacés, dès qu'un boyau est creusé, par une multitude de menuisiers, de plâtriers, de charpentiers et de maçons. C'est sur une savante termitière que le manoir prend maintenant son assise ; à l'aplomb de ses fondations « s'élève » un château frère et gigogne qui comprend dans ses profondeurs plus de... cent chambres richement meublées et où ne pénètre jamais âme qui vive ; de hautes galeries gothiques s'abouchent sur de longs corridors aux voûtes cintrées qui s'enfoncent dans la terre en pente douce. Leurs extrémités s'ouvrent en pleine campagne par plus de cinquante accès dissimulés ou grillagés, ou encore dans un des nombreux pavillons qui s'élèvent dans l'immense parc du château. Parfois le maître des lieux surgit par une de ces issues en vue de surprendre ses serviteurs. Le visage masqué, il lance des ordres brefs ou morigène durement ceux qui paraissent manquer d'empressement.

Au centre du dispositif de souterrains se trouvent de vastes écuries qui, par de longs pans inclinés et circulaires, débouchent dans la cour d'honneur du château. C'est en fait par une véritable route souterraine pavée de marbre brut, bordée de trottoirs et éclairée par d'imposants candélabres en bronze, que la lourde berline de John William Cavendish s'élance chaque matin à la même heure. Et pour quelle destination ? C'est bien difficile à dire... D'une part la berline a toujours ses rideaux tirés et personne ne sait si notre lord est à l'intérieur, d'autant que cochers et valets de pied ont reçu l'ordre formel de n'ouvrir la portière sous aucun prétexte. Arrivée à Harcourt House, d'autre part, la résidence londonienne du duc, la voiture s'engage à nouveau dans un souterrain obscur où le cocher dételle les chevaux à la hâte, et s'éloigne de la berline maintenue fermée...

Comment Cavendish occupe-t-il ensuite ses journées ? C'est encore plus difficile à savoir, car nul ne revoit le duc, ni dans la journée, dans un cercle ou un club, ni dans la soirée dans un salon ou au spectacle, ni même à la Chambre des lords, dont il fait pourtant partie.

On a beau fouiller les archives et les généalogies, c'est tout ce que l'on sait du cinquième duc de Portland. De quoi rester largement sur sa faim. Surtout qu'un autre Cavendish, qui, lui, a marqué l'Histoire, n'est pas en reste d'étrangeté avec le duc troglodyte.

Il existe, en effet, un autre Cavendish, plus célèbre mais tout aussi mystérieux. De la génération des Portland aussi, ce Cavendish-là est mort en 1810. Sa fortune, héritée de son oncle, était fabuleuse et son mystère demeure impénétrable. Il fut le plus grand savant de son temps, le premier à avoir calculé avec précision la densité du globe terrestre. Découvertes fondamentales, il a également formulé la composition de l'eau et précisé celle de l'air. Il est sans doute le découvreur de l'électricité, mais il a refusé de publier le reste de ses découvertes capitales sur les énergies. On peut assurer que toute la science moderne découle de Henry Cavendish, né à Nice en 1731...

Or, cet ancêtre du duc de dessous la terre ne semblait pas appartenir à l'espèce humaine. D'une timidité maladive il n'a eu de contact avec aucun être vivant, si ce n'est avec les membres et correspondants des sociétés savantes. Pour les relations ordinaires avec ses semblables, il ne communique

que par signes ou par messages écrits. Un jour, on lui montre par une fenêtre un couple qui prenait ses ébats dans une chambre de l'immeuble d'en face. Il demande qu'on lui dise ce que peuvent bien faire ces gens-là. Un autre jour qu'on lui servait des pieds de mouton, il se fait préciser très sérieusement le nombre de pattes que compte cette race d'animaux ! A la fin de sa vie il donne le jour et l'heure de sa mort à la minute près.

Quand il entre en agonie, une des rares personnes qui l'assiste lui demande s'il ne veut pas des secours de la religion. Il demande ce que cela veut dire et ce qu'est un prêtre...

Henry Cavendish, lui, ne portait pas de masque ; mais c'est son visage et toute sa vie d'homme qui lui servirent de masque. Un masque que, comme son descendant, il ne consentit jamais à retirer.

Des destins aussi étrangers sont-ils encore ceux d'êtres humains ? Ceux qui se cachent ainsi sous le masque des Cavendish ne sont-ils pas autre chose que des êtres humains ?

RÉPONSES À L'INCRÉDULE

— *C'est peu dire que de dire qu'on reste sur sa faim... Ne sait-on rien de plus sur le cinquième duc de Portland ?*

— Si. Cette histoire comporte deux autres mystères. William Portland avait un frère cadet et jamais deux frères ne se sont moins ressemblés que ces deux-là : autant William était, pour le peu que l'on sache de lui, un être profondément disgracié, autant son frère George Rentinck était paré de toutes les séductions de la terre. Dandy plein d'esprit, qui avait l'oreille du Premier ministre Disraeli, son existence est un perpétuel tourbillon d'exploits sportifs et amoureux.

Les femmes réputées les plus imprenables de la haute société succombent, ses jockeys raflent tous les grands prix et lui-même excelle à tous les exercices corporels. Un jour d'automne de 1848, alors qu'un châtelain du voisinage l'a invité pour deux jours, il demande à son groom de le précéder dans le cabriolet qui l'attend dans la cour du château de Welbeck. Bien à sa manière, il entend faire cette course de dix kilomètres à pied pour se mettre en appétit. Comme il n'est pas arrivé à dix heures du soir, on part à sa recherche... On le retrouve appuyé debout contre une palissade, semblant scruter une vaste prairie sous la lune. Il est mort. On n'a jamais réussi à élucider le mystère de cette mort...

— *De quoi est-il mort ?*

— Il a sans doute été assassiné. Et par son frère William, encore qu'on ne dispose d'aucune preuve.

Avant de se quitter ce soir-là, les deux frères ont eu une violente dispute. Semble-t-il pour une question d'argent... La version officielle veut que George soit mort d'un spasme cardiaque, ce qui serait bien étonnant pour un *sportsman* comme lui.

— *Y a-t-il un rapport entre cette mort et la frénésie de s'enterrer près de son frère ?*

— C'est possible. Le remords d'avoir tué volontairement ou pas son frère et aussi sa disgrâce physique semblent lui avoir fait rechercher bien avant l'heure l'obscurité des tombeaux.

— *Il est difficile d'être vraiment laid quand on est aussi riche !...*

— C'est vrai, mais il semble que le cinquième duc de Portland ait vraiment eu une apparence physique haïssable. On hésite entre la lèpre et un cancer de la face...

— *D'où le masque ?*

— Vraisemblablement. Mais c'est avec le masque que l'histoire se complique encore...

— *Comment cela ?*

— A sa mort, une dame est venue réclamer son fabuleux héritage qui allait normalement à un de ses cousins éloignés. C'était la veuve d'un propriétaire de bazar de Londres. Et voici comment elle justifiait ses prétentions devant le tribunal, car il y a eu procès et un des plus longs et des plus retentissants du siècle dernier. Elle assurait — et avec quelle véhémence ! — qu'en réalité, John William Cavendish, cinquième duc de Portland, venait tous les jours à Londres, dans sa berline close et aux rideaux tirés, pour se transformer en un certain Charles Druce, tenancier d'un bazar à Baker Street. Charles Druce était à présent enterré, mais sa veuve affirmait devant la cour que le cercueil était vide et qu'en réalité Cavendish et le petit boutiquier de Londres étaient une seule et même personne ! Aidée d'un habile avocat et de plusieurs témoins, elle ne cesse de demander à partir de 1898 l'ouverture du cercueil 13160 du cimetière de Highgate, qui, selon elle, ne contient qu'un morceau de plomb prélevé, précise-t-elle, sur le toit d'une des demeures de Cavendish, Colcomb House...

Cette affaire a duré cinquante ans. Pendant un demi-siècle, les manchettes des journaux anglais rendent compte de l'évolution de l'affaire. La veuve morte, son fils aussi, c'est un de ses descendants, un modeste menuisier, installé en Australie, qui fait rebondir le procès. Faute d'argent pour payer les avocats, il crée... une « Société par actions pour la restitution de l'héritage du duc de Portland ». Toute une foule de petits souscripteurs se précipitent, qui créent dans l'opinion un puissant mouvement en faveur du menuisier. Bientôt, personne ne doute plus dans le royaume que le duc et le boutiquier finiront par faire un seul et même Portland et des bénis de la fortune un peu partout. Un second procès s'ouvre, des documents de première importance sont subtilisés à un témoin en pleine rue, un jour de purée de pois, il est vrai, et les journaux prennent le relais des souscripteurs et de l'opinion publique pour exiger que le cercueil soit enfin ouvert. Par une matinée glaciale de 1907, on descelle enfin la lourde pierre qui ferme la fosse de Charles Druce...

Quand le croque-mort relève le linceul, apparaît un visage horriblement décomposé. Cela n'empêche pas un des témoins, commis par le ministère public, de reconnaître le cadavre du boutiquier. Dès lors, la cause est entendue et notre menuisier retourne en Australie pleurant son rêve évaporé dans le *fog* londonien.

Beaucoup crient à la substitution des corps et il faut bien avouer qu'on n'a jamais vraiment élucidé le mystère de la vie et de la mort du duc troglodyte.

— *Et l'autre Cavendish, alors, le savant ?*

— Il ne le cède en rien à son neveu pour ce qui est du mystère. Une seule gravure le représente, vêtu d'un paletot élimé et flottant, d'un large chapeau qui lui cache une partie du visage et de braies difformes. Ce Cavendish-là, fondateur de la chimie et de la physique, est vraiment le créateur de la science moderne. Curieusement, il a gardé secrètes un certain nombre de ses découvertes après avoir réalisé l'isolement de l'hydrogène et la synthèse de l'eau. En même temps, il poursuit les premiers travaux décisifs sur l'électricité. Un laboratoire, fondé en 1870, peu de temps avant qu'on retrouve par hasard une partie importante de ses recherches, porte son nom. Ce laboratoire a été le berceau de la physique atomique.

Cavendish reste, cependant, une énigme humaine et, d'après les rares personnes qui l'ont approché, il paraissait tout à fait étranger à la nature du commun des mortels. Dès son vivant, sa célébrité est immense et, pourtant, presque personne ne l'a vu. Il vit en reclus, détaché de toutes les contingences humaines, se décomposant dès qu'un de ses semblables l'approche, dissimulant du mieux qu'il peut son apparence physique. Chez son descendant ces traits s'exagèrent encore et il est difficile de concevoir un homme plus étranger à la condition humaine que son neveu William. Le terme de « mutant » a ici tout son sens, comme il s'applique à Gaspar Hauser, par exemple, lui aussi, une créature parfaitement inclassable.

— *Le masque des Cavendish, cela ferait un film fabuleux !*

— Je ne vous le fais pas dire...

SOURCES

A.-J. BERRY, *La Vie et l'Œuvre d'Henry Cavendish*, Londres, 1960.
G. WILSON, *The Life of the Hon. H. Cavendish*, Londres, 1921.
« Le cinquième duc de Portland », *Historia*, septembre 1948.
Archives de la Chambre criminelle de Londres (1848, 1864, 1907).

Les illuminés de Bavière

C'est une nuit d'automne, en 1773. La forêt est obscure et embrumée. Il a plu toute la journée. Chaque souffle de vent égoutte les arbres, de courtes averses crépitent sur la terre spongieuse, tandis que des chats-huants déboulent en froissant leurs ailes lourdes. Voici maintenant deux heures qu'il attend. A la curiosité, à l'impatience, succède un commencement de crainte. On lui a dit :

— Cette nuit, vous serez initié. Cette nuit, vous traverserez les épreuves. Surmontez-les, vous serez des nôtres pour le salut du monde. Quittez après le souper Ingolstadt. Faites six lieues vers l'ouest au galop. Vous atteindrez dans la forêt une vallée rocheuse. Ensuite, frayez-vous à pied un chemin dans les taillis. Soyez à onze heures au carrefour des bouleaux. Vous tiendrez dans la main gauche le signe de ralliement : sept feuilles de lierre. Attendez.

Il est maintenant une heure. Le froid humide, la rage d'avoir été dupé lui font trembler les os.

— S'est-on moqué de moi ? Au diable ! Je rentre !

Il revient sur ses pas. Mais, soudain, dans le fourré, du bruit. Un râle, un cri :

— Au secours !

Il se précipite parmi les ronces, heurte un corps effondré.

— Ils m'ont tué !

Il se penche, palpe le moribond hoquetant, et ses mains s'engluent de sang.

— Je vais chercher de l'aide.

— Non, non, ne m'abandonnez pas, ils reviendraient.

Le blessé s'accroche à lui. Il tente de se dégager. Mais des ombres bondissent, se jettent sur lui, le désarment, le ligotent, le bâillonnent, lui couvrent la tête d'un sac, l'emportent, le jettent dans une voiture qui part à grand trot.

Le voici sans perruque, les vêtements en désordre, les poignets gonflés par les liens, assis sur un escabeau, dans une cabane de bûcheron. Il y a cinq hommes. Deux le gardent. Ils portent l'uniforme vert et blanc des gendarmes de l'électeur de Bavière. Trois sont assis derrière la table : un chauve qui ne cesse de priser, un blond chafouin, et, entre eux, un grand bel homme aux mains chargées de bagues. Celui-ci préside et parle :

— Epargnons-nous, vicomte, l'interrogatoire d'identité. Faites-moi seulement la grâce de rectifier mes erreurs, si j'en commets, ce dont je doute. Vous êtes le vicomte Hubert de La Tour Grandval. Vous êtes âgé de trente-deux ans. Vous serviez, avant de vous fixer en Bavière, comme cornette aux dragons du Roi. J'entends le vôtre, Louis XVI.

— C'est exact.

— Merci. Voilà donc cinq ans que vous résidez chez nous. D'abord à Munich, ensuite à Ingolstadt. Je dois vous accorder ce mérite, monsieur, qu'il vous fallut peu de temps pour user de notre langue à la perfection, et vous hisser dans le monde. Vous professez des idées qui sont de mode parmi vos philosophes, hélas. Elles eussent dû vous fermer les portes ; elles vous les ont ouvertes ; voici un malheur du temps. Car c'est un rude malheur, vicomte, que tant de gens de qualité fêtent les idées qui creusent leur tombe. Mais passons. Le jeu, les dames, les charmes mondains semblent ici votre essentiel. Pourquoi courir ces plaisirs ici, quand ils abondent à Paris ? Le soupçon d'espionnage...

— Monsieur !

— Je vous concède que vous demeurez en Bavière pour l'amour d'une personne dont l'époux occupe une haute charge à la cour...

« Cet homme, se dit-il, s'enchante de ses phrases. C'est un fat, un précieux, je m'en accommoderai. » Et il reprit confiance.

— Laissez-moi, vicomte, jeter le voile sur de telles amours. Au reste n'ont-elles pas de relation avec le meurtre que vous venez de commettre.

C'était dit de la même voix polie et ronronnante, de sorte qu'il sursauta avec retard :

— Moi ? Un meurtre ?

— Nous vous découvrons en forêt, vous acharnant sur votre victime.

— Que non pas ! On m'appela au secours, j'accourus...

— Le mort ne vous contredira pas. Mais vous êtes encore couvert de son sang.

— Je jure, monsieur, que...

— Ne jurez point, vicomte. Dites-moi plutôt ce que vous attendiez, passé minuit, au carrefour des bouleaux... Vous refusez ?... Puis-je répondre pour vous ?

Coquettement, cet homme sortit de sa poche le bouquet des sept feuilles de lierre, et le fit tourner devant son visage.

— Cette discrétion vous honore, vicomte. Vous vous y êtes plié. Nous savons que vous charmez vos loisirs à collectionner les initiations, grades, mômeries, de toutes les sociétés secrètes qui infestent l'Europe. Il n'est point d'imposteur qui ne trouve en vous son disciple. Libre à vous de rêver de la sorte. Mais pourquoi vouloir vous agréger aux Illuminés ? Voilà qui est plus fâcheux, vicomte. Beaucoup plus fâcheux.

Il posa les feuilles de lierre sur la table, croisa les bras, et son visage devint terrible :

— Car c'est une secte abominable ! Car les Illuminés veulent la fin de la religion, des princes, des Etats ! Car ils la veulent par le meurtre et la terreur ! Car ils forment des assassins ! Car pour entrer au premier grade, celui de Minerval, ils exigent que le postulant verse le sang ! Vicomte, nous vous avons surpris commettant le crime rituel ! Illuminé ! Illuminé ? Nous allons vous éteindre, foi de gentilhomme ! Nos jugements sont exécutoires sur-le-champ.

— Monsieur, je suis sujet du roi de France !

— Louis n'y contredirait pas. Les Illuminés sont ennemis de tous les rois. Nous allons délibérer.

— Ceci n'est pas un jugement. Je ne suis pas coupable de meurtre. Mais vous allez en commettre un !

— Qu'on l'emmène !

On l'a enfermé dans un bûcher, les mains nouées dans le dos. Il songe que la police lui a tendu un piège. Il songe qu'il va mourir, moins par conviction que par curiosité, et que le goût du mystère l'emporte vers la dernière énigme, mais qu'il lui reste l'honneur de finir sans trembler. Il songe à ses aïeux, gens de cœur ferme, et, qu'ayant appris à vivre, on sait mourir. La brume nocturne se dissipe, et, par les interstices des rondins, pénètrent la lueur et les odeurs de l'aube forestière. Il songe qu'il n'a que trente-deux ans.

— Vicomte, je veux que vous viviez.

C'est le président de ce fantomatique tribunal qui est entré dans son cachot.

— Un cheval sellé vous attend. La frontière de Bohême est à quelques lieues. Renoncez à l'illuminisme. Jugez ces scélérats pour ce qu'ils sont. Donnez les noms de ceux qui vous ont approché.

— Je ne puis.

— Et s'ils vous avaient dénoncé eux-mêmes, par crainte d'un Français frivole ?

— Je ne saurais vous croire.

— Un nom. Un seul nom. Ou vous mourrez.

— Hache ou corde ?

— Vous le verrez bien.

Des coqs chantent. D'autres bruits : des marteaux. On monte une potence. Tumulte d'une petite foule. Venue d'où ?

Il récite le *Notre Père*, se met debout, ordonne à ses jambes de ne point trembler.

Voici le bourreau, en cagoule. Il le saisit aux épaules, le pousse devant lui. Il lui fait monter l'échelle, lui passe la corde au cou, le saisit à bras-le-corps. Et lui murmure à l'oreille :

— Un nom. Un seul nom, garçon. Je desserre la corde. Tu tombes. Les rustauds crient grâce. Ces messieurs te font évader. La vie est belle, garçon.

— Fais ton office.

Alors, au lieu d'accomplir le geste fatal, le bourreau dénoue la corde, retire sa cagoule et salue gravement. Des vivats fusent de la foule.

Descendu de l'échelle, les mains délivrées, aspirant à longs traits l'air vif du matin, regardant, d'un œil agrandi, les hommes, les arbres, le ciel, le vicomte se remplit de vie neuve, sans comprendre et ivre.

Voici que le président du tribunal s'approche de lui, souriant, lui donne l'accolade, tandis que les vivats redoublent :

— Hubert de La Tour Grandval, tu as voulu être initié. Maintenant, tu l'es. Tu as subi les épreuves. Tu as gardé le secret, même la corde au cou. Nous sommes les Illuminés de Bavière. Hubert de La Tour Grandval, tu t'es montré digne d'être l'un de nos frères. Ensemble, mon frère, nous poursuivrons de grands desseins.

RÉPONSES À L'INCRÉDULE

— *Voilà une bien redoutable initiation.*

— Le propre de toute initiation est d'être redoutable. C'est une épreuve qu'il faut franchir, victorieux et changé.

— *D'où tenez-vous ce récit ?*

— Des *Mémoires* du vicomte Hubert de La Tour Grandval, qu'il publia à la fin du XVIIIe siècle, qui ne furent pas réédités. Ce cher Hubert avait trois passions : les femmes, les idées des encyclopédistes, et les rites initiatiques. Il avait adhéré en France à une loge maçonnique, correspondait avec Martinez de Pasqually, Joseph Balsamo, Casanova. Il aimait les mystères, l'occultisme et les complots politico-spirituels. C'est ce qui le conduisit à vouloir se faire Minerval, c'est-à-dire compagnon au premier degré chez les Illuminés de Bavière.

— *Etait-ce donc là le rite d'initiation, dans cette secte ? Quel fantastique théâtre !*

— Je soupçonne le vicomte d'avoir quelque peu fabulé. Mais tout laisse à penser que les Illuminés de Bavière procédaient selon le schéma de toutes les sociétés secrètes initiatiques :

Arracher le néophyte au monde habituel.

Donner l'idée de la mort proche. Placer le postulant dans des conditions qui éprouvent sa fermeté et son désir de pénétrer dans la fraternité.

Prestation d'un serment solennel, et engagement d'absolu secret.

Mort et résurrection symboliques, puis agapes fraternelles.

Sous le récit romantique, c'est toute la thématique des rituels en usage dans les francs-maçonneries.

— *Pourquoi : Illuminés ?*

— Le mot est fort en usage au XVIIIe siècle. L'illuminisme définit le goût des connaissances surnaturelles conférées par l'agrégation à un groupe d'initiés.

Dans *Les Soirées de Saint-Pétersbourg*, Joseph de Maistre, disciple de Claude de Saint-Martin et franc-maçon, s'est longuement préoccupé de la question de l'illuminisme. Il écrit, dans le onzième entretien :

« Je ne crois pas être trop exigeant si je demande que les mots soient définis et qu'on ait l'extrême bonté de nous dire ce qu'est un "illuminé"... On donne ce nom d'illuminés à des hommes coupables qui osèrent de nos jours concevoir et même organiser en Allemagne, par la plus criminelle des associations, l'affreux programme d'éteindre en Europe le christianisme et la souveraineté... »

— *Ne seraient-ce pas, justement, vos Illuminés de Bavière ?*

— Si. Mais Joseph de Maistre poursuit : « On donne ce même nom aux disciples vertueux de Claude de Saint-Martin, qui ne travaillent qu'à s'élever aux plus sublimes hauteurs de la loi divine. Vous m'avouerez, messieurs, qu'il n'est jamais arrivé aux hommes de tomber dans une plus grande confusion d'idées. »

Somme toute, il y a les bons Illuminés, dont il fait partie, et les mauvais, qui sont en Bavière. D'une certaine manière, Joseph de Maistre a raison. Il a raison dans la mesure où les Illuminés de Bavière sont moins spiritualistes et plus politiques.

— *Et aussi plus révolutionnaires ?*

— La franc-maçonnerie française du XVIIIe siècle est partagée entre les idéaux des philosophes et le respect de l'ordre. Les Illuminés de Bavière, eux, sont franchement décidés à abattre l'ordre. Ils veulent pénétrer les franc-maçonneries européennes, pour leur instiller des idées radicalement subversives. L'un de leurs adeptes, venu à Paris dans ce but, se fait admettre à la loge du Contrat social, dont font partie La Fayette, Condorcet et Mirabeau qui demeurera en France l'un de leurs correspondants.

L'un des principaux fondateurs de l'ordre des Illuminés fut un professeur de droit canon à Ingolstadt, Adam Weishaupt. Dès 1781, le gouvernement bavarois déploie, contre ces partisans de la liberté et de l'égalité, les mesures les plus violentes. Ils sont pourchassés, emprisonnés, abattus. Weishaupt réussira à fuir et se réfugiera à Gotha. Un mémoire, adressé en 1792 à l'empereur Léopold, réitère contre eux l'accusation de vouloir anéantir le christianisme et la royauté en Europe. Il est vrai que la profession de foi de Weishaupt était : « Tout détruire avec cette seule pensée : le plus possible, le plus vite possible. » C'est le révolutionnarisme, plus le goût germanique du chaos.

— *Ont-ils exercé une influence sur la Révolution française ?*

— Certainement. Leur influence est aussi déterminante dans la formation d'une autre société mystico-politique qui jouera un rôle plus tard : les *carbonari*.

— *Et que devint le vicomte ?*

— Il rentra en France en 1794, échappa aux tourmentes, et garda une frivolité teintée d'espionnite et de romantisme occultiste.

SOURCES

M. Grégoire, *Histoire des sectes religieuses*, tome II, Paris, 1828.

Hubert de La Tour Grandval, *Mémoires*.

Pierre Mariel (sous la direction de), *Dictionnaire des sociétés secrètes*, Paris, 1972.

DES ÊTRES VENUS D'AILLEURS

Ceux qui nous observent, car on nous observe, sont peut-être ceux-là mêmes qui nous ont posés un jour sur la Terre et nous utilisent depuis à des fins que nous ne connaîtrons jamais...

Henry C. COLEMAN

Des cochons, des oies, des vaches doivent tout d'abord découvrir qu'on les possède, puis se préoccuper de savoir pourquoi on les possède. Peut-être sommes-nous utilisables ?

Charles FORT

Cette appartenance est connue depuis plusieurs siècles par certains d'entre nous, moutons de tête d'un culte ou d'un ordre secret dont les membres, en esclaves de première classe, nous dirigent au gré des instructions reçues et nous aiguillent vers notre mystérieuse fonction.

Charles FORT

Guy Breton
Un voyage en Ovni au IXᵉ siècle

Louis Pauwels
Mystérieux objets dans le ciel d'autrefois

Louis Pauwels
Maupassant et les soucoupes volantes

Guy Breton
Un régiment disparaît dans un nuage

Louis Pauwels
L'énigme des soucoupes volantes

Guy Breton
Le mystère des cloches de Pâques

Guy Breton
Un village féerique

Louis Pauwels
Le comte de Saint-Germain et le Bien-Aimé

Louis Pauwels
L'orphelin de l'Europe

Louis Pauwels
Le Prince blanc

Guy Breton
Un homme venu du passé

Guy Breton
Les pas du diable dans le Devonshire

Un voyage en Ovni au IXe siècle

En ce jour d'été de l'an 832, dix-huitième du règne de Louis le Débonnaire, il fait chaud à Lyon et de nombreux promeneurs flânent au bord du Rhône à la recherche d'un peu de fraîcheur. Soudain, quelqu'un désigne le ciel :

— Oh ! regardez !...

Les braves gens lèvent la tête et restent figés. Au même instant, d'autres cris retentissent dans toute la ville :

— Venez voir ! Venez vite ! Il y a grande merveille dans le ciel !...

Alors, sortant des maisons, des couvents, des églises, des hommes et des femmes envahissent les rues et demeurent saisis en voyant ce que tout le monde voit.

Là, au-dessus d'une prairie, à hauteur de trois maisons, une chose qui ne ressemble à rien de connu flotte dans l'espace, immobile et silencieuse.

Est-ce un char ? Un vaisseau ? Une bête ? Un dragon ? Personne ne peut le dire.

Tout à coup, la chose se met à descendre lentement vers la prairie et les braves Lyonnais, épouvantés, tombent à genoux.

La chose descend toujours. Elle est maintenant à quelques pieds du sol. Enfin, elle se pose à terre avec une extraordinaire douceur.

Les Lyonnais, prostrés dans l'herbe, n'osent pas bouger. Frappés de stupeur, ils attendent en silence ce qui va maintenant se passer.

Un long temps s'écoule.

Soudain, un cri jaillit de la foule. Sur un côté de la chose, une porte vient de s'ouvrir. Un escalier se déplie, et voilà que des êtres humains apparaissent en haut des marches. Ils sont quatre : trois hommes et une femme portant des costumes semblables à ceux des Lyonnais. A présent, ils descendent en se soutenant mutuellement.

La foule, ahurie, les observe.

Ils descendent toujours, atteignent le sol, avancent en titubant. Ils ont l'air hébétés.

Quand ils ont fait une cinquantaine de pas, l'escalier qu'ils ont emprunté se replie tout seul, puis la porte par laquelle ils sont passés se referme, et la chose, toujours silencieuse, quitte le sol et s'élève lentement au-dessus de la foule. Quand elle a atteint une centaine de pieds, elle fait brusquement un bond prodigieux dans le ciel et disparaît derrière les nuages.

Alors, les quatre mystérieux personnages se laissent tomber à terre. Ils semblent à la limite de leurs forces. La femme surtout paraît fort mal en point : elle pleure et ses membres sont agités par des tremblements.

Les Lyonnais se sont relevés.

— Attention ! crie quelqu'un. N'approchez pas d'eux, ce sont des sorciers !

Mais voici que l'un des hommes venus du ciel parle et s'exprime dans la langue des Lyonnais :

— Nous ne sommes pas des sorciers, dit-il d'un ton las. Nous sommes d'un village voisin. Nous avons été enlevés par des génies... N'ayez pas peur de nous !... Secourez plutôt cette femme, qui est malade...

Ils sont si pitoyables, tous les quatre, que des braves gens s'approchent :

— D'où êtes-vous ?

L'homme donne le nom de son village.

— Nous vous expliquerons tout, dit-il, mais soignez cette femme, elle a eu si peur...

Alors, malgré ceux qui crient à mort et au sorcier, on les emmène dans une maison où on les couche après leur avoir fait boire un vin frais où flottent des herbes revigorantes...

La foule s'est amassée devant la porte. Elle attendra des heures avant que les hommes venus du ciel aient la force de parler. Vers le soir enfin, l'un d'eux fait cet extraordinaire récit :

— Voilà, dit-il. Nous étions tous les quatre dans un champ

quand cette chose que vous avez vue est descendue du ciel et s'est posée près de nous. Des êtres semblables à des hommes en sont sortis et nous ont appelés. Nous avions si peur qu'il nous était impossible de bouger. Alors ils sont venus et nous ont invités à monter dans leur navire aérien. « Il faut que vous sachiez que nous ne sommes pas malfaisants », nous ont-ils dit. Nous les avons suivis et la chose s'est envolée. Nous étions derrière des fenêtres rondes par lesquelles nous pouvions voir la terre au-dessous de nous. Nous avons vu des campagnes, des rivières et des villes ; puis nous sommes entrés dans un brouillard et, brusquement, nous avons cru être en paradis... « Nous sommes au-dessus des nuages ! » nous a dit l'un des génies.

» Ensuite, nous avons dormi. A notre réveil, nous nous sommes aperçus que la chose s'était posée dans un pays inconnu. Le génie qui s'occupait de nous est venu nous chercher et nous a emmenés dans un palais où se trouvaient des femmes très belles.

» “Voici nos femmes, a-t-il dit. Vous voyez bien que nous ne sommes pas des démons !”

» Puis il nous a fait visiter la ville et nous sommes remontés dans la chose. Mais avant de revenir ici, on nous a promenés dans différents endroits de la terre. Nous nous sommes posés dans des pays de glace et dans des pays de sable où il fait une chaleur torride. Avant de nous laisser partir, tout à l'heure, le génie nous a dit :

» “Racontez aux autres hommes ce que vous avez vu, et dites-leur que nous ne leur voulons pas de mal, que nous ne venons pas pour jeter du venin sur leurs fruits, empoisonner leurs fontaines, exciter les orages ou faire tomber la grêle sur leurs moissons... Dites-le pour que vos rois le sachent !” Voilà, vous savez tout ! »

Les Lyonnais, qui ont écouté ce récit fabuleux, sont perplexes. Soudain, un homme crie :

— Je ne crois rien de tout cela ! Ces gens sont des sorciers. Ils viennent pour faire tomber la grêle !...

— C'est le duc de Bénévent qui les envoie ! dit un autre.

— Oui, oui, crie bientôt la foule. C'est Grimoald, le duc de

Bénévent, qui les envoie pour massacrer nos moissons ! Ce sont des sorciers !...

— A mort ! Il faut les brûler !...

Et on les emmène.

En attendant que le bûcher soit prêt, la foule hurlante leur fait faire le tour de la ville. On les insulte. On leur jette des pierres. On leur promet l'enfer.

— A mort ! Sorciers ! A mort !...

Mais voilà qu'un homme accourt, alerté par tout ce vacarme. C'est Agobard, l'évêque de Lyon.

— Que se passe-t-il ?

On lui explique que ces sorciers viennent du ciel pour gâter les moissons et qu'on va les brûler.

Agobard est un brave homme. Il se tourne vers les quatre prisonniers et leur demande de s'expliquer. Les autres racontent de nouveau leur extraordinaire aventure.

— Vous voyez, crie la foule, ce sont des sorciers, il faut les brûler !

Mais Agobard secoue la tête :

— Non ! je vous interdis formellement de les brûler. Ces trois hommes et cette femme ne sont pas des sorciers. Pour la simple raison qu'ils mentent, qu'ils ne sont jamais allés se promener dans les airs, car de tels faits sont impossibles !

— Mais nous les avons tous vus descendre du ciel, dit quelqu'un.

— Eh bien, vous avez tous eu la berlue ! reprend l'évêque.

Et pendant trois quarts d'heure, il leur expose toutes les raisons qu'on a de ne pas croire à un tel prodige. Il ajoute :

— D'ailleurs, ceux qui affirment en avoir été les témoins pourraient bien risquer eux-mêmes d'être considérés comme des sorciers...

Il n'en faut pas plus, on s'en doute, pour que les Lyonnais déclarent à leur bon évêque que tout cela n'a été qu'un rêve.

Et l'on relâcha les quatre prisonniers qui retournèrent dans leur village, tandis qu'à Lyon, des centaines d'hommes et de femmes allaient — sans le confier à personne — garder dans leur mémoire l'image obsédante d'une chose mystérieuse descendue du ciel par un beau jour d'été...

RÉPONSES À L'INCRÉDULE

— *Cet Ovni apparu dans le ciel de Lyon au* IXe *siècle est fabuleux... Où avez-vous trouvé cette histoire ?*

— Dans un traité écrit par Agobard lui-même. Agobard qui relate les faits, mais qui les nie car il les considère comme étant contraires aux dogmes.

— *Est-ce que d'autres personnes ont parlé de cette aventure prodigieuse ?*

— Pas de celle-là précisément, mais de beaucoup d'autres du même ordre. Car il faut dire que ce genre d'histoire est assez courant à l'époque. Au point que les *Capitulaires* de Charlemagne et de Louis le Débonnaire mentionnent les « peines imposées aux créatures voguant sur des navires aériens » qui étaient accusées de détruire les vignes et les moissons...

Pour qu'il y ait eu des lois et des règlements réprimant les délits commis par ces êtres mystérieux, il fallait que leurs apparitions dans le ciel fussent nombreuses...

— *Quelle forme avaient-ils, ces personnages ?*

— Montfaucon de Villars écrit : « On voyait dans les airs ces créatures de forme humaine, tantôt rangées en bataille marchant en bon ordre, ou se tenant sous les armes, ou campées sous des pavillons superbes — tantôt sur des navires aériens d'une structure admirable dont la flotte volante voguait au gré des zéphirs... »

— *Comment pouvait-on voir des hommes rangés dans le ciel ?...*

— Permettez-moi d'émettre une hypothèse : on peut supposer que ces êtres étaient dotés d'hélicoptères dorsaux leur permettant de quitter l'astronef et de descendre facilement sur terre...

— *Des hélicoptères d'extraterrestres, voilà qui est nouveau !*

— Pas tellement... Je vais vous raconter une histoire.

Un jour de l'an 873, au moment du siège d'Angers par Charles le Chauve, les Angevins ont vu, dans le ciel, des créatures ayant — je cite — « la forme de sauterelles portant chacune six ailes et armées de dents faites de métal ». Ces êtres étaient rangés en ordre de bataille et volaient en bon ordre, conduits par des éclaireurs et des piqueurs de forme plus élancée. « Après avoir tourné au-dessus des troupes de Charles le Chauve, ces étranges sauterelles métalliques disparurent en direction de la mer... » Vous ne trouvez pas que ces sauterelles métalliques, ces sauterelles géantes ressemblent bougrement à des hélicoptères ?...

— *Sans doute ; mais vous parliez tout à l'heure d'hélicoptères dorsaux...*

— C'est vrai, et je ne change pas d'avis... Savez-vous où j'ai eu, un jour, le sentiment de voir la plus ancienne représentation d'hélicoptère dorsal ? Eh bien, c'est dans la cathédrale de Cefalu, en Sicile, où se trouvent d'admirables mosaïques du XIIe siècle représentant des anges... Oui, des anges ayant six ailes dont deux donnent l'impression de tourner dans leur dos, ou, si vous préférez, au-dessus de leur tête...

Je ne voudrais choquer personne, mais je pose la question : et si les anges étaient des extraterrestres descendus sur terre avec un hélicoptère dorsal, et transformés en personnages célestes par les hommes de l'Antiquité biblique ?...

SOURCES

AGOBARD, *De la grêle et du tonnerre.*

Mgr BRESSOLLES, *Saint Agobard, évêque de Lyon (769-840).*

MONTFAUCON DE VILLARS, *Le Comte de Gabalis ou Entretiens sur les sciences secrètes.*

Mystérieux objets dans le ciel d'autrefois

« Au temps des Ovnis », entend-on dire souvent pour caractériser notre époque... « Au temps de l'Inquisition », dit-on de même pour désigner certaine période historique passée. « Des pratiques héritées du Moyen Age », s'emporte un tel pour dénoncer certaines horreurs bien actuelles. Comme si la cruauté n'était pas de tous les temps. Comme si l'apparition des premiers Ovnis remontait seulement aux lendemains de la Seconde Guerre mondiale...

« La nuit du 12 octobre 1621, sur les huit heures du soir, la lune étant dans son dernier quartier, l'air commença de s'éclaircir du côté du levant. Pendant une heure et demie environ, le ciel devint aussi clair et net que dans les plus belles matinées de l'été. Cela donna un grand étonnement aux habitants de Lyon. Et la plus grande partie d'entre eux regardaient en l'air, à cause de cette clarté, quand ils aperçurent dans le ciel des choses tout à fait étranges et ces choses n'étaient pas naturelles...

» Au-dessus de la grande place de Bellecour, ils virent apparaître comme une grande montagne, sur laquelle était la figure d'un château de forme ronde, et de ce château de forme ronde, qui se déplaçait dans l'air avec des bonds prodigieux, il sortait des éclairs, et cela semblait flotter sur tout le quartier de la porte du Rhône, de Saint-Michel et au-dessus de la rivière de Saône.

» Du côté de la place des Terreaux, il fut vu par plus de quatre cents personnes, ce même jour, une étoile ronde qui remuait, et qui était très lumineuse et comme environnée d'éclairs...

» Sur la ville de Nîmes il se vit en même temps, et principalement dans la nuit suivante du 13 octobre, vers les dix heures du soir, juste au-dessus de l'amphithéâtre, comme un soleil resplendissant qui dansait, entouré de flambeaux lumineux, et ce soleil flamboyant semblait vouloir cheminer droit sur la tour romaine, qu'on appelle la tour Magne. Et cela étonna grandement tous les habitants de la ville.

» Sur la cité de Montpellier, de dix heures du soir à trois heures du matin, on vit une étoile très lumineuse qui se déplaçait au-dessus des maisons, et de cette étoile sortaient des lances de feu, et tout le peuple était dehors et observait cela avec un grand ébahissement. »

Quelques années auparavant, et sans préjudice du don d'embellissement des gens du Midi, étaient apparues au large de Gênes trois étranges embarcations. Selon les nombreux témoins de l'époque, il s'agissait de sortes de carrosses flottants, parfaitement sphériques, entourés et comme nimbés de longs filaments de feu « pareils à des langues de dragons ». Il faut croire que le pouvoir de suggestion de ces engins était considérable, puisque plusieurs assistants, tels le fils du sieur de Loro et le frère du signor Bagatello, ainsi que plusieurs femmes, moururent d'émotion. Si bien que, le lendemain 16 août, l'évêque de Gênes fit dire un Te Deum solennel dans la cathédrale...

Nouvelle apparition : au mois de janvier 1609, au-dessus d'Angers. Cette fois, toute la ville se précipite dans la rue pour voir évoluer dans le ciel des flambeaux de feu, qui ressemblaient à de « gros chardons tout ardents » entourés d'immenses lueurs rouges et bleues. Après quelques minutes d'évolution lente, les « choses » concentrent leur vol au-dessus des églises Saint-Maurice et Saint-Pierre. Les habitants, terrorisés, y voient un signe du ciel et se précipitent en foule dans ces deux églises, pensant que, si la ville devait être attaquée par ces « choses », les lieux saints au moins seraient préservés...

Remontons encore quelques années en arrière, mais en restant dans cette période faste du tournant du XVIe siècle qui vit, semble-t-il, une véritable épidémie d'objets volants...

A l'entrée de l'hiver 1578, le 21 décembre, en plein midi, on voit apparaître dans le ciel de Genève une « étoile » de la grosseur de la lune et qui se déplace à très grande vitesse. L'étoile en question traîne dans son sillage « une grande abondance de feu ». Un des témoignages, rapporté dans un livre publié par l'éditeur parisien Jean Pinart en 1579, précise que l'« étoile » a laissé subsister dans le ciel trois grands arcs noirs qui ressemblaient à de la fumée et que, dans les environs de Genève, plusieurs champs ont été brûlés...

Un mois plus tard, nouveau prodige, en France cette fois, toujours rapporté dans les *Discours merveilleux et espouvantables des Signes et Prodiges* de Jean Pinart. Restituons la langue et le style de l'époque :

« Le 23 janvier 1579 environ, les six ou sept heures du soir, au-dessus d'un village de la rivière Seine nommé Essonne, est apparu un grand dragon de forme ronde qui vomissait le feu en grande abondance. Et ce dragon a suivi la rivière, et l'on eût dit qu'il lançait de la foudre, et il y eut un grand débordement des eaux, si bien que plusieurs bateaux de ravitaillement se sont perdus, bien qu'il n'y eût aucun orage ni tremblement de terre. Ensuite le dragon fit des virevoltes et il disparut et plus personne ne le vit... »

RÉPONSES À L'INCRÉDULE

— *Voilà des textes dont les chasseurs d'Ovnis doivent être friands ?*

— Je pense que la plupart d'entre eux ne les connaissent pas... Ils proviennent de la Bibliothèque nationale, où un de mes amis les a dénichés. Il s'agit d'un petit recueil des années 1600, seulement republié au XIXe siècle et rédigé, disons, par les « journalistes » de l'époque, pour rendre compte d'une série particulièrement abondante de prodiges.

— *Qui se sont tous produits dans le ciel ?*

— Dans le ciel ou à ras de l'eau ou du sol, mais qui se sont tous achevés d'une manière plus ou moins brusque dans l'atmosphère... Il s'agit de visions, dans tous les cas, d'objets non identifiés, qui sont bien sûr interprétés selon les références culturelles de l'époque. Comme on a pu lire, il s'agit de châteaux ronds, environnés d'éclairs, ou d'étoiles rondes qui se déplacent très rapidement en jetant des lueurs aveuglantes, ou de carrosses (les seuls véhicules de l'époque pouvant servir de comparaison) qui flottent dans l'air entourés de serpents de lumière ou de gros chardons. C'est-à-dire des formes où la sphère prédomine et qui émettent des lueurs rouges ou bleues, ou encore d'animaux fabuleux (quel effet ferait le Concorde dans le ciel d'Henri IV ?) qui vomissent des flammes. Ce qui est particulièrement remarquable, c'est que — contrairement à ce qui se passe à notre époque — tous ces phénomènes sont observés en même temps par des centaines ou des milliers de personnes, et toujours dans des endroits bien déterminés...

— *Que faut-il en penser ?*

— Je ne suis pas un spécialiste des « objets volants non identifiés »... pour autant que cette spécialité existe ! Mais tout m'invite à penser qu'il s'agit de phénomènes tout à fait semblables aux observations de soucoupes volantes dont parle régulièrement la presse de notre époque.

Je pense en tout cas qu'il serait passionnant d'entreprendre une étude systématique de tous ces « discours » sur les prodiges du XVe et du XVIe siècle, qui, hormis la conclusion moralisante qu'ils comportent tous — le ciel nous envoie ces signes pour nous exhorter au repentir et nous préparer au Jugement dernier —, ne sont rien d'autre que des reportages pris sur le vif, dont certains sont excellents et valent bien les rapports de nos gendarmes actuels...

Quelles raisons aurions-nous de croire que ces auteurs inventaient des histoires ? Le plus frappant, c'est peut-être la relative sécheresse de leurs comptes rendus, leur sobriété en tout cas. Ils n'essayent jamais d'enjoliver leur témoignage ou de faire dépendre des événements ultérieurs de ces manifestations. Que ces événements aient été observés à Genève aussi, dans l'austère capitale du calvinisme, est une preuve de plus de leur authenticité : on connaît la défiance de la Réforme pour tout merveilleux d'origine divine.

— *Votre conclusion ?*

— Je n'en conclus pas nécessairement qu'il y ait des soucoupes volantes, encore que certains témoignages rassemblés aujourd'hui soient souvent particulièrement sérieux et troublants. Je m'interroge simplement sur la constance de ces phénomènes à travers toute l'histoire humaine. Et la constance de ces apparitions et de ces hallucinations dans le ciel devrait entraîner, en plus de la recherche des preuves objectives, matérielles, une spéculation systématique à propos de cette remarquable permanence dans l'histoire.

SOURCES

Diverses pièces curieuses, publiées par A. Claudin, Lyon, 1875, Imprimerie Perin et Marinet.

Histoire admirable des effets merveilleux du tonnerre et foudre du ciel, Jean Martin éditeur, 1633.

Chronique des apparitions extraterrestres, Paris, Denoël.

Aimé MICHEL, *Mystérieux objets célestes*, Arthaud.

Maupassant et les soucoupes volantes

Le récit qui va suivre se situe au XIXe siècle. Guy de Maupassant, son auteur, est un des plus grands écrivains français ; son témoignage, inédit, comporte des analogies frappantes avec ceux d'époques antérieures. Plus que tout autre, Maupassant avait le culte de « l'humble vérité », comme il dit. Son témoignage mérite tout particulièrement d'être versé au dossier.

J'étais en train de travailler chez moi, à Etretat, quand mon domestique annonça :

— C'est un monsieur, qui veut parler à Monsieur !

— Faites entrer !...

J'aperçus un petit homme qui saluait. Il avait l'air d'un chétif maître d'école à lunettes. Il balbutia :

— Je vous demande pardon, monsieur ! Bien pardon de vous déranger, monsieur... Je suis très troublé par la démarche que j'entreprends, mais il fallait absolument que je visse quelqu'un. Il n'y avait que vous ! J'ai pris du courage, mais, vraiment, je n'ose plus... Dès que j'aurai commencé, vous allez me prendre pour un fou !...

— Mon Dieu ! Cela dépend de ce que vous allez me dire...

— Ce que je vais vous dire va vous paraître bizarre...

— Eh bien, monsieur... allez !

— Monsieur, j'ai peut-être l'air un peu fou, mais c'est l'air des hommes qui ont réfléchi un peu plus que les autres, qui ont franchi un peu, aussi peu, les barrières de la pensée moyenne... Car, voyez-vous, monsieur, personne ne pense à rien ! Chacun s'occupe de ses affaires ou de sa fortune, de ses plaisirs, de sa vie ou de petites bêtises comme la politique. Mais qui donc pense ?... Hein !... Qui donc ?... Personne ! Mais je m'emballe, monsieur, je reviens à mes moutons... Vous ne me connaissez pas, monsieur, parce qu'à Etretat je ne me mêle pas aux gens... Moi, je vais surtout sur les falaises... Je regarde le ciel, la mer... Ah ! J'adore les falaises !... Monsieur... Est-ce que vous voulez me permettre une question ?

— Osez, monsieur !

— Croyez-vous que d'autres planètes soient habitées ?

Je répondis sans hésiter, sans paraître surpris :

— Mais, certainement, je le crois !

Alors il fut ému d'une joie véhémente.

— Ah ! quelle chance, monsieur. Ah ! je respire... Ah ! vous savez, je doutais de vous !... Ah ! un homme ne serait vraiment pas intelligent, s'il ne croyait pas aux mondes habités... Nous ne savons rien du dehors, de ces milliards de mondes, ces flammes d'étoiles, hein !... Ah ! si nous savions...

» Ce n'était pas une étoile filante. Je l'ai vue tout près. C'était un globe lumineux transparent, avec comme des ailes, des vapeurs palpitantes autour... Ça faisait des crochets, ça tournait sur soi-même, au lieu d'une trajectoire, oui !... Ça faisait des crochets, avec un grand bruit mystérieux !... C'est passé devant moi... on aurait dit un monstrueux ballon de cristal... Comme un navire en détresse, avec un équipage affolé... Et ce globe étrange, monsieur, a fait tout d'un coup une courbe immense et il a dû s'abattre très loin dans la mer, car j'ai entendu comme un coup de canon... ! D'ailleurs, tout le monde, monsieur, dans le pays, a entendu ce choc formidable... On aurait dit que c'était le tonnerre, un seul coup de tonnerre. Mais moi, j'étais là, je veillais, j'ai vu... moi seul, j'ai vu... Si c'était tombé sur la côte, on aurait enfin su... Ah ! oui, monsieur, j'ai vu... j'ai vu le premier navire aérien !... J'ai vu le premier navire sidéral lancé dans l'infini par des êtres pensants !... »

Il s'était levé, il s'était exalté. Il ouvrait les bras pour figurer la marche des astres.

— Adieu, monsieur ! me dit-il... Vous ne répondez rien ?...

Mais réfléchissez !... Réfléchissez !... Et racontez ça un jour, si vous voulez !...

RÉPONSES À L'INCRÉDULE

— *Etrange histoire ! Et qui rappelle étrangement des témoignages très contemporains...*

— Elle a un autre intérêt aussi : c'est une histoire qui surgit, elle-même, comme un objet non identifié dans l'œuvre de Maupassant. Elle n'a pas de sources connues et ce n'est pas un scénario, à la manière de son maître, Flaubert, pour une œuvre d'imagination qu'il comptait écrire ; c'est aussi le seul texte de la grande littérature qui évoque une apparition de soucoupe volante. C'est, enfin, le texte inconnu d'un maître de notre littérature qui a écrit des centaines de nouvelles célèbres et d'écrits divers qui ont été tous publiés. Tous, sauf ce texte, dont on ne sait pas si c'est le récit d'un témoin oculaire qui l'a rapporté à l'auteur ou si c'est Maupassant lui-même qui raconte ce qui lui est arrivé.

— *Pourquoi aurait-il pris un détour ?*

— Pour deux raisons. D'une part, nous sommes en 1889. Quatre ans plus tard, Maupassant bascule dans la folie totale. Je pense que non seulement il n'a pas inventé cette histoire, mais qu'il l'a effectivement vécue. Mais il se méfiait déjà de lui-même, de ses crises hallucinatoires, et il n'a pas pu se décider à faire le partage entre la réalité et ce qui pouvait lui être suggéré par la maladie.

D'autre part, même s'il était convaincu de la réalité de sa vision, il n'a pas osé la publier parce qu'elle lui apparaissait trop invraisemblable pour l'époque. La fin du XIXe siècle, c'est le triomphe dans le monde entier des idées positives et, en France, du naturalisme, qui est avant tout fidélité intransigeante au réel. Il était lui-même un des représentants de cette école de pensée, et il trouvait certainement que ses visions d'objets volants étaient très peu conformes à la mentalité et à la curiosité de l'époque, éprise de scientisme et de rationalité...

— *Il aurait pu être un précurseur !*

— Oui, mais il n'a pas eu ce talent-là, en plus... C'était un homme de grande culture qui avait contribué à faire la culture de son temps, et pas seulement en France. On ne peut donc pas lui reprocher de n'être pas allé, en même temps, à rebours de cette culture. La culture technologique qui est la nôtre, les premiers voyages dans l'espace, la prolifération infinie des objets volants, nous ont habitués aux fictions qui préfigurent les réalités scientifiques de demain. Une observation comme celle qui est rapportée ici paraîtrait aujourd'hui dans tous les journaux et Jean-Claude Bourret interviewerait le témoin à la télévision.

1889 est l'année où Clément Ader met seulement en chantier le premier avion, dont on n'est pas sûr qu'il ait volé, et le terme d'« aviation » existe depuis moins de vingt ans. Les scrupules et la discrétion de Maupassant sont donc parfaitement compréhensibles.

Mais l'intrusion dans le fantastique moderne, il l'a faite d'une manière prophétique depuis deux ans déjà. Il écrit *Le Horla* en 1887, et cette apparition abominable inspirera les auteurs du réalisme fantastique et horrifique jusqu'à nos jours...

SOURCES

Jean-Claude Bourret, *La Nouvelle Vague des soucoupes volantes*, France Empire.

Aimé Michel, *Mystérieux objets célestes*, Arthaud.

Jacques Vallée, *Le Collège invisible* (préface d'Aimé Michel), Albin Michel.

Un régiment disparaît dans un nuage

Au début de 1915, les gouvernements français et britannique décidèrent d'organiser une expédition commune contre la Turquie, dont les ports n'étaient ouverts qu'aux navires de guerre allemands. Le but de cette entreprise était de forcer le détroit des Dardanelles et de s'emparer de Constantinople. Les deux amirautés commencèrent par envoyer une flotte qui se heurta à une défense turque tout à fait inattendue. Un cuirassé français, deux cuirassés anglais et divers croiseurs et contre-torpilleurs furent coulés. Il fut alors décidé d'entreprendre un débarquement dans la péninsule de Gallipoli.

Au mois de mars, un corps expéditionnaire français s'embarqua à Marseille aux côtés d'une armée anglaise.

Après de nombreux contretemps, ces troupes débarquèrent au sud de la péninsule, le 25 avril. Elles devaient y rencontrer une violente résistance. Au point que, trois mois plus tard et malgré des combats furieux dirigés par le général Gouraud, elles n'avaient réussi à pénétrer que de six kilomètres vers l'intérieur.

Les états-majors décidèrent alors de créer un second front en allant attaquer la péninsule par le nord-est. Le 6 août, soixante mille hommes débarquèrent à Suvla. Ils devaient se heurter, eux aussi, à une solide armée turque.

Après de terribles engagements au pied du mont Scimitar, les Anglais se dirigèrent vers le sud pour opérer leur jonction avec les Australiens débarqués à Gafa Tépé.

C'est au cours d'une de ces marches qu'a lieu l'un des événements les plus extraordinaires de toute la guerre.

Cela se passe le 21 août, dans la matinée.

Ce jour-là, le 5e régiment de Norfolk, ou plutôt ce qu'il en restait, c'est-à-dire environ quatre cents hommes, reçoit l'ordre de soutenir un bataillon d'Australiens et de Néo-Zélandais qui n'arrivaient pas à prendre une certaine cote 60, l'un des points clés de la région.

Le 5e régiment de Norfolk se met donc en route. Du sommet d'une colline voisine, des soldats néo-zélandais le voient marcher sur une pente assez raide, puis s'engager dans un vallon et remonter le lit d'un torrent desséché.

Il fait un temps splendide. Pourtant, les Néo-Zélandais remarquent une anomalie dans le paysage. Alors que le ciel est clair, six ou huit nuages énormes stationnent depuis le matin au-dessus de la cote 60. Des nuages qu'un vent du sud de six à sept kilomètres-heure ne fait changer ni de place ni de forme.

En outre, un autre nuage comparable à une nappe de brouillard très dense, pouvant avoir deux cent cinquante mètres de long et cinquante mètres d'épaisseur, semble traîner au sol...

Les Néo-Zélandais considèrent ce phénomène avec étonnement. L'un d'eux, un sapeur nommé Reichart, appartenant à la 3e section de la 1re compagnie du génie, ne peut s'empêcher de dire :

— C'est curieux, ces nuages qui ne bougent pas ! Je les observe depuis ce matin, ils ont l'air solides !...

— Regarde celui qui est au sol, lui dit un de ses camarades. Il réfléchit la lumière du soleil.

Pendant ce temps, le 5e régiment de Norfolk continue son ascension parmi les pierres du torrent desséché. Il fait chaud en Turquie, au mois d'août, et les soldats anglais transpirent.

Après deux heures de marche difficile, ils parviennent enfin sur une butte. Là, ils se regroupent et marchent en direction de la cote 60 qui se trouve en partie recouverte par l'étrange nappe de brouillard.

Du haut de leur colline, les Néo-Zélandais observent les Anglais.

— Regarde, dit le sapeur Reichart à son compagnon, les Anglais approchent du nuage. On va voir s'ils osent pénétrer dedans.

— Pourquoi n'oseraient-ils pas ? dit l'autre. Ce ne sont pas des gaz asphyxiants...

— Non, sans doute, dit Reichart ; mais je ne sais pas pourquoi, ce brouillard ne me dit rien qui vaille !

Ils voient bientôt le 5e régiment de Norfolk aborder le nuage et s'y enfoncer sans hésiter.

— Il est si épais, dit Reichart, qu'on ne voit plus ceux qui sont dedans.

En rang par huit, le régiment anglais pénètre toujours dans le nuage.

Quand le dernier homme a disparu, les Néo-Zélandais regardent toujours la nappe de brouillard.

— Je me demande s'ils ont été incommodés, dit le sapeur Reichart.

L'autre sourit :

— On ne va pas tarder à le savoir...

Et ils attendent.

Au bout de cinq minutes, comme rien n'apparaît, Reichart s'inquiète :

— Qu'est-ce qu'ils peuvent faire là-dedans ?

Et tout aussitôt, il s'écrie :

— Oh ! Regardez !

L'étrange nuage dans lequel se trouvait le 5e régiment de Norfolk s'est détaché du sol et s'élève bientôt, non pas comme les nappes de brouillard ordinaires qui s'effilochent dans l'air, mais en conservant sa forme.

— Mais où sont les Anglais ? hurle Reichart.

Sur le terrain, il n'y a plus un seul homme, aucune arme, rien ! La butte est absolument déserte.

Les vingt-deux hommes de la 1re compagnie néo-zélandaise sont littéralement figés. Tandis qu'ils considèrent l'endroit où quatre cents soldats anglais viennent de se volatiliser, la nappe de brouillard continue de monter vers les nuages qui sont au-dessus d'elle. Quand elle les a rejoints, l'ensemble s'en va lentement en direction du nord et disparaît dans le ciel.

On ne retrouva jamais aucune trace du 5e régiment de Norfolk.

Les années passèrent. Et en 1918, après la capitulation de la Turquie, l'Angleterre exigea que les hommes de ce régiment porté disparu lui fussent restitués.

Les Turcs firent des recherches et répondirent qu'ils n'avaient jamais entendu parler du 5e régiment de Norfolk. Les Anglais insistèrent, fournirent des dates, des précisions sur les lieux, ainsi que les témoignages des Néo-Zélandais. L'état-major turc, de nouveau, fouilla ses archives. Ce fut pour répondre qu'il n'avait été fait aucun prisonnier à la date du 21 août 1915...

RÉPONSES À L'INCRÉDULE

— *Un régiment entier qui disparaît dans un nuage... Est-ce que, cette fois, vous n'allez pas un peu loin ?*

— Je vous garantis que cette histoire est authentique. Elle a été rapportée par de nombreuses revues anglaises, par des journaux d'anciens combattants qui ont publié les témoignages des Néo-Zélandais — notamment du sapeur Reichart — et elle a fait l'objet d'enquêtes, de recherches, de vérifications, aussi bien de la part des autorités britanniques que des autorités turques. Personne n'a jamais pu donner d'explication...

— *Quelles hypothèses a-t-on émises ?*

— A l'époque, on a parlé d'un gaz non seulement asphyxiant, mais « dissolvant », inventé par les Allemands. Mais cette idée n'a pas été retenue. On a parlé aussi d'un phénomène naturel, d'un cratère qui se serait ouvert brusquement sous les pieds des soldats du 5e régiment de Norfolk, et qui se serait refermé après que le régiment eut été englouti... Ai-je besoin d'ajouter que cette explication, non plus, n'a pas semblé sérieuse ?... Finalement, on a classé cette disparition dans le grand dossier des « énigmes » de l'histoire. Et Dieu sait si ce dossier est riche !

— *Et aujourd'hui, qu'en pense-t-on ?*

— Aujourd'hui, l'hypothèse la plus répandue est qu'il s'agit d'un enlèvement par un engin ayant la forme d'un nuage.

— *Un Ovni en forme de nuage, voilà qui est nouveau !*

— Pas du tout ! La Bible, par exemple, mentionne à de très nombreuses reprises l'apparition de « nuées lumineuses » qui déposent ou enlèvent des personnages...

— *Alors le nuage vu par les Néo-Zélandais aurait été un faux nuage ?*

— Tout leur récit conduit à cette conclusion. Souvenez-vous : le sapeur Reichart parle d'un nuage « dense et fixe qui reflétait la lumière du soleil », puis qui s'éleva subitement pour rejoindre les autres — lesquels, je vous le rappelle, se trouvaient au-dessus de la colline depuis le matin, immobiles malgré le vent... Après quoi, tout ce groupe de nuages étranges se dirigea vers le nord et disparut... Avez-vous déjà vu beaucoup de stratus ou de cumulus agir de cette façon ?...

— *Cela ressemble un peu à de la science-fiction.*

— Oui. Mais nous vivons peut-être, sans le savoir, un roman de science-fiction. Vous savez que Charles Fort, l'auteur du *Livre des damnés*, parlant de ces disparitions mystérieuses d'individus ou de groupes d'individus, disait : « On nous pêche... »

— *Et qui viendrait nous pêcher ? Des extraterrestres ?*

— Disons plutôt des gens venus d'ailleurs... — je vous expliquerai pourquoi tout à l'heure —, des gens venus d'ailleurs que nous intéressons. Vous savez qu'il disparaît par an, rien qu'en France, environ vingt-cinq mille personnes, c'est-à-dire l'équivalent de la population d'une ville comme Thonon-les-Bains... Que deviennent ces gens ? Il y a des suicides, des crimes parfaits, des individus qui fuient à l'étranger sans donner de nouvelles, soit ! Mais cela ne constitue qu'un très faible pourcentage : 10 %, 20 % peut-être. Il reste 80 % de disparitions inexpliquées. C'est-à-dire environ quinze mille personnes. Et cela dure depuis des années.

— *Enlever un régiment semble tout de même extraordinaire !*

— Ce n'est pas le seul cas connu. Pendant la Seconde Guerre mondiale, une division japonaise a disparu sans laisser de traces en Nouvelle-Guinée. Et je pourrais vous citer le cas de familles entières qui se sont évanouies au cours d'une promenade en forêt, d'équipages de bateaux qui se sont volatilisés (rappelez-vous l'histoire de la *Mary-Céleste*), d'automobilistes qui ne sont jamais arrivés à leur lieu de destination et dont on a perdu toute trace... Certaines de ces disparitions sont absolument stupéfiantes.

Un jour de novembre 1809, la calèche de Benjamin Bathurst, qui était ambassadeur de Grande-Bretagne auprès de la cour d'Autriche, arrive dans une petite ville allemande, à Perlberg, et s'arrête devant une auberge. Bathurst descend pour déjeuner. Quand il a terminé, il salue l'aubergiste qui se trouve, avec quelques voyageurs, sur le pas de la porte, et contourne sa voiture pour assister au changement des chevaux... On ne l'a jamais revu !... Et toutes les recherches entreprises pour le retrouver demeurèrent vaines...

— Il n'y avait aucune autre voiture à proximité qui eût permis un enlèvement ?

— Rien ! La route était absolument vide. Il n'y avait non plus ni mur ni buisson où l'ambassadeur aurait pu se cacher... Voici un autre exemple : vers 1930, le torpilleur de la marine américaine le *Cyclops*, qui navigue par temps calme et sur une mer d'huile, disparaît sans que les spécialistes puissent donner la moindre explication. Je pourrais vous citer des centaines d'autres cas.

— Je sens que vous allez me parler du triangle des Bermudes.

— Bien sûr. Dans cette région de la mer des Caraïbes, tout comme en un lieu qui se trouve situé à l'est du Japon et qu'on appelle la mer du Diable, des bateaux et des avions — et cela malgré les équipements de radio et les radars — disparaissent mystérieusement sans laisser aucune trace. Les rares pilotes qui ont le temps de lancer un dernier message expliquent, sur un ton d'épouvante, qu'ils sont entourés par « quelque chose de lumineux ». Puis c'est le silence. Il semble que ces bateaux et ces avions soient en quelque sorte « aspirés » par quelque chose, quelque part... Comme si quelqu'un situé hors de notre univers s'amusait, suivant l'expression de Charles Fort, à « pêcher » les humains...

— *Et mis à part l'enlèvement du régiment de Norfolk, a-t-on assisté à l'une de ces « pêches » extraordinaires ?*

— Presque. Cela s'est passé en 1909, dans une ferme près de Brecon, au pays de Galles. Le soir de Noël, toute la famille d'Owen Thomas était réunie autour de la cheminée en compagnie de deux invités, le pasteur et le vétérinaire. Au moment où l'on va se mettre à table, Mrs. Thomas demande à son fils Olivier, âgé de onze ans, d'aller au puits chercher de l'eau.

L'enfant enfile ses galoches, car il a neigé, prend un seau et sort de la maison. A peine a-t-il refermé la porte qu'on l'entend hurler, puis appeler au secours. On se précipite avec une lanterne. On ne voit rien, mais l'enfant crie maintenant : « "Ils" me tiennent ! Au secours ! Au secours ! »

Ces curieux appels semblent provenir du ciel. Rapidement, ils diminuent d'intensité, comme si l'enfant montait vers les nuages, puis un silence angoissant tombe sur la cour de ferme. Le pasteur, lanterne en main, suit les traces de pas qu'Olivier a laissées dans la neige. On s'aperçoit alors qu'à quelques mètres de la maison ces traces cessent brusquement, comme si l'enfant avait été enlevé de terre... On ne le retrouvera jamais...

— *Alors, où s'en iraient ces bateaux, ces avions, ces régiments, ces familles et ces enfants qui disparaissent ?*

— Peut-être sortent-ils de notre temps ou de notre univers. Vous savez que la plupart des physiciens admettent aujourd'hui l'existence d'univers parallèles coexistant avec le nôtre. De nombreux ouvrages ont été publiés sur ce sujet passionnant. Dès 1965, un membre de l'Académie des sciences de New York, le Dr J. H. Christenson, publiait un article intitulé *Time Reversal* dans lequel il écrivait : « Une hypothèse audacieuse suggère qu'il existe un univers fantôme ressemblant au nôtre.

Il n'existe qu'une interaction très faible entre ces deux univers, de sorte que nous ne voyons pas cet autre monde : il se mélange librement avec le nôtre... » J'ajoute que, depuis 1965, les travaux des physiciens, dans ce domaine, ont à ce point progressé que leurs prudentes hypothèses ont fait place à de quasi-certitudes.

— *Ce serait cela, l'au-delà dont parlaient les Anciens ?*
— Peut-être.

— *Est-ce que les physiciens dont vous parlez pensent que l'on pourra, un jour, trouver le moyen de communiquer avec ces univers parallèles ?*
— Ils sont prudents. Mais je crois que l'intelligence humaine est sans limites et que la connaissance de ces univers parallèles sera la plus extraordinaire découverte de l'humanité. Une découverte qui fera que le XXIe siècle n'aura plus aucun rapport avec le monde, la science, les conceptions métaphysiques et les mentalités qui sont les nôtres... Je vous laisse rêver...

— *Un mot encore : ces univers parallèles, comment les imaginer ? Comment les situer ?*
— H. G. Wells disait : « Les univers parallèles sont plus proches de nous que nos mains et nos pieds... »

SOURCES

J. H. CHRISTENSON, *Time Reversal.*
Charles FORT, *Le Livre des damnés.*
Patrice GASTON, *Disparitions mystérieuses.*
George LANGELAAN, *Les Faits maudits.*
Aimé MICHEL, *Mystérieux objets célestes*, Arthaud.
H. Y. WILKINS, « Le mystère de l'espace et du temps », *Fortnight Review*, mai 1925.

L’énigme des soucoupes volantes

Quand, ce matin-là, Evenki sortit de sa hutte en troncs de bouleaux, il constata avec plaisir que l’été était enfin arrivé pour de bon. C’était déjà le 30 juin et il n’avait donc que six semaines pour vérifier ses pièges, abattre quelques arbres et creuser le sol pour construire une palissade. Puis un long hiver de dix mois retomberait sur la taïga, pétrifiant à des mètres de profondeur la terre et les marécages... Il regarda un long moment ses cinq rennes paître dans leur enclos, puis se dirigea vers un appentis qui contenait un maigre fourrage d’herbes sèches et de lichen. Il était exactement sept heures deux. A l’instant d’y entrer, Evenki le chasseur fut comme foudroyé par un éclat de lumière plus brillant que dix soleils. Il s’abrita les yeux et put se rendre compte que la terrible clarté provenait d’un objet qui filait à très vive allure, à l’oblique de la ligne d’horizon. Terrifié, il se cramponna au montant de la porte et vit alors une énorme sphère, qui rejetait des matières incandescentes, rebondir sur les arbres de la taïga. Puis il entendit comme un bruit de métal froissé aussitôt suivi d’une déflagration formidable. Le sol, sous lui, se mit à danser et, avant de tomber à genoux, il vit se former au-dessus de sa maison un énorme nuage qui prit rapidement la forme d’un champignon...

Au bourg voisin de Vanovara, une centaine d’habitants de ce coin perdu de la Sibérie centrale assistèrent épouvantés au même spectacle. Le bruit de l’explosion s’entendit jusqu’à Kansk, à huit cents kilomètres de là. Un mécanicien qui conduisait un train de marchandises arrêta son convoi en catastrophe et sauta de la locomotive, croyant qu’un des wagons venait de sauter. Sur toute la taïga de la Toungouska s’abattit une tempête qui souleva les toits des isbas et défonça portes et fenêtres. Des lames de fond allèrent battre les rives du fleuve Angara, si fortes que d'énormes troncs flottants furent projetés sur la terre ferme tandis que d'étranges nuages vert-jaune commencèrent à se former dans le ciel. A. Polkanov, de l'Académie des sciences de Saint-Pétersbourg, qui se trouvait en Sibérie ce 30 juin 1908, vit qu'ils prenaient assez rapidement une teinte rose rougeâtre et les sismographes d'Iéna, d'Irkoutsk et de la plupart des grandes villes d'Europe occidentale enregistrèrent des secousses de grande amplitude. A Paris et à Londres, il fut possible, pendant trois nuits consécutives, de lire la nuit sans l'aide d'aucune lumière, et, à Moscou, la lueur qui tombait du ciel nocturne était assez forte pour qu'on puisse prendre des photos.

Quand les conséquences du phénomène furent entièrement connues — ce qui prit des années —, on s'aperçut que la sphère enflammée avait entièrement ravagé une région de deux cents kilomètres carrés et détruit plus de dix millions d'arbres...

Aux interrogations venues du monde entier, les savants russes de l'époque répondirent qu'il s'agissait de la chute d'une météorite de très grande dimension.

En 1921, Leonid Koulik, attaché à l'Institut météorologique de Russie, publie une communication sur ce que les habitants de cette région de la Sibérie appelaient « le miracle de la Toungouska ». La formation scientifique de Koulik n'est que celle d'un autodidacte, mais ce qu'il expose paraît alors si important que les Soviétiques, qui sont au pouvoir depuis quatre ans, décident d'y consacrer la première expédition scientifique de l'après-révolution. C'est Koulik qui la dirigera, en 1927, mais avec des moyens si réduits qu'il mit des mois pour arriver dans les contreforts des monts Chakorma, au-delà desquels on présumait que la « météorite » s'était écrasée. Avec ses moustiques et ses marécages entrecoupés de mamelons abrupts tombant dans des fondrières, cette région est encore plus inaccessible que le fin fond du Mato Grosso. L'été n'y dure, en effet, que quelques semaines et, plusieurs mois de l'année, des températures de – 60 °C y sont courantes...

Malades, épuisés et surtout découragés, les compagnons de

Koulik abandonnent en vue de Vanovara. L'ingénieur poursuit seul, en compagnie d'un guide toungouse, qui donne bientôt des signes croissants d'inquiétude : il est chamaniste et assure que, s'il va plus loin, le dieu qui est descendu sur la Toungouska en 1908 le tuera. Il accompagne tout de même Koulik sur le sommet des monts Chakorma et, après une dernière étape épuisante, celui-ci découvre à ses pieds un spectacle incroyable : la vaste étendue que ses yeux embrassent semble avoir été laminée par un gigantesque marteau-pilon, couchant par millions les pins géants, les peupliers, les mélèzes, et ne laissant subsister que quelques troncs coupés à mi-hauteur, en bordure d'une vaste cuvette, que Koulik, exténué et abandonné par son guide, ne pourra cette fois qu'entrevoir.

Ce n'est qu'au printemps suivant, en 1928, après s'être replié durant l'hiver dans un petit village situé à soixante kilomètres de là, que l'ingénieur et quelques assistants, venus en renfort de Moscou, pourront pénétrer à l'intérieur du périmètre dévasté...

A travers un incroyable enchevêtrement d'arbres et de pousses extirpés jusqu'à la racine, ils parviennent au centre d'une vaste clairière dénudée délimitée par un cercle d'arbres fracassés dont les racines étaient toutes dirigées vers un centre commun. A n'en pas douter, il s'agissait de l'épicentre de la terrifiante explosion qui s'était produite là. Koulik tomba à genoux, comme Evenki le chasseur vingt ans plus tôt, mais dans des dispositions d'esprit bien différentes : il jura de consacrer tout ce qui lui restait de force et de vie à trouver la solution du mystère...

Quel mystère ? Les savants russes n'avaient-ils pas donné l'explication du phénomène, dû à la chute d'une météorite de grande taille ?

Huit mois auparavant, quand Koulik était parvenu pour la première fois en vue du site où l'objet était tombé, il avait été troublé par le fait qu'aucune excavation n'était visible, ni de près ni de loin. Toute chute de météorite produit en effet un cratère dont les dimensions sont en proportion de son poids, l'un des plus grands étant celui de l'Arizona, qui est profond de plus de cent cinquante mètres et large de deux kilomètres...

Koulik et ses compagnons battirent pendant des jours la vaste région où les effets du phénomène étaient visibles, mais ne trouvèrent aucun trou dans le sol, ni aucune projection de pierres, comme ç'aurait dû être le cas pour un aérolithe qui ne pouvait pas peser moins de quelques centaines de millions de tonnes. Il en conclut que les eaux des marécages environnants avaient rempli le cratère qui s'était formé à l'épicentre de l'explosion et que les morceaux de l'objet devaient se trouver à une vingtaine de mètres en dessous de la surface du sol gelé, et recouverts d'une couche d'eau, ou plutôt de glace, laquelle ne fond que quelques semaines par an. Il fut néanmoins très troublé de n'avoir pu trouver, après plusieurs semaines de recherches, la moindre particule solide provenant du caillou venu de l'espace...

Koulik sut se montrer si convaincant que l'exploration du site, qui était devenue l'unique but de son existence, fut poursuivie et qu'une campagne de photographies aériennes fut organisée en 1939. La Seconde Guerre mondiale l'interrompit et Koulik, engagé volontaire, tomba devant Kalouga en 1942.

Dès 1946, A. Kazantsev reprit l'étude du site, cette fois avec des moyens bien accrus. Comme Koulik, il remarque qu'à l'épicentre de l'explosion les arbres situés tout à proximité sont paradoxalement restés droits, ne perdant que leur cime et leurs feuilles, alors que ceux qui se trouvent plus loin et jusqu'à plusieurs kilomètres ont été arrachés ou au moins couchés sur le sol. En conséquence, ce savant fut le premier à formuler cette hypothèse inouïe : l'objet en question ne s'était pas désintégré au contact du sol, mais avait explosé *en altitude*. Cette affirmation fit bien sûr sensation et eut aussitôt des détracteurs. Krinov, un savant réputé, secrétaire du Comité d'études sur les météorites, déclara que l'explosion s'était bel et bien produite au sol et que, s'il n'y avait pas de traces de concrétions pierreuses, c'était parce que le cratère creusé par la météorite s'était immédiatement rempli d'eau.

En 1958, à l'initiative de Cyril Florenski, directeur du comité, est montée la plus importante expédition jamais entreprise dans la Toungouska.

Pendant des années, on releva une carte très précise du site et, à l'intérieur de la zone dévastée, les chercheurs déterminèrent l'angle sous lequel les arbres de cette zone avaient été touchés et les dommages exacts qu'ils avaient subis. Ce qu'ils trouvèrent est stupéfiant... Tout d'abord, ils s'aperçurent que, sur les arbres qui étaient restés debout, certaines petites branches protégées par l'ombre de branches plus grosses n'avaient pas été brûlées. Exactement comme cela s'était produit à Hiroshima ou à Nagasaki...

En 1969, la même expédition put déterminer que les bouleaux et les mélèzes qui avaient poussé après l'explosion et qui auraient dû avoir normalement sept ou huit mètres de hauteur en avaient en fait... le triple ! Ceux qui étaient restés debout en 1908 ont vu leur structure génétique profondément modifiée et ont gagné en quelque cinquante ans plus de quatre fois leur circonférence, ce qui prouve qu'ils ont été soumis à *un rayonnement radioactif direct*. En analysant la radioactivité qui continue à rayonner dans les anneaux annuels du bois, on a pu déceler de manière certaine la présence... d'isotopes radioactifs *artificiels !*

Jusqu'à ce moment-là, l'école de ceux qui tenaient pour un phénomène naturel ne manquait pas d'arguments valables. Cette découverte affaiblit considérablement leur position et entraîna des découvertes en chaîne qui confirmèrent le caractère artificiel, « intelligent », du phénomène.

Longtemps, on avait cru que la lumière qui avait été visible sur la majeure partie de l'Europe en 1908 provenait de nuages de poussière d'origine terrestre. On sait maintenant qu'aucune météorite, si grande soit-elle, ne pourrait soulever un nuage de poussière aussi important et qu'il n'existe pas d'agent connu capable, en plus, de le transporter en quelques heures de la Sibérie centrale à Londres... Que le phénomène fût artificiel trouve aussi sa justification dans la trajectoire que l'objet a suivie et qui a pu être parfaitement reconstituée, grâce à l'étude qui a été faite de la manière dont les troncs d'arbres avaient été abattus.

Au moyen d'arbres miniatures et d'une charge de dynamite, les savants russes ont reconstitué un grand nombre de fois en laboratoire les effets d'une explosion comparable à celle de

1908. En rapportant la position des arbres ainsi obtenue au site réel, on a pu déterminer que l'énergie libérée en 1908 équivalait à dix mégatonnes et, surtout, qu'elle n'avait pu se produire qu'en *altitude*. Ce qui était d'ailleurs confirmé par un fait décisif : le sondage systématique du sol marécageux à l'épicentre de l'explosion et sur son pourtour ne permit pas de découvrir la plus petite parcelle de roche météoritique. Et pour cause... En étudiant les champs électriques enregistrés à l'arrivée de l'objet et en regroupant tous les témoignages des habitants de la région, les savants ont pu déterminer qu'avant « d'exploser », « l'objet » de la Toungouska *avait changé plusieurs fois la direction de son vol*. Cette singularité et le fait qu'aucune station d'observation à travers le monde n'ait enregistré le passage d'une météorite ou d'une comète permettent d'assurer que l'objet qui a survolé le 30 juin 1908 la taïga de la Sibérie centrale était un appareil volant d'origine extraterrestre, piloté ou téléguidé par des *créatures intelligentes*.

La nature de l'explosion et les traces qu'a laissées le navire cosmique font croire, en outre, qu'il était propulsé par un moteur à *antimatière*...

Cette nuit-là, vers quatre heures, le Dr N. est réveillé en sursaut par des cris épouvantables. Il se rend tout de suite compte qu'ils proviennent de la chambre de son fils, un enfant de quatorze mois, qui dort à l'autre bout de son appartement.

Le Dr N. saute au bas de son lit et tombe à genoux en réprimant un cri de douleur : trois jours auparavant, il s'est blessé à la jambe en cassant un bout de bois. Il se relève et se précipite en claudiquant vers la chambre de l'enfant. Celui-ci est debout dans son lit, visiblement terrifié et montre du doigt la fenêtre de la pièce. Le père regarde et aperçoit distinctement des éclairs de lumière rouge qui pénètrent par les volets clos.

— Ce n'est rien, bébé ! dit-il. C'est un orage qui se prépare. Calme-toi !... Papa va te faire un biberon !...

Avant d'aller à la cuisine, le Dr N., plus intrigué qu'il ne l'a laissé paraître, se dirige vers une grande baie vitrée située sur le côté sud de sa villa. Sur sa droite, c'est-à-dire côté ouest, il aperçoit les mêmes éclairs sous les volets roulants à moitié descendus. Il ouvre la fenêtre qui donne sur la vaste terrasse de la maison et voit alors qu'il pleut, mais que le temps n'est nullement à l'orage. D'où proviennent alors ces fulgurations rougeâtres ? C'est en se penchant par la fenêtre qu'il aperçoit enfin distinctement l'origine du phénomène : les éclairs rouges et irisés sont émis par deux objets volants, en forme de disque, dont le dessus est d'un brillant argenté et le dessous d'un rouge très lumineux...

Vivement impressionné, le médecin remarque que les éclairs jaillissent par intervalles d'une seconde environ et que, quand la pulsation lumineuse qui parcourt les deux disques atteint son intensité maximale, il se produit comme une brève explosion. Maintenant, il voit les objets volants se déplacer ensemble vers la gauche et s'immobiliser au centre du vaste paysage qu'on découvre de la face méridionale de la villa. Il semble aussi au témoin que les deux disques sont en train de se rapprocher lentement l'un de l'autre. C'est en suivant des yeux les faisceaux de lumière qu'ils émettent vers le bas et qui éclairent la pelouse et les accidents de terrain qui se trouvent en contrebas du jardin qu'il acquiert la certitude que les deux disques vont finir par se heurter... L'instant d'après, ils se trouvent exactement en face de la fenêtre ouverte et le médecin voit alors très distinctement leurs bords effilés entrer en contact et les disques fusionner instantanément en cessant d'émettre leurs signaux lumineux. A hauteur de ses yeux, lui semble-t-il, le témoin n'aperçoit plus maintenant qu'un seul disque, qui continue d'avancer vers lui. Fasciné, il tente de reculer vers l'intérieur de la pièce mais, comme frappé de paralysie, n'y parvient pas.

Il voit alors le disque basculer progressivement en position verticale et prendre l'apparence d'une énorme pièce de monnaie posée sur sa tranche. Le faisceau de lumière rouge se manifeste à nouveau et vient balayer la fenêtre devant laquelle se trouve le médecin. A l'instant où le faisceau va l'atteindre, il entend comme une explosion et le disque paraît se « dématérialiser ». Le témoin ne distingue plus alors qu'un grand halo blanchâtre qui n'était peut-être, dira-t-il plus tard, qu'une impression rétinienne, une image rémanente du disque qui a subsisté quelques instants puis s'est évanouie, comme dispersée par le vent.

Ce n'est qu'un peu plus tard, en sortant de l'état de choc dans lequel il se trouve, que le Dr N. se rappelle aussi que les disques portaient plusieurs antennes et que le faisceau lumineux qui se diffractait à travers les nappes de brouillard avait une forme parfaitement cylindrique...

Le médecin parvint à retourner dans sa chambre et réveilla sa femme, qui n'avait rien entendu. Il lui raconta ce qu'il venait de vivre et, pendant qu'il parlait, elle remit en place le bandage qui entourait sa jambe. Elle remarqua alors que l'important hématome qu'il portait à cet endroit avait totalement disparu et lui-même se rendit compte que la douleur qu'il ressentait encore quand il s'était levé avait également disparu. Mieux, les séquelles d'une blessure de guerre ayant entraîné une légère paralysie du côté droit, qui lui rendait la station debout pénible, avaient, elles aussi, disparu, et preuve qu'il ne s'agissait pas d'une impression passagère, le médecin pouvait à présent se tenir en équilibre sur le pied droit, ce dont il était jusque-là tout à fait incapable...

Aimé Michel, l'homme qui, en France, connaît le mieux le problème des objets volants non identifiés et qui le premier a déterminé qu'ils obéissaient à la règle de l'orthoténie (c'est-à-dire que leurs différentes apparitions dans une région donnée peuvent être reliées par une ligne droite), rendit visite à ce médecin six jours après l'observation qu'il avait faite de la soucoupe volante. Cet homme, qui demande, comme beaucoup d'autres témoins, que son anonymat soit soigneusement respecté, paraissait terriblement fatigué et désemparé et avait perdu plusieurs kilos. Il raconta à Aimé Michel qu'au lendemain de l'apparition des deux Ovnis il avait été victime de crampes violentes dans la région abdominale et qu'une dizaine de jours après l'événement s'était formée autour de son nombril une étrange tache triangulaire. Un de ses confrères dermatologues n'avait pu donner aucune explication et le 17 novembre 1968, soit seize jours après son aventure, cette marque de forme parfaitement géométrique était encore bien visible.

En l'interrogeant plus longuement, Aimé Michel apprit que, dans la nuit du 13 novembre, le témoin avait rêvé d'un triangle qui avait un rapport avec un disque volant... En homme averti des choses du paranormal, l'écrivain pensa aussitôt à une explication psychosomatique : comme c'est le cas pour certains stigmatisés légers, l'inconscient du Dr N. avait très bien pu susciter cette curieuse pigmentation de la peau. Mais, quelques jours plus tard, cette hypothèse fut sérieusement battue en brèche... Un triangle de dimension et de coloration identiques était apparu sur le ventre du fils aussi !

Fin 1970, les enquêteurs, dont Aimé Michel, qui avaient fidèlement suivi le médecin et noté toutes ses observations, firent un premier bilan.

Le handicap de la jambe droite n'avait pas réapparu et les séquelles de la blessure qu'il s'était faite à la jambe en 1968 avaient également disparu.

Le triangle, par contre, redevenait régulièrement visible chez le père comme chez l'enfant et cette sorte de tatouage intermittent restait visible durant trois jours — dans le cas du fils, même quand il était en vacances chez sa grand-mère, qui n'était au courant de rien.

Les personnes de l'entourage de cette famille, également interrogées par Aimé Michel, ont aussi noté chez le médecin d'importants changements d'ordre psychologique. Ils disent que le mari comme la femme ont à présent une conception différente de l'existence et qu'ils ont tendance à donner à tous les événements qu'ils vivent un prolongement mystique. Depuis la fameuse nuit, le Dr N. observe qu'il est capable d'avoir des transmissions de pensée, soit qu'il en reçoive soit qu'il en émette. Il a de même constaté qu'il était entré plusieurs fois en lévitation et que les horloges et les circuits électriques de sa maison avaient des défaillances inexplicables...

La Carélie, en hiver, c'est un chapelet de lacs gelés reliés par un bandeau de conifères sous lesquels ne cheminent guère que quelques rares gardes-chasse russes. Russes depuis que les Finlandais ont été chassés, quarante ans avant ce récit, de cette région.

En février 1960, au cours d'une inspection, un de ces gardes découvre sur la rive d'un plan d'eau pris dans les glaces une sorte de long cratère qui ne se trouvait pas là deux jours auparavant. Comme en URSS on ne badine pas avec l'insolite, il téléphone aussitôt à Leningrad pour rendre compte. Dès le lendemain, qui était un dimanche, six spécialistes viennent examiner le trou qui semblait avoir été provoqué par la hache d'un gigantesque bûcheron. Flanqués d'hommes-grenouilles, ils découvrent une large fracture de trente mètres de long sur quinze mètres de large et trois mètres de profondeur. Une chose les frappe au premier coup d'œil... Où était donc passée la terre qui avait été extraite du trou ? A cette question, demeurée sans réponse, s'ajouta aussitôt une autre, tout aussi embarrassante : au fond du lac, les plongeurs découvrirent une sorte de balafre de mêmes dimensions, qui donnait à penser qu'un objet était venu atterrir là, avait dérapé sur le sol verglacé et s'était désintégré dans l'eau du lac. Mais, en dépit des recherches menées à l'aide d'un détecteur, on ne put trouver aucune trace de métal ou d'un quelconque autre corps...

Devant ce mystère, les hommes de science demandent aux plongeurs de pousser un peu vers le milieu du lac. Ceux-ci ne sont pas longs à découvrir une autre tranchée, analogue à la première mais qui a, cette fois, une centaine de mètres de long. Elle est récente, comme la première, et n'a pu être creusée que par un objet d'assez grande taille, lancé à une vitesse considérable. Comme cette tranchée finissait en pente douce vers le haut, il fallait bien en conclure que l'engin avait réussi à reprendre l'air, ce que confirma l'absence de toute trace au-delà de ce deuxième point d'impact, que ce soit en surface ou au fond du lac. Le cas parut si intéressant aux savants de Leningrad qu'ils l'étudièrent très complètement. Mais sans pouvoir donner la moindre explication rationnelle au phénomène. Ce qui les troubla le plus, c'est que la glace qui flottait, après avoir été brisée, et qui était en partie immergée, avait viré au plus beau vert et que les abords des tranchées étaient parsemés de grains de métal brillants. Cette substance fut étudiée de la manière la plus approfondie. On se rendit compte tout d'abord qu'elle n'existait dans aucune matière organique connue et qu'aucun acide ne pouvait l'attaquer. Les chimistes soviétiques conclurent que c'était une matière inorganique, d'origine non naturelle...

Sept ans après, en Suède, des pêcheurs découvrirent sur le lac Upprämen une faille tout à fait comparable, longue, cette fois, de cinq cents mètres, pour une épaisseur de glace de un mètre environ. Le trou était de forme parfaitement *triangulaire* et, sur une assez grande superficie, d'énormes blocs de glace jonchaient la surface gelée du lac... Là non plus, on ne put donner d'explication satisfaisante et on ne trouva pas davantage d'éclats ou de traces de métal, qui auraient dû se trouver à proximité compte tenu de la violence du choc qu'un tel impact suppose. On trouva juste un peu de matière pelliculaire de couleur rougeâtre. Aucun laboratoire ne fut en mesure d'en déterminer l'origine ou la nature...

Le 15 juin 1966, dans un coin perdu de l'Aveyron, une fermière de soixante-seize ans, qui est en train de nettoyer des bidons de lait dans sa cuisine, ressent un léger malaise. Ce n'est pas la première fois et Mme X sait que, dans ce cas, elle ne doit ni se coucher ni s'asseoir, mais au contraire prendre l'air à la fenêtre, le plus longtemps possible...

Debout contre une des dix fenêtres que comporte, côté sud, ce bâtiment de ferme très ancien, elle inspire profondément l'air nocturne. De l'endroit où elle se trouve, Mme X bénéficie d'une très belle vue sur le causse, qui laisse dévaler sur des kilomètres ses prairies herbeuses, jusqu'à une rivière paisible dont un méandre accroche déjà un rayon de lune. Voici que Mme X croit soudain apercevoir à gauche de ce reflet plusieurs feux, dont l'intensité semble grandir rapidement. Elle en compte cinq et très vite s'inquiète, en bonne paysanne pour qui le feu représente la calamité absolue. Voici qu'en plus ces feux prennent des formes arrondies et paraissent se transformer en sphères. Des sphères qui se mettent à bouger en tout sens, à clignoter, à s'élever en l'air et à se rapprocher.

La vieille dame appelle alors son gendre, qui se trouve dans la salle à manger, deux pièces plus loin. Cet homme arrive et regarde à son tour... Il voit, lui, une flottille de six sphères de grande taille qui évoluent, lui semble-t-il, à la vitesse d'un tracteur, à deux kilomètres de distance environ.

Le gendre, qui fait marcher l'exploitation et qui a la réputation d'un homme sérieux et travailleur, racontera qu'il est sorti sur le terre-plein qui se trouve devant la ferme et qu'il a pu se rendre compte que les objets étaient, en fait, arrondis sur le dessus et plutôt aplatis par en dessous et qu'ils pouvaient « s'évanouir sur place, comme s'ils étaient commandés par un interrupteur ». Après quelques minutes d'observation, il vit tout d'un coup les six objets volants se rapprocher et fusionner avec un autre objet beaucoup plus grand et très brillant, qui avait la forme d'un obus. Tout disparut alors et le témoin rentra chez lui, dans un profond état de perplexité.

De crainte d'être pris pour fou ou ivrogne, le fermier ne parla à personne de ce qu'il avait vu.

Six mois plus tard, le 6 janvier 1967, alors qu'il sortait dans la cour et se dirigeait vers un vaste pré en contrebas de la ferme, il vit, au moment de s'engager sous la porte cochère, une grosse sphère immobile suspendue au-dessus du chemin d'accès de cette ferme isolée. Prenant son courage à deux mains, le fermier décida d'aller voir l'objet de plus près. Mais à peine avait-il fait quelques pas dans la campagne avec l'idée de contourner la sphère que celle-ci disparut à ses yeux pour se retrouver... derrière lui, à quelque distance de la porte qu'il venait de passer ! Il coupa alors à travers le pré qui longe le mur de la ferme afin de se glisser entre le bâtiment et la sphère volante. Se produisit alors un fait surprenant qui donna l'impression au fermier de vivre un rêve éveillé : il avait beau avancer, la sphère se trouvait toujours à même distance et tentait, elle aussi, de se placer *derrière lui.*

— Cette chose-là m'a suivi sur soixante mètres, racontera-t-il. Et chaque fois que j'ai voulu faire le tour par-derrière, ça m'a suivi tout du long, et chaque fois que je me suis arrêté la machine s'arrêtait aussi !...

Bouleversé, le fermier rentra précipitamment chez lui et appela son fils. En ressortant, les deux hommes aperçoivent à présent... six sphères dérivant lentement au-dessus du chemin ! Ils ont si peur qu'ils rentrent au pas de course dans le couloir de la maison. Au bout d'un moment, le père ose à nouveau jeter un œil dehors. Il voit qu'au-dessus des sphères vogue l'objet en forme d'obus et peut alors constater qu'il est énorme.

— Il avait un phare en haut, dira-t-il, juste au bout, et il éclairait cette fenêtre, là-haut, et toute la pièce. J'étais remonté et j'avais ouvert la fenêtre en face... J'ai vu qu'il lançait un faisceau lumineux, un faisceau très concentré et ça éclairait aussi ma chambre... en allant et en tournant... Ça tournait sans s'arrêter ! Il était onze heures du soir, peut-être onze heures et quart, déjà. Et alors tout s'est éteint d'un coup et je n'ai plus rien vu. Je ne sais pas si c'était toujours là ou si c'était parti...

Une semaine plus tard, l'obus apparut une nouvelle fois, cette fois au fils seulement, qui rentrait à la ferme en voiture.

— Il était vraiment énorme ! dira-t-il. Deux petites sphères y sont entrées et alors l'obus est devenu beaucoup plus brillant. Puis j'ai entendu un sifflement très aigu et l'obus, après s'être incliné à quarante-cinq degrés, a disparu à une vitesse incroyable...

» Mais un autre objet est ensuite arrivé ! Il avait la forme d'un disque avec deux coupoles transparentes au sommet et à l'intérieur... Eh bien, à l'intérieur... il m'a semblé que c'était éclairé d'une lumière verte... Et dans les deux coupoles, j'ai vu... remarquez que je n'en suis pas sûr, il faisait très sombre... Vous pourriez dire qu'il y avait comme du brouillard, dedans ou dehors, je ne sais pas... De toute façon j'ai cru voir deux... eh bien, j'ai vu deux personnes... des êtres humains, voyez-vous ? Des cosmonautes. Ils portaient des combinaisons d'aviateurs... vertes avec des bandes blanches ! »

Une semaine plus tard, ce témoin éprouva des troubles importants du sommeil. Après des nuits d'insomnie, il dormait jusqu'à vingt heures d'affilée ; « quand cela le prenait », c'était très brusquement, au point qu'il ne pouvait plus se tenir sur ses jambes. Souvent vers quatre ou cinq heures du matin, son esprit « s'en allait en flottant » et, le corps paralysé, il sentait sa conscience s'éloigner...

Dans les mois qui suivent, le caractère du jeune homme change profondément. Quand il rencontre des jeunes gens de son âge, il leur recommande de se mettre à l'étude de l'astronomie et de la science en général. Lui-même envisage d'écrire bientôt un livre. Comme on lui fait remarquer qu'il sait à peine lire et écrire, il répond :

— Ils m'ont dit de ne pas m'en faire pour ça ! Quand le moment sera venu, je saurai bien ce qu'il faudra écrire...

A Delphos, dans les plaines à blé du Kansas, la ferme des Johnson est une des plus importantes de la région. Ce jour-là, le 2 novembre 1971, le fils du fermier, Ronald Johnson, seize ans, surveille un troupeau de moutons en compagnie du chien Tex. Dans le jour déclinant, il voit tout à coup, à vingt-cinq mètres devant lui, un objet en forme de champignon, constellé de feux multicolores. Il est en suspension dans l'air, à environ cinquante centimètres du sol, et son diamètre approximatif est de trois mètres. Cet objet est si brillamment illuminé qu'on ne peut discerner aucun détail, mais Ronald remarque qu'il fait un bruit de « vieille machine à laver qui vibre ». Hypnotisé, le jeune homme l'observe durant plusieurs minutes, jusqu'à ce que l'objet devienne plus brillant à sa base et décolle à une vitesse prodigieuse. Ronald met un bon moment à retrouver la vue. La première chose qu'il voit, avant de rentrer en courant à la maison, est son chien, qui, pendant tout le temps qu'a duré l'apparition, est resté parfaitement immobile et silencieux.

Quand ses parents sortent, ils voient également l'objet volant. Il était déjà très haut dans le ciel et avait à cet instant une grosseur comparable à celle de la pleine lune. Ronald et ses parents se rendent alors à l'endroit où l'objet s'est posé. Sur le sol légèrement détrempé, ils découvrent un cercle qui émet une faible lueur. Les basses branches des arbres voisins luisent également. Un des enquêteurs, Ted Philipps, indiqua qu'à l'endroit où l'engin s'était posé « le sol était étrange au toucher, formant comme une croûte, comme un enduit cristallisé ».

Mme Johnson rapporta que ses mains, qui avaient touché le sol à cet endroit, étaient restées engourdies pendant près de deux semaines. Trente jours plus tard, le cercle était toujours visible et la neige qui était tombée entre-temps avait fondu à l'intérieur du cercle seulement, et le sol y était devenu dur et comme vitrifié.

Dans cette sorte de cratère, les enquêteurs ont remarqué, sur une trentaine de centimètres d'épaisseur, la présence d'une abondante poudre blanche.

Le jeune Johnson souffrit, quant à lui, d'une irritation prolongée des yeux, de migraines et de terribles cauchemars, au cours desquels il appelait ses parents, en hurlant : « C'est parti ! C'est parti ! »...

RÉPONSES À L'INCRÉDULE

— *J'imagine que vous venez de nous donner la quintessence de la littérature soucoupiste ?*

— Non. Seulement quelques cas dont les témoins paraissent dignes de foi et qui, de plus, présentent un caractère typique...

— *Mais d'abord, ôtez-moi d'un doute... Vous croyez vraiment que les histoires que vous venez de nous raconter permettent de conclure à l'existence d'êtres intelligents venus du cosmos ?*

— Je vous répondrai que, comme Aimé Michel, je suis tenté de croire que « quelque chose tourne là-haut... »

— *Pourtant, tous les savants sérieux soulignent les incommensurables difficultés des voyages interstellaires... Il paraît que, si l'on voulait aller sur l'étoile la plus proche de la Terre, on mettrait près de neuf ans... à condition d'y aller aussi vite que la lumière !*

— Vous avez raison. Mais les distances fantastiques qui séparent les corps stellaires ont une contrepartie : le nombre d'étoiles et de galaxies qui remplissent l'univers est proprement confondant, lui aussi...

— *Et alors ?*

— Il paraît tout à fait invraisemblable que, parmi des milliards et des milliards de planètes, la nôtre soit la seule à posséder le privilège de la vie et de l'intelligence...

— *Il ne me déplaît pas de cultiver ce genre d'illusion...*

— ... en contradiction formelle avec les enseignements de la loi des grands nombres et de tout ce que nous savons de la formation de notre système solaire, qui commence à être connue...

— *Dites toujours !*

— Retenons seulement les chiffres qui ont été avancés par R. S. Harrington, de l'Observatoire naval des Etats-Unis. En 1978, ce savant a pu déterminer que les étoiles de notre seule galaxie susceptibles de produire une écosphère semblable à celle de la Terre étaient au nombre de... cinquante-deux milliards !

— *Une écosphère ?*

— C'est-à-dire un milieu où il est possible d'évoluer sans être trop perturbé par les radiations ou la gravitation des étoiles qui, tel notre Soleil, accompagnent les planètes dans leur course...

— *Cette possibilité suffit-elle à donner la vie ?*

— Non. Loin de là... Il faut un certain nombre d'autres conditions... Mais notez déjà que, des étoiles semblables à notre Soleil, il y en a trente milliards dans notre galaxie...

— *Où la vie est assurément possible ?*

— Certes non. A ces soleils, il faut d'autres étoiles, qui leur soient associées. Il y en a tout de même six milliards. Mais cela ne suffit pas encore pour faire naître la plus modeste bactérie. Je requiers toute votre attention...

— *Poursuivez !*

— Les étoiles peuvent se différencier autrement que par leur masse, leur luminosité ou leur pouvoir de s'associer. Par leur composition chimique, notamment, qui leur permet de se regrouper. Certaines dans les régions centrales des galaxies, d'autres dans leur périphérie. Au terme de métamorphoses complexes, qui s'opèrent au prix de cataclysmes terrifiants (des collisions cosmiques qui entraînent des réactions en chaîne au cours desquelles des milliards d'étoiles s'abîment dans les fameux « trous noirs »), les étoiles se divisent en différentes « populations » suivant la place précise qu'elles occupent dans l'ensemble de la galaxie. Seules celles qui échappent à l'effroyable bousculade centrale ont une chance de devenir « étoiles de population I »...

— *Promotion qui leur permet enfin d'engendrer la vie...*

— N'allez donc pas plus vite que la musique ! Parmi celles-ci, seules les étoiles de la seconde génération, tel notre Soleil, qui s'est formé il y a cinq milliards d'années — alors que notre galaxie en comptait déjà dix —, contiennent l'eau, l'ammoniac et le méthane qui permettent la formation de la glace, des roches et des métaux. Donc d'engendrer des systèmes planétaires semblables au nôtre.

— *Nous y voilà ! Combien sont-elles, ces candidates à être de notre monde ?*

— Comme vous êtes anthropocentrique !... Elles sont encore cinq milliards deux cents millions !

— *Vous m'atterrez !*

— Oui. Mais vous n'avez encore là qu'autant de copies conformes de notre Soleil... Il leur faut aussi des planètes, bien sûr, pour recevoir le suc fécondant de leurs radiations !... Mais, dans l'état actuel de nos connaissances, nous sommes absolument incapables de dire combien il y a de systèmes planétaires comparables au nôtre...

— *Vous voyez !*

— On peut cependant prendre notre système solaire comme référence et faire à partir de ses caractéristiques un certain nombre de simulations par ordinateur. L'astronome américain S. H. Dole y est très bien parvenu. Il a encore trouvé un chiffre proche de deux milliards six cents millions d'étoiles. En raffinant ainsi sur les conditions de l'habitabilité on trouve, de proche en proche, un nombre de moins en moins élevé de planètes habitables dans notre galaxie...

— *Votre dernier chiffre ?*

— Six cent cinquante millions ! C'est tout de même sensiblement moins que le chiffre retenu par l'astronome vulgarisateur Carl Sagan, qui va jusqu'au milliard...

— *Au train où vous allez, je garde l'espoir qu'il ne s'agit pas encore là de planètes tout à fait comparables à la nôtre ?*

— En effet. Il s'agit seulement de mondes où les molécules caractéristiques de la vie pourraient éventuellement se composer. Il faut en effet laisser à ces planètes le temps de vieillir suffisamment, pour que le processus infiniment lent et compliqué de la vie puisse se mettre en place. Des cellules rudimentaires des bactéries aux nôtres, qui ont eu besoin d'un sol sec pour se développer, le nombre de planètes capables de les accueillir tombe encore beaucoup. Et des espèces animales inférieures à celles qui nous constituent, capables enfin de développer une civilisation technologique, ce nombre devient proprement dérisoire : cinq cent trente mille !

— *En effet. Mais dites-nous donc plutôt où elles se trouvent, ces civilisations qui, vous allez nous le dire, dardent en cet instant même leur œil sur nous...*

— C'est là qu'intervient le handicap que vous signaliez au départ, celui de la distance. A la place où nous nous trouvons dans notre galaxie — loin donc, Dieu merci ! du chaos central —, les étoiles sont si rares qu'il faut près de huit années-lumière pour aller de l'une de ces civilisations à une autre. Rapporté au chiffre total de ces dernières planètes, cela fait... six cent trente années-lumière !

— *Cela doit espacer singulièrement en effet les visites de politesse qu'elles peuvent se faire entre elles ! Car c'est de cela qu'il est question, dans vos histoires...*

— C'est vrai. Mais il faut savoir aussi que certaines de ces planètes ont disposé de milliards d'années pour développer une civilisation technologique. Même s'il faut des milliers d'années-lumière pour faire le tour de notre galaxie, le nombre de civilisations qui ont pu s'y essayer nous permet d'affirmer qu'elles sont certainement passées et repassées de nombreuses fois sur notre Terre, depuis les milliards d'années qu'elle existe, elle aussi.

— *Nous n'étions pas là pour le voir.*

— C'est vrai. Mais il ne manque pas de bons auteurs pour affirmer, tel Arrhenius, Prix Nobel de chimie, que notre propre vie a trouvé son origine dans les déchets bactériens que ces visiteurs ont semés sur notre sol, ou à tout le moins qu'elle a été fécondée par des germes apportés par les météorites...

— *Il est seulement dommage que tout cela se soit passé avant que nous ayons pu en prendre conscience...*

— Ce n'est pas ce que je veux dire. Dans la plupart des traditions, le souvenir des extraterrestres est resté vivant, et les mythes de beaucoup de cultures y font expressément référence. A Sumer, par exemple, une tradition constante veut que des êtres supérieurs soient venus enseigner les sciences et les techniques...

— *Ces mythes peuvent s'interpréter différemment aussi...*

— Peut-être. Mais les savants ne cessent de s'étonner de la brusque mutation qui a fait passer la culture sumérienne, très rustique, des origines à la civilisation mésopotamienne, qui a maîtrisé avec une rapidité inexplicable les sciences et les techniques telles que nous les connaissons aujourd'hui encore. Notamment dans le domaine des mathématiques et de l'astronomie...

— *Et vous pensez que ce miracle est en train de se reproduire dans le causse de l'Aveyron ?*

— Souriez... Il n'en reste pas moins qu'en France seulement des études statistiques sérieuses estiment à un million le nombre de personnes qui ont vu des objets qu'on peut, en toute sûreté, appeler « non identifiés ».

— *Ce qui me frappe, c'est que jamais un savant n'a pris la responsabilité de dire qu'il garantissait l'authenticité ne serait-ce que d'une photo représentant un Ovni.*

— Ce genre de photos existe, indubitablement. Celles prises notamment à Mac Minville, dans l'Oregon, ont été soumises à tous les contrôles imaginables et aucun trucage n'a pu être décelé par les savants qui les ont examinées. Par ailleurs, le rapport le plus sévère jamais élaboré sur les Ovnis, le rapport Condon, qui a mobilisé des années durant une vingtaine de savants américains et englouti des centaines de milliers de dollars, laisse subsister un certain nombre de phénomènes inexplicables...

Jacques Vallée, un astronome réputé qui travaille à présent aux Etats-Unis, est un de ces savants convaincus que les Ovnis existent. Pour les avoir observés, suivis et visés au théodolite...

— *Et que savaient-ils faire, ces Ovnis ?*

— Des choses stupéfiantes. Contrairement aux satellites, par exemple, leurs orbites sont rétrogrades et tous paraissent capables d'apparaître et de disparaître instantanément, de projeter toutes sortes de faisceaux lumineux, certains tronqués ou coudés, ce qui est tout à fait inexplicable... Ils font aussi caler les plus gros moteurs, mettent en panne les téléviseurs et des réseaux électriques entiers. Ils savent même perturber les armes à feu...

— *Mais, alors, pourquoi ces choses inouïes ne se savent-elles pas davantage ?*

— Parce que, plus un témoignage est extraordinaire, plus il a de chances de rester caché. Dans les exemples que j'ai cités, les témoins ont demandé à Aimé Michel de s'engager formellement à ne pas donner leur nom. S'ils étaient davantage connus, on verrait beaucoup mieux, effectivement, la cohérence de tous ces témoignages à travers le monde et la compétence et la bonne foi d'un grand nombre de témoins.

— *Ceux qui ont fait le rapport Condon n'étaient pas de bonne foi ?*

— Ils semblent avoir eu terriblement peur de mettre en évidence les points positifs de leur dossier...

— *Pourquoi ?*

— Par crainte, tout d'abord, de se ridiculiser. Certainement par crainte, aussi, de susciter une psychose collective... Rappelez-vous *La Guerre des mondes* de Wells... Jacques Vallée affirme qu'à Washington les échelons supérieurs du gouvernement sont tout à fait convaincus de la réalité du phénomène. Mais ils hésitent, pour des raisons politiques et de sécurité, à jeter dans le domaine public les photos les plus probantes, les enregistrements des radars, notamment.

— *Des enregistrements, des photos, des visions... et des preuves encore plus matérielles du phénomène, des morceaux de soucoupe volante, par exemple, en a-t-on ?*

— Outre les nombreuses traces que j'ai signalées, on détient aussi un échantillon de métal en provenance d'un Ovni qui s'est désintégré près de São Paulo, au Brésil. L'analyse de ce fragment métallique a donné des résultats stupéfiants. Il s'agit de magnésium pur à 99,9 %, d'une densité de 1,866, qu'il est absolument impossible de réaliser sur notre planète...

— *Et l'orthoténie ?*

— Le fait que les différents endroits où des Ovnis se sont manifestés sont très souvent sur une ligne droite (par exemple, six apparitions sur la ligne droite comprise entre Vichy et Bayonne) prouve que le phénomène ne doit rien au hasard ni à l'hallucination, collective ou d'une personne isolée...

— *Mais pourquoi alors les personnes qui l'ont vu paraissent-elles être, pendant et après sa manifestation, dans une sorte d'état second ?*

— Je pourrais vous répondre : « Mettez-vous à leur place ! » En fait, je pense qu'il y a une autre raison encore. Mais, comme elle est d'essence psychique et même spirituelle, cette explication échappe totalement aux preuves d'ordre rationnel qu'on pourrait ici souhaiter...

Je pense que le comportement des témoins et les perturbations prolongées que le contact avec un Ovni provoque pourraient trouver leur origine dans le fait que ces témoins ont joué un rôle de médium...

— *Entre qui et qui ?*

— Entre l'humanité et les entités pensantes que véhiculent les Ovnis...

— *Vous n'y allez pas avec le dos de... la soucoupe volante !*

— Vallée a pu prouver que, dans un grand nombre de cas, les réactions des témoins et les suites de ces contacts ressemblent tout à fait à celles qui affectent ceux qui se livrent à la transmission de pensée en laboratoire ou les médiums qui tentent d'entrer en communication avec les esprits ou de provoquer des phénomènes de psychokinèse [1], qui sont d'ailleurs aussi à l'œuvre dans les phénomènes mystiques et les miracles. En somme, ces entités pensantes, dont l'intelligence est infiniment plus développée que la nôtre, se serviraient de ce genre de phénomènes pour entrer en contact avec nous, en utilisant des éléments disponibles dans la réalité du témoin : en présence du Dr N., un médecin, elles... guérissent !

---

1. Capacité de déplacer des objets par la seule force de l'esprit.

— *Il y aurait pourtant un moyen bien plus simple d'entrer en contact... Ce serait de parler !*

— Le stade d'évolution de l'intelligence de ces êtres est sans doute tel qu'ils ne sont plus capables de ce genre de retour en arrière... Peut-on exiger d'un être humain qu'il se mette tout d'un coup à parler chien ou singe ? Ou alors n'ont-ils plus du tout, ou n'ont-ils jamais eu *les mêmes sens* que nous ?

— *L'hypothèse est saisissante, mais ne pourrait-on pas dire : « Qui peut le plus, peut le moins » ?*

— Pas au point de pouvoir remonter instantanément les trois milliards d'années d'évolution qu'ils ont en avance sur nous...

— *En admettant un instant cette fantasmagorie... que croyez-vous qu'ils nous veulent ?*

— Ceux qui ont été en contact avec eux, et qui osent l'avouer (une très faible minorité, sans doute), se disent tous porteurs d'un message ou voient à tout le moins leur petite existence quotidienne prendre une acuité et une signification toutes nouvelles...

— *De quelle nature, ces messages ?*

— Avec une belle cohérence d'ensemble aussi, les entités révèlent ou rappellent que l'essence du cosmos est d'ordre spirituel, que la pensée préfigure la matière et qu'elle lui est donc antérieure et supérieure. Que la véritable expansion de l'Univers n'est pas physique (de nos jours, il ne manque pas de savants pour remettre en question l'idée même de cette expansion en tant que dilatation à l'infini de l'espace), mais d'ordre intellectuel. C'est pour cela que tous les témoins voient leur conception de l'existence changée, qu'ils donnent désormais une importance prioritaire aux questions intellectuelles (il faut apprendre l'astronomie, écrire des livres) ou à la méditation sur le sens final des choses (comme le Dr N. et sa femme).

— *Mais les pouvoirs paranormaux dont ils disposent tout d'un coup ?*

— Je pense que le contact qu'ils ont eu avec ces entités pensantes les a mis d'une certaine manière en résonance avec l'immense vibration cosmique de cette intelligence qui se répand progressivement dans tout l'univers. Et qui est capable de contourner les barrières matérielles et les limitations physiques et psychologiques dont les saints et les mystiques, qui ont précisément des dons paranormaux, sont déjà délivrés.

— *Et la marque en forme de triangle ?*

— Le signe et la symbolique du triangle sont présents dans beaucoup d'histoires d'Ovnis. Rappelez-vous le trou en forme de triangle laissé par l'objet qui s'est posé en Suède et les nombreuses traces de *trépied* après le départ des engins. Chez le Dr N. et son fils, cette marque peut être la conséquence d'une exposition à un type de radiation inconnu, elle peut aussi être due à une réaction émotive, voire hystérique. L'histoire de la psychopathologie abonde en cas de *dermographismes*, c'est-à-dire de marques ou même d'inscriptions qui apparaissent sur certaines parties du corps de sujets malades, mais aussi sains.

C'est la suggestion ou l'autosuggestion qui les détermine, et les plus célèbres sont celles de Jeanne de Belfield, la mère supérieure des ursulines de Loudun, sur le dos de qui s'inscrivaient les mots de Jésus, Marie et Joseph. Un autre cas connu et étudié par Kraft-Ebing est celui d'Ilma S. Quand on traçait un mot ou une figure quelconque sur le côté droit de son dos, il apparaissait renversé sur le côté gauche. Ces marques restent visibles de quelques instants à huit heures au maximum. Dans le cas de ce médecin, beaucoup plus longtemps, semble-t-il.

— *A priori, ces mystérieuses entités ne semblent en tout cas pas animées de sentiments hostiles à notre égard ?*

— Non. Je pense que si elles nous voulaient du mal, avec la technologie dont elles disposent, nous serions depuis longtemps partis en fumée...

Je pense au contraire qu'elles ont réussi, depuis des millions d'années, à évacuer ce qui, dans le lobe droit de notre cerveau, ressortit encore à l'agression, à la pulsion de mort, aux instincts homicides. Qu'en fait, selon l'admirable formule d'Aimé

Michel, « quelque chose dans l'immensité des distances interstellaires *sélectionne la non-violence* ».

SOURCES

Isaac ASIMOV, *Civilisations extraterrestres*, L'Etincelle.
Jean-Claude BOURRET, *Ovni. L'armée parle*, France-Empire.
Henry DURRANT, *Les Dossiers des Ovnis*, Robert Laffont.
I. HOBANA, J. WEVERBERGH, *Les Ovnis en URSS*, Robert Laffont.
Aimé MICHEL, *Mystérieux objets célestes*, Arthaud.
Jacques VALLÉE, *Le Collège invisible*, Albin Michel.

Le mystère des cloches de Pâques

Il existe, dans l'histoire du folklore, un mystère qui intrigue depuis toujours les spécialistes des traditions populaires. C'est celui qui s'attache à l'origine des cloches de Pâques. Lorsque, au VIIIe siècle, l'Eglise, en signe de deuil, interdit de sonner les cloches pendant les trois jours qui précèdent la fête de la Résurrection, les braves gens inventèrent un conte fort étrange. « Du jeudi saint au samedi saint, dirent-ils, les cloches quittent leurs clochers, s'envolent et vont à Rome... »

Sachant que les légendes tirent presque toujours leur origine d'un fait réel, on peut se demander quel phénomène étrange a pu amener nos ancêtres à imaginer une pareille fable. Car on n'a jamais vu de cloches voler dans le ciel.

Jamais ? Qui sait...

Ne souriez pas et penchez-vous avec moi sur une chronique du VIe siècle qui va peut-être nous fournir l'explication que nous cherchons.

Cette chronique a pour auteur le moine Grégoire de Tours. Rapportant tous les faits importants de son époque dans son *Histoire des Francs*, le digne homme écrit qu'en 584 « il parut dans le ciel des rayons brillants de lumière qui semblaient se choquer et se croiser les uns les autres ; après quoi, ils se séparaient et s'évanouissaient ».

L'année suivante, il note : « Au mois de septembre, certains ont vu des signes, c'est-à-dire de ces rayons ou coupoles qu'on a coutume de voir et qui semblent courir avec rapidité dans le ciel. »

Deux ans plus tard, le moine écrit encore : « Nous vîmes pendant deux nuits de suite, au milieu du ciel, une espèce de nuage fort lumineux qui avait la forme d'un capuchon. »

Une *coupole*, un *capuchon*, voilà des objets qui ressemblent beaucoup à une cloche. Dès lors, ne peut-on penser que ces apparitions mystérieuses observées par les contemporains de Grégoire de Tours sont à l'origine de la fable populaire ?

Mais qu'étaient donc ces engins extraordinaires qui circulaient dans l'atmosphère ?

Leur description ressemble étrangement à celle de nos modernes Ovnis, dont certains ont, très exactement, la forme d'une *coupole*, d'un *capuchon*, en un mot, d'une *cloche*...

Ecoutons un témoin qui, le 2 octobre 1954, a vu un de ces objets au-dessus de Quincy-Voisins, près de Melun :

— L'engin, dit-il, est passé dans le ciel à vive allure. Il venait du nord et avait la forme d'une coupole... Il ne faisait aucun bruit et brillait comme de l'aluminium... En quelques secondes, il s'immobilisa au-dessus d'un bois. Je le vis alors se balancer un long moment ; puis il repartit à une vitesse stupéfiante et disparut.

Autre témoignage : le 24 juin 1962, vers quinze heures, un garagiste qui faisait une course aux environs de Nice voit soudain quelque chose de lumineux dans le ciel. Ecoutons-le :

— J'ai d'abord cru qu'il s'agissait d'une boule. Puis, lorsque la chose s'est approchée, j'ai vu qu'elle avait la forme d'un bol renversé. Cette chose tourna au-dessus de la colline, comme si elle cherchait à atterrir. Puis elle lança des éclairs et s'éleva verticalement à une grande vitesse. Alors je la perdis de vue.

Troisième témoignage, plus précieux encore : le 19 juin 1971, un ancien officier américain roulait sur une route de Georgie lorsqu'il aperçut au-dessus d'un bois un énorme objet scintillant glissant sous les nuages.

— Cet objet, dit-il, avait la forme d'un casque allemand ou d'une cloche. Il était assez haut, mais je pense que son diamètre pouvait être égal à l'envergure d'un Boeing. Intrigué, je stoppai et arrêtai mon moteur. L'objet continuait d'avancer lentement sans faire de bruit. Puis il se mit à tourner autour d'un point qui me sembla être un petit lac situé non loin de l'endroit où je me trouvais. Pendant qu'il faisait cette ronde, des lueurs rouges apparurent sur ses parois, comme si des hublots s'allumaient.

Puis tout s'éteignit et l'objet démarra brusquement pour disparaître dans les nuages.

Alors, que conclure ?

Que les hommes du VIe siècle ont peut-être reçu la visite d'un engin comparable à ces Ovnis qui se promènent dans notre ciel et dont les journaux nous rapportent périodiquement les étranges évolutions ?

Dans ce cas, les « cloches de Pâques » seraient entrées dans nos traditions à cause d'un objet en forme de coupole qui venait peut-être d'un autre monde et qui avait émerveillé les hommes de l'an 584...

RÉPONSES À L'INCRÉDULE

— *Ce rapprochement entre les cloches de Pâques et les Ovnis est pour le moins inattendu...*

— Je précise qu'il ne s'agit que d'une hypothèse que je soumets aux folkloristes, rien de plus...

— *Et dans les légendes ou les contes populaires, est-il question de cloches qui volent ?*

— Très souvent. Les cloches ont d'ailleurs, dans tous les folklores du monde, un caractère magique. (Ne sont-elles pas des objets à part — presque des êtres vivants — puisqu'on les baptise ?) Et on leur prête d'étranges facultés : elles se mettent en branle toutes seules pour annoncer une catastrophe, elles chassent les orages, elles arrêtent la grêle. Enfin — et nous revenons à notre sujet —, elles se promènent dans le ciel à des vitesses fantastiques. Dans certains contes, on les décrit, brillantes ou rougeoyantes, volant au-dessus des champs ou des villages. Dans d'autres, elles s'arrêtent quelques instants en un point de l'espace avant de repartir tel l'éclair... Ce qui est, d'après les témoins cités par les journaux, une des caractéristiques de nos modernes Ovnis.

— *Y a-t-il d'autres exemples d'apparition d'objets célestes non identifiés au Moyen Age ?*

— Il y en a énormément. Les chroniques en sont pleines. On parle de boules mystérieuses, de boucliers volants, de lances de feu, bref, d'objets dont la description, encore une fois, correspond à ce que nous lisons aujourd'hui dans la presse... Ecoutez ce que Grégoire de Tours écrivit en 590 : « Pendant cette année, une lueur si éclatante brilla au cours de la nuit qu'on pouvait croire que c'était midi ; on vit également des globes de feu parcourir souvent le ciel pendant le temps de la nuit et illuminer le monde. »

Voici ce qu'écrit, de son côté, le chroniqueur Matthieu de Paris dans son *Historia Anglorum*, au sujet d'un phénomène qui eut lieu au crépuscule du 24 juillet 1239 : « Alors que les étoiles ne s'étaient pas encore allumées et tandis que le ciel était fort clair, serein et brillant, une grande étoile apparut comme une torche. Elle s'éleva du sud et monta dans le ciel en émettant une très grande clarté. Quand elle fut haut dans le ciel, elle tourna vers le nord, lentement, comme si elle désirait occuper une position dans le ciel. Mais quand elle fut environ au milieu du firmament, dans notre hémisphère boréal, elle laissa derrière elle de la fumée et des étincelles. Cela avait la forme d'une grande tête, la partie frontale était étincelante et la partie arrière émettait de la fumée et des éclairs... »

A la date de 1290, on trouve dans les chroniques de William de Newburgh ce texte : « Comme l'abbé Henry, prieur de l'abbaye de Byland, en Angleterre, s'apprêtait à lire le bénédicité, Joannès, l'un des frères, vint annoncer qu'un prodige se montrait au-dehors. Tous sortirent alors et voici qu'une grande chose argentée et ronde comme un disque vola lentement au-dessus d'eux, provoquant la plus vive terreur... »

Trente ans plus tard, Robert de Reading, qui était bénédictin à Saint-Pierre de Westminster, note dans sa chronique qu'en 1322, « aux premières heures de la nuit du 4 novembre, un pilier de feu de la grandeur d'un petit bateau, de couleur pâle, a été vu dans le ciel au-dessus d'Uxbridge [Middlesex] ; il s'éleva au sud, traversa le ciel d'un mouvement lent et majestueux et partit vers le nord. A l'avant du pilier, une vive flamme rouge brûlait en lançant de grands rayons de lumière. Sa vitesse augmenta et il disparut dans l'espace... Plusieurs témoins virent comme une collision et on entendit comme le fracas d'un effrayant combat ».

Des phénomènes de ce genre sont signalés dans toute l'Europe. En Sicile, des frères mineurs de Raguse assistent, le 8 janvier 1388, au passage de plusieurs objets « très lumineux et alignés » au-dessus de leur couvent. Et la *Cronica Albertina* indique qu'en 1394, « le deuxième jour du mois de septembre, à la deuxième heure de la nuit, apparut à des hommes qui étaient sur la place publique de Forli et à d'autres dans d'autres endroits assemblés un grand asud [1] qui traversa très lentement le ciel et qui se tint dans l'espace le temps de deux Pater Noster, et qui était grand en longueur d'un pas, et qui, à sa disparition — les hommes qui étaient sur la place le rapportèrent —, envoyait une odeur de bois qui brûle, et nous avons entendu d'autres gens qui assuraient que ledit asud en feu parcourait l'air à la façon qui lui est propre, mais après il resta immobile pendant un peu de temps dans l'espace, et après ce temps il disparut peu à peu en laissant à sa place comme un nuage, et les restes de vapeur avaient pris la forme de serpents, chose assez admirable. »

Voici enfin un autre texte que j'ai trouvé dans les *Mémoires d'un bourgeois d'Arras* écrits par Jacques Duclerq, conseiller de Philippe le Bon. Il écrit : « La nuit de la Toussaint 1461, on aperçut dans le ciel une chose ardente, comme un barreau de fer bien long et bien gros comme la moitié de la lune. Pendant un quart d'heure, on y voyait bien clair. Et voici que, tout à coup, cette chose étrange se tortille et remonte aux cieux. Chacun en resta médusé. »

Vous le voyez, le ciel du Moyen Age est sillonné d'objets volants non identifiés... Il est possible que ces apparitions mystérieuses aient donné naissance à d'autres mythes. Ce qui explique peut-être pourquoi, lorsque l'Eglise interdit les carillons pour trois jours, les braves gens ont trouvé tout naturel de dire à leurs enfants que les cloches — qui avaient la

1. Nom donné alors aux objets célestes.

forme de certains de ces objets circulant dans le ciel — s'étaient envolées. Et, comme on ne pouvait les imaginer mieux qu'auprès du pape, on ajouta qu'elles étaient parties pour Rome...

SOURCES

GRÉGOIRE DE TOURS, *Histoire des Francs.*
Aimé MICHEL, *Lueurs sur les soucoupes volantes*, 1954.
WILLIAM DE NEWBURGH, *Chronique.*
MATTHIEU DE PARIS, *Historia Anglorum.*
ROBERT DE READING, *Chroniques.*
Cronica Albertina.

Un village féerique

Il y avait au XIVe siècle, en pays champenois, un charmant petit village bâti au bord d'une rivière aux eaux claires où jouaient l'ablette et le barbillon. Les maisons aux toits bas qui entouraient l'église n'étaient pas nombreuses : une dizaine, tout au plus, dont les habitants, paysans malicieux et amateurs de bon vin, vivaient simplement en la grâce de Dieu, cultivant leurs terres, menant leurs troupeaux aux champs et rythmant leurs jours sur l'angélus du matin et l'angélus du soir... C'étaient tous gens aimables au langage dru et sans périphrases, qui avaient bon teint et œil vif.

Parfois, des troupes ennemies traversaient le pays. Dès qu'elles étaient en vue, le curé sonnait les cloches, et tout le monde courait se réfugier, avec le bétail, au château de l'Ile, construit au milieu de la rivière et appartenant au sire de Bourlémont.

Le danger passé, les hommes retournaient aux champs et les femmes rentraient chez elles pour rallumer les feux et préparer la soupe.

Ce petit village ne possédait, hors son vieux château, aucune curiosité qui pût retenir l'attention. Sauf un arbre ! Un arbre extraordinaire. Il se trouvait à une demi-lieue à peine de l'église, sur un petit coteau en bordure d'un bois de chênes. C'était un hêtre. Un hêtre si grand, si noble, si merveilleux que les braves gens du pays qui avaient voyagé, ceux qui avaient parcouru les routes et les chemins jusqu'à Troyes, Saint-Dizier et même Châlons-sur-Marne, disaient qu'il était le plus beau du monde...

On l'appelait « le Beau May », et encore « l'arbre des Dames », ou « l'arbre aux Fées ». Et d'étranges histoires couraient à son sujet. On prétendait qu'il était hanté et que dames les fées s'y donnaient rendez-vous. Certains affirmaient même les avoir vues et entendues parler. Ce qui n'étonnait personne, attendu qu'il était de notoriété publique que le chevalier Pierre Granier, sire de Bourlémont, se rendait régulièrement sous le grand hêtre pour y retrouver une fée et s'entretenir avec elle.

Certains allaient jusqu'à dire, en baissant la voix et en se signant, que ces entretiens s'accompagnaient parfois d'un « commerce d'amour »...

Mais toutes les fées du village n'avaient pas un comportement aussi léger. La plupart étaient de bonnes dames que l'on invitait aux baptêmes et dont le couvert était mis dans la chambre attenante à celle de l'accouchée. Comme on les disait facilement irritables, on se gardait de les déranger ou de les effrayer par de trop grands bruits. Elles remerciaient alors d'une chanson ou d'un petit miracle.

Ces dames enchanteresses étaient-elles de bons ou de mauvais génies ? Personne, en vérité, n'aurait su le dire ; mais ni leur existence ni les prodiges qu'elles accomplissaient n'étaient discutés. Même par les paroissiens qui ne manquaient ni messe ni vêpres. La religion et le monde féerique, en ces temps où les gens au cœur pur vivaient de plain-pied avec le merveilleux, s'entremêlaient intimement, étroitement, comme branches de cep aux vrilles de la vigne. Au point que les habitants du village avaient baptisé une fontaine proche de l'arbre merveilleux « la fontaine aux Bonnes-Fées Notre-Seigneur »...

Chaque année, le dimanche de *laetere* — c'est-à-dire le dimanche qui suit le jeudi de la mi-carême —, les jeunes gens et les jeunes filles du village, conduits par le seigneur de Bourlémont et sa dame, s'en allaient honorer le Beau May.

Les premiers arrivés l'ornaient de guirlandes de fleurs. Puis garçons et filles, couronnés de jonquilles, se prenaient par la main et formaient une ronde en chantant. A la ronde succédait une farandole endiablée sous les branches de l'arbre où les dames fées se tenaient tapies, silencieuses et invisibles. Après quoi, la dame de Bourlémont faisait distribuer des œufs durs, du pain, des petits gâteaux en forme de lune et des cruches de vin.

Après ce goûter champêtre, on confectionnait une sorte de mannequin de feuillage que l'on promenait rituellement autour de l'arbre pour fêter le printemps et remercier les dames de lumière de leur gentillesse.

Le soir venu, tout le monde rentrait chez soi après un petit détour par la fontaine sacrée des Bonnes-Fées Notre-Seigneur, où chacun devait boire quelques gouttes d'eau miraculeuse.

Ainsi se terminait le dimanche de *laetere*, mi-chrétien mi-féerique. Mais bien d'autres fêtes rituelles se déroulaient dans ce village, auxquelles les fées se trouvaient tout naturellement liées.

Par exemple, le premier jour de mai, avant l'aube, les jeunes gens allaient couper quelques branches du beau hêtre, qu'ils ramenaient en grand mystère et fixaient silencieusement devant les maisons où se trouvaient des jeunes filles à épouser. Lorsque celles-ci ouvraient leurs portes et découvraient les rameaux de l'arbre aux Fées, elles savaient qu'elles étaient aimées et que les bonnes dames allaient bientôt leur donner un fiancé...

Enfin, les fées, disait-on, avaient, dans leur bonté, caché une mandragore sous le grand arbre où elles se réunissaient. Et tout le monde savait bien, alors, que cette plante mystérieuse et magique, dont la racine, en forme de corps humain, saignait et poussait des cris quand on l'arrachait, pouvait donner la fortune à celui qui oserait la déterrer...

Maintenant, peut-être désirez-vous connaître le nom de ce village féerique ?

Eh bien, je vais vous le dire. Ce village étrange, où, dès le XIVe siècle, les paysans entendaient des choses bizarres sous les arbres, ce village où l'on racontait que des dames de lumière apparaissaient parfois sous un hêtre géant et où le seigneur du lieu avait des entretiens avec une fée, ce village s'appelait Domrémy...

Et c'est là que, cent ans plus tard, naîtra Jeanne d'Arc, la merveille des merveilles de notre histoire, et c'est là, dans ce village féerique, qu'elle entendra, un jour, des voix étranges...

RÉPONSES À L'INCRÉDULE

— *Singulier village, en effet. Mais, avant d'aller plus loin, je dois dire qu'il y a un détail qui me chiffonne : vous avez dit qu'il s'agissait d'un village champenois ; mais Jeanne d'Arc était lorraine !...*

— Non. Domrémy est situé aux confins de la Champagne et du Barrois. Par conséquent, Jeanne d'Arc était champenoise, ou barroise, mais absolument pas lorraine.

— *Pourquoi dit-on alors qu'elle était lorraine ?*

On dit aussi qu'elle était bergère, ce qui est faux. Elle n'a jamais gardé les moutons, ou alors d'une façon tout à fait accidentelle. Non, elle est devenue lorraine à cause de François Villon, qui a écrit :

Et Jeanne la bonne Lorraine
Qu'Anglais brûlèrent à Rouen...

— *Et pourquoi en a-t-il fait une Lorraine ?*

— A mon avis pour des raisons de prosodie, parce qu'il avait besoin d'une rime en « aine ». S'il lui avait fallu une rime en « oise », il aurait écrit « Et Jeanne la bonne Barroise » ou « Et Jeanne la Champenoise. »

— *Je reviens aux fées. Est-ce que, du temps de Jeanne d'Arc, on en parlait encore à Domrémy ?*

— Bien sûr. Et les juges de Rouen ont interrogé Jeanne longuement sur les phénomènes féeriques de Domrémy. Voici ce qu'elle a répondu à ce sujet, le samedi 24 février 1431, au cours de la troisième audience, à Me Jean Beaupère, assesseur au tribunal :

« Assez proche de Domrémy, il y a certain arbre qui s'appelle "l'arbre des Dames", et d'autres l'appellent "l'arbre des Fées". Auprès, il y a une fontaine. Et j'ai ouï dire que les gens malades de fièvre boivent de cette fontaine et vont quérir de son eau pour recouvrer la santé. Et cela, je l'ai vu moi-même ; mais je ne sais s'ils en guérissent ou non. J'ai ouï dire que les malades, quand ils se peuvent lever, vont à l'arbre pour s'ébattre. C'est un grand arbre, appelé "fau", d'où vient le beau mai. Il appartenait, à ce qu'on dit, à Mgr Pierre de Bourlémont, chevalier. Parfois, j'allais m'ébattre avec les autres filles, et faisais à cet arbre chapeaux de fleurs pour l'image de Notre-Dame-de-Domrémy. Plusieurs fois, j'ai ouï dire des anciens, non pas de mon lignage, que les dames fées y demeuraient. Et j'ai ouï dire à une femme, nommée Jeanne, femme du maire Aubery, de mon pays, laquelle était ma marraine, qu'elle avait vu les dames fées. Mais moi qui parle, ne sais si cela est vrai ou non. Je n'ai jamais vu fée à l'arbre, que je sache.

» — En avez-vous vu ailleurs ? demande un juge.

» — Je ne sais. J'ai vu mettre aux branches de l'arbre des chapeaux de fleurs par les jouvencelles, et moi-même en ai mis parfois avec les autres filles. Et parfois nous les emportions, et parfois nous les laissions. Depuis que je sus que je devais venir en France, je fis peu de jeux ou ébattements, et le moins que je pus. Et je ne sais point si, depuis que j'eus entendement, j'ai dansé près de l'arbre. Parfois je peux bien y avoir dansé avec les enfants ; mais j'y ai plus chanté que dansé. »

Ainsi donc, Jeanne, que l'on appelait Jeannette à Domrémy, allait chanter et danser sous l'arbre aux Fées avec ses petites amies.

— *Est-ce là qu'elle a entendu ses voix ?*

— Non. Au cours de la même séance du procès, elle a précisé ceci :

« Mon frère racontait qu'on disait à Domrémy : "La Jeanne a pris son fait auprès de l'arbre aux Fées." C'était faux. Je lui ai dit le contraire ! »

— *Où a-t-elle donc entendu ses voix ?*

— Pour raconter l'histoire de Jeanne d'Arc, il vaut toujours mieux citer ses propres paroles. Voici ce qu'elle a dit :

« Quand j'eus l'âge de treize ans, j'eus une voix de Dieu pour m'aider à me gouverner. Et la première fois, j'eus grand-peur... »

Et elle ajoute cette phrase où se trouve posé en quelques mots simples tout le décor de cet instant merveilleux :

« Et vint la voix, environ l'heure de midi, au temps de l'été, dans le jardin de mon père. »

— *Que vit-elle alors ?*

— « J'ai entendu la voix à droite, du côté de l'église, dit-elle. Rarement l'entendis sans voir une clarté. Cette clarté est du côté où la voix se fait entendre... »

— *Jeanne d'Arc n'a pas dit s'il y avait des arbres dans le jardin de son père ?*

— Non. Mais je devine votre pensée et je présume qu'il vous intéressera de savoir qu'au cours du procès, un juge lui ayant demandé si elle avait le secours de ses voix dans la salle du tribunal, elle répondit : « Si j'étais dans un bois, j'entendrais bien la voix venant à moi... »

Pourtant, vous auriez tort d'en conclure qu'elle n'entendait ses voix que sous des arbres. Celles-ci se manifestèrent, semble-t-il, en des lieux fort divers.

— *La réponse de Jeanne d'Arc que vous venez de citer inciterait tout de même à penser que la présence d'arbres lui semblait représenter une condition, sinon indispensable, du moins favorable ?*

— Elle ne l'a jamais dit.

— *Sait-on ce que pensaient de l'arbre aux Fées les habitants de Domrémy contemporains de Jeanne ?*

— Vous savez qu'en 1455 s'ouvrit le procès de réhabilitation de Jeanne d'Arc. A cette occasion, le tribunal demanda au prévôt civil de Vaucouleurs, Jean Dalie, de se rendre à Domrémy pour y interroger les gens qui avaient connu la Pucelle. Commission rogatoire qui s'accompagnait d'un questionnaire dont le neuvième article concernait précisément l'arbre aux Fées. Voici quelques réponses :

De Jean Moreau, cultivateur, soixante-dix ans (il avait quarante-trois ans en 1429, lorsque Jeanne quitta son village) :

« L'arbre des Fées ? J'ai entendu dire par des femmes que des êtres merveilleux qu'on appelait "fées" allaient danser autrefois sous cet arbre. Mais on dit que, depuis qu'on y va lire l'Evangile selon saint Jean, elles n'y reviennent plus. »

De Béatrice, veuve d'Estelleni, quatre-vingts ans (soixante-trois ans en 1429) :

« L'arbre des Fées, j'y ai été moi-même avec les dames et seigneurs de Domrémy pour m'ébattre dessous, parce que c'était un très bel arbre. Il est à côté du grand chemin par lequel on va à Neufchâteau. On disait que, dans l'ancien temps, des dames fées s'en venaient dessous ; mais maintenant elles n'y vont plus, à cause de leurs péchés. »

De Jeannette, veuve de Tiercelin, soixante ans (trente-trois ans en 1429) :

« L'arbre en question s'appelle "l'arbre aux Fées" parce que, dans l'ancien temps, à ce qu'on raconte, un seigneur appelé le chevalier Pierre Granier, sire de Bourlémont, allait retrouver sous l'arbre une dame appelée "fée" et causer avec elle ; je l'ai entendu lire dans un roman. Filles et garçons de Domrémy y vont chaque année au dimanche de *laetere* ou dimanche des Fontaines, pour s'ébattre, manger et danser... »

D'Hauviette, femme de Gérard, cultivateur, quarante-cinq ans (dix-huit ans en 1429) :

« Depuis toujours, cet arbre-là, on l'appelle "l'arbre des Fées". On disait dans l'ancien temps que les dames appelées "fées" y venaient... Moi qui vous parle, j'y ai été avec Jeanne la Pucelle, mon amie, et les autres, le dimanche des Fontaines ; on goûtait, on s'amusait... »

Enfin, de Gérardin d'Epinal, cultivateur, soixante ans (trente-trois ans en 1429), cette exquise comparaison :

« Il est beau comme un lis, cet arbre-là ! Ses feuilles et ses branches retombent tout autour jusqu'à terre. Jeannette y allait avec les autres filles... »

— *Ainsi, tous les habitants de Domrémy semblaient croire aux fées ?*

— On y a cru, de façon générale, dans toute l'Europe pratiquement jusqu'au XVIIIe siècle, et dans certains endroits jusqu'à la fin du XIXe...

— *On se demande ce qui a pu faire naître ce genre de mythe... Qu'en pensent les historiens des mentalités ?*

— Ils expliquent doctement que les fées proviennent, pour leur nom, des *fata* antiques, et des trois Parques (dans tous les contes, elles assistent à la naissance des enfants auxquels elles dispensent défauts ou qualités), en se contentant d'ajouter qu'elles constituent le plus persistant des vestiges laissés par le paganisme...

— *Ce qui ne résout rien.*

— Non. Mais certains mythologues modernes ne sont pas loin de penser que l'explication de ce mythe nous viendra, non pas des historiens des mentalités, mais des savants.

— *Des savants ?*

— Oui. D'ores et déjà, des physiciens américains et russes, entre autres, estiment que des interférences entre notre univers et un monde invisible, mais aussi réel que le nôtre, sont possibles. Ils ajoutent qu'à certaines époques des « êtres » venus de cet « ailleurs » ont pu intervenir sur le destin des hommes...

— *Et l'apparition de ces « êtres » aurait donné naissance aux contes de fées ?*

— Peut-être.

— *Et Jeanne d'Arc, qui a cru être en communication avec sainte Catherine, sainte Marguerite et saint Michel, faut-il penser qu'en fait elle a été en contact avec de « mystérieux inconnus » venus de ce monde subodoré par nos physiciens actuels ?*

— Chacun peut croire ce qu'il veut. Tout ce que je sais,

c'est que l'être le plus merveilleux et le plus extraordinaire de notre histoire, ce personnage qui n'a son équivalent dans aucun pays, et à aucune époque, est né précisément dans un petit village où, depuis un siècle, jeunes gens et jeunes filles allaient s'ébattre sous un arbre aux fées...

SOURCES

Jean-Baptiste-Joseph AYROLES, *La Vraie Jeanne d'Arc. La paysanne et l'inspirée, d'après ses aveux.*
Robert BRASILLACH, *Le Procès de Jeanne d'Arc.*
Jean-Jacques BROUSSON, *Les Fioretti de Jeanne d'Arc.*
Pierre CHAMPION, *Procès de condamnation de Jeanne d'Arc*, 1920.
R. P. Paul DONCŒUR, *Les Minutes françaises des interrogatoires de Jeanne la Pucelle*, 1952.
Henri DONTENVILLE, *La France mythologique.*
Marcel HÉBERT, *Jeanne d'Arc et les fées*, 1913.
— *Jeanne d'Arc a-t-elle abjuré ?*, 1914.
Siméon LUCE, *Jeanne d'Arc à Domrémy.*
Alfred MAURY, *Croyances et légendes du Moyen Age.*
Raymond OURSEL, *Le Procès de Jeanne d'Arc.*
Régine PERNOUD, *Vie et Mort de Jeanne d'Arc. Les témoignages au procès de réhabilitation.*

Le comte de Saint-Germain et le Bien-Aimé

Dépêché à la diète de Francfort pour y représenter son maître Louis XV, le maréchal de Belle-Isle y avait déployé une telle activité et fait étalage de tant de magnificence que ces lourdauds d'Allemands en étaient restés légèrement babas... En tout point, M. le duc s'était montré à la hauteur du surintendant Fouquet, son téméraire et malheureux grand-père. Tant et si bien que le roi de Prusse n'avait pu s'empêcher de lancer :

— Il faut bien convenir que le maréchal de Belle-Isle est le législateur de l'Allemagne !

Las ! Voici qu'un brusque revers de fortune favorise sa vieille ennemie Marie-Thérèse d'Autriche, contre laquelle, tel Caton l'Ancien s'acharnant à la destruction de Carthage, il avait réussi à lancer les armées de l'Europe. Voilà donc ce grand capitaine abandonné des Prussiens, enfermé dans Prague et mis en demeure de sonner la retraite... La Toison d'or dont le couvrit, à Francfort, Charles VII, qui lui devait son trône, est ce soir une bien chétive couverture contre les intempéries ! Tout transi de sa retraite, le maréchal est de plus en proie à d'atroces rhumatismes qui lui taraudent les lombes et tous les membres. Mordu par la pluie et jusque dans sa couche par les vents coulis de l'Europe centrale, il vit dans les drogues et un perpétuel ballet de médicastres, désespérant de revoir jamais la doulce France... Voici qu'un soir on lui parle d'un homme qui se dit apparenté à la famille de Hesse et qui, ayant appris ses déboires, se fait fort de le guérir en cinq jours. Dans la nécessité où il se trouve, Belle-Isle se doit d'essayer et, le dos contre le damas d'un fauteuil — son dernier luxe ! —, reçoit ce magicien.

— Couchez-vous ! lui ordonne l'inconnu.

Sur le corps étendu du duc, il impose ses mains, fait des cercles avec une baguette de jade blanc.

— Holà ! s'écrie l'homme de guerre. Que sont ces mômeries ? Voudriez-vous d'aventure me nouer l'aiguillette ?

— Même le diable ne pourrait lier un tel tempérament... à ce qu'on dit ! réplique l'homme avec esprit. Vous allez faire diète et ne prendre que trois cuillères par jour de cet orgeat...

— Ventrebleu ! Je n'en ai jamais vu d'aussi vert !

— C'est bien naturel... C'est de l'extrait d'émeraude, mêlé de quelques follicules de séné.

— Vous voulez m'achever, monsieur de Saint-Germain !

— Buvez ! Les plus grands princes me font confiance, et depuis si longtemps ! D'ailleurs, je vous laisse ceci en gage...

L'inconnu, qui a des manières et qui est habillé avec autant de recherche que de simplicité, pose une boîte de laque ronde sur une table, s'incline gracieusement et disparaît. Quand le duc ouvre la boîte, il découvre, stupéfait, un flamboiement de rubis, de topazes, d'émeraudes et de diamants, dont trois ou quatre au moins font plus de dix carats...

Quelques mois plus tard, après avoir sauvé l'essentiel de sa réputation et de ses armées, le maréchal de Belle-Isle est de retour à Versailles. Il est bien aise d'avoir les pieds sur des bûches, loin des courants d'air, enfin, derrière ses paravents de Coromandel ; tandis que, sur ses canapés, les marquises mouillent leurs yeux au récit de ses exploits...

Mais voici qu'en décembre 1744 une terrible nouvelle se répand à Versailles. Mme de Châteauroux, la gracieuse favorite de celui qui est encore pour quelque temps le Bien-Aimé, se meurt, empoisonnée par un plat de champignons.

— Vite ! s'écrie le duc à l'adresse d'un laquais. Qu'on fasse quérir le comte de Saint-Germain !...

Belle-Isle, en effet, a été si content des soins que lui a prodigués un an auparavant son mystérieux visiteur qu'il l'a ramené dans ses bagages à Paris et installé dans le Marais, dont il est devenu rapidement la coqueluche. Chaque jour qui passe augmente sa popularité et la bonne société ne cesse de lui découvrir des talents, dont la profondeur déroute l'esprit...

En dépit de son accent, M. de Saint-Germain parle un français des plus châtiés et ceux qui l'ont poussé dans le domaine des langues ont pu voir qu'il entend aussi l'italien, l'espagnol, l'anglais et le portugais avec une pureté confondante. On sait aussi qu'il touche excellemment du clavecin, mais, quand il s'avise de jouer du violon, cela devient tout simplement prodigieux...

On se demande, d'ailleurs, si c'est bien un seul violon qu'il tient dans ses mains et pas plutôt deux ou trois ! Il sait produire, en tout cas, de telles sonorités qu'il fait éclater tous les cristaux qu'on n'a pas pris soin d'éloigner. Philidor assure que c'est du grand art et le grand Rameau lui-même soutient que ses préludes sont incomparables.

Mais si le comte n'avait point d'autres talents ! Tout d'abord, il peint presque aussi bien que La Tour ou Van Loo. Mais ses vastes compositions, dont les personnages sont merveilleusement ressemblants, baignent en plus dans des couleurs dont il a le secret et dont l'éclat et la permanence sont ceux des pierres précieuses. Il explique la réussite de cette technique nouvelle par ses connaissances en physique et en chimie et des gens fort instruits, tel le père de Mme de Genlis, doivent avouer qu'en ces matières son savoir passe très largement le leur... Piqués au vif, ils lui ont d'ailleurs dépêché des savants, qui n'ont pu que s'incliner devant ses connaissances dans les sciences exactes, découvrant au passage que M. de Saint-Germain est également très versé dans la langue d'Homère et de Virgile, et qu'il écrit et parle le sanskrit, le chinois et l'arabe avec une perfection qui le fait croire volontiers quand il dit qu'il a longuement séjourné en Asie et en Orient. Mais sa science sait aussi se rendre aimable. Aux jolies femmes de la Cour, il offre des boîtes magiques. En les exposant à la chaleur d'un feu, l'agate qui les décore s'estompe et fait place à une bergère portant un panier de fleurs. Si on chauffe à nouveau le couvercle, la pierre réapparaît... Il sait aussi fabriquer des bonbons délicieux, qui ont des formes de fruits, et des reliures, qu'il constelle de petites pierres précieuses. Car elles paraissent lui couler des mains, les pierres précieuses, à cet homme scintillant... Il en porte sur lui, qu'il dissimule avec un goût exquis sous des rubans et des dentelles. Pour autant, si on le lui demande, il n'est pas avare de les montrer. L'autre jour, lors d'un gala à Versailles, ses jarretières, ses boucles de souliers, sa tabatière en or incrustée de diamants de la plus belle eau ont passé dans toutes les jolies mains et M. de Gontaut n'a pu s'empêcher de dire :

— Mais il y en a là pour plus de deux cent mille francs !

Le baron de Gleichen, qui ne passe pas pour un évaporé, a pu se rendre compte, lui, qu'il est loin de porter toute sa fortune en sautoir. Lors d'une visite qu'il a faite au comte, celui-ci lui a dévoilé des collections dignes des trésors de Golconde. « Il y avait entre autres, dit-il, une opale d'une grosseur monstrueuse, un saphir blanc de la taille d'un œuf et quantité de diamants et de pierres d'une nuance et d'une taille d'autant plus surprenantes qu'elles n'étaient point montées. » Dans ses célèbres *Mémoires*, le baron fait grand cas de cette visite. Parce qu'elle correspond à une faveur tout à fait exceptionnelle que lui a faite Saint-Germain. Rares sont, en effet, ceux qui ont pu forcer les portes de son hôtel du Marais, rempli, note encore le baron, de tableaux de maîtres, parmi lesquels il a reconnu des Murillo et des Raphaël...

L'extrême réticence qu'il met à recevoir n'empêche pas que le comte soit un des hommes les plus fêtés de Paris. A cause du mystère même dont il s'entoure et de certaines habitudes qui apparaissent aux marquises franchement inouïes...

Tout le monde se souvient des menus du Grand Siècle. Or, tandis que ses hôtes se gavent de viandes, de poissons, de poulardes et attaquent à la fin des pièces de venaison dont le fumet lui monte aussi aux narines, le comte fait maigre et se garde même le plus souvent de déplier sa serviette. Et que fait-il tandis que les autres se gobergent ? Le comte de Saint-Germain cause, mais là encore d'une manière bien différente de celle des brillants maîtres ès calembours ou des gens d'esprit de l'époque, rapportant l'anecdote du jour. Lui, remonte le cours des âges et décrit les plus petites circonstances de l'histoire avec tant de détails et une si extraordinaire netteté que l'on croit écouter un témoin oculaire. Quand on le presse de livrer ses sources, il dit que tout est dans sa prodigieuse mémoire, et, quand on lui représente qu'il n'est pas possible de faire revivre certaines scènes avec cette précision sans affabuler — sauf à les avoir vécues soi-même —, il convient qu'il est peut-être plus âgé qu'il n'en a l'air...

Jointe à son abstinence, la délicatesse de ses propos, qui peuvent être entendus par les plus chastes oreilles, lui fait une image qui excite d'autant plus les belles marquises. Car, si elles avalent ses pilules laxatives, si elles consentent même un temps à se faire végétariennes, elles aimeraient aussi le garder un peu, après souper. Mais ni la beauté, ni l'opulence, ni le rang de la maîtresse de maison n'y font : jamais Saint-Germain ne passe la nuit hors de chez lui et bien rares sont ceux qui l'ont vu debout passé minuit. On ne lui connaît d'ailleurs aucune liaison, et c'est peut-être ce qui trouble le plus son monde. Car, s'il en impose par ses mœurs et son maintien, il séduit aussi — infiniment — par sa prestance...

« Sa physionomie hautaine, spirituelle, sagace, frappait au premier regard, écrit la comtesse d'Adhémar dans ses *Souvenirs sur Marie-Antoinette*. Il avait une taille cambrée et gracieuse, les mains délicates, le pied mignon, la jambe élégante que faisait ressortir le bas de soie bien tendu. Le haut-de-chausses, fort étroit, laissait aussi deviner une rare perfection de formes ; son sourire montrait les plus belles dents du monde, une jolie fossette ornait le menton, ses cheveux étaient noirs, les yeux doux et pénétrants. Oh ! quels yeux ! Je n'ai vu nulle part les pareils... »

Pour un homme venu de nulle part et toujours en mal de disparaître, voilà un portrait qui donne épaisseur et présence ! Sans lever davantage le mystère de ses origines... A la question que seule une altesse ose poser (la princesse Amélie, sœur de Frédéric II de Prusse), il répond :

— Je suis, Madame, d'un pays qui pour souverain n'a jamais eu d'homme d'une origine étrangère !

La réponse est pour le moins sibylline... Quand on insiste, comme le baron de Gleichen, on apprend que dans son enfance il était environné d'une suite nombreuse, qu'il se promenait sur des terrasses magnifiques, dans un climat délicieux, « comme s'il avait été le prince héréditaire d'un roi de Grenade du temps des Maures »...

Une extraction aussi mystérieuse permet, certes, de jouer quelque peu avec l'état civil. En 1743, quand il apparaît pour la première fois à Paris avec son air de grand jeune homme à la mode et bien pris, nul ne s'avise d'abord de lui demander son âge. Le premier à se poser la question, à lui-même d'abord, sera Jean-Philippe Rameau, le génial compositeur, esprit sérieux s'il en fut. A lui seul, il incarne toute la musique du Grand Siècle et il s'est voué si complètement à son art et aux charges que lui ont confiées les rois qu'on ne connaît strictement rien de sa vie privée. Or voici qu'un soir, alors qu'il tient le clavecin dans la riche maison du financier La Popelinière, il aperçoit, trônant dans un parterre de grandes dames en pékin vert et queue-de-serin, un élégant gentilhomme. Il paraît avoir quarante-cinq ans et porte un habit de drap cannelle glacé de vert, dont les boutons jettent mille feux dans la lumière des candélabres.

Le vieux maître se fait servir un doigt de sorbet et manque alors mourir de saisissement. L'homme vient, un peu sans façons, de le relayer au clavecin et en pleine lumière le doute n'est plus permis : ce gentilhomme, il est certain de l'avoir déjà vu, alors qu'il n'était, lui, que simple organiste chez les jésuites de la rue Saint-Jacques. Le motif de sa surprise est simple : depuis cette époque, l'homme n'a absolument pas changé de visage. Rameau, par contre, est devenu un homme sec et ridé, déjà courbé par l'âge. Un rapide calcul lui apprend que cette rencontre a eu lieu il y a trente-cinq ans et qu'à l'époque le personnage paraissait la quarantaine ! On lui dit qu'il s'agit d'un certain comte de Saint-Germain et l'incident marque si fortement le compositeur qu'il s'en fait l'écho dans tout Paris. Certains, qui le savent un peu quinteux, se disent qu'il devient gâteux aussi et s'en amusent dans les dîners. D'autres, connaissant son bon sens, se mettent à réfléchir. Puis à parler, quand un certain Morin, secrétaire de la légation danoise, assure à son tour qu'il a bien connu ce monsieur aussi, que cela se passait en Hollande, il y a bien des années, et que depuis tout ce temps le comte, qui était déjà un homme mûr alors, n'a pas pris une ride...

De telles rumeurs n'étaient pas faites à l'époque pour asseoir à tout coup la bonne réputation d'un homme. Mais, comme Saint-Germain accomplit tous les devoirs extérieurs de la religion, qu'il est fort charitable et qu'il a les mœurs les plus pures, le maréchal de Belle-Isle n'hésite pas à le présenter au roi. Surviennent alors les tristes événements qui aboutissent à la mort, à vingt-sept ans, de Mme de Châteauroux. Le comte se porta à son chevet aussi vite qu'il put. Mais, en arrivant dans les appartements de la dame du palais, il dit au roi sans détour :

— Je ne puis rien faire...

— Pourquoi donc ? implore le Bien-Aimé.

— Parce que c'est trop tard !...

Interrogé plus tard sur les raisons de son attitude, en une affaire où les empiriques à chapeau pointu auraient soufflé toutes les fumées de leur fausse science, Saint-Germain répond :

— Si j'avais guéri la duchesse, je serais devenu responsable de toutes les morts violentes qui auraient pu arriver depuis... Chaque famille m'aurait sommé de faire un miracle et malheur à moi si j'eusse échoué dans l'entreprise ! Ainsi sont les hommes, passablement égoïstes...

Réponse des plus pertinentes à une époque où les horreurs de la Brinvilliers et de l'affaire des Poisons étaient encore dans toutes les mémoires. Mais l'étonnant, c'est que le monarque, loin de lui tenir rigueur de cet aveu d'impuissance, ne veut plus, à partir de là, se passer de lui. Comment l'expliquer ? Le comte connaît, certes, les moindres secrets du gotha européen et, au début, c'est surtout le récit des tares secrètes de certains grands qui amuse le roi, ainsi que les errements de leur généalogie, que la mémoire prodigieuse de Saint-Germain lui restitue instantanément. Mme de Pompadour, qui a vite remplacé dans le cœur de Louis la malheureuse duchesse, est sa plus sûre alliée, car nul mieux que lui ne sait dissiper chez le monarque une neurasthénie qu'il contracte jeune et qui fera dire à l'abbé Galiani : « Il fait le plus vilain métier, le métier de roi, le plus à contre-cœur possible... »

Entre le duc de Chaulnes, qu'elle appelle « mon cochon », et Mme d'Amblimont, qui est « mon torchon », elle trouve en Saint-Germain un homme d'esprit mystérieux et déroutant, le vivant remède contre ce spleen qu'à partir de 1750 elle est officiellement chargée de dissiper...

Bientôt, le comte est de tous les conciliabules secrets et le roi exige qu'il soit au nombre de ces privilégiés qu'il emmène dans des maisons de campagne où Mme de Pompadour réussit à recréer pour son royal amant l'illusion d'un foyer. Là, il cesse enfin d'être timide et ose confier avec intelligence et vivacité tout ce qui l'obsède, cette France ingouvernable surtout, dont les refus et les séditions ont émoussé toutes les bonnes dispositions du début du règne. Sa peur de la mort aussi, que Saint-Germain essaye de dissiper en l'initiant aux mystères insoupçonnés de la nature...

Bientôt, le prince consent à renoncer à ses tristes débauches et à se pencher non plus sur des travaux de tapisserie ou sur les ragoûts qu'il mitonne lui-même, mais sur les cornues du Grand Art... Louis XV alchimiste ! C'est le prodige que Saint-Germain réussit dans deux laboratoires du Trianon où il apprend d'abord au roi à fondre et à distiller. Au duc des Deux-Ponts ravi, Louis XV montre un jour un diamant de la plus belle eau, d'un poids de douze carats.

— J'ai fondu, dit-il, vingt-quatre carats de petits diamants, qui m'ont donné celui-ci, qui a été réduit à douze en le faisant brillanter !

Mais ce que le roi apprécie surtout en Saint-Germain, c'est son franc-parler, qui le lave des mensonges et de l'hypocrisie de la Cour. Devant M. de Brancas et l'abbé Bernis, le comte lui dit tout net que, pour estimer les hommes, il ne faut être ni confesseur, ni ministre, ni lieutenant de police.

— Et roi ? lui demande le Bien-Aimé...

— Vous avez vu, sire, le brouillard qu'il faisait, il y a quelques jours ? On ne voyait pas à quatre pas, répond Saint-Germain. Les rois sont environnés de brouillards encore plus épais, que font naître autour d'eux les intrigants, les ministres infidèles et tous ceux qui s'accordent partout à leur faire voir les choses sous un aspect différent de la réalité !

Et, en vérité, jamais Saint-Germain ne donnera de conseils intéressés. Jamais on ne le verra pousser quelqu'un et jamais il ne sollicitera de faveur. Vers 1756, Louis XV lui fait installer à Chambord, à l'ombre des trois cent soixante-cinq cheminées du plus grand des châteaux du royaume, un laboratoire bien plus important, où le comte fait aussi travailler des alchimistes qu'il a amenés avec lui après un voyage en Allemagne. Pur intérêt d'un souverain qui espérait ainsi remplir sa cassette des plus dégarnies ? Peut-être. Mais, quand ses travaux sur la fabrication de l'or à partir d'un vil métal se seront révélés trop peu rentables, le roi gardera toute son amitié à Saint-Germain. En échange, il est vrai, de quelques services...

Lors d'un de ces « petits soupers » où l'on se laisse aller à la plus folle gaieté et où il n'est pas même interdit de se moquer du roi, à condition que ce soit avec esprit, le maître de la France lui demanda à brûle-pourpoint :

— Il paraît, monsieur, que vous avez aussi trouvé le secret de faire disparaître les taches des diamants...

— Cela m'est arrivé quelquefois, sire...

— En ce cas, vous êtes homme à me faire gagner quatre mille francs sur celui-ci, car mon joaillier, en estimant ce diamant six mille livres, m'a dit que, sans tache, il en vaudrait dix !...

— Cette tache est forte, dit Saint-Germain en examinant la pierre. Mais il n'est pas impossible de l'enlever. Je rapporterai cette pierre à Votre Majesté dans quinze jours...

Au jour dit, Saint-Germain présente au roi un diamant d'une pureté parfaite. Le joaillier de la Cour l'examine avec soin, le pèse et s'aperçoit que la différence de poids est presque insensible.

— Vraiment, monsieur, il faut que vous soyez sorcier ! dit-il.

M. de Gontaut, envoyé immédiatement chez le joaillier de Paris, en reçoit neuf mille six cents livres.

Ces succès ne rendent pas le comte moins empressé auprès des dames de la Cour. Quand il ne chante pas ou ne donne pas des concerts et des conseils, en matière d'hygiène surtout, il recueille des confidences et raconte des histoires dont le tour est d'autant plus piquant qu'elles se passent toujours à la cour de François Ier, de Philippe le Bel, chez les rois de l'empire du Milieu ou chez les grands vizirs de la Sublime Porte. Avec tant de vérité que Saint-Germain paraît vraiment y être allé. Lancinante, se repose alors la question de son âge et des raisons de sa longévité.

Une conversation qu'il a un soir avec une jeune marquise incrédule achève de dérouter tout le monde...

— Que je suis heureux de rencontrer enfin quelqu'un de votre noble famille ! lui lance-t-il alors que la jolie personne pénètre dans le salon où il se trouve. J'étais très lié avec le trisaïeul de votre grand-père... Il combattait à mes côtés à la bataille de Marignan ! Blessé à mort, il me chargea de faire parvenir une croix d'or à sa femme. Par ces temps troublés, je n'ai pu m'acquitter de cette mission que par un intermédiaire... Cette croix est-elle bien arrivée ?

— Mais, monsieur... balbutia la dame en regardant avec effroi ce fantôme qui prétendait avoir combattu à Marignan. Nous gardons effectivement parmi nos reliques une croix qui nous a été remise, il y a très longtemps, par un inconnu, mais personne en dehors des miens ne connaît ce détail !

— Personne, si ce n'est moi, madame. Et je suis heureux de savoir que ce précieux bijou est parvenu à sa destination !

La jeune marquise, abasourdie et le sang figé, alla bien sûr grossir les rangs de ceux qui croyaient à la surnaturelle longévité du comte. Encore que, dans ce dernier cas, une coïncidence eût été possible. Impensable dans celui de la comtesse de Cergy, qui est la première à reconnaître le comte en public, ce qu'elle manifeste avec éclat, devant des témoins...

L'ayant un jour rencontré chez Mme de Pompadour, elle commence par le fixer un long moment. Avec l'insistance, disent les témoins, que peut mettre, avant un procès d'assises, le témoin capital, entre les mains duquel la tête de l'inculpé repose... Réprimant une sorte d'effroi sacré, elle finit par lui demander :

— De grâce, monsieur, veuillez me dire si monsieur votre père n'a pas résidé à Venise vers l'année 1700...

— Non, madame, répond le comte avec détachement. Il y a beaucoup plus longtemps que j'ai perdu mon père. Mais je demeurais moi-même à Venise à la fin du siècle dernier et au commencement de celui-ci. J'avais l'honneur de vous y faire la cour et vous aviez la bonté de trouver jolies quelques barcarolles de ma composition que nous chantions ensemble.

— Pardon de la franchise, mais cela n'est pas possible ; le comte de Saint-Germain de l'époque avait quarante-cinq ans et vous n'avez certainement que cet âge au moment où nous parlons !

— Madame, répondit le comte en souriant, ne vous y trompez pas... Je suis fort vieux !

— Mais il faudrait que vous eussiez près de cent ans !

— Cela n'est pas impossible !

Le comte se met alors à raconter à Mme de Cergy, très oppressée, une multitude de détails, se rattachant au séjour qu'ils ont fait ensemble dans l'Etat vénitien. Comme il en propose d'autres, la dame, qui a déjà dû recourir à ses sels, s'écrie :

— Non, non... Me voilà bien convaincue, mais vous êtes un homme... un diable bien extraordinaire !

— Grâce de qualifications ! s'écrie Saint-Germain d'une voix qui parut à certains altérée.

Mais il se ressaisit et la vieille comtesse de Cergy, que la mort semblait avoir oubliée sur terre, poursuivit :

— Quand j'étais ambassadrice à Venise, il y a cinquante ans, je suis sûre de vous avoir vu avec le même visage. Mais vous vous nommiez alors le marquis de Baletti...

— Et madame la comtesse de Cergy a encore la mémoire aussi fraîche qu'il y a cinquante ans !

— Je dois cet avantage à un élixir que vous m'avez donné à notre première entrevue...

— Et le marquis de Baletti, avait-il mauvaise réputation ?

— Au contraire, c'était un homme de fort bonne compagnie...

— Eh bien, puisque l'on ne se plaint pas de lui, je l'adopte pour mon grand-père ! plaisante Saint-Germain, qui sort pourtant presque aussitôt, comme si lui étaient revenus de douloureux souvenirs...

Qu'il puisse exister un élixir de longue vie dont le comte aurait le secret fait dans Paris un bruit considérable. Ainsi se trouve justifiée, pour certains, la place éminente que le comte a prise dans l'entourage immédiat du roi. De quel élixir s'agit-il et comment le fabrique-t-on ? A la Cour, les mieux informés assurent que c'est l'or potable des thaumaturges rose-croix, panacée absolue contre le vieillissement et la maladie. Face à ceux que cette nouvelle exalte, les envieux et les jaloux voudraient bien savoir, à la fin, ce que le comte est venu chercher en France, puisque aussi bien il ne brigue ni charge ni honneurs. A la plupart, Saint-Germain n'oppose qu'un dédaigneux silence. Quand d'autres, en biaisant, lui demandent s'il n'est pas surtout un homme de science et lui font valoir une formule qui leur paraît résumer toutes les connaissances du temps, il se fâche et dit avec mépris : « Vous ne savez pas ce que vous dites ! Il n'y a que moi qui puisse parler de cette matière. Je l'ai approfondie !... » Mais, l'instant d'après, c'est comme un frisson de peur qui passe sur lui. Il paraît alors accablé et, la mort dans l'âme, répond, comme à Louis XV lui demandant d'expliquer la disparition du procureur Dumas [1] :

— Il m'est impossible de répondre... En le faisant je m'exposerais, et vous aussi, aux plus grands dangers...

De telles réponses confirment ses ennemis dans leurs soupçons, en leur faisant croire qu'il y a un grave secret dans sa vie et que la confiance que Louis fait à un homme qui paraît être tombé d'une autre planète peut se révéler des plus dangereuses. A leur tête se place le duc de Choiseul, le secrétaire d'Etat aux Affaires étrangères, l'homme qui dirigea, en fait, durant de longues années la politique de la France avec l'autorité d'un Premier ministre.

Au cours d'un dîner d'où Saint-Germain était absent, il se

1. Voir « Les grandes figures », *Le comte de Saint-Germain et maître Dumas* (Tome 1).

tourna brusquement vers son épouse en lui demandant pourquoi elle ne buvait pas.

— Parce que le régime sans vin de M. de Saint-Germain me réussit admirablement ! répliqua Mme de Choiseul.

Le duc piqua une violente colère et enjoignit à sa femme de cesser de suivre « les folies d'un homme aussi équivoque ».

— Est-il vrai que le gouvernement ignore l'origine d'un homme qui vit en France sur un pied aussi distingué ? demande alors le bailli de Solar.

— Sans doute que nous le savons ! répliqua Choiseul, avec un air à faire peur...

C'est à ce dîner que s'est nouée l'animosité qui sépare désormais partisans et adversaires du comte. En homme intelligent et retors, Choiseul se garde bien de recourir à un procédé qui eût pu discréditer Saint-Germain auprès du roi, en lui démontrant par exemple qu'il avait mal placé sa confiance. Puisqu'on était en France, il fallait recourir à une arme bien plus redoutable. Et, pour manier cette arme, il engagea Gauwe, un comédien aux dons d'imitateur exceptionnels qui fut chargé de tourner Saint-Germain en ridicule. Grimé et poudré, arborant des faux diamants et prenant à s'y tromper l'accent du comte, l'acteur se répand dans le Marais en racontant les histoires les plus extravagantes.

— Jésus-Christ, disait-il par exemple, je l'ai connu très intimement... C'était le meilleur homme du monde, mais il était romanesque et inconsidéré. Je lui ai souvent prédit qu'il finirait mal !

En entendant de telles sornettes, ses auditeurs ne pouvaient que croire qu'ils avaient affaire à un insolent mystificateur...

Quant aux pouvoirs du comte de donner à d'autres, au moyen d'un élixir, la longévité qui paraissait être la sienne, voici l'histoire qu'ils inspirent au duc, qui la fait partout colporter. A la ville comme à la Cour, on raconte donc qu'une baronne pas mal décatie lui a acheté une fiole de cette eau miraculeuse, qu'elle a serrée dans un placard en recommandant à sa femme de chambre de ne pas y toucher. Pour plus de sûreté, elle la prévient que c'est un remède des plus drastiques... contre la colique. La dame s'en va et voici que dans la nuit la soubrette ressent de violents tiraillements d'intestins. Elle se précipite sur la fiole et en boit une bonne moitié. Comme la liqueur est très claire, elle remplace ce qu'elle a bu par de l'eau et va se coucher sur le canapé de la dame, en proie à une irrésistible envie de dormir. Quand, au petit matin, la maîtresse de maison rentre chez elle et fait appeler ses femmes pour la déshabiller, elle tombe sur une petite fille de trois ou quatre ans étendue sur le canapé et qui suce son pouce en agitant ses petites jambes...

En homme supérieurement intelligent, Saint-Germain se moque de ces rosseries et entre même dans le jeu de ses ennemis.

Un jour qu'il rend visite à Mme de Marchais, il jette en entrant son chapeau et son épée sur un meuble et, se mettant au piano, exécute un morceau qui est très applaudi. On lui demande le nom de l'auteur.

— Je l'ignore ! dit-il gravement. Tout ce que je sais, c'est que j'ai entendu cette marche lors de l'entrée d'Alexandre le Grand dans Babylone !

Louis XV aussi semble indifférent aux histoires charlatanesques qu'on fait courir sur le comte. Il interdit néanmoins qu'on se moque de lui en sa présence et fait la nique aux détracteurs de son protégé en s'enfermant de longues heures avec lui, tandis qu'à sa porte se morfondent les ministres et les quémandeurs.

La haine déclarée de l'homme le plus puissant du royaume ne pourra donc rien contre Saint-Germain. Des années durant, le roi lui confie, outre ses soucis, d'importantes missions secrètes. En Angleterre, il rencontre Walpole et, en Hollande, il traite avec Louis de Brunswick, qui est son ami intime. Dans tous les pays qu'il traverse, il accède aux marches des trônes, avertit ou conseille les souverains, et les plus grands personnages lui marquent des égards. Mais, s'il ne revient en France que pour prophétiser la mort prochaine de Marie-Antoinette sur l'échafaud, c'est bien parce que les attaques de Choiseul, qui rêvait en secret de supplanter le roi, finissent par lui peser trop. Si elles n'ont pas réussi à ternir son image auprès de Louis XV, elles l'auront du moins discrédité aux yeux de la postérité, qui a longtemps cru à la légende de l'imposteur, d'un Saint-Germain maître en fraudes et falsifications...

Dans les dernières années d'un règne qui se termine en débâcle, sa course aventureuse à travers l'Europe est émaillée de disparitions qui durent parfois des années. En 1760, il est en Angleterre et le *London Chronicle* lui consacre un article qui vante ses richesses et l'étendue de ses talents... Quant au secret de sa naissance, affirme l'austère feuille britannique, il ne sera révélé qu'après sa mort et ce secret « étonnera le monde plus encore que les prodiges de sa vie »...

Pour l'heure, le mystère demeure. Et c'est heureux. Car, à l'instant de prophétiser à Paris la mort de Marie-Antoinette sur l'échafaud et de disparaître, le comte de Saint-Germain a dit qu'il ne reviendrait en France que dans quelques générations. Pour la prévenir, avant de mourir pour de vrai, des terribles dangers qui la guetteront. Alors...

RÉPONSES À L'INCRÉDULE

— *Curieuse rencontre que celle de cet aventurier austère, aux pouvoirs surhumains, et de ce prince faible et dépravé...*

— Louis XV n'était certainement pas un roi aussi abominable que les pamphlétaires ont voulu le dire, et peut-être Saint-Germain était-il un peu moins angélique que d'aucuns — dont le roi — ne le croyaient...

— *Comment cela ?*

— Sur Louis XV, tout a fini par être dit. Non seulement il était très intelligent, mais aussi sincèrement désireux d'améliorer le sort du pauvre peuple, que son arrière-grand-père, le Roi-Soleil, avait sérieusement mis à mal... C'est vrai qu'il s'est découragé trop vite, mais c'est vrai aussi qu'il s'est bien ressaisi dans la seconde moitié de son règne. Si elle ne justifie rien, l'opposition permanente du Parlement et du parti des privilégiés à toutes ses réformes explique tout de même beaucoup son échec. Il avait aussi du cœur, rappelez-vous... Il a voulu que le régicide Damiens soit gracié. On lui a objecté, comme toujours, la raison d'Etat. Et c'est aussi parce qu'il était un homme de cœur qu'il s'est si sincèrement attaché au comte de Saint-Germain...

— *Est-ce que celui-ci n'en a pas profité un peu ?*

— Pas d'une manière égoïste, je crois. Il était rose-croix, comme Descartes, Willermoz ou Goethe. Il rêvait, comme tous les rosicruciens de l'époque, d'organiser un gouvernement européen. C'est ce qui explique le zèle qu'il mettait à servir les rois, mais pas pour n'importe quelle besogne. C'est ce qui le distingue par exemple de Casanova, à qui on l'a souvent comparé à tort. Rien à voir avec le séduisant coquin, bateleur, escroc et coureur de jupons. Saint-Germain est au contraire un initié de haut grade, d'une culture immense et incontestablement doué de pouvoirs paranormaux.

— *Qu'est-ce qui vous permet de l'affirmer ?*

— La prédiction qu'il fait, par exemple, de la mort de Marie-Antoinette. Ecoutez... c'est saisissant ! En 1774, il est mis en présence de la reine. Il lui dit sans ménagements que le parti encyclopédiste veut le pouvoir et que bientôt la religion catholique et la magistrature seront abolies... « De sorte qu'il ne restera que la royauté ! réplique la reine avec humeur. — Pas même ! lui dit Saint-Germain. Mais une république dont le sceptre sera la hache du bourreau ! De toutes les parties du royaume surgiront des hommes avides de vengeance. Ils renverseront tout sur leur passage et la guerre civile éclatera avec toutes ses horreurs. On regrettera alors de ne m'avoir pas écouté... »

— *Est-on certain de l'authenticité de cette rencontre ?*

— Nous tenons ce récit d'une des dames de compagnie de la reine, Mme d'Adhémar. Elle est en tout cas conforme à ce que nous savons de Saint-Germain, doué d'intuitions fulgurantes et de connaissances qui lui permettaient d'induire, à partir de données qui n'avaient guère de signification pour ses contemporains, les réalités du lendemain. C'est sans doute cela, l'essence de tout prophétisme...

— *Peut-être aussi avait-il déjà vécu tout cela puisqu'il était immortel !*

— Je n'en sais rien. Mais il est certain qu'une grande culture — et celle de Saint-Germain était vraiment encyclopédique — confère une sorte d'immortalité. Dans la mesure où elle permet de faire revivre des événements que l'on n'a pas connus et d'en tirer les leçons pour les projeter dans l'avenir...

— *Vous fuyez ! Avait-il oui ou non la même figure en 1744 que cinquante ans plus tôt, à Venise ?*

— C'est ce qu'assure Mme de Cergy, ex-ambassadrice de France à Venise et femme d'excellente réputation...

— *Mais vous y croyez, vous ?*

— Je crois que le comte avait, outre une mémoire prodigieuse, la suprême habileté de piquer la curiosité sans la satisfaire. Nul mieux que lui ne savait, comme dit Gleichen, « ouvrir à l'imagination une carrière immense ». En laissant croire un peu et en donnant à voir beaucoup, il devait finir par suggérer encore bien davantage...

— *N'est-ce pas faire prendre des vessies pour des lanternes ?*

— Auprès de Louis XV, qui était tout le contraire d'un gogo, cela lui a réussi pendant vingt ans...

— *Mais a-t-il réellement fait fabriquer des diamants au roi ?*

— Nous n'en avons pas la preuve. Je pense qu'en tant que haut dignitaire rosicrucien il était très riche, et qu'il pouvait ainsi substituer à des pierres d'une certaine valeur d'autres plus précieuses... Dans un but désintéressé toujours, car sincèrement monarchiste, et averti par ses frères rosicruciens de ce qui se préparait en France, il voulait, par ce moyen, entre autres, sauver la royauté malgré le roi. En le distrayant, d'abord pour capter sa confiance et pour l'amener ensuite à faire les réformes indispensables.

— *Et ses élixirs de longue vie ?*

— C'était surtout un moyen de se faire bien voir des femmes...

— *Pour mieux les séduire...*

— Non pas ! On est à peu près sûr que Saint-Germain pratiquait une abstinence sexuelle complète. Cela est confirmé par exemple par une lettre de 1745 d'Horace Walpole, le Premier ministre anglais, qui l'a bien connu. Le comte se servait sûrement de la chasteté pour produire des phénomènes paranormaux, comme font certains saints, qui, par ce moyen, arrivent à entrer en lévitation. Les pouvoirs des gourous de l'Inde, auprès desquels Saint-Germain s'est aussi initié, s'expliquent aussi de cette façon.

S'il a voulu s'approcher des femmes, c'est parce qu'elles sont les intermédiaires obligées vers les trônes où son action politique et morale pouvait se déployer... Pour ce qui est du fameux élixir, il disait d'ailleurs très honnêtement qu'il ne pouvait que retarder un vieillissement inéluctable.

— *Quelle pouvait être la formule de cette eau de jouvence ?*

— Je l'ignore. Mme de Genlis assure qu'il avait trouvé, grâce à ses connaissances approfondies en chimie, « une liqueur appropriée à son tempérament ». Mais cette admiratrice du comte a surtout émis une théorie, très nouvelle pour son temps : elle disait que, « sans ses passions et son intempérance, l'âge de l'homme serait cent ans, et la très longue vie cent cinquante ou cent soixante ans ». Saint-Germain et les gérontologues actuels ne disent pas autre chose. Quant au baron de Gleichen, cet ambassadeur du margrave de Bayreuth qui l'a très bien connu, il décrit le comte « vivant d'un très grand régime, ne buvant jamais en mangeant, et se purgeant avec des follicules de séné. C'est tout ce qu'il conseillait à ses amis qui le questionnaient sur ce qu'il fallait faire pour vivre longtemps ». On voit que, dans le domaine de la discipline de vie, Saint-Germain était également très en avance. Cela lui a permis sûrement de paraître très longtemps moins que son âge. Il avait, en fait, inventé ce que nous appelons la diététique et la biochimie... Deux cents ans avant Niehans ou Mességué...

— *Et il était encore plus riche qu'eux !*

— On a peut-être exagéré la fortune de Saint-Germain... Gleichen surtout, qui, pour Mme du Deffand, avait cette fâcheuse habitude. Il a ainsi laissé croire dans ses *Mémoires* que le comte savait fabriquer des pierres précieuses. Je crois qu'il faut surtout le prendre au sens symbolique de l'alchimie rose-croix...

— *Mais la tache sur le diamant ?*

— Il est plus facile d'enlever une tache sur un diamant que d'en fabriquer un ! Saint-Germain avait des connaissances chimiques très étendues et il est l'auteur d'une bonne vingtaine d'inventions dans le domaine des teintures et des alliages de métaux. Il connaissait les principaux tailleurs de pierres d'Amsterdam. Sans compter qu'en quinze jours il a pu faire l'aller-retour de Hollande pour apporter au roi une pierre qu'il a pu échanger... Je crois surtout que sa fortune, qui était certaine, lui venait de sa confrérie et peut-être aussi de sa famille...

— *Mais puisqu'on ne connaît pas ses origines...*

— Beaucoup de thèses ont, en effet, circulé. On a dit qu'il était le fils d'un médecin juif de Strasbourg, ou d'un marchand de drap de Moscou. D'une princesse qui avait été la maîtresse de Louis XV, aussi. La faveur dont il jouissait auprès de nombreux souverains permet, en effet, de penser qu'il était de noble extraction. C'est la thèse de Paul Chacornac qui me paraît être, à cet égard, la plus probante : Saint-Germain serait issu de la famille princière hongroise des Rákóczi, ennemis déclarés de la maison d'Autriche. Son père serait François II Rákóczi, proscrit en 1711, lors de la paix de Szatmár, qui avait trouvé refuge à la cour de Louis XIV. Un témoin de poids pour accréditer cette version est la comtesse de Genlis, à qui Saint-Germain a livré une partie de la vérité : « A sept ans, a-t-il révélé à la préceptrice des enfants d'Orléans, j'errais au milieu des forêts avec mon gouverneur et ma tête était mise à prix. Ma mère, que je ne devais plus revoir, attacha son portrait à mon bras. » A Mme de Genlis, dont les *Mémoires* sont un précieux témoignage sur la fin de l'Ancien Régime, le comte a montré ce portrait peint sur un bracelet qui ne quittait jamais son poignet...

— *Cela rend-il compte aussi de la confidence qu'il fait à la princesse Amélie ?*

— On a pu établir que la seule famille princière réalisant ces conditions était la lignée masculine des Wittelsbach. Lignée tragique, marquée par la folie, dont un des derniers descendants est Louis II de Bavière, qui se noya dans le lac de Starnberg. Mais cette hypothèse est moins satisfaisante, car, si Saint-Germain avait été un Wittelsbach, on ne voit pas pourquoi il n'aurait fait qu'allusion aux origines de sa mère...

Ce qui est certain, par contre, c'est qu'il était apparenté à la famille de Hesse, et c'est auprès du prince de Hesse-Cassel, petit-fils de George II d'Angleterre, qu'il termine ses jours... provisoirement !

— *Comment les occupait-il, ces jours à la cour de Hesse ?*

— Le prince, qui était un maçon de haut grade, devient son disciple, et ensemble ils se lancent dans la fabrication de teintures, qu'ils produisent dans une manufacture installée sur la Baltique. Des teintures que rien, ni l'acide, ni l'air, ni le soleil, ni la pluie, ne pouvait paraît-il altérer. Le prince de Hesse la dirigea sur les instructions de son maître pendant plus de trente ans, et l'industrie allemande y puisa certaines techniques dont elle est encore aujourd'hui très fière...

— *Rien que de très honorable dans tout cela. Pourquoi alors le comte fait-il tant de mystères ?*

— Parce qu'il en avait fait le serment à ses frères rose-croix et que cela correspondait à la sensibilité d'une époque où, pour accéder auprès des puissants, il ne fallait pas seulement avoir des convictions et des compétences, mais aussi le sens du merveilleux, de l'esprit et des dons de baladin pour les intéresser en les divertissant. Il y a consenti pour réaliser son idéal maçonnique et alchimique. Non pas pour fabriquer de l'or, mais surtout pour étudier les processus de transmutation de la matière, qui, pour les rose-croix, permettraient, s'ils étaient connus, de donner à toute l'humanité « la santé, la richesse, l'omniscience et l'ubiquité ».

Cet idéal, Saint-Germain a été l'un des seuls à le pousser aussi loin, tout en vivant à fond sa propre aventure terrestre et spirituelle.

C'est aussi cela, son immortalité. C'est en tout cas cela que Frédéric II voulait dire, quand il parlait de Saint-Germain : « Cet homme-là, disait le roi de Prusse, qui s'y connaissait en hommes, cet homme-là ne doit pas mourir !... »

SOURCES

Paul CHACORNAC, *Le Comte de Saint-Germain*, Paris, 1947.

Marie-Raymonde DELORME, *Le Comte de Saint-Germain. Ses témoins, sa légende*, CAL, 1973.

Pierre MARIEL, *Les Francs-Maçons*, CAL, 1969.

Pierre MONTLOIN et Jean-Pierre BAYARD, *Les Rose-Croix*, CAL, 1971.

Jean MOURA et Paul LOUVET, *Saint-Germain, le rose-croix immortel*, Gallimard, 1934.

Voici enfin trois cas de nature fort différente qui nous viennent d'Autriche, de Grande-Bretagne et des Etats-Unis. Le premier concerne peut-être un étranger à notre monde, le deuxième un personnage qui aurait franchi la barrière du temps ; quant au troisième, il demeure jusqu'à maintenant une énigme absolue...

L'orphelin de l'Europe

Qu'on vivait bien dans la Bavière de 1830, sous le règne de Louis Ier, roi éclairé et débonnaire ! En attendant, du moins, car, pour l'heure, le souverain n'est pas encore saisi de la manie congénitale des Wittelsbach, bâtisseurs de châteaux fous, mécènes extravagants... Lola Montez la fatidique, qu'il fera baronne de Rosenthal, n'est encore qu'une fillette du nom d'Eliza Gilbert. Un jour, le bruit de ses castagnettes autour de la couche royale agacera tellement les Bavarois qu'ils feront voler le trône de Louis en éclats.

Pour l'heure donc, en ce lundi de Pentecôte 1828, il se fait dans Nuremberg un calme que les joyeux propos de deux bourgeois en goguette n'arrivent certes pas à troubler. Ce sont deux cordonniers qui rentrent chez eux, la tête enluminée par les nombreux pots de bière qu'ils ont vu défiler. Au moment précis où la cloche de la vieille cathédrale gothique finit d'égrener cinq coups, les deux compères s'arrêtent tout interdits. Devant eux, appuyée contre une maison déjà obscurcie par l'ombre double des tours de la cathédrale, ils distinguent une créature bien étrange. L'un des deux, Weichmann, se demande tout d'abord s'il ne s'agit pas d'un vieux mannequin qu'un fripier a posé là pour se signaler à la pratique. L'autre,

Beck, qui rase un peu moins les murailles, emboîte le pas du personnage, qui se traîne maintenant devant eux avec les marques de la plus extrême lassitude. Il arrive à sa hauteur et voit un jeune homme de quinze ans environ, tout crotté, les cheveux hirsutes sous son vieux chapeau plat, et portant de vrais habits d'épouvantail. Quand il aperçoit les deux hommes, celui-ci sursaute et tourne vers eux un visage hébété. Emu, autant par la bière que par ce spectacle, Beck lui demande s'il est malade et d'où il vient. Pour toute réponse, il recueille un soupir douloureux. Il faut que Beck le secoue par le bras pour que l'inconnu s'avise de fouiller maladroitement dans ses poches. Il en sort une lettre fripée qu'il tend à Weichmann. Elle est adressée au capitaine von Wessnich, commandant le 4e escadron de chevau-légers, à Nuremberg.

— Le capitaine est-il de ta famille ? demande Beck.

Le garçon répond par un grognement inarticulé.

— Nous voilà bien ! marmonne Weichmann, qui commence à trouver cette rencontre bien embarrassante.

— Nous ne pouvons pourtant pas le laisser là ! réplique Beck, qui propose de le conduire au domicile de l'officier.

Seule la femme du capitaine est au logis. Une brave femme, au demeurant, puisqu'elle réconforte l'enfant, le fait asseoir sur une chaise, tout en lui posant à son tour toutes sortes de questions...

— *Reita möcht ich Wähn*, répond-il inlassablement, en un allemand si altéré que la femme met longtemps à comprendre que cela signifie : « Je veux devenir un cavalier. »

Elle renonce à le questionner, tant il paraît fatigué, et lui présente un morceau de *Braten* (de rôti), accompagné d'un verre de bière. L'adolescent détourne la tête avec dégoût. Il accepte en revanche du pain sec et avale plusieurs verres d'eau.

Visiblement, c'est surtout de sommeil qu'il a besoin et Mme von Wessnich se résout à le faire conduire à l'écurie. L'enfant se laisse tomber dans la paille et s'endort aussitôt, profondément.

Le capitaine rentre bientôt après et prend connaissance de la lettre, qui dit ceci :

« Honoré capitaine, je vous envoie un garçon qui désire

servir le roi dans l'armée. Il fut laissé à ma maison le 7 octobre 1812. Je ne suis qu'un journalier. J'ai dix enfants à moi ; j'ai assez à faire pour les élever. La mère m'a abandonné cet enfant. Mais je ne sais pas qui elle était et je n'ai pas prévenu la police ; je l'ai élevé en chrétien. Depuis 1812, il n'est pas sorti de la maison. Personne ne sait où il a été élevé et lui-même ne sait pas le nom de la ville, ni où est ma maison ; vous pouvez le questionner là-dessus autant que vous voudrez, il ne pourra rien vous répondre. Je lui ai appris un peu à lire et à écrire, et quand on lui demande ce qu'il veut faire il dit qu'il veut être soldat, comme son père. Je l'ai conduit jusqu'à Neumarkt ; il faut qu'il fasse le reste du chemin tout seul.

» Bon capitaine, ne le battez pas pour lui faire dire d'où il est venu, puisqu'il l'ignore. Je l'ai emporté dans la nuit, et il ne pourra jamais retrouver le chemin. Si vous ne voulez pas le garder, vous pouvez le tuer ou le pendre dans votre cheminée. »

Un billet écrit sur le même type de papier provient, est-il dit, de la mère de l'enfant et indique :

« Le petit a été baptisé sous le nom de Kaspar [Gaspard]. Donnez-lui un nom de famille et daignez prendre soin de lui, vous qui le trouverez. Quand il aura dix-sept ans, envoyez-le à Nuremberg, au 6e régiment de cavalerie, son père y était soldat. Il est né le 30 avril 1812. Je suis une malheureuse fille et ne peux le garder. Son père est mort. »

Ces lettres, écrites en plus de la même main, qui a tenté de travestir grossièrement l'écriture, sentent le faux. Le capitaine, qui ne veut pas se faire gruger, va secouer le dormeur au collet. Voici notre vagabond au poste de police où on l'assaille à nouveau de questions. Une nouvelle fois, il redit sa litanie, puis rentre la tête dans son habit démesuré, avec un air d'infinie détresse. Il est si pitoyable que les fonctionnaires vont renoncer à le tourmenter davantage. L'un d'eux lui glisse toutefois un crayon entre les mains. Il s'attire les moqueries de ses collègues qui lui font valoir que ce misérable enfant ne saurait écrire puisqu'il ne sait pas même parler !... On avisera demain ! Qu'on le mette pour la nuit dans une tour de la ville et qu'il dorme, le pauvre chien !

Mais, dès qu'il voit le crayon, l'adolescent paraît ravi. Il s'en empare et écrit avec lenteur et application ces deux mots : Kaspar Hauser. C'est sans doute son nom, se disent les policiers, qui remarquent que si les caractères sont maladroits, comme ceux que tracent les enfants de la maternelle, le nom est parfaitement orthographié. Malheureusement, là s'arrête la science de Kaspar et, quand on lui demande d'écrire aussi d'où il vient, il bredouille lamentablement.

Quelle allure a Kaspar Hauser, au physique ? Il est plutôt grand, il a la peau fine, le teint clair, les yeux très bleus et ses cheveux sont si blonds qu'ils en paraissent cendrés. Il a surtout dans l'allure quelque chose de perplexe, d'hésitant, de contraint, comme s'il venait de tomber à l'instant d'une autre planète...

Les jours suivants, à mesure qu'il se fait à la chambrette qu'on lui a aménagée dans la tour de l'ouest, ses souvenirs lui reviennent.

Et ces souvenirs sont tout à fait stupéfiants.

Si loin qu'ils remontent, ils ne lui rappellent que l'odeur froide d'une geôle souterraine éclairée par un soupirail inaccessible. Il croit porter encore la culotte de cuir humide qu'on ne lui change jamais, sentir la paille de son bat-flanc dont la rudesse, à travers une simple chemise écrue, lui a sans doute voûté définitivement le dos. Un bassin, au pied de son lit, mystérieusement vidé la nuit, une cruche d'eau et un morceau de pain sont les seuls repères familiers de ce troglodyte. Et puis il y a l'« Homme noir », comme il dit, l'argus de son antre, moitié bourreau, moitié instituteur, dont il parle avec effroi et qui, dans les dernières semaines de sa réclusion, lui a appris à écrire son nom et à ânonner : « Je voudrais devenir un cavalier. » Quelques jours avant sa libération, il lui a aussi appris à marcher, en le poussant et en le portant dans son caveau.

Le lundi de Pentecôte, enfin, après lui avoir fait traverser une vaste forêt des environs de Nuremberg, le soutenant quand il est trop fatigué, l'« Homme noir » lui a indiqué, dans le lointain, les tours de la ville.

— Va vers ce grand village, a-t-il dit, avant de disparaître dans les fourrés.

Quelques heures plus tard, Kaspar devait tomber sur les deux cordonniers.

Quel est, maintenant, le sort que firent à cette histoire extraordinaire, romanesque, les bonnes gens de Nuremberg ?

La plupart furent convaincus de sa véracité, à cause de l'impression de franchise totale que son héros savait communiquer.

Très peu de ceux qui défilèrent durant les premiers mois dans sa chambre, afin de le contempler à la manière d'un phénomène de foire pour tenter de le reconnaître, doutèrent devant ces yeux limpides, cet air foncièrement candide.

On dota le jeune homme d'une sorte de précepteur, l'excellent professeur Daumer, chez lequel il fut bientôt placé, et le bourgmestre de la ville, M. Binder, s'employa avec une grande générosité à faciliter tout ce qui pouvait contribuer au retour de Kaspar dans la société des hommes. Il avait sa thèse sur l'enfant, assurant qu'il avait été victime d'un enlèvement, et il avait lancé, *urbi et orbi*, des avis pour recueillir les informations de tous ceux qui auraient eu connaissance d'un enlèvement d'enfant entre les années 1810 et 1814.

Il reçut une pluie de lettres, de dépêches, de témoignages, qui en suscitèrent beaucoup d'autres. Les progrès de Kaspar, qui parlait maintenant couramment et touchait même joliment le clavecin, exaspéraient l'intérêt du monde savant et du grand monde, lequel épluchait le gotha à la recherche d'un émule de Louis XVII qui aurait pu être « l'orphelin de l'Europe ». C'est ainsi que l'appelaient à présent les journalistes et les échotiers du vieux continent.

Car, avec les conclusions favorables de Feuerbach, président de la Cour royale de justice et le plus éminent criminologue de son temps, la requête aussi d'un grand aristocrate anglais, lord Stanhope, qui veut emmener Kaspar en Angleterre pour lui donner une éducation princière, ce sont maintenant, à travers l'Europe, les innombrables abonnés des gazettes que l'histoire de Kaspar Hauser bouleverse.

Deux ans se passent ainsi, que le monde civilisé d'alors utilise à broder sur le mythe du bon sauvage, incarné par Kaspar.

Les habitants de Nuremberg se sont peu à peu habitués à la présence du jeune homme. C'est un modèle de jeune homme, à la fois discret, affable et plutôt solitaire. Ses journées se passent en promenades à l'orangerie de la ville, en conversations philosophiques avec le pasteur Fuhrmann, en lectures diverses, grâce auxquelles il reconstitue avidement ce monde qui lui a si longtemps manqué.

Et puis, un soir, lui si ponctuel, se fait attendre pour le dîner.

L'angoisse s'empare de son tuteur, qui se met à sa recherche dans le jardin et les rues avoisinantes. On le découvre enfin, affalé sur les dernières marches de la cave. Il porte une large blessure au front.

Alors qu'on le transporte sur un lit, il revient à lui et murmure :

— L'Homme noir... l'Homme noir... le ramoneur...

Kaspar a été agressé par un homme mystérieux, vêtu d'une cape noire. Il a vu sa figure en noir aussi et c'est pourquoi il a cru reconnaître un ramoneur.

— Il va falloir mourir ! a lancé l'« Homme noir » au jeune homme avant de frapper.

La nouvelle de l'attentat se répand dans Nuremberg, et de proche en proche dans tout le royaume.

Quelle émotion ! Le président Feuerbach exulte et, devant l'ampleur de la controverse, Louis Ier lui-même ordonne une enquête, avec cinq cents florins de récompense « à qui fournira une révélation, un simple indice ».

La blessure de Kaspar n'était pas très grave. Certains en concluent qu'il n'était qu'un simulateur...

Pourquoi cet intérêt, toutefois, du roi lui-même, pour une affaire, au fond, de simple police ?

Certes, il y avait la rumeur autour d'un fait divers exceptionnel, et qui débordait au-delà des frontières de la Bavière.

Il y avait aussi les racontars et même la thèse, solidement argumentée maintenant, de l'origine princière de Kaspar. Le grand Feuerbach est le plus zélé défenseur de cette thèse, que l'agression de l'« Homme noir » permet d'établir, selon lui, plus solidement que jamais...

Stéphanie de Beauharnais vient au monde alors qu'à Paris s'effondrent les murs de la Bastille. Fille d'un cousin germain du général de Beauharnais, premier mari de l'impératrice Joséphine, sa première enfance est faite de fuites et de privations.

Quand Napoléon, à la veille de monter sur le trône, apprend l'existence de cette cousine qui vit obscurément, il s'indigne et décide de l'adopter comme sa fille.

Bientôt la voici altesse, ayant rang sur toutes les autres princesses, et même sur les sœurs de Napoléon. C'est que l'Empereur, mettant en place une politique matrimoniale qui a si bien réussi à d'autres souverains, entend la voir épouser le prince héritier de Bade.

Il veut si fort l'asseoir sur ce trône que, lorsque ses nièces font à la jeune fille des misères à propos de l'étiquette, il l'installe sur ses genoux en disant devant l'entourage :

— Viens ! Personne ne te fera lever de là !...

Quelle déception lorsque le fiancé paraît à la cour !

Charles-Louis de Bade a une figure plutôt ingrate et, en plus, il n'est pas du tout à la mode.

Avec ses poudres et sa longue perruque à marteaux, il a l'air d'un réchappé de l'Ancien Régime. Et triste avec ça, comme un carme déchaussé !

Il consent à se faire couper les cheveux comme les hussards de Napoléon. Stéphanie le trouve encore plus laid.

Le mariage se déroule avec une pompe qui doit surpasser, dit l'Empereur, celle des rois, et bientôt la jolie Stéphanie fait son entrée dans le palais grand-ducal de Karlsruhe — quatre cents chambres alignées sous la lugubre tour de Plomb, un Versailles du pauvre, avec moins de confort encore — et que d'intrigues !...

Stéphanie passe son temps à éviter les chausse-trapes de ses ennemis et à faire des enfants au brave Charles-Louis, qui l'adore.

Cinq enfants en tout, trois filles d'une santé merveilleuse et deux fils... qui meurent en bas âge...

Au château, c'est la femme du grand-duc Charles-Frédéric qui commande. Quand Stéphanie entre dans cette famille, le grand-duc a soixante-dix-huit ans. Louise Geyer, son épouse morganatique, qu'il a titrée comtesse de Hochberg, lui a donné trois fils qui ne peuvent pas lui succéder.

Mais la Hochberg, comme on l'appelle, est follement cupide et ambitieuse. Napoléon n'est pas encore à Sainte-Hélène qu'elle obtient la légitimation de ses fils. Charles-Louis, qui est un mou, laisse faire...

Les Badois, qui n'aiment pas l'orgueilleuse roturière, se posent des questions. Ce petit prince né en 1812, une vraie force de la nature, et que Stéphanie a mis au monde au prix de mille douleurs, pourquoi est-il mort si brusquement ? Tout comme le second fils, quatre ans plus tard, qui était tout aussi vigoureux ?...

Pour Kaspar, l'attentat de 1830 a sonné la fin de la tranquillité. Passe encore que la municipalité de Nuremberg l'entretienne à ne rien faire, mais si, maintenant, il devient l'homme par qui le scandale arrive !

L'étrange Stanhope, qui est en fait un inverti notoire, refuse de le recevoir. On le confie pour parfaire son instruction à un certain Meyer, un instituteur brutal et méfiant qui le tient pour un imposteur.

Son protecteur le plus constant, Feuerbach, meurt, le laissant désespéré.

Le 14 décembre 1833, la neige est tombée en abondance sur la ville. Comme tous les jours, Kaspar est allé faire sa promenade, en compagnie, cet après-midi-là, du pasteur Fuhrmann, qu'il quitte en disant qu'il a rendez-vous avec une dame.

Une demi-heure plus tard, il se présente devant Meyer, pâle, défait, parlant avec peine. Une tache de sang s'élargit sur sa chemise.

Il dit à son hôte qu'un homme lui a donné rendez-vous dans le parc à la tombée de la nuit, pour lui remettre des pièces décisives sur son origine.

L'inconnu était vêtu d'une longue pèlerine et d'un chapeau

haut de forme. Il lui a tendu une bourse bleue qu'il a laissé tomber. Au moment où Kaspar se baissait pour la ramasser, l'homme l'a frappé d'un coup de poignard et s'est enfui.

Autour du lit de Kaspar, quelques rares personnes défilent. On l'adjure de dire la vérité.

— Si seulement je savais qui m'a fait du mal ! souffle-t-il, je vous le dirais bien volontiers ! Vous croyez que c'est moi-même qui me suis porté le coup ? Ah ! bientôt vous penserez autrement !

Le surlendemain soir, il se dresse sur son lit et crie d'une voix déchirante :

— Mère ! Mère !... Viens !

Quelques instants plus tard, il se calme et murmure :

— Je suis fatigué, très fatigué. J'ai pourtant un si grand chemin à faire...

Il ferme les yeux. On croit qu'il s'endort. Il est mort...

A l'endroit où il fut assassiné, s'élève encore aujourd'hui un monument sur lequel est gravée la formule suivante :

« Ici un inconnu fut tué par un inconnu. »

Un inconnu ? Peut-être. Un grand méconnu, surtout, un des plus grands de ceux qui passèrent sur cette terre sans être reconnus...

RÉPONSES À L'INCRÉDULE

— *Deux inconnus pour une histoire déjà si complexe, c'est beaucoup !*

— C'est aussi ce que se disaient au départ les auteurs des centaines d'études qui ont été consacrées à Kaspar Hauser.

Parmi les plus sérieuses, les plus récentes ou les plus imaginatives, on peut citer celles de Jean Mistler, de Jacob Wassermann, de Fritz Klee, ou les articles d'Alain Decaux et l'admirable film de Werner Herzog.

Elles optent pour des thèses souvent contradictoires, la première voulant que Kaspar fût un imposteur. A mon avis, un imposteur de seize ans qui arrive à donner le change durant cinq ans, alors qu'il est soumis aux examens médicaux et policiers les plus approfondis, cela ne tient pas.

— *Sauf, peut-être, si c'est un cas de simulation pathologique ou d'hystérie ?*

— De l'avis de la médecine du temps comme de nos psychanalystes actuels, Kaspar n'a rien d'un fou, cliniquement parlant. Sa vie n'est marquée d'aucun acte de déséquilibre. C'est un être foncièrement pacifique, uniquement préoccupé d'apprendre et de connaître aussi, c'est vrai, l'explication de ses origines...

— *Alors, quelles sont-elles ?*

— Le mystère n'a jamais été levé à la satisfaction de tous. Tant s'en faut.

Il est certain, cela a pu être prouvé, qu'il n'était pas, comme on l'a dit un moment, le fils de Napoléon...

— *Mais de Stéphanie ?...*

— Cela pourraît paraître plus plausible. Il y a de fortes présomptions en faveur de l'hypothèse d'un empoisonnement de ses deux enfants mâles, sur l'ordre de la Hochberg. Ou plutôt la substitution dans son berceau, en 1812, du fils de Charles et de Stéphanie par le cadavre d'un enfant de basse naissance, qu'on a même cru pouvoir identifier.

Le petit prince aurait été emmené à Beuggen, dans le sud du grand-duché, où il fut d'abord bien traité. En 1819, quand un des fils du grand-duc monte sur le trône, la condition de l'enfant aurait changé complètement. La Hochberg a obtenu du nouveau souverain, dont elle est la maîtresse, la promesse qu'il ne se marierait jamais et que, pour ses fils à elle, la voie du trône resterait ouverte.

Kaspar devenait dès lors un objet de chantage, dirigé contre le grand-duc, si celui-ci venait à oublier sa promesse. La surveillance autour de l'enfant se resserra alors, et il fut finalement placé sous la surveillance d'un certain Richter, gardien du château dont Kaspar occupait une soupente. Par crainte de le voir s'enfuir, Richter l'enferma, mais durant quelques semaines seulement, dans un cachot. Terrifié par sa responsabilité, Richter s'en serait finalement débarrassé de la manière que l'on sait.

L'ennui, c'est que cette thèse repose sur une série d'hypothèses... dont certaines sont plus que hasardeuses.

— Alors, quelle est votre explication ? Je veux dire... la bonne, bien sûr !

— Toutes celles qui ont été données ne font pas la part assez belle, je crois, à l'attitude de Kaspar au moment où on le découvre à Nuremberg. Tous les témoignages s'accordent à dire que c'est un être totalement désorienté, d'une virginité totale de l'intelligence, de la sensibilité, du comportement même...

Il n'a aucune maîtrise du langage, aucune expérience des objets les plus courants, et, pourtant, il ne lui faut que quelques mois pour apprendre à lire, à parler, à jouer de la musique. La science la plus actuelle prouve qu'un être maintenu jusqu'à sa seizième année dans cet état de friche est condamné à l'idiotie définitive. Il n'est pas non plus resté dans un cachot ou une soupente, car il y serait mort rapidement.

Je pense donc que le cerveau de Kaspar était déjà tout « monté », tout « programmé », comme on dirait aujourd'hui. Qu'il a suffi de donner une pichenette initiale pour que cette intelligence, catapultée parmi les hommes, se mette à fonctionner et à réaliser les performances d'un adulte d'une intelligence supérieure à la normale...

Kaspar n'était pas un simulateur et il ne s'est pas suicidé. Il était plus vraisemblablement le produit d'un savant fou, un golem, un de ces robots à qui l'on donne temporairement la vie en leur attachant au front un verset de la Bible. Un être venu d'ailleurs, en tout cas, ce qui est confirmé aussi par les premiers examens médicaux.

Les médecins ont été effarés de constater que sa peau était celle d'une toute jeune fille et que celle de la plante des pieds était si douce et si lisse que Kaspar a vraiment dû faire à Nuremberg ses premiers pas d'« humain ».

— *Mais sa mort, alors ?*

— Ce qui l'a tué, c'est l'incompréhension des hommes, l'insurmontable paresse de leur cœur. Il est certain que Kaspar dérangeait, qu'il était un être différent, totalement inintelligible à ses semblables.

Il en faut moins pour que la première pierre soit lancée !...

C'est, comme souvent, un poète qui a eu le mieux l'intuition de ce qu'était Kaspar Hauser. Verlaine, dans la ballade qu'il lui a dédiée, lui fait dire :

Je suis venu, calme orphelin
Riche de mes seuls yeux tranquilles
Vers les hommes des grandes villes...
Suis-je né trop tôt ou trop tard ?
Qu'est-ce que je fais en ce monde ?
Oh ! Vous tous, ma peine est profonde
Priez pour le pauvre Gaspard !

— *Si maintenant vous appelez la poésie à la rescousse !...*

— Elle est de plus en plus indispensable au savoir objectif, comme en témoigne ce qui se passe dans les plus grands instituts de technologie américains, qui emploient des poètes pour contribuer à l'explication et à la représentation de certains phénomènes encore incompris.

Mais si vous voulez un dernier argument, totalement rationnel, celui-là, sachez que les médecins légistes qui ont pratiqué l'autopsie de Kaspar ont découvert qu'il n'avait pas un cœur humain. Ou plutôt qu'il avait... un cœur totalement inversé, quant à la place et au flux circulatoire !...

SOURCES

Alain DECAUX, *De l'Atlantique à Meyerling*, Trévise.
Jacob WASSERMANN, *Gaspard Hauser*, Grasset.

Le Prince blanc

La petite bourgade de Montmeyran, dans la Drôme, n'a jamais connu dans son histoire pareille affluence. En sa sacristie, monsieur le curé, qui est en train de passer sa chasuble, vous dirait que nous sommes le premier vendredi après l'octave du Saint-Sacrement et que c'est donc le Sacré Cœur de Jésus qu'on adore aujourd'hui. Dévotion, certes, au goût du jour, puisque cette année la moitié des fidèles n'ont pas trouvé place dans l'église, dont les confessionnaux mêmes ont été pris d'assaut...

Mais est-ce bien cette solennité seulement qui a poussé vers ici cette foule venue de Valence et même de Lyon ? Même si, en ce début de l'été 1943, la moitié des femmes de France portent en médaillon le cœur du Crucifié qui doit sauver le pays en lambeaux ?

Quand l'office se termine, c'est une procession considérable qui se dirige vers un calvaire situé sous une ruine du château fort. Devant la croix, on a élevé une petite estrade recouverte d'un tapis rouge. Un tout jeune homme, au teint pâle et à la beauté singulière, y monte. Sur une chemise bleu ciel, il porte un rochet de lin blanc qui lui tombe jusqu'à mi-cuisse et le fait ressembler à un de ces croisés qui sont partis d'ici pour la Terre sainte, voici plus de mille ans. L'illusion se renforce quand on lui tend un lourd étendard blanc, fleurdelisé dans un coin. En son milieu, le cœur couleur sang, percé de flèches et surmonté de la croix...

Lentement, le jeune homme élève l'emblème au bout de son bras gauche, pour le rendre bien visible à la foule, puis, insensible au soleil et à la fatigue, il le maintient ainsi pendant plus d'une heure, le visage et le torse ruisselant, sous l'effort, d'une sueur d'agonie. Aux fidèles qui défilent, il impose sa main droite et donne à baiser le drapeau. Les premiers à s'agenouiller sont de tout jeunes gens, des garçons uniquement, fils de notables des environs. Tout à l'heure, ils se réuniront à la sacristie pour s'enrôler et devenir « chevaliers croisés », faisant vœu de célibat et jurant sur le missel qu'ils ne retourneront pas dans leurs familles ni ne prendront femme avant que le Prince blanc ne soit rétabli sur le trône de France...

Le Prince blanc ? On aura deviné, peut-être, qu'il s'agit du jeune homme qui vient d'officier avec son drapeau orné du Sacré Cœur de Jésus. Et quel est le but de la croisade qu'il prêche dans la vallée du Rhône, avec un succès qui tous les jours grandit ? Peu de chose, à vrai dire, et rien que de légitime : bouter sans retard les Allemands hors de France et s'asseoir sur le trône de ses aïeux, Saint Louis et Charles V, qui fut le dernier des Anjou...

Cette prétention peu banale pourrait prêter à rire. Mais souvenons-nous... Quelques jours avant cette étrange célébration, Jean Moulin, trahi, a été arrêté à Caluire, près de Lyon. Partout la répression s'accentue, les fourgons n'en finissent pas de déverser les résistants vers « la nuit et le brouillard » et, quelques mois plus tard, sept cents patriotes seront fauchés sur les pentes du Vercors voisin. C'est donc une France désespérée qui tente de discerner sur la bannière blanche la fin de sa nuit...

Quelques jours plus tard, c'est dans l'antique cathédrale romane de Valence, consacrée par Urbain II, qui prêcha la première croisade, que se rassemblent les chevaliers du Prince blanc. Leur chef est au milieu d'eux pour une neuvaine qui doit durer toute la nuit. Pendant des heures, il reste à genoux sur les dalles de marbre, indifférent aux souffrances que cette posture inflige, priant encore, bien droit et immobile, alors que les plus courageux de ses compagnons se sont laissés aller, à bout de forces, sur le banc d'œuvre... Ce soir, il a annoncé une grande journée de mission qui doit culminer avec un office solennel dans la cathédrale Saint-Apollinaire, en présence de l'évêque de Valence...

A quelques jours de là, la cathédrale est comble. Sans doute parce qu'on ne rencontre jamais plus de dévots qu'aux temps de détresse, mais aussi parce que tout Valence sait que le Prince sera présent. Le voici, ce prince, assis, dans les stalles du chœur, parmi les officiants, tout à côté de l'évêque, Mgr Pic. A l'instant où, l'offertoire terminé, les fidèles s'asseyent, il se lève et, revêtu de son blanc surplis, s'avance vers la chaire. A l'évidence, cela n'était pas prévu, car on voit l'évêque se tourner vers ses assesseurs et leur parler à l'oreille. Le Prince blanc, lui, monte posément les marches qui, au centre de la nef, permettent au prédicateur de dominer l'assistance. Un instant, son regard bleu vogue avec tendresse sur l'assemblée, puis il se penche en avant et saisit avec force le rebord de la chaire. D'une voix claire et sonore, il commence à prononcer une sorte d'allocution. Avec une telle aisance qu'on se demande d'abord s'il n'est pas en train de débiter un texte appris par cœur. Mais le ton, l'élégance et la rigueur de son propos, qu'il souligne de gestes justes et expressifs, indiquent bientôt que c'est un orateur-né qui vient ainsi de s'emparer de la chaire — ce que savent déjà tous ceux qui ont eu le loisir de l'entendre... Mgr Pic ne l'entend pas, lui, de cette oreille : on le voit quitter précipitamment son prie-Dieu et se diriger vers la sacristie...

Et ce prêcheur inspiré, ce foudre d'éloquence qui n'a guère plus de vingt ans, que dit-il à ses auditeurs médusés ? Après avoir placé la France sous la protection de Michel, son saint patron, il assure que Dieu n'est pas insensible aux souffrances de la fille aînée de l'Eglise. Que clercs et laïcs, quelle que soit leur manière d'interpréter la musique des cieux, doivent maintenant donner au Bon Dieu un sacré coup d'épaule...

— Déjà le trône de l'Antéchrist tressaille ! l'entend dire Mgr Pic, qui vient de retourner à sa place.

Puis, le doigt levé, tel saint Bernard appelant à courir sus aux infidèles, il annonce que la Vierge lui est apparue et qu'elle apparaîtra encore prochainement à Montvendre, pour annoncer... le jour du débarquement des Alliés ! Du coup, l'évêque se relève et reste debout, à chiffonner anxieusement son étole. Il n'est pas au terme de son épreuve. Avec des mots d'une grande élévation, celui que toute la région appelle maintenant le Prince ou le Roi blanc continue de parler d'une

France bientôt libérée et placée sous la protection d'une monarchie très chrétienne...

Trop fascinée par l'extraordinaire talent oratoire du jeune homme, l'assistance n'a pas vu Mgr Pic s'approcher de la chaire accompagné de deux prêtres... Mais c'est la péroraison et, après un instant d'intense recueillement et de silence, la foule voit l'orateur redescendre et se diriger vers la sacristie escorté des trois ecclésiastiques...

C'est, bien sûr, la crainte des représailles allemandes qui a conduit le prélat à faire expulser le prophète par la plus petite porte de la cathédrale, lui assurant ainsi une popularité encore plus grande. Mais, à partir de ce jour, les autorités commencent à rechercher ses origines et les étapes de sa notoriété. On s'aperçoit que nul jamais n'a réussi à lui faire dire le lieu et la date de sa naissance. Ses lieutenants croient savoir que son père s'appelle Millet, encore que, parlant de ses parents, il se contente de dire : « Ma mère est de noblesse, elle se nomme Placida de Barueté et elle m'a donné le prénom de Léon parce que mon saint patron est celui qui a su arrêter Attila ! » Certains pensent que les Millet viennent de Lorraine ou du Territoire de Belfort. Mais les autorités qui enquêtent sur place ne peuvent retrouver le plus petit indice sur les registres d'état civil. On croit savoir toutefois que la famille du Prince blanc s'est repliée à Lourdes en 1940 et que celui-ci a passé alors beaucoup de temps dans la grotte miraculeuse. Qu'il y a rencontré un prêtre, le R.P. Michel Collin, à qui une révélation du ciel a donné l'ordre de fonder la croisade du Rosaire et du Magnificat.

Le futur Prince blanc sera un des premiers à s'enrôler dans les Croisés des temps nouveaux, dont le chef est donc l'abbé Collin. Celui-ci emmène sa petite association à Romans, où Mgr Pic, impressionné par la qualité de sa foi, met à sa disposition les locaux paroissiaux de Sainte-Croix de Romans. Sur place campent déjà les sœurs de Niederbronn, elles aussi évacuées, et chaque soir s'organisent dans la chapelle de la communauté des prières publiques.

Un soir de novembre 1940, alors que le petit noyau de fidèles entame le Miserere, on voit des larmes jaillir des yeux d'une Sainte-Vierge en albâtre. Léon est le plus bouleversé, et le père Collin observe que, de ce jour, ses qualités d'initié et de prosélyte vont s'affirmer. Si rapidement qu'il songe à en faire le chef de la croisade qui va se mettre en place.

Quelques mois se passent et voici Léon Millet devenu, dans l'ordre des Croisés des temps nouveaux, frère Marie Bernard, de sang royal. A Lyon, ville depuis toujours vouée aux mystères et où l'illuminisme flambe périodiquement entre Saône et Rhône, on murmure que c'est le pape Pie XII en personne qui l'a promu à la singulière dignité de « lieutenant du Sacré Cœur au royaume de France ».

Tout au long de l'année 1942, le parti du « Roi blanc », comme disent certains, fort de moins d'une dizaine d'affidés au départ, se développe et recrute, porté encore par le père Collin, qui pèlerine, infatigablement, de paroisse en paroisse, un lourd chapelet d'argent à la main. Mais les petites foules qu'il aborde dans les arrière-salles des patronages ou dans les presbytères lui parlent surtout du Prince blanc et, lorsque celui-ci paraît, avec un art déjà consommé de l'effet, elles le suivent, galvanisées, jusqu'au bourg voisin où la rumeur a déjà rassemblé un peu plus de monde encore.

Au lendemain de l'appel quasi insurrectionnel qu'il a lancé dans la cathédrale de Valence et qui a tant effrayé Mgr Pic, voici que le Prince est connu comme le loup blanc, si l'on peut dire, dans trois départements du Rhône au moins. Or, voyez le mystère... Alors que sa volonté de sacrifice et sa vocation de sauveur de la France s'affirment chaque jour, les moyens, soudain, paraissent lui manquer pour accomplir sa mission. Le cardinal Gerlier, à qui on a demandé de le recevoir, se dérobe, et ce sont des ministres de Vichy, tel Jean Chevalier, qui s'intéressent à lui et lui assurent, à défaut d'aide, une longue immunité.

En mars 1944, il n'est question dans la région que des apparitions virginales de Montvendre, qu'il a prophétisées après un pèlerinage à La Salette et qui sont suivies de telles manifestations que la milice fait une rafle monstre, dans laquelle il tombe avec ses plus proches dignitaires. Au nombre de cinq, on les enferme à Valence entre les quatre hauts murs de la prison. Quand on ouvre leur cellule, le lendemain, devant le chef de la milice locale, aux fins d'interrogatoire, ils ont inexplicablement disparu. On retrouve leur trace quelques jours plus tard dans une propriété appartenant à Mme de Champollon, qui les héberge et leur assure un temps l'incognito. Prière, ascèse, macérations et magie blanche antihitlérienne les occupent quelques jours, mais l'illuminé ne tient pas en place et va bientôt frapper à la porte du couvent de la Compassion, à Lyon. C'est un haut lieu de la Résistance lyonnaise, dont la supérieure, la mère Elisabeth Rivet, mourra en déportation après avoir été affreusement torturée. Le Prince est également devenu l'homme à abattre pour la Gestapo, mais cela ne l'empêche pas d'aller et de venir entre la demeure de Mme de Champollon, le couvent et les nombreux points de rassemblement, désormais clandestins, qu'il dessert pour des fidèles qui voient dans chaque jour qui passe se rapprocher celui où les clés du royaume lui seront remises avec la couronne.

Mais l'année 1944 s'avance, et Lyon est libéré avant l'automne. Là où miliciens et gestapistes auront échoué pendant trente mois, les FTP de Charles Tillon réussissent au lendemain même de l'entrée des Américains dans la ville. Ils arrêtent le Prince blanc et l'enferment dans une geôle souterraine à Font-de-Français, bien décidés à le raccourcir assez pour qu'aucune couronne jamais ne puisse plus lui seoir. Il y reste trois jours, jusqu'à la fête de Notre-Dame de la Merci, patronne des chrétiens captifs. Quand le chef local des FTP, cette fois, veut le faire tirer de son blockhaus, on s'aperçoit que celui-ci est absolument vide, comme si les murs de fer et de béton s'étaient imbibés de la substance du Prince. Ses amis apprennent qu'il a repris consistance humaine chez le général Marette, qui lui a offert l'asile. Il y annonce, tout d'abord, qu'il rompt avec le père Collin, et, alors que sa popularité est au plus haut, que des milliers de ses fidèles espèrent que le rêve de restauration qu'il a si brillamment incarné va passer dans les faits, il disparaît. Comment faut-il l'entendre ? Au sens le plus matériel et le plus définitif du mot...

Jusqu'en 1950, ses adeptes feront tout pour retrouver sa

trace. Cette année-là, ils apprennent que le Prince habiterait Rome, où il exercerait la profession de... chauffeur de taxi ! Une délégation se précipite et, profitant de l'année sainte, mobilise les autorités religieuses et les pèlerins français. La nouvelle leur parvient qu'il est en fait dans le Midi, chez une amie de Mme de Champollon, où il s'est fait accompagner par une carmélite romaine. Quand on arrive chez cette dame, seule la religieuse est encore présente. Elle refuse de dire pour quelle destination le Prince est reparti, et quelles sont ses activités dans la Ville éternelle. Avant de prendre congé, elle consent toutefois à donner l'adresse de son couvent romain, où il arrive que le Prince se manifeste. Ses anciens compagnons retournent alors en Italie et se rendent à l'adresse indiquée. Ils apprennent qu'il y avait bien là un couvent, mais qu'il a été démoli... à la fin du siècle dernier, après un violent incendie.

Depuis, on est sans aucune nouvelle de ce roi qui se voulut le sauveur d'un royaume dont il refusa ensuite de briguer la couronne...

Mais peut-être son royaume n'était-il pas de ce monde ?

RÉPONSES À L'INCRÉDULE

— *Bien mystérieuse, cette disparition, en effet... Mais est-elle vraiment inexplicable ?*

— Apparemment oui. Certains pensent que le Prince blanc a pu être assassiné à la fin de 1944 par des « milices patriotiques », qui se lancèrent dès cette époque dans une épuration sauvage, à tous les sens du mot...

— *On n'a pas de preuves.*

— C'est vrai. Encore que la lutte pour le pouvoir entre les communistes et tous les autres, sans compter les vengeances de tous ordres et les règlements de comptes, aient fait, en quelques mois, près de cent mille victimes...

— *Et sur ses origines, ne sait-on vraiment rien d'autre ?*

— Pas grand-chose non plus. En fait, le Prince blanc semble faire partie, à de notables différences près, de cette cohorte de « grands monarques », nombreux dans la première moitié du siècle, surgis de l'atmosphère millénariste engendrée, avant l'heure, par deux guerres pour la première fois mondiales... Ainsi, juste avant la première, « Félix Henri de Valois » annonçait en Auvergne la fin des temps, et, dans les années trente, Charles de Gimel, Louis XIX pour ses fidèles, briguait le trône de France sous le nom de « Prétendant Cache ». A la fin de la Seconde Guerre, Léon Millet — si tel est son vrai nom — est donc un avatar de ces « rois malheureux », Jean le Bon, Charles VII, symboles de la France défaite — à Poitiers, à Crécy — et envahie, mais reprenant espoir avec l'arrivée miraculeuse de Jeanne...

— *Et le dernier des Valois ?*

— C'est la même démarche. Il s'agit de François, duc d'Anjou, dernier des Anjou directs, mort en 1584 à trente ans, sans postérité. Ce prince symbolise la fin d'une époque brillante, celle des Valois, au cours de laquelle l'unité du royaume a été accomplie par des rois chevaleresques, qui ont nom le Bon, le Sage, le Bien-Aimé, tous « nés dans le royaume » et à partir desquels commence véritablement l'histoire de France. Avant l'entrée dans la nuit des guerres de Religion et les dangers extérieurs qui saperont à nouveau, et pour longtemps, l'unité et l'autorité de l'Etat.

— *Pour ses fidèles, le Prince blanc, c'était donc un peu Henri IV ou le général de Gaulle ?*

— Le rapprochement n'est pas déplacé. Incontestablement, ce jeune homme a su prendre des risques, dans un moment critique de notre histoire où beaucoup ne pensaient qu'à se terrer, à suivre le vieux maréchal ou à faire du marché noir. Incontestablement, il avait une présence, une pureté, un charisme qui ont fait que beaucoup ont cru en lui. Charisme prophétique ou de voyance, charisme de bilocation, peut-être...

— *Qu'est-ce à dire ?*

— Que tels le Padre Pio et quelques autres, dont on est absolument sûr, le Prince blanc pouvait se trouver en deux endroits à la fois [1]. Et que ce n'est donc que son double que les miliciens des deux camps ont arrêté... Il avait aussi le charisme de glossolalie, d'une certaine manière, c'est-à-dire le don des langues, la sienne à tout le moins, dans laquelle il excellait, bien plus qu'un jeune homme ordinaire ou même très doué de vingt ans...

— *On sait donc qu'il a commencé à prêcher à vingt ans ?*

— Non. On n'a pu que l'induire. De ses traits et de sa physionomie. Le mystère de ses origines, comme de sa fin, reste entier...

— *Pourquoi a-t-il rompu avec l'abbé Collin ?*

— Sans doute parce que celui-ci commençait à sentir un peu trop le soufre ! Souvenons-nous. Dès son arrivée à Romans, le R.P. Collin conduit sa petite communauté vers des pratiques mystiques et visionnaires. Ensuite, il fonde les Apôtres des derniers temps, se mettant en pleine perspective eschatologique vécue, celle d'une France libérée à la suite d'une série de phénomènes miraculeux dont lui et les siens seraient à l'origine. On le voit bien quand il veut placer Léon à la tête de sa croisade, après que celui-ci a manifesté des dons de clairvoyance... Puis il entraîne dans son mouvement la mère Rivet, qui était une mystique et une clairvoyante tout à fait authentique : elle avait prophétisé longtemps à l'avance le début du grand conflit et l'invasion de la France. Avant d'être arrêtée pour faits de résistance, elle avait aussi fondé la branche féminine des Apôtres des derniers temps...

---

1. Voir « Le corps, cet infini », *Un professeur en partie double : Emilie Sagée* (Tome 1).

— *Comment a-t-elle été arrêtée ?*

— Comme Jean Moulin, elle a été trahie. Longuement torturée, elle est dirigée sur Ravensbrück, où elle s'offre à la chambre à gaz en remplacement d'une mère de famille. Un timbre de la série « Résistance » a commémoré son sacrifice. En matière d'hérésie, le père Collin, lui, ne s'en tient pas là. Aussitôt après la Libération, il fonde la congrégation de l'Amour infini qui est désavouée par l'évêque de Lourdes, où il est retourné. Cette sentence est rapportée, puis amplifiée un peu après, par une décision du Saint-Office qui réduit le père Collin à l'état laïc. Les raisons de cette condamnation sont sans doute déjà fondées, puisque le père Collin est devenu par la suite... l'antipape Clément XV ! Il s'est rendu célèbre en excommuniant les cardinaux de la curie, ainsi que... son percepteur, qui taxait un peu trop haut les très importantes donations qui lui parvenaient ! Mais, curieusement et en dépit de leur rupture, il a toujours défendu l'image et la mémoire du Prince blanc. Et en fait si nul, jamais, n'a retrouvé sa trace, il ne s'est trouvé personne non plus pour dire que le Prince était un mystificateur, un escroc ou un fou. Tous ceux que nous avons pu interroger et qui l'ont connu sont au contraire persuadés de sa bonne foi, de sa sincérité et de la puissance de ses charismes...

— *Mais ne pensez-vous pas que ces charismes pouvaient être liés à la période exceptionnellement dramatique qu'il a vécue ?*

— Excellente hypothèse ! Les charismes sont en effet des pouvoirs qui relèvent de forces psychiques mystérieuses. Des dons gratuits, d'origine surnaturelle, ou supranormale, si vous préférez, dont le caractère est souvent passager. Il se peut en effet que le grand choc en retour de la Libération les ait fait disparaître. Qu'à leur suite le Prince blanc, jugeant sa tâche accomplie, n'ait plus voulu être qu'une ombre, dans un paysage où la lumière était revenue...

SOURCES

I. GOBRY, *L'Expérience mystique*, Fayard.
J. MARÉCHAL, *Etudes sur la psychologie des mystiques*, Desclée de Brouwer.
Didier DE PLAIGE, *Les Nouveaux Prophètes*, Buchet-Chastel.

Un homme venu du passé

Le mercredi 14 juin 1950, vers vingt-trois heures quinze, les théâtres et les cinémas de Broadway se vidaient lentement, déversant sur les trottoirs des flots de spectateurs, lorsqu'on entendit des cris. Un homme d'une trentaine d'années, qui s'était inconsciemment élancé sur la chaussée, venait d'être heurté de plein fouet par une voiture. Il gisait maintenant au milieu d'une mare de sang où se reflétaient les enseignes lumineuses de Times Square.

Les gens qui s'amassaient autour du corps remarquèrent alors que l'inconnu était vêtu de façon surannée. Il portait une jaquette grise avec une rangée de boutons dans le dos, des pantalons collants à carreaux noir et blanc, sans pli ni revers, et des souliers montants à boucles. Non loin de lui, son chapeau avait roulé sur l'asphalte, et c'était un haut-de-forme...

A la morgue, un policier fouilla les poches du curieux personnage. Ce qu'il trouva lui causa quelque surprise. Il y avait : une pièce de bronze démonétisée ; une note d'écurie de Lexington Avenue portant la mention : « Pour la nourriture et le logement d'un cheval et pour le remisage d'une voiture de place : 3 dollars » ; soixante-dix dollars en billets anciens ; quelques cartes de visite gravées au nom de Rudolf Fentz, domicilié dans la Cinquième Avenue, au n° 372 ; une lettre adressée à Mr. R. Fentz et portant le cachet postal de juin 1876.

Le fonctionnaire transmit ces objets à son supérieur, qui demeura perplexe.

— Et vous dites qu'il portait une jaquette, des pantalons à carreaux, des bottines montantes et un haut-de-forme ? Il était donc déguisé. Or, lorsqu'on se déguise, on ne pousse pas le souci de la vérité jusqu'à avoir sur soi de l'argent correspondant à l'époque de son costume... Il y a là quelque chose de bizarre.

— On ne se donne pas non plus le mal de fabriquer de faux papiers anciens, dit un autre policier en montrant la note d'écurie et la lettre, dont l'état de fraîcheur et les pliures à peine marquées prouvaient qu'elles étaient de date récente.

— Vous croyez que nous avons affaire à un de ces détraqués qui refusent notre civilisation moderne et s'imaginent vivre à une autre époque ?

— A moins qu'il ne s'agisse tout simplement d'un comédien jouant dans une pièce dont l'action se déroule en 1876 et qui avait sur lui de l'argent et différents documents de cette époque pour les besoins d'un jeu de scène...

— Il serait sorti dans la rue en costume ?

— Avec les comédiens, tout est possible !...

Cette dernière hypothèse, de loin la plus plausible, fut finalement retenue et l'officier de police envoya deux inspecteurs dans les théâtres de Broadway avec une photo de la victime, tandis qu'un troisième se rendait à l'adresse indiquée sur les cartes de visite, qu'on épluchait les annuaires téléphoniques et que les empreintes digitales du mystérieux personnage étaient adressées aux sommiers de New York et de Washington.

Le soir, les policiers revinrent bredouilles. Aucun comédien n'avait reconnu l'homme de Times Square, le nom de Rudolf Fentz était totalement inconnu au n° 372 de la Cinquième Avenue, les annuaires téléphoniques ne comportaient aucun Fentz et les sommiers ignoraient les empreintes du mort...

L'affaire fut alors confiée au capitaine Hubert V. Rihm, qui était chargé des recherches de personnes disparues. L'officier déclara aussitôt :

— Il faut savoir d'où venait ce personnage lorsqu'il s'est fait écraser aussi bêtement. Sortait-il d'un magasin, d'un spectacle, d'un restaurant ? Publiez dans la presse un dessin le représentant dans son extravagant costume. Peut-être des gens nous donneront-ils une indication.

Le portrait parut le lendemain dans la presse new-yorkaise et quelques personnes qui se trouvaient dans la foule de Times

Square le 14 juin à vingt-trois heures quinze se présentèrent au bureau du capitaine Rihm. Hélas, leurs témoignages, loin d'apporter quelque lumière sur l'affaire, l'obscurcirent encore davantage.

Une certaine Mrs. Kinners déclara :

— Je sortais du cinéma avec des amis. Il y avait beaucoup de monde sur le trottoir. Soudain, cet homme a surgi au milieu de nous de façon inexplicable. Je me souviens de m'être dit : « D'où sort-il, celui-là ? » Puis j'ai pensé qu'il s'agissait d'un personnage faisant de la publicité pour un spectacle. Je croyais qu'il allait distribuer des prospectus. Mais il regardait les enseignes lumineuses avec un air apeuré qui me frappa. Il me demanda : « Que se passe-t-il ? Il y a un incendie ? » Et, sans attendre ma réponse, il s'enfonça dans la foule en direction de la chaussée...

Un autre témoin, Mr. Barnett, ami de Mrs. Kinners, vint dire de son côté :

— Nous sortions du cinéma et j'allais faire un pas en direction de l'amie qui me précédait quand, brusquement, ce personnage s'est trouvé entre nous. Comment était-il là ? Je l'ignore. Tout ce que je peux dire, c'est qu'il n'y était pas une seconde auparavant. Vous pensez bien que je l'aurais remarqué à cause de son costume et de son gros cigare. Le plus curieux, c'était son air. C'est lui qui semblait étonné en me regardant, comme si j'avais été un phénomène. Puis il tourna la tête dans toutes les directions et parut affolé de se trouver dans cette foule. Enfin, il leva les yeux vers les gratte-ciel et murmura : « Mon Dieu ! » Après quoi, il dit quelque chose à propos d'un incendie et, brusquement, se dirigea vers la chaussée, comme s'il voulait nous fuir...

D'autres témoins vinrent déposer auprès du capitaine Rihm. La plupart répétèrent à peu près mot pour mot ce qu'avaient dit Mr. Barnett et Mrs. Kinners au sujet de l'apparition soudaine du personnage. Mais l'un d'eux, qui se trouvait au bord du trottoir au moment de l'accident, apporta un détail supplémentaire :

— Lorsque l'individu arriva près de la chaussée, dit-il, je remarquai qu'il observait d'un air effaré les feux de croisement, comme s'il n'en avait jamais vu auparavant. Puis il sembla découvrir la circulation, se tourna vers moi et me dit, en désignant les voitures qui passaient : « Mais qu'est-ce que c'est ? » Il avait l'air épouvanté. Tout à coup, il s'élança vers la rue. Je lui criai : « Attention ! » Mais il ne dut même pas m'entendre. La voiture l'avait déjà fauché...

Quel était donc cet étrange personnage, habillé comme un dandy de 1870, qui paraissait ignorer l'existence des gratte-ciel, des enseignes lumineuses, des feux de croisement et des automobiles ?

Le capitaine Rihm poursuivit ses recherches et finit par découvrir dans un annuaire téléphonique de 1939 un Rudolf Fentz junior demeurant au 112 de la 21e Rue. Il s'y rendit et apprit que ce Fentz, à l'époque où il habitait l'immeuble, était un homme d'une soixantaine d'années qui travaillait dans une banque du voisinage.

— En 1940, précisa une locataire, il a pris sa retraite et quitté le quartier. Depuis, nous n'avons plus jamais eu de ses nouvelles.

Le policier fit une enquête à la banque, où on lui dit que Rudolf Fentz était mort en 1945, mais que sa veuve résidait toujours en Californie.

Rihm prit un avion et alla l'interroger. Les réponses de Mrs. Fentz peuvent se résumer ainsi :

Non, elle n'avait ni fils, ni neveu, ni même un cousin qui portât le nom de Rudolf Fentz. Non, son mari n'avait pas été marié avant de l'épouser. Non, personne dans sa famille n'avait de goût pour les déguisements. Non, elle n'avait jamais habité dans la Cinquième Avenue, mais son mari, oui, quand il était enfant. Il lui avait même souvent montré l'endroit où se trouvait l'immeuble de ses parents. Non, elle ne connaissait pas les cartes de visite que lui présentait le capitaine, mais l'adresse pouvait bien être celle de son beau-père. 1876 ? Oui, cette date lui rappelait quelque chose : c'était la date de naissance de son mari. Oui, elle possédait un album de photos de famille...

Et elle le montra.

Le capitaine voulait savoir s'il y avait, parmi les parents de

Rudolf Fentz junior, quelqu'un qui ressemblât à son mystérieux personnage.

Après avoir tourné quelques pages, il s'arrêta soudain, comme pétrifié, devant une photo représentant un homme vêtu d'une jaquette et d'un pantalon à carreaux noir et blanc, chaussé de bottines à boucles et coiffé d'un haut-de-forme...

Sous cette coiffure démodée, un visage souriait, et ce visage, bien que le document fût jauni, le capitaine Rihm le reconnut immédiatement : *c'était celui de l'inconnu de Times Square.*

— Qui est-ce ?

— Mon beau-père, dit Mrs. Fentz ; et le bébé qu'il tient dans les bras est mon mari... Enfin, mon futur mari...

— Avez-vous d'autres portraits de votre beau-père ?

— Non, c'est le seul que je possède. Il faut dire que le malheureux a disparu mystérieusement peu de temps après qu'on eut pris cette photographie.

— Disparu ?

— Oui. Sa femme ne pouvait supporter l'odeur du tabac. Il avait donc l'habitude, après dîner, d'aller faire une petite promenade pour fumer un cigare. Et, un soir, il n'est pas rentré. Sa famille a fait faire des recherches par la police, mais on ne sut jamais ce qu'il était devenu...

— Savez-vous à quelle date eut lieu cette disparition ?

— C'est bien simple, ma belle-mère me l'a souvent raconté : mon mari avait trois mois. Or il était né en mars. Mon beau-père a donc disparu au mois de juin 1876...

Très impressionné, le capitaine Rihm rentra à New York, où il retrouva, dans les archives de la police, la liste des personnes recherchées en 1876. A la date du 14 juin figurait le nom de Rudolf Fentz, âgé de vingt-neuf ans, « vêtu, précisait la fiche, d'une jaquette grise, de pantalons à carreaux noir et blanc, chaussé de souliers à boucles et coiffé d'un haut-de-forme »...

RÉPONSES À L'INCRÉDULE

— *Votre histoire ressemble à un conte de science-fiction.*
— Elle est pourtant rigoureusement authentique.

— *Comment la connaissez-vous ?*
— Par Jacques Bergier, qui en avait trouvé trace dans une revue américaine de parapsychologie et s'était mis en rapport avec le capitaine Rihm. A cette époque, celui-ci était à la retraite, mais il se souvenait parfaitement des détails essentiels de l'affaire, ce qui permit à Jacques Bergier d'en donner un résumé dans son ouvrage *Le Livre du mystère*. Par la suite, j'ai repris moi-même l'enquête et j'ai pu obtenir, grâce à des journalistes qui ont eu accès aux dossiers de police, des précisions que Bergier n'avait pas eues.

— *Le problème, en somme, tient en deux points : 1) un homme disparaît mystérieusement à New York au soir du 14 juin 1876 sans laisser de trace ; 2) un individu ayant les traits et le costume du disparu surgit non moins mystérieusement dans la foule de Broadway le soir du 14 juin 1950. De là à penser que l'homme de 1876 a, de façon inexplicable, fait un bond dans le futur, il n'y a qu'un pas, mais vous admettrez qu'il est difficile de le franchir... D'autant que, si le premier fait se rapporte indiscutablement à Rudolf Fentz senior, le second, en revanche, n'implique pas forcément une « réapparition » du personnage de 1876. On peut lui trouver de nombreuses explications.*
— Vous pensez à une hallucination collective ? Il faut l'exclure puisque le corps de l'homme écrasé à Times Square a été autopsié et inhumé.

— *Bon. Mais ne peut-on pas imaginer qu'un ami de la famille Fentz, au courant de la disparition de Rudolf Fentz, se soit amusé à monter un canular ?*

— Si je comprends bien votre pensée, ce personnage hypothétique aurait revêtu en 1950 des vêtements semblables à ceux du disparu, se serait mêlé à la foule de Broadway, aurait attiré l'attention par un comportement étrange et se serait suicidé à seule fin que la police, en découvrant dans ses poches des dollars et des papiers datant de 1876, soit placée devant une énigme insoluble... Avouez que c'eût été pousser un peu loin le goût du canular...

— *Alors ?*

— Il faut se contenter, pour le moment, de l'explication de Jacques Bergier, qui disait (je cite) : « On se trouve là devant un exemple flagrant, irrécusable, de “chronotransfert” instantané, ou voyage dans le temps. » Cet homme, d'après lui, aurait, sans le savoir, pénétré dans « quelque faille du continuum spatio-temporel ». Le coauteur du *Matin des magiciens* ajoutait d'ailleurs : « Peut-être n'est-il pas le seul... » Sans doute faisait-il allusion aux personnes qui disparaissent subitement de façon inexplicable...

— *« Inexplicable », c'est vous qui le dites. Il y a les gens qui font des fugues, les alpinistes qui tombent dans des crevasses, les navigateurs solitaires qui coulent en pleine mer, les promeneurs qui périssent dans des incendies de forêt. Il y a aussi les crimes parfaits...*

— Je ne parle pas de ce genre de disparitions. Je pense aux gens qui se « volatilisent » littéralement sous les yeux de témoins. Je vais vous en donner un exemple. Il s'agit d'un fait qui s'est passé aux Etats-Unis en 1880. Le 23 septembre exactement. Ce jour-là, il fait beau et David Lang, fermier des environs de Gallatin, dans le Tennessee, se promène dans un champ avec sa femme et ses enfants. Vers six heures, comme le soleil commence à descendre, les Lang reviennent vers la ferme. Au moment où ils se trouvent à moins de cinquante mètres de la route, les enfants voient arriver la voiture d'un ami de la famille, le juge August Peck. Ils crient :

— Papa ! Regardez ! Voilà monsieur Peck !

David Lang, aussitôt, lève la main et crie :

— Hello, August !

De son côté, Mrs. Lang fait des signes d'amitié. Puis elle se tourne vers son mari et demeure stupéfaite : il a disparu ! Elle cherche autour d'elle. Personne. Alors elle appelle :

— Mais enfin, David, où es-tu ?

Le juge Peck a sauté de sa voiture. Il arrive en courant. Il est livide.

— Qu'est devenu David ? dit-il.

— Je l'ignore, répond Mrs. Lang, il était là à l'instant...

— Je sais, dit le juge, je l'ai vu me faire signe... Et j'allais lui répondre quand, avant même qu'il ait rabaissé le bras, il a disparu.

Tout le monde alors inspecte le sol sans trouver le moindre trou, la moindre faille où le malheureux fermier aurait pu tomber.

Pendant des jours, on sonda le terrain sans découvrir la plus petite trace d'excavation. Et personne ne sut jamais ce qu'était devenu David Lang, qui avait disparu dans un champ, au milieu de sa famille, et sous les yeux mêmes de son ami le juge Peck...

— *Et vous croyez que ce David Lang a pu se retrouver, lui aussi, à une autre époque ?*

— Je ne crois rien. Et je me garderais même d'avancer la moindre supposition dans ce domaine. Mais c'est une hypothèse qui n'est pas écartée aujourd'hui par certains scientifiques.

— *Qu'en concluez-vous ?*

— Que les yeux s'ouvrent, que la science avance à pas de géant et qu'on racontera peut-être un jour comme un fait divers, rare sans doute, mais parfaitement explicable, que Mr. Rudolf Fentz senior ne rentra pas chez lui un soir de juin 1876 parce qu'il était allé se faire écraser par une automobile en 1950...

SOURCES

Jacques Bergier et Georges H. Gallet, *Le Livre du mystère*, Albin Michel.
Revue *Fakta* nº 1, 1973.

Les pas du diable dans le Devonshire

Nous sommes le 7 février 1855. Tout le sud-ouest de l'Angleterre est balayé depuis le matin par une épouvantable tempête. Un vent d'une violence inouïe déracine les arbres, enlève les toits, abat les clochers et arrache les pierres tombales des cimetières, laissant les caveaux béants et les cercueils éparpillés...

Barricadés dans leurs maisons, les habitants du Devonshire sont terrorisés. Certains diront plus tard : « Ce fut une nuit infernale, le vent hurlait comme un millier de sorcières... »

Soudain, vers cinq heures du matin, le vent se calme, le bruit cesse et la neige se met à tomber à gros flocons.

Ce silence, après la tourmente, inquiète tous ceux qui n'ont pas fermé l'œil de la nuit.

— Nous avions l'impression, dira l'un d'entre eux, d'une espèce de menace... Avec ma femme qui tremblait de peur, serrée contre moi, nous redoutions quelque chose de surnaturel. Tout était tellement étrange cette nuit-là...

C'est à Blayford que la chose va se passer.

Il est environ six heures lorsque, tout à coup, un hurlement aigu, terrifiant, éclate près du village. Un hurlement de chien que l'on entend à près d'un kilomètre à la ronde. Les braves gens s'enfouissent sous leurs édredons. Puis c'est, de nouveau, le silence.

Vers huit heures, le jour se lève et les habitants de Blayford ouvrent peureusement leurs volets. La neige ne tombe plus, mais la campagne est toute blanche. Maintes fois, les villageois du petit bourg anglais ont eu ce spectacle à leur réveil et ils y ont toujours trouvé matière à émerveillement. Aujourd'hui, inexplicablement, ils sont pris d'angoisse. Une femme, malhabile à exprimer son malaise, dira :

— Il flottait comme un malheur sur nous...

Pourtant, dans la matinée, un garçon de ferme va faire un tour pour constater les dégâts causés par la tempête. Il remarque alors des empreintes étranges. Des empreintes comme il n'en a jamais vu et qui ne correspondent à aucun animal connu dans la région. Elles ont la forme d'un petit sabot de cheval et trouent la neige avec une régularité mathématique. Le garçon, fort intrigué, les suit à travers champs et arrive bientôt près des restes déchiquetés du chien qui a hurlé si atrocement au petit matin.

Il se penche et constate avec stupeur — ce sont ses propres paroles — que « la pauvre bête est morte de blessures qui n'ont pu lui être faites ni par un homme ni par une bête »...

Il revient en courant alerter le village :

— Venez voir ! dit-il. Il y a de curieuses empreintes !

Les habitants de Blayford se précipitent et constatent que le garçon de ferme n'a pas menti.

Or, au même instant, dans tout le Devonshire, les paysans découvrent les mêmes traces de pas dans la neige fraîche.

Il y en a sur plus de cent soixante kilomètres !...

Les journalistes du comté relatent, bien entendu, le phénomène, faisant remarquer que les empreintes, qui forment comme des pointillés sur des lignes rigoureusement droites, mesurent chacune dix centimètres de long sur sept centimètres de large, et qu'elles sont très régulièrement espacées de vingt-cinq centimètres les unes des autres...

L'un d'eux écrit :

« Ces empreintes ne marquent aucune pause. Quelle qu'elle soit, la créature inconnue marchait sur des sabots à pas courts, sautillant d'une façon inexplicable sans arrêt ni repos, et elle parcourut ici plus de trente kilomètres durant la nuit tragique du 7 février, franchissant des rivières, escaladant les murs de plusieurs maisons et marchant sur les toits pour finalement aboutir au petit cimetière du village sans oser y pénétrer... »

Des zoologistes viennent bientôt de Londres examiner ces traces étranges qui demeurent visibles dans la neige glacée.

Aucun ne parvient à identifier l'animal qui a parcouru en tous sens — et toujours en ligne droite — le sud-ouest de l'Angleterre.

L'un d'eux devait écrire quelques jours plus tard dans l'*Illustrated London News* :

« Ce mystérieux visiteur n'est généralement passé qu'une fois à travers chaque jardin ou chaque cour, et il l'a fait dans presque toutes les maisons de nos différentes villes, ainsi que dans les fermes éparses aux alentours ; cette piste régulière passe, dans certains cas, sur les toits, sur des meules de foin, ou escalade des murs très élevés (dont un de quatre mètres et demi) sans déplacer la neige ni d'un côté, ni de l'autre, et sans que soit modifiée la distance entre les empreintes, comme si l'obstacle n'avait pas gêné cette étrange créature. Les jardins entourés de haies hautes ou de murs, et avec des portes fermées, furent visités aussi bien que ceux qui n'étaient pas clos. »

Un autre note que « deux habitants d'une commune ont suivi une ligne d'empreintes pendant trois heures et demie, en passant sous des rangées de groseilliers et d'arbres fruitiers en espaliers ; perdant ensuite les empreintes et les retrouvant sur le toit de maisons auxquelles leurs recherches les avaient menés ».

Plus loin, il ajoute que ces empreintes « passaient par une ouverture circulaire d'une trentaine de centimètres de diamètre et dans une conduite de drainage de quinze centimètres ; enfin qu'elles traversaient un estuaire de près de trois kilomètres et demi de large »...

Un troisième écrit : « Ces traces sont étranges car la neige est complètement enlevée, comme si elle avait été taillée au diamant ou marquée au fer chaud... »

Naturellement, de nombreuses hypothèses furent émises, aussi bien par les journalistes que par les savants qui se penchèrent sur cette affaire. Certaines étaient extravagantes. Quelqu'un suggéra, par exemple, que ces marques étranges avaient pu être faites « par un ballon traînant son anneau d'amarrage au bout d'une corde ». Mais cette explication parut absurde. En effet, comment un anneau de métal aurait-il pu déchiqueter le chien de Blayford ; et par quel miracle cet anneau, attaché à un ballon poussé par le vent, aurait-il laissé des traces sans bavures, disposées en ligne droite et régulièrement espacées de vingt-cinq centimètres ?...

Un journaliste suggéra qu'il pouvait s'agir de traces laissées par un kangourou échappé d'une ménagerie. Les zoologistes lui répondirent qu'il était extrêmement rare que des kangourous sautent sur une seule patte, et qu'en outre ils n'ont pas de sabots...

D'autres enquêteurs essayèrent d'expliquer la présence de ces traces par un phénomène atmosphérique. Il leur fut répondu avec pertinence qu'on n'avait jamais encore vu un phénomène atmosphérique laisser des empreintes de sabot...

Finalement, aucune des hypothèses émises n'ayant été retenue, les journaux publièrent les propos embarrassés des zoologistes, des physiciens et des météorologues. L'un d'eux, le Dr Williamson, alla jusqu'à écrire ceci : « Ces millions d'empreintes constituent une énigme absolue. Ni un homme, ni un animal, ni une machine n'est en effet capable de laisser de telles marques. Ce phénomène est inexplicable. En conséquence, le mieux, à mon avis, est de l'oublier. »

Déclaration surprenante, on en conviendra, de la part d'un savant.

Mais les paysans du Devonshire, eux, n'oublièrent pas et donnèrent un nom à ces traces mystérieuses : ils les appelèrent les « pas du diable »... Appellation peu scientifique, sans doute, mais qui leur est restée. Et c'est sous ce nom que les historiens les désignent encore aujourd'hui...

RÉPONSES À L'INCRÉDULE

— *Voilà une énigme digne de Gaston Leroux. Etes-vous sûr qu'elle n'est pas née dans la cervelle d'un romancier ?*

— Absolument sûr. J'ai consulté la presse anglaise de l'époque et j'ai pu constater que pendant deux mois, février et mars 1855, tous les journaux d'outre-Manche ont publié des articles, des enquêtes, des interviews et des croquis sur ce que l'on appelait alors « les trous mystérieux du Devonshire »[1]. J'ajoute que quantité d'auteurs se sont penchés sur cette affaire. Charles Fort, qui se disait « amateur d'insolite et scribe des miracles », lui consacra un chapitre de ses *Histoires damnées*, de même que notre ami Jacques Bergier et le groupe Info dans *Le Livre de l'inexplicable...*

— *Quelle explication donnent-ils du phénomène ?*

— Ils n'en donnent pas et se contentent d'émettre des hypothèses. Certains parlent d'oiseaux de mer, de grêlons, de mulots. Mais il n'existe aucun oiseau ni aucun mulot dont les pattes se terminent par des sabots. Quant aux grêlons, en avez-vous déjà vu tomber en ligne droite, à raison d'un tous les vingt-cinq centimètres ?... Un auteur moderne a eu une autre idée : il a suggéré que ces traces avaient pu être laissées par un être extraterrestre débarqué d'un vaisseau spatial... Je ne suis pas hostile *a priori* à ce genre d'explications. Il faut tout imaginer. Mais vous conviendrez que ce personnage aurait eu une curieuse façon de marcher. En outre, il aurait dû être de très petite taille pour passer par des ouvertures de trente centimètres de diamètre...

— *Alors ?*

— Alors, on en revient à l'explication de Charles Fort, qui disait avec humour : « Ces empreintes n'ont pu être faites que par un millier de kangourous unijambistes chaussés d'un très petit fer à cheval... » En fait, le mystère est complet.

— *A-t-on d'autres exemples du même ordre ?*

— Oui. On signale des traces *absolument identiques* en Ecosse, en 1839, aux îles Kerguelen en 1840, aux Etats-Unis en 1908, en Belgique en 1945 et au Brésil en 1954... Vous le voyez, le diable se promène dans ses Etats. Ne l'a-t-on pas appelé « le prince de ce monde » ?...

---

1. Voir ci-après une lettre publiée par *The Illustrated London News* en 1855.

ANNEXE

EMPREINTES DE PAS SUR LA NEIGE DANS LE DEVON

Sous ce titre, le journal anglais The Illustrated London News *du 24 février 1855 publiait cette lettre-témoignage d'un de ses lecteurs.*

« Ainsi qu'un grand nombre de vos lecteurs, sans doute, j'ai lu avec beaucoup d'intérêt les articles parus dans plusieurs journaux de la semaine dernière concernant de mystérieuses traces de pas laissées dans la neige au cours de la nuit du jeudi 8 dans les communes d'Exmouth, Lympstone et Woodbury ainsi qu'à Dawlish, Torquay, Totnes et autres agglomérations situées sur l'autre rive de l'estuaire de l'Exe, dans le comté de Devon ; empreintes qui, à travers cette région, s'étendent sur une distance de 30 ou 40 miles, peut-être plus. Et, comme les articles auxquels je fais allusion ne donnent guère de détails sur cette mystérieuse affaire, je pense qu'un témoignage plus personnel (qu'un tel événement mérite bien) pourrait intéresser bien des gens.

Les empreintes laissées sur la neige (dont la couche sur le sol est très mince à cette période de l'année) et qui furent découvertes le vendredi matin ressemblaient parfaitement à celles qu'aurait pu laisser le sabot d'un âne — 4 pouces de long sur 2 pouces 3/4 ; mais au lieu de progresser comme cet animal l'aurait fait (ou n'importe quel autre animal), pied droit à droite, pied gauche à gauche, on constatait qu'un pied suivait l'autre, *sur une simple et même ligne ;* la distance entre chaque empreinte était de 8 pouces, ou un peu plus ; les traces avaient exactement la même forme et les pas la même longueur. Le mystérieux visiteur ne passait qu'une seule fois à travers les jardins ou cours ; mais il le fit dans presque toutes les maisons des villes nommées plus haut et également dans les fermes disséminées aux alentours ; dans certains cas, la trace continuait sur le toit des maisons, sur des meules de foin et par-delà de très hauts murs (l'un de 14 pieds de haut !), comme si cela ne constituait aucune gêne pour lui, et cela sans déplacer de neige et sans jamais modifier la distance entre deux pas. Les jardins entourés de hauts murs ou de palissades élevées, et dont les portes étaient parfaitement fermées, furent visités tout comme ceux qui n'étaient ni clos ni protégés. Quand on considère la distance qui a été parcourue pour laisser ces traces — dans presque chaque jardin, sur le seuil des maisons, à travers les immenses forêts de Luscombe, les pâturages, dans les enclos et les fermes — on peut dire que le parcours a dû dépasser les 100 miles (150 km).

Il est facile de ricaner sur ces traces et de les expliquer n'importe comment. En fait, à l'heure actuelle, aucune explication satisfaisante n'a pu être donnée. Aucun animal connu n'aurait pu parcourir une telle distance en une seule nuit, qui plus est en traversant un estuaire large de 2 miles. Pas plus qu'un animal connu ne serait capable de marcher en laissant sur le sol une seule ligne d'empreintes. Un homme pas davantage.

Des oiseaux ? Aucune patte d'oiseau ne peut laisser une empreinte de sabot. Le pourrait-elle que cela n'expliquerait pas la façon d'avancer dont nous avons déjà parlé, car des oiseaux, même nantis de sabots d'âne, se déplacent sur le sol en sautillant çà et là et non suivant le tracé d'une ligne unique. L'hypothèse d'oiseaux doit donc être exclue.

Un certain nombre de personnes avancent une explication à partir de conditions atmosphériques. Mais comment se pourrait-il que des perturbations atmosphériques effacent une ligne d'empreintes et pas l'autre ? Le matin même où ces traces étranges furent remarquées, on pouvait voir également sur la neige des empreintes de chats, de chiens, de lapins, d'oiseaux et d'hommes, dont les contours étaient très nets. Pourquoi, alors, une trace continue beaucoup plus nette encore aurait-elle été effacée par des perturbations atmosphériques, alors que les autres empreintes seraient restées intactes ? Détail très particulier, en outre, ces empreintes ont fait disparaître la neige, si bien qu'elles apparaissent aussi nettement que si leurs contours avaient été découpés avec un diamant ou tracés au fer rouge — avant, bien sûr, que les curieux ne les aient piétinées.

Il arrive aussi que les traces de pas continuent sous un endroit couvert où aucune perturbation atmosphérique ne se fait sentir, avant de ressortir par une brèche dans un mur...

L'auteur de ces lignes a passé cinq mois d'hiver dans les forêts canadiennes, a une grande expérience du « tracking » d'animaux sauvages et d'oiseaux dans la neige, et affirme n'avoir jamais vu d'empreintes d'une telle netteté ni moins altérées par les conditions atmosphériques que celles en question. Les traces laissées sur la neige mince peuvent se modifier légèrement au bout de quelque temps, mais ne perdent jamais leur caractère distinctif ; tout chasseur de perdrix en Amérique le sait.

Jugerez-vous ce témoignage susceptible d'intéresser vos lecteurs ou de les inciter à proposer une meilleure explication en ce qui concerne ce phénomène étrange ? Dans ce cas, peut-être lui donnerez-vous une place dans votre très intéressant journal. Je vous envoie également un relevé de l'empreinte pris sur la neige, ainsi qu'une succession de pas afin de vous montrer de quelle façon l'animal (?) progresse. »

SOURCES

Jacques BERGIER et groupe INFO, « Les traces des pas du diable, énigme non résolue », par Paul J. WILLIS, *Le Livre de l'inexplicable*, Albin Michel.

Eric J. DINGWALL, « Le diable s'est-il promené de nouveau ? », in *To Morrow*, automne 1957.

Charles FORT, *Le Livre des damnés*.

B. HEUVELMANS, *Sur la piste des bêtes ignorées*.

The Illustrated London News, février et mars 1855.

Revue *Doubt*, numéro 20, article de E.-F. RUSSELL.

LES GRANDS MYSTÈRES

Dans le ciel calme et serein de la vie, certains faits inexplicables surgissent soudain comme des coups de tonnerre. Ces mystères, souvent angoissants, sont salutaires et bénéfiques : ils inquiètent l'homme, et le réveillent...

Maurice MAETERLINCK

Guy Breton
La sainte ampoule

Louis Pauwels
Croyez-vous aux sirènes ?

Guy Breton
La fin mystérieuse de Charles d'Amboise

Louis Pauwels
L'effroyable messe de Charles IX

Guy Breton
Le Grand Veneur

Louis Pauwels
Le vertige de la marquise de Ganges

Guy Breton
La guérison des écrouelles

Louis Pauwels
Napoléon n'a pas existé !

Louis Pauwels
Le bon roi et le brave laboureur

Louis Pauwels
L'homme-femme de Versailles

Guy Breton
L'affaire de Dieppe

La sainte ampoule

L'histoire de France commence par une histoire merveilleuse. Le 25 décembre 498, les rues de Reims étaient remplies d'une foule joyeuse qui attendait le passage d'une extraordinaire procession. Le chef franc Clovis, qui avait décidé de se convertir au christianisme, devait se rendre, en grande pompe et entouré des principaux prélats de la Gaule, de l'ancien palais du gouverneur romain, situé près de la porte Basée — *porta Basilica* —, jusqu'au baptistère où l'attendait Remi, évêque de la petite cité.

Toutes les rues étaient décorées. Grégoire de Tours nous dit que « les places étaient ombragées de tentures de couleur et les églises tendues de courtines blanches ». Quant à la piscine où le nouveau chrétien devait être, suivant le rite, plongé trois fois, elle était splendidement ornée. Le chroniqueur nous dit, en outre, que des parfums y étaient répandus et que des cierges odoriférants y brûlaient, de telle façon « que tout le peuple était imprégné d'une odeur divine et que Dieu y comblait les assistants d'une telle grâce qu'ils se croyaient transportés au milieu des parfums du paradis ».

Au long des rues, en attendant la procession, les gens bien informés racontaient que ce baptême était la conséquence d'un vœu que Clovis avait fait pendant une bataille. Depuis longtemps, Clotilde — fille du roi burgonde Chilpéric —, qu'il avait épousée en 493, le pressait d'abandonner le culte des dieux Wotan, Ziu et Freia, pour se convertir à la religion du Christ ; mais le Franc hésitait. Or, quelques mois plus tôt, alors qu'il se battait contre les Alamans, la fortune semblant lui être contraire, il s'était adressé au ciel en ces termes :

— Dieu de Clotilde, Toi que ma femme affirme être le fils

du Dieu vivant, si Tu me donnes la victoire sur ces ennemis, je croirai en Toi et me ferai baptiser !

Aussitôt après cette prière, les Alamans avaient fui dans le plus grand désordre. Victoire miraculeuse dont s'était réjoui Clovis puisqu'elle lui assurait toute la Gaule septentrionale, avec une autorité incontestée tant sur les Gallo-Romains que sur ses Francs germaniques...

Les Rémois, qui attendaient en bavardant auprès de la cathédrale bâtie par saint Nicaise quatre-vingt-dix-sept ans plus tôt [1], firent soudain silence. Un bourdonnement de chants religieux annonçait l'arrivée du cortège qui, bientôt, déboucha sur la place. En tête se trouvait le clergé rémois précédé d'un porte-croix, puis venaient Remi, qui avait instruit le roi dans les dogmes chrétiens, et différents évêques, dont les mitres, les crosses et les anneaux ornés d'une améthyste émerveillèrent les braves gens. Des moines et des religieux suivaient en chantant des hymnes de gloire. Enfin parut Clovis, tout seul, vêtu de la blanche robe des catéchumènes. Derrière lui marchaient deux jeunes femmes dont la rumeur publique avait propagé les ravissants prénoms : Alborflède et Lantechilde. C'étaient ses sœurs. Elles aussi devaient recevoir le baptême, tout comme les trois mille guerriers qui fermaient le cortège, trois mille Francs aux énormes moustaches tombant sur leurs tuniques virginales, qui avançaient en s'efforçant de paraître recueillis.

La cérémonie allait donc durer toute la journée et le menu peuple en montrait une intense jubilation. Non qu'il fût exagérément épris de spectacles religieux, mais parce qu'il supputait des réjouissances annexes. L'entrée de cette foule de nouveaux convertis au sein de l'Eglise allait être accompagnée, en effet, de festins et de beuveries dont le pieux prétexte absolvait à l'avance tous les excès.

---

1. Cette cathédrale fut remplacée, au IXe siècle, par un nouvel édifice qu'un terrible incendie devait détruire en 1210. La cathédrale actuelle date du XIIIe siècle.

Lorsque le porte-croix se trouva devant le baptistère, le cortège s'arrêta. Remi fit alors signe à Clovis qui marcha d'un pas ferme vers la piscine, ses longs cheveux défaits. Sans hésitation, il entra dans l'eau glacée, et l'évêque de Reims prononça cette phrase qui devait traverser les siècles :

— Courbe doucement la tête, fier sicambre ! Adore ce que tu as brûlé, brûle ce que tu as adoré !...

Après quoi, le roi ayant confessé sa foi en Dieu tout-puissant et en la Trinité, Remi, à trois reprises, lui plongea la tête dans l'eau, au nom du Père, du Fils et du Saint-Esprit.

Clovis sortit de la piscine, accueilli par un prêtre qui l'entoura d'un grand linge et le bouchonna avec respect. Séché, le roi se rendit dans une pièce voisine pour y revêtir une nouvelle tunique de lin. Il reparut l'instant d'après.

Le public, admis dans le baptistère, s'apprêta alors à assister à la deuxième partie de la cérémonie : la confirmation. Le rituel était connu : l'évêque allait oindre le front du nouveau baptisé avec le saint chrême ; on chanterait quelques psaumes et tout serait terminé. La beuverie et le festin attendus par le menu peuple pourraient enfin commencer.

C'est alors qu'il se produisit un événement prodigieux que Hincmar, archevêque de Reims, devait relater au IXe siècle dans sa *Vie de saint Remi*, et dont on parle encore depuis mille trois cents ans.

Voici les faits tels qu'ils nous sont rapportés :

« Comme Remi et Clovis arrivaient au baptistère, le clerc qui portait le chrême fut arrêté par le peuple, en sorte qu'il ne put parvenir à la fontaine baptismale. A cette fontaine bénite par la volonté divine, il manquait donc le saint chrême. Et comme la foule du peuple empêchait d'entrer dans l'église ou d'en sortir, le saint pontife, levant au ciel les yeux et les mains, se mit tacitement à prier en répandant des larmes. Et soudain, une colombe plus blanche que la neige apporta dans son bec une petite ampoule pleine de saint chrême dont l'odeur suave, bien supérieure à celle de l'encens et des cierges, frappa tous les assistants. Le saint pontife ayant pris cette petite ampoule, la colombe disparut. »

Aussitôt, Remi, que le merveilleux ne troublait point, procéda avec le saint chrême, miraculeusement apporté, à l'onction de Clovis, devant une foule dont on devine l'ébahissement...

Après la cérémonie, la sainte ampoule — puisque tel sera désormais le nom que l'on donnera à la petite fiole venue du ciel — fut pieusement portée par Remi dans un lieu sûr. Plus tard, elle sera placée dans un réceptacle d'orfèvrerie en forme de colombe. Ceux qui l'ont vue nous disent qu'elle était de verre ou de cristal un peu opaque, que sa grosseur était celle d'une figue moyenne, que son col avait une couleur blanchâtre, que son bouchon était fait de taffetas rouge, et que l'huile qu'elle contenait exhalait le parfum le plus exquis. Certains chroniqueurs, comme Froissart dans sa *Description du sacre de Charles VI*, affirment même que le chrême se reformait tout seul après chaque onction royale, et que son volume, par conséquent, ne diminuait jamais. L'historien dom Guillaume, au XVIIe siècle, nous assure, de son côté, qu'un « célèbre docteur », dont il ne nous donne malheureusement pas le nom, croyait que « ce baume céleste avait été fait de la main des anges ».

Ainsi, le baptême de Clovis était marqué d'un signe divin. Et ce signe, les rois de France, pendant plus de mille ans, allaient s'en servir à des fins politiques. En effet, l'origine céleste de la sainte ampoule devait élever la France au rang de « fille aînée » de l'Eglise, suggérer l'idée d'une cérémonie de prise du pouvoir intégrée à la liturgie religieuse : le sacre ; faire de ce sacre une véritable initiation propre à transformer le souverain en roi-prêtre et en un roi thaumaturge — capable, par exemple, de guérir les écrouelles —, bref, donner un caractère sacré à la fonction royale...

Aventure merveilleuse qui allait rendre jaloux tous les souverains du monde et amener les rois anglais à « s'inventer » une sainte ampoule — celle de saint Thomas Becket — afin de fonder leur monarchie sur des bases aussi solides que celle des Français...

Cette sainte ampoule, devenue signe divin, fut utilisée lors du sacre de presque tous les rois de France jusqu'à la Révolution. Mais le 16 vendémiaire an II (7 octobre 1793), le conventionnel Ruhl, on le sait, la brisa à coups de marteau sur les marches de la statue de Louis XV, au milieu de la place Royale de Reims.

Pourtant, la sainte ampoule ne devait pas disparaître complètement. Quelques débris contenant un peu de baume furent recueillis par l'abbé Seraine, curé de Saint-Remi. Ce baume, mêlé à d'autres huiles bénites, fut enfermé dans un nouveau reliquaire et servit au sacre de Charles X. Ultime reste du chrême employé lors du baptême de Clovis, il fait encore partie, aujourd'hui, du trésor de la cathédrale de Reims.

RÉPONSES À L'INCRÉDULE

— *Je ne voudrais pas vous faire de peine, mais cette sainte ampoule apportée par une colombe venue du ciel me semble assez suspecte... Que faut-il en penser ?*

— Vous imaginez bien qu'une histoire aussi surprenante n'a pas été sans rencontrer quelque scepticisme chez les historiens, et même chez les gens d'Eglise... Des bénédictins, comme dom Mabillon, des jésuites, comme le père Jacques Longueval, des pères bollandistes, etc., se sont livrés, au cours des siècles, à des critiques sévères à l'égard du texte d'Hincmar et ont tout bonnement déclaré qu'il s'agissait là d'une légende...

— *Avant d'aller plus loin, puis-je vous demander ce que sont les pères « bollandistes » ?*

— Il s'agit des continuateurs du père Bolland, qui

commença, au XVIIe siècle, un vaste travail sur la vie des saints connu sous le titre d'*Acta sanctorum*...

— *Merci. Continuons. Ces braves ecclésiastiques refusèrent donc de croire à l'apparition miraculeuse de la sainte ampoule ?*

— Oui. Et leurs objections ont été reprises par l'historien Leber, qui vivait au XIXe siècle. Très curieusement, d'ailleurs, celui-ci a commencé par réfuter cette histoire non pas pour des raisons « cartésiennes », mais pour des raisons matérielles.

— *Expliquez-vous !*

— Eh bien, il n'a pas dit, en effet : « Je n'y crois pas parce qu'une colombe ne peut pas venir du ciel avec une ampoule dans le bec. » Il a dit : « Je n'y crois pas *parce qu'il y avait certainement suffisamment d'huile pour procéder au baptême...* » Voici d'ailleurs son texte :

« On prétend, écrit-il, qu'au moment de baptiser Clovis, l'huile sainte venant à manquer, le ciel daigna y suppléer par l'envoi d'une fiole remplie d'une liqueur divine dont le parfum embauma toute l'église.

» Ce fait n'a pas le caractère de la vraisemblance. On croira difficilement que l'huile qui devait servir au baptême d'un monarque n'ait pas été préparée ou apportée d'avance dans le sanctuaire, ou qu'il ne s'en soit pas trouvé assez pour accomplir la cérémonie. Comme on ne comptait pas sur un prodige, on avait dû prendre les précautions nécessaires. Le chrême devait être préparé, non seulement pour le roi, mais pour six mille sujets qui furent baptisés avec lui ; ou, selon Grégoire, trois mille soldats et plus, non compris les femmes et les enfants. La négligence qu'on suppose ici ne se concevrait point. Le fait n'est pas vraisemblable en soi. »

— *Ce monsieur était plein de bon sens !...*

— Il est un autre fait qui trouble beaucoup les historiens : aucun des chroniqueurs contemporains du prodige n'en fait mention, ni Grégoire de Tours, qui pourtant conte en détail la cérémonie du baptême de Clovis, ni Frédégaire, son continuateur, ni l'évêque Avitus, ni même saint Remi dans son testament...

— *Saint Remi n'en parle pas ? Voilà qui est curieux...*

— Non. Saint Remi se contente d'écrire : « *Deus... plurima signa ad salutem praefatae gentis Francorum operari fecit !* » C'est-à-dire que des prodiges ont été effectués par Dieu pour la conversion des Francs... Certains auteurs en ont conclu un peu hâtivement que, par « prodige », il fallait entendre « sainte ampoule »... C'est ce qui s'appelle solliciter un texte... En fait, les historiens plus rigoureux estiment que cette phrase de saint Remi est extrêmement vague et qu'on n'a pas le droit d'y voir une allusion quelconque à la sainte ampoule. D'ailleurs, si ce fait prodigieux s'était produit lors du baptême de Clovis, saint Remi, ébloui, ne se serait pas contenté de faire une vague allusion à des « prodiges » ; il aurait relaté le fait dans tous ses détails...

— *Laissons donc saint Remi et reprenons l'enquête par le début. Qui a parlé, le premier, de la sainte ampoule ?*

— En fait, le premier chroniqueur qui parle vraiment de la sainte ampoule est Hincmar, archevêque de Reims, qui écrivit au IXe siècle, c'est-à-dire quatre cents ans après l'événement... Il prétend avoir puisé ses renseignements dans d'anciennes chroniques. Lesquelles ? Il ne le précise pas. On a donc accusé Hincmar d'avoir inventé de toutes pièces le miracle de la colombe. Pourtant, quelques chercheurs ont découvert que l'histoire de la sainte ampoule était connue avant qu'Hincmar en parle et qu'elle appartenait, sous forme de légende, au folklore rémois.

— *Alors, la question se pose : d'où venait cette légende ?*

— On a pu en reconstituer la genèse. Le baptême de Clovis ayant été l'événement le plus important de l'histoire de la christianisation de la Gaule franque, on peut penser qu'assez tôt — vers le VIe ou le VIIe siècle — les prêtres de Reims durent montrer aux pèlerins l'ampoule dont saint Remi s'était servi. Cette ampoule, authentique ou fausse, peu importe, était considérée comme une relique. Or nous savons que les objets sacrés étaient fréquemment conservés *dans des réceptacles en forme de colombe* que l'on suspendait dans les églises, au-dessus de l'autel... D'autre part, sur les dessins, les fresques, les mosaïques qui représentent une cérémonie de baptême, on remarque souvent une colombe — le Saint-Esprit — qui descend sur la tête du nouveau chrétien... Il a suffi aux braves gens de voir ce reliquaire en forme de colombe tenant dans son bec une fiole, et une mosaïque figurant le baptême de Clovis, pour que, du mélange, naisse une légende... Légende que le brave Hincmar, en toute bonne foi, nous a rapportée...

— *Et que l'on a crue pendant mille ans, ce qui est assez extraordinaire !...*

— Hincmar s'en est laissé conter, c'est vrai. Mais il faut tout de même lui reconnaître une idée géniale. Idée qui fut mise à exécution pour la première fois en 869, lors du couronnement de Charles le Chauve, et qui consista à employer le baume de Clovis pour l'onction des rois de France... Par cette trouvaille, non seulement il servait les intérêts de la ville dont il était le pasteur (les archevêques de Reims devenaient ainsi les consécrateurs de leurs souverains), mais il faisait des rois de France les seuls monarques sacrés *au moyen d'une huile venue du ciel*, ce qui les plaçait au-dessus de tous les rois de la chrétienté.

C'est ainsi qu'une histoire merveilleuse, née d'une légende, a pu donner, pendant près de mille ans, à quarante rois, la force et le prestige qui leur étaient nécessaires pour faire la France...

SOURCES

Jean-Pierre BAYARD, *Le Sacre des rois*, 1964.
Marc BLOCH, *Les Rois thaumaturges*, 1961.
HINCMAR, *Vie de saint Remi.*
Constant LEBER, *Des cérémonies du sacre ou Recherches historiques et critiques sur les mœurs, les coutumes, les institutions*

et le droit public des Français dans l'ancienne monarchie, 1825.

Dom Guillaume Marlot, *Le Théâtre d'honneur et de magnificence préparé au sacre des rois*, Reims, 1643.

Croyez-vous aux sirènes ?

Pline, au chapitre IX de son *Histoire naturelle*, écrit :

« Une députation de Lisbonne fut envoyée à l'empereur Tibère pour lui annoncer qu'on avait vu et entendu, dans une caverne, un Triton. On a vu des Néréides sur ces mêmes rivages. L'une se mourait. Ses gémissements furent entendus au loin par les habitants. Le légat de la Gaule écrivit à l'empereur Auguste qu'on apercevait sur la côte plusieurs Néréides mortes. Je peux citer des témoins (qui occupent un rang élevé dans l'ordre équestre) et qui m'ont certifié avoir vu dans l'océan Cadix un homme des mers, d'une conformation parfaitement identique à la nôtre. Pendant la nuit, cet homme des mers montait sur les navires ! »

Le naturaliste Rondelet, qui professe au XVIe siècle à Montpellier, écrit dans son *Histoire des poissons :*

« On a pris en Norvège un monstre marin après une grande tourmente. Tous ceux qui le virent lui donnèrent le nom de Moine, car il avait une face humaine, mais rustique et peu gracieuse, la tête rasée, et comme un capuchon de moine sur les épaules. L'extrémité du corps se finissait par une large queue. »

Et Rondelet poursuit :

« Les poètes disent qu'il y a des Néréides (c'est-à-dire un être féminin, de forme humaine, qui vit dans la mer). Pline estime que ce n'est pas une fable. On en a vu autrefois sur des plages. On a entendu leurs plaintes. On en a vu en Poméranie, avec un beau visage de femme. J'ai entendu dire qu'un marinier espagnol en retint une dans son navire, mais qu'un jour elle s'échappa, se jeta dans la mer et ne reparut plus. »

On lit dans *La Grande Chronique des Pays-Bas* qu'en 1433,

sur les côtes de Pologne, on pêche un homme marin, aux pieds et mains palmés, qui se laisse toucher par tout le monde. Il ne parle pas, mais il semble qu'il entende fort bien. Le roi de Pologne le fait enfermer dans une tour. Mais l'homme des mers en conçoit un tel chagrin que l'on pense qu'il va mourir. On le ramène au rivage, où une grande foule s'est assemblée. Il fait un signe d'adieu, plonge et disparaît à jamais.

Le père Bonhour, jésuite français de la Renaissance, écrit :

« Les sirènes, dont les poètes parlent tant, ne sont pas des inventions. On en a vu en divers pays. Philippe, archiduc d'Autriche, en amena une avec lui à Gênes, en 1548. Une autre apparut sur une plage de Hollande au commencement du siècle. »

Mais c'est au naturaliste Benoît de Maillet, précurseur de Darwin et qui soutint le premier, au XVIIIe siècle, la thèse du transformisme, que nous devons la plus abondante documentation sur les hommes des mers. Benoît de Maillet fut consul de France en Egypte et inspecteur des établissements français dans le Levant. Il fit d'innombrables observations maritimes qu'il consigna dans son ouvrage *Entretiens sur l'origine de l'homme* (1748). Pour lui, l'origine de l'homme est dans les océans. Voltaire, qui plaisante tout, le prend en dérision. Mais le faisceau de témoignages puisés dans les chroniques du Portugal par Benoît de Maillet force l'attention.

Le roi du Portugal au XVIe siècle, Manuel, surnommé le Grand ou le Fortuné, connaît un règne glorieux. Vasco de Gama ouvre la route des Indes. Le Brésil est conquis. La cour de Manuel est fastueuse, enrichie par les trésors d'Afrique et d'Asie. Mais jamais plus surprenant cadeau ne fut offert au roi Manuel que celui dont nous entretiennent *L'Histoire du Portugal* et *Les Relations des Indes orientales :*

« Un coup de filet, jeté à la pointe de l'Inde, ramena quinze hommes des mers qu'on s'empressa d'expédier à la cour de Lisbonne. Treize moururent durant le voyage. Seules survécurent une femme et une jeune fille. Elles parvinrent au roi Manuel qui ne se lassa pas de les admirer. Les Océanides paraissant fort tristes, le roi les fit descendre dans un endroit peu profond de la mer, chargées de chaînes légères qui les empêchaient de s'échapper. Et la cour, montée sur des bateaux, put assister à leurs évolutions. Ces créatures vécurent quelques années pendant lesquelles, chaque jour, on les menait à la mer. Mais jamais elles ne purent apprendre à parler. »

Voici maintenant un fait tiré de *La Grande Chronique des Pays-Bas* :

« En l'année 1430, après une grande inondation, des jeunes filles de la ville d'Edam, sur la mer de Zélande, trouvent une Océanide ensevelie dans la vase. Elles la ramènent à Edam. Puis on la conduit à Haarlem, où des savants l'examinent et tentent en vain de lui apprendre à parler. »

On était obligé de la surveiller, disent les chroniques, afin qu'elle ne se jette pas à l'eau, même dans les petites rivières... Ces chroniques rapportent encore que l'on captura dans le Texel, en 1700, un homme marin qui ne vécut que trois jours, et fut admiré par tout le peuple d'Amsterdam.

Cherchons maintenant dans les archives britanniques. Un vaisseau anglais, qui pêche la baleine dans les mers du Groenland, se trouve environné par une soixantaine de petites barques montées par des hommes des mers. Le capitaine fait descendre les chaloupes. Mais lorsque les Océanides voient les marins s'approcher, ils plongent tous à la fois avec leurs barques et ne reparaissent plus. Une seule créature est capturée. On la ramène à bord. C'est apparemment un homme, normalement constitué, mais dont les pieds et les mains sont palmés. Il survécut dix jours, sans vouloir se nourrir. Il ne proférait aucun son, sauf des soupirs. Des larmes coulaient de ses yeux. Sa barque, qui mesurait environ neuf pieds de long, était fort étroite, aux extrémités fuselées. C'était une charpente d'os de poissons, couverte de peaux de chiens marins. Cette barque et l'homme des mers desséché furent exposés longtemps dans la salle de l'amirauté de Hall.

Interrogeons des documents français.

Le 31 mai 1671, le capitaine Pierre Luce, qui commande en Martinique, rédige le rapport suivant :

« Aujourd'hui, six hommes qui étaient allés en bateau aux îles du Diamant s'apprêtaient à rentrer. C'était le coucher du soleil. Au bord de l'île, ils ont aperçu un monstre marin. Ce monstre avait une figure humaine et son corps se terminait comme un poisson. Il avait les cheveux noirs et gris, une longue barbe, et l'estomac couvert de poils. Son air était farouche. Quand il émergeait, il s'essuyait le visage des deux mains en reniflant comme un chien barbet. Il s'est approché de si près qu'un des hommes lui a lancé une ligne pour voir s'il l'attraperait. Mais l'homme des mers a plongé encore une fois et nul ne l'a plus revu. »

Ce rapport du capitaine commandant les quartiers du Diamant à la Martinique a été reçu par Pierre de Beville, notaire des quartiers de la compagnie maritime, en présence du père jésuite Julien Simon. Il contenait en outre « les dépositions séparées et unanimes de deux autres Français et de quatre nègres ».

Voici un autre fait, qui se situe en 1746 et nous est rapporté par le sieur Le Masson, commis de la Marine :

« Une sentinelle faisant sa ronde de nuit sur les murs de Boulogne aperçut un homme gesticulant dans le fossé. Elle le héla sans recevoir de réponse. A la troisième sommation, la sentinelle tira. Quand on releva le cadavre, on s'aperçut que c'était celui d'un homme des mers que le reflux avait laissé dans le fossé. La partie inférieure du corps avait la forme d'un poisson. »

Le 8 septembre 1725, M. d'Hautefort envoie au comte de Maurepas, ministre de Louis XIV, le procès-verbal suivant :

« Sept navires mouillaient sur le banc de Terre-Neuve, lorsque, vers dix heures du matin, un homme des mers parut à bâbord du vaisseau français la *Marie-de-Grâce*, commandé par le capitaine Olivier Morin. Il se montra d'abord sous le baril du contremaître Guillaume l'Aumône. Aussitôt, celui-ci prit une gaffe, mais le capitaine l'en empêcha de crainte que le monstre ne l'entraîne avec lui. Pour cette raison, le contremaître lui en donna seulement un coup sur le dos, sans le piquer. L'homme marin fit plusieurs fois le tour du navire, s'éloigna, revint, s'éleva hors de l'eau jusqu'au nombril. Ce manège dura de dix heures du matin à midi, et le monstre a été vu pendant tout ce temps par les trente-deux hommes de l'équipage. Ils purent tous remarquer les particularités suivantes : la peau brune et basanée, sans écailles. Tous les mouvements du corps, depuis la tête jusqu'aux pieds (visibles dans l'eau transparente), étaient d'un homme normal. Les yeux étaient bien proportionnés, le nez camard, les dents blanches, les oreilles semblables à celles d'un homme, les pieds et les mains pareils, sauf que les doigts étaient joints par une pellicule, telle qu'il en existe aux pattes des oies et des canards. Enfin, c'était un corps d'homme aussi bien fait qu'il s'en voit ordinairement... Vers midi, la singulière créature s'éloigna du navire, plongea profondément, et on ne la revit plus. »

RÉPONSES À L'INCRÉDULE

— *Vous ne croyez pas que les récits fabuleux de marins sont un effet du rhum et des rêveries de solitude sur l'eau ?*

— Manuel, roi du Portugal, le légat de Gaule, Philippe, archiduc d'Autriche, et les historiens de leurs cours ne sont pas des marins ivres. L'homme des mers tiré au mousquet par une sentinelle à Boulogne, ce n'est pas une hallucination en mer.

— *Donc, vous croyez fermement qu'il aurait existé, et qu'il existerait peut-être encore, des hommes et des femmes des mers ?*

— Je ne crois rien. Je crois qu'il faut toujours se poser plus de questions qu'il n'y a de réponses.

— *Et ceci, justement, n'est pas une réponse !*

— Attendez. Si vous étudiez les premières croyances des hommes, vous constatez que tous les peuples riverains ont en commun le mythe d'un homme ancien sorti de la mer pour les éduquer. C'est le Vinak-Car (l'homme-poisson) des Guatémaltèques. C'est le Cuculkan des Mayas. C'est Manco-Capac chez les Incas et c'est Quetzalcóatl qui sort du golfe du Mexique. Sur les côtes celtiques, c'est Hue-Gadarn. En Inde, c'est Parascharya. Et faut-il vous rappeler le Neptune des Grecs et la Vénus d'Hésiode, apparue sur les flots ?

— *Il s'agit de légendes.*
— Et si les légendes étaient, en réalité, des souvenirs ?

— *Vous exagérez !*
— Je n'exagère pas plus que deux grands astronomes contemporains. L'un se nomme Shklovski, Soviétique, l'autre Carl Sagan, Américain. Tous deux se sont sérieusement interrogés sur la légende des Akpallus, et ils se sont demandé s'il ne s'agissait pas d'êtres venus d'ailleurs, aux premiers temps de l'humanité, pour « lancer » la civilisation sur la terre.

— *Akpallus ?*
— Des créatures surgies de la mer et dont la première civilisation sumérienne aurait gardé le souvenir. Vous savez que notre histoire commence à Sumer.

— *Vous parlez de sirènes ou d'extraterrestres ? Je me perds !*
— Je vous parle des deux. L'hypothèse du célèbre astronome Sagan est celle-ci : des visiteurs extraterrestres, en scaphandre, basés sur un vaisseau spatial posé sur la mer, sont venus apporter aux hommes les rudiments de la connaissance. Ils apparurent sur le rivage de Sumer. D'où la légende des Akpallus, qui étaient des créatures mi-hommes mi-poissons (le casque qui imite une tête de poisson, l'appareil respiratoire qui figure une queue). Le signe du Poisson, qui devait rallier les « initiés » du Proche-Orient, serait lié à ce souvenir fabuleux.

— *Mais les sirènes !*
— J'y viens. On peut faire l'économie de l'hypothèse des extraterrestres et penser que les hommes, sur les rivages de Sumer, ont réellement vu des hommes-poissons, qu'ils ont considérés comme des dieux.

— *D'où vient cette légende ?*
— C'est la plus vieille légende de l'humanité occidentale. Ou plutôt, c'est le plus vieux document. Bérose, qui fut prêtre à Babylone au temps d'Alexandre le Grand, aurait eu accès à

des témoignages cunéiformes et pictographiques vieux de plusieurs millénaires. Et il nous a laissé un récit des premiers temps. Au cours de la « première année » (c'est-à-dire du premier cycle), un animal « doué de raison », appelé Oannès, serait sorti de la mer, venant du golfe Persique. Le corps était d'un poisson et d'un homme à la fois. Cette créature enseigna les hommes. Au coucher du soleil, Oannès replongeait dans la mer, passant la nuit « dans les profondeurs ». Car c'était une créature « amphibie ». Il y eut ensuite plusieurs générations de créatures semblables : les Akpallus.

Comme vous le voyez (et comme je vous le disais), toutes les religions des peuples maritimes ont leur origine dans l'apparition d'êtres à ressemblance humaine, émergeant des flots.

— *Mais ces créatures seraient venues d'où ?*

— De la vie.

— *Qu'est-ce que vous voulez dire ?*

— Je veux dire que la vie est peut-être apparue, s'est peut-être développée et a peut-être disparu plusieurs fois sur notre globe. Et que l'idée d'une première humanité habitant les océans n'est pas à rejeter. Dans ce cas, les « hommes des mers » que l'on aurait parfois trouvés, dans les siècles passés, seraient des restes dégénérés de la première humanité. Des laissés-pour-compte d'une première évolution effacée...

— *J'en ai mal à la tête.*

— Trempez-la dans de l'eau salée !

— *Tout de même ! Vous ne craignez pas le fantastique, vous !*

— Ecoutez, je travaille pour les gens qui sont intelligents avant que d'être sérieux. Et j'aime mieux les paradoxes que les préjugés.

— *Voyons : pourrait-il exister des créatures à forme humaine dans la mer ?*

— C'est évidemment la question que se posait le cher Benoît de Maillet au XVIIIe siècle. Il rêvait beaucoup sur le trou de Botal.

— *Qu'est-ce que c'est que ce trou ?*

— C'était un abîme de réflexion pour notre naturaliste. L'enfant, dans le sein de sa mère, respire par deux ouvertures qui répondent aux quatre vaisseaux par lesquels le sang, en sortant du cœur, peut circuler sans pénétrer dans les poumons. L'une de ces ouvertures est appelée le trou de Botal ; l'autre est le canal artérien. Ainsi vit l'enfant, dans le milieu liquide du ventre maternel. Au moment de la naissance, l'air s'engouffre pour la première fois dans ses poumons, où le sang commence de circuler. Et le trou de Botal se ferme. Benoît de Maillet en conclut que, pour certains êtres, le trou de Botal ne se ferme pas complètement. Ils peuvent mener une existence amphibie.

Buffon a poursuivi des recherches dans cette direction. Il cite plusieurs expériences réalisées sur des petits chiens, qu'il obligea à naître dans un baquet rempli d'eau tiède.

— *Bourreau !*

— Chercheur. Il les y laisse une demi-heure. Il les en retire le même temps. Il les replonge. Passant alternativement de l'eau à l'air, les petits chiens, nous dit Buffon, respiraient parfaitement dans l'un et l'autre éléments. Aussi Buffon conclut-il :

« Il serait peut-être possible, en s'y prenant avec précaution, d'empêcher de cette façon le trou de Botal de se fermer et de créer, par ce moyen, d'excellents plongeurs et des espèces d'animaux amphibies qui vivraient également dans l'air et dans l'eau. »

— *Qu'en pensez-vous vous-même ?*

— Je viens de consulter un professeur de médecine de mes amis. C'est, paraît-il, complètement délirant. Mais qui a recommencé l'expérience de Buffon ?

— *Revenons aux sirènes !*

— Ah ! des hommes plus illustres que moi se sont penchés sur le problème des monstres ! Ambroise Paré disait :

« Il ne faut pas douter qu'ainsi qu'on voit plusieurs monstres en diverses façons sur la terre, de même il en est dans la mer d'étranges sortes. Les uns sont hommes depuis la ceinture jusqu'au haut, nommés Tritons ; des autres sont femmes et nommées sirènes. »

Et, plus proche de nous, l'admirable Michelet, dans son livre *La Mer*, consacre un chapitre aux sirènes. « Si ces êtres ont existé réellement, pourquoi furent-ils si rares ? » se demande-t-il. Il répond : « Hélas, nous n'avons pas à chercher bien loin la réponse : c'est que généralement on les tuait. Il y avait péché à les laisser en vie, car ils étaient des monstres... »

Peut-être les dernières sirènes, les derniers tritons, vestiges d'une aventure de la vie qui avorta, n'ont-ils pas survécu au-delà des XVIe et XVIIe siècles, époque encore riche en merveilles et prodiges de la nature. Peut-être s'en cache-t-il encore, en tout petit nombre, dans des abysses lointains, à jamais loin des hommes, définitivement apeurés par notre croissance turbulente dans les océans...

SOURCES

BUFFON, *Œuvres*.

Benoît de MAILLET, *Entretiens sur les origines de l'homme*, 1748.

MICHELET, *La Mer*.

Claude PASTEUR, « Voyages extraordinaires au Moyen Age », *Histoire pour tous*, n° 9, décembre 1967.

— *Cher Monsieur Satanov*, Stock, 1973.

RONDELET, *Histoire des poissons*, 1545.

La fin mystérieuse de Charles d'Amboise

Tous les chroniqueurs de l'époque sont d'accord : jamais on ne vit plus abominable massacre. Jamais on ne vit plus de sang, de cervelles et d'entrailles répandus dans les rues d'une cité. Cela se passa le 25 mai 1479. Ce jour-là, à six heures du matin, les habitants de Dole, qui était assiégée depuis trois mois déjà par les troupes royales, entendirent soudain « grand fracas et grandes rumeurs » : un groupe d'Alsaciens venait de pénétrer dans leur ville « par ruse et félonie ».

Aussitôt, par ces traîtres, la herse fut relevée, le pont-levis descendu et la résidence préférée des ducs de Bourgogne livrée aux soldats de Louis XI.

Tremblant de peur au fond de leurs maisons, les Dolois entendirent un piétinement de chevaux et des cliquetis d'armures ; puis une voix terrifiante leur parvint, une voix inhumaine qui hurlait :

— Tuez-les tous !

Terrorisés, la plupart allèrent se cacher dans leurs caves. Quelques-uns, pourtant, voulurent voir le visage de cet homme qui les condamnait à mort. S'approchant des fenêtres, ils aperçurent par les fentes de leurs volets un cavalier « aux prunelles étincelantes » qui, debout sur ses étriers, incitait ses hommes au carnage.

C'est ainsi que les Dolois virent pour la première fois ce prince diabolique connu dans le royaume pour son goût du sang, ce grand favori de Louis XI, cette bête humaine dont le nom faisait trembler de peur des provinces entières : Charles d'Amboise.

Parcourant les rues sur son cheval noir en lançant ses cris de mort, il arriva bientôt devant l'église Notre-Dame, où des compagnies doloises d'archers et d'arquebusiers tentaient de se défendre. Alors, avec un gros rire, il hurla :

— Tuez-les tous ! Qu'il n'en reste pas un !... Je veux voir le sang des Comtois couler comme une rivière dans les rues de Dole... Allez ! Tuez-les ! Tuez-les tous !...

Les Français se ruèrent aussitôt sur les maisons, enfonçant portes et fenêtres, et le prince donna le signal du massacre en faisant sauter la tête d'une femme d'un coup de hache.

Immédiatement, ce fut la ruée. Jamais on ne vit pareille boucherie. Pendant quatre heures, on tua, on viola, on éventra, on fit éclater des crânes à coups de masse. Des familles entières furent passées au fil de l'épée, d'autres brûlées vives dans des caves — dont l'une sera appelée cave d'Enfer... Il y eut des cadavres partout. On pataugeait dans le sang, dans les boyaux et les débris de cervelle...

Vers dix heures, les soudards les plus féroces, les plus cruels, commencèrent à se lasser de tuer. Mais Charles d'Amboise, Charles le satanique, dont la cuirasse était rouge de sang, les excitait. Les yeux hors de la tête, la bave aux lèvres, il s'égosillait :

— Tuez, tuez !...

Et la boucherie continua. Quand on n'eut plus d'épée, on égorgea, on poignarda, on assomma, on étrangla. Il n'y eut bientôt plus personne à exterminer.

Alors Charles d'Amboise s'en prit aux cadavres. Comme il n'y avait plus de vivant, il coupa la tête des morts ; et cette épouvantable besogne l'amusa. Il hurlait de rire :

— Regardez-les, ces vers de terre ! criait-il.

Tandis qu'il s'acharnait sur son vingtième corps décapité, un soldat vint lui apprendre qu'un groupe de Dolois s'était réfugié sur une maison. Il se redressa, l'œil mauvais, et allait s'y précipiter quand il se ravisa :

— Qu'on les laisse pour graines ! dit-il. Ils feront des petits que nous aurons plaisir à venir tuer dans dix ou quinze ans !...

Le lendemain et les jours suivants, Charles d'Amboise, poussé par une véritable folie de meurtre (ses contemporains diront : « possédé par l'ange du Mal »), va continuer à incendier des villages, à violer et à occire de malheureux Comtois par centaines. Pendant tout le printemps 1479 et pendant tout l'été et pendant tout l'automne, inlassablement il va tuer, « avec un sourire de loup ».

L'hiver le ramènera auprès de Louis XI, qui en fera son conseiller et le gouverneur de la Bourgogne. Mais, dès les premiers beaux jours de 1480, il repartira, l'épée à la main, affamé de cadavres et assoiffé de sang.

En le voyant passer avec ses yeux verts trop brillants, son visage triangulaire et ses longues mains fines, les gens disent :

— C'est le diable !...

A la fin de l'année, il décide de se rendre dans son château de Chaumont-sur-Loire pour y organiser une fête. Mais, à Tours, un mal le terrasse soudain. Transporté dans un manoir voisin, il s'alite, ruisselant d'une sueur fétide, et se met bientôt à pousser des cris horribles... Les médecins accourent et veulent l'ausculter. Il les injurie et continue à hurler de douleur. Il fait des bonds, des soubresauts sur sa couche. « Il se tord, nous dit un témoin, comme s'il était la proie des flammes. » Finalement, il entre en agonie. Une agonie si étrange, si peu naturelle que les gens qui l'approchent ne cessent de faire des signes de croix. Or ces gestes semblent, non seulement l'épouvanter, mais le faire souffrir. Il émet des plaintes effroyables, inhumaines, qui font penser tantôt à des hennissements, tantôt aux cris d'un porc qu'on égorge.

Après quoi, il hurle des blasphèmes, insulte Dieu, injurie les saints, outrage la Vierge et maudit le pape, à la consternation de son entourage. On pense alors sérieusement qu'il est possédé du démon. Des moines viennent pour l'exorciser. Il les repousse grossièrement, leur crache au visage et prononce tant de phrases sacrilèges que les malheureux se sauvent, épouvantés...

Enfin, le 14 février 1481, après une crise de convulsions qui le jette presque hors du lit, Charles d'Amboise meurt. Il a sur le visage un rictus si repoussant que personne n'accepte de veiller son cadavre.

Trois jours plus tard, on va l'enterrer. Pour ce personnage considérable qui est conseiller intime du roi, gouverneur général de l'Ile-de-France, de la Champagne et de la Bourgogne, c'est-à-dire l'un des plus hauts dignitaires du royaume, des obsèques solennelles ont lieu en l'église des Cordeliers d'Amboise. Il y a là, sous un dais, l'évêque d'Albi, frère du défunt, des princes, des abbés mitrés et des pénitents en cagoule.

A l'autel, un cordelier dit la messe des morts.

Mais voilà que, soudain, au moment de la consécration, ce moine se met à gesticuler. Les assistants, stupéfaits, le voient agiter les bras comme s'il repoussait quelque chose ou quelqu'un d'invisible. Plusieurs fois, il descend et remonte les marches en trébuchant. Puis il s'arrête, adossé au tabernacle, l'air terrifié. A ce moment — il le racontera plus tard —, une voix qu'il est seul à entendre lui clame à l'oreille :

— Arrête, prêtre, arrête ! Ta messe est inutile ! Sans objet ! Risible !... Ce damné est déjà chez moi, corps et âme... A quoi bon bénir un cercueil vide !... Car ce cercueil est vide !... Vide !

Le pauvre cordelier, l'espace d'un instant, croit voir devant lui un personnage grimaçant. Tremblant, livide, il se signe, descend les degrés de l'autel, marche vers le catafalque et crie :

— Ouvrez ce cercueil !...

L'évêque d'Albi se lève et demande des explications.

— Ouvrez ce cercueil ! répète le cordelier. Je ne continuerai à dire cette messe qu'en ayant la certitude que le corps du seigneur d'Amboise est bien là...

Alors, les gardes retirent le drap mortuaire et ouvrent le cercueil.

L'assistance pousse un cri : *il est vide !*

Aussitôt, princes, évêques, prêtres mitrés, moines, pénitents et gens du peuple, pris de panique, courent vers la porte et s'enfuient.

Et jamais, jamais on ne retrouva le corps de Charles d'Amboise...

RÉPONSES À L'INCRÉDULE

— *C'est une histoire qui fait frissonner. Où l'avez-vous trouvée ?*

— Dans de nombreux ouvrages, et notamment dans un livre du prince de Broglie, *La Tragique Histoire du château de Chaumont*. Or vous savez que le prince de Broglie a été le dernier occupant du château de Chaumont. C'est-à-dire le successeur — lointain, sans doute, mais le successeur tout de même — de Charles d'Amboise...

— *Alors, a-t-on une explication ?*

— Il n'y en a aucune !... On n'a jamais retrouvé le corps de Charles d'Amboise...

— *Quelqu'un l'a peut-être tout simplement subtilisé ?*

— Bien sûr... C'est la première idée qui vient à l'esprit. Mais qui ?... Et pourquoi ?... Louis XI ?... En apprenant la chose, il a eu une attaque d'apoplexie. Et puis, il était trop superstitieux pour commettre ce genre d'action. Faire pendre des gens et profaner un cercueil sont deux choses différentes... Non, il ne peut pas s'agir de Louis XI. Alors qui ? Un membre de la famille d'Amboise ?... On ne voit pas pour quelle raison. Reste — et c'est l'opinion de quelques historiens — l'hypothèse d'un enlèvement du corps par des ennemis de Charles d'Amboise, qu'il s'agisse de parents des malheureux habitants de Dole ou de seigneurs spoliés par le conseiller de Louis XI.

— *Pourquoi l'auraient-ils enlevé ?*

— Pour que Charles d'Amboise soit damné, en l'empêchant de bénéficier : 1° de la cérémonie religieuse appelée « absoute » ; 2° d'une inhumation en terre chrétienne...

— *Il reste encore une question : pourquoi le cordelier a-t-il demandé l'ouverture du cercueil ?*

— Cela reste inexplicable, car il est bien certain que, si le corps a été enlevé par des ennemis de Charles d'Amboise, ces gens-là ne sont pas allés le raconter au moine... même en confession !... Mais il reste une autre hypothèse. On peut supposer que quelqu'un, qui aurait surpris le secret des ravisseurs du corps, se serait caché derrière l'autel et aurait parlé au moine cordelier. Lequel, troublé et épouvanté, aurait cru avoir une vision... Mais ce n'est qu'une hypothèse...

— *Alors, quelle conclusion ?*
— Un grand point d'interrogation...

SOURCES

Prince Jacques de BROGLIE, *La Tragique Histoire du château de Chaumont*, 1964.
Jean MARTY, *La Mort mystérieuse de Charles d'Amboise*, 1910.
A. PIDOUX DE LA MADUÈRE, *Le Vieux Dole*, 1929.
Elie PUFFENEY, *Histoire de Dole*, 1882.

L'effroyable messe de Charles IX

Perdue au fin fond du Marais, la petite ruelle Sourdis, qui a gardé jusqu'à nos jours ses bornes et son ruisseau, abritait du temps des guerres de Religion des ateliers d'artisans et de fondeurs. L'un d'eux est occupé par un fondeur de cloches allemand, venu à prix d'or de Mayence. Personne ne l'a vu, ce fondeur, qui habite l'atelier et n'en sort jamais. Il reçoit ses ordres d'un petit homme toujours habillé de noir et qui est d'une laideur phénoménale avec sa barbichette et son nez démesuré, encore plus pointu que camus, et qui dénote, outre la malice, des origines méditerranéennes...

Tous les jours, un carrosse dépose à l'entrée de la ruelle le petit homme noir. Dans ses chausses rondes à l'italienne, coiffé d'un éternel bourrelet de feutre, il se dépêche de refermer la porte derrière lui : en fait, il y a six mois maintenant que le fondeur d'outre-Rhin n'a pas mis le nez dehors. A l'intérieur, son œuvre prend forme. Il s'agit de trois statues dont il a d'abord fait le moule d'après trois portraits en pied des chefs huguenots de France, Condé, Coligny et d'Andelot. Hier, il a cassé les moules après y avoir coulé l'airain et, depuis des heures, il finit de débarber le bronze pour rendre les statues lisses et brillantes. Maintenant, elles sont alignées là, au fond de l'atelier, grandeur nature et prêtes à être enlevées. Mais le fondeur, qui a travaillé sans nulle aide — c'était la clause essentielle de son contrat —, n'a pas encore terminé tout à fait son ouvrage...

Voici qu'il les couche, ces statues, sur un établi et qu'il les serre dans des étaux. Puis — l'isolement l'aurait-il rendu fou ? — il se met à forer des trous en divers endroits du métal, les jointures et la poitrine notamment. Des trous qui ont le diamètre de vis en acier dont il a fabriqué un certain nombre aussi. Il vérifie une dernière fois qu'elles s'adaptent bien aux trous et puis, l'air infiniment las, il boucle son sac et attend.

Le petit homme est revenu et inspecte attentivement son travail. Puis il lui compte trente doubles ducats d'or, le prend amicalement par les épaules et le conduit vers la porte. Là, il s'efface pour laisser passer l'homme. Celui-ci n'a pas fait trois pas dans la venelle qu'il tombe, le dos percé d'une dizaine de coups d'épée...

La figure du petit homme noir n'a même pas tressailli. Il revient lentement vers les statues, tire de sa poche un livre écrit en caractères hébraïques et, regardant fixement l'effigie de Condé, se met à psalmodier des invocations, en serrant lentement, très lentement les vis...

C'est ce qu'on appelle un « envoûtement d'airain », et le petit homme qui est à l'œuvre est l'astrologue favori de Catherine de Médicis. Il se nomme Cosme Ruggieri et est le fils du médecin de Laurent le Magnifique, un des plus grands savants de la Renaissance italienne. Sans cesse en butte aux divisions religieuses de ses sujets, la régente, qui vient de signer la paix précaire de Saint-Germain, estime redoutable l'influence de Coligny sur son fils Charles IX. L'aventurier florentin a offert de l'en débarrasser magiquement. Quinze ans avant ces faits déjà, en 1555, il a prédit à la reine la mort de son époux Henri II dans le fameux tournoi des Tournelles, et Catherine, qui est de plus en plus adonnée aux superstitions et n'entreprend rien sans recourir à ses augures, a accepté. Ce n'est pas qu'elle croie sans réserve à ces sortilèges, et elle sait que rien n'est possible sans cette chance qui lui a souvent souri, aidée, il est vrai, par un usage très Médicis du poison...

L'envoûtement d'airain a-t-il réussi ? Quelques mois plus tard, Condé tombe de cheval à la bataille de Jarnac et est lâchement abattu par Montesquieu, un gentilhomme de la garde royale. D'Andelot, le frère de l'amiral de Coligny, le suit quelques mois plus tard, expédié par une mauvaise tisane. Pourtant, les médecins qui pratiquent l'autopsie des deux corps sont formels : sur la poitrine, les cuisses et les articulations des bras, les deux hommes portent des stigmates très nets...

Quant à Coligny, il tombera gravement malade mais résistera encore trois ans, jusqu'à ce que le couteau de l'Allemand Besme, homme de main des Guises, l'abatte, avec les milliers d'autres victimes de la Saint-Barthélemy. « Tant plus de morts, tant moins d'ennemis ! », commente Catherine de Médicis, tout en se désolant que le massacre ait aussi fait une victime inattendue : son propre fils Charles IX. A vingt-quatre ans, il a l'air d'un vieillard, et ses crachements de sang augmentent chaque fois que défilent dans son cerveau égaré les horribles images du massacre. Il sait que son frère, le duc d'Alençon, n'attend que sa mort pour s'emparer du trône. Contre Catherine et le roi, il a même formé un parti, les Malcontents, qui réprouve la Saint-Barthélemy et veut prendre des mesures d'apaisement. Pas brillant non plus, pourtant, le duc d'Alençon, surtout préoccupé de coiffer la couronne, fût-ce au prix de la mort de son frère. Mais l'implacable Catherine veille. Elle découvre un complot fomenté par deux amis intimes du duc, le comte de La Mole, amant de Marguerite de Navarre, la spirituelle et nymphomane reine Margot, fille de Catherine et future femme de Henri IV, et un noble piémontais, Annibal Coconnas. On arrête les conjurés et on découvre une correspondance qui prouve que Ruggieri est non seulement au courant de tout, mais qu'il a encore trempé dans l'affaire en préparant des petites statuettes de cire percées d'épingles... L'une d'elles ressemble d'une manière frappante à Charles IX : elle est percée au niveau du cœur d'un clou acéré. Ainsi Ruggieri, que Catherine comble de ses bienfaits jusqu'à mettre à sa disposition le château de Chaumont où il engloutit des sommes énormes à la recherche de l'or alchimique, Ruggieri prépare des envoûtements contre elle et son malheureux fils !...

Le mage florentin est une canaille, mais pas une poule mouillée... Atrocement torturé, il n'avoue rien. Et il sait que la reine est bien trop superstitieuse pour oser le mettre à mort. Pour la forme, on l'envoie quand même faire un séjour aux galères. Ruggieri n'ira pas plus loin que la maison de l'amiral, d'où l'on jouit d'une vue magnifique sur la rade de Marseille. Il y vivra comme un coq en pâte pendant quelques mois, y faisant un fructueux commerce d'horoscopes. Coconnas et La

Mole auront moins de chance : ils seront écartelés à quatre chevaux et les morceaux de leur corps cloués aux portes de Paris. Voilà donc les coupables punis. Mais, pour autant, la santé de Charles IX ne s'améliore pas. Pour conjurer l'acharnement du mauvais sort, Catherine de Médicis gracie Ruggieri et le fait revenir auprès d'elle...

Nous sommes alors au printemps de 1574, et c'est cette année-là qu'a lieu une des plus effroyables scènes de magie noire de l'histoire.

Entre ses frères qui l'assiègent et les factions qui l'oppriment, quel va être le sort du jeune monarque ? Sa mère doit-elle renoncer à toute autorité sur le royaume ? Il faut le savoir, car le complot est partout et les troubles qui agitent le royaume exigent que l'on mise sûrement et sans délai sur l'avenir.

Alors Ruggieri décide la reine, pour qui l'intérêt de sa dynastie passe avant tout, à se prêter à la plus sombre des cérémonies divinatoires, la cérémonie de la tête qui parle...

C'est la nuit du 28 mai 1574. Nous sommes à Vincennes dans l'une des neuf tours du château, celle que l'on appelle encore aujourd'hui la tour du Diable. La reine est là, avec deux intimes et son fils, qui, le souffle court, délire de fièvre et tient à peine debout. On a dressé un autel couvert d'un drap noir. Une statue, drapée dans un triple voile noir, représente la mère des ténèbres, la déesse des suicides et des démences, divinité pour laquelle on va servir la messe.

Des chandelles, noires elles aussi, éclairent cet autel sur lequel sont posés un calice d'ébène rempli de sang coagulé et deux hosties, l'une blanche, l'autre noire. L'homme qui va dire cette messe est un moine apostat, converti à la magie...

Alors, au milieu de cette lugubre assemblée, s'avance un petit garçon de dix ans. C'est un enfant juif volé qu'on a de longue date préparé à la communion. On l'a revêtu d'une robe blanche, il est aussi beau qu'innocent et s'attend à recevoir Dieu. Le magicien commence l'office en plantant sur la table d'autel un long poignard dont le manche représente un serpent, puis il récite des invocations à la Vierge, lance des anathèmes au Dieu des chrétiens, et consacre les hosties à Satan. L'enfant, qui ne sait pas ce qui se passe, joint les mains et ferme les yeux pour recevoir l'hostie blanche sur sa langue. Mais à peine a-t-il communié qu'un des aides du prêtre infernal lui enfonce une dague dans le cou. Puis c'est le choc sourd d'une épée qui résonne sur la pierre d'autel : l'enfant vient d'être décapité et le mage brandit cette pauvre petite tête innocente et la pose sur l'hostie noire dans une grande patère d'argent...

On a prévenu le jeune souverain. C'est à cet instant précis qu'il doit se pencher et poser une question à la tête. La tête lui répondra et lui dévoilera tout l'avenir.

Tremblant, ce prince dénaturé s'approche et pose sa question d'une voix inintelligible. On attend. Effroyable silence. Enfin, un soupir s'exhale des lèvres mortes de l'enfant et on croit entendre que ce soupir signifie : « J'y suis forcé !... J'y suis forcé ! » C'est tout. Puis le bruit d'un corps qui s'écroule. C'est le roi, déjà agonisant, qui vient de s'évanouir. On lui impose les sels, on le ranime. Il se débat et pousse des hurlements effroyables :

— Qu'on éloigne cette chose de moi ! Qu'on éloigne cette chose de moi !...

On le ramène en toute hâte dans sa chambre. Il délire maintenant, il crache du sang, il voit du sang partout, il s'enfonce dans un fleuve de sang. Il passe ainsi deux jours de terreur hallucinée, puis meurt le 30 mai. Il avait à peine vingt-cinq ans. A l'autopsie, on vit que son cœur était tout racorni, comme s'il avait été exposé longuement à l'action d'un feu...

RÉPONSES À L'INCRÉDULE

— *Une histoire abominable, vraiment...*

— En effet. Mais qui a sa place dans les *Histoires magiques de l'histoire de France* parce qu'elle est véridique...

— *Est-on vraiment sûr de son authenticité ?*

— Absolument. L'envoûtement d'airain, tout d'abord, a été

rapporté par l'ambassadeur d'Espagne en France, don Francis de Avala, qui, le 8 juin 1569, a fait à Philippe II le récit que nous venons de donner, précisant que, « tous les jours, l'Italien regarde la nativité des trois personnages et son astrolabe, puis serre et desserre les vis »...

Quant à la messe de la tête coupée, elle a été relatée en détail par le grand juriste Jean Bodin, auteur de *La République* et fondateur de l'économie moderne. Il était aussi le secrétaire du duc d'Anjou, dernier fils de Catherine de Médicis, donc placé à la meilleure source qui soit. Jean Bodin n'avait qu'un défaut : il croyait dur comme fer aux sorcières et il recommandait d'user contre elles des châtiments les plus rigoureux...

— *Mais comment peut-on croire, même au temps de la Saint-Barthélemy, qu'une tête coupée va se mettre à parler ?*

— Les histoires de têtes parlantes font partie depuis toujours du florilège des croyances magiques, encore qu'on en ignore l'origine. On sait ainsi que Gerbert, pape de l'an 1000 sous le nom de Sylvestre II, était réputé pour avoir construit une tête parlante, qui avait le don de révéler l'avenir. Mais ce n'était, bien sûr, qu'une légende, fondée sur les très vastes connaissances astronomiques et mathématiques de ce pontife. Au XIIIe siècle, Albert le Grand aurait également détenu une telle tête et aussi un automate, capable, croyait-on, de tous les comportements humains. Cette croyance fait également partie des enchantements du Moyen Age et tire son origine de l'immense savoir scientifique d'Albert, à qui la chimie doit des découvertes de première importance : affinage de l'or, traitement du soufre, action des acides sur les métaux, etc. Comme Gerbert, il passait pour sorcier et la confusion qu'on faisait alors entre science et magie explique aussi qu'on lui ait attribué la paternité du *Grand* et du *Petit Albert*, ces recueils de magie populaire dont le succès ne s'est pas démenti, en Occident, pendant un demi-millénaire.

— *Et Catherine de Médicis, la figure politique féminine la plus considérable peut-être de notre histoire, était à ce point superstitieuse ?*

— Oui. Mais elle avait quelques raisons de l'être. Comme Guy Breton l'a raconté [1], elle avait à plusieurs reprises pu vérifier la justesse des prédictions qu'on lui avait faites. Pour se concilier les forces mauvaises, elle portait en permanence à son cou un gros talisman fait avec du sang humain, du sang de bouc et du métal fondu lors d'une conjonction astrale favorable. Elle vivait entourée de mages, de devins et d'astrologues et c'est sur les indications de Ruggieri qu'elle a fait construire dans l'hôtel de Soissons une tour octogonale orientée selon les points cardinaux et d'où son magicien favori pouvait observer les étoiles et faire ses horoscopes. Il subsiste d'ailleurs une colonne de cet ensemble, haute de près de trente mètres, prise dans les murs de ce qui est aujourd'hui la Bourse de commerce de Paris...

— *Et Ruggieri, qu'est-il devenu ?*

— Il survivra près de trente ans à Marie de Médicis et restera l'inamovible oracle de plusieurs grands princes du royaume. Le frère de Charles IX, Henri III, également adonné à la magie noire, l'utilisera pour envoyer des sorts aux ligueurs et à leurs chefs, les Guises. Non sans succès, puisque les deux plus illustres représentants de cette famille catholique, longtemps plus puissante que les rois de France, sont assassinés au terme de nombreuses démarches d'envoûtement. Les Guises le lui rendent bien : tous les jours, les fidèles sont conviés à Notre-Dame pour y transpercer des effigies de cire représentant la famille royale... Henri III, pour sa part, fait venir à grands frais d'Espagne tous les grimoires de magie en vogue à la cour de Philippe II... pour fabriquer des contre-charmes ! Toute la France croira d'ailleurs que le poignard régicide qui aura raison de lui en 1589 avait été placé dans la main de Jacques Clément par des... larves, formées magiquement au cours des cérémonies de haine.

— *A quoi tendent ces cérémonies ?*

— Elles sont une des composantes essentielles de la magie

---

1. Voir « Visions du futur », *Nostradamus, prophète ou voyant* (Tome 1).

noire, dont la finalité est la vengeance, l'éveil des forces intérieures négatives, avec leur cortège de désirs malsains, par opposition à la magie blanche, dont le but est de guérir et de mettre à découvert les secrets qui peuvent transformer la vie de manière positive.

— *Et Ruggieri, alors ?*

— On le retrouve aux côtés de Concini et de Marie de Médicis après l'assassinat de Henri IV, qui n'aimait guère sa magie, qu'il appelait des « sottises de femmelettes »... A Concini, qui gouverna occultement la France pendant trois ans, il apprend la magie, et il est d'autant mieux en cour qu'il a prédit l'assassinat du Vert-Galant après avoir tenté de l'envoûter. Impliqué dans un procès de sorcellerie, il s'en sort une fois de plus, mais il se méfie trop, désormais, et il vivra de la vente d'almanachs très prisés du petit peuple superstitieux, qu'il rédige sous le pseudonyme de Querberus.

Finalement, il meurt très âgé, et, malgré l'insistance de son protecteur Concini, l'archevêque de Paris lui refusera une sépulture chrétienne, faisant jeter son corps à la voirie. Le mage s'en moquait, d'ailleurs, car il ne croyait ni en Dieu ni en diable mais uniquement, en bon Florentin, dans la puissance des grands, des dagues et du poison.

— *En des temps où la plupart de ceux qui se sont servis de ses sortilèges en sont morts, sa longévité tient du miracle...*

— En effet. Il est la figure de proue de cette génération d'aventuriers de génie qui ont déferlé sur la France, déstabilisée par les guerres de Religion. Mais, plus qu'à sa magie, c'est à son intelligence et à sa force de caractère, sans compter son cynisme absolu, qu'il doit sa carrière. Plus que tout autre, il peut faire siennes ces paroles de l'inquiétante Leonora Galigaï, la femme de Concini, qui, au moment d'être condamnée à mort, déclara fièrement au juge : « Mon sortilège fut le pouvoir qu'ont les âmes fortes sur les âmes faibles ! »

SOURCES

C. AGRIPPA, *La Philosophie occulte*, Paris, 1968.
Jean-Claude FRÈRE, *Les Sociétés du mal, ou le Diable hier et aujourd'hui*, Paris, 1972.
G. et L. GÉRARDIN, *La Magie, un savoir en action*, CAL.
Pierre MARIEL, *Envoûtements, maléfices, exorcismes*, Tchou.

Le Grand Veneur

Nous sommes le 8 septembre de l'année 1598. Un groupe de chasseurs chevauche dans la forêt de Fontainebleau. En tête se trouve un cavalier qui parle fort et avec un accent rocailleux. Sa mise est négligée, son gros nez rougeoyant, sa barbe et ses moustaches mal taillées, ses ongles noirs, son odeur assez forte. C'est Henri IV.

Depuis le matin, la chasse royale parcourt les sous-bois à la poursuite d'un cerf. Tout à l'heure, on s'arrêtera dans une clairière pour manger des petits pâtés et vider de nombreux flacons de vin de Jurançon que le Béarnais fait emporter dans tous ses déplacements par les officiers de bouche. Mais, pour l'instant, on est à jeun — et il est important de le préciser.

Soudain, le roi immobilise son cheval :

— Ecoutez ! dit-il.

Tous les cavaliers s'arrêtent et tendent l'oreille. Ils entendent alors, provenant d'un endroit lointain qu'ils situent à environ une demi-lieue, c'est-à-dire à près de deux kilomètres, les aboiements d'une meute, des cris et des sonneries de cors...

— Il n'y a pas d'erreur, dit le roi. Vous entendez bien, comme moi, des trompes de chasse et des chiens qui aboient ?

Le comte de Soissons, qui a mis sa grande main en pavillon derrière l'oreille, hoche la tête :

— Oui, sire, et c'est stupéfiant !...

— Et je voudrais bien savoir qui se permet de chasser en même temps que moi...

— Peut-être, dit quelqu'un, s'agit-il d'un écho qui nous renvoie, avec un long intervalle de temps, nos propres cris et les sonneries de nos propres trompes ? On a déjà signalé de pareils phénomènes...

— Ce n'est pas possible. Nos cors n'ont jamais sonné aucun des airs que nous entendons... Ecoutez bien...

En effet, les musiques qui parviennent aux oreilles du groupe — certes bien étouffées par la distance et l'épaisseur de la forêt — ne correspondent à aucune de celles qui ont accompagné, depuis le matin, la chevauchée du roi et de ses compagnons.

— Il faut aller voir qui sont ces gens, dit Henri IV. Cela m'intrigue.

Et il va donner de l'éperon quand, brusquement, les mêmes sonneries, les mêmes cris, les mêmes aboiements éclatent à vingt pas de lui, comme si, par quelque sortilège, la chasse mystérieuse avait fait un saut prodigieux à travers la forêt.

Etonnés, le roi et ses amis se tournent vers le chemin tout proche d'où semble venir le vacarme de cors et de chiens. Ils sont saisis de stupeur : le chemin est vide !

— Les voyez-vous ? demande le roi.

Mais personne ne voit rien. Derrière les arbres, il n'y a que le soleil qui joue sur les fougères.

Et pourtant, ce groupe de chasseurs, ces sonneries de trompes, cette meute bruyante sont là, tout près. On entend des éclats de voix, des hennissements, des bruits métalliques comme si des armes s'entrechoquaient.

Soudain, ces bruits, cette rumeur, ces fanfares se déplacent. Ils venaient de droite, ils viennent d'en face, puis de gauche, puis de derrière, puis, de nouveau, de droite. Invisible, la chasse fantôme tourne lentement autour du roi et de ses compagnons. Henri IV est inquiet :

— Soissons, dit-il, allez voir ce qui se passe !

Peu rassuré, le comte engage son cheval vers l'endroit d'où vient le vacarme et revient bientôt :

— Sire, je ne vois rien. Pourtant, j'entends comme vous les voix des chiens et le son des cors...

— Voilà qui est étrange ! dit le roi.

A ce moment, un grand homme noir, barbu et chevelu, aux yeux fulgurants, surgit des broussailles et crie d'une voix terrible :

— Vous voulez me voir ? Me voici !

Puis il se tourne vers Henri IV et dit :

— Amendez-vous !

Et il disparaît.

Aussitôt, le silence se fait dans la forêt. Plus un cri, plus un aboiement, plus un son de trompe, plus un pas de cheval. La chasse fantôme semble s'être volatilisée.

— Recherchez cet homme ! crie le roi.

On fouille les taillis, les buissons, les fougères, on scrute les arbres, les amas de rochers, rien ! Le personnage étrange, lui aussi, s'est évanoui.

— Partons, dit le roi. Allons interroger des paysans.

Et sans un mot, presque sans un bruit, tout le monde se met en marche et se dirige vers Fontainebleau. Les plus gais lurons baissent la tête. Chacun semble habité par une crainte superstitieuse, au point que personne n'ose rompre le silence. Pas même le roi, d'habitude si bavard, si joyeux, si prompt à lâcher quelque gasconnade.

Au bout d'une demi-heure de marche par les chemins de mousse et les fougères de printemps, la petite troupe arrive dans une clairière. Il y a là des bûcherons et des charbonniers. Henri IV les appelle et leur explique qu'il a vu surgir devant lui, comme un diable, un mystérieux personnage aux yeux pleins d'éclairs.

Les bûcherons hochent la tête :

— C'est le Grand Veneur, dit l'un d'eux. Il chasse souvent par ici...

— Le Grand Veneur ? demande le roi. Qui est-ce donc ?

— C'est un fantôme qui se promène dans la forêt... Oh ! il paraît qu'il n'est pas méchant. Nous autres, on le voit de temps en temps. Mais pour bien dire les choses, on n'aime pas beaucoup ça... Une fois, le Grand Veneur, moi, je l'ai vu près de Franchard. Il est sorti de terre, là, devant moi... Il était à deux enjambées. Il m'a regardé un bon moment sans rien dire. Moi, j'osais pas bouger. Puis il a ricané et il a disparu peu à peu comme une fumée...

— Et vous dites que ce Grand Veneur est un fantôme ? demande le comte de Soissons.

— Par Dié ! Sûr que c'est pas un humain comme nous

autres. C'est le Grand Veneur, quoi ! Ou le Chasseur noir, qu'on l'appelle aussi. Quelquefois, il est accompagné de toute une chasse invisible. Une chasse qui fait un bruit du diable, avec des chiens, des cris, des cors...

— C'est ce que nous avons entendu, dit le roi.

— Eh ben, c'est la chasse de Saint-Hubert, conclut le bûcheron.

Et il explique que c'est une chasse mystérieuse composée de fantômes d'hommes et de fantômes de chiens qui hantent, depuis longtemps, la forêt de Fontainebleau.

Très impressionnés, Henri IV et ses compagnons rentrèrent au château, où ils contèrent leur aventure.

Et tout le royaume apprit bientôt avec émerveillement que le roi de France avait rencontré un fantôme...

RÉPONSES À L'INCRÉDULE

— Un roi de France qui rencontre un fantôme, c'est un événement assez extraordinaire. Ça n'a pas semblé bizarre aux gens de l'époque ?

— Si. Vous pensez bien qu'on s'est posé mille questions et que les suppositions les plus folles ont été faites. On parla d'abord d'une tentative d'attentat, puis d'une apparition diabolique... Finalement, les gens de sens rassis conclurent que le souverain avait été abusé par des braconniers facétieux qui se seraient amusés à contrefaire le bruit des trompes de chasse et la voix des chiens. Henri IV aurait donc été victime d'une mauvaise plaisanterie.

— C'est donc l'un de ces braconniers qui serait apparu au roi ? Avouez qu'il n'aurait pas manqué d'audace... Mais pourquoi aurait-il crié : « Amendez-vous ! » ?

— Question très pertinente, vous allez le voir. Au mois d'avril 1599, c'est-à-dire huit mois après la rencontre de la forêt de Fontainebleau, Gabrielle d'Estrées, que le roi s'apprêtait à épouser, mourut empoisonnée, et Henri IV prit pour femme, vous le savez, la ventripotente Marie de Médicis. Des bruits alors commencèrent à courir. On murmura qu'à Fontainebleau le roi n'avait pas été victime d'une mauvaise plaisanterie, mais d'une machination ourdie par un grand personnage. Lequel ? Eh bien, le légat du pape, ni plus ni moins.

— *Quel aurait été le but du légat du pape en manigançant toute cette histoire ?*

— Le légat du pape — qui se trouvait à Paris à ce moment-là — était Alexandre de Médicis, qui voulait faire épouser sa grosse cousine par le roi de France. Et l'on expliquait que, pour frapper l'esprit du souverain et l'amener à répudier Gabrielle, le légat se serait adressé aux fameux braconniers et les aurait chargés de monter toute l'affaire. Et voilà pourquoi, disait-on, le pseudo-Grand Veneur était accompagné d'une chasse fantôme et avait dit au roi de s'amender...

— *Alors, voilà une belle histoire de fantôme qui s'écroule ?*

— Pas du tout. Bien que cette explication ait été acceptée par tous les chroniqueurs de l'époque, l'histoire ne s'arrête pas là. En 1625, en 1647 et en 1672, le Grand Veneur apparaît de nouveau à des chasseurs de cerfs, toujours accompagné de ses piqueurs invisibles et de sa meute fantôme. Et en 1698, c'est Louis XIV lui-même qui le voit. « Un personnage d'allure surnaturelle, dira-t-il, surgit devant moi, faisant cabrer mon cheval, et m'adressa quelques paroles. » Paroles que le roi ne voulut jamais répéter.

Ce n'est pas tout. En 1897, une touriste anglaise qui se promenait dans la forêt de Fontainebleau raconta qu'elle avait rencontré, aux environs de la croix du Grand-Maître, un homme noir surgi d'un buisson qui courait avec la légèreté d'un daim en criant : « Yak, yak, yak... » [1].

---

1. Voir ci-après une lettre de cette jeune Anglaise.

— *Que faut-il donc penser de cet homme effrayant qui réapparaît périodiquement ?*

— Il peut s'agir de simples rôdeurs, hirsutes et menaçants, que l'imagination, le souvenir de légendes transforment en êtres surnaturels. Il peut s'agir aussi d'hallucinations, c'est-à-dire de personnages irréels, entièrement créés par l'inconscient, de « fantasmes concrétisés », suivant l'expression d'un psychanalyste. Et dans ce cas, Freud, dont la libido est toujours en éveil comme vous le savez, explique que ce chasseur est, bien entendu, un symbole sexuel car il est velu !... Mis à part cette interprétation, l'hypothèse d'une hallucination individuelle ou collective n'est peut-être pas à rejeter car le Grand Veneur est un personnage que l'on retrouve dans la plupart des folklores occidentaux. Dans le nord de l'Europe, par exemple, on l'appelle le Chasseur noir.

— *Reste la chasse invisible.*

— Là encore, il s'agit d'un mythe extrêmement répandu. Dans le Blésois, c'est la chasse volante de Thibault le Tricheur ; en Touraine la chasse Briquette, la chasse d'Arquin ou la menée d'Helquin. En Berry, c'est la chasse à Rigaud ou la chasse à Baudet ; en Bourbonnais, la chasse Maligne ou la chasse Gayère ; en Bretagne, la chasse Gallery ; dans le Maine, la chasse Artus menée par le fameux roi Artus qui gouvernait les Bretons au IVᵉ siècle ; dans l'Orléanais, la chasse du roi Hugon ; en Suède, la chasse d'Odin ; en Allemagne, la *wooden Heer.*

— *Existe-t-il des témoignages ?*

— George Sand, qui, en bonne Berrichonne, s'est naturellement penchée sur ces phénomènes étranges, en a recueilli quelques-uns. En outre, Madeleine Bosquet, auteur d'un ouvrage sur la Normandie romanesque et merveilleuse, a publié un certain nombre de procès-verbaux assez troublants.

— *Mais a-t-on le témoignage d'un personnage digne de foi ?*

— Peut-être... Ce personnage est Ronsard. Une nuit qu'il

rentrait chez lui, près de Vendôme, le poète, qui, pourtant, vous le savez, était un peu dur d'oreille, entendit le bruit d'une chasse à courre et vit apparaître un cavalier qui voulut le prendre en croupe. Un autre se fût signé pour faire s'évanouir cette vision. Ronsard, qui avait été soldat, préféra tirer son épée, et tout disparut.

Mais cette rencontre l'avait troublé à ce point qu'il nota ses impressions en un poème que je vous livre sans commentaire :

Un soir, vers la minuit
Tout seul outre le Loir et passant un détour
Joignant une grand'croix, dedans un carrefour,
J'ouis, ce me semblait, une aboyante chasse
De chiens qui me suivait pas à pas à la trace.
Je vis auprès de moi sur un grand cheval noir
Un homme qui n'avait que les os, à le voir,
Me tendant une main pour me monter en croupe :
J'avisais tout autour une effroyable troupe
De piqueurs qui couraient une ombre, qui, bien fort,
Semblait un usurier qui naguère était mort,
Que le peuple pensait, pour sa vie méchante,
Etre puni là-bas des mains de Rhadamanthe.
Une tremblante peur me courut par les os,
Bien que j'eusse vêtu la maille sur le dos,
Et pris tout ce que prend un amant que la lune
Conduit tout seul, de nuit, pour chercher sa fortune :
Dague, épées, bouclier, et par sur tout un cœur
Qui naturellement n'est sujet à la peur.
Si fussé-je étouffé d'une crainte pressée,
Sans Dieu qui promptement me mit en la pensée
De tirer mon épée et de couper menu
L'air tout autour de moi, avecques le fer nu,
Ce que je fis soudain, et si tôt ils n'ouïrent
Siffler l'épée en l'air, que tous s'évanouirent.

ANNEXES

ESTRANGE ET EFFROYABLE HISTOIRE NOUVELLEMENT ARRIVÉE DANS LA FOREST DE FONTAINE-BLEAU À UN SEIGNEUR DE QUALITÉ, LE JOUR DE NOSTRE DAME, QUINZIESME D'AOUST MIL SIX CENT VINGT CINQ.

« Le Roy (Louis XIII) estant de présent en son chasteau de Fontaine-Bleau, avec Mesdames les Royens, et tout son Conseil, pour y séiourner quelque temps, tant à cause des maladies qui courent en divers lieux, en sa ville de Paris, que aussi pour l'agréable séiour du lieu, et du grand contentement que Sa Maiesté y prend au plaisir de la Chasse, estant le pays aussi fertil en toutes sortes de bestes fauves qu'il s'en puisse trouver en lieu du monde. Cela faict que toutes sortes de personnes qui ont affaires à la suite de Sa Maiesté y accourent de toutes parts. Il est arrivé qu'un Seigneur de qualité, duquel en ce discours, ie tairai le nom pour n'estre de besoing de le nommer, ayant des affaires sur le bureau du Conseil de Sa Maiesté prest à juger, seroit party de son chasteau près Senlis, pour aller recommander son bon droit, pour ce faire il séiourne au dit Fontaine-bleau, l'espace de neuf iours, pendant lequel il a eu l'honneur de salüer diverses fois Sa Maiesté, laquelle luy faict l'honneur de l'aymer à cause de ses bons et agréables services, son procez de iuge une partie à son consentement, si bien qu'il part de la Cour pour retourner en sa maison. Après avoir pris congé de ses amis, il part de Fontaine-bleau le quotorziesme d'Aoust miol six cens vingt cinq, sur les huict heures du soir, accompagné seulement de son homme de Chambre, tous deux bien montez ayant chacun le pistollet à larçon de la selle, et deux moiens laquais qui avoient pris le devant, le tout en intention d'aller à la fraischeur, coucher à Essaulne (Essonne) d'autant que ce Seigneur avoit quelques affaires à Paris qu'il desiroit faire en passant. Il arrive qu'estant advancé d'une grande lieuë et demye dans la Forest de

Fontaine-bleau que le soleil commence à retirer ses rayons de dessus la terre, et l'air à se couvrir de ténèbres, toutesfois le dit Seigneur ne laisse de poursuivre son train, désirant passer la dite Forest plustôt qu'il luy seroit possible. Ils ne furent pas à un quart de lieuë de la chapelle de Sainct Louis qui est dans ladite Forest, où de présent se retire un bon père Hermite, qu'ils ouyrent plusieurs corps de chasse tromper, et parmy ce bruit, un iappement de meuttes de chiens, comme s'il poursuivrait une beste fauve, cela donna subiect audict Seigneur d'arrester et ne passer outre quelque temps crainte de faire rencontre de la beste, et de détourner de son chemin, estimant que ce fust quelque Seigneur qu'avec la permission du Roy prins plaisir à courir le Cerf.

Sur ce doubte ils demeurèrent bien arrestés l'espace d'une demye-heure sans qu'ils découvrassent aucuns Cavaliers, toutesfois ils ne laissoient d'entendre ledict iappement et sonnement de corps et trompe fort proche d'eux sans rien voir apparoistre, ce que voyent ledit Seigneur il se douta que c'estoit le grand chasseur duquel on parle il y a long temps, sur ce doute il picque son cheval et commande à son homme de chambre de le suivre de près, et aussi d'abattre le chien de sa carrabine et pistollet pour leur en servir si besoin en estoit. Ledict Seigneur n'eust advancé son chemin d'un quart de lieuë que voilà leurs chevaux qui s'arrestèrent tout court ne voulant passer outre pour tous les coups esperons que ledict Seigneur et son homme leurs donnèrent, ce qui les estonna, ne leur ayant iamais veu faire telle action.

Pendant qu'ils estoient ainsi en peine, ils recommencèrent d'entendre le dict iappement et avec cela une chamaillade de coups de carrabines et pistollets ; ils commencèrent d'avoir quelque peur en se recommandant à Dieu, à mesme instant ils virent passer au travers du chemin deux hommes bien montez, l'un sur un cheval moitié blanc, l'autre moitié noir, vestu d'une Ouppelande grise avec un chapeau gris, sur lequel il y avoit une grande plume blanche et noire, ayant un coustelas nud en la main, et en l'autre une trompe, à l'entour de luy un grand nombre de chiens de toutes sortes de façons et grandeurs, qui à les voir sembloient estre las et eschauffez.

L'autre homme monté sur un cheval tout noir qui n'avoit aucune marque sur soy que le côté d'une fesse qui sembloit estre grise, tout vestu de rouge, son chapeau gris et sur iceluy une plume rouge et noire, ayant en la main un dard, lequel avoir estoit tout couvert de sang, de ceste façon passèrent ces deux cavalliers l'un fort proche et l'autre le travers du grand chemin de ladicte Forest, et proche dudict Seigneur et de son homme, la portée de deux pistollets, de telle sorte qu'au rets de la Lune ils pouvoient facilement voir le tout. Ces cavalliers ou plustot Spectre et Prodiges ne furent sitost passez le travers du chemin, non sans avoir donné de la peur à ce Seigneur et à son homme que les chevaux sur lesquels ils estoient montez entrèrent en fougue et comme si quelque mauvais Esprit eust voulu les porter en l'air, prinrent leurs courses en sautant par fois et ruant avec un furieux ronflement.

Mais tout cela ne dura guères : car incontinent les chasseurs commencèrent à se paroistre comme s'ils furent venus droict audict Seigneur. Sur cela lesdits chevaux ne voulurent, comme auparavant, partir d'une place pour toutes les façons qu'on leur peut faire, la peur augmenta audict Seigneur et à son homme et contrainte leur fut de prendre courage, et une ferme résolution et apprès pour s'estre recommandé pour la seconde fois à Dieu, ils prindrent leurs pistollets en la main et chien abattu avancèrent devers ces prodiges et s'approchant d'eux tirent chacun leur coup, ce qui ne fut si tost faict que les chasseurs, leurs chevaux et meuttes de chiens disparurent et ne voient plus rien ce faisant ils entendirent dans ladicte forest comme un grand esclair de tonnerre.

Cela faict incontinent s'apparut à eux deux grands lévriers de poil blanchâtre beaucoup plus puissant que le naturel ayant chacun un collier dans le col qui vindrent iouant de leur queuë caresser les chevaux dudict Seigneur et de son homme sans fere aucun semblant de le faire mal, et bien qu'ils sembloient fort eschauffez et las, ils cheminèrent à lentour desdicts chevaux pendant lequel chemin on n'eust dit que la terre se perdoit souz leurs pieds tant ils alloient d'une grande roideur, et de cette sorte sortirent de la dite Forest au bout de laquelle se disparurent lesdits lévriers. Cela effroya tant ledict Seigneur et son homme, qu'au lieu de prendre le chemin pour aller à Essonne, ils prindrent une route qui les mena droit à Melin, auquel lieu ils arrivèrent sur les trois heures après minuict le iour de l'Assumption. Nostre Dame, le quinziesme Aoust dernier, d'où ils ne partèrent ladit iournée s'estant employés à rendre grâce à Dieu de les avoir préservez et garenttits de ces estranges et effroyables prodiges.

Pour approuver davantage ceste estrange Histoire, ie dirai que tout le temps, les charbonniers, buscherons et paysants d'autour ladicte Forest, de Fontaine-bleau disent que souventes-fois ils voyent un grand homme noir avec une meutte de chiens passer par ladite Forest, lequel ne leur faict aucun mal, et l'appellent le Grand Veneur : deux à qui ils contoient cela le prenoient pour fable, mais il advinst que peu de temps après, le Roy Henry IV estant à Fontaine-bleau se donnant du plaisir à la chasse avec plusieurs Seigneurs de sa Cour, estant au plus espais de la forest ils entendirent corner des chasseurs et abbayer des chiens comme de loing et à l'instant tout auprès d'eux.

Quelques Seigneurs près du Roy s'avancèrent à ce bruit, pour voir ce que c'estoit, ils n'eurent faict un pas qu'ils advisèrent un grand homme noir parmi ses halliers, lequel leur fit une telle peur que ce fut à qui fuirait le mieux. Cet homme noir leur parle d'une parolle si espouvantable qu'ils n'eurent la créance ny le loisir de bien discerner ce qu'il dict, les uns rapportent qu'il leur dict m'attendez-vous, les autres m'entendez-vous et d'autres amendez-vous. Sur ce subject i'ai trouvé bon de faire mention en passant d'un certain esprit qui s'apparoient souvent aux passans de la forest de Lyon (Lyons, en Normandie) que l'on appelle le Foicteur de la forest de la Lyonne, où le Roy Charles neufviesme prenoit si grand plaisir à la chasse qu'il fist dans ceste Forest esleve un bâtiment superbe appelé Charles-val où durant que Sa Maiesté, faisoit son séiour plusieurs femmes villageoises passant par la Forest, sans voir personne, estoient esbays d'estre troussées et foitées, si bien que les marques leur en demeuroient aux fesses et incontinent entendoient par dedans ladicte Forest un cri de ris de ha, ha, ha.

Le Roy fist faire enqueste, si cela estoit vray, plusieurs le luy asseurèrent et en montrèrent des marques, l'on s'en ryoit, et les vieilles gens asseuroient que cela arrivait souvent, et qu'ils avoient veu et cogneu plusieurs personnes qui avoient faict rencontre de cet esprit auquel il leur auroit faict la mesme chose, dont une partie en estoient morts de peur.

Ce n'est point de cette heure qu'il s'apparoist en divers lieux du Royaume d'estranges apparitions de prodiges, et fantosme scauroit-on demander chose plus espouvantable que l'esprit qui apparoient souvent dans la Forest de beau Regard, près de Chaalons sur Sonne ; lequel se faict voir au passant tantost en forme humaine monté sur un thoreau, tantost en boucq, et parfois comme un sanglier ceste façon est la plus espouvantable de toutes : car on luy voit (lorsqu'il prend ceste figure) rompre avec ses crocs de grosses branches d'arbre, escumer de la gueulle, alors il ne fait pas seur de ce rencontrer en sa routte et chemin, quelques personnes ont esté contraint de promptement monter en des arbres de peur d'encourir les effects de la rage.

Ie cognois des personnes qui ont rencontré cet esprit en forme humaine monté sur un cheval noir, lequel esprit est venu à costé d'eux et chemina en leur compagnie, sans leur faire aucun mal, et tout ce qui les espouvanta, c'est que cet esprit paroissoit souvent en divers changements, d'habits et de cheval, et parfois rien du tout, cela est commun dans le pays, et ceux qui ont été dans ces quartiers le sçavent ou le doivent sçavoir aussi bien que moy. »

Texte intégral d'un in-12 de 14 pages
publié en 1625 à Paris.

LETTRE D'UNE JEUNE ANGLAISE AYANT RENCONTRÉ UN HOMME NOIR EN FORÊT DE FONTAINEBLEAU

Cette lettre fut publiée par le journal L'Abeille de Fontainebleau *dans son numéro du 16 septembre 1898.*

« Le 13 juin de l'année dernière j'étais à bicyclette, allant de Sens à Fontainebleau où je demeurais. J'avais désiré prendre le train à Moret, mais, l'ayant manqué, je fus obligée de pédaler à travers la forêt entre huit heures et neuf heures du soir ; c'était une claire et belle soirée, après une journée de chaleur et un brillant coucher de soleil.

Je pédalais doucement, pensant combien charmante était la forêt et combien plus charmant c'était d'être dehors, dans la fraîcheur du soir au lieu de la chaleur de l'après-midi. J'avais dépassé la croix du Grand-Maître et tourné dans le Bosquet aux Nymphes, je n'étais pas le moins du monde nerveuse de me trouver seule et je jouissais pleinement de ma chevauchée lorsque j'arrivai à une petite clairière sur ma gauche ayant des broussailles de tous côtés, excepté sur le sentier où je me trouvais. Soudainement, hors du buisson, en face de moi, bondit un homme noir, avec ses mains en avant comme pour séparer les buissons opposés. Regardant fixement devant lui, sans même tourner la tête de mon côté, il courut à travers la clairière avec la légèreté et l'élasticité d'un daim et disparut dans le buisson, de l'autre côté de celui d'où il était venu. Je le surveillais avec surprise, tournant ma tête pour le voir, courant à côté de ma bicyclette, à une distance de quelques mètres. En moi-même je me disais : « Qu'est-ce que cela peut être ? » C'était une étrange figure, et noire de la tête aux pieds. Il semblait être habillé de vêtements collants, excepté quelque chose plutôt ample sur les épaules. « Qu'est-ce que c'était ? » me disais-je en le répétant, car quoiqu'il parût être un homme, son apparence était si peu naturelle ! Au même moment, j'entendis un bruit étrange, qui rendait un son tel que « Yak, yak, yak », et j'écoutais cela avec un égal étonnement, cherchant quels oiseaux pouvaient rendre un son si particulier. J'étais si attentive à observer la figure et à écouter ce bruit, que, jusqu'à ce que je fusse tout près de lui, je ne vis pas un cerf dans le sentier devant ma bicyclette. Il regardait du côté de la clairière et paraissait ignorer mon approche, fasciné par ce qu'il voyait. Je fis sonner mon grelot et frappai sur mon guidon pour l'effrayer ; alors il fit un saut et bondit dans la direction opposée à celle dans laquelle l'homme noir était parti. Tout cela se passa en quelques secondes. Je n'éprouvai aucune frayeur jusqu'après que le cerf eut disparu et alors je m'aperçus que je tremblais violemment, et une terreur s'empara de moi de telle façon que je perdis tout pouvoir de continuer à pédaler. Cependant je me remis et pédalai de toutes mes forces entendant toujours « Yak, yak, yak ».

Je décidai de ne rien dire à mon retour, de ce qui m'était arrivé, pensant que je chagrinerais mes amis de ce que j'avais voyagé seule, et d'autres pourraient dire : « Que peut-elle attendre d'autre que ces choses alarmantes restant ainsi dehors si tard ? » En conséquence je ne parlai que du cerf et du bruit inexplicable et pris soin de ne jamais mentionner l'homme noir ; mais en moi-même, pendant l'année dernière, la question est revenue bien des fois : « Qu'est-ce que cela pouvait être ? » Dernièrement, j'allai demeurer à Barbizon, de l'autre côté de la forêt d'où j'avais aperçu ces choses étranges ; un soir, le 11 mai, je lisais l'explication de Fontainebleau dans le livre intitulé *Mr Augustus Hare's Days near Paris* lorsque j'arrivai au passage de Sully signalant l'Homme noir qu'on savait apparaître dans la forêt de Fontainebleau, accompagnant les aboiement des chiens de chasse.

Je m'empressai de dire aux amis avec lesquels j'étais : « C'est exactement ce que j'ai vu et entendu l'année dernière. » Sans rien dire d'autre à qui que ce soit, le lendemain matin, je demandai à une femme du village s'il n'y avait pas une légende au sujet du Chasseur noir par rapport à la forêt ; et elle me répondit : « Mais oui, mademoiselle, le Grand Veneur qui apparaît de temps en temps. — Comment est-il ?, lui demandai-je. — Il est tout noir et habillé très collant. — L'avez-vous jamais vu ? — Non, mademoiselle, mais cela ne veut pas dire qu'il napparaît pas. » Elle ajouta : « Ce n'est pas un homme, mais je ne sais ce qu'il peut être. »

Je demandai aussi à un cocher s'il savait quelque chose à ce sujet, il répondit avoir entendu parler du Chasseur noir, mais il ne l'avait jamais vu et il ne connaissait personne l'ayant vu. Depuis lors j'ai lu dans le « Guide Joanne » qu'il était apparu à Henri IV. »

E.H.

Paris, 5 juin 1898.

SOURCES

Madeleine BOSQUET, *La Normandie romanesque et merveilleuse.*

Henri DONTENVILLE, *Les Dits et Récits de mythologie française.*

Pierre DE L'ESTOILE, *Journal.*

Ludovic LALANNE, *Curiosités des traditions, des mœurs et des légendes*, 1847.

Laisnel DE LA SALLE, *Croyances et légendes du centre de la France*, 1875.

Pierre MATHIEU, *Histoire de France et des choses mémorables advenues pendant sept années de paix du règne de Henri IV*, 1605.

Désiré MONNIER, *Traditions populaires comparées.*

RONSARD, *Hymne des Daimons.*

SULLY, *Mémoires.*

R. VIVIER, J.-M. ROUGÉ et E. MILLET, *Contes et légendes des pays de Loire.*

Le vertige de la marquise de Ganges

Nous sommes en 1656 dans l'antique quartier de Saint-Germain-des-Prés, dont les ruelles resserrées et les hautes maisons se touchant au faîte favorisent depuis toujours les fermentations les plus équivoques de l'esprit. En ce sombre XVIIe siècle qu'éclaire encore tout du long la lueur des bûchers et des tenailles ardentes qui servent à « gêner les sorciers », la petite rue d'Hautefeuille, que bordent d'un côté un cimetière juif désaffecté, de l'autre des meublés à escholiers et sorboniqueurs, n'échappe pas à la règle. On peut même dire que, dans les quelques rares demeures à tourelles du lieu, mages et devins, versés dans toutes les mancies, tiennent à Paris le haut du pavé.

Un après-midi d'octobre de cette année-là, une jeune femme âgée d'à peine vingt ans et en vêtements de grand deuil fait arrêter son carrosse à l'entrée de la venelle. Si elle n'était pas entièrement voilée, on pourrait voir qu'elle est très belle. Si belle que toute la cour du jeune Roi-Soleil s'extasie. Si belle que la reine de Suède, passant à Versailles, ne peut s'empêcher de dire :

— En tous les royaumes que j'ai traversés, je n'ai point rencontré fille ni femme qui se puisse comparer à cette belle Provençale !

On l'a mariée à treize ans, cette beauté — on mariait jeune en ce temps-là —, à un aimable officier de quinze ans son aîné. Elle l'a beaucoup aimé. Mais il vient de périr en mer après sept ans d'heureuse union. Maintenant, elle va se remarier, cette jeune veuve, comme le veulent ses parents. Avec un gentilhomme de son âge, le marquis de Ganges, gouverneur de Saint-André-de-Majencoules, poste de garde avancé des Cévennes. Il est bien beau aussi, le marquis, et si enjoué !

Toujours à la dernière mode de Paris, dont il connaît les meilleurs tailleurs, on le voit à Versailles au petit et au grand lever. A la chasse toujours et souvent en compagnie du roi, dont il a l'âge, exactement. En un mot, un parfait cavalier, qui ira magnifiquement avec cette jeune et riche héritière...

Une haute porte de chêne, des torchères, une volée d'escalier en marbre, voici que, rue d'Hautefeuille, la jeune femme se présente au logis de Catherine Deshayes, femme Monvoisin, qui fait profession de devineresse. En entrant dans le vestibule de celle que les grands, ses clients, appellent « la Voisin », la future marquise a un mouvement de recul. On lui indique un inquiétant couloir tout tendu de noir et constellé de signes cabalistiques. Mais la soubrette, qui connaît son rôle, la conduit avec un sourire vers l'antre de la magicienne. L'endroit, visiblement, a été décoré par un succube au goût raffiné et il a tout pour mettre en condition. Entre la statue en pied de Belzébuth et un jeu de miroirs qui permet de voir des personnages du passé et de l'avenir, la Voisin trône dans un fauteuil égyptien. Fascinée, la jeune femme contemple derrière elle une allégorie des plus crues qui représente la luxure...

Drapée dans un taffetas sombre chevillé de petits dragons verts, le visage dissimulé sous une sorte de cornette de bonne sœur, la Voisin paraît d'abord méfiante...

— Que voulez-vous de moi ?

— J'aurai sous peu de jours à prendre une décision capitale... dit la jeune femme, très impressionnée. Je voudrais être conseillée par vos esprits...

— Je vais les prier de vous répondre ! dit alors la magicienne avec une voix radoucie.

— Il s'agit de...

— Non, non, surtout ne dites rien ! Ecrivez seulement sur ce papier les questions que vous voulez poser aux esprits...

— J'aimerais autant ne pas écrire, dit la veuve, craignant de retrouver son billet chez l'exempt.

— Je brûlerai le papier sous vos yeux ! dit la Voisin pateline.

La jeune femme saisit la plume qu'on lui propose, se recule et jette deux lignes sur le papier, qu'elle tend à la voyante. Celle-ci s'en empare, le roule en boule et le fait disparaître prestement dans la gueule d'un fourneau où brûlent le basilic, l'oliban et d'autres plantes aromatiques... Par un tour de passe-passe élémentaire, la Voisin a, bien sûr, subtilisé le papier sur lequel est écrit : « Suis-je jeune ? Suis-je belle ? Suis-je fille, femme, ou veuve ? Dois-je me marier ou me remarier ? Vivrai-je longtemps, mourrai-je bientôt ? »

On se quitte, et rendez-vous est pris pour dans trois jours. Le temps qu'il faut pour accoucher les esprits. Le temps qu'il faut à la Voisin pour se renseigner auprès d'un des nombreux espions qui furètent pour elle dans Paris...

Quand la future marquise revient, elle s'entend dire ceci :

— Vous êtes jeune, vous êtes belle, vous êtes veuve. Bientôt vous allez vous remarier...

Puis, touchant la tête d'une salamandre empaillée aux larges taches orange, la Voisin se concentre un instant et dit ceci, qui est de la vraie voyance :

— Il faut que l'on vous dise... oui... il faut que l'on vous dise que vous allez mourir jeune !

La jeune femme a porté la main à sa bouche.

— Les cartes ne se trompent-elles jamais ? murmure-t-elle.

— Rarement, mon enfant, dit la Voisin sur un ton de pitié.

— Demandez encore ! insiste la jeune femme naïvement.

La devineresse se lève lentement et se dirige vers son four. Dans un récipient, elle prend une pincée de poix qu'elle roule dans ce qui paraît être de l'encens, puis jette la boulette qu'elle a formée dans le feu.

Une flamme verte et bleue s'élève, qu'elle inspecte longuement. Elle se retourne vers la jeune femme.

— Il n'y a guère d'espoir... Vous mourrez jeune et de mort violente !

Rentrée en Avignon, la pauvre femme raconte en pleurant cette prédiction à son fiancé. Le marquis de Ganges est dans la force et l'éclat de ses vingt ans. Il éclate de rire. Le mariage est célébré en janvier 1658, le temps pour la jeune femme de respecter la mémoire de son mari, et pour le fiancé d'enterrer dignement sa vie de garçon. Enfin, après une fête mémorable, dont Avignon se souvint longtemps, la voici marquise de Ganges, cette adorable jeune femme dont Saint-Simon vient de dire qu'elle a des yeux qui sont « un miracle de tendresse et de vivacité »...

Le marquis de Ganges a deux frères aussi. Le moins qu'on puisse dire, c'est qu'ils ne sont pas très bien, les frères. L'un est un bourreau des cœurs et plus encore un bourreau d'argent. Si bien qu'en deux saisons il vient de dilapider toute sa part d'héritage. L'autre est abbé. Un curieux abbé : joueur, coureur et soiffard. Les deux frères, qui ne s'entendent pas bien, sont au moins d'accord sur un point : ils trouvent leur belle-sœur excessivement désirable et jamais on ne les a vus aussi assidus à la maison.

Le marquis de Ganges, lui, y est beaucoup moins. Il « monte » souvent à Paris, comme on disait déjà à l'époque. Pour tenter de faire carrière en se montrant à la cour, et très vite après son mariage, pour y courir des aventures galantes. Avec ça toujours aussi charmant, le jeune marquis, et sa femme, qui est ravie de le voir quand d'aventure il rentre, se console entre-temps en dorlotant les deux adorables bambins qu'il lui a faits...

Jusqu'au jour où elle apprend — il y a toujours de bonnes âmes pour vous dire ces choses-là — que son mari la trompe et qu'en plus il dépense énormément d'argent. Son argent à elle, en fait, car elle est beaucoup plus riche que lui. Alors la pauvre petite marquise se fait du souci. D'autant plus qu'elle ne peut confier à personne sa peine. Surtout pas à ses beaux-frères, qui ne cessent de la détailler avec concupiscence et qui n'attendent qu'un moment de faiblesse pour se jeter sur elle. Et que fait une femme quand elle n'est pas heureuse ? Eh bien, elle va voir les voyantes. Pas la Voisin, cette fois, bien sûr, puisque aussi bien on la claquemure dans son hôtel de Saint-André. C'est une autre qu'elle consulte, installée en Avignon, ce qui lui permet aussi d'aller embrasser ses parents. Une autre qui n'est pas mauvaise non plus puisqu'à l'instant de retourner les premières lames des tarots elle soupire :

— Jésus Marie ! Vous mourrez jeune...

— Vous voyez donc cela aussi !

— Que Dieu me garde, oui !

— Mais je ne peux donc pas y échapper ?

Longuement, la cartomancienne déchiffre les tarots.

— Donnez tous vos biens à votre mari ! dit-elle enfin.

La malheureuse marquise a envie de dire que c'est presque fait, car de Versailles elle vient encore d'apprendre qu'elle est de reste. La voyante insiste.

— Donnez-lui tout et retirez-vous vite dans un couvent... Doux Jésus ! Je vois la mort partout ! Le couvent, je ne vois que ça pour vous prolonger...

— Mais suis-je donc à ce point menacée ?

— La mort d'un de vos proches, hélas ! va bientôt annoncer la vôtre !

— Et quelle sera donc la mienne ?

La cartomancienne hésite. A-t-elle des choses encore plus horribles à révéler ? De son index, elle touche à nouveau les lames.

Blême tout autant que la marquise, elle finit par dire :

— Je vois encore la mort... Mais jamais je ne l'ai vue comme ça. Mes cartes me disent que vous mourrez... trois fois !

— Trois fois ? s'écrie la jeune femme, qui ne sait pas plus que la voyante ce que cela veut dire.

Ses enfants sont à présent un peu plus grands et ses beaux-frères la pressent tous les jours de les accompagner à la chasse. De guerre lasse, elle finit par y consentir. Mais à peine se sont-ils engagés dans la garrigue que l'abbé lui dit qu'elle le rend fou, qu'il la veut et sur-le-champ. Elle résiste, et à grand-peine arrive à s'enfuir.

— Tu ne perds rien pour attendre ! lui crie ce ruffian ensoutané. Je vais dire à mon frère que tu as plein d'amants ! Il me croira... et il est violent !

Un autre jour, alors qu'ils sont seuls dans la grande demeure, l'autre beau-frère, le chevalier, tente carrément de la violenter. Elle y laisse jusqu'à son joli corset de tulle rose, mais parvient encore à prendre la fuite. L'abbé pervers et le chevalier dévoyé lui vouent désormais une haine terrible. Et pendant ce temps, le mari papillonne de-ci, de-là, voyage, fait le galant à Versailles et mène à Paris un jeu d'enfer...

« La mort d'un de vos proches annoncera la vôtre... » Voici que Joannis de Nochère, le grand-père de la marquise de Ganges, vient de rendre l'âme. Il laisse à sa petite-fille une fortune colossale. Une des plus grosses fortunes de France. Le contrat de mariage dit clairement que ces biens ne font pas partie de la dot. Qu'ils appartiennent en propre à la marquise, qui peut en disposer à sa guise, soit par donation, soit par voie testamentaire. Sont-ce ces prédictions répétées, la haine accrue des beaux-frères ou la conduite de plus en plus indigne du mari ? La petite marquise est à présent habitée par une peur qui se projette le soir sur les hauts murs de sa chambre, qui s'infiltre le jour dans les longs corridors de sa demeure et paraît même sourdre des fontaines et des cyprès de son vaste jardin.

— J'en suis à présent sûre, Nanette, dit-elle à sa gouvernante. Ils veulent me tuer. Hier, l'abbé m'a donné une crème qui avait mauvais goût.

Trois mois se passent, et puis son mari, au hasard d'un de ses retours, l'invite dans le pays d'origine de son clan, dans ce marquisat de Ganges, coincé entre les Cévennes et les gorges profondes de l'Hérault. Jusque-là le marquis allait toujours seul dans ce bourg ancien et fortifié, mais, cette fois, l'abbé et le chevalier sont aussi du voyage. A Ganges, la marquise ne connaît personne. Mais que veulent-ils donc, tous les trois ?

En dépit de ses frasques, elle garde sa confiance au mari. Elle est sûre qu'il l'aime encore un peu et surtout qu'il aime les beaux enfants qu'elle lui a donnés. Et pourtant elle est si inquiète qu'avant son départ elle va chez un notaire, pour faire en secret son testament. En cas de malheur, elle veut laisser ses biens à ses enfants et à eux seuls. Tout ce qu'elle pourrait écrire plus tard serait faux et dicté sous la contrainte. Cela seul devra être son testament...

La voici à Ganges, où l'arrivée de sa calèche a jeté quelques bourgeois dans la rue. Puis les lourdes portes du manoir se sont refermées sur elle. Son mari est là, qui l'accueille sous le porche. Froidement, il annonce qu'il doit repartir presque aussitôt, mandé à Toulouse pour une affaire politique d'importance. Il laissera sa femme à la garde de ses deux frères et reviendra le plus vite qu'il pourra... Alors la jeune femme comprend. Elle sait maintenant qu'on veut la tuer, et que ses beaux-frères sont des criminels. Ils s'apprêtent et toute la maison déserte vibre de la terreur qui descend en elle. Certes, elle devine, la malheureuse, qu'elle a quelques heures de répit ; jusqu'à la nuit peut-être ou jusqu'au lendemain. Ils ont tout leur temps, de toute façon, et la maison enclose de murs est si grande que nul ne l'entendra seulement crier ! Elle est dans sa chambre et regarde autour d'elle. Ses fenêtres donnent sur un ravin profond et comporte trois portes dont aucune ne ferme à clé. Alors, tremblante, elle s'assied sur son lit et attend. Déjà le jour tombe et nulle servante ne vient lui porter des habits, ou de la lumière. Que font pendant ce temps ses chers enfants, là-bas, en Avignon ? Et, surtout, que vont-ils devenir ?

A la nuit, elle voit comme dans un cauchemar entrer l'abbé et le chevalier. Mais le cauchemar est vrai. Tous les deux s'approchent. Ils sont affreusement pâles et comme hallucinés. Le chevalier a tiré son épée et l'abbé tient d'une main un pistolet, de l'autre un verre.

La marquise hurle, elle supplie et demande qu'on l'épargne. Au nom de ses enfants. En vain. Les deux monstres la pressent et disent que de toute façon il faut mourir. Alors, sentant qu'il n'y a plus rien à faire, qu'elle est abandonnée de Dieu aussi bien que des hommes, elle saisit le verre et l'avale d'un trait. Il reste un dépôt au fond.

— Avalez ! dit l'abbé, qui est le plus acharné.

Le liquide lui brûle affreusement la gorge et l'estomac. Elle se jette sur le lit, se tord et recrache furtivement le liquide dans ses draps.

— Vous êtes maudits ! dit-elle. Maudits, parce que je vais mourir sans avoir pu me confesser !

Enfin une prière qui semble les toucher... Par feu éternel interposé. Comme des automates, ils vont chercher le chapelain qui est à leurs ordres. Pendant leur courte absence, la marquise se fait vomir, puis se glisse, en chemise, échevelée, titubante, par une fenêtre du rez-de-chaussée. Dans les rues désertes, elle court pieds nus et arrive devant une maison qu'elle croit reconnaître. C'est celle des Maugiron, des notables qui sont venus lui rendre visite, une fois, à Saint-André.

— De l'eau, vite ! Par pitié...

Les Maugiron, bouleversés, font ce qu'ils peuvent. Mais déjà le chevalier arrive, semblable à un somnambule fou. Il écarte tout le monde et plonge cinq fois son épée dans le corps de la jeune femme. A la cinquième fois, l'épée se brise en son milieu. Il s'enfuit, court rejoindre son frère qui l'attend dehors. Tout est allé si vite que les Maugiron n'ont pu s'interposer. Les deux frères sont retournés dans leur manoir et le chevalier essuie le sang qui a inondé ses bottes et sa jaquette. Voici que, par la fenêtre, il voit passer un domestique des Maugiron, suivi d'un médecin.

— Si on est allé quérir le médecin, dit l'abbé, c'est qu'elle n'est pas morte !

Il se précipite au-dehors et court comme un dément vers la maison où sa belle-sœur a trouvé refuge. Il parvient à se frayer un passage jusqu'à son lit, et, là, lui appuie un pistolet sur le cœur et tire.

La marquise vivait encore en effet, et elle survivra dix-neuf jours à ses horribles blessures...

« Vous mourrez trois fois ! » avait dit la voyante. Le poison, l'épée, le pistolet. Trois armes et tant d'acharnement pour venir à bout de ce beau corps...

Mais qui a vraiment tué ? Les deux frères du marquis, bien sûr. Mais pourquoi ? Violence d'un désir longtemps refoulé ? Haine obtuse de deux ratés ? Intérêt sordide, exalté par la complicité du mari ?

Sans doute. Mais, dans ce crime étrange, d'une cruauté peut-être sans exemple dans ce siècle qui en compte pourtant de terrifiants, était à l'œuvre, aussi, la certitude lancinante de la marquise qu'elle allait être tuée. Terreur contagieuse de l'assassinat que les voyantes lui avaient inoculée, peur d'être tuée qui engendre les assassins. Vertige, en fait, qui peut s'emparer de tout le monde : de celui qui se croit persécuté, de ceux qui deviennent des persécuteurs.

Histoire banale et sordide d'héritage, aussi ? Sans doute. Mais folie meurtrière surtout déclenchée par une prédiction. Quand on croit que tout est joué, tout se joue. Et celui qui croit au pire appelle le pire...

RÉPONSES À L'INCRÉDULE

— *Pour un crime parfait, c'est vraiment un crime parfaitement absurde. Puisque, pour finir, cette malheureuse est saignée au vu et au su de tout le monde...*

— Tout à fait absurde, en effet, puisqu'il ne profite à personne. Compte tenu de leur comportement, les deux beaux-frères devaient bien se dire que la marquise ne les avait pas couchés sur son testament ! Ensuite, même s'ils espéraient avoir son argent, ils ne pouvaient certes plus faire passer cette mort pour naturelle !

— *Que leur arrivera-t-il ?*

— L'abbé et le chevalier s'enfuient. Le chevalier prend du service chez les Vénitiens, qui sont alors en guerre contre les Turcs. Partout, il se bat avec bravoure. Avec témérité même, au point que ses compagnons d'armes acquièrent la certitude qu'il veut mourir au combat. Il se fait effectivement tuer sous les murs de Candie, en 1659, à l'issue d'une bataille que les Vénitiens perdront, bataille qui marquera d'ailleurs leur effacement définitif en Méditerranée.

L'abbé, lui, change de nom et parvient à gagner la Hollande, où il recommence sa vie. Pendant de longues années, il se consacrera à la piété, expiant ses fautes par des mortifications extraordinaires. Il finira par se convertir au protestantisme et mourra très vieux, entouré de l'estime générale. Quant au mari, il est arrêté comme complice et condamné au bannissement perpétuel. Il passe dans le Comtat Venaissin, alors terre papale et de refuge pour maint égorgeur, puis meurt bientôt après, inconnu et oublié.

— *A votre avis, y a-t-il chez ces trois tristes sires des degrés dans la culpabilité ?*

— Incontestablement. C'est le mari qui est le plus coupable, car, de bout en bout, il ne cesse de raison garder et d'échafauder le plan qui lui permettra de mettre la main sur l'argent de sa femme. Le comportement de ses deux frères est d'un tout autre ordre, je crois. D'un ordre pathologique et paranormal...

— *Vous n'allez tout de même pas excuser ces deux bêtes brutes !...*

— Non, mais si l'on veut comprendre, il faut bien faire dans leur comportement la part du délire et de l'obsession pathologique...

— *Allez-y ! Plaidez l'irresponsabilité...*

— Vous avez dit vous-même que tout leur comportement était absurde ! N'importe quel aliéniste, en effet, reconnaîtrait ici une conduite morbide, que l'origine en soit la haine, la jalousie, l'impuissance, le désir de mort ou le délire érotique... Le comportement de l'abbé, qui revient tirer sur la jeune femme en présence de dix témoins, est caractéristique. Tout comme son frère, il est sous l'emprise de quelque chose ou de quelqu'un qui lui parasite l'esprit et le fait agir comme un somnambule. Je suis sûr que, le lendemain, cet homme ne se souvenait absolument plus de ce qu'il avait fait durant la nuit. C'est ce que la théologie catholique appelle la « possession somnambulique lucide ». Sous son emprise, l'individu perd conscience de lui-même et se laisse agir par un esprit étranger qui a pris possession de son âme, un peu comme un ténia qui élit domicile dans un corps...

— *De là à massacrer cette malheureuse !*

— L'histoire de la criminologie et de la psychiatrie est pourtant pleine de cas où des individus sont passés à l'acte par suite d'un de ces dédoublements de leur personnalité. Dans *L'Obsession*, Jules Claretie décrit ainsi, à la fin du siècle dernier, l'histoire d'un peintre obsédé par l'idée que sa personnalité seconde prenne à certains moments le pouvoir sur son corps, sans qu'il puisse jamais prévoir de quel méfait cet autre lui-même va se rendre coupable. Le peintre est finalement guéri par un médecin alsacien qui lui suggère qu'il assiste à la mort et à l'enterrement de « l'autre ».

Pour écrire son roman, Claretie avait passé des mois à se documenter à l'asile d'aliénés de la Salpêtrière. De même dans *Le Somnambule*, Mintorn raconte l'histoire d'un pasteur, époux et père exemplaire, qui, dans l'état somnambulique, séduit et viole des femmes et tue des enfants, sans que sa personnalité normale puisse en prendre conscience...

Histoires qui font évidemment penser au chef-d'œuvre de R. L. Stevenson, *Docteur Jekyll et Mister Hyde...*

— *Bon... Si c'est seulement une histoire de somnambules...*

— Je ne dis pas cela. Encore que de tels états entrent dans la genèse de beaucoup de crimes. Et notamment de crimes passionnels. Les états seconds, les dédoublements de personnalité et l'état d'hypnose font l'objet depuis un siècle de controverses judiciaires retentissantes, dans lesquelles la médecine, d'ailleurs, n'arrive pas toujours à se mettre d'accord. En janvier 1888, dans une petite ville d'Algérie, on découvre dans une luxueuse villa coloniale le corps de Mme Grille, étendue nue sur un lit et ayant à ses côtés un jeune homme de vingt-deux ans, Henri Chambige, le visage éclaté par un coup de feu. Sauvé, le jeune homme déclara qu'une violente passion l'unissait à cette femme mariée, qui, n'ayant pas le courage de s'enfuir, lui avait proposé d'en finir par un double suicide. Le mari de la victime assura au contraire que sa femme avait été hypnotisée. Cela donna lieu à une longue bataille d'experts qui fit s'opposer l'école de Nancy, avec Bernheim, qui soutenait que les crimes sous hypnose étaient vraisemblables, et l'école de la Salpêtrière, qui, avec Charcot, les niait farouchement...

— *Mais qui aurait pu hypnotiser les deux assassins ?*

— Leur frère, un complice, ou alors, d'une certaine manière, la marquise elle-même...

— *Comment cela ?*

— C'est là qu'il faut en venir au paranormal. Au départ, avant même son mariage, la marquise ne paraît pas très sûre d'elle-même : ce n'est pas d'une âme forte que d'aller demander à une cartomancienne si l'être qu'on a choisi fera l'affaire. Elle me rappelle tout à fait l'histoire de cette femme que raconte Paul Bourget dans *L'Irréparable*. Parfaitement épanouie et gaie avant de convoler, elle se métamorphose, dès qu'on lui a passé l'anneau au doigt, en un être perpétuellement déprimé et angoissé.

Les voyantes ont pu jouer chez la marquise le rôle de fixateur de cette angoisse, de « catalyseur », en la persuadant qu'on veut la tuer. Peu à peu, sa hantise devient si forte — d'autant qu'on lui refait la même prédiction — qu'elle suscite en quelque sorte une véritable psychose d'assassinat chez ses deux beaux-frères. Selon le schéma décrit par beaucoup d'aliénistes et de psychiatres et qui consiste à projeter ses propres idées et tendances sur celles d'autrui. Au classique « Je l'aime, donc elle m'aime » se substitue ici « Je ne les aime pas, donc ils me haïssent, et donc ils veulent me tuer »... Et cette peur se projette avec tant de force sur les deux hommes, qui sont eux-mêmes des faibles, qu'elle finit par détruire complètement leur personnalité. Sans doute poussés par le mari aussi, ils finissent par agir comme des hallucinés et des irresponsables. « Quelqu'un possède mon âme et la gouverne ! Je ne suis plus qu'un spectateur esclave et terrifié de toutes les choses que j'accomplis », dit le héros du *Horla*, la nouvelle de Maupassant.

Il y a ainsi des cas où c'est la victime qui joue le rôle du bourreau...

— *Et les voyantes ?*

— La première, c'est la Voisin ; elle deviendra la sinistre héroïne de l'affaire des Poisons qui provoquera sous Louis XIV une véritable crise de régime, avec l'effacement de la Montespan et la découverte par le lieutenant de police de Paris, Gabriel de La Reynie, que les plus grands noms du royaume sont « mouillés ». L'histoire n'a pas gardé le nom de la seconde. Mais toutes deux prédisent à la marquise qu'elle sera assassinée dans une affaire de famille. Et c'est là que le paranormal intervient une seconde fois. Je pense que les voyantes n'ont fait que lire, par télépathie, la hantise de la jeune femme. La force de son obsession était telle qu'elle a réussi à leur insuffler leur prédiction...

— *Donc elles ne sont pas plus coupables...*

— Si, elles sont grandement responsables d'avoir formulé cette prédiction. Quand les voyants lisent la mort dans les cartes ou grâce à d'autres mancies, ils s'abstiennent généralement de le dire. Car ou bien ils disent vrai et alors, maints exemples le prouvent, rien ne peut arrêter la roue du destin, ou ils se trompent et le résultat peut être identique. Je connais deux personnes qui sont mortes à la date exacte qu'on leur avait prédite. L'une dans un accident de voiture, l'autre d'une crise cardiaque. Parce que c'était leur destin ou parce qu'elles sont mortes d'affolement ?

SOURCES

Hippolyte BERNHEIM, *De la suggestion*, Albin Michel.
Henri F. ELLENBERGER, *A la découverte de l'inconscient*, SIMEP.
Kurt SELIGMANN, *Le Miroir de la magie*, Fasquelle.

La guérison des écrouelles

Le 26 mars 1657, quatre cavaliers s'engagent dans la rue Saint-Honoré, à Paris. Ils sont élégants et soignés : larges feutres gris à plumes flottantes, longues perruques frisées, cols de dentelle, petites capes grenat, culottes de soie noire, bottes à revers. Leur allure et leur air un peu méprisant annoncent des personnages investis d'une fonction officielle. L'un, le plus gros, s'appelle Charles Canto. Il est crieur-juré de Sa Majesté Louis XIV. Les autres se nomment Jean du Bos, Jacques Le Frain et Etienne Chappé, jurés-trompettes du roi.

Au carrefour de la Croix-des-Petits-Champs, ils s'arrêtent, et les trois jurés-trompettes, embouchant leur instrument, font entendre une sonnerie éclatante qui a pour effet immédiat de faire sortir de leurs maisons les habitants du quartier. Laissant là leur travail, leurs enfants, le ragoût qui mijote, tous accourent, impatients d'entendre ce que le crieur va leur annoncer.

Quand la foule a fait silence, Charles Canto déroule un parchemin et, sur un ton un peu théâtral, commence à lire lentement :

— De par le roi et M. le marquis de Sourches, prévôt de l'hôtel de Sa Majesté et grande prévôté de France...

Ménageant ses effets, il marque une pause. La foule attend la suite, un peu inquiète. Quelles nouvelles va-t-on apprendre ? Une guerre ? Une épidémie ? Un impôt ? Quelle catastrophe ? Quelle charge nouvelle ?...

Le crieur reprend sa lecture :

— On fait savoir à tous que dimanche prochain, jour de Pâques, Sa Majesté touchera les malades des écrouelles dans la galerie du Louvre, à dix heures du matin. Ceci, afin que ceux qui sont attaqués dudit mal aient à s'y trouver, si bon leur semble.

» Fait à Paris, le roi y étant, le vingt-sixième de mars 1657.

» Signé : De Sourches. »

Un dernier son de trompette et les quatre cavaliers, écartant la foule d'un geste, quittent la Croix-des-Petits-Champs.

Toute la journée, ils iront ainsi, de carrefour en carrefour, annoncer à tout Paris que Sa Majesté Louis XIV, pour la fête de Pâques, a décidé de faire des miracles ! Car c'est bien de cela qu'il s'agit. Et le fait n'étonne personne. Depuis le XIe siècle, en effet, il est universellement admis que les rois de France ont, de par leur fonction, le don merveilleux de guérir les écrouelles ; c'est-à-dire des abcès d'origine tuberculeuse qui se forment sur les ganglions lymphatiques du cou. Et cela, par simple toucher de leur auguste main.

Mais ils n'usent de ce pouvoir magique que trois ou quatre fois l'an, au moment de certaines fêtes religieuses. Et les pauvres gens qui sont atteints de ces adénites douloureuses et purulentes — et ils sont nombreux en ces temps où l'hygiène la plus élémentaire est inconnue — vivent dans l'espoir d'être admis un jour à la cérémonie du toucher royal.

Or, justement, dans le quartier de la Croix-des-Petits-Champs où le crieur vient de lire la proclamation du grand prévôt, il y a un scrofuleux qui souffre d'écrouelles et qui attend, depuis des mois, que le roi, dans sa bonté, décide d'accomplir quelques miraculeuses guérisons. Il s'appelle Jean Désiré. C'est un meunier dont le moulin se trouve sur la butte Saint-Roch, au bout de la rue Sainte-Anne. Aussi, dès que les quatre cavaliers ont disparu, une brave femme, Jeanne Boitard, boulangère rue de Balloi, s'écrie :

— Il faut aller prévenir Jean Désiré !

Et elle court jusqu'à la butte des Moulins pour annoncer la bonne nouvelle au meunier.

En apprenant la décision royale, le malheureux se signe :

— Merci, Jeanne ! J'irai au Louvre. Et si Dieu le veut la main du roi me guérira...

Le dimanche suivant, jour de Pâques, Jean Désiré se rend au palais, où l'affluence est extrême. Il y a là près de deux mille personnes que les gardes alignent dans une galerie. Selon la règle, Jean Désiré passe d'abord devant un médecin qui l'examine soigneusement. Il convient, en effet, d'éliminer les faux malades, sortis d'on ne sait quelle cour des Miracles, qui viennent, avec des abcès factices, à seule fin de recueillir l'aumône à laquelle a droit tout individu touché par le roi.

L'authenticité de son mal ayant été reconnue, Jean Désiré est conduit dans la galerie où le roi passera tout à l'heure. L'assistance entière est à genoux, mains jointes et en prières. Le premier rang, par tradition, est réservé, on ne sait pourquoi, aux malades espagnols. Derrière eux se trouvent les gentils sujets de Sa Majesté. Notre meunier se choisit une place et s'agenouille sur les dalles...

Soudain, les portes s'ouvrent et le roi paraît. Il sort de la chapelle où il a communié. Accompagné de Pierre de Cambout, premier aumônier, et de Vallot, premier médecin de la Cour, il s'approche des malades et l'étrange cérémonie commence. Etendant le bras vers le premier visage, le roi trace avec deux doigts de sa main droite, du front au menton et d'une oreille à l'autre, un signe de croix en disant :

— Le Roi te touche, Dieu te guérit !

Après quoi, il s'essuie la main dans une serviette imbibée d'eau et de vinaigre que lui tend un maître d'hôtel, tandis que Pierre de Cambout donne une aumône au malade. Puis il passe à un autre, et la scène se répète dans un silence absolu :

— Le Roi te touche, Dieu te guérit !

Lentement, majestueusement, Louis XIV poursuit son opération magique.

Jean Désiré, tremblant d'émotion et d'émerveillement, le voit s'approcher. Jamais il n'a vu le roi d'aussi près. Soudain, il sent la main royale passer sur son visage :

— Le Roi te touche, Dieu te guérit !

L'aumônier lui tend deux sols. C'est fini. Déjà Louis XIV s'occupe d'un autre malade. Alors, le meunier se relève, les jambes un peu faibles, et rentre chez lui.

Et quelques jours plus tard, tout comme cent soixante-trois autres scrofuleux touchés le jour de Pâques 1657 par Louis XIV, il constate que ses douleurs cessent, que son abcès se résorbe et que ses plaies se cicatrisent. Il est guéri ! Et toute la France émerveillée va se répéter, une fois de plus, que la main du roi fait des miracles...

RÉPONSES À L'INCRÉDULE

— *Les rois de France guérisseurs... C'est une bien curieuse croyance ! Sait-on comment elle est née ?*

— Cette croyance est liée au caractère sacré de la fonction royale... Le roi, après avoir reçu l'onction qui accompagnait son sacre, devenait aux yeux de tous un personnage religieux, une sorte de roi-prêtre... Et vous savez que, dans toutes les civilisations primitives où existaient — et où existent encore — des rois-prêtres, ou des rois-sorciers (je pense notamment à certaines tribus d'Afrique noire), ceux-ci ont des dons de thaumaturges, des dons supranormaux : ils font tomber la pluie, ils chassent les nuages et ils guérissent certaines maladies...

— *Mais, en France, pourquoi précisément les écrouelles et pas une autre maladie ?*

— Parce que les rois attribuaient leur pouvoir à saint Marcoul, dont le nom, pensait-on, signifiait « mal du col », ou mal au cou... Or les écrouelles, je l'ai dit, sont des abcès qui se situent sur les ganglions du cou...

— *Et tous les rois se sont pliés à cette étrange cérémonie ?*

— Oui, tous, sans interruption depuis Robert le Pieux jusqu'à Louis XVI... Après la Révolution, Louis XVIII ne renoua pas avec la tradition. Charles X, bien que réticent car il craignait les quolibets des libéraux et du *Constitutionnel*, accepta de toucher les écrouelles quelques jours après son sacre, le 31 mai 1825. Mais les temps avaient changé, la foi du peuple dans le pouvoir miraculeux de la main royale s'était considérablement amenuisée. Alors que Louis XIV avait touché jusqu'à deux mille cinq cents malades dans la même journée, Louis XV deux mille, Louis XVI deux mille quatre cents, Charles X ne vit venir à lui que cent vingt et un scrofuleux... D'ailleurs, lui-même ne semblait avoir qu'une confiance limitée en ses dons de thaumaturge. Au point qu'il jugea bon de dire en partant : « Mes chers amis, je vous ai apporté des paroles de consolation ; je vous souhaite bien vivement que vous guérissiez. »

On était loin de la superbe certitude de Louis XIV...

— *Ces milliers de scrofuleux qui venaient s'agenouiller devant les rois de France n'étaient pas tous des Parisiens ?*

— Non ! Ils venaient de toutes les provinces, et même de l'étranger — de Belgique, de Suisse, d'Allemagne, d'Italie, d'Espagne... Les Espagnols, pour une raison inconnue, furent d'ailleurs toujours fort nombreux. Jusqu'au jour où ils trouvèrent un moyen d'éviter de faire le voyage en France en se procurant — je ne sais comment — un doigt de Saint Louis. J'ajoute que les Anglais, eux, ne venaient pas — pour la simple raison que les rois d'Angleterre, jaloux du don qu'on reconnaissait aux rois de France, avaient décidé qu'eux aussi pouvaient guérir les écrouelles...

— *Venons-en à la question la plus importante : est-ce que les rois obtenaient des guérisons ?*

— Disons qu'il y avait des gens qui guérissaient après avoir été touchés par le roi. Ce qui n'est pas la même chose... Les guérisons étaient d'ailleurs attestées par des médecins. Prenons un exemple : le 31 mai 1825, Charles X était accompagné du célèbre chirurgien Dupuytren, lequel constata par la suite que, sur les cent vingt et un malades touchés, cinq furent guéris définitivement. Ce jour-là, d'ailleurs, un vieil homme se présenta à l'hôpital où avait lieu la cérémonie et déclara : « Je viens remercier les bonnes sœurs qui m'ont si bien accueilli il y a cinquante ans... Voyez les cicatrices de mes plaies. J'ai eu le bonheur d'être touché par notre bon roi [il s'agissait de Louis XVI], et, depuis, je n'ai pas éprouvé le plus petit retour du mal dont j'étais atteint. »

Et c'était vrai !

— *Alors, vous concluez à la guérison miraculeuse ?*

— Non. Car on peut penser que la main royale n'y était pour rien et que l'extrême émotion que ces braves gens ressentaient devant le roi de France leur produisait peut-être un choc psychosomatique capable de les guérir...

— *Sans doute, mais vous avez dit que les écrouelles étaient d'origine tuberculeuse... Alors, les bacilles disparaissaient ?*

— Là, vous m'embarrassez... Peut-être qu'une grande émotion tue les bacilles... Sinon... Sinon, il faudrait croire que les rois de France étaient véritablement des rois mages...

ANNEXE

DE LA PUISSANCE QU'ONT LES ROYS DE FRANCE DE GUÉRIR LES ÉCROUËLLES COMME ILS ONT COUTUME DE VISITER L'ÉGLISE DE CORBENY POUR Y TOUCHER LES MALADES APRÈS LEUR SACRE.

Extrait de l'ouvrage de dom Guillaume Marlot, intitulé Le Théâtre d'honneur et de magnificence préparé au sacre des rois. *Publié en 1643.*

« L'une des plus éclatantes marques de la majesté du sceptre français est la puissance qu'ont nos rois de guérir les écrouelles. Cette grâce que le Ciel leur a octroyée en suite de l'onction, comme j'espère montrer en ce chapitre, les fait admirer pour tout le monde ; et ceux qui n'ont point d'affection pour les Lys sont contraints d'y avoir recours pour se faire quitte d'une fâcheuse maladie par un attouchement salutaire.

La vérité de ce miracle n'a pas tant besoin de preuves que d'industrie pour en découvrir la source, puisque les auteurs ne sont pas d'accord d'où peut venir cette faveur, qui s'étend même aujourd'hui sur d'autres espèces de maladies incurables, ainsi que remarquent tous les jours ceux qui ont l'honneur d'approcher de Leur Majesté.

Quelques-uns ont estimé que la dignité de roi emporte certains avantages avec soi, suivant quoi Pline et Tacite veulent que Vespasien ait ressuscité des hommes, et que Pyrrhus, à toucher seulement du pied droit, guérissait les personnes affligées de la rate.

D'autres historiens ont écrit que Dieu avait voulu accorder favorablement cette grâce gratuitement donnée aux princes chrétiens sans rendre autre raison que son bon plaisir et rapportent pour exemple Sa Majesté Edouard, lequel guérissait par le seul toucher la maladie des écrouelles.

De même Guillaume de Malmesbury dit qu'une jeune femme tombée en une hideuse maladie à cause des glandes qui s'engendraient au tour du cou fut remise en santé, ayant seulement touché l'eau où le roi Sa Majesté Edouard avait lavé ses mains. Ce miracle est attribué par l'auteur à la sainteté du roi, et non à la famille : mais les Anglais veulent que ce soit un privilège accordé à ses successeurs au royaume. Ainsi Mathieu en la vie de Louis XI rapporte que les mêmes Anglais tiennent que les rois descendus de la maison de Normandie guérissaient du mal caduc ; que les princes de Hongrie retirent la jaunisse ; et que ceux de Castille chassent les diables hors du corps des énergumènes.

Mais sans examiner davantage la vérité de ces guérisons, l'expérience de plusieurs siècles nous fait voir que seuls les Monarques du sacré royaume possèdent excellemment la puissance de guérir les écrouëlles, sans que j'aie besoin de citer aucun exemple ; toute la peine étant de montrer d'où peut venir la source de cette grâce, laquelle n'est pas si évidente, qu'elle ne laisse quelque doute dans les esprits, qui s'étonnent de ce qu'on ne lit rien de ces guérisons sous la première et seconde lignée de nos rois, bien que les auteurs du temps aient été assez curieux d'insérer d'autres miracles dans leurs écrits.

C'est néanmoins une vérité reconnue par nos rois, que cette puissance fut donnée à Clovis en faveur de l'onction de la sainte ampoule. Charles V en rend un témoignage fort authentique en une fondation qu'il a faite en l'église de Reims. Paul II le témoigne aussi en sa bulle pour l'érection de l'université.

Et, parmi les historiens, Forcatel suit cette opinion en son livre de *L'Empire et Philosophie des Gaulois*, où il montre que le privilège de guérir des écrouëlles a passé comme héritage de Clovis à ses successeurs. Génébrard, l'une des plus brillantes lumières de notre siècle, est de même sentiment ; lequel est encore appuyé de l'autorité de saint Thomas, quoi qu'il n'ait parlé de ce privilège que par occasion. Ce saint docteur traitant des saintes onctions en son *Livre du Gouvernement des Princes*, dit qu'on peut tirer un puissant argument de l'histoire de France pour en prouver la sainteté par l'envoi du céleste baume à saint Remi (duquel Clovis fut oint, comme le sont encore ses successeurs) et qui est la source de plusieurs prodiges qui paraissent en la guérison des maladies.

A ceux-ci, nous pouvons ajouter le témoignage de Pierre de Blois qui tient que cette guérison miraculeuse est une marque très assurée pour reconnaître si le sacre de nos rois est légitime. De fait, bien que les rois d'Angleterre aient emprunté beaucoup de choses de la France, comme la cérémonie de l'onction, les assemblées générales, qu'ils appellent Parlement, et quantité de lois, qu'ils gardent écrites en notre langue, ils n'ont pu guérir les malades pendant nos mauvais temps, pour ce qu'ils n'étaient pas vrays successeurs de Clovis, ni sacrés de la sainte ampoule. »

SOURCES

Jean-Pierre BAYARD, *Le Sacre des rois*, 1964.

Marc BLOCH, *Les Rois thaumaturges*, 1961.

DANGEAU, *Mémoires*.

Alfred FRANKLIN, *La Vie privée d'autrefois : les médecins*.

James G. FRAZER, *Les Origines magiques de la royauté*.

Jean-François HENRY, « Les rois de France étaient-ils guérisseurs ? », *Bulletin de l'Institut des sciences historiques*, 1959.

Constant LEBER, *Des cérémonies du sacre ou Recherches historiques sur les mœurs de l'ancienne monarchie*.

André DU MAURENS, *De l'admirable pouvoir de guérir les*

écrouelles accordé par Dieu aux seuls rois très-chrétiens, 1609.
MENIN, *Traité historique et chronologique du sacre et couronnement des rois et reines de France*, 1735.
DU PEYRAT, *Histoire ecclésiastique de la Cour.*
N.-L. PISSOT, *Cérémonial, coutumes et usages de la cour de France.*
Duc de SAINT-SIMON, *Mémoires.*
Marquis DE SOURCHES, *Mémoires.*
Registres d'affiches et publications des jurés-crieurs de la Ville de Paris.

Napoléon n'a pas existé !

Il est temps de dévoiler la réalité, Napoléon n'a jamais existé. Toute la prétendue épopée napoléonienne ? Une fable pour grandes personnes. L'homme ne vit pas que de pain. Il vit aussi de merveilleux. L'histoire ne se nourrit pas que d'événements. Il lui arrive aussi de puiser son aliment dans l'allégorie et la parabole. Et l'exemple le plus éclatant en est cette légende formée par l'inconscient collectif au début du XIXe siècle : la naissance, l'apogée et le déclin d'un être mythique nommé Napoléon.

L'humanité éprouve périodiquement le besoin de renouer avec la mythologie antique, qui fut le berceau de sa pensée et de sa sensibilité. Après les bouleversements de la Révolution, l'âme occidentale éprouva ce besoin. Elle forgea un symbole renouvelé du mythe solaire grec. Elle inventa des faits faux, afin de retrouver une fiction véritable. Elle créa l'imaginaire Napoléon.

Napoléon ne fut pas un homme. Ce personnage n'a aucune réalité historique.

Ce que j'avance, je le prouve.

Je le prouve en dix points.

Premièrement : son nom.

Tout le monde sait que le soleil, c'est Apollon, ainsi nommé par les Grecs. La différence entre Apollon et Napoléon n'est pas grande. En effet, Apollon est le même mot qu'*Apoléon. Apoluo* et *Apoléo* sont deux verbes grecs qui signifient : « perdre », « tuer », « exterminer ». Or, on nous présente le prétendu Napoléon comme le plus grand exterminateur d'hommes de son temps.

Vous me direz : oui, mais dans « Napoléon » il y a : « Na ». Soit. Mais, en grec, *né*, ou *nai*, constitue une grande affirmation. Nous pouvons traduire cette syllabe par « véritablement ». D'où il s'ensuit que Napoléon signifie « véritablement Apollon ».

Certes, ce personnage se nomme aussi Bonaparte. Mais comment interpréter Bonaparte, sinon par « bonne partie », en opposition avec *mala parte* « mauvaise partie » ? Il est donc absolument évident que Napoléon Bonaparte veut dire « l'astre dans la bonne partie », soit Apollon, le soleil, quand il monte au firmament pour chasser les ténèbres.

Deuxièmement sa naissance.

Apollon, suivant la mythologie grecque, naît dans une île de la Méditerranée : Délos. Ainsi a-t-on fait naître Napoléon dans une île méditerranéenne : la Corse. Vous observerez en outre qu'ayant voulu le faire régner sur la France, comme Apollon régna sur la Grèce, on a choisi la Corse, dont la situation, par rapport à la France, est identique à celle de Délos par rapport à la Grèce.

Il est vrai que Pausanias donne à Apollon le titre de divinité égyptienne. Sans être né en Egypte, il y est un dieu. De même nous dit-on qu'en Egypte, où sa carrière commence, Napoléon fut considéré comme être surnaturel, ami de Mahomet, et reçut des hommages qui tenaient de l'adoration.

Troisièmement : sa mère.

On nous raconte que sa génitrice se nommait Letitia. Il est clair que sous ce nom, qui signifie « la joie », on désigne l'aurore, dont la lumière enjoue la nature. L'aurore enfante au monde le soleil et lui ouvre, de ses doigts, les portes de l'Orient.

Dans la mythologie grecque, la mère d'Apollon se nomme Léto. Ainsi Letitia a-t-il été choisi comme substantif du verbe *laetor*, ou de l'inusité *laeto*, qui se traduit par « inspirer de la joie ».

On prête enfin à la mère de Napoléon cette parole familière :

— Pourvu que ça dure !

C'est l'antique prière des hommes à l'astre du jour, afin qu'il continue de distribuer sur eux ses bienfaisants rayons.

Quatrièmement : ses sœurs.

Selon l'affabulation, ce Napoléon le Soleil, fils de Letitia l'Aurore, aurait eu trois sœurs. Ce sont évidemment les trois Grâces qui, avec les Muses, font l'ornement et le charme de la cour d'Apollon, leur frère.

Tout cela est transparent. Poursuivons.

Cinquièmement : ses frères.

La légende veut que cette personnification de l'astre qui règne sur la terre ait eu quatre frères. Trois, dit-on, furent rois. Ce sont le printemps, qui régit les fleurs, l'été, qui fait les moissons, l'automne, qui gonfle les fruits. Comme ces trois saisons tiennent leur puissance du soleil, les trois frères de l'imaginaire Napoléon tenaient de lui leur trône, et ne régnaient que par lui. L'un ne fut point roi. Des quatre saisons, l'une ne règne sur rien : c'est l'Hiver.

Accordons cependant à l'hiver la triste principauté des neiges et des frimas. Que trouvons-nous dans la prétendue histoire napoléonienne ? L'empire de l'astre s'étant écroulé, le quatrième frère trouva un exigu refuge dans la principauté du village de Canino. Et Canino vient de *cani*, qui désigne les cheveux blancs de la froide vieillesse.

Que découvrons-nous enfin dans l'affabulation ultime ? Quand il ne reste plus rien des trois belles saisons et que le soleil se trouve dans son plus grand éloignement, une invasion, venant du nord, décolore nos champs, nos campagnes, nos sillons, et recouvre tout de son manteau blanc. Ainsi, la légende évoque un drapeau blanc, qui aurait chassé un drapeau de diverses couleurs, après le retirement du fabuleux Napoléon. Il est facile de voir la concordance entre les rythmes solaires célébrés dans l'Antiquité et les ingénieuses fables imaginées au XIXe siècle.

Sixièmement : ses femmes.

D'après le même système fabulateur, Napoléon aurait eu

deux épouses. Ainsi attribuait-on deux compagnes au soleil : la lune, selon les Grecs (Plutarque l'atteste), et la terre, selon les Egyptiens. Avec la lune, le soleil n'eut point de postérité : c'est la première épouse stérile. De la terre, il eut le petit Horus. C'est la seconde épouse de l'imaginaire Napoléon. Horus, né de la terre fécondée par le soleil, symbolise les produits de l'agriculture. Ainsi a-t-on placé la naissance du fils du prétendu Napoléon un 20 mars, à l'équinoxe de printemps.

Septièmement : son action politique.

On dit que Napoléon mit fin à un fléau dévastateur qui terrorisait toute la France (le mot « terreur » est employé). Et l'on nomme ce fléau : l'hydre de la Révolution. Qu'est-ce qu'une hydre ? Un serpent. Peu importe l'espèce, quand il s'agit de fable. C'est évidemment le serpent Python, terreur des Grecs, et qu'Apollon étouffa à peine sorti de son berceau. Voilà pourquoi l'on nous dit que Napoléon commença son règne en étouffant la « révolution ». Que faut-il entendre par « révolution », dans cette légende ? Une chimère, un monstre. Au reste, révolution est emprunté au mot latin *revolvo*, qui indique bien le serpent roulé sur soi. C'est le Python de la mythologie antique.

Huitièmement : ses maréchaux.

Ce fabuleux guerrier aurait eu douze maréchaux en activité, et quatre en réserve. Les douze premiers, bien entendu, sont les douze signes du zodiaque, qui marchent sous les ordres du soleil et commandent chacun des armées d'étoiles. Les quatre autres sont les points cardinaux, immobiles au sein du mouvement général.

Neuvièmement : ses victoires et sa défaite.

On nous dit encore que Napoléon parcourut glorieusement les contrées du midi. Mais, qu'ayant pénétré trop avant dans le nord, il ne put s'y maintenir. Or cela caractérise parfaitement la marche du soleil. Après l'équinoxe de printemps, le soleil tente de gagner les régions septentrionales en s'éloignant de l'équateur. Mais, au bout de trois mois de marche, il rencontre le tropique boréal qui l'oblige à reculer, à revenir sur ses pas vers le midi en suivant le signe du Cancer, ou de l'Ecrevisse, signe qui exprime la rétrogradation. C'est là-dessus qu'on a calqué l'imaginaire expédition du légendaire Napoléon vers le nord, vers Moscou, et la retraite qui s'ensuivit. Ses succès et ses revers ne sont que des allusions relatives au cours du soleil.

Dixièmement : son ascension et sa chute.

Enfin, chacun le sait, le soleil se lève à l'orient, se couche à l'occident. Il semble, pour les spectateurs des extrémités de la terre, sortir le matin des mers orientales pour s'abîmer le soir dans les mers occidentales. C'est ce que nous devons entendre dans la légende selon laquelle l'empereur allégorique vint par mer de l'orient (l'Egypte) pour régner, et s'éteignit dans les mers occidentales (Sainte-Hélène) après un règne de douze années : les douze heures durant lesquelles le soleil brille sur l'horizon.

Résumons-nous. A la lumière de la science des symboles, il est maintenant évident que la prétendue histoire de l'élévation, du déclin et de la chute d'un fabuleux personnage nommé allusivement Napoléon est une résurgence du mythe solaire antique dans la mentalité moderne. Le prétendu héros historique est une figure allégorique dont tous les aspects sont empruntés à la religion apollinienne. Cela est prouvé par son nom, par le nom de sa mère, par ses trois sœurs, ses quatre frères, ses deux femmes, son fils, ses maréchaux et ses exploits. C'est prouvé par le lieu de sa naissance, par le temps qu'il employa à parcourir sa carrière, et par la région où il disparut.

Ce Napoléon Bonaparte, dont on a dit tant de choses, sur lequel on a tant écrit, n'a aucune sorte d'existence réelle. C'est une chimère, une parabole. En lui accordant une croyance historique, vous avez été victime d'un quiproquo. Vous avez pris pour de l'histoire une mythologie du XIXe siècle, renouvelée de l'antique.

RÉPONSES À L'INCRÉDULE

— *Vous vous moquez du monde ?*
— Nullement.

— *Vous pensez sérieusement que Napoléon n'a pas existé ?*
— En 1963, sous le pseudonyme de Cagliostro, un inconnu fit paraître un livre aux Editions de l'Esprit, qui s'intitulait *Le Général n'existe pas*. Il y démontrait que le général de Gaulle, surgissant d'un passé très discret, apparaissant pour commander à des ombres au-delà des mers, n'est qu'une voix pour la France, puis fait son entrée dans Paris sous la mitraille, invulnérable et comme immatériel. Il traverse un long désert, fait des réapparitions miraculeuses et meurt secrètement derrière des murs que nul ne franchit. « Du monde et sa séquelle, il se retire à la moindre occasion, méprisant tout bénéfice, insensible aux appâts du gain, aux appâts de la gloire. S'il réapparaît, c'est extraordinairement. S'il parle, c'est pour faire des miracles. Lui-même s'étonne de sa propre existence et parle de soi à la troisième personne. Lui-même semble pouvoir se faire apparaître et disparaître à volonté. Dans quel monde sommes-nous ? De Gaulle ne serait-il qu'une certaine idée que la France se fait de lui ? Singulier destin dans l'histoire invisible ! Il existe quand la France n'existe pas, et inversement. » Voilà l'opinion de Cagliostro *bis*.

— *Bon. Ce livre sur de Gaulle est une bizarrerie, une farce, un pamphlet. Revenons à vos extravagants propos sur Napoléon, mythe solaire. Etes-vous sérieux ?*
— Tout à fait. Je viens de soulever un problème considérable, et de vous apporter un document exceptionnel.

— *Expliquez-vous.*
— Je viens de vous résumer un opuscule de quarante-cinq

pages, imprimé à Agen en 1835, sans nom d'auteur. C'est une rareté bibliographique. Cet opuscule porte un titre mirifique : *Grand Erratum, source d'un nombre infini d'errata*[1]. Les thèses de cet opuscule firent grand bruit à l'époque. Elles étaient, en effet, au cœur d'un débat philosophique et religieux essentiel. Ce débat n'est d'ailleurs pas clos.

— *L'auteur ?*

— Un ancien oratorien, puis magistrat. Un défenseur de la religion catholique. Jean-Baptiste Pérès.

— *Et ce Jean-Baptiste Pérès croyait ce qu'il écrivait ?*

— Pas du tout. Son propos n'est pas de démontrer que Napoléon n'a pas existé. Mais de montrer, par l'absurde, que Jésus-Christ a existé. Et, donc, que la religion est juste.

— *Tout cela est bien compliqué.*

— Faites un petit effort. Voici la question. Pérès invente ce génial canular pour ridiculiser les esprits de son temps qui, à l'instigation des philosophes du XVIIIe siècle, nient la réalité du Nouveau Testament, et donc de Jésus. Pour ceux-ci, il s'agit simplement de la mythologie solaire antique, mise au goût juif. Ils s'inspirent de deux ouvrages, dont l'influence fut considérable : *L'Origine de tous les cultes ou religion universelle*, par Charles Dupuis (1794), et *Ruines ou Méditations sur les révolutions des empires*, par François de Chassebœuf, futur comte de Volney (1791).

L'origine de tous les cultes, pour ces auteurs et leurs disciples, c'est le culte de la nature. La religion universelle, c'est la religion du soleil. Toutes les formes de religion ne sont que des aspects du culte solaire.

Voici ce qu'écrit Dupuis :

« Le christianisme n'est, en réalité, que le culte de la nature et celui du soleil. Le héros des légendes connues sous le nom d'Evangiles est le même héros qui a été chanté avec beaucoup plus de génie dans les poèmes sur Bacchus, Osiris, Hercule,

1. Voir ci-après le texte intégral de cet opuscule.

Adonis, etc. Quand nous aurons fait voir que l'histoire prétendue d'un dieu qui est né d'une vierge au solstice d'hiver, qui ressuscite à Pâques, c'est-à-dire à l'équinoxe de printemps, après être descendu aux enfers ; d'un dieu qui mène avec lui un cortège de douze apôtres dont le chef a tous les attributs de Janus ; d'un dieu vainqueur du prince des Ténèbres, qui fait passer les hommes dans l'empire de la lumière et qui répare les maux de la nature, n'est qu'une fable solaire, il sera aussi indifférent d'examiner s'il y a eu un homme nommé Christ, qu'il est d'examiner si quelque prince s'est appelé Hercule, pourvu qu'il reste démontré que l'être consacré par un culte sous le nom de Christ est le soleil, et que le merveilleux de la légende ou du poème a pour objet cet astre ; car alors il paraîtra prouvé que les chrétiens ne sont que les adorateurs du soleil. »

— *Jolie phrase !*

— Un peu longue. On en a le souffle coupé. L'Eglise elle-même en étouffa un peu. Et c'est pourquoi Pérès voulut lui redonner de l'air en montrant qu'avec des symboles on peut tout prouver. Par exemple que Napoléon n'a pas existé. Qu'il s'agit d'un erratum, source d'un nombre infini d'errata.

— *Pérès a retourné l'opinion ?*

— Avec le sourire. Ses quarante-cinq petites pages — dix centimètres sur six — ont, pour un temps, eu raison des gros ouvrages de Dupuis et Volney.

— *Voilà de la dispute philosophique bien plaisante !*

— Plaise à Dieu (ou aux dieux) que nos idéologues actuels se disputent de cette manière-là. On s'amuserait davantage...

ANNEXE

Texte intégral de l'opuscule, aujourd'hui rarissime, publié en 1835 par Jean-Baptiste Pérès sous le titre

COMME QUOI NAPOLÉON N'A JAMAIS EXISTÉ OU GRAND ERRATUM SOURCE D'UN NOMBRE INFINI D'ERRATA

Napoléon Bonaparte, dont on a dit et écrit tant de choses, n'a pas même existé. Ce n'est qu'un personnage allégorique. C'est le soleil personnifié ; et notre assertion sera prouvée si nous faisons voir que tout ce qu'on publie de Napoléon-le-Grand est emprunté du grand astre.

Voyons donc sommairement ce qu'on nous dit de cet homme merveilleux.

On nous dit :

Qu'il s'appelait Napoléon Bonaparte ;

Qu'il était né dans une île de la Méditerranée ;

Que sa mère se nommait *Letitia* ;

Qu'il avait trois sœurs et quatre frères, dont trois furent rois ;

Qu'il eut deux femmes, dont une lui donna un fils ;

Qu'il mit fin à une grande révolution ;

Qu'il avait sous lui seize maréchaux de son empire, dont douze étaient en activité de service ;

Qu'il triompha dans le Midi, et qu'il succomba dans le Nord ;

Qu'enfin, après un règne de douze ans, qu'il avait commencé en venant de l'Orient, il s'en alla disparaître dans les mers occidentales.

Reste donc à savoir si ces différentes particularités sont empruntées du soleil, et nous espérons que quiconque lira cet écrit en sera convaincu.

1° Et d'abord, tout le monde sait que le soleil est nommé

Apollon par les poètes ; or la différence entre Apollon et Napoléon n'est pas grande, et elle paraîtra encore bien moindre si on remonte à la signification de ces noms ou à leur origine.

Il est constant que le mot *Apollon* signifie exterminateur ; et il paraît que ce nom fut donné au soleil par les Grecs, à cause du mal qu'il leur fit devant Troie, où une partie de leur armée périt par les chaleurs excessives et par la contagion qui en résulta, lors de l'outrage fait par Agamemnon à Chrysès, prêtre du Soleil, comme on le voit au commencement de l'*Iliade* d'Homère ; et la brillante imagination des poètes grecs transforma les rayons de l'astre en flèches enflammées que le dieu irrité lançait de toutes parts, et qui auraient tout exterminé si, pour apaiser sa colère, on n'eût rendu la liberté à Chrysès.

C'est vraisemblablement alors et pour cette raison que le soleil fut nommé Apollon. Mais, quelle que soit la circonstance ou la cause qui a fait donner à cet astre un tel nom, il est certain qu'il veut dire exterminateur.

Or *Apollon* est le même qu'*Apoléon*. Ils dérivent de *Apollyô* (Απολλνω), ou *Apoléô* (Απολεω), deux verbes grecs qui n'en font qu'un, et qui signifient perdre, tuer, exterminer. De sorte que, si le prétendu héros de notre siècle s'appelait *Apoléon*, il aurait le même nom que le soleil, et il remplirait d'ailleurs toute la signification de ce nom ; car on nous le dépeint comme le plus grand exterminateur d'hommes qui ait jamais existé. Mais ce personnage est nommé Napoléon, et conséquemment il y a dans son nom une lettre initiale qui n'est pas dans le nom du soleil. Oui, il y a une lettre de plus, et même une syllabe ; car, suivant les inscriptions qu'on a gravées de toutes parts dans la capitale, le vrai nom de ce prétendu héros était *Néapoléon* ou *Néapolion*. C'est ce que l'on voit notamment sur la colonne de la place Vendôme.

Or, cette syllabe de plus n'y met aucune différence. Cette syllabe est grecque, sans doute, comme le reste du nom, et, en grec, *nè* (νη), ou *nai* (ναι) est une des plus grandes affirmations, que nous pouvons rendre par le mot *véritablement*. D'où il suit que Napoléon signifie : véritable exterminateur, véritable Apollon. C'est donc véritablement le soleil.

Mais que dire de son autre nom ? Quel rapport le mot

Bonaparte peut-il avoir avec l'astre du jour ? On ne le voit point d'abord ; mais on comprend au moins que, comme *bona parte* signifie bonne partie, il s'agit sans doute là de quelque chose qui a deux parties, l'une bonne et l'autre mauvaise ; de quelque chose qui, en outre, se rapporte au soleil Napoléon. Or rien ne se rapporte plus directement au soleil que les effets de sa révolution diurne, et ces effets sont le jour et la nuit, la lumière et les ténèbres ; la lumière que sa présence produit, et les ténèbres qui prévalent dans son absence ; c'est une allégorie empruntée des Perses. C'est l'empire d'Oromaze et celui d'Arimane, l'empire de la lumière et des ténèbres, l'empire des bons et des mauvais génies. Et c'est à ces derniers, c'est aux génies du mal et des ténèbres que l'on dévouait autrefois cette expression imprécatoire : *Abi in malam partem*. Et si par *mala parte* on entendait les ténèbres, nul doute que par *bona parte* on ne doive entendre la lumière ; c'est le jour, par opposition à la nuit. Ainsi on ne saurait douter que ce nom n'ait des rapports avec le soleil, surtout quand on le voit assorti avec Napoléon, qui est le soleil lui-même, comme nous venons de le prouver.

2° Apollon, suivant la mythologie grecque, était né dans une île de la Méditerranée (dans l'île de Délos) ; aussi a-t-on fait naître Napoléon dans une île de la Méditerranée, et de préférence on a choisi la Corse, parce que la situation de la Corse, relativement à la France, où on a voulu le faire régner, est la plus conforme à la situation de Délos relativement à la Grèce, où Apollon avait ses temples principaux et ses oracles.

Pausanias, il est vrai, donne à Apollon le titre de divinité égyptienne ; mais, pour être divinité égyptienne, il n'était pas nécessaire qu'il fût en Egypte ; il suffisait qu'il y fût regardé comme un dieu, et c'est ce que Pausanias a voulu nous dire ; il a voulu nous dire que les Egyptiens l'adoraient, et cela encore établit un rapport de plus entre Napoléon et le soleil ; car on dit qu'en Egypte Napoléon fut regardé comme revêtu d'un caractère surnaturel, comme l'ami de Mahomet, et qu'il y reçut des hommages qui tenaient de l'adoration.

3° On prétend que sa mère se nommait Letitia. Mais sous le nom de *Letitia*, qui veut dire *la joie*, on a voulu désigner l'aurore, dont la lumière naissante répand la joie dans toute la nature ; l'aurore qui enfante au monde le soleil, comme disent les poètes, en lui ouvrant, avec ses doigts de rose, les portes de l'Orient.

Encore est-il bien remarquable que, suivant la mythologie grecque, la mère d'Apollon s'appelait *Leto*, ou Lètô (Λητω). Mais si de *Leto* les Romains firent *Latone*, mère d'Apollon, on a mieux aimé, dans notre siècle, en faire *Letitia*, parce que *laetitia* est le substantif du verbe *laetor* ou de l'inusité *laeto* qui voulait dire inspirer la joie.

Il est donc certain que cette *Letitia* est prise, comme son fils, dans la mythologie grecque.

4° D'après ce qu'on en raconte, ce fils de Letitia avait trois sœurs, et il est indubitable que ces trois sœurs sont les trois Grâces, qui, avec les Muses, leurs compagnes, faisaient l'ornement et les charmes de la cour d'Apollon, leur frère.

5° On dit que ce moderne Apollon avait quatre frères. Or, ces quatre frères sont les quatre saisons de l'année, comme nous allons le prouver. Mais d'abord qu'on ne s'effarouche point en voyant les saisons représentées par des hommes plutôt que par des femmes. Cela ne doit pas même paraître nouveau, car, en français, des quatre saisons de l'année, une seule est féminine, c'est l'automne, et encore nos grammairiens sont peu d'accord à cet égard. Mais en latin *autumnus* n'est pas plus féminin que les trois autres saisons ; ainsi, point de difficulté là-dessus. Les quatre frères de Napoléon peuvent représenter les quatre saisons de l'année ; et ce qui suit va prouver qu'ils les représentent réellement.

Des quatre frères de Napoléon, trois, dit-on, furent rois, et ces trois rois sont le Printemps, qui règne sur les fleurs ; l'Eté, qui règne sur les moissons ; et l'Automne, qui règne sur les fruits. Et comme ces trois saisons tiennent tout de la puissante influence du soleil, on nous dit que les trois frères de Napoléon tenaient de lui leur royauté et ne régnaient que par lui. Et quand on ajoute que, des quatre frères de Napoléon, il y en eut un qui ne fut point roi, c'est que des quatre saisons de l'année, il en est une qui ne règne sur rien : c'est l'Hiver.

Mais si, pour infirmer notre parallèle, on prétendait que

l'hiver n'est pas sans empire, et qu'on voulût lui attribuer la triste *principauté* des neiges et des frimas, qui, dans cette fâcheuse saison, blanchissent nos campagnes, notre réponse serait toute prête ; c'est, dirions-nous, ce qu'on a voulu nous indiquer par la vaine et ridicule principauté dont on prétend que ce frère de Napoléon a été revêtu après la décadence de toute sa famille, principauté qu'on a attachée au village de *Canino*, de préférence à tout autre, parce que *canino* vient de *cani*, qui veut dire les cheveux blancs de la froide vieillesse, ce qui rappelle l'hiver. Car, aux yeux des poètes, les forêts qui couronnent nos coteaux en sont la chevelure, et quand l'hiver les couvre de ses frimas, ce sont les cheveux blancs de la nature défaillante, dans la vieillesse de l'année :

Cum gelidus crescit canis *in montibus humor.*

Ainsi, le prétendu prince de *Canino* n'est que l'hiver personnifié ; l'hiver qui commence quand il ne reste plus rien des trois belles saisons, et que le soleil est dans le plus grand éloignement de nos contrées envahies par les fougueux *enfants du Nord*, nom que les poètes donnent aux vents qui, venant de ces contrées, décolorent nos campagnes et les couvrent d'une odieuse blancheur ; ce qui a fourni le sujet de la fabuleuse invasion des peuples du Nord dans la France, où ils auraient fait disparaître un drapeau de diverses couleurs, dont elle était embellie, pour y substituer un drapeau blanc qui l'aurait couverte tout entière, après l'éloignement du fabuleux Napoléon. Mais il serait inutile de répéter que ce n'est qu'un emblème des frimas que les vents du Nord nous apportent durant l'hiver, à la place des *aimables* couleurs que le soleil maintenait dans nos contrées, avant que par son déclin il se fût éloigné de nous ; toutes choses dont il est facile de voir l'analogie avec les fables ingénieuses dans notre siècle.

6° Selon les mêmes fables, Napoléon eut deux femmes ; ainsi en avait-on attribué deux au soleil. Ces deux femmes du soleil étaient la Lune et la Terre : la Lune, selon les Grecs (c'est Plutarque qui l'atteste), et la Terre, selon les Egyptiens ; avec cette différence bien remarquable que, de l'une (c'est-à-dire de la Lune), le Soleil n'eut point de postérité, et que de l'autre il eut un fils, *un fils unique* ; c'est le petit *Horus*, fils d'Osiris et d'Isis, c'est-à-dire du Soleil et de la Terre, comme on le voit dans l'*Histoire du ciel*. C'est une allégorie égyptienne, dans laquelle le petit *Horus*, né de la terre fécondée par le soleil, représente les fruits de l'agriculture ; et précisément on a placé la naissance du prétendu fils de Napoléon au 20 mars, à l'équinoxe du printemps, parce que c'est au printemps que les productions de l'agriculture prennent leur grand développement.

7° On dit que Napoléon mit fin à un fléau dévastateur qui *terrorisait* toute la France, et qu'on nomma l'hydre de la Révolution. Or, une hydre est un serpent, et peu importe l'espèce, surtout quand il s'agit d'une fable. C'est le serpent python, reptile énorme qui était pour la Grèce l'objet d'une extrême terreur, qu'Apollon dissipa en tuant ce monstre, ce qui fut son premier exploit ; et c'est pour cela qu'on nous dit que Napoléon commença son règne en étouffant la révolution française, aussi chimérique que tout le reste ; car on voit bien que *révolution* est emprunté du mot latin *revolutus*, qui signale un serpent enroulé sur lui-même. C'est Python, et rien de plus.

8° Le célèbre guerrier du XIXe siècle avait, dit-on, douze maréchaux de son empire à la tête de ses armées, et quatre en non-activité. Or, les douze premiers (comme bien entendu) sont les douze signes du zodiaque, marchant sous les ordres du soleil Napoléon, et commandant chacun une division de l'innombrable armée des étoiles, qui est appelée *milice céleste* dans la Bible, et se trouver partagée en douze parties, correspondant aux douze signes du zodiaque. Tels sont les douze maréchaux qui, suivant nos fabuleuses chroniques, étaient en activité de service sous l'empereur Napoléon ; et les quatre autres, vraisemblablement, sont les quatre points cardinaux, qui, immobiles au milieu du mouvement général, sont fort bien représentés par la non-activité dont il s'agit.

Ainsi, tous ces maréchaux, tant actifs qu'inactifs, sont des êtres purement symboliques, qui n'ont pas eu plus de réalité que leur chef.

9° On nous dit que ce chef de tant de brillantes armées avait parcouru glorieusement les contrées du Midi ; mais qu'ayant trop pénétré dans le Nord, il ne put s'y maintenir. Or, tout cela caractérise parfaitement la marche du soleil.

Le soleil, on le sait bien, domine en souverain dans le Midi comme on le dit de l'empereur Napoléon. Mais ce qu'il y a de bien remarquable, c'est qu'après l'équinoxe du printemps le soleil cherche à gagner les régions septentrionales, en s'éloignant de l'équateur. Mais au bout de *trois mois* de marche vers ces contrées, il rencontre le tropique boréal qui le force à reculer et à revenir sur ses pas vers le Midi, en suivant le signe du Cancer, c'est-à-dire de l'*Ecrevisse*, signe auquel on a donné ce nom (dit Macrobe) pour exprimer la marche rétrograde du soleil dans cet endroit de la sphère. Et c'est là-dessus qu'on a calqué l'imaginaire expédition de Napoléon vers le Nord, vers Moscou, et la retraite humiliante dont on dit qu'elle fut suivie.

Ainsi, tout ce qu'on nous raconte des succès ou des revers de cet étranger guerrier, ne sont que des allusions diverses relatives au cours du soleil.

10° Enfin, et ceci n'a besoin d'aucune explication, le soleil se lève à l'Orient et se couche à l'Occident, comme tout le monde le sait. Mais pour des spectateurs situés aux extrémités des terres, le soleil paraît sortir, le matin, des mers orientales, et se plonger, le soir, dans les mers occidentales. C'est ainsi, d'ailleurs, que tous les poètes nous dépeignent son lever et son coucher. Et c'est là tout ce que nous devons entendre quand on nous dit que Napoléon vint par mer de l'Orient (de l'Egypte), pour régner sur la France, et qu'il a été disparaître dans les mers occidentales, après un règne de douze ans, qui ne sont autre chose que les douze heures du jour pendant lesquelles le soleil brille sur l'horizon.

Il n'a régné qu'un jour, dit l'auteur des *Nouvelles Messéniennes* en parlant de Napoléon ; et la manière dont il décrit son élévation, son déclin et sa chute, prouve que ce charmant poète n'a vu, comme nous, dans Napoléon, qu'une image du soleil ; et il n'est pas autre chose ; c'est prouvé par son nom, par le nom de sa mère, par ses trois sœurs, ses quatre frères, ses deux femmes, son fils, ses maréchaux et ses exploits ; c'est prouvé par le lieu de sa naissance, par la région d'où on nous dit qu'il vint, en entrant dans la carrière de sa domination, par le temps qu'il employa à la parcourir, par les contrées où il domina, par celles où il échoua, et par la région où il disparut, pâle et *découronné*, après sa brillante course, comme le dit le poète Casimir Delavigne.

Il est donc prouvé que le prétendu héros de notre siècle n'est qu'un personnage allégorique dont tous les attributs sont empruntés du soleil. Et par conséquent Napoléon Bonaparte, dont on a dit et écrit tant de choses, n'a pas même existé, et l'erreur où tant de gens ont donné tête baissée vient d'un *quiproquo*, c'est qu'ils ont pris la mythologie du XIXe siècle pour une histoire.

P. S. — Nous aurions encore pu invoquer, à l'appui de notre thèse, un grand nombre d'ordonnances royales dont les dates certaines sont évidemment contradictoires au règne du prétendu Napoléon ; mais nous avons eu nos motifs pour n'en pas faire usage.

SOURCES

Guy BECHTEL, *Les Grands Livres mystérieux*, CAL, Paris, 1974.

La Tour Saint-Jacques, juillet-août et septembre-décembre 1956.

Le bon roi et le brave laboureur

Il était une fois un laboureur nommé Martin, qui cultivait son champ à Gallardon, en Beauce, non loin de Chartres. Martin était bon époux, bon père, bon chrétien, sous le règne du bon roi Louis XVIII.

— Ecoute, Martin ! dit le curé. Es-tu bien sûr, mon garçon ? La nuit tombe vite en février. Il a bruiné toute la journée et le crépuscule était brouillardeux. Martin, souffle-moi dans le nez ! Ma foi, non, tu n'as pas bu.

— Je ne bois jamais, monsieur le curé.

— C'est vrai, brave Martin. Mais tout de même ! Tout de même !

Les curés, c'est connu, ne croient pas aux miracles, sauf dans la Bible. Et ce que venait de lui raconter Martin, ça ne lui paraissait pas catholique, à l'abbé Laperruque (car le curé de Gallardon se nommait Laperruque).

Ce que racontait Martin, posément, c'était certes fort de café.

Il était en train d'étaler du fumier de vache sur son champ, besogne prosaïque, quand un petit homme du temps de Louis XVI, un petit homme diaphane en habit bleu, coiffé d'un haut-de-forme, lui était apparu. Le petit homme souleva poliment son chapeau et se présenta. C'était l'archange saint Michel. Il dit :

— Martin, va trouver le roi Louis XVIII à Paris, et répète-lui tout ce que je vais te révéler. Il y va de sa vie et du sort de la France. Va, Martin.

Et ffuitt ! Le petit homme en habit bleu s'était évanoui dans les vapeurs d'épandage.

— Et que t'a-t-il confié, ton petit homme bleu, brave Martin ?

— Monsieur le curé, je ne le dirai qu'au roi, et à lui seul !

Que faire ? L'abbé Laperruque conduit son paroissien à l'évêché de Chartres. Mgr Charrier de La Roche les reçoit, écoute Martin, dit : « Ah bah ? Allons donc ? Tiens, tiens, tiens », et renvoie le laboureur à sa ferme avec quelques louis que celui-ci refuse. Puis monseigneur réfléchit et avise le préfet d'Eure-et-Loir, le comte de Breteuil.

On enquête sur Martin. Il est irréprochable, mais ne démord pas de son récit et du désir de voir le roi.

Le préfet adresse un rapport au ministre de la Police, le comte Elie Decazes. Un ministre de la Police veut toujours en savoir davantage. Et c'est ainsi que le laboureur Martin prend, aux frais de l'Etat, la diligence du 6 mars pour Paris, en compagnie d'un lieutenant de gendarmerie qui a mission de l'observer.

A Paris, Martin et son gendarme logent à l'hôtel de Calais, rue Montmartre, faisant chambre commune. Martin priait beaucoup et confia que, l'archange lui parlant depuis longtemps, il n'avait point été surpris de le voir paraître en habit bleu. Le pandore et le laboureur attendaient des ordres qui tardaient à venir. Un matin, encore couché, Martin prévient le gendarme que l'archange fait causette. Le gendarme n'entend rien, ne voit rien. Il en conclut que Martin est bien fêlé, mais bon garçon.

Enfin, on apporte une convocation à l'hôtel de Calais. Le comte Elie Decazes prie M. Martin de se présenter à son cabinet :

— Martin, vous devez me répéter tout ce que vous a dit le petit homme bleu.

— Que non, monsieur le ministre ! Je ne le confierai qu'à Sa Majesté !

Là-dessus, M. le ministre fait incontinent conduire Martin à Charenton.

Oh ! il est bien traité à l'asile. Bon lit, bon fricot. On veut seulement avoir l'avis de la Faculté. Les célèbres aliénistes Pinel et Royer-Collard l'examinent. Ils concluent : un peu bizarre, mais sain d'esprit. Somme toute, il a toute sa raison, plus des visions.

Martin demeure à Charenton jusqu'au jour où parvient une

missive de Mgr de Talleyrand-Périgord, aumônier du roi. Ordre d'élargissement et avis d'audience. M. Martin, laboureur à Gallardon, sera reçu par Sa Majesté, le 2 avril 1816, en son palais des Tuileries.

Et ce 2 avril, comme dans un conte, on vit un roi accueillir un laboureur :

— Bonjour, cher Martin.

— Bien le bonjour, Majesté.

Les voilà qui s'enferment tous les deux. Voilà une heure qui passe ! Une grande heure ! Et voilà qu'enfin le roi sort de son cabinet, les yeux rouges, à croire qu'il a pleuré. Faveur insigne : il raccompagne le laboureur jusque dans l'antichambre et lui murmure, la voix brisée :

— Martin, voici des choses qui doivent rester entre nous.

Et Martin rentre au pays, où son odyssée a fait grand bruit. Mais Martin, lui, ne fait pas de bruit du tout. Il reprend sa charrue. Il ne dit rien de rien, à personne, pas même à Mme Martin. De temps en temps, on voit des berlines dans les rues de Gallardon. Des gens de qualité rendent visite au laboureur.

Le temps passe. Louis XVIII meurt en 1824. Son cadet, le comte d'Artois, lui succède : c'est Charles X. Règne fâcheux.

Nous voici au soir brûlant du 2 août 1830, au château de Rambouillet. On raconte que les combattants parisiens des « trois journées glorieuses » marchent sur Rambouillet. La monarchie dispose encore de troupes fidèles. Il y a là, autour de la ville, treize mille hommes, cinq mille huit cents chevaux, quatre cents canons. Que faire ? Résister ? Combattre ? La nuit est venue, très chaude. Charles X, le vieux roi, ne dort pas. Soudain, il songe à ce laboureur, Thomas Martin, qui demeure non loin. Naguère, l'archange saint Michel lui apparut en habit bleu avec un chapeau haut de forme. Et Louis XVIII le reçut longuement, voulut serrer « la main que l'ange a touchée ». Il paraît qu'il pleura en apprenant de Martin « certaines choses ». Il paraît aussi que ce Martin dit souvent : « S'il avait fait ce que je recommandais, la France serait paisible aujourd'hui. »

On n'a pas écouté Martin, et les malheurs accablent la monarchie. Le vieux roi croit au merveilleux. Il sonne. Il mande M. de La Rochejaquelein.

Quelques instants plus tard, l'aide de camp galope à francs étriers vers Gallardon. Non sans peine, il trouve la maison Martin. C'est l'aube. Il frappe longuement. Enfin, un bonhomme en chemise, pieds nus, ouvre.

— Monsieur Martin, au nom du roi.

— Vous donnez pas la peine, dit Martin, l'archange m'a averti qu'on viendrait me consulter. J'ai la réponse.

M. de La Rochejaquelein sur son cheval, Martin en liquette sur le perron :

— Je vous écoute, monsieur Martin.

— Charles X ne remontera pas sur le trône. Une main le repousse. Il n'a d'autre parti que sortir de France tout de suite. Le duc d'Angoulême et lui mourront à l'étranger, sans avoir revu la France. Henri V ne régnera jamais.

Martin referme sa porte, M. de La Rochejaquelein repart pour Rambouillet avec ce triste message. Il le rapporte au roi. Le vieillard met la journée à se décider. Mais, puisqu'« une main le repousse », il abandonne. Il ne donnera pas aux troupes l'ordre de combattre les Parisiens. Et, le soir du 3 août, le cortège royal s'éloigne de France par cette route de Maintenon que prit Napoléon voici quinze ans. Le laboureur a décidé du sort.

Maintenant, comme il s'estime délié du secret, et comme il vieillit et que la vieillesse est l'âge des aveux, Martin parle. Il parle beaucoup.

Ce qu'il a dit entre quat'z-yeux à Louis XVIII ? Qu'il avait, un jour, en forêt, tenté de trucider son frère Louis XVI.

— Il n'y a que Dieu et moi qui sachions cela, Martin ! lui aurait répondu Sa Majesté, le gosier sec.

Et encore, il a dit au roi que Louis XVII existait, était vivant, que le trône devait lui revenir :

— Prenez garde, sire ! Ne vous faites pas sacrer à Reims ! Dieu se vengerait ! Vous seriez frappé à mort pendant la cérémonie, comme usurpateur !

Le roi aurait fondu en larmes et décommandé la cérémonie.

Et Martin causait, causait. On lui avait pourtant conseillé de se taire ! Et des pèlerins commençaient d'affluer à Gallardon, pour ouïr Martin qui prophétisait le règne du fils de Louis XVI.

Il ne prophétisa pas très longtemps, lui qui s'était tenu coi si longtemps. Un matin, on le trouva mort dans son lit. Deux fois mort, paraît-il. Empoisonné et étranglé.

RÉPONSES À L'INCRÉDULE

— *Votre conte aurait enchanté Marcel Aymé.*

— Ce n'est pas un conte. C'est la vérité.

— *Martin a réellement eu une vision ?*

— Oui. De toute évidence, le don de prophétie le saisit. Et avec une telle force que sa détermination force les barrages, l'amène à Louis XVIII.

— *Vous croyez au petit homme avec un chapeau haut de forme, qui est l'archange saint Michel ?*

— Naturellement pas. Mais je crois que Martin est persuadé de l'avoir vu et entendu. Songez à Jeanne d'Arc et à ses voix. C'est moins grandiose, mais c'est du même ordre. Seulement Jeanne est un grand esprit (ce qui nous est montré par ses réponses au procès), tandis que Martin a l'intelligence courte.

— *Et pourquoi le roi le reçoit-il ?*

— Sur le conseil, je pense, de son favori Elie Decazes, qui a dû obtenir tout de même quelques lueurs sur le contenu du « message » de Martin, et qui estime profitable que le roi se trouve amolli par cette visite.

— *Que dit au juste Martin au roi ?*

— Le laboureur évoque d'abord devant Louis XVIII l'apparition de « l'archange saint Michel ».

« Je sais cela, dit le roi. L'archevêque de Reims m'en a déjà parlé. Mais il me semble que vous avez autre chose à me dire ? Un secret...

— Le secret que j'ai à vous dire, c'est que vous occupez une place qui n'est pas la vôtre et qui ne vous appartient pas.

— Comment, comment ! Mon frère et ses enfants étant morts, ne suis-je pas le légitime héritier du trône ?

— Je ne connais rien de tout cela, mais je sais que la place ne vous appartient pas. Ce que je vous dis là est vrai. Aussi vrai que ceci : un jour, vous étiez à la chasse avec le roi Louis XVI, votre frère, dans la forêt de Saint-Hubert. Louis XVI allait devant vous, à une dizaine de pas. Vous avez eu l'intention de le tuer. Louis XVI était monté sur un cheval plus haut que le vôtre. Vous avez été gêné par une branche. Vous aviez un fusil à deux coups. Votre intention était de tirer d'abord sur votre frère, ensuite de tirer en l'air. Vous auriez fait croire qu'on avait voulu vous assassiner l'un et l'autre. Vous avez longtemps conservé le projet d'abattre Louis XVI, mais jamais la bonne occasion ne s'est présentée.

— Il n'y a que Dieu et moi qui sachions cela, Martin. Promettez-moi un absolu secret.

— Sire, mon apparition m'a confié ce mystère comme elle m'a confié cet autre mystère : le fils de Louis XVI est vivant. Il a droit au trône. Vous usurpez sa place. »

— Et il est vrai que Louis XVIII aurait écouté Martin pendant une heure ?

— Cela est attesté. Les documents, et plus précisément les registres des réceptions du roi, sont là pour le prouver. Mais nous n'avons qu'une version de l'entretien : celle de Martin. Cependant, il est acquis que le vicomte Mathieu de Montmorency, sur ordre du roi, avait prié Martin de garder un parfait silence sur sa conversation avec Louis XVIII, ajoutant qu'il y allait de sa vie.

— Et Charles X, au lendemain de la révolution de 1830, sur le point d'abdiquer, envoie son aide de camp demander son avis à Martin ?

— Exact. Alain Decaux, dans son ouvrage sur l'énigme Louis XVII, le confirme. La Rochejaquelein pria Martin de venir avec lui répéter au roi en personne sa prophétie. Martin refusa. C'est le fils de Martin (il devait devenir médecin) qui raccompagna l'aide de camp sur la route de Rambouillet.

— *Martin « sait » que Louis XVII est vivant ?*

— Son archange le lui a dit. Mais l'affaire Martin, à ce propos, va prendre des chemins vaseux. En effet, plus tard, le prophète de Gallardon prétendra reconnaître en Naundorff le véritable Louis XVII.

— *Qui est Naundorff ?*

— Un aventurier prussien, le plus célèbre des faux dauphins. En 1828, sorti des prisons allemandes où il avait été enfermé sous l'accusation d'être un faux-monnayeur, il commence de raconter qu'il fut enlevé de la geôle du Temple, qu'on lui substitua un autre enfant, et qu'il est le fils de Marie-Antoinette et de Louis XVI. Il prend le titre de duc de Normandie, assigne en justice la duchesse d'Angoulême pour obtenir les biens revenant à Louis XVII, et publie deux ouvrages : *Mémoires du duc de Normandie* (1831) et *Révélations sur l'existence de Louis XVII* (1832). Il est expulsé de France en 1836. Après sa mort, ses descendants saisissent à plusieurs reprises la justice française, au nom de Louis XVII (en 1851, 1874 et 1910). Sans résultat.

Mais Naundorff eut de nombreux fervents, dont Martin de Gallardon, qui professait sur la fin une religion fondée par l'occultiste Vintras, l'Œuvre de miséricorde. Cette religion annonçait le retour du Messie en la personne de Vintras et de Louis XVII en la personne de Naundorff. Martin lui-même règne sur une petite secte de dévots.

Longtemps après sa mort, le souvenir de Martin le prophète sera entretenu par des fidèles, qui éditent une feuille confidentielle, *Flos Forum*. Et sa petite-fille demandera audience au pape Pie X, pour le persuader de la survivance de Louis XVII en la personne de Naundorff.

— *Pie X l'a reçue ?*
— Oui, grâce à la protection de la princesse Ruspoli.

— *Et le pape fut convaincu ?*
— Oui, si l'on en croit Jeanne Martin, qui raconte : « Après m'avoir écoutée pendant quelques minutes avec un intérêt très soutenu, le Saint Père me bénit et prononça ces mots : "S'ils ont [la famille Naundorff] le droit pour eux, le droit triomphe toujours tôt ou tard." »

— *Ce qui ne l'engageait à rien.*
— En effet.

SOURCES

Alain DECAUX, *Louis XVII*, Paris, 1960.
Jean-André FAUCHER, « Visionnaires, voyantes et hommes politiques », *Le Crapouillot*, Paris, été 1976.
Maurice GARÇON, *Louis XVII ou la fausse énigme*, Paris, 1952.
Pierre MARIEL, *Notes inédites*.
« Le procès Louis XVII », *Minutes de la cour d'appel de Paris*, mai-juillet 1954.

L'homme-femme de Versailles

Il y a pas mal de troupes ces temps-ci à Versailles, comme d'ailleurs dans toutes les villes de France. C'est qu'en ce printemps 1858 vient de tomber la tête du bel Orsini, qui faillit bien avoir celle de Napoléon III, se rendant à l'Opéra. Dans les beaux quartiers de la ville des rois, il n'est question que de l'attentat et des dangers que fait courir au trône et à la religion cette hydre à mille têtes, la charbonnerie. Dans les quartiers plus modestes aussi, on s'inquiète. Au souvenir des orages qui, depuis trois générations, s'abattent sur la France, toujours entre deux révolutions...

Une qui pourrait vous en parler, de la Révolution, c'est bien la vieille demoiselle qui habite rue du Marché-Neuf. Du grand chambardement, elle a tout connu : la proscription, les deuils, l'exil et la misère, pour le restant de ses jours. La misère ? Pas tout à fait. Car, encore qu'on ne sache pas d'où lui vient l'argent, on lui voit souvent acheter de fort beaux poulets et d'autres provisions de bouche qui ne font pas l'ordinaire des pauvresses de son genre.

Mais il faut que l'on vous dise... La vieille dame, qui s'appelle, en fait, Jenny Savalette de Lange, serait de haute volée, une marquise, à ce qu'il semble, et qui aurait même habité au château, du temps de la Restauration. Ceci alors pourrait expliquer cela. Ce qui est sûr, en tout cas, c'est qu'il y a belle lurette qu'elle ne fait plus les beaux soirs de la maison des rois ; c'est triste à dire, mais, à mesure qu'il passe, le temps fait ressembler tous les jours un peu plus la vieille Mlle de Lange à un épouvantail. Très grande, sèche et toujours inquiète, elle traîne par les rues un cabas large comme une carnassière et un pépin qui est plutôt un fort gourdin. De son immense chapeau, qui paraît pourtant trop petit pour elle, dégoulinent des rubans et des frisettes qui lui cachent la moitié du visage. C'est aussi bien, d'ailleurs, car son nez a des allures de pomme de terre et il est toujours bourré de tabac, dont elle prise jusqu'à deux quarts par jour. Enfin, quand dans son dos des galopins forment des cortèges, elle les disperse avec une voix incroyablement éraillée...

Même s'il est probable qu'elles ne la voudraient pas tous les jours à leur table, les dames pieuses et charitables du quartier se font cependant du souci à son propos. Alors que, naguère encore, elles voyaient Mlle Savalette de Lange faire tous les jours ses courses et par n'importe quel temps, elle ne paraît plus dehors que rarement en ce mois d'avril. Mais que faire ? A celles qui vont frapper à sa porte, elle refuse d'ouvrir et ce n'est que de la concierge qu'elle accepte, de temps en temps, un peu de bouillon qu'on lui tend par la porte entrebâillée. Comme si son antre, là-haut, qui contient, paraît-il, un bric-à-brac ahurissant, recélait aussi quelque secret redoutable...

Dans cette rue retirée de la somnolente ville-musée que Versailles est devenue, la maladie de Mlle de Lange ravive certaines questions. Que sait-on d'elle, au juste ? Rien d'autre que ce qu'elle a bien voulu en dire... Nul ne sait exactement où et quand elle est née. Les mieux informés disent qu'elle est la fille naturelle de Charles Pierre-Paul Savalette de Lange, marquis et garde du Trésor royal sous l'Ancien Régime.

De cet important personnage on se souvient qu'il a été comblé des faveurs de Louis XVI, qui, outre les revenus de sa charge, lui a alloué 4 000 livres de rente sur sa cassette. Moyennant quoi, Lange a été l'un des premiers à retourner son pourpoint. Dès 1790, on le voit prendre logis, rue Saint-Honoré, non loin du domicile de Robespierre. Il y accueille même le conventionnel Barère, surnommé l'« Anacréon de la guillotine », et passe pour « un fougueux révolutionnaire ». Mais, en homme qui sait garder des fers au feu, il vide aussi ses coffres en faveur du comte d'Artois, le futur Charles X, et manque ainsi d'encourir le rasoir national. Suspect et ruiné, Savalette de Lange meurt à l'époque où Bonaparte revient, victorieux, de la campagne d'Italie. Qu'était-il advenu pendant ce temps de sa petite fille Jenny, qu'on ne verra reparaître que sous la Restauration ? Mystère. A ceux qui interrogent la revenante, celle-ci dit, avec réticence, qu'enlevée par un oncle à la tornade révolutionnaire c'est en Bretagne, puis à Hambourg qu'elle a attendu, dans un dénuement total, le rétablissement de la monarchie.

Ceux qui font à cette époque sa connaissance, Mlle de Polignac et la duchesse de La Rochefoucauld, notamment, en disent beaucoup de bien. Elle s'ingéniait, paraît-il, à rendre service, à trouver des bonnes pour ses amies, bonnes qu'elle forme même à l'occasion, et procure aussi de l'argent à des personnes dans le besoin, tout cela, semble-t-il, avec le plus complet désintéressement. Tout au plus accepte-t-elle parfois quelques vieux habits, qu'elle fait remettre à sa taille, car ils sont toujours trop petits...

Aux princes, elle ne manque pourtant pas de rappeler le service insigne que son père a rendu à la monarchie. Ceux-ci ne se montrent point ingrats : à cette demoiselle de Lange, qui tait le lieu de sa naissance et ignore le nom de sa mère, ils versent une pension double et donnent en gérance le bureau de poste de Villejuif... A cette époque s'offrent à elle plusieurs beaux partis, qu'elle repousse en allant vivre un temps, en qualité de dame pensionnaire, chez les ursulines de Saint-Germain-en-Laye. Mais peu à peu ses hautes fréquentations s'étiolent. Son caractère y est sans doute pour quelque chose. En dépit des avantages qu'on lui a consentis, elle ne cesse par exemple de dauber sur l'ingratitude des princes. Et puis Mlle de Lange a de singulières manies. Elle écrit énormément, mais d'une écriture parfaitement illisible. Pour la lire, ses amis doivent chaque fois déranger l'apothicaire. Pas question d'ailleurs de lui répondre : la lettre ne parviendrait pas, car Jenny déménage continuellement. Elle a d'autres marottes encore, peut-être plus gênantes : dans les hautes maisons qu'elle fréquente, elle tient absolument à être présente quand on habille et pomponne les demoiselles. Rares sont celles qui l'apprécient : tandis qu'elle leur tend les épingles ou le rouge, on la voit parfois soudain virer au cramoisi ! A redouter une attaque d'apoplexie... Quand elles sont prêtes, ensuite, Jenny a l'habitude de les bécoter longuement. Or ses joues sont si mal épilées que les enfants de la comtesse de R. l'appellent « tante Barbe » et les jolies filles de la comtesse Dash, « l'ogresse » !

Pauvre Mlle de Lange ! N'étaient ses malheurs, sa vertu et sa haute extraction, on se passerait bien complètement maintenant de la recevoir... D'autant que le régime a encore changé... Heureusement qu'il lui reste ces quelques connaissances de quartier, qui ont bon cœur et qui s'inquiètent quand elles ne la voient plus trotter, avec sa dégaine de gendarme...

Début mai de cette année-là, une voisine compatissante lui dépose devant sa porte deux tranches de godiveau. A l'intérieur, il lui semble bien entendre du remue-ménage. Mais, redoutant le caractère de la vieille demoiselle, elle n'ose pas frapper un deuxième coup à la porte... Comme le 6 mai on ne l'a plus vue ni entendue depuis deux jours, la concierge alerte les voisins, qui montent et trouvent la porte barricadée. On appelle un serrurier. Quand la porte cède, on découvre Mlle de Lange à genoux, le corps à moitié appuyé sur sa couche, entièrement enroulée dans une longue chemise de nuit et la figure encadrée par le bonnet de nuit qui ne la quittait jamais chez elle. On appelle le médecin, qui ne peut que constater le décès et délivrer le permis d'inhumer.

S'il en est de ces voisins pour border Jenny une dernière fois, les autres n'ont pas assez de leurs deux yeux pour détailler l'invraisemblable capharnaüm dans lequel elle vivait. Fauteuils Empire laissant filer leur crin par les trous de velours d'Utrecht, bergères Louis XV gardant quelques lambeaux de soie bleue, fauteuils sans dossier, pendules sans balancier, corsets hors d'usage traînant sur des futailles crevées, linge sale recouvert de fleurs séchées. Dans un coin, un bidet sert de resserre à charbon et abrite aussi quantité de masques de plâtre et de seringues en étain. Sur la cave à liqueurs, qui est en pièces, trône un exemplaire de *L'Esprit* de Bourdaloue, qu'on ne distingue guère tant y grouille la vermine. De la vermine il y en a d'ailleurs partout, et la chemise et le corps de la demoiselle elle-même en sont infestés...

Mlle Vacherin, la plus active des dames d'œuvre, fait sortir tout le monde et s'attaque à une besogne qui n'est pas un luxe :

la dernière toilette de la morte. Les voisins sont encore dans l'escalier quand ils entendent de grands cris. Ils refluent vers la chambre qu'ils viennent de quitter et trouvent ces dames tournées vers le mur, dans tous leurs états : le corps dénudé qui gît sur la couche funèbre est celui d'un homme ! Et d'un homme, en plus, superbement pourvu par la nature...

L'huissier vient alors poser les scellés et, comme au bout de deux jours aucun héritier ne s'est présenté et que la demoiselle paraît excessivement pauvre, les Domaines font jeter l'inconnu(e) à la fosse commune.

Dix jours plus tard, on vient procéder à la levée des scellés et à l'inventaire du mobilier.

Sous les monceaux de jupes de soie grise, bleue, puce, amarante et brochée et un tas d'ombrelles faussées, les huissiers découvrent un premier coffret. Il contient d'énormes liasses de titres au porteur et de coupons de rente et d'actions. Il y en a pour des milliers et des milliers de francs-or... Un secrétaire d'acajou, qui disparaît sous des pelisses mitées et des planches à champignons, livre ensuite 21 000 francs, et, d'une vieille malle bourrée de robes de moire violette, jaillissent 8 940 pièces d'or... On met trois jours à compter ce trésor de Golconde. Pour finir, on s'aperçoit que le rideau froissé qui obture la fenêtre est... le couvre-lit du Roi-Soleil, magnifique pièce en fils d'or et guipure de soie d'un prix inestimable...

Le moins piquant de l'affaire n'est certes pas cette correspondance qu'on trouve aussi sous un devant de cheminée et qui jette une lumière encore plus singulière sur la personnalité de l'étrange homme-femme de Versailles. Des centaines d'épîtres amoureuses d'une tendresse et, tour à tour, d'une fougue et d'un lyrisme passionnés... « Pensez, ma chère Jenny, je vous en conjure, à ce que vous m'avez promis », dit l'une d'elles. « Dites qu'il vous sera possible de m'aimer... » « Ah ! entendre de votre bouche ce que vous aviez bien voulu m'écrire ! » « Valser encore avec vous, ce qui, comme vous le savez, est mon plus grand bonheur !... » Et il y en cent autres de cette farine, plus de trois cents en tout, dont certaines d'autant plus extraordinaires qu'elles sont écrites par des femmes aussi. « Ma chère amie, dit celle-ci, signée de la main d'une duchesse.

Ma fille vient d'avoir ses dix-huit ans. Je ne sais quel moyen de surveillance inventer ; elle est vraiment plus habile que moi et sait toujours m'échapper. Venez vous installer au château pendant le temps des vacances ; j'irai aux eaux dans le même temps et j'aurai ainsi une occasion toute naturelle de laisser ma fille à votre garde et direction !... » Voilà assurément un tendron bien gardé ! Encore que Jenny Savalette de Lange ait su cacher ses liaisons, certaines plus qu'orageuses, avec une adresse diabolique.

On découvre ainsi qu'en 1823 elle file le parfait amour avec... un chef de bataillon d'infanterie, nommé Lacipière ! Mais la manière dont cette romance évolue et s'achève ajoute une nouvelle facette, bien inquiétante, à l'étrange figure de « l'inconnue ». On apprend que, très vite, Savalette de Lange consent ou plutôt impose un prêt de 800 francs à son amant. L'officier a d'autres dettes, que Lange épongera s'il consent... à l'épouser ! Lacipière en est d'accord, à condition que l'on paie *avant* le mariage. D'où une longue série de disputes, de brouilles et de raccommodements. En 1831, le malheureux terrifié l'adjure encore une fois de payer ses dettes, comme « elle » l'a promis, et jure qu'il l'épousera en dépit du secret qu'il vient d'apprendre. « Un secret qui navre mon âme », écrit-il, mais qui ne le fait pas moins persister dans son projet. Pourquoi alors ce mariage monstrueux ne finit-il pas par se faire ? Parce qu'il y a plus monstrueux encore... Toutes les fois que Lacipière, fou d'amour ou d'angoisse, on ne sait, va pour lui passer la bague au doigt, Savalette de Lange se récuse et menace de tout dire au colonel. Si bien que, désespéré, l'officier finit par lui écrire cette dernière lettre, datée d'août 1839 : « Je suis résigné à toutes vos persécutions, car vous me paraissez implacable ! Je pleure tous les jours des larmes de sang de vous avoir connue ! » Quelques jours plus tard, il se tirera une balle dans la tête...

Que le lait de la tendresse humaine ne coulât pas dans les veines de « cette bonne Mlle de Lange », comme l'appelaient ses amies du monde, c'est le moins qu'on puisse dire. Son énigmatique figure n'en est pas pour autant éclairée. A son dernier domicile, quelques heures après sa mort, on trouva, tracé au crayon rouge sur l'acte d'apposition des scellés, ce nom : Louis XVII.

Jenny Savalette de Lange et le Dauphin avaient sensiblement le même âge. L'histoire de l'homme-femme de Versailles est-elle une énigme de plus pour ceux qui tentent en vain depuis deux cents ans d'éclairer le pitoyable destin du petit prisonnier du Temple ?

RÉPONSES À L'INCRÉDULE

— *Une énigme de plus et un centième Louis XVII... au moins !*

— Pas tout à fait. Mais ils sont effectivement une petite trentaine en tout... En l'occurrence, c'est une hypothèse tout à fait inédite, tout de même...

— *Mais est-ce qu'elle tient ?*

— Pas tellement, il faut bien le dire. A la mort de la fausse Jenny Savalette de Lange, en 1858, on y a cru un moment. Pour des raisons d'identité d'âge, mais surtout parce que le personnage avait effectivement vécu au château de Versailles, dans un appartement donnant sur la cour des Princes, qu'il était très riche et qu'il détenait cette précieuse relique, le couvre-lit du roi de France.

— *De quoi s'agit-il ?*

— C'est un objet très précieux et parfaitement authentique. Quand il fut découvert au domicile de Jenny, l'officier public chargé de le mettre en vente fit placarder dans tout Versailles l'avis suivant : « Magnifique dessus de lit, en fine guipure ancienne, en parfait état, provenant de la famille de France, avec armoiries, écussons, dauphins et allégories, objet d'art extraordinaire qui doit être considéré comme morceau unique. » Sur une intervention du ministre d'Etat, il fut d'ailleurs acheté par le domaine public et placé au musée des Souverains, et il se trouve encore à l'heure actuelle au château de Versailles, sur la couche du Roi-Soleil...

— *Jenny pouvait l'avoir volé...*

— Oui. Qu'elle ait été en possession de cet objet ne prouve nullement que l'homme-femme de Versailles ait été de sang royal. On ne voit pas en effet pourquoi le Dauphin, une fois la monarchie rétablie, se serait terré dans des logis aussi nombreux qu'incommodes, habillé en femme et cédant sa couronne contre une pension, si importante soit-elle. Le mystère, car mystère il y a, est ailleurs. Dans les mobiles qui conduisent l'inconnu de Versailles à vivre une vie aussi extravagante...

— *Je pense que c'est surtout parce qu'il n'avait pas la conscience très nette !*

— Je crois aussi. Bien que rien ne permette de l'affirmer d'une manière certaine. Dans l'énorme masse de papiers qu'on trouve dans sa chambre, il n'y a pas le moindre indice qui pourrait étayer, par exemple, la thèse que l'inconnu s'est substitué à la fille de Savalette de Lange après l'avoir tuée. Le plus étonnant de l'affaire est en effet que le faux Lange ne prouve son identité que par une série de mensonges et de faux témoignages. En 1820, l'usurpateur arrive ainsi à se faire décerner par sept témoins de première qualité un certificat de notoriété que ceux-ci attestent et signent sous la foi du serment...

C'est d'autant plus surprenant que chacun se souvient que le père de la véritable Jenny était un conventionnel des plus compromis dans les excès de la Révolution...

— *Mais qui avait prêté de l'argent au comte d'Artois...*

— Oui. Mais cela ne suffit pas pour assurer à sa fille un brevet de monarchiste exemplaire, comme cela a été le cas. N'oublions pas que Savalette de Lange, le père, a quand même logé chez lui Barère de Vieuzac, régicide et ardent défenseur des mesures terroristes les plus extrêmes. Sous la Restauration, c'était une carte de visite qu'il valait mieux ne pas produire...

— *Mais, vraie ou fausse, Jenny était seulement la fille du conventionnel...*

— Sous la Terreur blanche et même après, c'était assez pour vous faire avoir les pires ennuis ! D'autant que Savalette, malgré son geste en faveur du futur Charles X, est un des personnages occultes qui ont le plus efficacement préparé la Révolution...

— *Comment cela ?*

— Bien avant d'être garde du Trésor royal, Charles Pierre-Paul Savalette de Lange est membre de tous les ateliers hermétiques de son temps. Député au Grand Orient, il fonde le régime des Philalètes, et la loge des Amis réunis [1], une association occultiste qui regroupait de nombreux théoriciens et meneurs révolutionnaires. Aide de camp de La Fayette et ami intime du Dr Guillotin, l'inventeur de la Veuve, il est qualifié comme « le plus important maçon de son temps ». En 1784, il organise à Paris un convent qui doit réunir les loges maçonniques du monde entier. Avec Mesmer, la vedette de cette réunion doit être Cagliostro, le fondateur du rite égyptien. L'aventurier, qui sera compromis deux ans plus tard avec le cardinal de Rohan dans l'affaire du Collier, exige que les philalètes s'agrègent à lui et brûlent toutes leurs archives. De Lange refuse et présidera lui-même le convent. Dans la seule région parisienne... sept cents loges maçonniques enverront des représentants ! Cagliostro, lui, ne viendra qu'au lendemain du convent... Pour se tailler, avec son eau de jouvence, ses envoûtements et ses maléfices, des succès prodigieux dans la plus haute société...

— *Ce qui accroît, en effet, le mystère du retour en grâce de sa fille auprès des Bourbons, vingt ans plus tard...*

— C'est en effet le nœud du mystère... G. Lenotre, qui, à défaut d'être un grand historien, était un farfouilleur de génie,

---

1. Voir « Faits insolites et inexplicables », *Un ministre des Finances alchimiste.*

a dépouillé des tonnes d'archives sur le sujet. Voici son hypothèse...

La vraie Jenny aurait été en fait la fille du frère de Charles Pierre-Paul Savalette de Lange, un aristocratique rentier qui, voyant la tournure que prenaient les événements révolutionnaires, s'enfuit de Paris avec sa fille, alors âgée d'une dizaine d'années. A Orléans, il s'abouche avec B., un élégant jeune homme qui espère, à la faveur des désordres, faire fortune rapidement. Il se fait fort, ce jeune homme, de conduire les fugitifs sans encombre vers Saint-Malo et de là vers l'Angleterre. Lange accepte avec reconnaissance. Saint-Malo est à cette époque encombré de nobles venus de toute la France et prêts à rejoindre « le parti de l'étranger ». Parmi eux, Jeanne Françoise de T. venue de basse Bretagne sous la conduite d'un vieux serviteur, Robin. Ses parents ont dû rester en leur château, car la marquise est près d'accoucher. Tout ce monde fait connaissance dans l'hôtel où ils sont, tant bien que mal, logés, et B. s'occupe activement de trouver un bateau en partance pour les îles Britanniques. C'est en fait avec le capitaine d'un bateau allemand qu'il s'acoquine, et bientôt les fugitifs se retrouvent voguant vers la mer du Nord !

En vue de Hambourg, le vieux Robin, à qui ses maîtres ont confié leur fille unique avec mission de la déposer à Plymouth chez des amis anglais, devient fou de désespoir et se jette pardessus bord, peut-être aidé par B. qui n'est, on le voit, qu'un scélérat. Hambourg aussi regorge d'émigrés, et Lange, qui semble briller par son absence de caractère, se résigne, non sans déposer plainte auprès du Conseil de la Hanse. D'ailleurs, les milieux dirigeants de la ville lui assurent qu'en France la Révolution s'essouffle et que, dans six mois au plus, l'Europe coalisée rétablira Louis sur son trône. Et puis, quand on a de l'argent, tous les exils se valent... Sans compter que Jenny et Jeanne-Françoise, dont les parents ont pu être prévenus, sont devenues des amies inséparables.

Las ! Cinq ans plus tard, le petit groupe est toujours à Hambourg, complètement désargenté maintenant et traité par la population allemande comme une bande de méprisables vagabonds. Bientôt on loge les uns sur les autres dans une soupente, et Lange, atteint d'une fièvre putride, meurt, faute de soins. Juste avant de mourir, il a tout de même appris que son frère avait prêté beaucoup d'argent à la famille royale et il a écrit une lettre pour solliciter de l'aide. Jenny tombe malade à son tour et, dans son délire, ne cesse de répéter devant ses compagnons : « N'oubliez jamais que le comte d'Artois m'a laissée périr de misère et qu'il doit sept millions à ma famille ! »

On devine la suite.

A la mort de Jenny, B. prend la relève et bombarde la famille royale de lettres de relance. Sans succès, si bien qu'il a recours à un expédient abominable : il force Jeanne-Françoise, qui est devenue une très belle jeune fille, à se prostituer. Cette situation dure plus d'une année et en novembre 1799, enfin, le coup d'Etat de Brumaire fait tout changer. Jeanne-Françoise est rayée de la liste des émigrés et ses parents, qui ont enfin pu retrouver sa trace, la font ramener par une Mme de X. Son ignoble protecteur a, lui, disparu sans demander son reste.

Les événements tragiques qu'elle a vécus ont profondément marqué la jeune femme. Pendant des années, elle vit pratiquement recluse dans le château de ses parents. Ce n'est qu'en 1810, à peu près assurée que l'oubli a passé sur ses années de déchéance, qu'elle consent à céder aux prières de sa famille et à épouser le comte de S.

Quand l'Empire tombe, cinq ans plus tard, la comtesse est rapidement une des femmes les mieux en cour de la Restauration. Habituée des cercles ultraroyalistes du pavillon de Marsan, elle habite avec son mari dans un magnifique hôtel du Marais. Un jour, une femme demande à la voir, et comme la comtesse se dévoue à des activités charitables, on l'introduit. L'inconnue a une mise des plus modestes et se présente d'abord avec humilité. Mais, dès qu'elle se retrouve seule avec la comtesse, elle enlève le tour de cheveux et les brides de chapeau qui dissimulaient en partie son visage... « Est-ce que tu me reconnais, charmante gourgandine ? » ricane-t-elle.

Mme de S. croit vivre un cauchemar. C'est bien sûr B. qui est devant elle, B. travesti en femme et qui joue adroitement d'une voix devenue « aigrelette et cassée »...

Le martyre de la malheureuse comtesse va durer des années.

Non seulement B. lui soutire, pour prix de son silence, des sommes considérables, mais il la contraint aussi à appuyer de toute la force de ses puissantes relations la requête en remboursement des sommes que son soi-disant oncle a autrefois prêtées aux Bourbons.

Son chantage semble lui réussir longtemps. Non seulement il amasse, mais il entre dans les meilleures familles, où on traite avec une indulgente bonté cette dame vieillissante et un peu excentrique, mais si intéressante par ses vertus et les mérites qu'elle s'est acquis au temps de la proscription.

Les choses semblent changer assez brusquement vers les années 1830. Son supplice fut-il finalement au-dessus des forces de la comtesse, lassée de déchoir une seconde fois par l'aide qu'elle apportait à la canaille, et révéla-t-elle à l'un de ses proches l'odieux chantage dont elle était la victime ? Peu à peu, les portes se ferment, en tout cas, devant l'imposteur, qui se met à son tour à craindre et, semble-t-il, à redouter même pour sa vie. A partir de 1851, la police personnelle de Napoléon III surveille les moindres faits et gestes du maître chanteur, et dresse un épais dossier confidentiel sur ses agissements, dossier qui est malheureusement incendié par les communards en 1870. Dans une note additionnelle, qui a, elle, été conservée, on apprend avec effarement que la « susdite » a déménagé... quarante-huit fois en un peu plus de vingt ans ! La police de Napoléon le Petit, qui était merveilleusement bien faite, a retrouvé l'adresse exacte de tous ses domiciles successifs et on peut déduire de cette fuite perpétuelle que la sécurité du faux Savalette de Lange était constamment menacée. On s'aperçoit que, pour brouiller les pistes, il retourne habiter dans des domiciles qu'il a déjà occupés précédemment, qu'il vit souvent à l'hôtel aussi et que son quartier de prédilection est le quartier Latin, la rue de Mézières et la rue de la Chaise, les rues Cassette et Servandoni, quartiers généraux à l'époque de la charbonnerie française. Un moment, il loge même au 6 de la rue du Pot-de-Fer, qui est alors le siège du Grand Orient...

— *Alors, votre homme-femme était aussi un comploteur ?*

— Surtout un tapeur, je crois, mais de première force, et qui se souvenait, en l'occurrence, du rôle éminent que l'oncle de celle dont il avait usurpé le nom avait joué dans la franc-maçonnerie révolutionnaire.

— *Mais, tout compte fait, une assez misérable fripouille tout de même...*

— Vous trouvez ? Moi, je me défends mal d'une certaine admiration pour lui. Vivre pendant quarante-cinq ans sous une perruque, un chapeau et un nom d'emprunt dans des corsets usagés, et des logis de fortune, comme un vrai pauvre, avec une voix de fausset, une vraie barbe et enfin un sexe réversible, tout cela incognito, je trouve même que cela confine au génie. Non ?

— *Le nom de la comtesse peut-il être révélé aujourd'hui ?*

— A la fin du siège dernier, quand G. Lenotre a tenté de débrouiller cette énigme, plusieurs descendants directs de Jeanne-Françoise vivaient encore. Pour cette raison, l'historien n'a pas voulu administrer toutes les preuves matérielles de sa thèse et, par conséquent, la véritable identité de la victime du maître chanteur n'est pas connue. Je partage moi aussi les scrupules de Lenotre. Mais si cette affaire vous intéresse, je ne doute pas qu'en vous armant de patience, de discrétion et... de l'Almanach de Gotha, vous n'aboutissiez bientôt !...

ANNEXE

DIFFÉRENTS DOCUMENTS CONCERNANT « MADEMOISELLE SAVALETTE »

Article paru dans le Journal de Seine-et-Oise *du 8 mai 1858*

« Versailles vient de voir mourir une nouvelle chevalière d'Eon. Moins célèbre sans doute que sa devancière, ce nouveau personnage, homme aussi, a porté depuis quarante ans le costume de femme, et il est mort en conservant la position qu'il s'était attribuée. Mlle Savalette n'entourait pas sa ceinture de cerceaux d'acier ; aussi rien n'était ridicule comme cette grande femme toute d'une venue, coiffée d'un immense chapeau, se soutenant d'une main sur un énorme parapluie et portant de l'autre le cabas qui contenait ses provisions. Notre demoiselle allait acheter elle-même toutes les choses nécessaires à la vie chez le boulanger, le boucher et au marché. Comme jamais domestique ou femme de ménage n'entrait chez elle, elle préparait elle-même son dîner, et bien que se traitant seule, elle se servait souvent de fort bons poulets. La table solitaire était le seul plaisir qu'on lui vît prendre ; elle en avait un autre dont elle usait largement : c'était le tabac ; elle en prisait un quart tous les trois jours. Ses moyens d'existence ne sont pas bien connus... Mlle Savalette, dont la voix contrefaite rendait un son aigu, désgréable, avait souvent l'injure à la bouche ; elle ne dédaignait pas, toutefois, le commérage chez la portière par laquelle elle se faisait appeler la marquise de Lange. Elle causait alors de ses relations, de ses intimités avec les plus hauts personnages, et notamment avec le roi Charles X. Malade et faible dans ces derniers temps, elle voulait bien recevoir des secours, pendant la journée, mais elle ne souffrait jamais que quelqu'un restât la nuit. Lorsqu'on entra chez elle, jeudi dernier au matin, on la trouva sans vie, à genoux, appuyée sur sa couche. Elle était morte sans doute en voulant rentrer dans son lit. Ce fut alors que l'on s'aperçut que c'était un homme. Il avait vécu dans une telle saleté que l'on jeta dans le feu sa chemise et son mouchoir de cou qui se trouvaient couverts de vermine. A ce moment, on découvrit les appas féminins, formés de laine. Tout le linge était marqué au nom de Mlle Savalette... Les cheveux sont très rares, comme la barbe et les favoris, ce qui fait supposer qu'il épilait ces derniers...

« Le 19 mai, l'administration de l'enregistrement et des domaines adressait une requête au Tribunal civil de Versailles, pour qu'il fût donné acte à l'Etat de ce qu'il se présentait pour recueillir la succession de l'inconnu mort sous le nom de Henriette Jenny Savalette de Lange. La requête exposait : "qu'aucun héritier ne se présentait pour recueillir la succession de ce mystérieux personnage qui paraissait n'avoir laissé d'autre fortume qu'une somme de 301 francs 80 centimes en deniers comptants et quelques objets mobiliers trouvés au domicile mortuaire."

« Un jugement du 30 juin 1858 autorisait l'Administration des Domaines à remplir les formalités nécessaires pour être envoyée en possession des biens de la succession.

« La levée des scellés et la confection de l'inventaire réservaient à l'Etat une agréable surprise. Dans un secrétaire, on trouva 21 900 francs en billets de banque ; dans une caisse enfermée dans une malle, 8 940 francs en or et 15 francs en argent. D'autres recherches amenèrent la découverte de cinq inscriptions de rente 3 % sur l'Etat français au porteur, formant au total 5 350 francs de rente. La succession qui allait échoir à l'Etat s'élevait à plus de 150 000 francs.

« Le convoi des pauvres et la fosse commune, tels avaient été les derniers devoirs rendus à la dépouille mortelle de la pseudo-demoiselle Savalette de Lange. Ses funérailles avaient coûté à l'Etat, son héritier, vingt-neuf francs.

« Elle avait vécu sordidement, étalant une fausse misère pour apitoyer ses protecteurs, spéculant sur les rentes de l'Etat, âpre au gain comme un usurier, entassant de l'or et des billets de banque.

« Dès 1825, elle achète pour 25 000 francs de rentes sur l'Etat français. Le jour même où éclate la Révolution de 1830, le 27 juillet, elle achète pour 24 000 francs de rentes ; le 24 août suivant, elle en achète encore pour 2 500 francs ; et, alors, elle se dit réduite à la plus affreuse misère par les événements politiques. Au lendemain de la Révolution de 1848, en avril, elle achète pour 50 000 francs de rentes. Elle en revend pour un gros chiffre en 1853. C'est son vieil ami, M. du Vautenet, qui fait pour elle la plupart de ces opérations toutes réglées au comptant.

« Il est donc certain que Mlle Savalette de Lange avait eu à sa disposition, d'assez bonne heure, un petit capital qu'elle sut faire fructifier, soit qu'elle fût réellement un enfant du comte Paul Savalette de Lange et que son père lui eût assuré, avant de mourir, la possession de ce capital, soit qu'elle eût mis à contribution, avec succès, la bourse des enfants reconnus du comte Savalette de Lange, après s'être fait accepter par eux, comme leur sœur... »

Acte de décès de « Mademoiselle » Savalette de Lange

« Du jeudi six mai mil huit cent cinquante-huit, heure de midi, acte de décès d'un inconnu ayant porté les noms de Henriette-Genny Savalette Delange, célibataire sans profession, née (sic) à (on n'a pas pu indiquer le lieu de naissance) en l'année mil sept cent quatre-ving-six, décédé ce jourd'hui, deux heures du matin, en sa demeure de Versailles, rue du Marché-Neuf, n° 11. Les témoins sont M. Antoine-Octave Ramin, greffier de la justice de paix (canton sud) de cette ville, âgé de vingt-neuf ans, demeurant à Versailles, rue Satory, n° 9, et M. Louis Jonquet, marchand de nouveautés, âgé de trente-six ans, demeurant à Versailles, rue Royale, n° 25, lesquels ont signé avec nous maire de Versailles, ancien membre des assemblées législatives, faisant fonction d'officier public de l'état civil, après lecture faite, et le décès constaté. Jonquet, Ramin, Remilly. »

« Mademoiselle » Savalette de Lange
vue par la comtesse de Dash

Dans ses Mémoires *la comtesse de Dash trace un curieux portrait de la pseudo-Mlle Savalette de Lange. On y remarquera que cet étrange personnage profitait de son aspect féminin pour entrer dans l'intimité des demoiselles...*

« En 1823, le château de Versailles renfermait une population tout entière. Il s'y trouvait, entre autres, une personne fort étrange dont la destinée n'a jamais été complètement éclairée, mais sur laquelle des renseignements, pris depuis sa mort, laisseraient planer une teinte de mélodrame et de fatalité tout à fait intéressante. C'était une vieille demoiselle de X..., fille d'un émigré, émigrée elle-même et qui menait une vie bizarre. On la savait très gênée ; elle portait noblement sa misère. Elle faisait tout elle-même chez elle, nul n'y mettait jamais le pied. Elle se levait à l'aube, s'en allait chercher son eau, ses provisions, on ne l'apercevait plus jusqu'au moment où, sa toilette faite, elle allait chez ses voisins ; elle y était plutôt soufferte que désirée. On la recevait à cause de son nom, de sa misère, de l'estime qu'elle inspirait. Autrement, rien n'était moins agréable.

Elle avait une grosse voix, des manières de grenadier, elle marchait comme un gendarme. On assurait même que la barbe lui poussait au point d'être obligée de se raser. Elle prenait du tabac et son nez, orné de roupies, avait l'ampleur d'une grosse pomme de terre. Je la rencontrais quelquefois chez des jeunes personnes de mes amies, elle y allait souvent. On la recevait en qualité de commensale et l'on ne s'en occupait guère ; elle allait et venait, suivant sa fantaisie, dans l'appartement, et restait presque toujours chez ces demoiselles lorsqu'elles s'habillaient, ce qui les gênait beaucoup. Si bien qu'elles déclarèrent à leur mère qu'elles ne la garderaient plus près d'elle ; elles en avaient peur. Mlle de X... faisait de tels yeux, disaient-elles, qu'on l'aurait prise pour une ogresse. »

Extrait de *Mémoires des autres*
par la comtesse de Dash.

SOURCES

G. Berthier de Sauvigny, *La Restauration*, Paris, 1964.
Comtesse Dash, *Mémoires des autres*, Paris.
Jean-Claude Frère, *L'Occultisme*, CELT, Paris, 1974.
G. Lenotre, *Paris révolutionnaire*, Perrin et Cie.
— *Vieilles Maisons, Vieux Papiers*, Perrin et Cie.
Pierre Mariel, *Les Carbonari*, CAL, 1971.

L'affaire de Dieppe

Le 19 août 1942, à l'aube, les Dieppois furent réveillés par des avions qui rasaient les toits. Presque aussitôt, les sirènes hurlèrent, tandis que la ville était ébranlée par des explosions et que la DCA allemande entrait en action. Au milieu de ce concert assourdissant, il sembla aux habitants que des détonations venaient du large. Intrigués, quelques intrépides montèrent dans leur grenier et virent avec stupeur une flotte impressionnante devant le port. Que se passait-il ?

Des forces anglo-canadiennes envoyées par le haut commandement allié tentaient de débarquer sur les plages de Dieppe pour tester la défense allemande...

Deux cent cinquante-deux bateaux de la Royal Navy, soixante escadrilles de chasse, plusieurs formations de bombardiers, plus de six mille hommes participaient à ce raid.

Hélas ! les opérations commencées à quatre heures tournèrent rapidement au désastre. Vers huit heures, les commandos anglo-canadiens qui étaient parvenus à prendre pied sur les plages et même à y amener des chars durent, sous le feu incessant de la Luftwaffe et des batteries côtières allemandes, refluer vers la mer, laissant quatre mille cinq cents hommes tués, blessés ou prisonniers, tout le matériel débarqué, les carcasses de cent six avions abattus et les épaves de trente-quatre navires...

Vers midi, sous une pluie de fer et d'acier, un dernier convoi chargé d'hommes hébétés mettait le cap sur l'Angleterre.

Ainsi se terminait ce raid, qui reste, dans l'histoire de la Seconde Guerre mondiale, l'un des plus grands échecs alliés.

Neuf ans plus tard, en 1951, les plages normandes avaient

retrouvé leur aspect paisible d'avant-guerre lorsque deux jeunes femmes anglaises arrivèrent à Puys, petite localité voisine de Dieppe, pour y passer quelques jours de vacances.

Elles s'installèrent le 26 juillet au deuxième étage d'un immeuble qui avait été le quartier général des troupes allemandes pendant l'Occupation. La fenêtre de la chambre qu'elles partageaient donnait sur la plage.

— Cet endroit est charmant ! avait dit Agnes.

— Idyllique, avait renchéri Dorothy.

Elles ignoraient toutes les deux qu'en août 1942 un commando du Royal Regiment canadien, qui participait au raid sur Dieppe, avait débarqué là sous un déluge de bombes et s'y était battu jusqu'au dernier homme.

Qui étaient ces deux jeunes femmes ?

Je leur donnerai les noms qu'elles se sont choisis elles-mêmes pour signer le récit de l'extraordinaire aventure qu'elles vécurent un matin : Dorothy et Agnes Norton. Dorothy avait trente-deux ans, Agnes, sa belle-sœur, trente-trois.

Voici ce qui leur arriva.

Le samedi 4 août, Agnes est réveillée très tôt par des bruits « tout à fait inhabituels » venant de la plage. « Cela ressemblait, écrit-elle, à des cris d'hommes sur fond d'orage. »

Comme il fait encore nuit, elle écoute pendant environ un quart d'heure, sans bouger de son lit. Puis elle secoue sa belle-sœur :

— Tu entends ?

— Oui... C'est un orage !...

Le grondement s'enfle et décroît. Les deux femmes entendent alors distinctement des avions raser les toits, des coups de canon, des tirs de DCA et des crépitements d'armes automatiques.

— Que se passe-t-il ? dit Agnes. On dirait un débarquement.

Elle allume la lampe de chevet. La pendulette indique quatre heures vingt.

Mue par un vieux réflexe du temps de la guerre et de la défense passive, Dorothy s'écrie :

— Eteins vite !

De nouveau, elles restent un long moment dans l'obscurité, terrorisées par les explosions qui semblent se rapprocher.

Bientôt, les vitres blanchissent ; le jour commence à se lever. Le vacarme va-t-il cesser ? Non, au contraire. Les Anglaises entendent un sifflement strident suivi d'un fracas épouvantable. Ce doit être une torpille qui vient d'éclater à quelque cent mètres de leur maison.

Cette fois, Agnes s'affole :

— Il faut descendre à la cave, dit-elle.

Les deux femmes sautent du lit. Mais la curiosité l'emporte sur la peur. Avant de quitter la chambre, elles vont jusqu'au balcon pour voir ce qui se passe et demeurent stupéfaites.

Là où, d'après le bruit infernal qui continue à leur parvenir, elles s'attendent à voir des hommes courir sous les bombardements, des morts déchiquetés par les mines et des tanks en flammes, là où elles sont sûres de découvrir des bateaux de guerre canons pointés sur la ville et des péniches de débarquement pleines de « marines », il n'y a qu'une plage déserte où viennent mourir les petites vagues d'une mer calme.

De quelle hallucination sont-elles victimes ? De quel cauchemar ? Elles se serrent l'une contre l'autre, « s'enfonçant les ongles dans la peau » pour s'assurer qu'elles ne rêvent pas, et en arrivent à penser que les événements dont elles entendent les échos se déroulent en un endroit de la ville que l'on ne peut apercevoir de leur fenêtre.

Pourtant, les détonations et les rumeurs semblent bien venir de la grève. Elles rentrent dans la chambre et se recouchent sans comprendre. Elles remarquent alors que, par moments, les bruits enflent, puis diminuent d'intensité jusqu'à être proprement inaudibles, « comme s'il s'agissait, écrit Agnes, d'une émission de radio venant d'Amérique. On aurait cru un phénomène de fading »...

A quatre heures cinquante, subitement, tout cesse et les deux femmes, épuisées, se rendorment. Mais, à cinq heures cinq, elles sont réveillées par un nouveau bombardement accompagné de tirs d'artillerie, de fusillades et de hurlements d'hommes. Comme précédemment, les bruits croissent et décroissent suivant le même phénomène de fading, pour s'arrêter brusquement à cinq heures quarante.

Ils reprennent à cinq heures cinquante. Cette fois, les Anglaises, enfouies sous les draps, entendent des avions passer par vagues au-dessus de leur tête. « Nous avions l'impression, écrivent-elles, qu'il s'agissait de bombardiers lourds. » Presque aussitôt, des explosions retentissent, suivies de canonnades. Une nouvelle accalmie se produit à six heures exactement. Comme elle se prolonge, Agnes et Dorothy se lèvent et retournent sur le balcon. La plage est toujours déserte. Les deux femmes vont rentrer lorsqu'elles aperçoivent un boulanger à bicyclette dans la rue. Elles l'interpellent :

— Est-ce qu'il y a de gros dégâts ?

— Où cela ?

— Mais... en ville.

— Non, pourquoi y aurait-il des dégâts ?

— A cause du bombardement.

— Quel bombardement ?

Les deux femmes restent une seconde interloquées.

— Le bombardement qui vient d'avoir lieu !...

L'homme les regarde avec effarement.

— Je ne vois pas de quoi vous voulez parler...

— Vous avez bien entendu des avions, des bombes, des coups de canon ?

— Non !

— C'est impossible ! Cela faisait un bruit épouvantable. On aurait cru un débarquement...

Le boulanger croit avoir affaire à deux folles.

— Ne vous en faites pas, ce n'est pas grave, dit-il...

Et il s'en va rapidement.

— Serions-nous les seules à entendre ces bruits ? se demandent les Anglaises.

A ce moment — il est six heures vingt-cinq —, de nouvelles fusillades éclatent. « On reconnaissait nettement le crépitement des mitrailleuses mêlé à des cris d'hommes et à des gémissements, écrit Dorothy. Mais tout était plus faible qu'auparavant. »

« Comme un poste de radio dont on diminue progressivement la puissance », les tirs et les rumeurs continuent de décroître. A six heures cinquante-cinq, tout cesse définitivement.

Allongées sur leurs lits, les deux femmes attendent encore un moment. Le vacarme va-t-il reprendre ? Non ! Bientôt, ce sont d'autres bruits qui leur parviennent. Familiers et rassurants. Sous leur fenêtre, la rue s'anime ; des commerçants ouvrent leurs boutiques, des estivants préparent bruyamment une partie de pêche, des voitures passent. Soulagées, les Anglaises s'habillent, prennent leur petit déjeuner et descendent vers huit heures trente. Dans l'escalier, des locataires de l'immeuble bavardent. Elles les abordent en souriant et, rendues prudentes par leur conversation avec le boulanger, se contentent de leur demander s'ils ont passé une bonne nuit. Tous affirment qu'ils ont très bien dormi.

Alors, Agnes et Dorothy, très troublées, s'en vont vers la plage, ignorant encore que, par un phénomène inexplicable, elles ont entendu des échos d'une opération militaire qui s'est déroulée neuf ans plus tôt...

RÉPONSES À L'INCRÉDULE

— *Etrange histoire, en vérité. Comment la connaît-on ?*

— Grâce au récit qu'en ont fait les deux Anglaises elles-mêmes. Au cours de l'après-midi du 4 août, alors qu'elles étaient encore sous le choc de ce qu'elles avaient vécu, Agnes et Dorothy rédigèrent — séparément — un récit détaillé de leur extraordinaire matinée en utilisant des notes griffonnées entre quatre heures trente et sept heures.

Le lendemain, elles repartirent pour l'Angleterre, où elles racontèrent ce qui leur était arrivé. C'est alors qu'on leur parla du raid de Dieppe, en 1942 — événement qu'elles avaient un peu oublié — et on leur apprit que des débarquements avaient eu lieu sur des plages voisines, notamment sur celle de Puys...

Fortement impressionnées, Agnes et Dorothy envoyèrent, le 9 août, leurs deux récits à la Society for Psychical Research en demandant ce qu'on en pensait et s'il existait d'autres cas analogues. Mr. G. W. Lambert, président de la SPR, se pencha lui-même sur le problème et fit une enquête approfondie auprès du ministère de la Guerre pour connaître, minute par minute, le déroulement des opérations sur la plage de Puys dans la matinée du 19 août 1942. Grâce au *captain* Hugues-Hallet, qui avait dirigé le Royal Regiment canadien, il put obtenir des renseignements d'une extrême précision. Il constata alors avec stupeur que les heures indiquées par les deux belles-sœurs pour les différentes phases de leur « débarquement fantôme » — l'arrivée des avions, les bombardements, l'intervention de la flotte, les accalmies, les reprises et la fin des combats — correspondaient exactement à celles qui avaient été notées par les officiers anglo-canadiens en 1942.

— C'est en effet extraordinaire. Mais les deux Anglaises n'avaient-elles pas eu connaissance du compte rendu des opérations militaires par une relation quelconque au ministère de la Guerre ?

— Le *captain* Hugues-Hallet a assuré que c'était impossible.

— Ne pouvaient-elles pas avoir lu un guide local où le débarquement aurait été raconté ?

— Ce n'est pas impossible, bien qu'elles aient certifié le contraire ; mais vous savez que ce genre de publication ne donne que des résumés assez succincts, et il est difficile d'imaginer que les heures précises de chaque phase importante de l'opération y aient figuré.

— Autre question : n'y avait-il pas tout simplement à Puys un cinéma ayant à son programme un film de guerre ?

— La question a été posée. Et la réponse est simple : il n'y avait pas de cinéma à Puys en 1952. D'ailleurs, s'il y en avait eu un, croyez-vous qu'il aurait donné une séance entre quatre heures et sept heures du matin ?

— *Alors ?*

— Le président de la SPR, ayant terminé son enquête, a conclu : « A la fois en regard de la forme et de son contenu, nous pensons que l'expérience doit être classée comme un authentique phénomène psychique. »

— *Peut-on l'expliquer ?*

— Les parapsychologues prétendent qu'il s'agit d'une « réverbération du temps ». Réverbération qui peut être visuelle, comme dans le cas des deux Anglaises à Trianon [1], ou auditive, comme dans le cas qui nous occupe. A la faveur de certaines conditions inconnues, des images ou des sons du passé resurgissent dans notre présent comme s'ils étaient « enregistrés » quelque part, ce qui expliquerait le curieux phénomène de fading. En somme, les bruits et les cris qu'Agnes et Dorothy ont entendus avec un décalage de neuf ans ressemblent beaucoup aux fameuses « paroles gelées » dont parle Rabelais...

— *Rappelez-moi ce qu'étaient ces « paroles gelées » ?*

— Rabelais nous conte qu'un jour, aux confins de la mer glaciale, Pantagruel entendit soudain des paroles retentir dans le ciel. Il s'en inquiéta, car il n'y avait personne alentour, et demanda au pilote du bateau d'où pouvaient venir ces bruits mystérieux. Le marin lui expliqua alors que, pendant l'hiver précédent, deux flottes ennemies s'étaient battues en cet endroit par un temps si froid que les paroles des matelots avaient gelé en l'air. « A cette heure, ajouta-t-il, la rigueur du froid passée, elles fondent et voici que nous les entendons... »

— *Belle histoire, qui prouve, une fois de plus, que Rabelais était une sorte de visionnaire, mais qui — c'est le moins que l'on puisse dire — n'apporte pas d'explication scientifique au phénomène... Il reste, en outre, une autre question : pourquoi les bruits ne furent-ils entendus que par les deux Anglaises ?*

— On l'ignore, bien entendu. Einstein, vous le savez, disait

1. Voir « Contacts avec l'au-delà », *Les fantômes de Trianon* (Tome 1).

des personnes qui vivent ce genre d'expérience qu'elles « trébuchent dans le temps ». Je vous accorde que ce n'est pas non plus une explication, mais cela prouve du moins que le plus grand savant de ce temps ne niait pas l'existence de ces phénomènes...

SOURCES

Léon DENIS, *Dans l'invisible*.
Lucile IRÉMONGER, *The Ghosts of Versailles*, Londres, 1957.
Philippe MASSON, « Canadiens français à Dieppe », *Journal de la France*, n° 138.

PRÉSENCES DANS L'INVISIBLE

Toutes les traditions, toutes les mythologies nous le disent : l'Invisible est un monde. Un monde peuplé d'êtres aux multiples aspects, avec lesquels nous avons des contacts plus nombreux que nous ne le pensons...

William BARRETT

Guy Breton

Mordue par un homme invisible

Guy Breton

Des fouilles dirigées de l'au-delà

Louis Pauwels

Eliphas Lévi, le mage admirable

Guy Breton

Patience Worth ou les romans dictés du ciel

Louis Pauwels

Les ensorcelés de Merlebach

Guy Breton

L'énigme des ectoplasmes

Louis Pauwels

Un village socialo-spirite

Guy Breton

Les auras

Louis Pauwels

L'amant d'Aurélia

Guy Breton

Les chevaux d'Elberfeld

Guy Breton

Echos de l'au-delà sur bandes magnétiques ?

Avertissement

Il n'existe pas d'« eaux territoriales » dans l'Invisible. C'est un océan totalement étranger à notre monde. Aussi les entités mystérieuses qui semblent l'habiter échappent-elles à nos classifications habituelles.
Il serait donc ridicule de parler d'un fantôme français, d'un spectre américain ou d'un ectoplasme allemand... C'est pourquoi nous n'avons pas cru utile, dans ce tome, d'établir une distinction entre les phénomènes observés en France et les autres.

Mordue par un homme invisible

Le 10 mai 1951, vers midi, les trottoirs de Manille — plus précisément ceux de l'avenue Rizal, importante artère de la capitale philippine — furent le théâtre d'une scène étrange. Alors que les employés de bureau et de magasin se répandaient dans les rues, une jeune fille, les yeux exorbités, sortit en courant d'un immeuble. Elle hurlait :

— Au secours ! Il veut me tuer ! Arrêtez-le !...

Les traits convulsés par la peur, elle faisait tous les gestes de quelqu'un qui veut se débarrasser d'un agresseur, alors que personne ne la poursuivait. Les passants, stupéfaits, la voyaient agiter les bras, donner des coups de pied dans le vide et se débattre comme si, à certain moment, elle était maintenue sur place par quelqu'un d'invisible. Suffoquant, haletant, elle criait :

— Mais aidez-moi donc, je vous en supplie ! Vous voyez bien qu'il va me tuer !...

Puis, tout comme si elle avait réussi à se dégager, elle repartait en courant dans la foule.

Soudain, elle poussa une plainte horrible :

— Il me mord !!! C'est atroce !

Et livide, près de défaillir, elle montra aux passants son bras droit ensanglanté où l'on pouvait voir, effectivement, des traces très nettes de morsures.

Cette fois, les gens s'approchèrent. Ce qui se passa alors sous leurs yeux dépasse l'imagination : *des marques de dents s'imprimèrent tout à coup dans la chair de la jeune fille et du sang jaillit*. L'adolescente hurla :

— Il recommence ! Au secours !...

Un homme intervint :

— Il faut la conduire au poste de police !

Et à voix basse, il ajouta :

— C'est une hystérique !

Il prit le bras de la jeune fille et l'entraîna, suivi par la foule. En chemin, la malheureuse, à plusieurs reprises, se débattit et cria qu'on la mordait. De nouvelles traces apparurent, en effet, en divers endroits de son corps. Lorsqu'elle arriva au poste, ses bras et ses jambes étaient en sang...

L'officier de police appela immédiatement un médecin du quartier et le pria de venir d'urgence. Puis il interrogea l'inconnue. On apprit qu'elle s'appelait Clarita Villanueva, qu'elle avait dix-huit ans, qu'elle vivait avec sa tante et qu'elle travaillait depuis peu dans un hôpital comme fille de salle.

Ce matin-là, elle était en congé.

Le médecin arriva, l'air grave et important. Avant même d'examiner les plaies, il demanda à Clarita d'expliquer ce qui lui était arrivé.

L'adolescente, qui semblait avoir recouvré un peu de calme depuis qu'elle se trouvait au poste de police, raconta en pleurant doucement qu'un homme effrayant, « surgi on ne sait d'où », s'était jeté sur elle tandis qu'elle s'habillait, et l'avait mordue en plusieurs endroits.

— C'est alors, dit-elle, que je me suis sauvée dans la rue. Mais il m'a poursuivie jusqu'ici...

— Comment est cet homme ? demanda le médecin.

— Petit, effrayant, avec de gros yeux. Il porte une sorte de cape et a d'énormes dents blanches...

Le policier intervint et demanda au passant qui avait amené Clarita au poste :

— Avez-vous quelque chose à ajouter au signalement de ce personnage ?

L'homme parut embarrassé :

— Je sais que cela va vous paraître incroyable, monsieur l'officier, mais je n'ai vu personne...

— Comment ? Vous n'avez pas vu l'agresseur de Mlle Villanueva ?

— Non !

— Mais il l'a bien mordue devant vous ? Et à plusieurs reprises ?

— Oui !

— Et vous ne l'avez pas vu ?

— Non, même à ce moment-là !

— Vous n'allez pas nous dire, s'écria le médecin agacé, que cette demoiselle a été mordue par un homme invisible ?

— Si... en quelque sorte... Puisque les morsures existaient et qu'il n'y avait personne...

— Quelle qu'en soit l'origine, dit le policier, voulez-vous examiner ces blessures, docteur ?

Le médecin se pencha d'assez mauvaise grâce sur Clarita.

— Alors, demanda le policier, s'agit-il bien de morsures ?

— Incontestablement, bougonna le médecin. Je vais lui prescrire un désinfectant...

Il s'approcha du fonctionnaire et ajouta à voix basse :

— Cette jeune fille est une épileptique.

— Vous voulez dire que... c'est elle qui se mord ?

— Bien sûr !

— Etrange !...

— Lorsqu'elle est en crise, elle doit se croire poursuivie et se mordre...

Le policier hocha la tête :

— Sans doute avez-vous raison, docteur, car vous avez fait des études et je ne suis qu'un pauvre policier. Mais je voudrais vous poser une toute petite question...

— Oui ?

— Comment fait-elle pour se mordre derrière le cou ?

Le médecin ne répondit pas. Il alla examiner la nuque de Clarita et demeura perplexe, cherchant quelle explication scientifique il pourrait donner du phénomène.

Il n'en eut pas le temps. Brusquement, Clarita se mit à hurler et à se débattre, disant que le monstre était de nouveau là et qu'il l'attaquait. Le médecin se précipita sur elle afin — il le dira par la suite — de *l'empêcher de se mordre*. Mais à son tour, il fut éberlué en constatant qu'apparaissaient sur la joue de la jeune fille et sur son épaule des marques de morsures *mouillées de salive...*

— Je ne comprends pas ! dit-il.

Puis il prit le téléphone et appela un confrère qui lui conseilla de faire hospitaliser Clarita. De son côté, l'officier de police, qui avait également assisté au phénomène, alertait le maire de Manille, M. Arsenio Lacson.

Un quart d'heure plus tard, une ambulance emportait Clarita qui se débattait toujours contre son agresseur invisible.

A l'hôpital, elle fut admise au service psychiatrique et placée dans une chambre particulière. Là, le phénomène se reproduisit plusieurs fois en présence des médecins et de l'archevêque que le maire de Manille avait appelé à tout hasard, pensant que le cas de Clarita dépassait de loin sa compétence.

Le Pr Mariana Lara qui dirigeait le service ne fit aucun commentaire, mais demanda qu'on fît un prélèvement de la salive qui entourait les plaies, aux fins d'analyse. Puis, profitant d'une rémission, il interrogea longuement la jeune fille. Il n'obtint aucun renseignement nouveau, si ce n'est un détail qui lui fit hausser les épaules : d'après Clarita, son « agresseur » flottait par moments à quelques centimètres du sol...

Au cours de l'après-midi, le laboratoire envoya le résultat de l'analyse. Le Pr Lara y lut ceci :

1. La salive prélevée ne correspondait absolument pas à celle de Clarita ;

2. Elle ne correspondait à aucune salive humaine connue.

Le soir, la jeune fille se calma complètement. Elle demeura à l'hôpital le temps que ses morsures — dont certaines s'étaient infectées — fussent cicatrisées. Après quoi, elle rentra chez elle et ne se plaignit plus jamais d'être attaquée par son agresseur invisible. Elle ne présenta même plus aucun trouble, de quelque sorte que ce fût.

Interrogée à plusieurs reprises par des journalistes, elle présenta toujours la même version des faits.

Quant au Pr Lara, il se contenta de répondre qu'il ne pouvait donner aucune explication scientifique du phénomène qu'il avait observé et qu'il fallait s'en tenir, pour l'instant, aux déclarations de la victime...

RÉPONSES À L'INCRÉDULE

— *Une demoiselle mordue par un personnage invisible, voilà une histoire extraordinaire et, permettez-moi de le dire, à peine crédible. Où l'avez-vous trouvée ?*

— Dans la presse philippine de l'époque qui publia de longs articles sur l'événement et des interviews du Pr Lara.

— *Et vous croyez personnellement à cette histoire ?*

— N'ayant pas assisté aux faits, il m'est difficile de me faire une opinion ! Mais le témoignage du Pr Lara me semble suffisamment important pour prendre au sérieux cette affaire...

— *Vous êtes donc prêt à croire de nouveau aux incubes et aux succubes des Anciens ?*

— Je vous ferai remarquer que, d'une part, je n'ai pas parlé de démon, et que, d'autre part, l'agresseur invisible de la jeune fille n'a pas essayé de la violer... Il l'a seulement mordue...

— *Mais vous ne donnez pas d'explication ?*

— Sûrement pas ! Je préfère imiter de Conrart le silence prudent...

— *Connaît-on d'autres personnes qui, à notre époque, ont prétendu avoir été attaquées par un être invisible ?*

— Oui, les revues éditées par les diverses sociétés de recherches métapsychiques publient régulièrement des récits aussi extraordinaires et aussi troublants que celui-ci... Ce qui a conduit le Dr William Sotfeld à déclarer : « On a l'impression que ce que nous appelons l'invisible est peuplé d'êtres qui ont la faculté d'apparaître subitement à la personne de leur choix. S'agit-il d'entités peuplant un univers parallèle tout proche de nous, d'entités aussi étrangères à notre monde que le seraient des extraterrestres et qui prendraient une apparence humaine pour se manifester à nos yeux, ou de défunts errant dans l'au-delà ? »

Après avoir étudié les deux hypothèses, William Sotfeld ajoute : « Peut-être faut-il envisager la coexistence de ces deux catégories "d'êtres". Les premiers, surgissant dans notre univers pour des raisons qui nous resteront longtemps, sans doute, inconnues ; les seconds, revenant près de nous poussés par une force qui s'apparente à l'amour. Nous ferons entrer dans cette seconde catégorie les défunts qui se mêlent à nos réunions familiales et dont l'image, parfois, se fixe sur la pellicule d'un photographe et apparaît au développement... »

— *Si je comprends bien, ce M. William Sotfeld prétend que, sur certaines photos de groupe, on découvrirait parfois l'image d'un personnage défunt ?*

— Exactement !

— *Ce Dr Sotfeld serait-il un plaisantin ?*

— Pas le moins du monde. C'est un physicien anglais fort sérieux, qui n'a qu'un tort aux yeux de la plupart des savants français plus portés — comme vous — aux ricanements qu'à la réflexion : il s'intéresse à la parapsychologie et se penche sur ce que la science ne peut expliquer...

— *Et il a vu de ces extraordinaires photos contenant un personnage, si j'ose dire, surnuméraire ?*

— Bien sûr ! Et j'en ai vu également. Certaines ont été prises lors d'un mariage, d'un baptême, d'une première communion, d'un anniversaire, d'un enterrement, ou simplement d'un déjeuner de famille... J'en connais une, entre autres, qui a été prise à Orléans, en 1938, lors d'un repas de fiançailles. Lorsqu'elle est revenue du laboratoire, le photographe amateur a remarqué avec stupéfaction la présence d'un barbu inconnu qui — il en était sûr — n'était pas parmi les invités au moment où il avait pressé le bouton. Il a montré l'épreuve autour de lui et une vieille cousine a failli s'évanouir en reconnaissant son père qui était mort dix ans auparavant... Mais ces phénomènes ne se produisent pas qu'avec des parents. Il arrive qu'un ami défunt soit ce personnage surnuméraire dont vous parliez. Je vais vous citer un cas dont on a beaucoup parlé en 1950. Cette année-là, au mois de juin, une photo fut prise à l'ermitage d'Annaya, près du monastère de Saint-Maronne, à cent kilomètres de Beyrouth. Au moment du développement, l'image d'un moine maronite, le père Charbel, mort en 1898, et dont on ne possédait ni photographie ni portrait, apparut, à la grande stupéfaction des membres de la communauté qui virent là un miracle. Voici d'ailleurs en quels termes le père Andary, père général de l'ordre des baladites, fit part du phénomène au père chartiste des Missions catholiques libanaises, en lui envoyant l'extraordinaire document :

« Nous vous envoyons la vraie photo du père Charbel, qui a été faite d'une façon miraculeuse. Il y a quelques jours, le frère Elie Nouhra, de la congrégation des missionnaires kraïmites, a voulu prendre la photo du père Elias Hemeji qui a succédé au père Charbel dans son ermitage. Il avait avec lui quatre élèves du collège. Ceux-ci se sont placés aux côtés du père Elias, devant le mur de l'ermitage. Le lendemain, le frère Elie a "développé" le cliché à Djounié. Il a été très étonné de voir sur la photo la présence d'un vieux religieux parmi ceux qu'il avait photographiés. Son corps était transparent et on apercevait derrière lui le mur de l'ermitage et le bas du corps d'un des élèves. Mais son visage et sa barbe blanche apparaissaient nettement. Nous avons pris la photo et l'avons soumise à tous ceux qui avaient connu le père Charbel de son vivant, comme le fils de sa nièce, le révérend père Ignace Tannouri, notre ancien général le révérend Antoine Lehfdi et les pères Paul et Georges du village d'Annaya, Pierre Maïfouki, le père Joseph Hemeji, Elias Abouramia, le curé Joseph Saad, d'Annaya également, d'autres encore. Et tous ont juré que c'était là l'image du père Charbel qui n'avait jamais été photographié de son vivant. »

— *Ne pensez-vous pas que ces photographies que vous qualifiez de « paranormales » sont tout simplement truquées ?*

— Certaines le sont. Incontestablement. Et le Pr Robert

Tocquet, qui s'est livré à une enquête approfondie à ce sujet, a dévoilé les procédés qu'emploient les faussaires. Mais il est des cas où l'examen le plus rigoureux ne révèle aucune manipulation frauduleuse. La photo prise à Orléans et celle du père Charbel entrent dans cette dernière catégorie.

— *Alors, votre conclusion ?*

— Je l'emprunterai à William Sotfeld : « On a l'impression que certains êtres qui peuplent l'invisible impressionnent "volontairement" la pellicule photographique et que c'est là, en quelque sorte, un signe qu'ils nous adressent. Quelle est sa signification ? Peut-être le saurons-nous un jour... »

SOURCES

Presse philippine.

George LANGELAAN, *Les Faits maudits*, Planète.

William SOTFELD, *Le Peuple de l'invisible*, Londres, 1952.

Robert TOCQUET, *Les Mystères du paranormal*, Psi International.

— *Les Pouvoirs mystérieux de l'homme*, Psi International.

Des fouilles dirigées de l'au-delà

Au mois de novembre 1907, le département d'archéologie dépendant du ministère britannique des Beaux-Arts chargea Mr. Frederick Bligh-Bond, architecte réputé, d'entreprendre des fouilles en vue de découvrir les fondations de l'ancienne abbaye de Glastonbury et d'en établir le plan. Cette abbaye, dont les ruines se dressent encore dans le Somerset, à une trentaine de kilomètres au sud de Bristol, fut jadis l'une des plus célèbres d'Angleterre. Sa notoriété était due à une légende étrange. Selon le chroniqueur saint Gildas, qui mourut en 570, Jésus serait venu là vers l'an 27, sous le règne de Tibère, accompagné de Joseph d'Arimathie. Cet événement, que personne ne se fût permis de contester, avait fait de Glastonbury le plus important des hauts lieux sacrés de Grande-Bretagne. En outre, mythes chrétiens et mythes païens se trouvant bien souvent mêlés, on racontait que l'abbaye, construite au milieu des marais, était la fameuse île d'Avalon où le roi Arthur dormait de son dernier sommeil, gardé par neuf fées...

Au XIe siècle, des devanciers de M. Bligh-Bond, ayant fait des fouilles sous l'abbaye, découvrirent, enfoui dans une crypte, un grand cercueil de chêne contenant les ossements d'un personnage de haute taille dont le crâne était défoncé. A ses pieds gisait le squelette d'une femme, dont ni la mort ni les siècles n'avaient réussi à détruire les longs cheveux blonds. On en conclut qu'il s'agissait des restes du roi Arthur et de la reine Guenièvre, sa seconde épouse.

Le renom de l'abbaye s'en trouva accru. Hélas ! ni les pas de Jésus ni la présence du roi Arthur n'empêchèrent les vandales, au cours des siècles qui suivirent, de s'attaquer au sanctuaire. Glastonbury fut successivement victime de soudards qui s'amusaient à décapiter les statues, de seigneurs jaloux qui faisaient raser les tours et de paysans qui venaient s'approvisionner en moellons pour construire leurs maisons. Pendant les guerres de Religion, les protestants s'acharnèrent à leur tour contre l'abbaye. Quant à Henri VIII, non seulement il fit pendre le dernier père abbé, mais encore il donna l'ordre de démolir l'édifice et d'en *moudre* les plus belles pierres...

Autant dire qu'en 1907, lorsque le service des fouilles archéologiques s'adressa à Frederick Bligh-Bond, il ne restait plus grand-chose de Glastonbury.

L'architecte commença par aller explorer les principales bibliothèques de Londres avec l'espoir d'y trouver au moins un plan du sanctuaire dont il devait découvrir le tracé et les fondations. Sa moisson fut à peu près nulle : elle se borna à quelques lignes, très imprécises d'ailleurs, concernant l'existence de deux chapelles, l'une dite du roi Edgar Atheling, le dernier des rois anglo-saxons, l'autre dédiée à Notre-Dame de Lorette... Et encore, ces textes ne s'accompagnaient d'aucune description ni d'aucun plan. Une note indiquait seulement que saint Augustin de Canterbury, au VIe siècle, dans une lettre adressée au pape Grégoire, donnait quelques détails sur l'abbaye. Malheureusement, cette correspondance avait disparu...

Le pauvre Bligh-Bond était donc fort embarrassé.

Or, un soir du mois de novembre, alors qu'il se trouvait dans son bureau de Bristol, un peu découragé après une journée de vaines recherches, il reçut la visite d'un ami nommé John Alleyne, qui se passionnait pour le spiritisme. Celui-ci s'enquit des travaux de Bligh-Bond. L'architecte soupira :

— Je suis complètement arrêté, je ne trouve rien !

Il ajouta en souriant :

— Vous devriez bien demander à vos esprits de m'aider un peu...

John Alleyne pratiquait l'écriture automatique.

— Pourquoi pas ? dit-il. Voulez-vous que nous essayions ?

— Je plaisantais...

— On ne sait jamais. Donnez-moi un crayon et du papier. Que voulez-vous savoir ?

— Le moindre renseignement sur l'abbaye de Glastonbury serait le bienvenu, dit Bligh-Bond.

— Je vais essayer. Mais rien ne dit que j'obtiendrai une communication.

John Alleyne prit le crayon et posa la pointe sur la page blanche. L'architecte observait, sceptique.

Au bout de quelques instants, le crayon se mit soudain à tracer des mots et Bligh-Bond lut : « La connaissance est éternelle et à la disposition de toute sympathie mentale. »

— C'est vous qui avez écrit cela ?

— Non, c'est ma main, dirigée par un esprit, dit Alleyne. Mais c'est une très belle phrase et qui ne peut que vous encourager à poser des questions.

Bligh-Bond, bien qu'encore un peu incrédule, demanda où se trouvait l'emplacement de la chapelle du roi Edgar Atheling.

Il fallut attendre environ cinq minutes avant que le crayon ne se mît en mouvement. Dès les premiers mots, Alleyne s'écria :

— Oh ! regardez, comme c'est étrange !

Bligh-Bond se pencha et vit avec stupeur que, cette fois, les phrases tracées étaient en latin bâtard du Moyen Age. Lorsque sa main s'arrêta, John Alleyne tendit la feuille à son ami qui, très impressionné, lut un assez long texte dans lequel il était précisé que la chapelle d'Edgar le Martyr avait été édifiée par le père abbé Beere, puis restaurée par l'abbé Whiting, dernier abbé de Glastonbury.

Tenant toujours le crayon, Alleyne avait posé sa main sur une autre feuille de papier. Soudain, il sentit son index bouger et vit se former sous ses yeux une sorte de plan.

— Venez voir ce que je suis en train de dessiner, cria-t-il à Bligh-Bond.

L'architecte s'approcha :

— Serait-ce le plan d'une partie de l'abbaye ?

— Peut-être...

— Et cette protubérance, serait-ce une chapelle ?

A ce moment, sous la main d'Alleyne, le crayon reprit son écriture médiévale et les deux hommes lurent : « Une entrée derrière le retable, derrière l'autel. La chapelle s'étendait sur trente yards à l'est. Elle avait des fenêtres à linteaux. Elles étaient de verre bleu. »

Le message était signé « Gulielmus Monachus » (Guillaume le Moine).

Quelques jours plus tard, Bligh-Bond, se fondant sur ce plan, commença les fouilles. Or, à l'endroit indiqué, ses ouvriers mirent au jour les fondations d'un édifice ayant exactement la forme et les dimensions du bâtiment dessiné par Alleyne. De plus, dans la terre qu'ils remuaient, ils découvrirent de nombreux morceaux de verre, et ce verre était bleu...

Quelques semaines après, Bligh-Bond retrouva son ami et lui demanda de faire de nouveau appel aux « esprits ».

Le médium prit son bloc, son crayon et attendit.

— Je voudrais trouver la chapelle de Notre-Dame de Lorette, dit l'architecte. Où dois-je fouiller ?

La main d'Alleyne s'anima bientôt et traça des phrases qui n'étaient plus, cette fois, en latin, mais en vieil anglais du XVIe siècle. Traduit, le message révéla l'endroit qu'il fallait fouiller et indiqua qu'il ne restait de cette chapelle qu'un seul mur enfoui, les autres ayant été détruits par les gens du pays.

Bligh-Bond, dès le lendemain, se mit à l'œuvre. Il n'eut aucun mal à découvrir, exactement à l'endroit indiqué, l'emplacement de la chapelle qu'il cherchait.

Pendant des mois, grâce à son ami Alleyne, l'architecte eut ainsi des renseignements qui lui permirent, avec une précision avoisinant la fraction de pouce, de continuer ses fouilles et de découvrir, à la stupéfaction de ses supérieurs hiérarchiques, une grande partie des fondations de l'abbaye.

Un soir, Bligh-Bond et Alleyne demandèrent aux auteurs des messages de vouloir bien révéler leur identité. Les réponses qu'ils reçurent furent stupéfiantes. Ecoutons George Langelaan qui se pencha sur cette affaire :

« Il leur fut expliqué, écrit-il, que c'étaient les moines ayant vécu à Glastonbury qui répondaient les uns après les autres, suivant les questions posées et les périodes où ils avaient vécu.

Les pauses, parfois longues entre deux messages ou même au beau milieu d'un message, étaient le résultat de conférences plus ou moins longues ou difficiles entre les moines. »

Le correspondant le plus bavard déclara s'appeler Johannes Bryant et être mort en 1533. Quant au plus vieux, il déclara : « On m'appelait Awfwald le Saxon ; j'ai construit, sur l'emplacement qui allait être un jour celui de l'abbaye de Glastonbury, une hutte clayonnée où j'ai habité. » Il en indiqua l'endroit avec précision et Bligh-Bond fit effectuer des fouilles qui permirent de découvrir, effectivement, des morceaux de clayonnage parmi les pierres des fondations...

Ces travaux, dont se firent l'écho toutes les revues scientifiques, durèrent de nombreuses années. Jusqu'au jour de 1922 où les services officiels apprirent avec horreur que l'architecte fondait ses recherches sur des messages « gribouillés au crayon par un spirite absurde ».

Immédiatement démis de ses fonctions, Bligh-Bond profita de sa liberté pour écrire un livre : *The Gate of Remembrance* (« La Porte du souvenir ») où il conta ses expériences avec Alleyne et les découvertes qu'il avait faites grâce aux messages reçus de l'au-delà ; il se plut à y ajouter les renseignements qu'il n'avait pas encore vérifiés et qui concernaient des parties non excavées de l'abbaye, laissant le soin à ses successeurs de faire exécuter des fouilles en cet endroit si bon leur semblait.

Quelque temps après, il eut la profonde satisfaction d'apprendre que les archéologues chargés de poursuivre ses travaux avaient découvert, exactement aux endroits décrits par ses « correspondants », les derniers vestiges des fondations de l'abbaye de Glastonbury...

Ce qui ne manqua pas de jeter le trouble dans bien des esprits...

RÉPONSES À L'INCRÉDULE

— *Telle que vous la racontez, cette histoire semble tout à fait extraordinaire. Mais ne peut-on pas penser que M. Bligh-Bond s'est amusé à monter un énorme canular en utilisant des renseignements puisés dans un ouvrage ancien, par exemple ?*

— De l'avis de tous les archéologues anglais, il n'existe aucun ouvrage contenant une description complète, un plan et les dimensions de l'abbaye de Glastonbury.

— *Peut-être votre architecte, plus futé que les autres, a-t-il trouvé un vieux manuscrit que personne n'avait déniché avant lui ?*

— Admettons une seconde votre hypothèse. Pourquoi, au lieu de faire croire, par exemple, à un extraordinaire flair d'archéologue ou à sa science d'architecte, aurait-il monté ce canular qui ne pouvait que le desservir dans sa profession ? Vous avez vu qu'on s'est empressé de le démettre de ses fonctions dès qu'on s'est aperçu qu'il utilisait la collaboration des esprits pour remplir sa mission.

— *Alors il faut donc croire à un message de l'au-delà ?*

— Il ne faut jamais rien croire a priori. Il faut simplement avoir l'honnêteté de constater qu'il se passe quelque chose.

— *A-t-il toujours procédé avec son ami médium comme vous l'avez dit ?*

— Non. Le plus souvent, il posait légèrement les doigts sur le dos de la main de John Alleyne. Cela provoquait alors une sorte de déclic qui déclenchait l'écriture automatique, ou plutôt l'écriture « intuitive », comme dit Paul Misraki. A ce moment, ni l'un ni l'autre n'étaient en transe. Tous deux évitaient même de penser à la question posée, et il leur arrivait de parler de sujets divers tandis que la main d'Alleyne écrivait. Parfois, le texte était accompagné de croquis, de plans, d'élévations ou de dessins de corniches sculptées. Dessins assez frustes, le médium n'étant pas très doué, mais qui étaient suffisamment clairs pour que Bligh-Bond pût effectuer ses recherches. Quant à l'écriture, elle changeait souvent d'un paragraphe à l'autre, comme si des correspondants différents s'étaient succédé.

— *Depuis quand utilise-t-on l'écriture intuitive ?*

— S'il faut en croire la Bible, depuis la plus haute Antiquité. Ne lit-on pas dans les *Chroniques* (I *Chron.*, 28, 19) cette phrase attribuée au roi David : « Tout ceci, le Seigneur me l'a rendu intelligible en l'écrivant, sa main posée sur moi » ?

Plus près de nous, le consul des Etats-Unis à Naples, Robert Dale Owen, qui se pencha sur ces problèmes, relate un phénomène dont il a été témoin. Alors qu'il tentait une communication avec le célèbre Dr Slade, au moyen d'une ardoise, les mots ne furent pas tracés par le médium, mais par l'intermédiaire d'une main « fluidique ». Voici ce qu'il écrit : « La main ressemblait en tout point à celle d'une statue de femme en marbre. Les doigts étaient délicats. Elle était détachée et se terminait en vapeur au niveau du poignet. Elle commença d'écrire et continua sous mes yeux pendant deux ou trois minutes. Elle glissa ensuite doucement sous la table. Cinq minutes après, une seconde main, plus petite que la première, vint écrire à son tour et disparut comme la précédente. Le premier message, en anglais, était signé du nom de la femme décédée du Dr Slade ; le dernier était en grec. »

Plus près de nous encore, il y a tous les textes reçus par Mme Marcelle de Jouvenel[1] et ceux de Jean Quélavoine[2].

Tous ces exemples prouvent qu'il se passe quelque chose au moment où, crayon en main, on se met en état de réceptivité.

---

1. Voir « Des fantômes parmi nous », *Roland de Jouvenel.*
2. Voir « Contacts avec l'au-delà », *Les manifestations de Jean Quélavoine* (Tome 1).

— *Mais pourquoi croire à un message venu de l'au-delà ? Ne serait-ce pas plutôt le subconscient du transcripteur qui agirait ?*

— Je vais vous répondre par une citation de George Langelaan. A quelqu'un qui lui fit un jour une réflexion de ce genre, il dit ceci : « Si c'est le cas, cela change à peine le problème : le fait même de la transmission d'un autre monde, d'un au-delà, reste probable. En effet, au lieu que l'auteur du message se serve directement du cerveau ou de la main du sujet, il se servirait de son subconscient comme intermédiaire entre le cerveau, la main, etc. Ce qui revient au même. »

— *Vous croyez donc fermement, non seulement à la survie, mais encore à la possibilité d'une communication avec l'au-delà ?*

— Oui. Et je suis, dans ce domaine, en bonne compagnie. Je ne vous citerai pas de nom de philosophes, ils sont trop. Je ne m'aventurerai pas à dresser une liste de savants, médecins, biologistes, physiciens, etc. Elle serait encore trop longue. Je ne vous donnerai qu'un nom, car il a été longtemps synonyme de progrès technique : c'est celui de Thomas Edison, l'inventeur de la lampe à incandescence.

— *Quoi ? Edison croyait à la survie ?*

— Non seulement il y croyait, mais il travaillait, peu de temps avant de disparaître, à la fabrication d'un appareil grâce auquel il pensait pouvoir communiquer avec les défunts...

SOURCES

Sir William Barrett, *Au seuil de l'Invisible*, Payot, 1923.
Frederick Bligh-Bond, *The Gate of Remembrance*.
Léon Denis, *Dans l'Invisible*, Leymarie, 1927.
George Langelaan, *Les Faits maudits*, Planète.
Robert Dale Owen, *Footfalls on the Boundary of another World*.
Alfred Still, *Aux confins de la science*, Payot.

Eliphas Lévi, le mage admirable

Il y aura toujours des hommes pour croire qu'il existe des mystères immémoriaux qui expliquent toute l'histoire du monde. Ils ne sont qu'un petit nombre à les connaître, ces mystères, et ils se les transmettent depuis très longtemps. Sans se parler, sans même se connaître. Depuis le troisième millénaire avant notre ère, au moins, depuis cette Egypte qui est le plus sûr berceau de l'humanité. A travers les mystères hellènes de Delphes et d'Eleusis, ceux d'Isis à Rome, ils sont parvenus jusqu'à nous. Après s'être enrichis du souffle des dieux védiques, puisqu'une légende tenace veut que Pythagore soit allé en Inde, où il a rencontré le Bouddha, tandis que les centurions romains propageaient jusqu'à Strasbourg le culte de Mithra, fils de la Lumière, dont l'éclat éclipsa longtemps celui du Christ. Puis le christianisme triomphant déporta dans de nouvelles catacombes les cultes anciens, porteurs de sagesse et de traditions primordiales. Zélateurs des éléments et des phénomènes naturels, ils se tarirent. En apparence seulement. Comme le feu qui couve, ou l'eau qui dort, ils se réveillèrent au Moyen Age, quand Arnauld de Villeneuve, Raymond Lulle et Roger Bacon transmirent à leur tour le secret. Il faudra attendre trois siècles ensuite pour que Paracelse, Giordano Bruno, Pic de la Mirandole, démêlent à nouveau le ramas de magie blanche et noire, de recettes de cuisine d'onze heures, que le mystère occulte était devenu. Plus que jamais réprimé en Occident par l'alliance universelle du pouvoir temporel et religieux...

Quand les feux de l'Inquisition retombent émerge le mystère Rose-Croix, qui se nourrit aussi des lumières du Levant et se renforce des symboles que les missionnaires catholiques ramènent d'Extrême-Orient, pour en démontrer l'insanité. Des savants les étudient et démontrent, eux, que la symbolique chrétienne est moins ancienne et en découle.

Au XVIIe siècle, l'immense Leibniz s'extasie à la lecture du *Yi-king*, le Livre des Transformations, bible de l'art divinatoire chinois, un des textes fondamentaux de l'occultisme. Cent ans plus tard les initiés d'Occident découvrent Zoroastre, qu'ils appellent Zarathoustra, le sage iranien qui posa six siècles avant Jésus-Christ le principe du bien et du mal et ses conséquences pour l'action humaine. Rameau lui dédie un opéra et nombreux sont ceux qui, dans son sillage, tournent le dos aux croyances vulgaires, que l'Eglise prône pour lier tout le monde au même évangile, en haine de ces élites qui cherchent un mode d'élévation et de surpassement de soi inaccessible à la multitude...

Ceux-là ne veulent se fondre que dans la tradition originelle, non datée, conçue au temps où les sources, les herbes, le vent, le crépuscule et les aurores avaient encore tous leurs pouvoirs. Parce que les esprits étaient partout, non transcendés en un Dieu terrible et jaloux, ne se découvrant que dans l'aridité des déserts... pour interdire ! Ceux-là sont des mystiques, des poètes, qui fondent toutes leurs spéculations sur le merveilleux, la puissance des songes, l'invocation et la transmutation magiques, mais visant un progrès spirituel.

Leur inspiration s'exalte, quand soudain, en 1822, l'Egypte se met à parler grâce à la pierre de Rosette qui permet à Champollion de déchiffrer des énigmes vieilles de cinq mille ans. L'occultisme pouvait renouer avec ses sources les plus anciennes et forger un maillon de plus à la longue chaîne initiatique qui affine et porte le réel au-dessus de lui-même. Laissant paraître par fulgurations la lumière de connaissance totale.

Certains, au siècle dernier, valaient bien les grands initiés des millénaires passés. Grâce à eux, avant même d'être le siècle de la machine, le XIXe fut celui de la magie...

Ils furent les premiers à comprendre que l'ère industrielle allait raréfier encore l'air où se meuvent les entités immatérielles. Qu'il était urgent de se mettre une dernière fois, peut-être, l'âme dehors à l'écoute des musiques du cosmos qui préludent à l'Eternel Retour. Non pas d'un improbable Dieu fait homme, dont le règne ne finirait plus, mais des forces régénérées qui gouvernent le soleil. Reconduisant pour un temps seulement l'intelligence et l'action vers les royaumes supérieurs.

Ces idées d'espérance, simples et tolérantes, fondées sur des intuitions que partagent les plus grands savants d'aujourd'hui, des hommes jeunes les défendirent, en un siècle éperdu, encore plus que le nôtre, de conquêtes matérielles. Les uns en lisière du monde, brûlant leur vie dans d'antiques grimoires, les autres, en plein dans l'action, comme Allan Kardec [1] et Maître Philippe qui fondèrent des religions ou accomplirent des prodiges. Tenant le milieu, il y eut Alphonse-Louis Constant, qui sous le soleil de l'illumination se fit appeler Eliphas Lévi. Voici son histoire. Elle est celle de tout l'occultisme moderne dont il fut le rénovateur. Une histoire qui n'est pas près de finir...

Nous sommes en 1865, dans une maison vieillotte de la rue de Sèvres à Paris. Un jeune homme élancé, à la mise élégante, monte prestement jusqu'au cinquième étage de l'immeuble qui penche dangereusement vers les pavillons de l'hôpital Necker qui lui font face. Le visiteur jette un coup d'œil par une lucarne du dernier étage, ôte son bolivar, tend l'oreille vers une porte et frappe sept petits coups, bizarrement espacés. Un homme lui ouvre. Il est grand et porte houppelande passepoilée à boutons d'argent. Autour de ses larges yeux noirs de voyant, cataracte une barbe grise, zébrée d'une moustache en yatagan. Sa main, qui porte des bagues d'onyx et d'obsidienne, s'appuie sur une canne dont le pommeau est un sphynx doré. C'est le mage soi-même et voici comment il raconte cette visite, quelques jours plus tard, à son ami le baron Spedalieri...

« Entre trois et quatre heures de l'après-midi, écrit-il dans sa

1. Voir « Les Grandes Figures », *Allan Kardec*, (Tome 1) et « Les Grands Illuminés », *Maître Philippe, thaumaturge du tsar.*

lettre, j'entends frapper à ma porte plusieurs petits coups secs ainsi espacés : oo-o-oo-oo. J'ouvre. Un jeune homme très bien mis et d'une figure distinguée entre lestement, en souriant d'un air un peu sarcastique et me dit d'un ton familier :

» — Mon cher monsieur Constant, enchanté de vous trouver chez vous !

» Cela dit, il passe dans mon cabinet comme s'il était chez lui et va s'asseoir dans mon fauteuil...

» — Mais, monsieur, je ne vous reconnais pas du tout ! lui dis-je.

» Il part d'un éclat de rire.

» — Je le crois bien... C'est la première fois que vous me voyez, du moins sous cette forme ! Mais moi, je vous connais beaucoup... Je sais toute votre vie passée, présente et future ; elle est réglée par la loi inexorable des nombres ! Vous êtes l'homme du pentagramme et les années marquées au nombre de cinq vous ont été toujours fatales. Regardez en arrière et jugez : En 1815, votre vie morale commence, car vos souvenirs ne remontent pas plus haut... En 1825, vous entrez au séminaire. En 1835, vous quittez le séminaire et vous entrez dans la liberté de conscience. En 1845, vous publiez *La Mère de Dieu*, votre premier essai de synthèse religieuse, et vous rompez avec le clergé. En 1855, vous êtes libre, étant quitté par une femme qui vous absorbait et vous soumettait au binaire... Notez que si vous étiez restés ensemble, elle vous eût annulé complètement ou aurait perdu la raison...

» Vous êtes allé alors en Angleterre ; or qu'est-ce que l'Angleterre ? C'est le Jod de l'Europe actuelle... Vous êtes allé vous retremper dans le principe viril et actif ! C'est là que vous avez vu Apollonius, triste, rasé et tourmenté, comme vous l'étiez alors, car cet Apollonius que vous avez vu, c'était vous-même ! Il est sorti de vous, il est rentré en vous et il y est encore... Vous le reverrez en cette année même, mais beau, radieux et triomphant. La fin naturelle de votre vie est marquée — sauf accident — pour l'année 1875. Et si vous passez celle-là, vous irez jusqu'en 1885. Apollonius, quand vous l'avez vu, craignait les pointes d'épée, et vous les craignez comme lui, car en ce moment vous me prenez pour un fou ; et comme il en est venu un, une fois, qui voulait vous assassiner, vous vous demandez avec inquiétude si je ne vais pas terminer ma période extravagante par quelque entreprise semblable...

» Ici mon étrange visiteur se prit à rire...

» — Oui, je suis fou ! ajouta-t-il en reprenant son sérieux. Mais je ne suis pas la folie morte, je suis la folie vivante ; or, la folie vivante, c'est l'envers de la sagesse de Dieu... Savez-vous ce que c'est que Dieu ? Dieu, c'est vous-même, si je suis Satan ; et si vous êtes Satan, c'est Dieu pris à rebours !

» Il s'est tu un instant, et je lui ai demandé :

» — Etes-vous spirite ?

» Il a répondu gravement :

» — Les spirites sont des scorpions qui pompent un venin cadavérique sous les pierres tumulaires ! Ils tirent à eux les morts, mais ne les ressuscitent pas... Bientôt la terre sera recouverte de cadavres qui marchent ! Nous sommes à une époque de mort... Louis-Philippe était un Mercure sans ailes au front... il n'en avait qu'aux pieds, et il s'est enfui ! Napoléon III est un Jupiter sans étoile ; après lui viendra le Saturne boiteux, le roi des ganaches et des prêtres, M. le comte de Chambord...

» Il a réfléchi un instant et a dit tout à coup en me regardant fixement :

» — Pourquoi ne voulez-vous pas être pape ?...

» J'ai ri à mon tour et je lui ai répondu :

» — Parce que je ne veux rien de déraisonnable !

» — Ah ! dit-il, vous avez un voile encore à déchirer et vous ne connaissez pas votre puissance. A nous deux nous avons déjà détruit et créé bien des mondes ! Et vous n'aspirez pas à en gouverner un ?... Attendez-vous alors à la défaite, à l'écrasement des timides, à la croix de ce pauvre homme que l'on appelait Jésus-Christ...

» — Mais enfin qui êtes-vous donc ? ai-je dit alors en me levant.

» — Vous avez nié mon existence, a-t-il répondu. Moi je m'appelle Dieu. Les imbéciles me nomment Satan, et pour le vulgaire je me nomme Juliano Capella. Mon enveloppe humaine a vingt et un ans. Elle est née à Bordeaux de parents italiens...

» Pendant que le jeune homme parlait, je sentais une pesanteur de tête tout à fait extraordinaire, et il me semblait que mon front allait éclater... Je considérai mon interlocuteur avec surprise : son visage ressemblait aux portraits de Lord Byron, avec moins de correction dans les lignes ; il avait les mains très blanches et chargées de bagues, le regard assuré et pétillant de sarcasmes, la bouche vermeille, les dents régulières... »

Eliphas Lévi, qui était un esprit sérieux, n'ajoute pourtant pas que l'Ange des Ténèbres, qui venait ainsi de lui lire l'avenir à rebours, s'envola en découvrant des pieds fourchus...

Il était né en 1810, dans le quartier de l'Odéon, ce fils de cordonnier en boutique, longtemps nourri à l'âpre école de la pauvreté. Et dont la vie aventureuse allait être semée d'infortunes et d'incroyables coups de chance, aussi. Bravant les préjugés, et la réprobation bourgeoise, son pauvre hère de père l'envoie dans une école libre de l'île Saint-Louis où il se révèle aussi doué pour le latin que pour la rêverie. Il est très pieux, et ses camarades qui l'observent, médusés, par la bouche d'aération de la chapelle, le voient abîmé, durant des heures, dans l'extase. Ses maîtres ne doutent pas que sa piété soit vraie, et circonstance rare, l'envoient au petit séminaire de Saint-Nicolas-du-Chardonnet et, de là, au grand séminaire d'Issy-les-Moulineaux. Il y étudie, certes, la théologie, mais aussi, sous la conduite du supérieur, l'abbé Frère-Colonna... la magie !

Tonsuré et admis au diaconat, Alphonse-Louis Constant doit être ordonné prêtre le 19 décembre 1835. Seulement voilà... Presque à l'instant de passer soutane, le jeune homme préfère s'enfouir dans la robe écarlate d'Adèle. « Elle fut mon initiatrice à la vie... » dira l'ex-abbé Constant, qui connaît désormais, d'hôtel borgne en chambrette sordide, l'opprobre du défroqué.

Au lieu de se dire qu'un fils au tempérament si ardent ne

pouvait que déchoir sous la discipline ecclésiastique, sa mère se suicide de désespoir... Une autre femme entre bientôt dans sa vie. C'est Flora Tristan, grand-mère du peintre Gauguin et apôtre exaltée de la libération des femmes. Mais avec cette pétroleuse aussi, l'amour ne flambera qu'un été. Assez longtemps, toutefois, pour que notre abbé devienne à son tour un des porte-lumière des milieux littéraires de gauche. Il est l'homme en vue du salon de Mme de Girardin où il rencontre Balzac et Alphonse Esquiros, dont le roman *Le Magicien* le marque profondément. Mais la vie instable, miséreuse, continue, et après quelques mois encore de vache enragée, il rejoint l'abbaye de Solesmes, certain d'être destiné à la vie contemplative. Il est admis, mais c'est l'époque où le terrible Prosper Guéranger réforme l'ordre des bénédictins. Il n'a que faire de ce rêvasseur qui passe sa vie dans la bibliothèque et lit, de préférence aux livres de piété classiques, *Le Spiridon* de George Sand. Cette lecture le met sur la trace des gnostiques de l'Eglise primitive, trace qui conduit nécessairement hors des hauts murs du monastère... Le voici de retour à Paris, à nouveau adonné à de misérables petits travaux de plume. Est-ce enfin un signe ? Après des années de pain noir, on veut bien l'engager au collège des Oratoriens de Juilly, en qualité de « chien de cour ». Triste condition ! Dans une alcôve grande comme un lit et en proie aux persécutions de ses supérieurs, il rédige en secret *La Bible de la liberté*. C'est une immense clameur contre l'iniquité du siècle, contre la férocité des ploutocrates qui tiennent le pouvoir sous le Roi bourgeois. Incapable de payer la forte amende qu'on lui inflige pour atteinte à la morale et à la propriété, le pamphlétaire doit se résoudre à passer toute une année dans les geôles de Sainte-Pélagie. Cette fois l'illumination lui vient sous les espèces d'un livre qu'il emprunte à la bibliothèque. C'est la traduction des œuvres de Swedenborg, dont il dira immédiatement : « Elles ne contiennent pas toute la vérité, mais elles y conduisent infailliblement. » Cette nuit-là, pourtant enfermé derrière d'épais barreaux, il a l'impression d'échapper totalement au monde qui l'entoure et de « naître pour la seconde fois »...

En avril 1842 il est enfin libéré. Ses difficultés empirent

encore jusqu'à ce que lui tombe, miraculeusement, le don du dessin. En quelques mois il devient un des illustrateurs en vue et collabore aux principales revues de l'époque. C'est dans de bien meilleures conditions qu'il peut donc se mettre à la rédaction de son premier livre aux accents réellement occultes, *La Mère de Dieu*, qui fait dire méchamment à ses ennemis : « A force d'aimer la Mère de Dieu, l'abbé Constant n'est plus attendri que par les filles d'Eve ! »...

Mais peu lui importent les railleries et les calomnies. Pour lui le temps de produire est venu, et alors qu'il ne savait guère s'exprimer qu'en formules lourdes et alambiquées, soudain le voici qui atteint aussi à la clarté de l'expression et à l'aisance souveraine du *Livre des splendeurs*. Il connaît tous les hommes de l'opposition, conseille Pierre Leroux et les fouriéristes et déploie une énergie farouche pour faire tomber l'inégalité des conditions. Maintenant les femmes aussi sont fascinées par le maître aux yeux palpitants de secrets. L'une d'elles, une jeune fille de dix-huit ans, se laisse « détourner de ses devoirs ». Elle s'appelle Noémie Cadiot et le père exige le mariage. Constant accepte, mais ce sera un ménage infernal...

Est-ce la déception qui lui fait écrire un pamphlet d'une violence inouïe ? *La Voix de la famine* lui vaut une nouvelle condamnation à un an de prison ! Il en sort pour se jeter à corps perdu dans les Journées de février 48. Républicain mystique, il galvanise la foule dans les clubs de quarante-huitards et monte sur les barricades quelques mois plus tard. Il est si redouté que sa tête est mise à prix. Le 23 juin, les argousins passent la rue Saint-Martin au peigne fin. On désigne un des insurgés prisonniers, qui est aussitôt fusillé sans jugement. C'est un marchand de vin qui avait le malheur de ressembler comme un frère à notre défroqué...

C'est à cette époque qu'il fait la connaissance d'Hoene-Wronski, un des hommes les plus singuliers de son temps. Cet officier polonais, fils d'architecte, s'est fixé en France après avoir accumulé les prouesses héroïques au siège de Varsovie par les Prussiens. Génie ardu et tourmenté, il mêle mathématiques et mysticisme, avec l'espoir de pouvoir enfermer l'Absolu dans une formule qui aurait la rigueur d'un théorème ! Il se trouve un mécène un peu bizarre, un banquier qui se nomme Arson et qui lui assure une petite pension. Mais ce financier entend tirer rapidement les dividendes de l'argent qu'il a misé sur les « Causes premières ». Il met Wronski en demeure de lui livrer sans retard sa formule. Il s'ensuit un procès grotesque et Wronski, injustement déconsidéré, sombrera dans l'oubli. Non sans avoir inspiré à Balzac *La Recherche de l'Absolu* et enthousiasmé le grand Laplace, par les harmonies qu'il avait su établir entre l'algèbre et le mysticisme.

Surtout il a inventé le fameux prognomètre, une machine dotée de symboles et de rouages complexes. Elle met en branle des tableaux où figurent des notions qui, mises en regard, donnent la réponse aux grands problèmes métaphysiques.

L'ex-abbé Constant s'attache avec ferveur au maniement ardu du prognomètre. De nouvelles illuminations en surgissent qui le convainquent que les nombres sont de véritables entités régulatrices de notre monde. En un éclair, il fait toute une série de rapprochements avec ce qui est dit dans la Kabbale : la révélation est si forte, qu'il décide de traduire son nom en hébreu et de s'appeler désormais Eliphas Lévi. L'Invisible venait de choisir celui qui devait entrer dans la grande filiation magique qui commence à Hermès et qui, pour les occultistes, ne finira qu'avec ce monde... Mais les plus grands visionnaires partagent parfois les soucis du vulgaire : autant pour fuir sa femme que pour cultiver ses frères, les initiés, il se rend en Angleterre, au printemps 1854. Sa réputation d'érudit et de magiste a depuis longtemps franchi le Channel. Grâce surtout aux écrits du Sâr Péladan qui a prévenu les disciples éventuels : « Méfiez-vous surtout de la lecture d'Eliphas Lévi, un mage admirable qui vous donne l'illusion de savoir et la témérité d'oser ! »...

Ce compliment, qui pourrait passer pour ambigu, n'a en rien atténué l'enthousiasme des Anglais qui l'attendent à Douvres, avec à leur tête Bulwer-Lytton, le célèbre auteur des *Derniers Jours de Pompéi*. Durant tout son séjour, des « Supérieurs inconnus », les plus gradés des initiés rose-croix, l'escorteront et veilleront sur lui. Il reçoit le baptême de Lumière et se livre avec Bulwer-Lytton à de périlleuses expériences de théurgie. Il s'agit de rien moins que d'engager un combat décisif contre les forces mauvaises de l'Esprit des Ténèbres, en s'alliant par magie aux puissances bienfaitrices du divin.

Le mage commence d'abord par se purifier, en faisant jeûne et retraite durant vingt et un jours, dans un templum rose-croix, lieu de réunions fraternelles, décoré à l'égyptienne par référence aux origines de l'Ordre. Le 24 juillet, il commence par évoquer avec succès les esprits de Joanès et de Jehosua, puis, dans une seconde vision, Apollonius de Tyane, qui lui indique tout d'abord une mystérieuse adresse dans Londres. Il s'agit d'un bouquiniste qui détient un exemplaire rarissime du *Nuctéméron*, qu'Eliphas Lévi s'empresse d'acheter. Le soir même il se rend dans une banlieue verte et discrète où s'élève un antique manoir. Dans une tourelle, ses amis rose-croix ont installé un cabinet de magie des plus perfectionnés. Il s'agit de tenter « l'évocation totale », c'est-à-dire de faire apparaître le fantôme d'Apollonius lui-même...

Voici le récit que le mage a donné de cette étrange conjuration :

« On avait disposé dans la tourelle quatre miroirs concaves, un autel fleuri, dont le dessus en marbre blanc était entouré d'une chaîne de fer aimantée. Sur le marbre blanc était gravé et doré le signe du pentagramme ; et le même signe était tracé en diverses couleurs sur une peau d'agneau blanche et neuve qui était tendue sous l'autel. Au centre de la table de marbre, il y avait un petit réchaud de cuivre avec du charbon de bois d'aulne et de laurier ; un autre réchaud était placé devant moi sur un trépied. J'étais vêtu d'une robe blanche assez semblable aux aubes de nos prêtres catholiques, mais plus ample et plus longue et je portais sur la tête une couronne de feuilles de verveine, entrelacées dans une chaîne d'or. D'une main je tenais l'épée neuve et de l'autre le Rituel. J'allumai les deux feux avec les substances requises et préparées et je commençai à voix basse d'abord, puis en élevant la voix par degrés, les invocations du Rituel...

» La fumée s'étendit, la flamme fit vaciller tous les objets qu'elle éclairait, puis elle s'éteignit. La fumée s'élevait, blanche et lente, sur l'autel de marbre ; il me sembla sentir une secousse de tremblement de terre, les oreilles me tintaient et le cœur me battait avec force.

» Je remis quelques branches et des parfums sur les réchauds, et lorsque la flamme s'éleva, je vis distinctement devant moi une figure d'homme, plus grande que nature, qui se décomposait et s'effaçait. Je recommençai les invocations et je vins me placer dans un cercle que j'avais tracé d'avance entre l'autel et le trépied : je vis alors s'éclaircir peu à peu le fond du miroir qui était en face de moi, derrière l'autel, et une forme blanchâtre s'y dessina, grandissant et semblant s'approcher peu à peu...

» J'appelai trois fois Apollonius en fermant les yeux ; lorsque je les rouvris, un homme était devant moi, enveloppé tout entier dans une sorte de linceul, qui me sembla être gris plutôt que blanc ; sa figure était maigre, triste et sans barbe, ce qui ne se rapportait pas précisément à l'idée que je me faisais d'abord d'Apollonius...

» J'éprouvai une sensation de froid extraordinaire et, lorsque j'ouvris la bouche pour interpeller le fantôme, il me fut impossible d'articuler un son. Je mis alors la main sur le signe du pentagramme et je dirigeai vers lui la pointe de l'épée en lui commandant mentalement par ce signe de ne point m'épouvanter et de m'obéir. Alors la forme devint plus confuse et disparut tout d'un coup. Je lui commandai de revenir : alors je sentis passer près de moi comme un souffle et, quelque chose m'ayant touché la main qui tenait l'épée, j'eus immédiatement le bras engourdi jusqu'à l'épaule. Je crus comprendre que cette épée offensait l'esprit et je la plantai par la pointe dans le cercle auprès de moi. La figure humaine reparut aussitôt ; mais je sentis un si grand affaiblissement dans mes membres et une si prompte défaillance s'emparer de moi que je fis deux pas pour m'asseoir. Dès que je fus assis, je tombai dans un assoupissement profond, accompagné de rêves, dont il ne me resta, quand je revins à moi, qu'un souvenir vague et confus. J'eus pendant plusieurs jours le bras engourdi et douloureux. La figure ne m'avait point parlé, mais il me sembla que les questions que j'avais à lui faire s'étaient résolues d'elles-mêmes dans mon esprit... »

Au cours des six mois qu'il passera à Londres, Eliphas Lévi recevra une formation rosicrucienne complète dont il ne dévoilera dans ses livres que l'aspect le plus extérieur. Fidèle à son serment de Grand Initié, il n'en dira les arcanes qu'à certains de ses rares disciples.

De retour à Paris il s'établit sur cette rive gauche qu'il ne quittera plus. D'abord boulevard du Montparnasse, puis rue de Sèvres, où il se met avec passion à l'alchimie. « Il est la réincarnation de Nicolas Flamel, écrivent les chroniqueurs de l'époque. Dans son repaire de la rue de Sèvres, Lévi, le sombre Eliphas, fait de l'or tous les soirs et jusque tard dans la nuit... »

Maintenant le devin de la rue de Sèvres est célèbre et vénéré. Dans un style flamboyant, il vient d'écrire une monumentale *Histoire de la magie*, qui fait toujours autorité. Il donne aussi des consultations de tarot et de chiromancie, dénonce les diableries de Vintras [1] et reçoit en amis Alexandre Dumas et la belle Mme Hanska, l'épouse de Balzac.

Mais les épreuves et les terribles tensions intellectuelles qu'il s'est infligées l'ont prématurément vieilli. Lors du siège de Paris, en 1870, il est coupé de toutes relations épistolaires avec ses disciples et sous la Commune il manque mourir de faim dans son logis déserté par les amis et où les alambics du Grand Œuvre restent désormais froids...

La paix revenue, ses fidèles l'entourent à nouveau avec sollicitude. Il est prêt maintenant à rejoindre son corps astral, « à naître pour la troisième fois » comme il dit. Il y consent le 31 mai 1875, au jour précis qu'il avait prophétisé vingt ans auparavant. Ceux qui l'assistent n'oublieront jamais sa sérénité.

« Me voici tout près du temple d'Hermès !... J'en respire déjà les vapeurs !... » dit-il. Magiste de l'harmonie et des convergences il ajouta : « Hermès, tu es trois fois grand !... Et toi, Père, reçois-moi dans ton sein »...

---

1. Voir « Les Grands Illuminés », *Vintras, l'aventurier du mystère*.

RÉPONSES À L'INCRÉDULE

— *Quelle différence faites-vous entre l'occultiste Eliphas Lévi et le magicien vulgaire... qu'il n'était pas ?*

— Disons que la magie est avant tout de nature expérimentale, qu'elle cherche à réaliser des prodiges en tournant les lois naturelles, alors que l'occultisme, qui fait aussi un sort à la magie, vise plus haut : c'est une « gnose », c'est-à-dire une connaissance qui permet d'approfondir les mytères de la création et de l'origine de toutes choses, une recherche grâce à laquelle certains élus peuvent assurer leurs propres progrès spirituels et leur salut... Vous voyez que nous sommes loin de la magie qui est d'abord un simple savoir-faire...

— *Comme celui du fakir ou du prestidigitateur ?*

— Non, le magicien véritable est tout de même celui qui sait mettre en action différents champs de force qui existent dans la nature, pour les mettre en contact avec certains objets qui deviennent des « condensateurs d'énergie »...

— *Et qui servent à quoi ?*

— A combattre les forces hostiles dont les hommes sont environnés, animaux nuisibles, maladies, cataclysmes naturels. A confectionner aussi des talismans protecteurs, à exorciser et à chasser l'envoûtement. Il s'agit là d'opérations de magie blanche, par opposition à la magie noire, celle des sorciers, qui a au contraire des effets nuisibles, par la rupture délibérée que les magistes noirs introduisent entre ces condensateurs d'énergie et les forces spirituelles...

— *Vous dites que l'occultiste a également recours à la magie...*

— D'une manière accessoire seulement. Notamment pour évoquer, comme le fait Eliphas Lévi, les grands initiés de la tradition occulte. Mais pour en arriver là, il faut déjà avoir reçu l'enseignement d'un « maître des secrets » et aussi détenir un don : n'est pas occultiste qui veut ! Seuls les Elus peuvent s'approcher de la synthèse absolue du savoir que certains maîtres possédaient autrefois, celle de la « Tradition primordiale », comme l'appelle le grand occultiste contemporain René Guénon.

En ce sens tout occultiste est une sorte de Docteur Faust, qui tente de ravir un secret qui n'appartient qu'aux dieux...

— *Le secret de l'éternelle jeunesse ?*

— Oui, mais pas celle du comte de Saint-Germain ! Il s'agit au contraire de l'immortalité spirituelle qui est conférée, selon les occultistes, à ceux qui arrivent à pénétrer les mystères de la création, qui est perpétuelle reviviscence et que la mort ne peut atteindre. C'est affaire d'initié, disposant d'un langage d'initié, compliqué, déroutant, où les mots perdent non seulement le sens commun, mais où ils font l'objet d'une transfiguration permanente, d'une véritable alchimie verbale...

— *Langue que possède à l'évidence l'étrange visiteur d'Eliphas Lévi, au début de votre récit. J'avoue que le sens même de cette visite me reste énigmatique...*

— Il s'agit, bien sûr, d'une visite d'ordre diabolique, du genre de celle que Méphistophélès fait à Faust. Tout y est. L'usage, au départ, d'un code pour se faire reconnaître, l'allure aussi, celle d'un élégant chevalier du Midi, séduisant, insidieux, ironique, maître du double jeu et du double langage. Comme Méphistophélès, Capella a le sans-gêne cynique du démon diseur de bonne aventure et comme lui, il tente le magiste en lui dévoilant sa destinée avec le terme qui s'y trouve inscrit. Mais à la différence de Faust, il ne parviendra pas à jeter son manteau sur les épaules d'Eliphas Lévi : en bon occultiste, celui-ci sait qu'il n'est pas donné à l'homme d'englober tout l'univers. Il ne veut rien, dit-il, que de « raisonnable ». C'est-à-dire de chercher avec un sens inébranlable du droit chemin la route qui lui permettra d'accéder vers ces « plages hautes et lointaines » que Faust a perdues et d'échapper au monde et à son « avide étreinte d'amour » à laquelle le héros de Goethe a succombé.

— *Votre mage aussi semble avoir été un moment friand de ces étreintes-là !*

— Oui, mais pas au point de les payer du prix du sang... celui qui sert à la signature du pacte diabolique ! A l'érotisme, il a finalement préféré l'ésotérisme...

— *Est-il concevable que ce soit un prêtre, au départ, qui l'ait initié à la magie ?*

— Tout à fait. La frontière entre religion et magie est souvent bien indistincte. La multiplication des pains, n'est-ce pas de la magie, par exemple ? Même si les chrétiens assurent que Jésus-Christ n'avait besoin ni d'une technique ni d'un savoir-faire pour accomplir ses prodiges, que c'est par décret divin qu'il a ressuscité Lazare. La Bible aussi pose la magie comme absolument indubitable et un des plus grands magiciens de tous les temps, c'est Moïse, qui va jusqu'à permettre aux magiciens du Pharaon de refaire derrière lui les prodiges qu'il vient d'accomplir ! Quant au rôle de l'abbé Frère-Colonna, il est d'autant plus plausible qu'il y a toujours eu des prêtres auxquels l'Eglise a confié l'étude des pratiques magiques, celles notamment qui peuvent rendre compte des miracles. Les exorcistes sont généralement des experts en magie noire et pratiques d'envoûtement, qui savent bien que les rites et les comportements magiques et religieux se ressemblent et s'interpénètrent. Qu'ils ne diffèrent que par leurs intentions et que tous les cultes peuvent déraper et régresser de la mystique religieuse vers l'hystérie du sabbat et des messes noires...

— *Qu'Eliphas Lévi ait réussi à faire apparaître le fantôme d'Apollonius de Tyane, vous y croyez ?*

— Je crois en tout cas qu'il a cru le voir. Lévi était trop honnête pour avoir inventé cette scène. Voici d'ailleurs en quels termes il commente sa vision : « Conclurai-je, écrit-il, que j'ai réellement évoqué, vu et touché le grand Apollonius de Tyane ? Je ne suis ni assez halluciné pour le croire, ni assez peu sérieux pour l'affirmer. L'effet des préparations, des parfums, des miroirs, des pentacles est une véritable ivresse de l'imagination, qui doit agir vivement sur une personne déjà impressionnable et nerveuse. Je n'explique pas par quelles lois physiologiques j'ai vu et touché ; j'affirme seulement que j'ai vu et touché, que j'ai vu clairement et distinctement, sans rêves, et cela suffit pour croire à l'efficacité réelle des cérémonies magiques.

» J'en crois d'ailleurs la pratique dangereuse et nuisible ; la santé, soit morale, soit physique, ne résisterait pas à de semblables opérations si elles devenaient habituelles... »

Est-il possible d'être plus honnête et plus circonspect devant les manifestations du surnaturel ?

— *Mais pourquoi évoque-t-il Apollonius de Tyane, qui vécut, je crois, au Ier siècle, et à quoi tend toute cette fantasmagorie dont la mise en scène est tout de même très incompréhensible ?*

— Elle est, en tout cas, des plus classiques. Elle obéit à des règles qui étaient déjà en usage à Babylone et chez les Chaldéens, ainsi que dans les rites de passage égyptiens. C'est dans des miroirs de cette forme et ainsi implantés que Ruggieri a fait apparaître pour Catherine de Médicis ses trois fils, Henri, François et Charles, révélant à la fois qu'ils seraient rois, le nombre d'années de leur règne et les horreurs et les massacres qui se produiraient...

Ces miroirs doivent pouvoir refléter la lune et dans un quartier favorable, ce qui explique à la fois l'emplacement choisi par les Rose-Croix, et l'attente de vingt et un jours qu'il a fallu pour que l'astre se trouve dans le bon quartier. L'aulne est l'arbre des évocations et le laurier celui du musagète ; les brûler chasse les esprits malfaisants ; le trépied rappelle, bien sûr, celui dont se servait la Pythie de Delphes. Quant au cercle et à l'épée, ils servent à protéger le magicien, tout comme le pentacle, indispensable à toute évocation magique.

L'intérêt principal de cette cérémonie magique n'est donc pas dans ses éléments rituels, mais plutôt dans le choix du personnage évoqué et invoqué, Apollonius de Tyane. Il s'agit, vous l'avez dit, d'un philosophe et thaumaturge grec du Ier siècle de notre ère, et dont l'existence historique est absolument certaine. De Philostrate à saint Augustin, en passant par Apulée, Dion Cassius et l'empereur Aurélien, tous évoquent la haute figure de celui qui fut pour un autre historien romain du IVe siècle, Vopiscus, « le plus saint, le plus respectable, le plus sacré et le plus divin d'entre tous les hommes ». Disciple de Pythagore, héritier des mystères de l'Egypte, il poussera sa quête jusqu'aux sources du Nil et aux lamasseries de l'Himalaya. Au IIIe siècle, alors que le Christ araméen — Jésus-Christ — est encore dans tout le monde connu d'alors un illustre inconnu, ce Christ hellène, avec lequel on a souvent confondu le fondateur du christianisme, a dans sa ville natale son sanctuaire où il est adoré comme un dieu, des statues à son effigie un peu partout et des autels à la cour impériale, où Septime Sévère vient prier tous les jours.

Sa réputation ne fait que grandir, jusqu'au jour où, au IVe siècle, un certain Constantin, qui avait préalablement fait assassiner toute sa famille, fit, pour des raisons politiques surtout, du christianisme la religion d'Etat de l'Empire...

— *Ce qui ne nous dit pas pourquoi Eliphas Lévi...*

— J'y viens ! Celui qui, de son vivant, ne cessa de parcourir la terre pour s'ouvrir à toutes les cultures et s'assimiler toutes les races pour réussir, à la fin de sa longue vie, l'envol vers les plus hauts sommets de la spiritualité, représente pour les occultistes le type achevé du Grand Initié. Nulle provocation chez ce sage qui croit à l'harmonie universelle, point de marchands chassés du Temple, point de cortèges dans le désert, ni de tortures ou de crucifixions ! A la vision obsessionnelle d'un dieu supplicié et sanglant, il oppose l'image d'un penseur ouvert, éclectique, cosmopolite, qui se soucie fort peu de convertir les masses. Mais de communiquer seulement, avec prudence et précision, un message destiné à quelques disciples qui se chargeront de le diffuser vers d'autres initiés. « Ma médecine de l'âme est homéopathique », semble dire Apollonius qui se méfie des foules, autant que des Césars et des Etats.

Car il a été persécuté aussi, comme tous les occultistes. Comme souvent les philosophes aussi qui, connaissant la relativité des choses de cette terre, refusent de rendre un culte à ceux qui ne se réclament que d'elle. Cela lui advint en 83 de notre ère, quand Domitien, le « Néron chauve », exigea que les penseurs aussi lui rendent un culte. « Insensé ! lui dit Apollonius en public. Quelle idée fausse tu te fais du Destin et de la Fatalité ! » Un procès s'ensuit. Sans coups de fouets, ni quolibets et crachats préalables. C'est que nous sommes dans un pays civilisé ! Quand Apollonius qui va être reçu par Domitien monte au Palatin, une foule respectueuse se presse sur le côté du chemin. Le tyran a la phobie des barbes. Comme seule vexation il fait couper celle d'Apollonius qui y consent en riant. Et puis courageusement il fait front :

— Pourquoi, Apollonius, ne portes-tu pas le même vêtement que tout le monde ? interroge Domitien.

— Parce que la terre qui me nourrit me vêt aussi et que je ne voudrais pas ennuyer les pauvres animaux ! répond le sage.

— Et comment as-tu réussi à prédire aux Ephésiens qu'ils seraient malades ?

— Cela me fut commode, répond le maître. Etant donné que je me contente d'un régime plus léger que les autres, je fus le premier à connaître les dangers d'une nourriture trop riche !

— Je t'absous des charges portées contre toi ! dit alors Domitien qui savait qu'Apollonius s'était engagé politiquement aux côtés de celui qui allait lui succéder, Nerva. Mais tu devras rester ici jusqu'à ce que nous ayons eu une conversation particulière...

Le sage à cet instant se révèle aussi homme d'action :

— Je te remercie, Seigneur, lance-t-il. Mais sache que par la faute des criminels que voici (ses accusateurs) tes villes vont à leur perte ; les îles sont remplies d'exilés, le continent retentit de lamentations, tes armées sont envahies par la lâcheté et le Sénat est travaillé par le soupçon !...

L'homme de Tyane venait ainsi de se situer courageusement face au droit et à la justice, accomplissant une ultime mission d'ésotérisme politique...

— *J'imagine que cette brute de Domitien le fait mettre à mort ?*

— Il aurait bien voulu. Mais l'homme de Tyane, qui croyait au courage et à l'action subversive, pensait le plus grand mal du martyre. Il se dématérialisa !

— *Connaît-on les circonstances de sa mort ?*

— Oui. Quelque temps avant de mourir à Ephèse en 96, il assiste par télépathie à la mort de Domitien. Voici comment Philostrate, son biographe, raconte l'événement : « Le maître était en train de parler dans les bosquets voisins des pistes de gymnastique, vers midi, au moment précis où le drame se déroulait à Rome. D'abord il baissa la voix comme s'il était terrifié, puis il continua son exposé mais d'un ton moins vigoureux. Ensuite il se tut et, jetant un regard terrible vers le sol, fit trois ou quatre pas en s'éloignant de sa tribune : "Frappe le tyran, frappe !" cria-t-il, comme s'il avait aperçu dans un miroir le reflet d'une scène réelle. Devant son auditoire, il mima tout le drame et finit par dire : "Courage, messieurs, le tyran vient d'être assassiné à l'instant par Athéna. A l'instant même où je me suis tu !... Différez les moments d'actions de grâce jusqu'au moment où la nouvelle vous sera confirmée. Quant à moi, je vais prier les dieux pour ce que j'ai vu..." »

A des milliers de kilomètres, Domitien venait de tomber sous les couteaux des prétoriens armés par sa femme...

Le premier soin de Nerva, son successeur, qui allait ouvrir le siècle de grandeur et de paix civile des Antonins, fut d'écrire à Apollonius pour l'inviter à Rome. Mais celui-ci, sentant sa mission terminée, lui répondit par cette énigme admirable : « Nous serons ensemble bientôt, seigneur, pour un long temps, durant lequel aucun de nous ne régnera sur l'autre, ni personne sur nous ! »...

— *Voilà qui donne envie de lire ce rival... occulté du Christ ! Quels livres de lui me conseillez-vous ?*

— Comme son maître Pythagore, dont l'influence aussi fut immense, Apollonius de Tyane a peu écrit. Si les pages de haute spiritualité ne vous effraient pas, prenez connaissance des plus beaux passages du *Nuctéméron*, ce qui veut dire « La Lumière jaillie des Ténèbres ». C'est un livre admirable, qui a eu un succès immense dans tout le monde antique...

— *Quel en est le thème ?*

— Le maître y indique la voie de l'initiation au divin, en s'inspirant de la théorie de Pythagore sur les chiffres et les nombres. Vous savez que pour ce philosophe, qui passa seize ans à Thèbes, afin de s'initier aux mystères de la science et de l'ésotérisme égyptien, *tout est nombre*. Les constellations, ainsi, dont on peut tracer la forme dans le ciel, peuvent aussi recevoir une interprétation chiffrée. Et toute chose sur terre ayant forme ou structure, y compris des notions aussi abstraites que la justice ou le mariage, répondent à une définition mathématique.

Se servir des nombres, dit-il, c'est prier Dieu. Croyance qui est une constante de toute la tradition ésotérique et qui, avec l'envol des sciences modernes, prend encore plus d'importance chez les occultistes actuels.

— *Qui sont-ils et que disent-ils ?*

— Ils défendent l'idée d'une nouvelle Synthèse, où science, religion et magie seraient réconciliées. Souvenez-vous, Pie XI déjà, ce très grand pape, disait que l'Univers n'était si resplendissant que parce qu'« une divine mathématique, une divine combinaison de nombres, règle ses mouvements ».

Platon, Pythagore, Apollonius de Tyane, Eliphas Lévi et ses successeurs Saint-Yves d'Alvèdre, Stanislas de Guaïta, Papus ne disent pas autre chose. Tout comme plus près de nous, Julius Evola, Robert Amadou et Raymond Abellio, qui vient de recevoir une des plus hautes distinctions des Lettres françaises. Et peut-être vous souvenez-vous d'un certain mouvement « Planète », que j'initiai avec mon ami Bergier ?

Tous de cette lignée nous croyons que le Nouveau Matin approche. Que la pensée est présente à la matière, qu'elle lui est antérieure et qu'elle ne cesse de gagner sur elle. Non pas par l'effet d'une opposition, mais au contraire d'une compréhension. Et comment la comprendre et nous connaître nous-mêmes, sans le recours à l'expérience occulte qui se préoccupe depuis toujours d'éclairer les mystérieuses correspondances qui existent entre l'Homme et cet Univers dont il est la réplique et le résumé ? Comment y parvenir sans éclairer la physique et toutes les autres sciences, des lumières de la Tradition, de la poésie et de la magie, qui sont au cœur des forces qui ont constitué le monde ?

C'est ce que font déjà les savants groupés dans la Gnose de Princeton. C'est ce qui leur fait dire, avec Malraux, que le prochain siècle sera métaphysique ou ne sera pas...

SOURCES

Jean-Louis BERNARD, *Apollonius de Tyane et Jésus*, éd. R. Laffont.

Jean-Claude FRÈRE, *L'Occultisme*, éd. CAL.

Ghislaine et Lucien GERARDIN, *La Magie, un savoir en action*, éd. CELT.

René GUÉNON, *Le Règne de la quantité et les Signes du temps*.

Eliphas LÉVI, *Histoire de la magie*, éd. Traditionnelles.

A. MERCIER, *Eliphas Lévi*, éd. Seghers.

Albert SLOSMAN, *La Vie extraordinaire de Pythagore*, éd. R. Laffont.

Patience Worth
ou les romans dictés du ciel

En s'amusant à fabriquer avec son amie, Mrs. Hutchings, un « cadran spirite » selon les indications données par la rédactrice du supplément dominical du *Star Post*, la brave Mrs. Curran ne se doutait pas qu'elle se préparait à vivre une extraordinaire aventure. Cela se passait au cours de l'été de 1913, à Saint Louis dans le Missouri (Etats-Unis). Un soir, Mrs. Curran avait découvert avec un grand trouble, entre une recette de tarte au citron et l'explication d'un nouveau point de tricot, un article intitulé « Construisez vous-même l'appareil qui vous permettra de communiquer avec les morts ». Suivait la description d'un curieux objet fait de bois et de carton qui avait le pouvoir, disait-on, « d'appeler les esprits ».

Mrs. Curran était à la fois attirée et terrorisée par les mystères de l'au-delà. Elle avait montré l'article à une voisine, Mrs. Hutchings, qui s'était immédiatement enthousiasmée :

— Nous allons construire cet appareil, avait-elle dit. Je pourrai, ainsi, avoir des nouvelles de ma cousine Jennifer qui est morte il y a deux ans.

Les deux femmes s'étaient mises au travail et avaient fabriqué un cadran alphabétique muni, en son centre, d'une aiguille mobile. Cela fonctionnait comme un oui-ja. On mettait un doigt sur l'aiguille et l'on appelait un défunt. Si celui-ci acceptait de venir dialoguer, l'aiguille se mettait à tourner. Il ne restait plus qu'à poser des questions. Les réponses venaient alors, lettre par lettre, au moyen de l'aiguille et du cadran.

Pendant quelques semaines, chaque soir, les deux amies jouèrent avec leur appareil, appelant au hasard des défunts choisis parmi leurs anciennes relations ou les membres de leur famille. Les messages qu'elles obtinrent étaient, en général, d'un intérêt limité. La cousine Jennifer se plaignit de l'ingratitude de ses héritiers qui ne mettaient jamais de fleurs sur sa tombe, une ancienne voisine vint protester avec véhémence contre les transformations faites dans sa maison par les nouveaux propriétaires ; un arrière-grand-père à qui on ne demandait rien surgit un soir dans la conversation pour exiger qu'on replaçât la pendule où elle était de son vivant, etc.

Les deux amies auraient bien entendu préféré recevoir des informations sur l'après-vie, la couleur des robes portées par les anges ou l'âge des joueurs de trompettes célestes ; elles n'en étaient pas moins fort émues de dialoguer avec des habitants de l'au-delà.

Or, un jour où elles avaient invité un voisin, Mr. Caspart S. Yost, il se passa quelque chose de singulier. Les trois amis transcrivaient la déclaration verbeuse d'un oncle de Mrs. Hutchings qui accusait son médecin de l'avoir mal soigné, quand, brusquement, un message d'un tout autre ton et d'un tout autre style se forma sous leurs doigts. Ils lurent : « Bien des lunes se sont écoulées depuis que j'ai vécu. Je reviens. Mon nom est Patience Worth. »

Mrs. Curran, Mrs. Hutchings et Mr. Yost se regardèrent effarés. Aucun d'entre eux ne se souvenait d'avoir connu une femme portant ce nom.

Après s'être concertés, ils demandèrent à leur « correspondante » qui elle était. La mystérieuse Patience Worth leur déclara : « Je suis née en Angleterre, dans le Dorsetshire, en 1649. Je suis arrivée en Amérique, dans la Nouvelle-Angleterre, en 1670. J'ai été tuée peu de temps après par un Peau-Rouge. »

— Comment s'appelait-il ? interrogea Mr. Yost.

— Si quelqu'un tenait une lame sur votre gorge, penseriez-vous à lui demander son nom ? répondit la « correspondante ».

Elle ajouta :

— Puisque vous allez bientôt en Angleterre, vous pourrez facilement retrouver mon village natal.

Elle en donna le nom et décrivit la région, les collines, les routes tortueuses et un monastère voisin.

Cette fois, Mr. Yost fut extrêmement troublé car il devait effectivement partir pour l'Angleterre quelques semaines plus tard.

— J'irai vérifier tout cela, dit-il.

Mrs. Curran posa alors des questions sur les origines, la famille et la résidence américaine de la mystérieuse Anglaise qui venait de se manifester. La réponse fut brève :

— Vous voudriez tout savoir de moi ; mais hier est mort. Ne vous inquiétez pas du passé !

En revanche, Patience Worth déclara qu'elle était écrivain et qu'elle désirait dicter des romans historiques à Mrs. Curran.

La pauvre femme n'était pas une intellectuelle. Sa seule lecture était le *Star Post*. Elle fut épouvantée :

— Je ne saurai jamais ! gémit-elle.

— Mais si ! Vous n'aurez qu'à transcrire mes phrases !

On décida de commencer le lendemain, qui était un dimanche.

Dès la première séance, Mrs. Curran, aidée de Mrs. Hutchings, reçut un texte de trente-cinq feuillets qui constituait le début d'un récit historique dont l'action se déroulait en Palestine à l'époque du Christ. Cela s'intitulait : *The Sorry Tale* (« La Triste Histoire »). Le lundi, les deux amies, qui avaient peine à suivre tant l'aiguille « dictait » vite, reçurent trois chapitres à la suite. Trois autres vinrent s'y ajouter le mardi. Trois encore le mercredi. Ce fut alors que Patience Worth annonça que son récit était terminé. Un roman de plus de 300 pages avait été dicté en trois jours !...

Mrs. Curran, ayant fait dactylographier son texte, le signa très honnêtement « Patience Worth » et alla, sur les conseils d'un ami, le porter à un éditeur. Celui-ci lut le roman et fut émerveillé par les descriptions de Jérusalem, les détails historiques, la peinture des caractères, etc. Il fit lire *The Sorry Tale* à des spécialistes de l'histoire ancienne qui, fort impressionnés, déclarèrent que l'auteur avait dû passer des années à se documenter. L'un d'eux, pourtant, signala une petite erreur : dans le roman, les personnages juifs donnent le titre de roi à l'empereur romain. Cette faute sembla étrange aux érudits. Ils se lancèrent dans des recherches et finirent par découvrir que, dans les provinces orientales de l'Empire romain, l'usage voulait qu'on appelât roi l'empereur de Rome...

Ils demandèrent alors à rencontrer cette Patience Worth qui semblait être un puits de science antique. Dès les premiers mots de l'entretien, ils se regardèrent éberlués. Il était clair que cette brave dame ne connaissait de la Palestine au temps de Tibère que ce qu'elle avait lu dans les Evangiles, c'est-à-dire pas grand-chose.

— Mais comment avez-vous pu écrire ce livre ? demandèrent les amis de l'éditeur.

— Ce n'est pas moi, répondit posément Mrs. Curran. C'est une dame du XVIIe siècle qui me l'a dicté... Elle s'appelle Patience Worth. Elle est morte en 1670, tuée par un Peau-Rouge...

Les deux hommes, un peu ahuris, demandèrent des explications. Le récit qu'ils entendirent ne fit qu'accroître leur stupeur.

— Vous voulez dire que ce roman vous a été dicté de l'au-delà ? bredouillèrent-ils.

— Exactement !

Cette histoire fut rapportée par l'éditeur au Dr Walter Franklin Prince de la Society for Psychical Research de Boston qui, fort intéressé, se livra à une enquête sur Mrs. Curran. Il en ressortit que la brave femme avait cessé de fréquenter l'école à quatorze ans, que sa culture générale présentait des lacunes considérables, qu'elle n'avait jamais manifesté d'aptitudes littéraires, que ses connaissances historiques étaient si limitées qu'elle croyait que Henri VIII avait eu la tête tranchée et que, fort ignorante de l'histoire ancienne, non seulement elle confondait allégrement les Grecs et les Romains, mais elle se demandait ce que Ponce Pilate pouvait bien faire à Jérusalem... Comment, dans ces conditions, aurait-elle pu écrire un roman détaillé sur la vie quotidienne en Palestine, au temps du Christ ?

— Mais ce n'est pas tout, dit le Dr Prince. J'ai assisté à une séance de « dictée ». Devant moi, Mrs. Curran a reçu, au moyen de son aiguille et de son cadran alphabétique, quelques chapitres d'un roman intitulé *The Pot upon the Wheel* (« Le Vase sur la roue ») qui me semble être d'un très beau style...

A quelque temps de là, Mr. Yost revint d'Angleterre et déclara qu'il avait retrouvé, dans le Dorsetshire, le village natal de Patience Worth, village auprès duquel existait bien un couvent, qui était aujourd'hui en ruine, et des collines semblables à celles que la « correspondante » avait décrites... Dès lors, personne ne douta plus de la réalité de Patience Worth, et Mrs. Curran reprit ses « contacts » avec une ardeur grandissante.

Bientôt elle n'eut plus besoin de son fameux cadran alphabétique. Elle « entendait » en elle les phrases qu'elle répétait à son secrétaire qui les écrivait. Elle reçut ainsi de nombreux textes, des romans, des prières, de petites pièces de vers et surtout un immense poème de soixante mille mots intitulé *Telka*, qui présentait cette particularité d'être composé en dialecte anglo-saxon du XVIIe siècle, langue qu'ignorait la brave Américaine du Missouri.

A propos de cette œuvre, Mr. Yost a écrit notamment :

« *Telka* est unique, non seulement par la pureté de sa langue anglo-saxonne, la combinaison de formes en dialectes de différentes époques et ses connaissances grammaticales, mais aussi par les altérations et extensions conférées à différents vocables. Patience Worth, comme Shakespeare, emploie parfois un adverbe à la manière d'un verbe, ou d'un nom ou d'un adjectif... Cela s'explique par la situation transitoire dans laquelle se trouvait alors la langue anglaise ; mais cette remarque constitue une preuve supplémentaire pour démontrer que Patience Worth est en plein accord avec son époque, même dans les anomalies grammaticales. Il n'y a pas de doute que ce langage de Patience Worth doit être considéré comme étant chez elle absolument spontané ; ce qui est abondamment prouvé par la circonstance qu'elle ne l'a pas seulement employé dans quelques-unes de ses œuvres, mais qu'elle s'en sert constamment dans ses conversations avec les expérimentateurs. »

En outre, *Telka* ayant été soumis à des spécialistes de la langue anglaise du XVIIe siècle, ceux-ci déclarèrent qu'il ne s'y trouvait pas une seule tournure de phrase et même un seul mot qui fussent postérieurs à 1600... Le Pr F. S. Schiller, de l'université d'Oxford, précisa en outre que, pour écrire un tel poème en 1913, il aurait fallu consacrer une vie entière à l'étude de la langue parlée du XVIIe siècle. Et il conclut : « Nous nous trouvons devant un véritable miracle de la philologie... »

Jusqu'à sa mort, en 1934, Mrs. Curran continua ainsi à recevoir régulièrement des textes de « Patience Worth ». Parfois des médecins, des professeurs de lettres, d'histoire ou de philosophie assistaient aux séances. Certains se livraient à des expériences. C'est ainsi qu'un jour, nous dit le Dr W. F. Prince, on demanda à Patience Worth de composer simultanément quatre romans. « Elle accepta, écrit-il. Après avoir dicté quelques lignes du premier en dialecte archaïque, elle passa au second qui était en langage moderne, puis au troisième, puis au quatrième, pour revenir au premier et ainsi de suite, sans solution de continuité et avec une constante célérité. A un certain moment, elle prit deux personnages, de deux romans différents, les fit causer ensemble, de façon que le personnage de l'un des romans semblait répondre à l'autre et discuter avec lui. Lorsque les passages des deux romans furent débrouillés et assignés à leurs textes respectifs, on constata que chacun d'eux s'adaptait parfaitement à la partie qu'il devait occuper dans le texte. »

Une autre fois, alors que, devant un groupe de spécialistes, Patience Worth dictait un roman par la bouche de Mrs. Curran, l'un des visiteurs dit brusquement :

— Au lieu de continuer votre livre, improvisez donc un poème sur la poussière...

Sans la moindre hésitation, nous dit-on, Mrs. Curran « transmit » cet admirable dixain :

Dust, dust, dust, — the mould of kings,
Bit of the Orient, ashes of wise men,
The clod from the foot of the fool,
Dead roses, withered leaves, crambling
Palaces, men's hopes and desires,

The tears of ages, and stuff of all mankind.
Dust, dust, awaiting the hand of God
To intermingle and resurrect.
Dust, dust, dust, — to-morrow unborn
Dust, dust, yesterday's ashes[1].

Après quoi, Mrs. Curran reprit le texte du roman qu'elle dictait auparavant, à l'endroit précis où elle avait été interrompue. Au bout de quelques minutes, un psychiatre l'arrêta de nouveau et lui demanda des proverbes. Immédiatement, elle récita : « Quand la manne tombe du ciel, mange et ne pose pas de question. » « Grands bruits de gueule sont nés de tête vide. » « Laine mal filée ne vaut pas la peine d'être tricotée. »

Puis elle ajouta :

— Est-ce suffisant ?

Le psychiatre, décidément insatiable, exigea alors d'autres poèmes improvisés sur des sujets donnés.

Quand tout fut terminé, les visiteurs reconnurent que « seul un génie aurait pu satisfaire à toutes leurs demandes »...

Mrs. Curran mourut en 1934. Elle laissait vingt-sept romans signés Patience Worth. Vingt-sept romans dont on ne saura sans doute jamais d'où ils sont venus...

RÉPONSES À L'INCRÉDULE

— *Curieuse histoire ! Comment en connaît-on les détails ?*

— Par les articles, études, brochures, etc., que publièrent la plupart des médecins et psychiatres qui assistèrent aux séances

---

1. Poussière, poussière, poussière — pâte de rois, Arme de l'Orient, cendres de sages, Argile foulée par le simple, Roses mortes, feuilles mortes, écroulement des palais, des espoirs, des désirs de l'homme, Larmes de la nuit des temps, chair d'humanité. Poussière, poussière, qui attend la main de Dieu pour pétrir et faire renaître. Poussière, poussière, poussière — vie à naître. Poussière, poussière, cendres d'hier.

de « dictées » chez Mrs. Curran. Et surtout par l'ouvrage du Dr W. F. Prince : *The Case of Patience Worth*, édité à Boston en 1927.

— *Est-on sûr qu'il ne s'agit pas d'une mystification ?*

— Dans ce domaine, on n'est jamais sûr de rien à cent pour cent. Toutefois, un fait est certain : Mrs. Curran ne peut pas être l'auteur de l'œuvre de Patience Worth. Elle n'avait aucune culture, aucune imagination, faisait dans ses lettres (écrites dans un style enfantin) d'énormes fautes de syntaxe, et son ignorance en histoire était vertigineuse...

— *Eliminons la brave Mrs. Curran. Une autre personne a pu l'aider : son amie, Mrs. Hutchings, Mr. Yost ou encore un inconnu demeuré dans l'ombre, qui a voulu s'amuser et dont on ne connaîtra jamais l'identité...*

— L'hypothèse a été émise, bien entendu. Et c'est pourquoi tant de scientifiques ont tenu à assister aux « séances de dictées » ; c'est pourquoi aussi, vous l'avez vu, certains témoins demandaient à Patience Worth d'improviser sur-le-champ, par la voix de Mrs. Curran, un texte ou un poème dont le sujet lui était imposé... Or, ces expériences ont toujours réussi, aussi bien en langage moderne qu'en anglais du XVIIe siècle...

— *Ne peut-on pas penser à un phénomène de télépathie entre Mrs. Curran et un ami érudit et particulièrement doué ?*

— Il eût fallu que cette personne fût un véritable génie pour improviser à la demande et enchaîner sans hésitation après des semaines d'interruption.

— *Comment était Mrs. Curran pendant ces séances ? Quasiment en état d'hypnose ?*

— Pas du tout. On nous dit qu'il lui arrivait de s'interrompre pour prendre part à la conversation des assistants, et même d'aller répondre à un appel téléphonique dans une pièce voisine. Après quoi, elle reprenait son texte au point précis où elle l'avait abandonné. Il en était d'ailleurs de même entre deux séances, et un témoin nous dit : « Il pouvait s'écouler plusieurs semaines, voire plusieurs mois entre deux reprises, Mrs. Curran enchaînait immédiatement, même si l'interruption s'était produite au milieu d'une phrase »...

Mais on assista, un jour, à une scène plus extraordinaire encore : Mrs. Curran écrivait une lettre à une amie tandis que, nous dit-on, « son larynx était employé par Patience Worth à dicter un admirable poème intitulé *Feux follets* ». Etait-elle donc véritablement « habitée » ? C'est l'avis d'Ernest Bozzano qui écrit : « Le problème ne peut être résolu sans admettre l'intervention d'une entité étrangère au médium. » C'est aussi l'opinion de certains parapsychologues qui se fondent sur un fait troublant rapporté par M. André Dumas : « Un jour, nous dit-il, qu'on avait égaré les premiers chapitres d'un roman, Patience Worth les donna une deuxième fois, et quand on retrouva les feuillets perdus, on constata que la deuxième dictée était une reproduction *exacte* de la première... » Or Mrs. Curran n'aurait pas pu apprendre par cœur deux cents pages d'un livre et les réciter deux fois de suite, sans faute, à trois mois d'intervalle.

— *Alors ?*

— Le mystère reste total. Nous devons nous contenter de classer provisoirement le dossier « Patience Worth » sous l'étiquette que lui avaient donnée les journalistes de l'époque : « L'affaire des romans dictés du ciel... »

SOURCES

Robert ARON et Jean-Claude RENARD, *Mors et Vita*, Plon, 1951.

Ernest BOZZANO, *Littérature d'outre-tombe*.

André DUMAS, *La Science de l'âme*, Ocia, 1947.

George LANGELAAN, *Les Faits maudits*, Planète, 1967.

Walter-Franklin PRINCE, *The Case of Patience Worth*, Boston, 1927.

Jean RIVERAIN, *Nos pouvoirs occultes*, Hachette, 1964.

Les ensorcelés de Merlebach

A Merlebach, en cette fin de l'année 1948, les « gueules noires » ont l'humeur bien sombre. C'est que, depuis des mois, tout un quartier de la ville est en proie aux envoûtements maléfiques d'une femme. Elle s'appelle Ludma, cette sorcière, et ne paye pas de mine. Petite, boulotte, elle est bonne mère et même grand-mère. Et qu'est-ce qui fait penser qu'elle est sorcière, Ludma la Polonaise ? C'est tout d'abord qu'elle sait faire tourner sur commande les guéridons au cours de séances spirites dont elle est le médium. Faire tourner les guéridons peut-être, disent certains, qui veulent garder leur bon sens. Mais le lait des femmes !... Ce dont on l'accuse aussi. Avec le pouvoir de jeter les jeunes enfants comme les plus solides pères de famille dans des états de langueur que la mort seule vient interrompre...

A ceux qui résistent à la campagne de calomnies on dit aussi : « Vous n'avez donc pas lu le journal ? » Et de montrer tel article de *L'Est républicain* qui, dans les premiers jours de décembre, cette année-là, décrit ainsi les ravages de l'envoûtement : « Une famille en pleine santé. Le mari est mineur ou cultivateur. Il n'a jamais été malade. Il est aussi parfaitement sain d'esprit et de corps, comme sa femme. Leurs enfants sont robustes, surtout le tout-petit, dans son moïse, plein de sourires et de promesses. Soudain le bébé tombe malade. Maladie organique ? Non pas ! Une sorte de maladie de langueur, amaigrissement soudain et irrémédiable, une répulsion pour toute nourriture, un dépérissement d'une rapidité telle qu'il laisse les parents désarmés. L'enfant ne dort plus, ou s'il dort, il se réveille à heures fixes et se met à hurler, se dressant sur son séant, malgré sa faiblesse toujours croissante. Puis il meurt, semant l'effroi dans tout un quartier. Bien souvent, c'est le chef de famille qui est frappé, aussi soudainement et de la même manière. Il refuse tout aliment, devient squelettique, hurle à la mort des nuits entières... »

Mais Ludma là-dedans ?... Pardon ! répliquent les mieux renseignés. Vous n'avez donc pas lu *Le Lorrain* du 19 novembre dernier ? « Tout un quartier de Merlebach envoûté par le pouvoir diabolique d'une femme. Flagellés par une force invisible, les habitants crucifient chaque soir la sorcière en effigie. » Que dites-vous de cela ?

Les Merlebachois n'en sont plus à se poser des questions. Un soir de décembre, toute une troupe se porte devant la misérable baraque où habite Ludma avec un compagnon. Toute la nuit on lapide ses portes et ses fenêtres. Finalement, le couple réussit à s'enfuir par une fenêtre de derrière et à se réfugier grelottant de froid et de terreur au bureau des matricules du Puits 5.

Depuis le temps qu'ils affouillent la terre, les durs hommes des tréfonds savent que le diable n'habite pas sous terre et en ce début de l'ère atomique sans doute pas dans le « préfabriqué » de Ludma. Au lendemain, pourtant, de cette nuit scandaleuse, ils déclarent tout uniment au commissaire qui s'est rendu sur les lieux :

— On finira bien par l'avoir, la garce... Malgré qu'elle soit protégée par le diable !

— Et qu'est-ce qui vous fait dire cela ? demande le fonctionnaire.

— Vous devriez le savoir ! répondent-ils, ulcérés. Cette nuit, quand elle était en train de sauter par la fenêtre, nous avons bien vu qu'elle portait sous le bras le fameux « Livre de Moïse » !

Ce livre, bien sûr, n'existe pas. Quand le commissaire entre dans la baraque dévastée, ils lui montrent, triomphants, des couteaux de cuisine plantés dans la porte.

— Voyez ! c'est les lancettes des « jeteux de sorts » ! La garce, faudra bien qu'elle rende des comptes !...

Perplexe, le commissaire conseille aux « sorciers » de rester, en attendant, chez des amis qui habitent à l'autre bout de la ville et met un inspecteur sur l'affaire. Le 18 décembre, Ludma et son ami se risquent à rentrer chez eux. A la nuit noire et en frôlant les murs. Ils n'osent mettre la lumière et se dépêchent de barricader portes et fenêtres. C'est à la lueur d'une bougie qu'ils avalent un morceau avant de se coucher. Ils n'auront guère le loisir de s'endormir : des coups violents ébranlent la porte et les pierres se mettent à voler. Ils se rendent compte que cette fois la maison est entièrement cernée et qu'ils ne peuvent s'échapper. Les fenêtres, renforcées avec de la ficelle, tiennent bon, mais la porte, abîmée lors de l'attaque précédente, va céder. Bientôt elle vole en éclats. Ivre de rage, la bande se répand partout.

— Où est-t-elle ? Où est-t-elle ? hurlent-ils, en serrant l'ami de la Polonaise au collet.

Au matin, l'inspecteur arrive pour enquêter sur les événements de la nuit. « On ne l'a pas trouvée ! disent les bonnes gens du quartier Oradour. On ne l'a pas trouvée... parce qu'elle s'est changée en chien noir ! »... En vérifiant les lieux, le policier remarque que les couteaux sont à nouveau fichés dans la porte. Entourés de ficelle, ils servaient, en fait, à la consolider. Ludma, quant à elle, ne s'est changée ni en chien ni en chat noir. Quand dans la nuit les premiers coups ont résonné, elle s'est juchée sur l'armoire de la cuisine, et après avoir fait sauter une cloison de contreplaqué s'est glissée dans le faux grenier. Ce n'est qu'au matin, après le départ des assaillants, qu'elle en est ressortie, noire de poussière...

Le lendemain, *Le Républicain lorrain* titre : « Malveillance ou hallucination ? Accusée de sorcellerie par ses voisins, une famille échappe de justesse au lynchage. »

Mais qui est-elle donc, cette terrifiante Ludma qui concentre sur elle la haine de tant de braves gens, prêts à encourir les rigueurs de la loi pour l'anéantir ? On l'a vu, rien qu'une personne très ordinaire. Mais pour ce quartier pauvre et cosmopolite de la petite ville, elle est la sorcière du Moyen Age. On est bien en 1949 dans les charbonnages mosellans. Mais on pourrait aussi bien être en 1469, quand Arras rougeoie de dizaines de bûchers ou en 1605 quand l'inquisiteur Boguet, qui a fait brûler et torturer des milliers d'innocents, rêve que tous les sorciers de France « puissent être unis en un seul corps, pour les faire brûler tous en une seule fois » ! Si les meubles craquent à Merlebach, si les enfants se déshydratent, si les maris sentent un poids sur la poitrine ou perdent l'appétit, c'est à cause de Ludma la Sorcière. Et ses sorts sont si puissants que même le « Lumpendoktor », guérisseur et tout-puissant maître des sorciers, n'arrive plus à les annihiler. Il s'appelle Jean Scholler, le « Docteur des chiffons », et il habite à la frontière sarroise dans une superbe villa. Aux longues théories d'envoûtés dont les files d'attente s'étirent jusque dans son parc, il conseille de poser partout des chaînes. Pour couper la route aux sorts qui se glissent dans les maisons par les conduites, les fils électriques et même les antennes de radio ! En cas d'insuccès, il faut un traitement de choc : une infusion de gaze hydrophile, découpée en carrés, enfermés dans des sachets trempés dans de l'eau pure et administrés sur les coups de minuit moins le quart...

Cette thérapie éprouvée échoue d'abord. Quand ils reviennent, tous ces souffre-douleur de la sorcière, le « Lumpendoktor » leur dit de jeter des pierres sur sa baraque « pour que le mauvais esprit ne puisse pas prendre de repos ». Il leur dit aussi de ne pas sortir de chez eux et de ne rien en laisser sortir. Ni le chien, ni les enfants, ni les eaux grasses, ni la fumée, ni même la musique. « Si vous suivez bien mes consignes, jure-t-il cette fois, vous serez désenvoûtés... Ne me remerciez pas. Ça fait mille francs ! » Ceux qui croient aux sorts, plus encore qu'aux pouvoirs du « Lumpendoktor », continuent de se plaindre et d'alimenter les faits divers des journaux. On redouble les patrouilles nocturnes de pandores à bicyclette et on mobilise le curé, qui, sans même descendre de vélo, décoche sur l'antre de Satan des jets d'eau bénite. Sait-il seulement que Ludma a quitté sa maison et qu'elle habite à présent chez son fils aîné à l'extérieur de Forbach ? Cela ne semble gêner personne que le mal sévisse à présent à Forbach, Creutzwald, Carling, Farschviller et que la Sarre même ne soit pas épargnée. Les autorités d'outre-Rhin accusent celles de France de laxisme. Rompant enfin le silence officiel, le curé de Longeville-lès-Saint-Avold monte en chaire et déclare :

— Je ne nie pas les faits, mais je vous défends d'accuser telle ou telle personne !

C'est une bonne chose. Car cessent au moins les jets de pierre sur la baraque de Ludma. Lapidations purement magiques depuis un certain temps car l'habitation, désertée, n'est plus qu'une ruine...

Un jour, un des envoûtés se met à éventrer les oreillers de la maison puis à dépecer systématiquement les édredons. Est-il devenu vraiment fou ? C'est en fait l'ancien curé de Creutzwald qui lui a suggéré ce saccage. Il se souvient, ce curé, que dans les années 1930 la région a été visitée par une semblable épidémie. On l'avait expliquée alors par la découverte de nids de plumes dans les literies... Dans la région c'est aussitôt la mise à sac de tout ce que les ménages comptent d'oreillers, de traversins et d'édredons, de « plumons » comme on dit dans l'Est. Au cours du seul mois de mars 1949, l'abbé Tirbisch, curé de Creutzwald, est alerté une bonne vingtaine de fois... Tout le monde, à présent, découvre dans sa literie de mystérieuses petites boules de plumes savamment agrégées et qui paraissent avoir été fabriquées par des mains très agiles. De tels sortilèges ont été retrouvés avant-guerre dans le lit d'une bonne sœur de Creutzwald. Elle était jeune et en pleine santé. Un beau jour elle a dû s'aliter. Et puis elle est morte rapidement, tuée par les poupées de plume...

L'épidémie progresse de manière foudroyante. Pour chaque édredon retourné c'est une tête qui se met à l'envers. L'Allemagne est à nouveau atteinte, quand en haut lieu on décide d'en appeler à la science. Requis, le Pr Marcel Perrin, de l'Académie de médecine Stanislas de Nancy, présente bientôt toute une collection de petits objets en plume qu'il a eu un mal fou à rassembler : dès qu'on les découvre dans les amas de duvet éparpillés, les familles se dépêchent de les brûler pour mettre fin à l'envoûtement. Ils sont de toutes formes et de toutes couleurs, ces singuliers petits trophées : des fleurs, des rosaces, des tubes, des bouquets. Ils sont présents dans les literies neuves aussi et ne sauraient donc provenir des générations antérieures. Il y a plus troublant : le Pr Perrin arrive à prouver que toutes les plumes proviennent exclusivement du *cou* des poulets. Pour les rassembler, il a fallu des heures de travail patient. Interrogées, les mères de famille se récrient, scandalisées. Comment auraient-elles pu confectionner des sorts qui rendent malades leurs propres enfants ?

Le professeur croit aboutir, lorsqu'il découvre des assemblages qui ont la forme de petits nids ou encore de cocons. Les sorts seraient-ils d'origine animale ou parasitaire ? Aucune action externe en tout cas, telle que brassage ou manipulation quotidienne, ne peut expliquer la formation de ces structures : elles ont été confectionnées par une main intelligente et placées là, d'une manière délibérée...

D'avoir décrit en tout cas ces objets et la nature du péril, et conclu dans la plupart des cas à la malveillance, enraya aussitôt l'épidémie. Comme si l'impalpable catalyseur qui disséminait cette folie collective avait perdu tous ses pouvoirs à l'instant même d'être tiré à la lumière. Mais pour les mineurs de Merlebach comme pour les hommes des cavernes qui envoûtaient leurs proies par des dessins rupestres, le lien, fluide, souffle ou sortilège, qui unit l'envoûteur à l'envoûté resta obstinément indéchiffrable...

RÉPONSES À L'INCRÉDULE

— *C'est incroyable qu'en plein XX*e *siècle des histoires à dormir debout puissent déclencher une hantise collective !... N'y a-t-il vraiment aucune explication ?*

— Parmi les causes possibles il faut bien sûr éliminer la Polonaise, type parfait de la victime expiatoire qui apparaît chaque fois qu'une catastrophe — guerre, disette, épidémie — se produit. Le cas du contre-envoûteur est plus éclairant. Le « Lumpendoktor », ce qui veut aussi dire « médecin des gueux », est celui qui soigne là où la médecine officielle a échoué. Il est le guérisseur de campagne, un peu rebouteux, un peu sorcier et joue le rôle du médecin-mage d'Afrique qui soigne avec l'irrationnel, au moyen de techniques qui peuvent paraître aberrantes. A ceux, notamment, qui ne sont pas atteints ! Les cataplasmes à l'eau du « Lumpendoktor » rappellent les pansements au sirop d'orgeat des Haïtiens qui, selon le grand ethnologue Alfred Métraux, ne guérissent pas seulement les sarcomes et autres maladies incurables, mais réussissent aussi à briser le charme de haine et à réconcilier des ennemis jusque-là irréductibles. En Haïti ce médicament est inopérant s'il ne se double pas de bastonnades rituelles, d'invocation à sainte Radegonde, à la lumière d'une lampe à pétrole qui doit être rechargée à minuit. Que de ressemblances dans les croyances et les comportements, entre l'île archaïque de Papa Doc et la France de Vincent Auriol ! Et cela reste vrai aujourd'hui et le sera demain.

— *Et le pouvoir des poupées de plume, vous y croyez ?*

— Pas plus que le curé de Longeville-lès-Saint-Avold ! Le Pr Perrin, en tout cas, a pris la peine de les examiner d'une manière approfondie. On pouvait les ranger en trois catégories : les cocardes ou rosaces qui avaient de trois à sept centimètres de diamètre pour deux d'épaisseur, et dont les pétales étaient attachés avec du fin fil métallique, les cigares ensuite, longs tubes de plumes enroulées sur elles-mêmes et agrégées autour d'un clou, le tout faisant corps solidement et d'une manière inexplicable, les nids ou cocons enfin, de loin les plus singuliers, car agrégés couche sur couche, sans mode de fixation décelable, même en laboratoire, de sorte que le mystère de leur formation est resté entier. Ils avaient exactement la forme de l'enveloppe dont se servent de nombreux lépidoptères pour se transformer en chrysalides, mais jamais le professeur n'a pu trouver trace d'un insecte.

— *Et ces boules, ne pouvaient-elles pas être causées par les manipulations habituelles de la literie ?*

— Il ne le semble pas. M. Perrin a soumis des édredons à de longs brassages artificiels et il n'a jamais pu obtenir la formation de tels cocons.

— *Et toutes les plumes provenaient du cou des poulets ?*

— Oui, et c'est tout à fait extraordinaire. Car c'est là une constante des rituels magiques qui ont cours encore aujourd'hui en Afrique noire et cette particularité était déjà en usage dans la plus haute Antiquité. Dans les rites de la magie noire occidentale, c'étaient des plumes de jars, qu'il fallait arracher un jeudi à minuit et... sans faire crier l'animal !

— *Dans cette affaire, il y a donc bien eu intervention d'un envoûteur ou d'un jeteur de sorts...*
— Oui, mais on n'a jamais pu en apporter la preuve. Il est vrai qu'en cette matière, une des conditions de réussite de l'envoûtement est le secret...

— *Pourquoi ?*
— L'efficacité de ce type de sorts dépend de la durée pendant laquelle il imprègne la victime. Il faut donc que celle-ci en ignore la présence pour ne pas pouvoir s'en débarrasser à temps...

— *Je croyais que l'on pouvait jeter des sorts à distance...*
— On le dit. Mais il semble que s'il y a proximité physique entre l'envoûté et l'objet magiquement traité, « arrangé » disent les sorciers haïtiens, cela donne, si l'on peut dire, de meilleurs résultats. C'est pour cela aussi que l'envoûteur se sert de cheveux, de rognures d'ongles et même d'épluchures, provenant de la victime potentielle. Dans ce cas, le sorcier peut au contraire trouver judicieux de révéler à la victime qu'une conjuration magique a été montée contre lui...

— *Pour lui faire peur ?*
— Exactement. A Forbach, comme à Port-au-Prince, le fait de savoir qu'on est la cible d'un envoûtement de haine peut avoir les conséquences les plus imprévisibles. L'envoi, par exemple, d'un dagyde à la personne à qui l'on veut du mal peut lui inspirer une peur désastreuse...

— *Un dagyde ?*
— Oui, il s'agit du procédé d'envoûtement le plus universellement utilisé. C'est la classique statuette en cire modelée qui figure la personne visée, et qu'on soumet à toutes sortes de

traitements magiques, piqûres d'épingle, brûlures, réductions diverses, à grand renfort d'incantations et d'invocations maléfiques. Lors de cette affaire, de tels objets ont certainement circulé, puisque beaucoup d'habitants avaient l'habitude de piquer des cierges, ce qui est une manière de renvoyer le sort, de provoquer le « choc en retour » qui peut être fatal à l'envoûteur. Merlebach était en tout cas sous l'emprise de la peur et la peur, ça peut faire mourir. Par hypotension artérielle, augmentation du taux d'adrénaline, troubles circulatoires si graves qu'ils peuvent entraîner la mort.

— *Mais ceux qui ignoraient qu'ils étaient victimes d'un envoûtement de haine et qui dépérissaient aussi ?*

— La psychose collective a certainement joué un rôle. Déclenchée par la magie de la parole, de la rumeur, qui donne corps et présence à l'aura maléfique. D'autant plus agissante qu'il s'agit de petites gens et mal assimilés au pays. Dans un contexte chrétien en plus — les curés ne rejettent nullement la réalité du sortilège — où tout ce qui relève de l'irrationnel et de la magie n'est plus écoute des esprits, de la nature et de l'autre monde, mais œuvre diabolique et complicité avec les puissances du mal...

Aux mineurs crédules et aux journalistes en mal de copie de cette époque, on aurait pu dire ce qu'Alonzo de Salazar, un inquisiteur espagnol, disait en 1605 : « Il n'est de sort ni de sorcellerie aussi longtemps qu'on n'a pas parlé de cela ! »

— *Mais les poupées de plume dans les lits, elles ont bien existé ! On n'a jamais pu surprendre de vieille sorcière édentée en train de soigner les édredons ?*

— Jamais. Mais on peut faire des hypothèses fantastiques. On peut penser que ce sont les épouses des maris cachectiques ou les mères des enfants malades, elles-mêmes, qui ont fait ces petits objets. Elles ont ensuite fait semblant de les trouver dans la literie pour frapper l'imagination des malades et les persuader qu'ils vont guérir, la cause de l'envoûtement ayant été éloignée. Usant ainsi d'une sorte de médecine psychologique intuitive. C'est peut-être ça le secret. Un secret d'amour fondé sur la superstition magique. Un truc psychosomatique, somme toute. Et qui remonterait aux aurores de l'humanité...

SOURCES

F. des AULNOYES, *Envoûtements, désenvoûtements. Rituels secrets*, éd. Bussière-Niclaus.

Mireille CORVAJA, *Les Sciences occultes*, éd. de Vecchi.

Pierre MARIEL, *Envoûtements, maléfices, exorcismes*, éd. Tchou.

Roland VILLENEUVE, *Les Procès de sorcières*, éd. Payot.

L'énigme des ectoplasmes

Entre 1910 et 1930, des hommes de sciences souvent illustres, auxquels se mêlaient parfois quelques hommes de lettres non moins célèbres, se réunissaient périodiquement pour se livrer à d'étranges occupations. Assis dans un salon entièrement plongé dans l'obscurité, ils demandaient à un personnage dont ils avaient, au préalable, lié solidement les pieds et les mains de faire surgir des fantômes... Ce personnage était un téléplaste, c'est-à-dire un médium auquel on prêtait le pouvoir d'aider les esprits à se manifester sous forme d'ectoplasmes.

Alors, nous dit-on, des prodiges s'effectuaient sous les yeux émerveillés des témoins : des visages lumineux apparaissaient soudain, parlaient, embrassaient certains assistants ; des mains, qui semblaient flotter dans l'air, touchaient celui-ci ou celle-là ; des animaux, dont on sentait l'odeur, venaient se faire caresser, etc.

Le Dr Geley, qui fut directeur de l'Institut métapsychique international (IMI) et qui assista à ces extraordinaires matérialisations, en a décrit la genèse : « On perçoit tout d'abord, écrit-il, une forte odeur d'ozone. Cette odeur, analogue à celle des salles de radioscopie, très caractéristique, se dégage au début des phénomènes, souvent au moment de commencer la séance, parfois avant d'entrer dans le laboratoire. Ce symptôme prémonitoire n'a jamais manqué dans nos expériences.

» L'odeur survenait brusquement et s'évanouissait de même.

» On voyait alors (la lumière étant très faible) des vapeurs légèrement phosphorescentes, une sorte de brouillard flotter autour du médium, surtout au-dessus de sa tête. Ce brouillard s'élevait généralement comme une fumée légère. En même temps apparaissaient des lueurs, semblant des foyers de condensation. Ces lueurs étaient généralement nombreuses, ténues et éphémères ; mais parfois, elles étaient plus grosses, plus durables, et dans ce cas, elles donnaient l'impression d'être comme des extrémités de doigts ou des fragments de visages.

» Enfin, quand la matérialisation s'achevait, on voyait des mains ou des visages parfaitement formés [1]. »

Parmi tous les médiums « créateurs » d'ectoplasmes qui furent l'objet d'examens de la part des scientifiques des années vingt, il en est deux qui continuent de poser un problème insoluble aux chercheurs. Ce sont Jean Guzik et Franek Kluski.

Jean Guzik était polonais. Né près de Cracovie en 1876, il fut d'abord ouvrier tanneur ; mais un ouvrier que ses camarades considéraient avec une certaine crainte. En effet, là où il se trouvait, des bruits inexplicables se faisaient entendre, des objets se déplaçaient tout seuls et des formes fantomatiques apparaissaient... Un spirite de la région, apprenant ces faits, convoqua le jeune Guzik. Quelques expériences lui prouvèrent qu'il avait affaire à un remarquable médium. Bientôt, l'ouvrier tanneur fut invité par la Société polonaise d'études psychiques où des savants reconnurent ses dons exceptionnels.

En 1922 et 1923, Guzik vint en France où, sous la direction du Dr Geley, il donna environ quatre-vingts séances à l'Institut métapsychique international, séances à l'issue desquelles trente-quatre personnalités du monde scientifique et littéraire (professeurs de médecine et de droit, membres de l'Académie des sciences et de l'Académie française, médecins, ingénieurs, experts de police, etc.) signèrent un manifeste concluant à la réalité des phénomènes.

Que se passa-t-il au cours de ces séances ?

La lecture de quelques extraits des stupéfiants procès-verbaux rédigés, après chaque réunion, par un secrétaire et signés de tous les assistants, nous en donne une idée :

---

1. Dr Geley, *Ectoplasmie et Clairvoyance*, 1924.

• *Séance du 3 décembre 1922, à 21 heures, dans le salon du Pr Richet*[1] *:*

Le médium frissonne de tout son corps et gémit. Aussitôt, une lumière, grosse comme un ver luisant, traverse rapidement le groupe, de M. de Gramont (docteur ès sciences, membre de l'Institut de France) à M. Leclainche (membre de l'Institut de France). Puis d'autres lumières apparaissent autour du médium et au-dessus de lui.

Le Pr Richet (membre de l'Académie de médecine et de l'Institut de France), le Pr Leclainche accusent des contacts. Une boule nébuleuse en forme de disque, large comme les deux mains, traverse le groupe et disparaît près du médium.

Tout à coup, on voit, contre le Pr Leclainche, deux lumières très brillantes. Aussitôt, ce dernier est frappé violemment sur la figure et sur le dos. Le médium reçoit aussi des coups très forts et se réveille. On suspend la séance.

Dès sa reprise, les phénomènes sont immédiats. Mme Le Bert, fille du Pr Richet, qui prend part à cette seconde partie de la séance et qui contrôle la main droite du médium, sent, derrière sa chaise, la présence d'un être qui frappe sur le

---

1. Est-il besoin de préciser que les organisateurs prenaient toutes les précautions nécessaires pour qu'aucune fraude, aucun truquage ne fussent possibles. Le médium était tenu par les deux mains, le petit doigt de chaque main passé en crochet au petit doigt correspondant de chacun des deux « contrôleurs ». De plus, un ruban très court doublement plombé (balle de plomb écrasée par une pince portant les initiales de l'IMI) unissait le poignet droit et le poignet gauche du médium aux poignets gauche et droit des contrôleurs. En outre, ces contrôleurs assuraient un contact étroit et permanent de leur corps, de leurs pieds et de leurs jambes, avec le corps, les jambes et les pieds du médium. Enfin, tous les expérimentateurs étaient joints, poignets à poignets, par des chaînes cadenassées aussi courtes que possible. Dernières précautions : les portes de la salle étaient fermées à clé du dedans et scellées par des bandes de papier collées, signées d'un des expérimentateurs. Le tablier de la cheminée était également scellé au parquet ainsi que les fenêtres. Ajoutons que la salle ne comportait aucun meuble ou placard susceptible de cacher un compère et qu'un architecte diplômé avait examiné le plancher, le plafond et les murs...

dossier et la frôle. On voit des lueurs au-dessus de Mme Le Bert et tout autour du médium. Ces lueurs sont petites, nombreuses. Elles se déplacent doucement, s'approchent et s'éloignent des assistants, montent parfois très haut.

Mme Le Bert se sent embrassée à de nombreuses reprises. Deux bras l'enlacent aux épaules.

Le Dr Geley sent, à deux reprises, un baiser de deux lèvres tièdes sur son front.

On entend une voix peu distincte près des oreilles de Mme Le Bert qui n'a pas compris le sens des paroles prononcées.

A plusieurs reprises, on voit, près de Mme Le Bert, l'ébauche d'un visage lumineux. Puis deux lumières couplées s'élèvent très haut (à environ 1,50 m) au-dessus du médium. On entend distinctement : « Au revoir » et les lumières s'éloignent. Trois coups violents sont frappés sur le dos du médium qui se réveille.

• *Séance du 17 décembre 1922, à 21 heures, à l'Institut métapsychique international :*

Des lumières très belles se forment derrière le médium et, autant qu'on puisse en juger, assez loin de lui (1 m à 1,50 m). Les contrôleurs sont touchés et embrassés. Puis une belle nébuleuse phosphorescente, de la dimension d'un visage, s'approche de M. Ageorges (homme de lettres) et du Dr Osty, très près de leur tête. Ils distinguent nettement un visage lumineux bien formé.

« Des lueurs phosphorescentes s'allument au voisinage de la tête du médium, relate le Dr Osty, et avancent vers les assistants. Je me sens embrassé au front par une bouche humide, comme s'il s'agissait d'une bouche humaine, et je vois deux lèvres lumineuses, s'écartant doucement de moi, remuer, proférant quelques paroles en langue étrangère.

» La masse lumineuse augmente aussitôt de surface ; elle m'apparaît de 10 à 15 cm de hauteur. Elle se dirige vers M. Ageorges. Celui-ci annonce aussitôt qu'il a devant les yeux les trois quarts d'une belle face lumineuse d'homme dont il voit les yeux, le nez, la moustache, les lèvres... Une ou deux minutes après, des lueurs indéterminables viennent vers mon visage. Je suis embrassé sur le front, la tête, et mes joues sont caressées comme par des mains humaines. D'autres contacts nombreux et vifs se succèdent précipitamment sur ma figure, ma tête et mes épaules... »

• *Séance du 9 mai 1923, à 21 h 30, à l'IMI :*

Extrait du compte rendu de M. Paul Ginisty, homme de lettres :

« Soudain, j'ai la sensation d'un visage visqueux qui s'approche du mien, comme pour un baiser, ce dont j'éprouve quelque dégoût. Puis, tout près de mon oreille, des paroles sont murmurées d'une façon saccadée, comme en appuyant les lèvres. Je n'en comprends pas le sens, mais ce sont bien des mots qui sont prononcés. Pendant ce court espace de temps, une lumière flotte à ma gauche au-dessus de ma tête. La voix s'éteint subitement et l'impression d'une présence disparaît. Les phénomènes cessent. »

• *Séance du 11 avril 1923, à 20 h 30,*
dans le laboratoire de l'IMI :

On note comme la présence d'une forme animale, probablement un chien de taille moyenne. Tous les assistants perçoivent l'odeur caractéristique très forte de chien mouillé. On entend une respiration haletante ainsi que l'est souvent la respiration des chiens. L'entité mystérieuse frôle M. Xavier Leclainche, passe entre ses jambes, puis sous sa chaise, ensuite derrière son dos.

A ce moment, le médium se réveille. L'odeur perçue dès le début de la manifestation disparaît instantanément.

• *Séance du 12 avril 1923, à 20 h 30, dans le laboratoire de l'IMI :*

Après une courte attente, une forme animale avec son odeur caractéristique se manifeste. Les deux contrôleurs ont l'impression très nette de la présence d'un petit chien qui saute sur leur chaise, puis sur leurs genoux, les frôle et les caresse, semble jouer avec leur chaise, etc.

• *Séance du 17 avril 1923, à 16 h 30, dans le salon du Dr Geley :*

Première partie : Après une courte attente, M. de C. est l'objet de manifestations médiumniques. Il se sent palpé, frôlé, frappé dans le flanc gauche et sur le dos. Il déclare avoir tout à fait l'impression de la présence d'un animal près de lui. Ces manifestations sont intermittentes, cessent, recommencent.

En même temps qu'elles apparaissent, on perçoit une odeur désagréable de chien mouillé, odeur qui disparaît aussitôt que cessent les manifestations.

On perçoit très nettement des bruits de pas derrière les deux contrôleurs.

Deuxième partie : Les mêmes phénomènes se reproduisent ; mais, cette fois, ils sont surtout accentués sur M. P., qui déclare avoir l'impression de la présence d'un très grand animal à ses côtés. Il perçoit un contact appuyé sur son épaule droite. Des coups lui sont donnés dans le dos et sur la tête. Les autres participants évoquent des présences diffuses.

On entend un bruit de pas.

• *Séance du 18 avril 1923, à 20 h 30, dans le grand salon de l'IMI :*

Pendant les deux parties de la séance, des manifestations identiques se produisent. Les deux contrôleurs, spécialement le Dr Rehm (homme de lettres), perçoivent des contacts et attouchements divers, des coups sur les épaules et dans le dos. Le Dr Rehm a l'impression d'avoir à ses côtés un animal sentant le chien.

Sa chaise est violemment tirée en arrière de lui. Elle est déplacée d'environ 75 cm. (Le Dr Rehm est un homme puissant et très lourd et ce déplacement nécessite une force considérable.)

Des chaises et des fauteuils sont remués bruyamment derrière le cercle des expérimentateurs. Une très lourde table recouverte de marbre et placée à 1 m derrière le médium est déplacée de 60 cm.

Les deux contrôleurs notent, avant le début des phénomènes, comme un bruit de bouillonnement aux côtés du médium et derrière lui. Ils ont nettement l'impression que le médium est le centre émetteur des forces en jeu.

• *Séance du 20 avril 1923, à 16 h 30,*
dans le salon du Dr Geley :

Vers la fin de la séance, le médium dirige la main de Lady Lodge (épouse de Sir Oliver Lodge, membre de la Société royale d'Angleterre) en arrière des expérimentateurs, aussi loin que possible. La main de Lady Lodge heurte alors un être de la taille d'un homme, très velu et immobile.

« Nous étions assis et enchaînés, note Lady Lodge, et j'avais posé mon chapeau et ma jaquette sur un canapé, à ma droite, assez loin pour que je ne puisse les atteindre et le médium moins encore.

» Je me sentis d'abord caressée sur le dos comme par un moignon. Ce moignon, ou cette main, ou cette patte, alla à mes cheveux et se prit dans le filet qui les retenait. Je sentis alors quelque chose passer au-dessus de ma tête : c'était mon chapeau.

» Ensuite, entracte. On éclaira. Puis la séance reprit dans les mêmes conditions.

» Je me sentis fortement touchée dans le dos par le moignon

ou la main dont j'ai parlé plus haut (rien, cependant, ne donnait la sensation de doigts). Cette fois, mes cheveux furent passablement bousculés et je fus touchée à la nuque.

» Tout à coup, le médium porta mon bras en arrière ; j'étais toujours enchaînée à son poignet, mes doigts accrochés aux siens. Il me fit toucher de la main un corps debout derrière moi qui me venait à l'épaule. C'était très résistant, couvert de poils ou de fourrure unie et raide comme sur la poitrine d'un chien. Ce fut une chose très surprenante que de sentir cet être derrière moi ! Mon chapeau que j'avais placé sur un des coussins du canapé, hors de la portée de nous tous, fut alors jeté par-dessus ma tête pour venir tomber aux pieds d'Oliver Lodge.

» Ce qui me frappa le plus, dans cette séance, fut de toucher cet être debout derrière ma chaise, couvert de poils unis et raides. J'ai dû passer ma main sur une surface d'environ un pied.

» Il paraissait plein de bienveillance. »

• *Séance du 24 avril 1923, à 15 heures, dans le grand salon de l'IMI :*

Des contacts répétés et intenses se produisent sur Mme de C. Des bruits de pas se font entendre. La table, très lourde, placée derrière le médium (1 m) est remuée à plusieurs reprises.

La manifestation « canine » se produit. La forme d'un chien (taille probable d'un fox-terrier) passe entre les jambes de Mme de C. et de l'expérimentateur voisin, M. de Gramont. Tous deux perçoivent ces contacts. Le « chien » saute sur les genoux de Mme de C. qui sent sa fourrure, puis ses épaules. Caresses habituelles des chiens.

Dans la deuxième partie de la séance, le contrôleur de droite est Sir Oliver Lodge et celui de gauche Mme de C.

Des manifestations puissantes se produisent aussitôt : bruits de pas impressionnants de netteté, déplacement de meubles, papiers et crayons placés sur la table, derrière le médium (1,20 m), jetés à terre.

Sir Oliver accuse des contacts répétés, Mme de C. de même.

Deux membres, comme deux mains sans doigts, appuient simultanément sur ses deux épaules.

On entend des chuchotements indistincts, puis une voix parle tout près de l'oreille de Sir Oliver. Tout le monde perçoit, au milieu d'une phrase incomprise, ces mots français : « Votre nom ». Puis le même phénomène se produit à l'oreille de Mme de C. On ne comprend pas les paroles prononcées.

Le médium tousse et se réveille. Il porte très en arrière et en haut la main de Mme de C. Elle sent un être de la taille d'un homme debout. Sa main touche un crâne chevelu. Même manifestation pour Sir Oliver Lodge qui note : « L'être, pendant cette seconde partie de la séance, était trop grand pour n'être qu'un chien ; d'ailleurs, il parlait et semblait content qu'on lui donnât un nom. »

Après la séance, on voit que des signes incohérents ont été tracés sur le papier jeté à terre.

• *Séance du 3 mai 1923, à 16 h 30,*
dans le grand salon de l'IMI :

Première partie : Contacts sur M. Privat. Une sorte de chien semble jouer avec lui, lui met ses pattes sur les genoux, fourre son museau dans ses poches et en arrache un journal.

A un certain moment, M. Privat accuse des contacts multiples simultanés. Pendant que les phénomènes décrits ci-dessus persistent, il a l'impression de la présence d'un autre animal plus petit qui bondit sur sa chaise et lui heurte le dos.

Le capitaine Després (ancien élève de l'Ecole polytechnique) accuse également des sensations de contacts nombreux. Il a le sentiment d'être caressé par un chien.

Deuxième partie : Des coups sont frappés à distance sur la table placée à 1,30 m derrière le médium. Les coups donnent des réponses cohérentes aux questions posées par les assistants. M. Privat perçoit des contacts. Il a l'impression qu'un chien lui saute sur les genoux et lui lèche la figure. Il évite de son mieux ces caresses désagréables.

Puis les manifestations cessent. Après une accalmie de quelques minutes, on voit tout à coup une lumière qui se forme derrière M. Privat, entre lui et le médium. Elle s'approche du visage de M. Privat qui déclare voir « un œil bien formé, phosphorescent ». La lumière disparaît ; puis une autre lumière se forme, très près de M. Privat qui annonce : « Je vois un visage humain. » On entend le mot : « Bonsoir. »

Une lumière se dirige vers M. Després, qui voit aussi les traits d'un visage, se sent frôlé et embrassé et entend quelques mots en polonais.

A 18 h 15, le médium se réveille.

• *Séance du 5 mai 1923, à 8 h 30,*
dans le grand salon de l'IMI :

De la sciure de bois est déposée en couche uniforme sur le parquet.

Pendant toute la séance, M. Ginisty perçoit des contacts répétés et nets sur le dos, le bras, l'épaule gauche. On fouille dans sa poche. Des crayons, placés sur une grande table, derrière le médium, sont déplacés.

Après la séance, on trouve des traces de sciure de bois aux endroits où M. Ginisty avait éprouvé des contacts, spécialement au bas du dos.

Des empreintes, rappelant celles de la patte d'un chien de taille moyenne, sont observées sur le parquet.

Un grand S majuscule est dessiné sur une feuille de papier blanc qui avait été placée sur la table avec les crayons.

Au printemps de 1926, Jean Guzik revint en France et fut reçu, cette fois, par le Dr Eugène Osty qui présidait l'Institut métapsychique international depuis le décès du Dr Geley.

Le Dr Osty a laissé un compte rendu des séances. Voici celui du 5 avril, particulièrement troublant :

« A peine Guzik manifeste-t-il sa transe, écrit-il, que je suis touché au bras droit et à l'épaule droite, comme par une main.

On entend des bruits de pas derrière moi, et j'ai la forte sensation de deux mains comprimant d'un coup et bien symétriquement mes épaules.

» Une belle et large lueur s'allume au-dessus de la tête de Guzik et, en apparence, assez haut. Elle descend lentement dans ma direction et vient se placer devant moi à la hauteur de mes yeux. J'aperçois les deux tiers supérieurs d'un visage humain éclairé par une phosphorescence. Deux autres fois, le phénomène se produit, ne différant que dans les traits des visages. Chacun des trois visages avait le haut de la tête encadré comme d'un voile dont je voyais l'avancée sur le front. L'éclairage venu d'avant et d'au-dessus le front (*sic*) laissait le menton dans la pénombre. Un des visages semblait être celui d'une femme plutôt petite. Les deux autres étaient d'aspect masculin. L'un a été muet et simplement contemplatif. Les deux autres ont parlé et m'ont embrassé avant d'éteindre leurs feux. Le dernier est resté devant mes yeux plus longtemps que les autres et a prononcé la valeur de quatre ou cinq courtes phrases que je n'ai pas comprises, peut-être parce que d'autres assistants annonçaient pendant ce temps d'autres phénomènes. Durant que ce dernier visiteur m'a parlé, j'ai senti sur mon front le contact de deux ou trois doigts. C'est avec une très grande attention que j'ai regardé ce visage moins pressé que les autres de partir, m'efforçant d'y trouver des indices de sa nature. Il donnait une impression de visage humain qu'éclairerait un paquet de vers luisants. Ayant fini de parler, ce visage s'est avancé et m'a embrassé au front, me donnant la sensation de contacts et de pression d'une bouche humaine qui embrasse.

» Toutes ces faces humaines, dissemblables de traits et de regard, m'ont paru n'avoir de mouvement que celui de leur translation et celui de leurs lèvres. Leurs yeux étaient fixement braqués sur les miens, paupières immobiles. Il est vrai que ces étranges visiteurs pouvaient en dire autant des miens, fixes d'attention.

» Quand le dernier visage m'a quitté, tous les assistants ont vu sa luminescence monter et sembler s'écarter assez loin de Guzik, dans la salle, puis brusquement s'éteindre et cela, dans un mouvement complètement silencieux. »

Le deuxième personnage qui se rendit célèbre, à cette époque, pour ses dons exceptionnels de « médiumnité ectoplasmique » s'appelait Franek Kluski. C'était un banquier polonais [1]. Il avait découvert ses facultés paranormales par hasard, à quarante-cinq ans. Un soir qu'il était avec des amis, des lueurs étranges avaient brusquement surgi de la pénombre au-dessus de sa tête et s'étaient mises à tournoyer dans la pièce. La Société polonaise d'études psychiques, informée de ces phénomènes, invita Franek Kluski et se livra avec lui à diverses expériences. Les résultats furent confondants. Là encore, il faut se pencher sur les procès-verbaux rédigés après chaque séance :

• *Compte rendu de la séance du 30 août 1919 :*

La séance commence à minuit quinze. On se propose d'obtenir des photographies de matérialisations.

Après quelques minutes d'attente, les assistants voient des points lumineux autour du médium et, en même temps, ils entendent dans la chambre des craquements et des bruits de pas. Le médium demande que, lorsque l'entité matérialisée sera prête pour être photographiée, elle en donne le signal en frappant quatre coups bien distincts.

On remarque simultanément plusieurs apparitions. La première qui se fit bien voir fut une apparition que les assistants avaient déjà observée au cours de séances antérieures.

C'était un être de la grandeur d'un homme adulte, fortement poilu, avec une grande crinière et une barbe embroussaillée. Il était revêtu comme d'une peau craquante ; son apparence était celle d'un être rappelant une bête ou un homme très primitif.

---

1. La Pologne semble avoir été, durant l'entre-deux-guerres, un véritable nid de médiums. Outre Jean Guzik et Franek Kluski, il y eut encore Stéphane Ossowiesck, qui fut sans doute l'un des plus grands métagnomes que l'on ait connus.

Il ne parlait pas, mais il lançait des sons rauques avec ses lèvres, claquait de la langue et grinçait des dents, cherchant en vain à se faire comprendre. Lorsqu'on l'appelait, il s'approchait ; il laissait caresser sa peau velue, touchait les mains des assistants et leur grattait la paume fort doucement avec des griffes plutôt qu'avec des ongles. Il obéissait à la voix du médium et ne faisait pas de mal aux assistants en les touchant. C'était un progrès, car, aux séances antérieures, cet être manifestait une grande violence et une grande brutalité. Il avait une tendance visible et une volonté tenace à lécher les mains et le visage des assistants qui se défendaient de ces caresses bien désagréables. Il obéissait à chaque ordre donné par le médium, non seulement quand cet ordre était exprimé par la parole, mais même exprimé par la pensée.

Puis l'on vit une matérialisation d'un homme qui disait se nommer Charles et qui, en s'approchant du colonel Okolowicz, le salua en lui frappant les mains par trois fois. Il demanda à correspondre par typtologie et il annonça qu'il était mort il y a treize ans, mais il ne voulut pas se laisser photographier en disant qu'il ne pouvait pas le faire à cause du médium. Le médium lui ayant brusquement dit qu'il mentait, on entendit de fortes claques et le médium sentit qu'on le frappait avec une main bien formée sur la tête, sur les mains et sur le dos. On demanda à Charles qui était l'être poilu qui venait de se montrer ; mais Charles répondit qu'il n'en savait rien.

On vit ensuite, à tour de rôle, deux apparitions de femmes. Elles avaient le visage très distinct et une ébauche de poitrine. On reconnut, dans le premier visage, « Rhéri », une Indienne de Calcutta qu'on avait déjà vue dans des séances antérieures et avec laquelle on parlait en anglais.

Puis on entendit quatre coups frappés et on prépara le magnésium pour faire une photographie. A ce moment, la petite lampe électrique rouge qui était sur la table s'éteignit d'elle-même sans que personne la touchât. Immédiatement le lieutenant Dluzynski fit la photographie ; la petite lampe se ralluma d'elle-même.

Après l'éclair, on entendit des craquements et des meubles remués.

Une petite table et une colonne en bois qui supportait un candélabre furent transportées au-dessus de la tête du médium et du colonel Okolowicz et se trouvèrent posées au milieu des assistants. Simultanément le canapé fut poussé contre la chaise où était assis le colonel Okolowicz.

• *Compte rendu de la séance du 3 septembre 1919 :*

Première partie de la séance :

La séance commence à 10 h 15 du soir.

Le médium et les personnes assises autour de lui font la chaîne en se tenant les mains.

On se propose d'obtenir des photographies de matérialisations. Une minute après avoir éteint les lampes (sauf la lampe rouge), les assistants remarquèrent des lueurs qui, en se condensant, formèrent un visage dans lequel on voyait des dents lumineuses et phosphorescentes. Simultanément, le médium et les personnes assises autour de lui sentirent la présence de la bête-homme primitif, comme pendant les séances antérieures. Cette matérialisation fit le tour des assistants en leur léchant les mains et le visage sur lesquels il promenait sa main ou patte velue, ou appuyait sa tête hirsute. Tous ces gestes furent lents et non brusqués. Cette « entité » montrait seulement une certaine animosité contre la petite chienne de Mme Kluska (Frusia), qui se tenait sur les genoux de Mlle Grzelak. La matérialisation tira les poils et les oreilles de la petite chienne qui commença à se fâcher et à aboyer. Enfin, effrayée, la chienne sauta des genoux de Mlle Grzelak et alla se réfugier sur le canapé entre les personnes qui s'y trouvaient assises et n'en bougea plus. Le médium pria les apparitions de frapper quatre coups quand elles voudraient se faire photographier. Peu après, on entendit les quatre coups et le lieutenant Dluzynski fit l'éclair au magnésium. Peu avant cet éclair, la petite lampe rouge électrique s'éteignit et se ralluma d'elle-même après l'éclair au magnésium. Pendant cet éclair, les personnes présentes virent, au-dessus du médium, une forme blanche ayant une silhouette humaine, mais assez confuse.

Remarque. — Pendant toute la séance, la petite chienne, blottie sur le canapé, se tenait tranquille, mais tout son corps tremblait.

On interrompt la séance à 10 h 35 du soir.

Deuxième partie de la séance :

La séance recommence à 11 h 40 du soir.

Dès le début, on vit plusieurs apparitions, entre autres celle de l'homme primitif. Ce dernier resta tout le temps assis par terre sur le tapis, entre les assistants ; il se tenait relativement tranquille, mais il ne permettait pas de l'éclairer avec les écrans lumineux et arracha même en grognant l'écran que tenait Mme Kluska. (Courte apparition de l'Indienne Rhéri.) Soudain, différents objets qui se trouvaient dans l'antichambre furent projetés vers le canapé, entre autres une baïonnette avec sa ceinture de cuir, une casquette militaire, et M. Bronoewski fut violemment coiffé d'un chapeau. On remarqua aussi la même apparition que sur la photographie, comme une tête lumineuse enveloppée d'un linceul. Cette apparition se trouvait environ à 2 mètres derrière le médium. On entendit aussi des pas et des craquements, mais comme le signal pour la photographie ne se faisait pas entendre, on a levé la séance à minuit trente. La chienne n'assistait plus à la séance.

• *Compte rendu de la séance du 7 décembre 1919 :*

La séance commence à 11 heures du soir. Les assistants ne forment pas la chaîne.

Après trois minutes d'attente, on aperçoit des lueurs, et la petite chienne de Mme Kluska, qui se trouvait sur les genoux de Mme Jankowska, manifeste une grande inquiétude, saute à terre et se réfugie dans un coin de la chambre. L'homme primitif apparut peu après, mais ne voulut pas se faire photographier.

Simultanément, on voit la figure d'une jeune fille bien éclairée et bien matérialisée.

A 11 h 20, on voit un grand oiseau bien matérialisé et bien éclairé. On entend aussi des craquements et des bruits de pas.

En 1920, Franek Kluski vint en France à la demande du Dr Geley. Là, le médium fit apparaître des visages qui avaient, dit-il, « toutes les apparences de la vie ». Voici d'ailleurs ce que le président de l'Institut métapsychique international nota, après la séance du 20 novembre :

« Les écrans luminescents sont élevés très haut et très longuement. Ils arrivent jusqu'au contact de visages qu'ils éclairent bien. Ces visages sont admirablement formés ; je reconnais celui d'un jeune homme déjà observé : tête dont la chevelure est cachée par un voile, fine moustache, nez busqué, yeux très noirs et très vifs.

Puis la tête d'une vieille femme édentée, très ridée. Elle a sur la tête un voile formant un double nœud en avant du front. Enfin, une tête dont je ne vois que l'occiput sous un voile... On entend prononcer le mot « Thomasch » (prononciation polonaise de Thomas) et le même mot est répété, d'une voix faible, à droite et en arrière du médium, près du comte Jules Potocki... Enfin, on aperçoit, près de la tête du comte, une forme lumineuse, s'éclairant elle-même. »

« Une boule lumineuse se forme devant mon visage, écrit le comte Jules Potocki qui, de son côté, décrit la scène. Cette boule s'éloigne, puis se rapproche tout près de mon visage et je perçois, à mon grand étonnement et aussi à ma grande joie, les traits parfaitement reconnaissables de ma sœur qui me sourit comme de son vivant. Elle me paraît beaucoup plus jeune, telle qu'elle était il y a vingt-cinq ans (elle est morte à cinquante-quatre ans). Le haut de la tête est entouré de voiles nuageux. L'apparition du visage dure seulement quelques secondes. J'ai le temps de crier : "C'est elle !" Puis tout disparaît. »

Tous ces témoignages, malgré les signatures illustres apposées au bas de chaque procès-verbal, laisseront, sans doute, bien des lecteurs sceptiques. Pourtant, il existe des preuves tangibles et indiscutables de ces manifestations.

Au cours des séances avec Kluski, le Dr Geley réussit, en effet, à obtenir, au moyen d'un baquet rempli d'eau très chaude sur laquelle surnageait une couche de paraffine fondue, *des moulages de certaines matérialisations*. Voici comment il s'y prenait : les formations ectoplasmiques étaient poussées vers le bain, y plongeaient et en ressortaient entourées d'une couche de paraffine qui ne tardait pas à durcir. On les voyait alors se dématérialiser et disparaître. Il ne restait plus qu'à couler du plâtre à l'intérieur des moules ainsi obtenus.

On possède ainsi aujourd'hui les moulages de quelques-unes des entités que Kluski fit surgir de l'invisible. Ils sont au nombre de neuf : sept de mains, un de pied et un dernier ayant la forme d'un bas de visage. Chacun d'eux est la réplique exacte d'un élément de corps humain. Aux mains, par exemple, il ne manque pas une callosité, pas un pli, pas une ligne, pas un sillon. Au point qu'un chiromancien pourrait y lire le destin des êtres mystérieux et fantomatiques auxquels elles appartenaient...

RÉPONSES À L'INCRÉDULE

— *Vous ne semblez pas douter un instant de l'origine supranormale des ectoplasmes ?...*

— Cela dépend desquels. Si je suis enclin à croire à l'authenticité des matérialisations observées pendant les séances où opéraient Jean Guzik et Franek Kluski, en revanche je suis très sceptique en ce qui concerne la plupart des autres. Il existe, en effet, dans ce domaine, des charlatans qui fraudent outrageusement. Vers 1913, par exemple, une certaine Marthe Béraud, qui portait le pseudonyme d'Eva Carrière, faisait apparaître, dans une demi-obscurité, et devant une assemblée de naïfs, des « substances » étranges et peu ragoûtantes qui semblaient sortir de sa bouche, de son nombril ou de son bas-ventre. Substances qui se transformaient subitement en visage humain ou en buste. Or, des photographies prises au magnésium par certains témoins montrèrent très nettement que ces visages étaient des portraits dessinés et découpés... J'ajoute que, contrairement à Guzik et à Kluski qui étaient enchaînés, Eva Carrière avait les mains libres et se trouvait, en outre, à demi dissimulée derrière un rideau noir...

— *Jean Guzik et Franek Kluski vous semblent donc être des médiums sérieux ?*

— D'authentiques téléplastes, oui, tout comme Dunglas Home et Eusapia Paladino dont nous avons déjà parlé [1]. Je n'ai — bien entendu — pas assisté à leurs travaux, mais, jusqu'à preuve du contraire, je me range auprès des scientifiques qui les ont observés et se sont déclarés certains de l'authenticité des matérialisations. Le fameux manifeste des 34 se terminait d'ailleurs par cette phrase sans équivoque :

« Nous affirmons notre conviction que les phénomènes obtenus avec Jean Guzik ne sont explicables ni par des illusions ou hallucinations individuelles ou collectives, ni par une supercherie quelconque [2]. »

— *Soit. Mais les moulages ? N'ont-ils pas pu être truqués ?*

— Dans certains cas, la fraude était matériellement impossible. Prenons l'exemple des mains. Pour qu'il y ait eu truquage, il aurait fallu qu'un compère enduisît sa main de paraffine et la retirât ensuite, après durcissement, comme on quitte un gant. Or, certaines mains moulées ont l'index dressé et les quatre autres doigts repliés. Comment, dans ces conditions, aurait-on pu les retirer d'un gant ?

---

1. Voir « Les grandes figures », *Daniel Dunglas Home* (Tome 1) et « Les prodiges de l'esprit », *Eusapia Palladino, le plus grand des médiums* (Tome 1).

2. Voir ci-après la liste des personnalités qui ont signé ce manifeste.

— *Alors ?*

— Il n'y a, à l'heure actuelle, aucune explication valable de ces phénomènes.

— *Existe-t-il aujourd'hui des téléplastes ?*

— Non, et le fait mérite d'être signalé. Ces personnages apparaissent brusquement à la fin du XIXe siècle — alors qu'on n'en signale aucun auparavant — et disparaissent soudain dans les années trente. On en ignore la raison...

— *Que peut-on ajouter ?*

— Rien, si ce n'est, peut-être, ces quelques lignes fort troublantes de Maurice Maeterlinck : « L'invisible, écrit-il, est habité, nous en sommes sûrs. Par qui ? Par quoi ? Nous l'ignorons. S'agit-il d'être fantastiques ? De défunts ? Mystère. Parfois, de ce monde inconnu surgit "quelque chose" ayant une apparence humaine ; quelque chose qui nous émerveille et que nous appelons, faute de mieux, une "apparition". Et cette "apparition" converse avec l'un d'entre nous. Il arrive aussi que des hommes aient le pouvoir d'attirer ces entités, de les faire passer, pour un moment, dans notre univers, et de nous les montrer. Ces "médiums", comme leur nom l'indique, sont des intermédiaires, des sortes d'*huissiers*, placés entre deux mondes... »

— *Mais d'où viendraient ces entités dont parle Maeterlinck ?*

— Personne ne peut le dire et, sans doute, faudra-t-il forcer bien des portes secrètes pour le savoir...

ANNEXE

LE MANIFESTE DES 34

Liste des personnalités qui signèrent le fameux manifeste rédigé après les séances organisées par l'Institut métapsy-

chique international à Paris, de novembre 1922 à mai 1923, avec la participation de Jean Guzik.

On remarquera les titres prestigieux de la plupart des signataires :

Joseph Ageorges, homme de lettres ; Bayle, licencié ès sciences, chef du service de l'identité judiciaire à la Préfecture de police ; docteur Benjamin Bord, ancien interne des hôpitaux de Paris ; docteur Bour, directeur de la maison de santé de la Malmaison ; docteur Bourbon ; docteur Stéphen Chauvet, ancien interne, lauréat (médaille d'or) des hôpitaux de Paris ; docteur Cuneo, professeur à la Faculté de médecine, chirurgien des hôpitaux ; capitaine Després, ancien élève de l'École polytechnique ; Camille Flammarion ; docteur Fontoynon, ancien interne des hôpitaux de Paris, directeur de l'École de médecine de Madagascar ; Pascal Forthuny, homme de lettres ; docteur Gustave Geley, ancien interne des hôpitaux de Lyon, lauréat (1er prix de thèse) de la Faculté de médecine ; A. de Gramont, docteur ès sciences, membre de l'Institut de France ; Paul Ginisty, homme de lettres ; Georges, licencié ès sciences, ingénieur (E.S.E.) ; Jacques Haverna, chef du service photographique et du chiffre au ministère de l'Intérieur ; Huc, directeur de *La Dépêche de Toulouse* ; docteur Humbert, chef de la section d'hygiène de la ligue des sociétés de la Croix-Rouge ; commandant Keller, de l'état-major du maréchal Fayolle ; docteur Laemmer ; docteur Lassablière, chef de laboratoire à la Faculté de médecine ; professeur Leclainche, membre de l'Institut de France, inspecteur général, chef des services sanitaires au ministère de l'Agriculture ; Sir Oliver Lodge, membre de la Société royale d'Angleterre ; Mestre, professeur à la Faculté de droit ; Michaux, inspecteur général des ponts et chaussées ; docteur Moutier, ancien interne des hôpitaux de Paris ; docteur Osty ; Marcel Prévost, membre de l'Académie française ; professeur Charles Richet, membre de l'Académie de médecine et de l'Institut de France ; docteur Rehm, homme de lettres ; docteur Jean-Charles Roux, ancien interne des hôpitaux de Paris ; René Sudre, homme de lettres ; professeur Santoliquido, représentant des ligues de la Croix-Rouge auprès de la Société des Nations ; professeur Vallée, directeur du Laboratoire national de recherches sanitaires.

SOURCES

Juliette ALEXANDRE-BISSON, *Les Phénomènes dits de matérialisation*, 1914.

G. DELANNE, *Les Apparitions matérialisées des vivants et des morts.*

Dr Gustave GELEY, *Ectoplasmie et Clairvoyance*, 1924.

Norbert OKOLOWICZ, *Compte rendu des séances faites avec le médium Franek Kluski*, Varsovie, 1928.

Simone SAINT-CLAIR, *Rencontre avec l'anormal et le paranormal*, Omnium littéraire, 1973.

Albert von SCHRENCK-NOTZING, *Phénomènes physiques de la médiumnité*, 1920.

Robert TOCQUET, *Les Mystères du paranormal*, Ed. Psi International, 1978.

Un village socialo-spirite

Nous sommes au début de ce siècle, en 1902. La vague de fond spirite qui déferle sur le monde depuis cinquante ans reflue lentement. Parmi les snobs et les névropathes d'abord, et chez tous ceux qui ont trop attendu des tables tournantes, des messages médiumniques, du cousinage des esprits... Jules Bois, un journaliste du *Matin*, aussi célèbre que sceptique et qui passa sa vie à traquer maléfices et mystères, vient d'être avisé qu'il se passait « de drôles de phénomènes » du côté de Liège. Des phénomènes d'essence spirite, bien entendu. Très tôt ce dimanche matin, le train l'a déposé dans la gare de la capitale wallonne. L'attend le distingué directeur du *Messager*, une feuille spirite, un certain M. Foccroule qui habite le petit bourg de Poulseur.

« Foccroule, et de Poulseur... se dit Bois. Tout un programme ! » Les deux hommes montent dans un train qui doit les déposer avant neuf heures au village, à temps pour suivre la messe. Entre Paris et Liège, Jules Bois serait-il devenu bigot ?

Nullement. Il s'agit d'une messe bien particulière. D'une messe spirite qui défraye toute la Wallonie. Celle d'un village de carriers, un village « socialo-spirite », entièrement voué aux esprits.

Dans le train les deux voyageurs bavardent. Pauvrement vêtu, Foccroule, qui est mécanicien, a l'air d'un bien brave homme.

— Nous travaillons pour des idées, nous autres spirites ! dit-il. Sans intérêt personnel... Les gens simples que vous allez voir ont souffert pour leur croyance aux esprits. Mais la persécution n'a fait qu'augmenter le zèle de ces sincères !

Derrière la vitre de la portière défile le gracieux paysage de la vallée de l'Ourthe. Voici Montfort où la terre est balafrée de profonds sillons roses. Là, le grès est mis à nu sur le flanc des collines. Des milliers de journaliers y taillent les pavés des grandes villes...

Les deux hommes sont à présent attablés dans l'unique auberge de Poulseur, devant un bock de bière sucrée. Une femme vient les rejoindre. Elle est vêtue d'un tablier, ses joues sont émaciées et son regard exprime intelligence et ferveur. C'est la veuve Leruth, une cousine de Foccroule. Avec son mari, broyé l'an dernier dans la carrière, elle a importé à Poulseur le culte des esprits.

— Vous tombez bien, monsieur ! dit-elle. Nous allons commencer la cérémonie tout à l'heure... Pendant que « les autres » seront à « leur » messe. Nous avons choisi la même heure pour leur tenir tête. Venez donc un instant par chez nous !

Au-dessus de la cheminée de cette apôtre, il y a le portrait du maître, le célèbre Allan Kardec, fondateur du spiritisme en France et qui a révélé au monde que l'esprit des morts est vivant, qu'on peut communiquer avec les disparus et que tous se réincarnent, jusqu'à la perfection ultime de toutes les âmes. Au mur un canevas représente une petite maison de pauvre et une tête d'enfant avec des ailes. Sur le carton les fils de couleur composent cette devise : « Moi et ma maison nous servirons l'Eternel. »

L'horloge de l'église frappe neuf coups. « C'est l'heure ! dit la veuve. Ma fille sort le drapeau ! » L'emblème noir, manié par une demoiselle proprette aux yeux myosotis, se déploie. « Craindre la mort, c'est la méconnaître », est-il écrit dessus, en lettres brodées à l'or. Sur la hampe, un écusson d'argent massif représente une main qui brandit un flambeau. La prêtresse spirite aussi le brandit très haut, ce drapeau, elle se cambre et prend soudain un air sévère. Jules Bois en a vu d'autres. Le temps de se remettre de son saisissement et il se lève. Dehors l'attendent une bonne centaine de carriers en bourgeron bleu, d'enfants pâles en tabliers et de femmes en longue robe noire, bien repassée. On se forme en cortège. Et les voilà qui s'ébranlent, les damnés de la terre de Poulseur, des entrailles de la terre, plutôt, journaliers bossus à trente ans, d'avoir trop peiné dans les abîmes de grès, épinceurs aux mains noires, éborgnés par les éclats de pierre, appareilleurs, qui sont l'aristocratie de cette corporation, habillés presque comme des bourgeois. Les bourgeois, les vrais, les voici d'ailleurs. Ils se rendent à l'église et regardent l'air pincé cette troupe d'hérétiques farauds qui osent passer la tête haute devant « la vraie » maison de Dieu.

— J'ai pourtant été une fameuse catholique, avant de devenir spirite, dit Mme Leruth. Mais à présent c'est « malé », c'est fini comme on dit chez nous. Un jour, voyez-vous, monsieur Bois, dans l'église, le curé a mis la main sur l'épaule de mon mari. « Toi et ta compagnie je ne peux plus vous confesser ! » qu'il lui a dit. « Ne me touchez pas ! » a répondu mon mari. On est tous partis. On n'y est plus retournés depuis. On a la nôtre d'église, elle est plus pure, elle est plus juste, elle a surtout plus d'espérance !

Maintenant, on monte une petite colline vers le cimetière et la mairie, qui est socialiste et spirite. On pénètre dans un grand édifice arrangé en temple par les carriers, avec quelque chose qui ressemble à un clocher. Sur la façade, un œil jette des éclairs de pierre. Autour est sculptée la maxime mère de l'engeance spirite : « Naître, mourir, renaître, progresser sans cesse, telle est la loi. » Autour, dans le goût composite de ces âmes simples, des mains de plâtre enserrent la vigne en fleur qui rappelle la reviviscence perpétuelle de la nature.

Les spirites adorent les devises écrites. A l'intérieur, les murs du temple en sont couverts. Il y en a une, plus grande que les autres, dont les lettres rouges sont écrites au pochoir : « Le domaine de la Conscience est interdit à tous les tyrans. » Qu'on se le dise ! Au-dessus du poêle, une grande carte astronomique. Pour suivre l'errance des esprits ? Une table de bois et un fauteuil, réservé au mécanicien Foccroule, composent le reste de l'ameublement.

— Nous avions un crucifix au-dessus du buste du maître Kardec, dit Mme Leruth, en désignant un chromo très niais. C'était autrefois. Nous l'avons remplacé par l'image de Jésus magnétiseur !

— Chut ! dit la foule, derrière.

Alors la grande prêtresse des carriers se lève et, dans la pénombre, le journaliste voit briller ses joues émaciées.

— Chantons le cantique que les esprits eux-mêmes nous ont donné !

Les petites figures pâles des enfants rayonnent, des mains calleuses se crispent sur les casquettes et les petites ouvrières aux châles roses ou violâtres ouvrent des yeux extasiés.

Donn'-nous l'amour, la foi,
Et l'espérance en toi
Avec la charité
Envers l'humanité.

Mais un jour viendra
Que tous on s'aimera
En véritables frères...
L'épreuve du malheur
Rend tous les hommes frères !

L'officiante a chanté d'une voix mourante ces vers puérils. Ils ont pourtant un effet magique sur toute l'assistance, qui lève les yeux comme dans l'attente d'un miracle. Pour le favoriser, les fillettes présentes, âmes pures et de plain-pied avec l'au-delà, vont servir de médiums. Déjà l'une d'elles, telles les possédées du Grand Siècle, a changé totalement de personnalité. De la petite créature frêle et diaphane sort une voix stridente. Elle raconte, cette voix, avec des détails de visionnaire, les malheurs d'une pauvre enfant qui attend sa mère. Celle-ci est allée mendier du pain pour elle. Mais elle n'est pas revenue. Parce qu'elle est morte de froid au petit matin...

— Cette désincarnée vient souvent dans nos séances... souffle Mme Leruth au reporter du *Matin*.

Oui, dans le corps de ce petit médium, se manifeste l'esprit d'un enfant qui narrera jusqu'à sa réincarnation les terribles événements qui précédèrent son abandon et sa mort !

La voix s'élève à nouveau, déchirante. « J'ai faim, j'ai faim ! Petite fille, n'avez-vous pas vu ma mère ? Elle est habillée en noir avec un fichu rose à son cou. Je cherche après depuis hier soir. Petite fille, dites-moi, ne reviendra-t-elle plus ? » Sur les rudes visages, des larment coulent... Voici que du corps d'une autre fillette, encore plus menue, s'élève soudain une voix de femme, voix blanche mais étrangement sonore. Elle raconte l'histoire d'une dame emmurée dans son château. A l'évocation détaillée de ce drame romantique, les dames agenouillées tirent leur mouchoir avec une sympathie que la lutte des classes n'a point émoussée...

Mais voici que toutes les autres fillettes tombent à leur tour en transe. Elles ont tiré du papier et un crayon de leur tablier et se mettent à écrire avec frénésie. Et sur ce grossier papier d'épicerie elles consignent la misère de femmes dont le lot fut toute leur vie d'être battues par des maris ivrognes ou traitées comme bêtes de somme à l'atelier...

— Vraiment, on serait trop malheureux s'il n'y avait que cette vie ! commente Mme Leruth.

Maintenant le délire graphologique s'enfle et les crayons bondissent à une vitesse stupéfiante. Jules Bois en profite pour prendre des notes aussi. Des voix suraiguës remémorent les malheurs, les accidents et les morts oubliés, qui font depuis toujours la chronique des pauvres carriers de Poulseur. Exorcisme, magnétisme ou désenvoûtement, tous s'abandonnent totalement à l'extase qui doit guérir une blessure ancienne reçue sous terre, une peine, un mal, contractés dans l'incessant inconfort des jours. Presque sans bouger, les fidèles se rapprochent les uns des autres. Ainsi réalisent-ils l'union intime d'amour et de sympathie qui permet de mieux transmettre les effluves spirites et de propager le courant « magnétique » qui les relie à l'esprit de leurs morts. On n'oublie pas les vivants, confondus dans la récitation fervente d'une prière « pour les réincarnés souffrants ».

Sur les têtes baissées, les dos voûtés et les mains jointes, tombe soudain un clair carillon de clochettes. La porte s'ouvre brusquement, laissant entrer un flot d'air et de lumière.

— C'est pour ramener nos petites sur cette terre, explique Mme Leruth. C'est pas qu'elles n'aimeraient pas rester là-haut... Mais que diraient leurs pauvres mères ?

Epuisées, hébétées, les petites restent un moment le front

sur leurs maigres poings. Les derniers esprits s'enfuient à tire-d'aile quand l'officiante déploie à nouveau son drapeau. Les fillettes se frottent alors les yeux, bâillent et s'arrachent avec infiniment de regrets à leurs fantasmagories...

Dehors, où le cortège s'est reformé, il fait soleil. Réconfortés par le souffle de l'Invisible, les carriers s'avancent, légers, aériens, presque joyeux. Fière, sereine, celle qui leur a fait entrevoir un moment l'autre rive, prêche, persuade :

— Les morts ne sont pas des absents, mais des invisibles. Mon mari est venu me parler aujourd'hui encore. Il m'a expliqué ce qui se passe quand on quitte cette terre. Il semble, m'a-t-il dit, qu'on s'endort dans une chambre et qu'on se réveille dans une autre. C'est pas plus malin que ça !...

Elle sourit, donne son bras au journaliste, puis, avec une ardeur neuve, entame le chant des Résurrections. Sur le bord du trottoir, les bourgeois qui sortent de « l'autre messe » restent, cette fois, bouche bée quand cent poitrines chantent d'une seule voix :

Nous mourrons mais pour renaître
La mort n'est qu'un doux réveil !

RÉPONSES À L'INCRÉDULE

— *Votre petite secte est attachante, mais on a vraiment l'impression qu'elle ne représente qu'elle-même...*

— Je ne pense pas. Certes, à cette époque, le spiritisme, qui comptait un moment plus de vingt millions d'adeptes, était en déclin. Mais les rites des carriers de Poulseur prouvent que le spiritisme était devenu plus qu'une religion : une doctrine philosophique appliquée et un système politique et social.

— *Mais ces esprits des morts qui se manifestent à tout bout de champ... Comment pouvaient-ils y croire ?*

— Presque tout le monde y croyait. Victor Hugo en tête, et

Balzac, mais aussi Camille Flammarion, le grand astronome Zöllner, Alfred Russel le naturaliste et le célèbre chimiste William Crookes...

— *Et comment cette croyance a-t-elle soudain pu se propager ?*

— C'est évidemment une croyance ancienne mais qui a connu un regain de succès avec les sœurs Fox, des médiums américaines qui en 1848 ont inventé l'alphabet spirite. Douées de grands pouvoirs télékinésiques, ces deux jeunes femmes qui habitaient l'Etat de New York avaient l'habitude de poser des questions à leurs guéridons. En comptant le nombre de « raps », de coups, frappés sur ces meubles par les esprits, elles imaginèrent un code qui permit aux spirites de disposer d'une langue et d'un réceptacle — la table — où leurs « chers disparus » côtoyaient les plus grands esprits de l'humanité, Platon, César, Voltaire, Napoléon et beaucoup d'autres, que les adeptes des tables tournantes invoquaient comme des saints...

— *Cela ne devait pas plaire à l'Eglise...*

— Certes non ! Durant son pontificat de vingt-cinq années, le pape Léon XIII engagea une lutte implacable contre les spirites et les francs-maçons, qui menaçaient directement les positions du catholicisme dans le monde. Il eut l'intelligence de promouvoir certaines idées sociales, tranchant ainsi nettement sur ses prédécesseurs...

— *Comment cela ?*

— Il faut bien dire qu'en ce domaine la faillite de l'Eglise avait été complète. A la déchristianisation des paysans, que le développement industriel déracine, elle n'oppose que son dogmatisme et des liens accrus avec la grande bourgeoisie et les pouvoirs établis. Souvenez-vous, en 1840, Lammenais, catholique libéral, animé d'idées sociales généreuses, persécuté par l'Eglise de France, désavoué par Rome, jeté en prison... Après 1870 et la Commune, elle est plus conservatrice que jamais. Les assomptionnistes s'acharnent sur Dreyfus, et partent à la reconquête du terrain perdu en brandissant la

Bonne Presse et *La Croix*, en organisant des pèlerinages-meetings sous les auspices de la Vierge miraculeuse.

Pendant toute cette période, l'Eglise milite pour une Restauration, et n'offre aux victimes du capitalisme sauvage de l'ère industrielle commençante que des formules éculées. Rien d'étonnant donc à ce que les prolétaires de l'époque se réfugient dans une contre-religion, beaucoup plus simple, en plus, que la religion officielle : plus de théologie, de dogmes et de curés possessifs. La loi divine est directement dictée par l'esprit de ceux qui vous ont connus et aimés et qui, délivrés de leur enveloppe charnelle, ne peuvent donc plus se tromper. Plus besoin non plus de rites solennels et difficiles à comprendre. Au lieu de versets en latin, on chante un cantique de sa composition, pour appeler les esprits qui peuvent se manifester dans les objets les plus communs, tables, lits, glaces et buffets. Pour conseiller, consoler, prophétiser et même inspirer des œuvres artistiques, tels ces moulages de mains ou de têtes de fantômes, ces tableaux que peignait Augustin Lesage [1], le peintre spirite et médium, ou les palais en notes de musique que construisait Victorien Sardou. Enfin le spiritisme répand des idées égalitaires, fondées sur les utopies ouvriéristes de l'époque, qui permettent aux plus pauvres de se retrouver unis contre ceux qui les exploitent.

— *Mais ceux qui ont réellement contribué à améliorer la condition matérielle des ouvriers n'étaient pas spirites, que je sache...*

— C'est vrai. Et si Kardec, par exemple, était un honnête homme, d'autres, tels ceux qui se piquaient de photographier les esprits des morts, étaient de franches fripouilles...

— *Donc le spiritisme, c'était surtout une mystification à l'usage des esprits ingénus !*

— Vous êtes sévère. Songez que même le président de la République, Sadi Carnot, se disait disciple de Kardec et prati-

---

1. Voir « Contacts avec l'au-delà », *Augustin Lesage ou le peintre médium* (Tome 1).

quant catholique seulement... par raison d'Etat ! Non, le spiritisme, qui, soit dit en passant, est toujours la religion officielle du Brésil, a d'abord donné conscience d'eux-mêmes aux laissés-pour-compte du XIXe siècle. Ensuite, et surtout, de même que le magnétisme a favorisé la découverte de l'inconscient, ce qui est une des plus grandes découvertes de tous les temps, le spiritisme a aidé à révéler les pouvoirs de l'Esprit. De cette intelligence qui compénètre la matière et qui, d'après les plus grands savants d'aujourd'hui, l'ordonne, après lui avoir donné naissance.

Ces savants, en effet, croient à nouveau au primat de la pensée et du psychisme, qui pour eux est en expansion constante dans l'univers. Ils pensent que l'homme n'est qu'une étape de cette évolution, à laquelle il participe pourtant. Participation à quelque chose d'antérieur, donc à la matière et qui lui survit. En quoi ces savants, comme les spirites, trouvent les seules raisons scientifiques de croire à l'immortalité de l'homme...

SOURCES

Jules BOIS, *L'Au-delà et les forces inconnues*, Flammarion.
Yves CASTELLAN, *Le Spiritisme*, PUF (Que sais-je ?).
René GUÉNON, *L'Erreur spirite*, Editions traditionnelles.
P. HEUZÉ, *Où en est la métapsychie ?*, Gauthier-Villars.

Les auras

Il pleut sur Paris en cet après-midi d'octobre 1954. Une pluie fine et pénétrante. Boulevard Haussmann, une jeune femme se hâte vers le métro Havre-Caumartin. Malgré d'énormes paquets, un parapluie et un petit garçon qu'elle tire par la main, elle s'enfonce hardiment dans la foule. Soudain, bousculé par un passant maladroit, l'enfant trébuche et tombe dans la boue.

— Fais donc attention ! dit la mère en le relevant, regarde, tu es tout sale...

— Ce n'est pas ma faute, c'est le monsieur rouge qui m'a bousculé...

— Quel monsieur rouge ?

— Celui qui achète un journal !

— Mais ce monsieur n'est pas rouge !

— Si, il est rouge !

— Tu vois bien qu'il a un imperméable mastic.

— Oui, mais il est rouge autour...

— Comment, autour ?

— Oui, autour... Comme toi, t'es bleue...

— Qu'est-ce que tu racontes ? Je n'ai jamais été bleue, voyons...

— Si, t'es bleue !

— Tais-toi, tu dis des bêtises !

Rentré à la maison, le petit garçon va trouver son père :

— Dis, papa, de quelle couleur elle est maman ?

— Quoi ?

— N'est-ce pas qu'elle est bleue, maman ?

— Mais de quoi veux-tu parler ?

— De la couleur qu'il y a autour d'elle...

— Quelle couleur ?

— Ben, la couleur qu'on a tous autour de nous !

— Tu vois une couleur autour des gens ?

— Bien sûr !

Le père reste un moment perplexe. Puis il demande :

— Et moi, je suis de quelle couleur ?

— Tu sais bien que toi, t'es rouge !

— Et ta grand-mère ?

L'enfant paraît soudain surpris par les questions de son père. Il le regarde fixement puis il dit en haussant les épaules, comme s'il énonçait une évidence :

— Ben, voyons, papa, Mamie elle est verte [1] !

Le soir, les parents, pensant que leur fils a une malformation de l'œil, décident de consulter un ophtalmologiste.

Par chance, celui qu'ils choisissent est un homme d'une grande curiosité intellectuelle. Il se passionne, entre autres, pour les travaux de Kilner, ce savant anglais qui, après avoir mis au point un écran permettant à la rétine de percevoir l'ultra-violet, s'aperçut qu'il voyait une auréole colorée formée de trois couches dont la plus foncée épousait fidèlement les contours du corps humain.

Il parle pendant deux heures avec le petit garçon, prend des notes, dessine des silhouettes, les colorie, se renseigne sur les couleurs qui entourent son épouse, sa femme de ménage, la gardienne de l'immeuble, etc.

Quand il en sait suffisamment, il va trouver les parents qui attendent avec impatience et leur apprend que leur fils a le don très rare de percevoir les auras...

C'est ainsi qu'à l'âge de sept ans Jean Métivet apprit que sa vision du monde n'était pas celle du commun des hommes.

En 1982, il avait trente-cinq ans, il était relieur et possédait toujours son extraordinaire faculté de voir l'invisible. J'ai voulu le rencontrer.

Il me reçoit dans un atelier qui sent bon le cuir et la colle. Pendant qu'il s'installe à côté de sa presse en me regardant à

1. Tout ce dialogue m'a été rapporté par M. et Mme Métivet.

la dérobée, je l'observe. Que voit-il de moi que je ne verrai sans doute jamais ? Je l'interroge :

— Je vois autour de vous comme une buée de couleur rouge qui vous enveloppe complètement. Vous savez que Kilner a dit que l'aura avait une forme ovoïde ; c'est tout à fait vrai. Les individus vivent, sans le savoir, dans une sorte d'œuf de lumière colorée.

— L'aura a-t-elle la même forme pour tout le monde ?

— Non. Chez l'homme, l'aura s'élargit à la tête et autour des épaules. Chez les femmes, un changement s'aperçoit au moment de la puberté. Jusque-là, l'aura dessine exactement les contours du corps. Après, elle se gonfle autour du bassin pour atteindre vingt à vingt-cinq centimètres...

— Décrivez-moi une aura...

— Il y a pratiquement autant de formes et de couleurs d'auras qu'il y a d'individus. En outre, une aura se modifie constamment en fonction de l'humeur, des sentiments, de la santé, des sympathies et des antipathies. Une pulsion de violence, de colère, ou simplement d'impatience peut changer sa couleur. Je peux pourtant vous décrire une aura type. Elle se compose de trois zones distinctes : imaginez tout d'abord une bordure sombre d'un demi-centimètre de largeur entourant tout le corps. Cette bordure s'élargit avec la maladie. La seconde zone, dite « aura intérieure », enveloppe la première et parfois la chevauche. Elle a de trois à huit centimètres de large, paraît dense et présente souvent des stries perpendiculaires au corps. Son bord extérieur est sinueux et dentelé. La troisième zone enfin, dite « aura extérieure », n'a pas de contour défini. Elle s'évanouit dans l'espace.

— A partir de quand avez-vous vu les auras ?

— Je pense que je suis né avec ce don car, aussi loin que je remonte dans mes souvenirs, je me vois entouré de personnes colorées.

— Et vous n'en parliez pas ?

— Pourquoi en aurais-je parlé ? Pour moi, c'était tout naturel. Je croyais que tout le monde voyait ce que je voyais. Je n'éprouvais donc pas le besoin d'en parler. Etant enfant, disiez-vous : « Maman est blonde », ou « Mme Durand a une tête », ou « M. Dupont a deux jambes » ? Non ! On ne parle pas de choses évidentes...

— Quelle a été votre vie après la révélation de l'ophtalmologiste ?

— Il me semble me souvenir que j'ai été à la fois très étonné et très fier d'être un personnage à part. Malgré les conseils de mes parents, je m'en suis d'ailleurs vanté auprès de mes petits camarades. Mal m'en a pris. Je fus immédiatement la risée de l'école. Alors, je n'en ai plus parlé. A la maison, c'était, naturellement, très différent. Mon père avait acheté les ouvrages de Reichenbach, Kilner, Caslant, Leadbeater, et nous tâchions d'en savoir plus sur les auras. En outre, l'ophtalmologiste, le docteur T., qui était devenu un ami, venait souvent s'entretenir avec moi. C'est ainsi que j'ai appris à « lire » les auras, c'est-à-dire à interpréter leurs formes et leurs couleurs.

— Pouvez-vous me donner quelques exemples ?

— En règle générale, un être en bonne santé a une aura nette, claire, pure, transparente. Un malade, au contraire, est entouré d'un halo terne, sombre, brouillé. En outre, des taches indiquent nettement l'emplacement de l'organe affecté. Quant aux couleurs, il semble qu'elles soient déterminées par la qualité de la pensée — ou des sentiments — et par l'état de santé. J'ai remarqué, par exemple, qu'une aura rouge indiquait, en général, un caractère entier, impulsif, assez égocentrique, ambitieux et volontaire. Mais il y a des nuances : l'aura rouge sombre, presque noire, est signe de cruauté, de matérialisme, de nervosité, de violence, de sensualité, alors que l'aura d'un rouge plus clair indique une nature aimante et généreuse. Quant au rose, il révèle un caractère mystique, un amour de la beauté, un goût pour la vie retirée, presque monacale... Si la chose vous intéresse, je vous dresserai un petit tableau des couleurs de l'aura et de leurs significations [1]. Mais il faudrait dire un mot également du volume de l'enveloppe aurique. Il est extrêmement variable. Un être ordinaire émet une aura d'une dizaine de centimètres. Un être particulièrement bon,

1. Voir ci-après.

ayant une vie spirituelle riche, de grandes qualités morales, présentera un champ lumineux trois fois plus large, alors qu'un avare, un envieux, un individu méchant sera cerné par une bande étroite et sombre.

Il est à remarquer que, sous l'effet d'une grande émotion, d'une peur ou d'un choc émotionnel, l'aura se contracte autour du corps comme pour le protéger, alors qu'elle se dilate dans une ambiance heureuse. J'ajoute que certains individus présentent un rayonnement lumineux spécial autour de telle ou telle partie de leur corps. Les guérisseurs et les magnétiseurs, par exemple, au moment où ils opèrent, ont un halo très brillant qui entoure leurs mains ; halo qui disparaît d'ailleurs presque entièrement après chaque séance d'imposition, comme s'ils avaient épuisé leur force. De même les individus — religieux ou laïcs — qui ont l'habitude de prier avec une intense ferveur, ont, autour des tempes, une aura éclatante qui ressemble curieusement au nimbe dont les peintres du Moyen Age ceignaient la tête des saints personnages.

— Vous m'avez dit tout à l'heure que l'aura se modifiait constamment en fonction des émotions, des sentiments, de notre santé, etc. Pouvez-vous me donner des exemples précis ?

— Imaginez qu'une personne droite, honnête, dont l'aura est verte, soit soudain choquée par des propos agressifs, mensongers et injustes. Elle sera entourée en un instant d'un halo rouge sombre qui ne disparaîtra qu'au moment où elle aura recouvré son calme. Si vous mentez, des taches vert-jaune apparaîtront au sommet de votre aura. Si vous avez des pensées de luxure, de vol, de meurtre, etc., votre aura virera au marron foncé. Si vous souffrez de maux de tête, elle deviendra grise...

— Y a-t-il des auras noires ?

— Oui, c'est l'aura dont les peintres, jadis, dotaient le diable. C'est l'aura des êtres vils, foncièrement mauvais. Elle est très rare, heureusement.

— Existe-t-il des êtres privés d'aura ?

— Non. L'absence d'aura indique la mort.

— Et les animaux ?

— Les animaux ont une aura, ainsi que les plantes. C'est ce qu'ont démontré les chercheurs soviétiques Semyon et Valentina Kirlian au moyen de leurs extraordinaires photographies. Il existe de même des auras autour de certains symboles, notamment la croix qui émet des radiations lumineuses que les Kirlian ont également photographiées.

— Vous avez parlé de sympathie et d'antipathie. Pouvez-vous m'expliquer ce que vous voyez dans ces cas-là ?

— Si l'on oppose les mains de deux personnes, les doigts de l'une face aux doigts de l'autre, on observe, dans les cas d'antipathie, une rétraction très nette des auras, alors que dans les cas de sympathie, les deux émanations se précipitent l'une vers l'autre et « communient » en quelque sorte. En cas de simple indifférence, les auras restent séparées, sans montrer aucune modification.

— Vos propres sentiments peuvent-ils influer sur l'aura des personnes que vous observez ?

— Bien sûr ! Nous avons tous, sans le savoir, une action directe et immédiate sur l'aura des individus que nous rencontrons. Même sans leur adresser la parole.

— Je voudrais vous poser une question personnelle : mon aura a-t-elle changé de forme ou de couleur depuis que nous parlons ?

— Oui. A certain moment, j'ai vu une tache grise à la hauteur de votre estomac. Ressentiez-vous une douleur ?

— Oui.

— Un peu plus tard, votre aura s'est brusquement contractée pendant une ou deux secondes. Je pense qu'un souvenir triste ou un problème qui vous préoccupe actuellement vous est venu subitement à l'esprit.

— C'est vrai aussi !

— Enfin, quand j'ai parlé des Kirlian, vous avez probablement fait un petit effort pour vous remémorer les informations que vous aviez lues à ce sujet, car des stries orange, signe d'activité intellectuelle, ont traversé, un court instant, la zone supérieure de votre aura...

— J'ai pensé effectivement aux articles que j'avais pu lire ici ou là sur les travaux des Kirlian... Dernière question : utilisez-vous votre don ?

— Bien sûr ! Je travaille régulièrement avec deux médecins. Je les aide soit à établir, soit à confirmer leur diagnostic...

— Vous faites-vous payer ?

— Jamais ! J'aurais trop peur de perdre ce don merveilleux que le ciel m'a donné en naissant...

RÉPONSES À L'INCRÉDULE

— *Tout cela est passionnant. Mais a-t-on des preuves formelles de l'existence de ces auras ? Existe-t-il d'autres témoignages que ceux des médiums ou des voyants, personnages fort sympathiques sans doute, mais auxquels ma logique cartésienne me pousse à n'accorder, vous le savez, qu'un crédit limité ?*

— Oui. En 1912, à Londres, le docteur Walter Kilner réussit à rendre visible l'aura à toute personne ayant une vision normale, au moyen d'un écran de verre teinté au bleu de quinoléine. Il donna alors, de cette enveloppe et de ses trois zones, une description correspondant exactement à celles des médiums. Par la suite, C. W. Leadbeater parvint à prendre des photographies d'auras de différentes couleurs et de différentes formes. Enfin, dans les années 1960, en URSS, Semyon et Valentina Kirlian, au moyen d'un appareil créant des champs électriques à haute fréquence, réussirent à voir, puis à photographier, le halo lumineux qui entoure tout être vivant. Bientôt, ils firent, eux aussi, des observations qui correspondaient, sans qu'ils le sussent — car ils ignoraient tout des théories métapsychiques — à celles des médiums, notant par exemple qu'une personne saine avait une auréole plus large et plus lumineuse qu'une personne malade, que la peur réduisait les dimensions et la clarté du halo, que les mouvements d'humeur, les sentiments modifiaient les couleurs, etc.

A partir de 1965, les Kirlian disposèrent d'un laboratoire officiel que leur fournit l'Etat soviétique. Ils purent dès lors perfectionner leurs instruments et étendre leurs recherches.

C'est à ce moment qu'étudiant le rayonnement émis par les végétaux, ils firent une découverte stupéfiante : une feuille d'arbre, coupée en deux, continuait de montrer une aura de feuille entière... Ils photographièrent alors un homme amputé d'une main... Miracle ! *Sur le cliché apparut l'aura de la main sectionnée...* Les Kirlian firent tant de découvertes qu'il faudrait un livre entier pour en établir le catalogue. Je voudrais pourtant vous en citer deux qui sont extrêmement importantes : ils ont observé que si une partie du corps — par exemple un doigt — est placée dans une position qui provoque un grand afflux de sang, le halo lumineux s'agrandit. Ce qui tendrait à prouver que le sang est l'un des éléments de notre organisme qui contient la plus grande quantité d'énergie. Enfin, intrigués par les minuscules taches lumineuses qui apparaissaient sur certaines photographies de mains, de jambes, de pieds, etc., ils finirent par remarquer qu'elles coïncidaient exactement avec les points d'acupuncture...

— *Tout cela est fort troublant, en effet. Qu'en dirent les savants soviétiques qui se sont penchés sur les travaux des Kirlian ?*

— Ils conclurent à l'existence d'un « corps énergie » fait de « bioplasma », ce qui n'est qu'une façon différente de nommer le « double éthérique » ou « corps astral » des adeptes du spiritisme et le « fluide » des magnétiseurs. Priés de s'exprimer en termes clairs, ils déclarèrent finalement que l'on se trouvait devant une « énergie inconnue émanant des êtres vivants »... Explication qui, on en conviendra, ne fit pas faire à la science un très grand pas en avant...

— *M. Métivet comparait le rayonnement qui émane de la tête de certains individus spiritualisés par la prière, au nimbe que peignaient les artistes du Moyen Age autour du chef des personnages célestes. Peut-on vraiment penser que ce signe de sainteté tire son origine d'une observation ?*

— Certains historiens qui soutiennent cette hypothèse assurent que l'aura était connue dès la plus haute Antiquité. Ils en donnent pour preuves les dessins, statues, sculptures gréco-romaines qui représentent des dieux ou des héros dont la tête est ornée de rayons ou entourée d'un cercle. Quelques auteurs font même remonter l'utilisation du nimbe aux Egyptiens...

— *Les artistes chrétiens du Moyen Age n'ont donc fait que suivre une tradition ?*

— Oui, mais en l'améliorant, ce qui conduit à penser qu'ils connaissaient eux aussi l'existence de l'aura. En effet, ils ne se contentèrent pas de représenter le *nimbe* autour de la tête, mais ils peignirent l'*auréole* qui entoure le corps, comme le halo dont nous parle Kirlian, et enfin la *gloire*, cet ovale mystique où les sculpteurs ont placé le Christ d'Autun, par exemple, et que nous appelons une mandorle. Or cette mandorle, que l'on retrouve à Chartres, à Vézelay, à Toulouse, qu'est-ce, sinon l'œuf aurique tel que nous le décrit Kilner, mais élargi par la sainteté ? Il semble donc bien que des voyants, ou des initiés, aient connu dans ces temps lointains l'existence du rayonnement qui émane des personnes de haute spiritualité et qu'ils aient voulu le graver dans la pierre des cathédrales.

— *Connaît-on un personnage célèbre qui ait eu le don de voir les auras ?*

— Dans le passé, je l'ignore. Aujourd'hui, je peux vous citer l'Américain Edgard Cayce, cet extraordinaire guérisseur dont nous avons déjà parlé [1]. Un jour, une jeune femme vint le consulter. Il jeta un coup d'œil sur elle et dit : « Je vois une aura rouge autour de vous. Revenez la semaine prochaine quand votre colère sera calmée. » La patiente s'en alla, complètement ahurie : elle venait de se disputer avec une voisine... Une autre fois, Cayce raccompagna une visiteuse et rentra chez lui, fort triste. « Cette personne n'a presque plus d'aura », dit-il. Deux jours plus tard, la dame était morte...

— *Les hommes comme Edgard Cayce et M. Métivet étant extrêmement rares, pourquoi les médecins occidentaux n'utili-*

1. Voir « Les prodiges de l'esprit », *Le plus étonnant des guérisseurs* (Tome 1).

sent-ils pas systématiquement des appareils du type Kirlian pour observer les auras et établir leurs diagnostics ?

— Parce que les médecins occidentaux sont en général atteints d'une maladie qui doit faire une énorme tache dans leur aura : ils sont cartésiens...

ANNEXE

LES COULEURS DE L'AURA

AURA ORANGE : goût pour la méditation et la réflexion ; sagesse, qualités intellectuelles, aptitude à manier les idées ; santé physique et mentale.

Orange-rouge : égoïsme, ruse, arrogance, domination.

Orange-jaune : contrôle de soi, flegme.

Orange-brun : absence d'ambition, paresse physique et intellectuelle, apathie, indifférence à tout.

Orange-vert : agressivité, esprit tatillon, goût pour les discussions mesquines.

AURA JAUNE (à condition qu'elle soit d'un jaune franc) : sagesse, haute spiritualité, intelligence, optimisme ; honnêteté, sincérité ; esprit d'entreprise ; bonne santé.

Jaune-brun : timidité, volonté faible, indécision, complexe d'infériorité.

Jaune sale : envie, médisance ; esprit enclin à la rêvasserie.

Jaune-vert : jalousie.

AURA VERTE : énergie, force, vigueur, santé ; spiritualité ; qualités de cœur, altruisme, générosité.

Vert sombre : fourberie, jalousie.

AURA BLEUE : loyauté, sincérité, intégrité ; conscience, intuition, volonté.

Bleu profond : méditation, sagesse, ascèse.

Bleu délavé : tempérament irrésolu, velléitaire, paresseux ; individu coupé du réel.

Bleu acier : cruauté.

Bleu-noir : goût pour la sorcellerie, la magie ; pulsions mauvaises, violence.

Bleu lavande : nature calme, modestie.

Indigo : religiosité, mysticisme.

AURA VIOLETTE : ouverture d'esprit, recherche spirituelle ; pénétration, goût pour la méditation ; paix, calme intérieur.

Mauve : ferveur mystique.

Pourpre : spiritualité ; individu connaissant des états de conscience supérieurs.

Violet foncé, presque noir : égoïsme, misanthropie.

AURA BRUNE : matérialisme, sens de l'organisation et des affaires ; ambition.

Brun-noir : langueur, dépérissement, dessèchement.

Brun-rouge : âpreté, dureté, avarice, méchanceté, cynisme.

Brun-gris : dépression, découragement, anxiété ; peur de perdre ses biens.

Brun-jaune : mécontentement, hargne, jalousie, aigreur.

AURA BLANCHE : couleur de la perfection et des corps glorieux. Pour les êtres parfaits, en effet, toutes les vibrations des couleurs se fondent et produisent une aura blanche.

AURA NOIRE : aura des êtres vils, foncièrement mauvais et d'une méchanceté satanique. Ces individus émettent des ondes négatives, désagréables et dangereuses qui sont parfois perçues par les personnes très sensibles.

AURA GRISE : vulgarité, étroitesse d'esprit, médiocrité, mesquinerie, manque d'imagination, sottise.

Gris ardoise : état dépressif ; idées moroses. (Taches grises apparaissant dans une autre couleur : annonce de maladie.)

Gris très clair : amour du confort ; honnêteté, absence de caractère ; un peu de lâcheté.

AURA ARGENT : activité brouillonne, versatilité, désordre, inconstance, caractère superficiel.

AURA OR : haute spiritualité. Etre exceptionnel appartenant déjà au milieu divin (souvent doué de facultés paranormales). Il est à noter que tous les artistes médiévaux ont représenté les saints avec un nimbe d'or.

SOURCES

E. CASLANT, *L'Aura humaine*, Chacornac, 1930.

Marthe COLLINET-GUÉRIN, *Histoire du nimbe*, Nouvelles Editions Latines, 1961.

Dr R. GAUBERT-ST MARTIAL, *Un brelan de mystères*, éd. Jean Renard, 1945.

Sheila OSTRANDER et Lynn SCHROEDER, *Nouvelles Recherches sur les phénomènes Psi*, R. Laffont, 1977.

Jean PRIEUR, *L'Aura et le corps immortel*, R. Laffont, 1979.

Jess STEARN, *Edgard Cayce, le prophète*, éd. Ariston, Genève, 1975.

L'amant d'Aurélia

De mémoire de Parisien il n'a jamais fait aussi froid qu'en ce mois de janvier 1855. Il n'arrête pas de neiger en plus et tous les jours des fiacres versent sur les congères. Les passants sont rares. Dans des tranchées de glace, on les voit avancer d'un pas incertain, ombres emmitouflées dans des pelisses. Ceux, du moins, qui en ont. Ce ne doit pas être le cas de ce petit homme émacié et fiévreux qui, en fin d'après-midi, ce 20 janvier, se glisse dans l'immeuble de *La Revue de Paris*, la feuille qui accueille ceux que la très glorieuse *Revue des Deux Mondes* a écartés...

— C'est de la folie, Gérard ! dit au petit homme, un instant plus tard, Maxime Du Camp, l'ami de Flaubert. Où avez-vous laissé votre pardessus ?

— Tonique, ce froid ! crâne Nerval, l'immense poète d'*Aurélia* et des *Filles du feu*. A-t-on jamais vu un Lapon enrhumé ?...

— Tu es morfondu de froid, Gérard ! renchérit un géant à moustaches. Quelqu'un va te prêter un paletot que tu pourras garder tout le temps qu'il faudra...

Gérard de Nerval refuse encore. Il paraît blessé.

— Ne sais-tu donc pas que je porte deux chemises, l'une sur l'autre, et qu'il n'est rien de plus chaud ?

Peut-être la sollicitude de « Gros Théo » a-t-elle tout de même réchauffé le poète, au cœur à tout le moins ? Mais voici que sans même dire pourquoi il est venu, Nerval remonte le col de son costume noir élimé et s'enfonce dans la nuit glacée...

Le 23 janvier, on le voit errer tout l'après-midi dans les petites ruelles sordides qui entouraient, alors, le Châtelet. Ce même jour, il remet à son ami Paul Lacroix la liste de ses œuvres complètes. A la dernière ligne, figure le titre d'un ouvrage qu'il a longuement hésité à publier : *Pandora*. Nul ne sait où il est allé en fin d'après-midi, mais certains assurent qu'il a pris à pied la route de Saint-Germain-en-Laye.

Le lendemain, il fait vingt degrés au-dessous de zéro. Chancelant de froid, il se présente chez le journaliste Geo Belle où il tient de bien étranges propos. Cela n'étonne pas Belle qui sait que Gérard vient de sortir de la clinique du Dr Blanche où il a été soigné déjà plusieurs fois pour troubles mentaux. Bientôt, il dit qu'il doit s'en aller, qu'il a un rendez-vous très important. Belle veut le retenir, lui prêter un manteau, mais là encore il se fâche. On le voit ce soir-là aux Halles, attablé chez Baratte devant une absinthe. Une rixe éclate. On alerte la garde. Un « sergot » l'emmène coucher au « violon ». Nerval se réclame d'un commissionnaire aux Halles. Dès le jour levé, celui-ci, un brave homme, se précipite. Il fait sortir Gérard du commissariat, l'invite à déjeuner, le force aussi à accepter sept sous.

— Merci, dit le poète. C'est plus qu'il n'en faut pour attendre.

Attendre quoi ? Quel sens donner à cette phrase prémonitoire ? On sait qu'il se rend ce jour-là, par un froid toujours intense, à la Comédie-Française, pour y rencontrer Arsène Houssaye. Mais « M. l'administrateur est sorti ». Que voulait-il lui dire ? On le voit errer ensuite porte Saint-Martin où habite son père, le Dr Labrunie. Il aurait essayé de le voir ; mais le docteur était sorti également. Il sonne en fin d'après-midi chez le critique Charles Asselineau. Il se fâche encore quand l'auteur des *Sept Péchés capitaux de la littérature* veut lui glisser un louis. Il est acquis qu'il dîne le soir, d'une portion à quatre sous, dans un bouge de la Halle comme on appelait alors le Ventre de Paris. Désespérante soirée... Il veut lier conversation, comme il a l'habitude de le faire. Mais les besogneux qui viennent bâfrer là ne sont pas disposés à écouter ses sublimes théories sur le roi d'Orient, et les astres-dieux de la Chaldée...

Alors, lentement, avec cette dignité qu'il mettait en toutes choses, il reprend sa canne et se dirige vers la porte en saluant le personnel.

Mais, avec trois sous en poche, où coucher à présent ? Il se rappelle qu'on loge à la nuit à peu près pour ce prix, punaises compris, dans un cabaret borgne de la rue Vieille-Lanterne [1]. Le froid, l'ivresse lui font battre les murailles. On se retourne sur cette ombre famélique, sur ce spectre qui paraît plus mort que les morts. Enfin, il arrive en vue du tapis-franc. Il frappe. Une fois, deux fois, trois fois. Personne ne répond...

Aux dernières heures de la nuit, des fêtards le découvrent, pendu à la grille d'un garni de cette même rue. Les traits sont décomposés, le corps, raidi, est grotesquement cambré, comme pour une ultime mise en garde aux vivants. Etrangement, son chapeau haut de forme est resté sur sa tête. Est-ce un clochard ou un mauvais drôle qui l'a ainsi coiffé de son couvre-chef qui n'a pu manquer de tomber d'abord sur le pavé ? Le rapport de police indique seulement la présence près du cadavre, au moment de sa découverte, d'une vieille bonne femme qui déclare n'avoir rien vu. Ce qui est certain, c'est qu'elle était en train de lui faire les poches... A la morgue, le corps est identifié par Arsène Houssaye et Théophile Gautier.

Le poète est inhumé le 28 en présence d'un petit nombre d'amis et le 29, le commissaire de police du quartier du Châtelet, Eugène Blanchet, écrit à Houssaye la lettre suivante :

« Monsieur, je m'empresse de vous faire savoir que toutes les informations que j'ai prises au reçu de votre lettre en date d'hier n'ont fait que me confirmer dans les pensées que M. Gérard de Nerval s'est suicidé, ainsi que je l'ai constaté dans mon procès-verbal. Veuillez agréer... »

Et pourtant ! Que de contradictions dans la version du suicide... !

Est-il vraisemblable qu'un pendu, en proie aux affres et aux tressaillements d'une longue agonie — le médecin légiste a pu le prouver — ait pu garder son bolivar vissé sur le crâne ? Certes, la thèse d'une plaisanterie macabre a ses défenseurs.

---

1. Emplacement actuel de la scène du Théâtre de la ville, place du Châtelet.

Mais longuement « cuisinée » la tenancière du bouge finit par avouer :

— Ben oui ! j'ai entendu du bruit et des cris. Pourquoi je n'ai pas ouvert ?... La rue n'a qu'une lanterne, que le vent avait éteinte ce soir-là... Alors, avec toutes les escarpes qui rôdent la nuit et ce froid-là !... Ouvrir pour avoir une sale affaire sur les bras...

La mégère est une « mouche », une indicatrice de police, et c'est pour cela, sans doute, que les argousins n'insistent pas...

Comment, par ailleurs, un dandy aussi raffiné que Nerval a-t-il pu choisir pour sa fin, en dépit de sa détresse, un des lieux les plus abjects de Paris ? A l'époque ce n'était pas rien, en effet, que ce quartier-là !

« Sur le côté est du Grand Châtelet se trouvait un groupe de ruelles immondes et sinistres, écrit Jacques Hillairet. Elles s'appelaient rue du Pied-de-Bœuf, rue de l'Ecorcherie, rue de la Vieille-Tannerie, de la Place-aux-Veaux... Ces venelles étaient le quartier des tueurs et des écorcheurs de la Grande-Boucherie. Une exhalaison pestilentielle émanait des détritus et du sang caillé... »

Le procès-verbal est formel : Gérard s'est pendu à la grille de fer d'une baie de rez-de-chaussée...

Et pourtant !

A aucun moment ses pieds ne semblent avoir quitté le sol ! Quand on l'a retrouvé, c'est la première chose qui a frappé les témoins. Il était debout, raidi, mais les pieds bien à plat sur le pavé...

Et d'où provenait la corde ?

Pas un mot d'adieu, par ailleurs, à ses amis. Il en avait d'excellents, de généreux, et qui le tenaient en haute estime, malgré son irritabilité due à la maladie... Le poète avait bon cœur, il savait aimer, il n'avait fait que cela toute sa vie, écrire sur l'amour et les illuminations que donne l'amour... Il croyait de plus à son génie, comme aussi le Dr Blanche, qu'il vénérait. Comme sa tante qui venait de l'héberger longuement. Pas un mot, non plus, à son père, parfois lassé de ses frasques, mais chez qui il avait sonné quelques heures avant sa mort.

Alors, on a avancé l'hypothèse du crime de rôdeurs. Un

crime crapuleux, maquillé en suicide. Houssaye et Théophile Gautier y croyaient absolument, et cette thèse a été reprise par quelques biographes du pauvre mort. Mais Houssaye et Gautier sont-ils tout à fait objectifs ? L'un et l'autre ont été en contact avec Nerval quelques heures avant sa mort. Si la thèse du suicide s'était révélée la bonne, n'aurait-on pas pu retenir contre eux une certaine responsabilité morale ? Peu satisfaisante, cette thèse l'est aussi par un fait qui a immédiatement sauté aux yeux des enquêteurs : la victime n'avait pas été fouillée, on a retrouvé dans la poche du gilet la petite somme d'argent dont elle disposait. Et puis, pourquoi les arsouilles auraient-ils pris le temps de faire toute cette mise en scène, au risque d'attirer l'attention de la garde ou du voisinage ?...

Alors ? Il est une troisième hypothèse qui a été émise dès après la mort du poète, aussi, et qui fait entrer en scène l'Invisible, les forces occultes, qui se retournent si souvent contre ceux qui en font un usage impie...

Dix ans auparavant, après avoir hérité d'une jolie somme, Gérard de Nerval s'était installé dans un bel hôtel qu'il avait fait richement décorer. Outre quelques beaux meubles, il y a là des Corot, des Chassériau, des Ribera qui valent, à l'époque déjà, une fortune. Mais sa folle générosité a bientôt raison de ces trésors et les besoins d'argent se font de plus en plus pressants. Pour échapper à ses soucis, mais poussé aussi par une nostalgie invincible, Gérard s'embarque pour l'Orient au premier jour de l'année 1843. Deux semaines après, il arrive à Alexandrie, puis parcourt toute l'Egypte et la Syrie qu'il visite à partir du 15 mars. Il achève son voyage en s'arrêtant à Beyrouth, Chypre, Rhodes, Smyrne et enfin Constantinople. Rentré à Paris début 1844, il assure être le premier « roumi » initié par le peuple le plus mystérieux du Levant, les Druzes. Or ces Druzes, farouches sectataires de l'islam, massacraient tous les voyageurs assez téméraires pour tenter de pénétrer leurs mystères. Pourtant ils reçoivent Nerval, l'entourent de toutes sortes de marques d'estime et lui révèlent de redoutables secrets occultes...

Revenu à Paris, le poète divulgue la vraie légende d'Hiram où se trouve condensé l'essentiel du message de la haute maçonnerie et décrit la « Montagne du Qaf », centre mystique du monde, cette Agartha qui pour les Druzes règle l'évolution de l'histoire universelle. Pis. Quelques semaines avant sa mort, il se risque à publier cette *Pandora*, écrite de longues années auparavant. Après de longues hésitations donc, car ce texte dévoile les arcanes du culte d'Isis. Au témoignage de Théophile Gautier, il regretta vivement d'avoir confié ces secrets à une revue. Comme Montfaucon de Villars, Cazotte, Fabre d'Olivet et d'autres hauts initiés, Nerval en savait trop, ou plutôt il en avait trop dit. Comme eux, a-t-il payé de sa vie ses indiscrétions ?

« Je n'ai pu percer sans frémir ces portes d'ivoire ou de corne qui nous séparent du monde invisible... » écrit-il dans *Aurélia*, histoire d'une jeune fille qu'il veut aller chercher au royaume des morts pour s'unir à elle. Effroi révélateur. Cette histoire, il finit de l'écrire quelques jours seulement avant de rejoindre l'aimée dans l'éternité...

RÉPONSES À L'INCRÉDULE

— *Mais, dites-moi, ce n'est tout de même pas un Druze, descendu de sa montagne, qui a passé la corde au cou du pauvre poète !...*

— Procédons dans l'ordre. Il est certain qu'en s'aventurant seul dans la Montagne du Liban, alors terre d'élection des Druzes, Nerval risquait le pire...

— *Pourquoi cela ?*

— Les Druzes forment depuis toujours une communauté très fermée, unie par une doctrine secrète qui accorde beaucoup d'importance aux croyances ésotériques. Ce ne sont pas des gens commodes : au siècle dernier, ils massacraient systématiquement ceux qui étaient d'une religion différente, musulmans compris. Quand ils s'en prirent aux maronites chrétiens, la France intervint militairement, imposant son mandat à la Syrie.

En juin 1843, en pleine période de troubles, Nerval débarque dans le djebel Druze. Il est victime d'un terrible accès de démence. Les Druzes sont alors convaincus qu'il est un « maboul », un fou inspiré par Dieu. Non seulement ils ne lui font aucun mal, mais encore ils le sacrent *harim*, c'est-à-dire « initié », l'égal de ces grands prêtres druzes qui de leurs *kalwas*, cavernes ou résidences souterraines secrètes, conduisent les destinées de ce peuple singulier. Nerval reste plusieurs mois au milieu de ces extrémistes religieux qui lui confient de redoutables secrets initiatiques. Mais leur sollicitude jalouse finit par lui peser et il s'enfuit. Dans une lettre adressée au Dr Blanche le 22 octobre 1853, il confie qu'il est *refit*, un des plus hauts grades des initiés druzes...

— *Est-ce vraisemblable ?*

— Oui, d'après ce que l'on sait du fanatisme religieux druze, qui accorde une grande part au merveilleux, à l'irruption miraculeuse d'hommes distingués par Allah. A son retour d'ailleurs, Nerval persiste et signe par la divulgation de secrets ésotériques. Dans *Voyage en Orient*, il livre des récits mythiques révélateurs et donc sacrilèges aux yeux de tous les sectataires occultes, qu'ils soient d'Orient ou d'Occident. Il rapporte notamment la *vraie* légende d'Hiram et de la reine de Saba, où se trouve condensé l'essentiel du message de la haute maçonnerie...

— *C'est-à-dire ?*

— L'histoire d'Hiram est essentielle pour la compréhension de la maçonnerie moderne, car elle recouvre la plus importante allégorie dont use depuis toujours la maçonnerie secrète. Hiram est l'architecte, mille ans av. J.-C., du temple que Salomon fit construire aux portes de Jérusalem. Ce temple doit être le plus vaste et le plus somptueux jamais voué à la gloire de Yahwé. Quatre-vingt-dix mille ouvriers y travaillent dont huit mille maçons de métier. Hiram divise ceux-ci en trois classes — apprentis, compagnons, maîtres — et convient d'une formule secrète pour les distinguer. Ce secret tente trois mauvais compagnons qui veulent s'approprier la paye des autres, ou, en langage maçonnique, être promus sans avoir subi les épreuves qui permettent d'accéder au grade supérieur. Ils tendent un guet-apens à Hiram qui a l'habitude de se promener sur le chantier à la tombée du jour. Ils le frappent de leurs outils, mais le maître ne révèle pas ses secrets, et, touché à mort, s'en va mourir à la porte d'Orient. Depuis ce jour, il pleut dans le temple inachevé. Les maçons se sont dispersés à travers le monde et ils recherchent la parole du maître afin d'achever la construction. Cette parole symbolique, c'est le secret maçonnique, égaré par le non-initié et retrouvé grâce à l'ascèse initiatique. C'est cette symbolique que le poète divulgue dans son livre...

— *Et qu'est-ce que la Montagne du Qaf ?*

— Nerval révèle là aussi, pour la première fois dans la littérature occidentale, l'existence d'un « Maître du monde » qui réside dans un centre initiatique souterrain et secret. « Qaf », pour les Druzes, « Agartha » pour les Hindous, ce centre est situé dans une immense salle souterraine, point de survivance des traditions les plus anciennes de l'humanité. Quelques années plus tard, Saint-Yves d'Alveydre, un des grands occultistes du XIXe siècle, place dans ce lieu une autorité spirituelle mondiale, d'où tous les autres pouvoirs, politiques notamment, émanent. Il n'y a que là qu'il est possible de trouver l'initiation suprême, pense Alveydre. Et à chaque époque, un seul grand initié peut retrouver le sanctuaire du secret...

— *Et où se situe pour les Hindous l'entrée de cette salle souterraine ?*

— Dans le désert de Gobi...

— *Dans un mouchoir de poche, quoi ! Quel esprit sérieux pourrait songer à l'explorer à cette fin ?*

— Dans l'Allemagne de Hitler, des savants éminents se piquèrent du sujet et des expéditions d'explorateurs allemands, dotées de moyens considérables, battront longuement le désert de Gobi à la recherche de l'entrée du palais de la Synarchie universelle, point d'émanation de tous les pouvoirs temporels du monde...

— *Et qu'ont-ils trouvé ?*

— Rien et jusqu'ici le mystère reste entier. Mais il faut savoir que ces thèmes de l'occultisme ont passionné tout le XIXe siècle. L'œuvre géante de Victor Hugo est, bien sûr, constellée d'allusions aux sciences occultes, et certains ouvrages de Balzac aussi doivent beaucoup à la mystique de Swedenborg. Nerval connaissait Swedenborg par cœur et il avait vécu toute sa jeunesse dans les mystères d'Isis, de Cybèle, d'Hermès et d'Osiris.

— *Etaient-ce là des matières qu'on enseignait à l'école ?*

— Certes non ! Il en avait pris le goût dès l'enfance chez son vieil oncle de Mortefontaine, dont la bibliothèque sentait terriblement le soufre... Par la suite il avait été très influencé par les Rose-Croix allemands et avait traduit le premier *Faust* de Goethe, lui-même initié. Avant de découvrir son véritable maître en illuminisme, Martinez de Pasqually, il avait d'ailleurs séjourné à Leipzig, une des patries du rosicrucisme.

— *Et qui était Martinez de Pasqually ?*

— C'est sans doute le personnage le plus important et le plus énigmatique de l'occultisme français. Né à Grenoble en 1727, il fonde en 1758 l'ordre des Chevaliers-Maçons élus Cohens, *cohen* signifiant en hébreu « prêtre ». Il faut dire qu'il était juif lui-même et d'origine portugaise comme Spinoza. Il parcourt la France et met son ordre en place avec l'aide de deux autres initiés célèbres, le soyeux lyonnais Jean-Baptiste Willermoz et surtout Louis Claude de Saint-Martin, le « philosophe inconnu » dont l'influence reste encore aujourd'hui considérable. En 1772, Pasqually s'embarque pour Saint-Domingue, afin d'y régler une affaire d'héritage. Il s'attarde tellement qu'il finit par y mourir le 20 septembre 1774. Ce jour-là sa femme a réuni autour d'elle à Bordeaux un certain nombre de disciples de Pasqually. On saura quelques mois plus tard que le maître, qui ce jour-là avait traversé le salon pour saluer une dernière fois ses fidèles, était mort au même instant à l'autre bout de l'Atlantique...

De Pasqually, Nerval reçoit le goût de l'invocation, de la magie et du retour en Orient, vers « la Jérusalem entrevue », thème qui a beaucoup occupé les occultistes français. De Saint-Martin, qui avait horreur de la magie, l'idée de la faute, du péché adamique, de la possibilité du rachat et du retour vers l'unité cosmique retrouvée. Le mythe de la Femme, aussi, à la fois salvatrice et fatale, « blonde aux yeux noirs en ses habits anciens », sans laquelle l'homme n'est qu'un être tronqué et déséquilibré. Ce sont ses insuccès auprès des femmes, la fuite ou la mort de celles qu'il a autrefois aimées qui vont rendre l'attirance de l'Orient plus forte. Si forte qu'un soir d'hiver 1833, il montre à ses amis médusés une étoile dans le ciel et se met à la suivre en criant : « Vers l'orient, vers l'orient ! », en semant l'un après l'autre tous ses vêtements. Si bien que la ronde lui met la main au collet... si l'on peut dire !

— *Cette curieuse manière de voyager annonce sans doute des divagations plus graves...*

— Oui. Mais le voyage en Orient, pourtant, il le fera dix ans plus tard et sans un sou en poche. Voyage ou plutôt quête initiatique qui sera à l'origine de ses dernières illuminations et de sa mort...

— *Toujours les Druzes ?*

— En Syrie, il se pénètre en effet de l'idée de secret qui s'impose aux membres des confréries initiatiques et des châtiments qui attendent les traîtres. Je pense que cette idée lui sera fatale...

— *Vous croyez réellement qu'en France et dans les pays civilisés, la divulgation de ce genre de secrets entraîne l'extermination du coupable ?*

— Je pense que oui. L'histoire de France abonde en précédents. Au début du XVIIe siècle, Paris et bientôt la province connaissent une « terreur rosicrucienne ». Les murs se couvrent d'affiches annonçant la présence de « députés visibles et invisibles » de la fraternité des Rose-Croix. Le complot rosicrucien, dirigé en fait contre l'Allemagne, fait de nombreuses victimes, et garder le secret de son appartenance à l'ordre devient une affaire de vie ou de mort. A la fin du XVIIe siècle, un abbé de cour, Nicolas Montfaucon de Villars, écrit un livre, *Le Comte de Gabalis, ou Entretiens sur les sciences secrètes*, dont le succès est considérable. Il y ridiculise les fées, salamandres et autres gnomes et s'en prend à tous ceux qui font profession d'abuser la crédulité publique. Et que croyez-vous qu'il se passe ? L'Eglise d'abord se dresse contre lui, l'accusant de donner des leçons de scepticisme religieux. On lui interdit aussitôt la prédication et il n'échappe qu'à grand-peine à la prison. Son livre fait scandale également chez les rosicruciens noirs qui l'accusent d'avoir trahi des arcanes et des rituels secrets jamais imprimés jusque-là et de jeter ainsi les perles du savoir hermétique aux pourceaux de la foule. Le 11 mai 1675, on découvre un cadavre ensanglanté sur la route de Paris à Mâcon. Des documents éparpillés et jetés dans un fossé permettent d'identifier la victime : c'est Nicolas de Villars. Les auteurs du crime ne seront jamais retrouvés, mais Voltaire comme Stanislas de Guaïta, grand maître de la Rose-Croix kabbalistique et ami de Barrès, assurent que Villars a été victime d'une vengeance vehmique...

— *Pardon ?*

— La Sainte-Vehme est un tribunal secret qui a terrorisé l'Allemagne durant trois cents ans. Il punissait surtout les crimes de droit commun, viols et vols à main armée, enfermant les coupables dans la terrifiante « Vierge de Nuremberg », un sarcophage garni à l'intérieur de pointes acérées. Ceux de ses membres qui révélaient leur appartenance à la Sainte-Vehme étaient passibles du même traitement...

— *Cela faisait partie des mœurs et de la mentalité d'une époque... Mais plus près de nous ?*

— En 1898, Stanislas de Guaïta est lui aussi victime d'un meurtre rituel à distance, perpétré par l'abominable abbé Boullan, érotomane et grand mage de messes noires lyonnaises. Sous la Régence, la Convention, sous Vichy surtout, révéler l'appartenance de quelqu'un à la franc-maçonnerie, c'était le condamner à mort...

— *Mais dans le cas de Nerval ?*

— Nerval avait finit par se persuader qu'il était un Faust, un Prométhée, un maudit, poursuivi par la damnation. Comme la plupart des occultistes, il se sentait menacé et persécuté. Menacé par la folie aussi du fait de l'incompréhension dont il se sentait victime. Et c'est vrai que de son vivant son génie n'a été reconnu que par très peu de personnes. Quand *Aurélia*, ce pur chef-d'œuvre, paraît, on crie à l'élucubration d'un fou. Le XXᵉ siècle seulement lui rendra justice. Pauvre, méconnu, il ne trouvera d'autre issue que de s'enfoncer davantage dans les expériences occultes, à la recherche d'une révélation qu'à son retour d'Egypte il croit contenue dans le mythe d'Isis. Et quand il parvient à soulever un coin du voile de la Mère de tous les dieux, que fait-il ? Il trahit ou du moins croit trahir en livrant de la plus secrète des déesses le portrait suivant : « Ni homme, ni femme, ni androgyne. Ni jeune, ni vieille, ni chaste, ni folle, ni pudique, mais tout cela ensemble... »

— *Voilà pourtant un portrait peu compromettant...*

— Ce qui compte, c'est que Nerval le croyait. Il croyait avoir dévoilé dans *Pandora* un mystère d'essence divine, et toucher aux dieux, c'était pour les Grecs déjà faire preuve d'*hybris*, de dangereuse démesure. Ainsi, le poète était persuadé que Villars et Cazotte[1], qui avait révélé dans *Le Diable amoureux* les rites rosicruciens, étaient morts parce qu'ils avaient livré à la curiosité publique le monde des esprits.

— *Il est donc mort de peur, en quelque sorte ?*

— En quelque sorte. Plus qu'à un meurtre rituel, je crois à une mort magique, à la décision de Nerval de prendre de vitesse la mort qui l'attendait, ce hart qui est avec le poignard le mode d'exécution habituel des tribunaux secrets. Ce

1. Voir « Les Grandes Figures », *La prophétie de Cazotte* (Tome 1).

25 janvier-là, tout était en place pour l'accomplissement du sortilège : le désespoir du poète, la misère, l'effroi de trahir Jenny, celle qu'il peut enfin aimer parce qu'elle est morte, la fatigue aussi mais plus encore la tentation du sommeil. « Ce sommeil dont les premiers instants, écrit-il dans *Aurélia*, sont l'image de la mort... Souterrain vague qui s'éclaire peu à peu et où se dégagent de l'ombre et de la nuit les pâles figures gravement immobiles qui habitent le séjour des limbes. Puis [...] une clarté nouvelle illumine et fait jouer ces apparitions bizarres. Le monde des esprits s'ouvre pour nous. »

Ce monde de l'Invisible qu'il avait poursuivi sans trêve. Jusqu'à en mourir...

SOURCES

Maurice Barrès, *Un rénovateur de l'occultisme : Stanislas de Guaïta*, éd. Chamuel.
Francis Carco, *Gérard de Nerval*, éd. Albin Michel.
Jean-Claude Frère, *L'Occultisme*, éd. CAL.
Pierre Mariel, *Envoûtements, maléfices, exorcismes*, éd. Tchou.
— *Les sociétés secrètes mènent le monde*, éd. Albin Michel.
Gérard de Nerval, *Aurélia, ou le rêve et la vie*.
Saint-Yves d'Alveydre, *Mission de l'Inde en Europe*, éd. Dorbon Aîné.
A. Viatte, *Les Sources occultes du romantisme*, éd. Champion.

Les chevaux d'Elberfeld

En 1904, les journaux annoncèrent qu'un hobereau allemand du nom de Wilhelm von Osten avait réussi à apprendre les mathématiques à son cheval et que celui-ci extrayait les racines carrées avec l'aisance d'un major de l'X. On commença par en rire. Les chansonniers parlèrent de « l'Inaudi en sabots » ; des dessinateurs montrèrent l'animal allant jouer aux courses ; et, dans une comédie de boulevard, au cours d'une scène où le personnage qu'il incarnait se renseignait sur les capacités intellectuelles de son futur gendre, le comédien Max Dearly se tailla, pendant des semaines, un extraordinaire succès en ajoutant à son texte cette question : « Et d'abord, jeune homme, savez-vous calculer comme un cheval ? »...

Puis le ton changea. Quelques docteurs allemands, ayant été rendre visite au phénomène, en revinrent fort impressionnés. Aussitôt, quelques savants français, anglais, suisses et américains, très intrigués, se rendirent à Berlin où vivait Hans — c'était le nom de l'équidé prodige.

Là, ils demandèrent à voir le cheval opérer. Wilhelm von Osten n'aimait pas beaucoup être dérangé. D'un air bougon, il conduisit ses visiteurs jusqu'à une salle attenant à l'écurie, les installa sur un banc et fit entrer son élève qu'il plaça devant un tableau noir où il traça des chiffres. Il demanda alors à Hans de les « énoncer ». A la stupéfaction des savants, l'animal, ayant jeté un coup d'œil, frappa le sol de son sabot, et chaque série de coups, séparée par un petit silence, correspondait aux nombres qui étaient devant lui. Puis, M. von Osten demanda aux assistants de lui dicter des chiffres dont il fit les éléments d'une addition, d'une soustraction, d'une multiplication et d'une division. Opérations que Hans effectua avec une rapidité et une aisance stupéfiantes.

Mais le cheval prodigieux avait, si j'ose dire, d'autres cordes à son arc et le Dr Claparède, professeur à l'université de Genève, qui assista à cette séance mémorable et consacra une monographie à l'élève de M. von Osten, écrit en effet :

« Hans ne savait pas seulement calculer, il pouvait lire, il était musicien, distinguait les accords harmonieux des accords dissonants. Il avait aussi une mémoire extraordinaire : il pouvait indiquer la date de chaque jour de la semaine courante. Bref, il se tirait de toutes les opérations qu'un bon écolier de quatorze ans est capable d'effectuer. »

Rentrés chez eux, les professeurs racontèrent ce qu'ils avaient vu et les journaux publièrent leurs déclarations enthousiastes. Une polémique s'ensuivit qui amena la constitution d'une première commission scientifique composée de professeurs de psychologie, de physiologie, d'un directeur de jardin zoologique, d'un directeur de cirque, de vétérinaires et d'officiers de cavalerie. Réunis chez M. von Osten, ces savants firent effectuer à Hans quelques exercices de calcul mental sans parvenir à déceler la moindre trace de supercherie.

Les conclusions qu'ils publièrent parurent tellement étranges qu'une deuxième commission fut nommée, qui comptait parmi ses membres M. Oskar Pfungst, élève du laboratoire de psychologie de Berlin.

Ce M. Pfungst ne croyait pas qu'un cheval pût être intelligent. Il refusa les conclusions favorables de ses collègues et déclara que ceux-ci étaient des naïfs qui se laissaient abuser par un charlatan. Rentré chez lui, il publia un volumineux rapport dans lequel il expliquait que le cheval « agissait à la vue de signes imperceptibles et inconscients qui échappaient à son maître »... D'après lui, M. von Osten avait des contractions de muscles involontaires correspondant à tous les nombres auxquels il pensait. Ainsi, par exemple, le 3 lui faisait frémir la narine gauche, le 4 entraînait chez lui la crispation du zygomatique droit, le 5 lui faisait froncer le sourcil gauche, le 6 faisait s'agiter sa pomme d'Adam, etc. « Signes infinitésimaux, écrivait gravement le savant allemand, qui étaient perçus par l'œil aigu de l'animal et lui donnaient, sans que le professeur s'en doutât, la solution des problèmes »...

Ce n'était plus un cheval, c'était Sherlock Holmes !

On pourrait croire que de telles élucubrations firent s'esclaffer tout le monde scientifique. Pas du tout ! Cette théorie burlesque fut prise au sérieux. On félicita Oskar Pfungst pour sa perspicacité sans s'apercevoir que l'explication du psychologue allemand supposait, chez Hans, non seulement un fabuleux sens de l'observation, mais une intelligence bien supérieure à celle que lui prêtaient, jusque-là, les autres savants. Pour tout dire, une intelligence de surdoué...

Car, si l'on suit bien le raisonnement de M. Pfungst, voilà un animal capable de remarquer d'infimes contractions musculaires chez son maître, de comprendre qu'elles étaient liées, chez celui-ci, à l'image mentale d'un chiffre, de construire un véritable code à partir de cette observation et d'utiliser ensuite ce code *pour faire croire qu'il connaît les mathématiques...*

Quel cheval !...

Les scientifiques ayant accepté sans sourciller cette effarante explication, les journalistes ravis, selon le mot de l'un d'entre eux, de « couper les ailes au mystère », leur emboîtèrent le pas. Il y eut alors un nouveau revirement dans l'opinion publique. On accabla M. von Osten de sarcasmes. Au point que le malheureux mourut de chagrin le 29 juin 1909. Les esprits forts, ceux à qui « on ne la fait pas », pensèrent alors être à tout jamais débarrassés de ces chevaux encombrants dont l'intelligence était comme une insulte à l'espèce humaine. Ils se trompaient. (Ces gens-là se trompent toujours.)

Avant de disparaître, M. von Osten avait légué Hans à un riche industriel d'Elberfeld (Prusse rhénane), M. Karl Krall, qui avait suivi ses expériences avec passion. Mais Hans était devenu vieux et ne faisait plus ses calculs avec la rapidité d'autrefois. Alors, M. Krall acheta deux jeunes étalons arabes, l'un baptisé Muhamed, l'autre Zarif, et entreprit leur éducation suivant la méthode qu'il avait vu employer par M. von Osten.

Les progrès faits par ses « élèves » furent stupéfiants. « Moins de deux semaines après la première leçon, écrit Maurice Maeterlinck qui se rendit à Elberfeld, Muhamed exécutait correctement de petites additions, de petites soustractions élémentaires. Il avait appris à distinguer les dizaines des unités, frappant celles-ci du pied droit et les premières du pied gauche. Il connaissait la signification des signes + et –. Quatre jours plus tard, il abordait les multiplications et les divisions. Au bout de quelques mois, il savait extraire les racines carrées et cubiques ; et peu après il apprenait à épeler et à lire en se servant de l'alphabet conventionnel imaginé par M. Krall. »

L'auteur du *Trésor des humbles* explique que Muhamed et Zarif — car les progrès de Zarif étaient à peu près parallèles à ceux de son condisciple — reproduisaient les mots qu'on prononçait devant eux, épelaient le nom des visiteurs, répondaient aux questions qu'on leur posait, allant même jusqu'à émettre parfois « des petites réflexions personnelles et spontanées ».

Leur orthographe était non seulement phonétique, mais simplifiée. En effet, jugeant la plupart des voyelles inutiles parce qu'incluses dans la consonne qui les précède, ils n'écrivaient plus que celles-ci. C'est ainsi que Zecker, par exemple, devenait en « chevalin » : ZKR, Pferd : PFRT ou même FRT, etc.

L'enseignement de M. Krall ne se bornait pas au calcul et à la lecture. Muhamed et Zarif étaient capables de distinguer les sons, les couleurs, les parfums, de lire l'heure au cadran d'une montre et de reconnaître certaines figures géométriques, les images, les photographies, etc.

Les expériences de Karl Krall furent très vite connues — surtout après la publication de son livre *Denkende Tiere* et, de nouveau, des commissions scientifiques se réunirent. Des savants de Francfort, de Stuttgart, de Bâle, de Berlin, de Paris, de Genève, d'Oldenburg, de Gênes, de Florence, de Cologne, de Bruxelles, de Bologne, etc., vinrent à Elberfeld constater que l'incroyable était vrai.

Plusieurs problèmes mathématiques furent alors soumis aux chevaux. L'un d'entre eux avait été envoyé par un correspondant de Londres et, pour éviter tout phénomène de télépathie, aucun membre de la commission n'avait cherché à le résoudre. Il s'agissait d'extraire une racine cubique. Un des assistants écrivit ceci au tableau : $\sqrt[3]{5832}$. Muhamed jeta un coup d'œil et, en quelques secondes, fournit la réponse : 18. A son tour, le docteur Assagioli, de Florence, proposa $\sqrt[4]{28561}$. La réponse vint, immédiate et nette : 13. On passa alors à un problème plus difficile : $\sqrt[4]{1\,874\,161}$. Là encore, la réponse fut donnée dans l'instant : 37. Enfin, le professeur Mackenzie, passant des racines quatrièmes aux racines cinquièmes, écrivit : $\sqrt[5]{4\,084\,101}$, opération qu'un mathématicien met un certain temps à effectuer[1]. Toute l'assistance avait les yeux braqués sur Muhamed qui commençait à donner des signes de fatigue. L'animal « réfléchit » environ cinq secondes, puis il frappa du pied et donna le chiffre 12, *ce qui était la réponse inversée*. Rappelé à l'ordre, il fournit aussitôt la racine exacte : 21. Mais il était visiblement exténué et on le ramena à sa litière.

Pendant plus d'un mois, des expériences de ce genre se succédèrent, toutes couronnées de succès. Finalement, les membres de la commission conclurent à la réalité du phénomène et le Pr Claparède déclara « qu'il venait d'assister à l'événement le plus sensationnel qui soit jamais survenu dans la psychologie »...

Quant à la presse, elle changea de ton, une fois de plus, et publia des articles enthousiastes sur les chevaux prodigieux d'Elberfeld.

C'est à ce moment que Maurice Maeterlinck, fort intrigué par tout ce qu'il avait lu sur les étranges chevaux de M. Krall, décida d'aller se rendre compte par lui-même. Flatté de recevoir la visite du célèbre écrivain, le maître l'emmena immédiatement à l'écurie où se trouvait Muhamed. Là, s'adressant à l'animal comme à un être humain, il lui dit :

— Muhamed, attention ! Voici ton oncle qui a fait un long voyage afin de t'honorer de sa visite. Il s'agit de ne point tromper son attente. Il se nomme Maeterlinck (Krall prononça l'*ae* à l'allemande, c'est-à-dire *a*). As-tu compris : « Maeterlinck » ? Montre-lui maintenant que tu connais tes

1. On sait, par exemple, que l'extraction de la racine quatrième d'un nombre de six chiffres exige dix-huit multiplications, dix soustractions et trois divisions.

lettres et que tu sais épeler correctement un nom comme un enfant intelligent. Vas-y, nous t'écoutons !

Muhamed poussa un petit hennissement et frappa du sabot droit, puis du sabot gauche, le nombre de coups qui, dans l'alphabet créé pour ses chevaux par M. Krall, correspondait aux lettres M A D R L I N S H. On lui fit observer qu'il avait commis des erreurs. Il remplaça alors l'S et l'H par un G, puis ce G par un K.

— Le D non plus n'est pas bon, dit M. Krall. C'est un T qu'il faut !

Muhamed, dont l'oreille allemande ne percevait sans doute pas la différence entre les deux consonnes, refusa de corriger. Le nom de l'auteur de *L'Oiseau Bleu* apparut ainsi sur le tableau : MADRLINK. Ce qui, compte tenu de la mauvaise prononciation de M. Krall et de l'habitude qu'avaient les chevaux d'Elberfeld d'éliminer les voyelles qui leur semblaient incluses dans les consonnes qui les précédaient, constituait une graphie stupéfiante du patronyme de l'écrivain...

Ce résultat était tellement extraordinaire que Maurice Maeterlinck eut un doute. Il se demanda si M. Krall, sachant qu'il allait venir, n'avait pas fait répéter à satiété ce petit exercice à Muhamed.

Il demanda donc à demeurer en tête à tête avec le cheval, ce qui lui fut accordé sans hésitation. Face à l'animal, Maeterlinck fut extrêmement intimidé. Quel mot lui proposer ? Au bout de quelques secondes, il prononça le nom de l'hôtel où il était descendu : « Weidenhof ». Muhamed, que l'absence de son maître désorientait visiblement, sembla d'abord ne prêter aucune attention à son « interlocuteur ». Mais celui-ci ayant répété sur tous les tons : « Weidenhof ! Weidenhof ! », le cheval comprit ce qu'on attendait de lui. Il frappa des lettres que Maeterlinck inscrivit à mesure sur le tableau noir. Cela donna : W E I D N H O Z. Fort troublé, l'écrivain rappela M. Krall qui fronça les sourcils :

— Qu'est cela, Muhamed, dit-il ? Tu as encore fait une faute. Ce n'est pas un Z, mais un F qu'il faut mettre à la fin du mot. Veux-tu bien corriger cela tout de suite !

Docilement, Muhamed donna les trois coups de sabot droit

suivis des quatre coups de sabot gauche qui représentaient la lettre F...

Cette fois encore, l'écrivain fut éberlué. « Remarquez en passant, note-t-il, la logique de son écriture phonétique. Contrairement à son habitude, il frappe l'E muet après le W parce qu'il est indispensable ; mais le trouvant inclus dans le D, il le juge superflu et le supprime d'autorité. » Et il ajoute : « On se tâte, on s'interroge, on se demande en présence de quel phénomène humanisé, de quelle force inconnue, de quel être nouveau on se trouve. C'était donc tout cela que cachaient dans leurs yeux nos frères silencieux ? »

Après l'écriture, M. Krall passa au calcul. Maeterlinck fit d'abord effectuer à Muhamed quelques opérations assez simples. Puis on passa aux racines carrées.

— Proposez-lui un chiffre, dit le maître.

L'écrivain, qui n'entendait rien aux mathématiques, dicta au hasard un chiffre énorme. Muhamed demeura immobile.

— Allons, dépêche-toi ! dit M. Krall.

Le cheval leva le sabot droit, mais ne le laissa pas retomber.

Alors M. Krall se tourna vers Maeterlinck :

— Etes-vous sûr que votre chiffre est un carré parfait ?

— Je n'en sais absolument rien, avoua l'écrivain.

— Peut-être ne peut-on pas en extraire la racine ? Je vais vérifier.

Après un calcul qui lui demanda près de vingt minutes, M. Krall releva la tête :

— Il est impossible d'extraire cette racine, dit-il. Votre chiffre n'est pas un carré parfait.

Et devant l'écrivain honteux, il félicita Muhamed qui, en un clin d'œil, avait vu que le problème était insoluble.

Un peu plus tard, Maeterlinck eut d'autres révélations plus stupéfiantes encore. M. Krall lui apprit que ses chevaux pouvaient prendre l'initiative de construire des phrases et de converser avec lui.

— Un matin, expliqua-t-il à l'écrivain, j'arrive à l'écurie et m'apprête à donner une leçon d'arithmétique à Zarif lorsqu'il se met à frapper du pied. Je le laisse faire et je suis stupéfait d'entendre une phrase tout entière, une phrase absolument humaine sortir lettre par lettre du sabot de la bête : « Albert a battu Hänschen. » Une autre fois, j'écris sous sa dictée : « Hänschen a mordu Kama. » Comme un enfant qui revoit son père, il éprouvait le besoin de me mettre au courant des petits événements de l'écurie...

Ces extraordinaires chevaux, qui « rapportaient », comme de mauvais camarades, les peccadilles de leurs congénères, pouvaient également exprimer des sentiments ou faire part de leurs sensations. Un jour, par exemple, Zarif s'arrêta brusquement au milieu de son travail. Krall lui en demanda la raison. « Parce que je suis fatigué ! » dit-il. Une autre fois, il répondit : « Mal à la jambe ! »...

Karl Krall eut alors l'idée d'engager de véritables petits dialogues avec ses « élèves ». Les résultats furent surprenants. Un jour, il présenta à Muhamed le portrait d'une jeune fille que le cheval ne connaissait pas.

— Qu'est-ce que cela ? lui demanda-t-il.

— *Metgen* (pour *Mädchen*, une jeune fille).

Le maître écrivit alors au tableau :

— Pourquoi est-ce une jeune fille ?

— *Weil lang hr ld* (parce qu'elle a de longs cheveux).

— Et qu'est-ce qu'elle n'a pas ?

— Moustache.

On lui montra ensuite la photo d'un homme sans moustache.

— Qu'est-ce que ceci ?

— *Man* ! (un homme)

— Pourquoi est-ce un homme ?

— *Weil kurz hr hd* (parce qu'il a les cheveux courts).

Cette faculté de raisonner se manifesta un soir devant Maurice Maeterlinck lorsque Karl Krall demanda à Muhamed s'il se souvenait du nom de son « oncle ». Le cheval jeta un coup d'œil sur l'écrivain et frappa un H. Krall le gronda :

— Voyons, sois attentif ! Ce n'est pas un H. Tu sais bien...

Le cheval frappa un E. Alors, le maître s'impatienta :

— Veux-tu, oui ou non, faire attention et ne pas frapper au hasard. Je te demande le nom de ton oncle.

Muhamed, imperturbable, frappa un R. Alors, Krall s'écria :

— Il a raison ! Vous avez lu : H.E.R., cela fait *Herr*, c'est-à-dire Monsieur. Il a voulu vous octroyer le titre auquel a droit tout homme qui porte un chapeau haut de forme ou un melon. C'est une chose qu'il fait très rarement et je n'y pensais plus. En outre, il m'aura probablement entendu vous appeler Herr Maeterlinck et tenait à être complet.

Puis il se tourna vers le cheval :

— C'est très bien, Muhamed, je te demande pardon...

Maurice Maeterlinck demeura une quinzaine de jours à Elberfeld, allant ainsi de surprise en émerveillement. Puis il rentra chez lui et écrivit un long texte sur les chevaux dont il avait pu constater les extraordinaires facultés. Ce texte parut dans son livre *L'Hôte inconnu*, avec cette conclusion : « Tout ceci, il faut en convenir, est déconcertant, n'avait jamais été entrevu ni soupçonné, et peut être considéré comme l'un des plus étranges prodiges, l'une des plus stupéfiantes révélations qui aient eu lieu depuis que l'homme habite cette terre d'énigmes... »

RÉPONSES À L'INCRÉDULE

— *Que sont devenus ces chevaux d'Elberfeld qui ont fait couler tant d'encre ?*

— Ils ont disparu — tués sans doute — pendant la guerre de 1914-1918.

— *Quelle est aujourd'hui l'explication retenue par le monde scientifique ?*

— L'hypothèse du truquage ayant été complètement et définitivement écartée, il en reste deux : l'intelligence pure et simple des animaux de Karl Krall et la télépathie. Voyons ces deux hypothèses. L'intelligence, d'abord : elle est soutenue par ceux qui font remarquer que, si Krall a réussi à initier aux mathématiques quatre chevaux : Muhamed et Zarif dont je vous ai parlé, un petit poney shetlandais nommé Hänschen et Berto, un étalon noir qui offrait cette particularité d'être complètement aveugle, il a échoué avec d'autres animaux moins doués, notamment avec deux pur-sang que lui avait donnés le grand-duc de Mecklembourg et qui étaient tout à fait stupides... En outre, les mêmes personnes estiment que l'intelligence chevaline a été prouvée par le fait suivant : Muhamed, le plus extraordinaire « calculateur en sabots » que l'on ait connu, ne fut guidé par Krall, dans le domaine des puissances parfaites, que jusqu'à l'extraction de la racine carrée du nombre 144. *Il a donc inventé lui-même la façon d'extraire toutes les autres...*

Ceux qui, malgré ces faits troublants, contestent l'intelligence chevaline, expliquent les exploits des élèves de M. Krall par la télépathie.

— *Ne m'avez-vous pas dit que, pour éviter tout phénomène de ce genre, M. Krall et les observateurs scientifiques venus à Elberfeld avaient fait résoudre par Muhamed des problèmes dont ils ne possédaient pas la solution ?*

— Si, mais cette précaution ne parut pas suffisante à d'autres scientifiques, notamment au Pr William Mackenzie qui expliqua qu'il suffisait qu'une personne au monde possédât la solution cherchée pour que le cheval fût en mesure d'aller la puiser par télépathie dans le cerveau où elle se trouvait... En ce qui concerne les racines carrées, il écrivit, par exemple : « Seules les puissances que l'on nomme *parfaites* permettent d'extraire des racines carrées composées de nombres entiers. Les racines des nombres qui ne sont pas des puissances parfaites sont appelées nombres irrationnels et comportent un nombre infini de chiffres décimaux. Or, les chevaux calculateurs ont toujours donné des racines constituées de nombres entiers. Donc, une personne humaine au moins avait fait le calcul et connu la racine que le cheval devait extraire. *Selon moi, c'est de cette personne que l'animal tirait sa racine*. Peu importe que cette personne se trouvât alors à Londres, à Paris ou à New York. Tous ceux qui ont étudié la télépathie savent que la distance ne peut empêcher un psychisme de puiser dans un autre psychisme les notions dont il a besoin... »

— *Un cheval dont le psychisme va « puiser » un nombre dans la pensée d'un mathématicien qui se trouve à mille ou deux mille kilomètres de lui, me semble déjà être un phénomène...*

— Pour vous, peut-être. Pour les parapsychologues familiers du fantastique, ce n'est qu'une brave bête dont l'esprit est un peu plus ouvert que les autres...

— *Bien que je sois fort sceptique, je veux bien admettre comme hypothèse de travail que les chevaux utilisaient la télépathie pour connaître la solution de leurs problèmes. Mais il reste une autre énigme : celle des mots. Comment peut-on expliquer qu'ils aient pu lire, épeler et surtout improviser des phrases ?*

— Il semble bien qu'il faille attribuer ces faits à une intelligence puisque cela suppose un raisonnement...

— *A-t-on tenté avec d'autres animaux les expériences faites à Elberfeld ?*

— Bien sûr. A Mannheim, par exemple, le Pr Mackenzie a étudié un chien nommé Rolf qui savait faire de petites additions, soustractions et multiplications à deux chiffres. Il lisait et écrivait en frappant de la patte selon un alphabet convenu. Son orthographe était simplifiée et phonétisée à l'extrême. Il comptait le contenu d'un porte-monnaie et séparait les marks des pfennigs. Son vocabulaire était assez étendu et il savait trouver les mots pour définir un objet qu'on lui présentait. Un jour, on lui montra un bouquet dans un vase en lui demandant ce que c'était. Il répondit : « Un verre avec de petites fleurs. » Il formait même des phrases fort originales. Le Pr Mackenzie lui ayant demandé à brûle-pourpoint ce qu'était l'automne, il répliqua : « Le temps où il y a des pommes ! »... Ses reparties étaient parfois pleines d'humour. Une dame lui ayant demandé : « Que veux-tu que je fasse pour te faire plaisir ? », il répondit : « Wedeln ! », c'est-à-dire « remuer la queue ! »...

— *Tout cela plaide en faveur de l'intelligence.*

— Selon certains psychologues, les animaux ne seraient pas seulement intelligents ; ils auraient, en outre, une vision très nette du monde invisible qui nous entoure. Ce qui expliquerait ces soudaines frayeurs dont ils sont l'objet et qui nous semblent inexplicables. Frayeurs qui s'accompagnent souvent, chez les chiens et les chats, d'un hérissement de poils. Cela expliquerait aussi les hurlements à la mort, etc. Comme disait Aldous Huxley, « il serait grand temps que nous sachions qui sont ces êtres qui cohabitent avec nous sur la terre depuis le début du monde, qui nous regardent, qui nous jugent peut-être et dont nous ne connaissons rien »...

SOURCES

Ernest BOZZANO, *Perceptions psychiques des animaux*, Leymarie.

Ed. CLAPARÈDE, *Les Chevaux d'Elberfeld.*

Karl KRALL, *Denkende Tiere.*

William MACKENZIE, « La Vérité sur les chevaux d'Elberfeld », *Planète*, n° 25.

Maurice MAETERLINCK, *L'Hôte inconnu*, Fasquelle, 1918.

MILLER, *Les Magies quotidiennes*, Plon.

Echos de l'au-delà sur bandes magnétiques ?

Avez-vous déjà laissé tourner, la nuit, dans un endroit silencieux, une bande vierge de magnétophone après avoir, bien entendu, fait en sorte que l'appareil soit en mesure d'enregistrer ? Certains qui l'ont fait ont eu de curieuses surprises. J'en veux pour preuve ce récit qu'a bien voulu me faire Mlle Marie-Claude S., pianiste, habitant Paris, rue Ordener.

Tout a commencé le soir du 12 février 1968. Il était environ vingt et une heures. J'enregistrais sur mon magnétophone quelques mélodies que j'avais composées. A certain moment, je rembobinai la bande et appuyai sur la touche « Play ». Pendant quelques minutes, l'appareil restitua ma musique sans incident. Soudain, je crus entendre quelque chose de bizarre. Je « remontai » la bande, amplifiai le son et écoutai attentivement. Cette fois, je distinguai avec netteté des chuchotements en surimpression. Intriguée, je me penchai vers le haut-parleur et laissai la bande se dérouler. Au bout d'une vingtaine de secondes, de nouveau, mêlés à ma musique, des bruits de voix se firent entendre, puis des mots isolés prononcés très clairement : *Toi !... Voilà !... Rocking* ; et enfin des bribes de phrases : *Avec vous... Oh ! quel froid !... Il faut revenir...*

J'étais ahurie. Comment ces mots avaient-ils pu se trouver enregistrés sur une bande que je venais d'acheter et que j'utilisais pour la première fois ?

Je me demandai si des bruits de voix n'avaient pas pu parvenir de la rue ou de chez mes voisins pendant que je jouais du piano. J'écoutai un instant : la maison était silencieuse. De plus, il m'apparut rapidement que, malgré la qualité de mon magnétophone, il eût été difficile d'enregistrer des voix venant de la rue alors que j'habitais au sixième étage et que mes fenêtres étaient hermétiquement closes.

Je remis mon appareil en marche. Il restait encore deux enregistrements. Un instant plus tard, je sursautai : un cri strident, effrayant, couvrait mes accords. Très mal à l'aise, j'arrêtai de nouveau mon magnétophone et réfléchis. Il était impossible que je n'aie pas entendu ce cri alors que je jouais du piano. J'en vins à penser que le marchand ne m'avait pas vendu une bande vierge ; hypothèse qui ne résolvait rien, d'ailleurs, puisqu'en enregistrant, le magnétophone efface automatiquement tout ce qui demeure d'une prise précédente.

J'étais fort troublée, je l'avoue, et hésitai un moment avant de remettre l'appareil en marche.

Finalement, j'appuyai sur le bouton et écoutai le dernier morceau. Le début ne fut troublé par aucun bruit anormal ; mais vers la fin, une voix grave couvrit soudain la musique pour dire : *C'est très gentil...* Puis : *Je reviendrai...* Cette voix me sembla si proche, si présente, que j'en eus le frisson.

Par curiosité, je laissai se dérouler la bande jusqu'au bout, mais je n'entendis plus rien. Il semblait donc que les voix avaient bien été enregistrées pendant que je jouais du piano... Je demeurai longtemps perplexe, me demandant si mon imagination ne m'avait pas fait entendre des voix là où ne se trouvaient peut-être que des craquements. Voulant en avoir le cœur net, je rembobinai la bande et l'écoutai de nouveau. Et de nouveau, j'entendis les chuchotements, les bruits de voix, les mots et le cri strident mêlés à ma musique.

De plus en plus troublée, je m'efforçai de trouver une explication tandis que le magnétophone continuait de tourner en silence. Soudain, j'eus l'impression que mon cœur s'arrêtait : le bruit d'une respiration me parvenait très nettement, et ce bruit était *enregistré sur la partie vierge de la bande*, celle-là même où je n'avais rien décelé dix minutes auparavant. Comment était-ce possible ?

Je continuai d'écouter. Après la respiration, il y eut un long silence, puis des mots éclatèrent dans la pièce, criés par une voix d'homme : *Louise !... Louise !... Où es-tu ?...* Et de nouveau, le silence. Silence qui fut troublé à plusieurs reprises par des cris lointains et des halètements. Brusquement, une voix féminine surgit, hurlant : *La maison est plus bas !...* Enfin, après un très long temps, la voix masculine revint pour dire sur un ton décroissant : *Ecoutez !... Ecoutez !... Il faut écouter !...*

Après quoi, la bande s'arrêta.

Je me trouvais à ce moment dans un tel état d'angoisse que je me jugeai incapable de rester seule dans mon appartement. Je m'en fus coucher chez une amie, Ariane B., à qui je contai mon aventure.

Le lendemain, fort impressionnée par mon récit, Ariane voulut naturellement écouter la bande. Je l'emmenai donc rue Ordener. Après l'audition, elle déclara qu'il fallait absolument faire entendre l'enregistrement à l'un de ses cousins qui se passionnait pour les choses étranges...

Ce cousin, Robert V., vint le soir même chez moi. Il fut très intéressé par ce qu'il entendit et nous expliqua que ce n'était pas la première fois que des voix mystérieuses étaient enregistrées ainsi sur des bandes magnétiques. Il nous précisa que des phénomènes de ce genre avaient été signalés peu de temps auparavant à Stockholm par un certain M. Jurgenson, et que l'Institut de parapsychologie de Fribourg-en-Brisgau avait publié, à leur sujet, une étude fort troublante.

Je ne m'étais jamais penchée sur ces problèmes. Le spiritisme me faisait peur et j'ignorais tout de la parapsychologie. Je fus stupéfaite. Je lui demandai d'où venaient ces voix. Il me répondit que certains chercheurs pensaient qu'elles provenaient de personnes défuntes, mais, qu'en fait, on ignorait tout de leur origine.

Puis il me conseilla de placer une bande vierge sur mon magnétophone et de tenter une expérience.

— Ce soir, dit-il, avant de vous coucher, vous le mettrez en marche et nous verrons, demain matin, si le phénomène s'est renouvelé.

Ariane ayant accepté de rester avec moi, je couchai rue Ordener et, comme me l'avait demandé Robert, je branchai mon appareil avant de m'endormir.

Le lendemain matin, nous nous réunîmes tous les trois pour écouter l'enregistrement de la nuit. Ce que nous entendîmes nous stupéfia. J'en fis la transcription fidèle que voici :

Après un silence d'une minute quinze, une voix de femme à peine audible dit : *Etoila* (ou "mets-toi là") — Silence de trente secondes — Voix d'homme plus forte : *Nous sommes là* — Silence d'une minute vingt-trois secondes — Chuchotements, mots inaudibles — Silence de trente-deux secondes — Voix d'homme : *Ecoutez bien !...* Puis, presque immédiatement, voix plus basse de femme : *Il faut qu'il vienne !...* — Silence d'une minute dix secondes — Bruits confus et inaudibles de conversation — Silence de trente-sept secondes — Voix de femme : *C'est bien ici !* — Puis des mots confus — Silence de cinquante-trois secondes — Voix de femme au débit très rapide : *Oh ! je la vois, je la vois !...* — Silence de deux minutes douze secondes — Un cri lointain — Silence d'une minute cinquante secondes — Puis des mots incompréhensibles : *Aplana... Rodo... Figina... Venez... Venez...* — Silence de trois minutes vingt secondes — Voix d'homme : *Judicata...* — Silence de deux minutes quinze secondes — Voix de femme, comme un appel : *Robic ! Robic !...*

A ce moment, Robert me demanda d'arrêter et dit sur un ton bizarre :

— Qu'avez-vous entendu ?

Ariane lui répondit :

— Robic !...

J'ajoutai :

— Je crois que c'est le nom d'un coureur cycliste...

Robert paraissait très ému. Il remonta la bande et nous entendîmes de nouveau la voix de femme crier : *Robic ! Robic !* Nous regardions Robert sans comprendre. Il était blême. Je lui demandai ce qu'il avait. Il nous expliqua que « Robic » était le nom que lui donnait sa mère, décédée il y a six ans. « Personne d'autre ne m'a appelé ainsi », dit-il.

Il réécouta plusieurs fois le passage et finit par nous dire, les larmes aux yeux :

— C'est incroyable, j'ai l'impression de reconnaître sa voix...

Puis il remit brusquement l'appareil en marche en disant : « Voyons si elle revient... » Mais la voix qui avait crié « Robic » ne se manifesta plus. Nous n'eûmes ensuite que deux manifestations : Après un silence de deux minutes vingt secondes, une voix de femme vint murmurer quelque chose que nous traduisîmes par *Ecoutez et soyez fidèles...* Puis, après un silence de cinquante-six secondes, une voix grave d'homme dit : *Revenez, revenez !...* Après quoi, la fin de la bande se déroula en silence.

Nous étions tous les trois très troublés. Surtout Robert. Nous décidâmes pourtant de renouveler l'expérience et, le soir même, Ariane ayant accepté de revenir coucher chez moi, je plaçai mon magnétophone dans ma chambre et je le branchai, muni d'une nouvelle bande vierge, avant de m'endormir.

Le matin, nous attendîmes Robert pour écouter ce qui pouvait s'y trouver enregistré. Nous fûmes un peu déçus en ne découvrant que quatre « phénomènes vocaux » se répartissant ainsi : Après trois minutes dix-huit secondes de silence, voix de femme murmurant des mots pratiquement inintelligibles où nous crûmes tout de même distinguer deux fois *Ariane* — Quatre minutes douze secondes de silence, puis voix d'homme : *Merci ! Revenez...* Six minutes trente-sept secondes de silence, suivies d'un chuchotement incompréhensible. Trois minutes vingt-cinq secondes de silence, puis une voix très jeune : *C'est très bien !...* Ce fut tout.

Après l'audition de la bande, nous eûmes tous trois une longue discussion sur l'origine possible des voix. Robert finit par nous persuader qu'il s'agissait de personnes défuntes. Très curieusement, à partir de ce moment, je n'eus plus peur du tout.

Les soirs suivants, je remis en marche mon magnétophone. Trois fois, les résultats furent assez décevants bien que les mots : *Ecoutez ! Ecoutez !*, qui semblaient une invitation à continuer nos expériences, revinssent sans cesse. Puis le 19 février au matin, nous entendîmes ceci : Après un silence de dix-sept secondes, une voix de femme prononça nettement :

Marie-Claude... Puis, au bout d'une minute cinq secondes : *Robic !... Robic ! C'est elle !...*

Nous étions haletants, mes mains étaient moites. La voix se fit entendre de nouveau deux minutes douze secondes plus tard : *C'est elle !...* Puis : *Mon petit...* Enfin : *Robic ! Robic !...* Ce fut tout.

Nous réécoutâmes plusieurs fois ces extraordinaires messages. Robert pleurait, disant que, cette fois, il avait parfaitement reconnu la voix de sa mère.

Les soirs suivants, je rebranchai mon magnétophone. En vain. Je n'enregistrai plus jamais de voix...

J'ai épousé Robert le 14 septembre 1968 et nous sommes persuadés que notre rencontre et notre mariage ont été voulus et organisés de l'au-delà par sa maman...

RÉPONSES À L'INCRÉDULE

— *Etrange histoire ! Si les gens de l'au-delà remplacent maintenant les agences matrimoniales, où allons-nous ?... Mais êtes-vous sûr de cette pianiste que vous appelez Marie-Claude S., devenue Mme Robert V. ?*

— Absolument ! Je précise que, si le prénom est authentique, j'ai, à sa demande, changé l'initiale de son nom de jeune fille...

— *Existe-t-il d'autres exemples de cet extraordinaire phénomène ?*

— Oui. Mme V. fait d'ailleurs allusion aux travaux que l'Institut de Fribourg-en-Brisgau a publiés sur les observations de Friedrich Jurgenson. Ce Suédois, qui fut à la fois peintre, musicien et archéologue (il s'occupa activement de la conservation de Pompéi), fit en 1959 une curieuse observation. Alors qu'il écoutait un enregistrement de chants d'oiseaux qu'il venait de faire, il entendit une voix d'homme, très faible, qui parlait en norvégien. Comme personne ne se trouvait à proximité de son micro au moment de la prise de son, il fut extrêmement intrigué.

— *Que disait cette voix ?*

— Elle disait : « *Ecoutez ! Ecoutez ! Gardez le contact...* » Ce qui est un peu le sens de certains messages enregistrés par Mme V. Par la suite, Friedrich Jurgenson, qui fit aussi des expériences avec des bandes vierges, enregistra des messages fort divers. Par exemple, cette curieuse phrase : « *Comme il fait froid dans toi !* » qu'il cite dans son livre *Radiophonie avec les défunts*.

— *Reconnut-il, lui aussi, des voix de personnes décédées ?*

— Il affirme avoir reçu des messages d'une amie d'enfance nommée Léna, qui lui révéla, entre autres, qu'il pouvait également capter des messages de défunts par la radio et lui indiqua la longueur d'ondes sur laquelle se brancher... Des écoutes furent alors organisées par les membres de l'Institut de Fribourg-en-Brisgau. Elles donnèrent des résultats qui furent jugés « médiocres, mais non négatifs »... Jurgenson, qui poursuivit ses recherches pendant quinze ans, crut un jour reconnaître la voix d'un de ses anciens amis, le masseur de Himmler, Kersten, qui sauva de nombreuses personnes pendant la guerre. Il la fit entendre à Mme Kersten qui l'identifia formellement.

— *Les expériences de Jurgenson furent-elles observées et contrôlées par des scientifiques ?*

— Oui. En 1964, notamment, l'Institut de physique de Northeim entreprit avec Jurgenson des expériences auxquelles participèrent le directeur, B. Heim, un ingénieur du son, W. Schott, le directeur de l'Institut de parapsychologie de Fribourg-en-Brisgau, Hans Bender, et le physicien F. Karger, de Munich. Tous certifièrent que les phénomènes vocaux étaient d'origine inconnue et que les bandes utilisées n'avaient pas été trafiquées.

— *Y eut-il d'autres expériences ?*

— Bien sûr. La publication du livre de Jurgenson, en 1967, éveilla la curiosité dans le monde entier. Des recherches eurent lieu aux Etats-Unis, en Grande-Bretagne, au Canada, en Italie, en France. Des centaines de personnes, journalistes, médecins, parapsychologues, techniciens du son ou simples amateurs, firent tourner des magnétophones pendant des nuits entières. La plupart furent déçus, mais quelques-uns obtinrent des enregistrements de voix qui furent jugés « inexplicables ».

— *Ne peut-on penser que, dans certaines conditions, le magnétophone puisse se comporter comme un récepteur de radio ?*

— Si, bien sûr. Mais, dans ce cas, on entendrait des bribes de jeux radiophoniques, des publicités, de la musique, etc., et non des messages. Et encore moins des messages personnels.

— *Alors ?*

— Il faut être patient et attentif. Il faut multiplier les expériences. Soyez des centaines, des milliers à faire tourner des bandes magnétiques pendant votre sommeil. Et peut-être un jour saurons-nous quelles sont ces voix étranges qui viennent parfois s'y fixer comme moineaux sur la glu...

SOURCES

Pr Hans BENDER, *Etonnante Parapsychologie* (Chapitre : « Les phénomènes vocaux sur bande magnétique »), éd. Retz, 1977.

Friedrich JURGENSON, *Radiophonie avec les défunts*, Fribourg, 1967.

Konstantin RAUDIVE, *Unhörbares wird hörbar. Auf den Spuren einer Geisterwelt (L'Inaudible devient audible. Sur les traces d'un monde de fantômes)*. Ce livre, édité en 1968, est accompagné d'un disque.

ÉTRANGES FAITS DIVERS

Les faits inexplicables sont de petites déchirures dans l'enveloppe qui nous cache le Réel. Il y danse des lueurs insolites faites pour attirer ceux qui savent voir. C'est là que nous devons creuser. Car c'est là que se trouvent les failles par où nous avons une chance d'apercevoir un peu de Lumière...

Jean COCTEAU

Guy Breton
La fabuleuse histoire des moines de Saint-Mathieu

Guy Breton
Les vaisseaux du ciel

Guy Breton
La femme-loup d'Apchon

Louis Pauwels
Le lévrier de Jeanne de Bretagne

Louis Pauwels
L'arbre du marquis de Puységur

Louis Pauwels
L'homme qui échappa à l'Histoire

Louis Pauwels
La Révolution ?... Connais pas !

Louis Pauwels
L'abominable histoire du premier prêtre marié

Louis Pauwels
L'assassinat de l'archevêque de Paris

Louis Pauwels
Les alchimistes de la douleur

Guy Breton
L'étrange aventure de Victor Hugo devenu dieu au Vietnam

Guy Breton
Trois têtes dans un arbre

Guy Breton
Le mystère de Nantes

La fabuleuse histoire des moines de Saint-Mathieu

C'est une bien étrange aventure qui arriva aux moines-navigateurs de l'abbaye de Saint-Mathieu, partis un jour du IXe siècle pour aller explorer l'océan. Oui, une bien étrange aventure, en vérité. Si étrange que les contemporains, à la fois épouvantés et émerveillés, y virent, selon leur tempérament, soit la griffe du Démon, soit la main de Dieu, et s'en furent interroger de saints hommes d'Eglise réputés pour leur compréhension des choses qui dépassent l'entendement. Ces saints hommes demeurèrent d'abord perplexes, puis s'abîmèrent dans la méditation. Et il fallut attendre mille ans pour que l'aventure prodigieuse des moines-navigateurs reçût un commencement d'explication.

Ce ne furent toutefois ni des théologiens mitrés ni des chanoines à bonnets carrés qui apportèrent les lueurs désirées, mais deux messieurs humbles d'aspect, portant des complets-veston un peu ridicules, des pantalons tirebouchonnant et des feutres râpés. L'un, il est vrai, s'appelait Albert Einstein et l'autre Paul Langevin...

Ainsi, on avait eu recours aux deux plus éminents physiciens de notre temps pour essayer de comprendre ce qui était arrivé aux moines-navigateurs. Qu'avaient-ils donc vécu de si fantastique ?

Je vais vous le dire, en suivant le récit qu'à fait de l'événement le chroniqueur Godefroy de Viterbe.

Il y avait au IXe siècle, à l'extrémité de la Bretagne, sur une pointe rocheuse balayée par le vent et assaillie par les vagues, une abbaye vouée à saint Mathieu « pour ce que, disait la légende, la tête de l'apôtre avait été apportée en ce lieu, au VIe siècle, par des marchands du Moyen-Orient ». Des moines vivaient là, partageant leur temps entre la culture d'une terre aride, l'enseignement des saintes croyances et l'exploration de l'océan. Certains s'en allaient, en effet, pendant des mois vers le couchant à bord d'embarcations que les Celtes avaient copiées sur les bateaux carthaginois lorsque ceux-ci venaient dans la région pour y chercher de l'étain.

A leur retour, l'esprit rempli d'images fabuleuses, ils décrivaient à leurs frères, restés à terre, des îles paradisiaques peuplées d'hommes et de femmes nus, d'oiseaux multicolores doués d'un langage quasi humain, et d'étranges animaux ressemblant à des enfants velus qui couraient dans les arbres. Ils ajoutaient — détail à peine crédible — que, sur certains de ces arbres, poussaient des œufs remplis de lait sucré. On les écoutait avec un ravissement qu'entamait à peine l'incrédulité.

Puis vint le jour où, désireux d'aller plus loin que leurs devanciers, des moines s'embarquèrent sur des navires pourvus de grandes voiles qui les portèrent d'un trait à l'horizon. Poussés par des vents capricieux, ils errèrent à l'aventure pendant de longs mois, luttant contre les tempêtes, se nourrissant de leur pêche et buvant l'eau du ciel.

Un soir enfin, ils arrivèrent en vue d'une île étrange où se dressait une montagne constituée de blocs d'or. Eblouis, ils débarquèrent et parvinrent devant une ville entourée d'une enceinte colossale hermétiquement close. Et cette enceinte était également en or. Alors, ils s'assirent avec l'espoir de voir surgir quelqu'un qui pût leur dire où ils étaient. Mais la nuit passa et rien ne bougea que la lune dont ils suivirent la course dans un ciel rempli d'étoiles qu'ils ne connaissaient pas.

Or, lorsque apparurent les lueurs du petit matin, des portes s'ouvrirent d'elles-mêmes dans la muraille et les moines virent une cité entièrement en or qui étincelait sous le soleil. Ils entrèrent. Un étrange silence planait sur les rues désertes. Foulant des pavés d'or, ils longèrent des centaines de maisons, vides mais aussi brillantes que le saint calice de leur abbaye, des fontaines ornées de pierreries et des palais dont les façades étaient piquetées de gemmes. Puis ils parvinrent à une église qui ressemblait à une châsse ciselée par le plus habile des orfèvres. Ils y pénétrèrent et découvrirent qu'il y flottait un parfum de rose...

Etonnés de ne rencontrer aucun prêtre dans ce sanctuaire qui n'avait pas l'apparence d'un édifice abandonné, les moines entreprirent une exploration méthodique des lieux.

Et voilà qu'ouvrant une porte au hasard, ils découvrirent dans des « logettes » deux vieillards aux barbes majestueuses, assis sur des trônes. Ces étranges personnages étaient immobiles comme des statues. Ils s'animèrent soudain et se levèrent pour saluer respectueusement leurs visiteurs.

— Qui êtes-vous ? dirent-ils. Et que voulez-vous ?

Les autres répondirent qu'ils étaient moines, qu'ils venaient d'au-delà des mers et qu'ils ne voulaient, en ce bas monde, qu'adorer Dieu et faire Sa sainte volonté.

— Et vous ? ajoutèrent-ils.

Les vieillards parlèrent alors longuement dans une langue fleurie. De leur discours un peu obscur, les moines crurent démêler qu'ils avaient affaire à Elie et à Enoch, que la ville où ils se trouvaient était gardée par des séraphins et qu'un aliment céleste nourrissait ceux qui avaient le bonheur d'y séjourner.

De tels propos, pour extraordinaires qu'ils fussent, ne parurent point extravagants aux braves moines qu'une lecture quotidienne des Saintes Ecritures avait habitués au merveilleux.

Ce qu'ils allaient apprendre par la suite devait, en revanche, les plonger dans un grand étonnement.

Les deux vieillards, en effet, changeant brusquement de sujet, assurèrent que le temps ne se déroulait pas, sur leur île, au même rythme qu'ailleurs, et *qu'un jour, chez eux, équivalait à cent ans* dans les autres régions de la terre.

— Tandis qu'ici, dirent-ils dans leur style particulier, trois fois l'astre du jour a donné sa clarté, de trois fois cent ans ont vieilli les êtres animés de vos contrées. De ceux-là qu'après votre départ, leurs mères ont engendrés, pas un seul, demain, ne sera vivant. La terre, de tous côtés, a fait place à de nouveaux peuples et à de nouveaux rois. Et vous-mêmes serez vieux en arrivant là-bas...

Puis ils demandèrent aux deux moines-prêtres du groupe de dire une messe. Quand l'office fut terminé, le vieillard qui prétendait être le prophète Elie prit la parole :

— Le temps vous fait signe. Il vous faudra bientôt repartir. Si vous le désirez, emportez des provisions d'or et de pierres précieuses. La brise marine vous portera jusqu'en vos demeures en cinq jours.

Il ajouta :

— Je vous vois jeunes au départ ; je vous aperçois vieux à l'arrivée...

Alors, les moines dirent adieu aux vieillards et retournèrent vers la crique où ils avaient laissé leurs bateaux. Là, ils embarquèrent des paniers de fruits et des outres d'eau douce. Puis ils réparèrent les voiles et les mâts qui avaient eu à souffrir des tempêtes au cours de leur long voyage. Lorsque tout fut terminé, ils quittèrent cette île fabuleuse où ils avaient passé trois jours.

C'est alors que les paroles des vieillards se réalisèrent. Une brise s'éleva soudain qui gonfla les voiles et poussa les bateaux à une telle vitesse qu'en cinq jours exactement ils arrivèrent à la pointe Saint-Mathieu.

Aussitôt, les moines montèrent vers l'abbaye, pressés de conter leur extraordinaire aventure. Mais ayant fait quelques pas, ils demeurèrent pétrifiés : les remparts n'étaient plus ceux qu'ils avaient connus, la ville était transformée, l'église ne ressemblait en rien à celle qu'ils avaient édifiée. Quant à l'abbaye, elle comprenait des bâtiments qui n'existaient pas à leur départ. Pris de crainte, ils pénétrèrent dans le cloître. Là, ils ne reconnurent personne : ni le père abbé, ni le prieur, ni le frère portier. Et quand ils eurent échangé quelques paroles avec ces inconnus, ils s'aperçurent avec terreur que tout, dans le pays, avait changé : l'évêque, le roi, les seigneurs, le peuple.

Ils demandèrent alors des nouvelles de ceux qu'ils avaient connus naguère. Personne ne s'en souvenait plus. Leur nom même était oublié. Les moines en conclurent que leurs amis étaient morts et ils « en eurent grand deuil ». Et comme ils pleuraient en se rapprochant les uns des autres, ils découvrirent soudain avec effroi que leur peau était ridée, leurs cheveux blancs, leurs corps décrépits, leurs mains diaphanes. Eux qui avaient encore tout à l'heure, au moment d'aborder la pointe Saint-Mathieu, l'aspect d'hommes jeunes et vigoureux, étaient devenus subitement des vieillards tremblotants aux yeux éteints et aux bouches édentées.

Le père abbé, les prenant en pitié à cause de leur grand âge, leur demanda d'où ils venaient et qui ils étaient.

— Nous sommes partis d'ici, il y a trois ans, dirent-ils. Cette abbaye était la nôtre. Nous avons voyagé sur la mer, séjourné trois jours sur une île et nous revenons avec des fruits et de l'or. Mais nous ne reconnaissons plus rien ni personne.

Le père abbé, fort intrigué, s'enquit de leurs noms, de celui de leurs bateaux et de la date exacte de leur départ. Puis il alla consulter les archives de l'abbaye. Quand il revint, il avait l'air effaré :

— D'après ce que je viens de lire, dit-il, vous n'êtes pas partis il y a trois ans. Les textes qui relatent votre départ et où se trouvent notés vos noms et ceux de vos bateaux sont beaucoup plus anciens. Ils ont trois cents ans...

Et comme les moines n'avaient pas l'air de saisir le sens de ses paroles, il ajouta :

— Comprenez-vous ? Vous êtes partis *il y a trois siècles* !

Alors, les voyageurs, sentant qu'ils allaient bientôt mourir, racontèrent en détail leur aventure, décrivirent l'île à la montagne d'or, la ville étincelante, les deux vieillards qui prétendaient être Elie et Enoch, sans omettre les étranges propos que ces mystérieux personnages avaient tenus sur les temps différents.

Quand ils eurent terminé, ils tombèrent morts et leur récit fut consigné dans les archives de l'abbaye. C'est ainsi qu'un jour le chroniqueur Godefroy de Viterbe put avoir connaissance de l'histoire fabuleuse de ces moines, partis de chez eux au IXe siècle, et qui ne revinrent qu'au XIIe...

RÉPONSES À L'INCRÉDULE

— *Qui était ce Godefroy de Viterbe qui a raconté cette histoire fantastique ?*

— C'était un moine chroniqueur allemand dont le véritable nom était Gottfried. Il est considéré par les historiens comme l'un des plus grands érudits de son temps. Après avoir été au service de Frédéric le Borgne de Souabe, il devint secrétaire, aumônier et historiographe de Frédéric Barberousse et de son fils, l'empereur Henri VI. On le surnommait Tineosus, c'est-à-dire « le teigneux », en raison, sans doute, d'un caractère difficile. Néanmoins, il devint, en 1184, évêque de Viterbe. Il mourut en 1191.

— *Ce personnage est pratiquement inconnu à notre époque.*

— C'est vrai. Il a pourtant laissé une œuvre considérable intitulée *Panthéon*, qui ne comprend pas moins de vingt volumes. C'est une extraordinaire chronique qui s'étend du commencement du monde à l'époque où il écrivit. Il la présente d'ailleurs avec ce sous-titre ambitieux : « Histoire de l'Univers, embrassant tous les siècles, toutes les nations, tous les événements, aussi bien sacrés que profanes. » Et c'est dans cet ouvrage qu'il conte l'aventure des moines de Saint-Mathieu.

— *Comment l'aurait-il connue ?*

— Il a pu venir en Bretagne ; les religieux de l'époque voyageaient beaucoup. On a pu aussi lui apporter en Allemagne, ou à Viterbe, pour sa « documentation » comme nous dirions aujourd'hui, une copie du livre de l'abbaye de Saint-Mathieu. Quoi qu'il en soit, il affirme clairement ne pas parler du manuscrit breton par ouï-dire, mais pour l'avoir lu lui-même.

— *Ce manuscrit existe-t-il toujours ?*

— Non, les archives de l'abbaye de Saint-Mathieu ont été détruites à une date qui nous est inconnue.

— *Venons-en au récit rapporté par ce chroniqueur allemand. Il m'amène à vous poser une première question : y eut-il vraiment, au* IXe *siècle, des moines-navigateurs qui traversèrent l'Atlantique et mirent le pied sur des terres qui ne seront officiellement découvertes que sept siècles plus tard ?*
— Tout porte à le croire.

— *De quels bateaux disposaient-ils ?*
— Ils possédaient des navires à deux voiles pouvant emporter cinquante marins. De l'avis d'un spécialiste, M. Louis Kervran, il s'agissait de « Ponto celtes copiés, à partir du ve siècle avant J.-C., par les Osismes [1] de la région de la pointe Saint-Mathieu, sur les bateaux des Carthaginois qui venaient prendre l'étain ramassé aux îles Cassiterides toutes proches ».

— *Pour l'expédition qui nous intéresse, combien y avait-il de bateaux ?*
— Il semble qu'il y en ait eu deux.

— *Les moines étaient donc une centaine ?*
— Non. D'après le texte qu'a utilisé Godefroy de Viterbe, il n'y avait que deux moines-prêtres (un sans doute dans chaque navire), le reste de l'équipage étant constitué de marins et peut-être de quelques frères convers pour aider à la manœuvre.

— *J'en arrive au premier épisode important de votre récit : la visite de l'île à la montagne d'or. Voilà qui ressemble beaucoup à un conte de fées. Ne croyez-vous pas que ces braves moines, après des mois de navigation et de jeûne, affaiblis, déshydratés et affamés, ont eu tout simplement des hallucinations ?*
— C'est possible. Peut-être aussi ont-ils rêvé ? Je n'en sais pas plus que vous...

---

1. Peuple gaulois occupant un territoire correspondant à notre département du Finistère.

— *Venons-en maintenant à l'épisode le plus extravagant de l'aventure des moines : celui qui concerne le changement de temps. Voilà encore un produit de leur imagination...*

— N'allons pas trop vite et ne mettons pas sur le même plan deux choses fort différentes. Il faut distinguer, en effet, ce que racontent les moines (le séjour dans la ville en or, la rencontre avec les prophètes, etc.) qui peut fort bien avoir été rêvé par eux ou vu au cours d'une hallucination, et le fait que constate un personnage étranger à l'expédition — en l'occurrence le père abbé — c'est-à-dire la différence de temps. Fait dont les moines ne parlent pas lorsqu'ils reviennent à Saint-Mathieu, pour la bonne raison qu'ils l'ignorent. Rappelez-vous que c'est le père abbé qui leur apprend, après avoir consulté les archives de l'abbaye, qu'ils sont partis de Bretagne trois siècles plus tôt...

— *A ce propos, n'y a-t-il pas une erreur dans le texte de Godefroy de Viterbe ? Car, si je me souviens bien, les prétendus Elie et Enoch avaient expliqué qu'un jour dans leur monde équivalait à un siècle dans le nôtre. Or les moines sont restés absents trois ans. Ils auraient dû, en conséquence, revenir à Saint-Mathieu (365 × 3) 1 095 siècles après leur départ...*

— Vous commettez l'erreur de la plupart des chercheurs qui se sont penchés hâtivement sur le texte de Godefroy de Viterbe. Les moines ont bien voyagé pendant trois ans ; mais ils ne sont restés hors de « l'espace-temps terrestre » que *pendant les trois jours passés dans l'île*. Et ces trois jours équivalent aux trois siècles calculés par le père abbé...

— *Alors revenons au problème lui-même. Quelle explication peut-on donner de cette « contraction du temps » ?*

— Pour quelques historiens, notamment pour M. Louis Kervran, l'histoire des moines évoque curieusement le fameux paradoxe de Langevin.

— *Voulez-vous m'en rappeler le principe ?*

— Paul Langevin, se fondant sur la théorie de la relativité, imagine un voyageur « quittant la Terre à une vitesse inférieure de un vingt millième seulement à la vitesse de la lumière. Au bout de deux ans, ce voyageur, qui a vécu hors de l'espace-temps terrestre, revient sur terre où il trouve d'autres générations et apprend qu'il est parti depuis deux cents ans : il s'est transporté dans l'avenir de la Terre, sans retour possible dans le passé ». N'est-ce pas ce qui est arrivé aux moines de Saint-Mathieu ?

— *Cela y ressemble, en effet. A ceci près, pourtant, qu'embarqués sur leurs coques de noix, ils ont voyagé à une vitesse fort éloignée de celle de la lumière... ce qui, reconnaissez-le, change tout le problème.*

— Sans doute. Mais peut-être les moines se sont-ils trouvés dans les conditions du voyageur de Paul Langevin pour une raison que n'avait point envisagée l'illustre physicien.

— *Laquelle ?*

— Je pense à l'hypothèse — hardie, j'en conviens, mais fort intéressante — de certains parapsychologues qui pensent que les moines auraient pu pénétrer dans un univers parallèle et se trouver dans un espace-temps différent du nôtre...

— *Alors, l'île à la montagne d'or ?*

— Ils ne l'auraient peut-être pas tout à fait rêvée...

SOURCES

Chanoine ELIES, *Plougouvelin, Saint-Mathieu de Fine-Terre*, 1979, éd. Le Soc.

Louis KERVRAN, « Le voyage des moines de Saint-Mathieu », *Kadath*, n° 35.

Paul LANGEVIN, *Œuvres, CNRS.*

Gwenc'hlan LE SCOUEZEC, *Guide de la Bretagne mystérieuse*, éd. Tchou.

Godefroy de VITERBE, *Panthéon*, chapitre VI, traduit du latin par M. l'abbé A. Villacroux.

Les vaisseaux du ciel

L'événement que je vais vous raconter s'est passé un matin du XIIIe siècle, à Bristol, dans une église dont, malheureusement, les chroniqueurs ne nous ont pas laissé le nom. C'était un dimanche et les bonnes gens, réunis dans la nef, suivaient la messe avec recueillement. Or, au moment où le prêtre, ayant chanté le *Kyrie*, allait entonner le *Gloria*, un bruit bizarre fit tourner les têtes vers le porche. L'assistance stupéfaite aperçut alors, par les portes demeurées ouvertes, une sorte d'ancre de marine qui se balançait au bout d'une corde.

Sans doute un mauvais plaisant avait-il grimpé dans le clocher avec l'intention de troubler le saint office par ce moyen ridicule.

Quelques hommes se levèrent et sortirent pour identifier le coupable.

A peine étaient-ils dehors qu'ils poussèrent de grands cris :

— Venez voir ! Vite !...

Tous les fidèles, intrigués, quittèrent alors leurs bancs et se précipitèrent sur le parvis de l'église.

Ce qu'ils virent les stupéfia : la corde à laquelle était attachée l'ancre montait vers le ciel et son extrémité disparaissait dans les nuages.

Croyant à un miracle, les bonnes gens s'agenouillèrent et récitèrent leurs patenôtres. Peut-être pensaient-ils que le Seigneur, dans Son infinie bonté, cherchait, par ce moyen nouveau, à agripper quelques élus pour les attirer tout vivants dans Son paradis. Ne s'était-Il pas présenté jadis comme un pêcheur d'hommes ?

Tandis que la foule priait, l'ancre se balançait toujours, cognant de-ci, de-là, dans les pierres de la façade, rebondissant sur une corniche ou éraflant une statue, jusqu'au moment où elle s'immobilisa, accrochée à la voussure du portail.

La corde alors se tendit, comme si le Seigneur, du haut du ciel, éprouvant une résistance, tirait fortement pour remonter Son ancre.

Très impressionnée, la foule des fidèles à laquelle s'était joint le clergé bourdonnait d'oraisons lorsque, soudain, un grand coup de vent dispersa les nuages qui couvraient la ville depuis le matin.

Des cris s'élevèrent :

— Regardez ! Regardez !

Là, au-dessus de l'église, à environ soixante pieds, une espèce de vaisseau flottait littéralement dans l'air. Et ce vaisseau avait à son bord un équipage. On distinguait, en effet, très nettement, des êtres penchés sur le bastingage qui tiraient la corde et s'efforçaient de dégager l'ancre, toujours coincée dans l'ornement du portail. Tous semblaient fort embarrassés par l'incident qui les immobilisait. On les voyait discuter en faisant de grands gestes ; mais, très curieusement, leurs voix ne parvenaient en bas que fort étouffées.

Tout à coup, les fidèles assistèrent à une scène ahurissante : l'un des « marins aériens », sautant du vaisseau, plongea dans le vide et descendit vers l'église en « nageant » à la façon des pêcheurs de perles.

Lorsqu'il atteignit le portail, la foule, apeurée, courut se réfugier dans la nef. L'homme se mit alors en devoir de dégager l'ancre en s'aidant d'une espèce de poignard. Tandis qu'il œuvrait ainsi, quelques paroissiens sortirent sans bruit, s'approchèrent de lui et le ceinturèrent. Le curé les rejoignit. Voyant que le « marin » avait l'air de suffoquer comme un poisson hors de l'eau, il exigea qu'on lui rendît immédiatement la liberté. Ce qui fut fait.

Aussitôt, l'étrange personnage remonta vers le vaisseau dans lequel ses compagnons l'aidèrent à se hisser.

Les fidèles avaient repris leur place sur le parvis. De nouveau, le nez en l'air, ils surveillaient le navire qui se balançait doucement sur des vagues invisibles. A bord, tout était calme. L'équipage avait disparu. Sans doute s'occupait-on du plongeur qui était remonté mal en point.

Au bout d'une heure environ, un homme apparut sur le pont. Il était armé d'une hache. Il marcha le long du bastingage, jusqu'à la proue. Là il cracha dans ses mains et, d'un coup sec, coupa la corde qui retenait l'ancre. Alors, le vaisseau, libéré de son entrave, glissa lentement vers l'ouest et disparut dans le ciel...

Les habitants de Bristol ne le revirent jamais.

Quant à l'ancre, elle resta longtemps accrochée au portail de l'église. Jusqu'au jour où le comté de Gloucester fut balayé par une tempête qui souleva les toits, ébranla les maisons et la fit choir de sa voussure. Recueillie par le curé, elle fut portée chez un forgeron. Elle en ressortit, transformée en une croix que l'on érigea sur le parvis où elle témoigna, pendant des siècles, du passage merveilleux d'un étrange vaisseau venu du ciel...

RÉPONSES À L'INCRÉDULE

— *Bizarre ! Bizarre ! Où avez-vous trouvé cette histoire ?*

— Elle est contée, à quelques détails près, par plusieurs chroniqueurs qui, d'ailleurs, ne la situent pas tous au même endroit. Mais les faits sont rigoureusement les mêmes. Celui qui nous donne le plus d'indications est Gervais de Tilbury, dans son *Otia Imperialia*. Gervais de Tilbury était originaire de l'Essex. Il fut nommé maréchal du royaume d'Arles vers 1191. Il avait alors quarante ans. Son œuvre est dédiée à l'empereur Othon IV de Brunswick, empereur germanique qui régna de 1209 à 1214, année où il fut vaincu à Bouvines par Philippe Auguste. C'est dans le livre I, chapitre XIII, intitulé *De mari*, qu'il raconte cette histoire de vaisseau du ciel. Tout un passage est d'ailleurs consacré à ce qu'il appelle « les mers d'en haut ».

— *Que faut-il en penser ?*

— Il est difficile de porter un jugement sur un récit qui correspond à d'autres mentalités que les nôtres. Le vocabulaire même ne correspond pas à celui que nous employons. Que peuvent désigner les chroniqueurs du XIIIe siècle par « vaisseau du ciel » ? De même, nous ignorerons toujours ce qu'ils entendaient par les « mers d'en haut »...

— *Vous considérez donc qu'un tel fait, pour aussi extraordinaire qu'il paraisse, peut être vrai ?*

— Entendons-nous : je crois que le récit de Gervais de Tilbury est le reflet d'un événement authentique. D'abord parce que l'histoire avec ses quatre éléments principaux : 1) l'apparition d'un bateau volant ; 2) l'ancre qui s'accroche au portail d'une église ; 3) le « plongeur » qui tente de la libérer ; et 4) l'intervention du forgeron, est racontée par de nombreux chroniqueurs. Ensuite, parce qu'elle se retrouve, avec les mêmes détails, dans des légendes. Or, les légendes, vous le savez, contiennent presque toujours un fond de vérité. Certains folkloristes vont même jusqu'à soutenir qu'il n'en existe aucune qui soit complètement inventée. On peut donc penser qu'il s'est réellement passé quelque chose d'étonnant, quelque chose qui a frappé les esprits et dont le récit s'est transmis par tradition orale dans toute l'Angleterre, et même en Irlande.

— *Mais quel serait donc l'engin mystérieux que ces gens des temps anciens auraient pris pour un vaisseau naviguant dans le ciel ? Un de vos chers Ovnis ?*

— Pourquoi pas ?

— *J'étais sûr de votre réponse.*

— Ne souriez pas ! Souvenez-vous plutôt des apparitions d'objets volants dans le ciel du Moyen Age que Louis Pauwels et moi avons rapportées dans un précédent chapitre [1].

---

1. Voir « Des êtres venus d'ailleurs », *Mystérieux objets dans le ciel d'autrefois* et *Un voyage en Ovni au IXe siècle.*

— *En admettant même cette hypothèse, il reste deux détails fort étranges : 1) l'ancre. On n'a jamais signalé de soucoupe volante munie d'une ancre. Et 2) le personnage qui plonge dans l'air et qui suffoque au bout d'un moment. Avez-vous une explication ?*

— Aucune. Je me contenterai de vous citer une phrase d'un chroniqueur anonyme à qui nous devons une autre version de notre histoire. Il écrit : « L'homme semblait ne pas pouvoir respirer, comme s'il était étouffé par notre *air grossier* ainsi qu'un naufragé est étouffé par la mer. »

— *Etrange. Car s'il avait été habitué à une autre atmosphère, il aurait porté un scaphandre à la façon de nos cosmonautes... Et puis, quelle curieuse façon de se mouvoir dans l'espace...*

— Je vous signale que dans les *Mirabilia Hiberniae*, manuscrit du XIIe siècle conservé à la Bibliothèque nationale, il est question d'un roi et d'une armée entière qui voient apparaître un « vaisseau volant » d'où part une espèce de « javelot » qu'un « navigateur » vient reprendre en « nageant dans l'air »...

— *Autre sujet d'étonnement : ces êtres ne semblent pas se soucier des hommes qui se trouvent au-dessous d'eux. On a même l'impression qu'ils ne les voient pas.*

— Vous avez raison. Et David R. Haffner écrit à ce sujet : « Tout se passe comme si ces personnages vivaient dans un autre monde et que nous nous trouvions, par rapport à eux, dans un au-delà invisible. »

— *Extraordinaire hypothèse !*

— Haffner ajoute : « Mais tout comme les morts nous voient (selon les théories spirites), nous voyons ces êtres et pouvons même les toucher, ce qui semble avoir été le cas si l'incident du “plongeur” ceinturé par les fidèles de Bristol est bien authentique... »

— *Des chroniqueurs français ont-ils signalé l'apparition de vaisseaux volants au-dessus de notre pays ?*

— Bien sûr ! Et Agobard, qui était évêque de Lyon au IXe siècle, nous apprend, dans un de ses ouvrages consacrés au tonnerre et à la grêle, que les gens de son époque croyaient que ces calamités étaient causées « par les habitants de Magonia, contrée du ciel *d'où viennent les vaisseaux que l'on voit dans les nuées...* ». Ces vaisseaux volants sont d'ailleurs mentionnés dans des actes officiels de l'époque, les *Capitulaires* de Charlemagne. Plus tard, Montfaucon de Villars parlera également de « navires aériens d'une structure admirable dont la flotte voguait au gré des zéphyrs »...

— *S'il s'agit d'un phénomène de contact fortuit entre deux univers parallèles, comme semble le penser Haffner, pourquoi ne voit-on plus, aujourd'hui, de ces vaisseaux dans le ciel ?*

— N'en sachant pas plus que vous, je vous répondrai par cette pensée de Chesterton : « Eloignez-vous des hommes qui prétendent répondre à toutes les questions. Ce sont des ignorants ou des imbéciles... »

SOURCES

David R. HAFFNER, *Les Univers parallèles.*

Gervais DE TILBURY, *Otia Imperialia*, publié par Leibriz dans ses *Scriptores rerum Brunswicensium illustrationi inservientes*, Hanovre 1707-1711, vol. I et II.

La femme-loup d'Apchon

Nous sommes en 1588 et le printemps est bien beau, ce matin-là, sur les montagnes du Cantal. Dans un petit château perché sur une colline, à deux lieues d'Apchon, près de Mauriac, un gentilhomme auvergnat, Nicolas de Barioux, qui a entrepris d'écrire l'histoire de sa famille, fait grincer sa plume d'oie sur un parchemin. La généalogie s'allonge, remplie de morts anciens : « Robert de Barioux, né en 1412, mort en 1464, fils d'Adhémar de Barioux né en 1348 à Aurillac, mari d'Héloïse de Signac... » Parfois la plume s'arrête et le gentilhomme abandonne ses ancêtres pour rêver un instant. Comment n'aurait-il pas quelques distractions quand le printemps est là, à deux pas, avec ses rouges-gorges, ses bourgeons et ses feuilles tendres ; le printemps, qui entre de temps en temps dans la pièce avec un papillon ou un parfum de jacinthe... Finalement, Nicolas quitte sa table et va s'accouder à la fenêtre.

Il ne se doute pas que ce simple geste va l'engager dans l'une des aventures les plus étranges de tous les temps.

Alors qu'il contemple les arbres en fleurs et les buissons d'aubépine, un homme du pays, Roger Griffoul, passe sur le chemin, son arquebuse sous le bras. Nicolas l'appelle :

— Bonjour, Roger ! Tu vas à la chasse ?

— Eh oui !

— Dis donc, si tu ne rentres pas bredouille, pense à moi !...

— Qu'est-ce que vous voulez ? Du lapin ou du perdreau ?

— Oh, je n'ai pas de préférence... ce que tu trouveras.

— D'accord !

— A ce soir !

Et, tandis que le chasseur descend dans la plaine, le gentilhomme se remet à son travail.

A dix heures et demie, qui est l'heure du déjeuner à cette époque, il quitte sa chambre et se rend dans la salle à manger où l'attend sa femme, la ravissante Arline, une brune aux yeux verts étincelants dont il aime la douceur et la générosité.

Justement, au dessert, elle lui parle de ses pauvres.

— Comme tous les vendredis, dit-elle, je vais leur porter quelque aumône. Je serai donc absente tout l'après-midi...

— Vous êtes vraiment la meilleure femme qui soit au monde, dit Nicolas de Barioux. Je n'en connais pas de plus charitable, ni de plus jolie que vous...

Arline baisse les yeux en rougissant.

Après le repas, les deux époux s'embrassent tendrement et se séparent. Elle, s'en va voir ses pauvres ; lui, retrouve ses ancêtres.

Et l'après-midi s'écoule lentement.

Or, vers six heures du soir, tandis qu'au château, Nicolas de Barioux continue de s'embrouiller dans les branches de son arbre généalogique, Roger Griffoul, le chasseur, se trouve à la lisière d'une forêt. Il est d'assez méchante humeur car, depuis le matin qu'il arpente les champs, il n'a pas levé le moindre gibier. Pas un lapin, pas un perdreau, pas même une caille, rien !... Il va rentrer bredouille.

Soudain, au coin du bois, il voit surgir un énorme loup qui vient à sa rencontre. Vite, il épaule son arquebuse et tire. Mais l'émotion lui fait manquer l'animal qui bondit sur lui. Alors Griffoul saisit son couteau de chasse et se défend de toutes ses forces. Le corps à corps est effroyable. Dix fois, vingt fois, il croit en finir, mais la lame glisse sur le pelage, frôle une oreille, plonge dans le vide et les yeux jaunes semblent le narguer. Et voilà que dans un geste désespéré, il coupe la patte droite du loup. Estropié, l'animal abandonne le combat et s'enfuit en gémissant dans la forêt où il disparaît.

Comme la nuit tombe, le chasseur rentre au village. Naturellement, il s'arrête au château de Barioux.

— Alors ? lui dit Nicolas. La chasse a été bonne ?

Griffoul soupire :

— Voilà tout ce que je rapporte : la patte d'un loup...

Et il fouille dans sa gibecière. Mais il reste stupéfait : à la place de la patte se trouve une main de femme.

— Qu'est-ce que c'est que cela ? demande Nicolas de Barioux.

— Je ne sais pas, bredouille Griffoul. J'ai été attaqué par un loup, je lui ai coupé la patte, et voilà que je rapporte une main de femme... Elle a même une bague... Regardez !

Nicolas de Barioux se penche et son cœur se glace car il reconnaît la bague de sa femme.

— Laisse-moi cette main, dit-il à Roger Griffoul, je la garde... Maintenant, rentre chez toi...

Dès que le chasseur est parti, le châtelain part à la recherche d'Arline. Il la trouve dans la salle à manger, près du feu, cachant son bras droit sous son tablier.

— Où étiez-vous cet après-midi ?...

— Chez mes pauvres, vous le savez bien...

— Donnez-moi votre main à baiser...

Elle lui tend la main gauche.

— Non, l'autre...

— Je me suis blessée avec un couteau...

— Oh, madame, madame, lui dit Nicolas, que vous me faites du mal !... Je connais la vérité... Vous ne pouvez me donner votre main droite parce qu'elle vous a été coupée cet après-midi... La voici !

En voyant la main, Arline s'effondre.

— C'est vrai, dit-elle, je suis un monstre. On m'a ensorcelée... Une fois par semaine, je me transforme en loup... Et cet après-midi, c'est moi, je l'avoue, qui ai attaqué Roger Griffoul... Oui, c'est à moi qu'il a coupé la patte, et voilà pourquoi je n'ai plus de main à ce bras...

Et elle montre son bras mutilé qu'un rebouteux de village a ligaturé.

— Mais vous n'allez pas me dénoncer, n'est-ce pas ?... En dehors des moments où je suis un loup, je ne suis pas méchante, vous le savez bien...

Et elle veut s'approcher de son mari. Mais Nicolas la repousse.

— Je vous aime, et je ne cesserai jamais de vous aimer, Arline ; mais, pour le bien de votre âme, je ne peux vous laisser vivre avec cette malédiction... Songez aux enfants que vous avez dévorés, déchiquetés... J'éprouve pour vous un mélange de tendresse et d'horreur...

Et il la livra à la justice.

Après un procès qui passionna le public, Arline de Barioux fut brûlée le 12 juillet 1588 sur la grand-place de Riom, devant une foule grondante et un homme effondré...

RÉPONSES À L'INCRÉDULE

— Cette histoire extravagante ressemble à un conte de Perrault et je l'ai écoutée comme tel, car vous ne me ferez pas croire qu'un être humain peut se transformer en loup...

— Je n'en ai nullement l'intention... Mais j'aimerais vous signaler, tout de même, que nous nous trouvons là devant un problème qui intrigue considérablement tous les mythologues et tous les spécialistes des traditions populaires. Savez-vous que cette croyance étrange, qui remonte à la plus haute Antiquité, a duré plus de deux mille ans ?... Pour les Grecs et les Romains, il ne faisait point de doute que certains hommes pouvaient se transformer en loups. Ils avaient même donné un nom au phénomène. Ils appelaient cela la *lycanthropie*... Et Virgile, Solin, Strabon, entre autres, en parlent comme d'une chose tout à fait certaine et tout à fait normale. Par la suite, les lycanthropes, c'est-à-dire les hommes-loups, sont devenus les loups-garous. Mot qui vient du germanique *warulf.* Car on croyait à cette transformation dans l'Europe tout entière. On donnait même des détails. On expliquait que ceux qui appartenaient à cette race maudite n'avaient pas une peau d'homme, mais une peau de loup retournée, c'est-à-dire avec les poils en dedans. Des milliers de cas de lycanthropie sont cités dans les chroniques anciennes. On en parle au XVe siècle, au XVIe, au XVIIe, au XVIIIe et même au XIXe siècle. Tous les théologiens et tous les jurisconsultes, non seulement du Moyen Age, mais de la Renaissance, croient à l'existence des loups-garous. Il existe d'ailleurs, sur ce sujet, toute une littérature :

Nynauld publie, en 1615, un traité complet de lycanthropie qu'il appelle aussi *folie louvière* et *lycaonie*.

Un sieur de Beauvoys de Chauvincourt, gentilhomme angevin, fait imprimer en 1599 un volume intitulé *Discours de la lycanthropie* ou *De la transmutation des hommes en loups*.

Claude Prieur de Laval, frère mineur de l'Observance, publie de son côté un livre intitulé *Discours de la lycanthropie*.

Tous ces auteurs croient à la réalité du phénomène [1]...

— *Quelle explication en donnent-ils ?*

— Ils estiment généralement que ce sont des sorciers qui se transforment en loups.

— *Curieux, en effet. Et a-t-on une idée de ce qui a pu donner naissance à une croyance aussi extravagante et aussi généralisée ?*

— Absolument pas. C'est un mystère qu'on n'a pu percer.

— *Revenons à l'histoire d'Apchon. Où l'avez-vous trouvée ?*

— Je l'ai trouvée dans un ouvrage du début du XVIIe siècle, écrit par un juge nommé Henri Boguet. Henri Boguet était juge à Saint-Claude, à la fin du XVIe siècle, c'est-à-dire au moment même où s'est déroulé le procès d'Arline de Barioux, à Riom, en 1588. Boguet, qui était passionné par les affaires de sorcellerie, a publié les textes des procès les plus importants de son époque, et notamment celui qui nous intéresse aujourd'hui.

— *Car il y eut réellement un procès ?*

— Mais oui. Et c'est en cela que l'histoire que j'ai contée est intéressante... Si elle s'arrêtait au moment où Nicolas

1. Voir ci-après le témoignage de divers historiens et folkloristes.

constate que sa femme n'a plus sa main droite, ce serait un simple conte, et on le tiendrait pour tel. Mais l'histoire ne s'arrête pas là. Nicolas livre sa femme à la justice de Riom. Et, dès cet instant, l'affaire prend une autre dimension. Je dirais presque une certaine réalité... Car le procès-verbal de l'interrogatoire existe. Or que se passe-t-il quand on interroge Arline ? Eh bien, elle avoue... Elle avoue en pleurant qu'elle se transforme en loup, qu'elle a dévoré des enfants ; elle raconte comment elle a attaqué le chasseur Griffoul, et elle montre son bras mutilé... Et quand les juges lui posent gravement des questions touchant sa lycanthropie elle répond et donne des détails... Elle avoue même avoir eu des relations amoureuses avec un loup... Et un greffier note tout cela, très sérieusement, lui aussi. Finalement, Arline est condamnée à être brûlée... Et on la brûle...

— *Est-ce qu'il y eut beaucoup de procès du même genre ?*

— Enormément ! En 1521, trois hommes accusés de lycanthropie sont brûlés vifs à Besançon. Ils avaient avoué qu'après s'être frottés de graisse, ils se changeaient en loups, s'accouplaient avec des louves et avaient dévoré plusieurs enfants... En 1573, c'est à Dole qu'un nommé Gilles Garnier est jugé. Il avoue qu'il s'est changé en loup et qu'il a mangé plusieurs enfants. Il est brûlé vif. En 1578, c'est le parlement de Paris qui condamne au bûcher un nommé Jacques Rollet, accusé d'être un loup-garou et d'avoir dévoré un petit garçon... En 1804, sous l'Empire, à Longueville, près de Méry-sur-Seine, un nommé Maréchal, accusé d'être un loup-garou, est condamné aux galères. Car à ce moment, on ne brûle plus, mais on croit encore à la lycanthropie...

— *Et tous ces gens faisaient des aveux ?*

— Tous !... Il est vrai que cela ne constitue pas une preuve de leur culpabilité, ni même de la réalité de leur crime. On sait l'importance qu'il faut accorder aux aveux dans les affaires de ce genre... Souvenez-vous des procès de Moscou où des détenus politiques s'accusèrent, eux aussi, de crimes imaginaires, et que l'on fusilla...

— *Sans doute.*

— Mais les conditions sont différentes. D'abord parce que, dans les procès de Moscou, il s'agissait surtout de trahison dans le domaine des idées, de rupture avec l'orthodoxie du Parti ; et quelques semaines — ou quelques mois — de mise au secret suffisaient pour que les accusés finissent par se croire coupables. Tandis que dans les procès de lycanthropie, il ne s'agissait pas d'un quelconque « déviationnisme » ; mais bien de faits précis et de crimes abominables. Or personne n'a obligé, pendant deux mille ans, certains individus à raconter, avec un grand luxe de détails, qu'ils se changeaient en loups et qu'ils dévoraient des enfants. Personne !... Alors, je pose la question : pourquoi le faisaient-ils, sachant que leurs aveux les conduiraient, suivant les époques, à la lapidation, à la pendaison ou au bûcher ?

ANNEXE

LA LYCANTHROPIE

L'aventure de la femme-loup d'Apchon n'est pas un cas isolé. Il existe même toute une littérature sur la lycanthropie et les loups-garous.

Voici trois textes intéressants à des titres divers.

Le premier est extrait des Dits et Récits de mythologie française *(Payot), ouvrage d'Henri Dontenville, fondateur de la Société de mythologie française et grand spécialiste des traditions populaires.*

Les garous

Vous ouvrez un dictionnaire latin classique et vous y voyez : *in lupum verti*, Pline ; *lupum fieri*, Virgile, « se changer en loup », « devenir loup ». Le Grec disait « lycanthrope », le Franc « wariwulf », ce qui a valu aux Français le « garou ». En dépit de la phonétique, il y a fréquemment, au lieu du *g* issu du *w*, un *b* impénitent : « le loup-bourrou », « el brou », « le loup-brou ».

Savamment, il y a cent ans, Félix Bourquelot a étudié la lycanthropie dans l'Antiquité (*Recherches sur la lycanthropie*, 1849) ; récemment, Montague Summer l'a étudiée tout autant en Espagne et Portugal, en Ecosse et Irlande, dans les pays scandinaves et en Russie (*The Werewolf*, 1933) ; plus récemment encore, Maurice Garçon l'a observée du point de vue médico-légal (*Les loups-garous*, 1945). Elle est de toutes nos provinces et requiert partout la même explication. Sans doute il y a des amplifications, ainsi en Touraine, lorsque le devin, moyennant finance, a fait « courir l'el brou » au mauvais jeteur de sorts, par-dessus les clochers, sous l'aspect non seulement d'un loup, mais aussi d'un chien, d'un mouton, d'une bique, voire d'une biche. L'essentiel néanmoins est bien la transformation en loup...

Les procès de sorcellerie en ont jadis témoigné. « S'étant oints, écrivait l'Angevin Bodin, ils furent retournés en loups courants », et dévoraient des enfants ; à la même époque, qui est le XVIe siècle, un chasseur aux environs de Poligny trouva en sa cabane un paysan blessé. Le paysan était blessé à l'endroit du corps où le chasseur avait atteint un loup. Or quand le sang d'un garou a coulé, il en a apparemment assez d'être garou et, pour se faire épargner, il reprend sa forme humaine. Le paysan, qui avait donc repris sa forme, confessa au chasseur que, pour en changer, il se graissait avec un onguent composé diaboliquement. Le grand-juge Boguet qui en Franche-Comté a tant fait brûler de sorciers, a exposé, selon les aveux arrachés, que ceux qui voulaient se mettre en loups, se frottaient premièrement d'une graisse, puis que Satan les affublait d'une peau qui leur couvrait tout le corps ; ensuite ils se mettaient à quatre pattes et couraient les champs. Entre la peau, même lorsqu'elle est ôtée, et celui qui l'a portée, s'établit une secrète parenté. Si elle est placée en un lieu froid, le garou qui l'a quittée, se met à grelotter. Ailleurs, une fermière ayant allumé du feu dans un four où un autre garou avait caché la sienne, celui-ci se mit à crier : « Je brûle ! » et il se démenait comme s'il avait été lui-même dans la fournaise.

Par les juges qui ont instruit les procès, on sait assez comment les choses se passaient depuis le Jura jusqu'au pays de Labourd (qui est le pays de Bayonne), au XVIIe et au XVIe siècle, mais on peut remonter plus avant, et plus on remonte, plus frappants sont les renseignements.

Henri DONTENVILLE

Le texte suivant est extrait du savant ouvrage de M. Etienne Delcambre, intitulé Le Concept de la sorcellerie dans le duché de Lorraine au XVIe et au XVIIe siècle, *publié par la Société d'archéologie de Lorraine.*

Dans l'ensemble des folklores européens, le mythe de la métamorphose des striges en loups est des plus classique... Elle a reçu le nom de lycanthropie. Tout le Moyen Age occidental a adopté cette croyance, accréditée notamment en Franche-Comté.

L'Alsace autrefois l'a ignorée et, si elle a trouvé en Lorraine un assez large crédit, les lycanthropes passent chez nous pour beaucoup plus rares que les sorcières transmuées en chats. Plusieurs de nos prévenus sont pourtant soupçonnés d'avoir été l'objet d'une semblable transformation. L'un d'eux est accusé de lycanthropie pour s'être vanté de savoir qu'un loup qui avait attaqué le troupeau communal de Mazerulles ne s'était guère éloigné du lieu de son méfait ; comment pouvait-il connaître, se demanda-t-on, l'itinéraire de cette bête si elle ne s'identifiait pas avec lui ? Un animal de la même espèce, qui apparut à une fille de Mazelay et l'effraya, est également assimilé à une sorcière de cette localité, « de tant plus que (par un prodige jugé inexplicable) on ne put jamais voir la piste d'où estoit venu ledit loup qui dès aussitost s'esvanouit ». Un laboureur de La Chapelle de Saint-Dié est accusé de lycanthropie parce qu'un témoin « aiant bien remarqué à la teste » un des loups qui étrangla son bétail, reconnut, par la ressemblance des physionomies, que cet animal n'était autre que le prévenu. Des inculpés lorrains conviennent du reste de s'être mués en ce genre de bêtes ; un sorcier de Hesse, bien que contestant avoir été lui-même l'objet d'une semblable métamorphose, prétend avoir connu deux lycanthropes qui lui auraient confié s'être « transfigurés » en loups « par l'invention du Malin ». Un inculpé de Pajaille d'Etival parle d'une transmutation seulement apparente : Satan revêtit le prévenu et son complice « comme d'une peau de loup où il i avoit des grandes dents qu'il leur mit sus ; et, estant en cette forme, ajoute l'inculpé, ils estranglèrent une vache ».

Certains témoins s'avèrent incapables d'identifier l'animal dont le sorcier a emprunté la forme ; l'un d'eux parle, sans plus de précision, d'« une beste hideuse de la grosseur d'un veau », l'autre d'« une grosse beste ». Il en va parfois de même en Alsace. Ces magiciens transmués peuvent être doués de la parole : deux d'entre eux métamorphosés en loups engagent ainsi la conversation avec un de leurs congénères de Hesse.

Etienne DELCAMBRE

Ce dernier texte est dû aux docteurs Cabanès et L. Nass. Il est extrait de leur ouvrage Poisons et Sortilèges.

La lycanthropie moderne

Dans quelques campagnes reculées, on prête encore aux sorciers la faculté de se métamorphoser en divers animaux. Cette croyance, admise presque universellement au Moyen Age, trouverait encore de nos jours, au dire de M. Gaston Vuillier, de nombreux adeptes. Cet auteur en a rapporté quelques exemples typiques :

Une vieille femme qui faisait sa lessive entendit tout à coup un grand bruit dans la cheminée, d'où tombèrent presque aussitôt une demi-douzaine de chats de toutes les couleurs.

« Chauffez-vous, minets », leur dit-elle avec douceur.

Les chats ne se firent pas prier ; ils s'installèrent près du feu, au bord des cendres, et se mirent à ronronner de satisfaction. Une voisine, qui venait d'entrer, conçut certains doutes sur la qualité véritable des minets, et, pour éprouver si c'étaient de vrais chats ou des sorciers, elle leur jeta de l'eau bouillante sur le dos. Les minets se sauvèrent en hurlant. Mais ce n'est pas là le plus extraordinaire. On apprit le lendemain qu'il y avait cinq ou six méchants gars du village qui n'osaient se montrer en public parce qu'ils avaient des brûlures sur tout le corps. On connut ainsi que c'était eux qui, la veille, s'étaient changés en chats.

Encore aujourd'hui on attribue au sorcier le pouvoir de se métamorphoser en loup. C'est ainsi qu'on explique dans les campagnes la singulière amitié qui le lie à ces animaux ; entre eux et lui a été conclu un pacte qui met à l'abri de toute attaque les troupeaux qu'il garde. On appelle *meneurs de loups* les sorciers de cette sorte, bergers pour la plupart (mais dans tout berger il y a l'étoffe d'un sorcier). Pour éloigner les loups ou les rendre inoffensifs, ils n'ont qu'à étendre le bras et qu'à prononcer certaines formules magiques : c'est ce qu'on nomme, dans la Corrèze, l'*enclavement*. « Le loup enclavé, dit M. Gaston Vuillier, n'a pas plus tôt aperçu le meneur qu'il s'enfuit, la gueule béante, dans l'impossibilité de mordre ; sa cruauté reste ainsi paralysée jusqu'au moment où il a traversé un cours d'eau.

Docteurs CABANÈS et L. NASS

SOURCES

Henri BOGUET, *Discours des sorciers.*
Dr CABANÈS et L. NASS, *Poisons et Sortilèges*, Plon, 1903.
COLLIN DE PLANCY, *Dictionnaire infernal.*
Etienne DELCAMBRE, *Le Concept de la sorcellerie dans le duché de Lorraine au XVIe et au XVIIe siècle.*
Henri DONTENVILLE, *Les Dits et Récits de la mythologie française.*
Jules GARINET, *Histoire de la magie en France.*
Alfred MAURY, *Croyances et Légendes du Moyen Age.*

Le lévrier de Jeanne de Bretagne

« A mort ! A mort !... La sorcière !... » hurle la foule rassemblée sur la grand-place de Nantes. La malheureuse qu'on entraîne, va-t-elle connaître, incontinent, les flammes du bûcher ou la lapidation ? Pour son salut, passe là le duc Jean de Bretagne, qui s'enquiert des raisons de cette effervescence... Vieux et malade, le bon duc Jean n'aime pas que les sujets de son royaume se laissent aller à des exactions. Surtout maintenant qu'il est près de sa fin. Son royaume ? Oui, le mot n'est pas déplacé en cette Bretagne de 1340, si jalouse de son indépendance, et qui ne se reconnaît aucun suzerain...

— C'est une sorcière ! Elle a fait des prophéties de malheur, disent les Nantais à leur duc qui s'est arrêté.

— Et que prophétise-t-elle ? demande-t-il.

— Qu'une guerre ensanglantera le duché, qu'elle s'étendra à la France tout entière et durera près d'un siècle !... Nous allons la tuer à coups de pierre, c'est tout ce qu'elle mérite !

Terrée contre les marches d'une église, la malheureuse devineresse serre contre elle un tout jeune lévrier blanc.

— Laissez-la ! Laissez-la sur-le-champ !... commande le débonnaire seigneur à la foule qui s'écarte...

La pauvre bonne femme se relève alors, s'agenouille aux pieds du duc et lui crie avec force :

— Seigneur, grand merci !... Accepte mon chien en gage de ma gratitude. Comme moi, il a lui aussi le don de prophétie...

— Eh bien, soit ! dit le duc qui est très superstitieux. J'accepte ton présent !...

— Ecoute-moi bien, seigneur !... Rappelle-toi que ce chien n'appartiendra jamais qu'au duc de Bretagne !...

Pensif, tenant le lévrier Yoland en laisse, le duc Jean s'en retourne dans son château...

Rapidement il s'attache à cette bête magnifique ; et d'autant plus qu'on accorde à ces nobles chasseurs des pouvoirs magiques... Il a de gros soucis, le vieux duc Jean, car la providence n'a pas consenti à lui donner une descendance. Cela complique singulièrement sa succession : à sa mort les prétendants seront plusieurs.

Jean de Montfort, tout d'abord qui est son demi-frère, mais dont il déteste la mère... Il ne saurait donc être question de celui-là. Il y a sa nièce, aussi, la jeune princesse de Penthièvre. Quoique affectée d'une légère claudication, elle est intelligente et énergique ; et surtout, le duc la chérit tendrement. En vertu de la loi salique toutefois, elle ne peut régner ; il faut donc la marier, car seul un homme a le droit d'administrer ce beau duché si convoité.

Mais la marier avec qui ? Là aussi les prétendants sont nombreux...

Charles d'Evreux, d'abord, fils du roi de Navarre, qui jetterait bien son dévolu sur le royaume de France. Jean Plantagenêt ensuite, un descendant de Richard Cœur de Lion et frère du roi d'Angleterre, un voisin qui considère volontiers la Bretagne comme une province anglaise et au-delà le royaume de France, sien aussi. Charles de Blois, enfin, qui n'a que dix-sept ans. Il est le neveu du roi de France, et Jeanne le trouve bien tourné et « moult courtois ». Mais le vieux duc juge cet adolescent fragile et un peu trop confit en bondieuseries... Songez qu'à son âge, il porte déjà un cilice, se donne la discipline avec fureur et met même, pour expier, des cailloux pointus dans ses chaussures !

Souvent le duc se retire dans la plus haute tour de son palais et, très en surplomb de la mer, tente de capter un signe sur les brumes de l'océan. Quand il est las d'agiter seul ses soucis, il fait venir à ses pieds son lévrier fidèle et lui demande de l'éclairer. Pour cela, il pose à terre son livre d'heures et lui enjoint de placer sa patte sur une lettre. Si c'est un P, ce sera l'Anglais ; si c'est un E, ce sera Charles d'Evreux ; un B enfin et ce sera le Français, Charles de Blois. Mais après avoir fait plusieurs fois le tour du livre, comme s'il était indécis, le chien finit toujours par poser sa patte... sur Y, comme Yoland !...

— Comment !... C'est donc toi, gentille bête, qui avec la princesse vas convoler ! dit le duc... Si encore tu étais un grand-duc !...

Mais voici que le jour du choix arrive. Dans Nantes, qui retient son souffle, s'installent les prétendants avec leurs porte-parole, leurs barons, leurs enseignes et étendards.

— Messeigneurs, dit le vieux duc en ouvrant la séance, je n'ai que peu de jours à vivre ; j'ai donc le vif désir d'amener les choses à bonne fin et rapidement. Sachez seulement que l'époux que nous choisirons pour ma nièce Jeanne jouira de ses titres, adoptera nos armes et administrera le duché...

L'un après l'autre, les prétendants font assaut de dialectique pour emporter la conviction du duc. Dans leurs arguments, il est peu question des destinées du bon peuple breton ; encore moins du contentement de Jeanne.

Modestement flanqué de son oncle, qui est aussi son ambassadeur, Charles de Blois se contente de faire bonne figure. Il sait que Jeanne est là cachée derrière la large tenture qui barre toute la grande salle de la tour de Loire. Il a confiance, car il est le seul à vouloir jeter aussi son cœur dans le panier de la mariée. Comme la discussion s'éternise, elle écarte un peu la tenture et désigne au lévrier Yoland celui qui déjà gouverne son âme. Avec des jappements d'allégresse, le chien rejoint en deux bonds le prince français, met ses deux pattes sur son épaule et lui lèche le visage...

Le sort en est jeté : le duc Jean, qui accorde toujours les mêmes pouvoirs magiques au chien, décide que Jeanne et Charles seront unis dans le mois.

Le Plantagenêt Jean de Montfort ne l'entend pas de cette oreille et, sitôt sorti, il confie à ses barons qu'il ferait beau voir une « femelle » sur le trône ducal.

— Est-ce que la benoîte Vierge Marie a succédé à Dieu ? lance-t-il, plein de courroux...

Bientôt la guerre fait rage. Jean de Montfort entre dans Nantes et s'empare du trésor ducal. Pour ce coup d'audace il est convoqué avec son rival à Paris par le roi de France,

Philippe VI. Durement tancé et sous le coup d'une arrestation, il parvient à s'enfuir, et à se gagner l'appui du roi d'Angleterre, Edouard. Pendant toutes ses absences — il passera sa vie à fuir, à solliciter des alliances, ou à croupir en prison —, c'est sa femme, la belle et ambitieuse Jeanne de Montfort qui le remplace. Elle ne craint pas, quand il le faut, de ceindre l'épée et de courir sus aux troupes de sa rivale abhorrée, Jeanne de Penthièvre, dont le champion est, bien entendu, Charles de Blois. Il y aura entre Plantagenêts une guerre terrible, cent ans plus tard. Elle s'appellera la guerre des Deux-Roses. Voici que commence ce qu'on pourrait appeler la « guerre des Deux-Jeanne », presque aussi longue, et assurément plus cruelle encore. Cruelle comme cette hermine, emblème unique du duché, que deux princes rivaux portent chacun sur leur bouclier.

Enfin, après dix ans de guerre, le lévrier, que Jeanne de Penthièvre a recueilli à la mort du vieux duc, paraît l'emporter sur l'hermine usurpée du Plantagenêt. Montfort est assiégé dans Nantes et les Nantais n'en peuvent plus de tant de deuils et de privations. Un matin une porte de la ville reste mystérieusement ouverte et, quelques jours plus tard, c'est à la tour du Louvre que Jean de Montfort se réveillera.

Dans la Bretagne soulagée, la liesse n'est pas encore retombée qu'une incroyable nouvelle se met à circuler : on a vu Jeanne de Montfort, sur un blanc destrier, parcourir villes et campagnes pour rameuter des partisans ! Elle porte son enfant dans ses bras, et sa beauté et sa vaillance font des miracles. Elle vide ses coffres pour payer des mercenaires, passe l'armée en revue et envoie son jeune fils en Angleterre pour le placer sous la garde d'Edouard. Et surtout, erreur tragique, que des générations devront expier de ce côté-ci et de l'autre de la Manche, elle prie le roi d'Angleterre de lui envoyer une armée en rescousse.

Solidement retranchée dans Hennebont, une forteresse réputée imprenable, elle défie Charles de Blois, prend même la tête d'opérations de diversion à l'extérieur de sa citadelle. Les assiégeants se consument de rage et acheminent de Rennes l'arme « absolue » de l'époque, douze énormes balistes d'un modèle nouveau, qui vont jeter bas les murailles. Au moment où s'ouvrent les premières brèches, on signale à l'horizon les voiles anglaises de renfort !

Charles, découragé, demande une trêve. Elle est rompue avec l'arrivée d'Edouard lui-même, chez qui Jeanne vient de passer l'hiver. Sur mer, sur terre, dans les bocages, les chemins creux, on s'égorge sans merci et jamais les genêts de Bretagne n'auront bu sang aussi abondant. Montfort s'évade, mais, brisé par les mauvais traitements, meurt à Hennebont, dans les bras de Jeanne. Jeanne de Penthièvre, elle, rassemble une énorme rançon, car Charles est prisonnier à son tour ! En même temps elle s'adjoint les services d'un capitaine de génie, Du Guesclin, qui enflamme ses troupes. Le jeune comte de Montfort tente avec l'aide des Anglais de lui rendre coup pour coup. Le pape lui-même s'émeut de ce fleuve de sang, que deux femmes se sont juré de ne jamais tarir, avant que l'une d'elles ne l'emporte... Enfin, en 1363, le combat cesse véritablement faute de combattants. Blanchi sous son bassinet, Charles, qui a passé plus de vingt ans dans les camps, se retire sous sa tente avec, pour la première fois, la sérénité au cœur : la sagesse enfin a triomphé et les deux adversaires vont se partager équitablement l'immense duché.

Il envoie les minutes du traité de paix à sa femme pour qu'elle y appose son paraphe...

Par la malepeste ! Celle-ci le jette à la tête de l'émissaire de Charles qui reçoit en réponse une lettre cinglante commençant ainsi : « Le comte de Blois trouve facile de faire du cuir d'autrui, large courroie !... »

Charles se remet en selle en pleurant, non pas tant d'avoir à repartir en campagne, que d'avoir fait de la peine à sa dame !... Celle-ci, au moment où la guerre se rallume, lui rappelle qu'elle est « droit héritière » et qu'il doit défendre leur héritage à la vie à la mort.

Le 22 septembre 1364, les deux armées se déploient à nouveau, gonfanons au vent, dans une plaine où les bruyères sont si hautes qu'elles arrivent au poitrail des chevaux. C'est l'affrontement ultime, la terrible bataille d'Auray. Le lévrier Yoland sur ses talons, Charles de Blois inspecte ses troupes et les adjure de rester fidèles, convaincues qu'elles peuvent l'être, d'avoir le bon droit pour elles.

« Bretagne ! Bretagne ! » crie-t-on de part et d'autre, avant d'en découdre, tandis que les fifres et les tambours donnent le signal de la première charge. A cet instant précis se produit un événement extraordinaire.

Le vieux lévrier, qui se serrait jusqu'ici contre les pattes du cheval de Charles de Blois, prend soudain son essor. On le voit traverser à grands bonds l'espace qui sépare la première ligne des deux armées. Il échappe avec peine aux traits qui pleuvent du camp adverse, disparaît sous les genêts, reparaît là où on ne l'attend pas et surgit enfin à trois pas du duc... Il s'approche à brûle-pourpoint de lui, jappe joyeusement, se dresse et pose ses deux pattes sur ses épaules.

Déjà les premières lances se brisent sur les heaumes à l'hermine, et les chevaliers, qui se sont trop avancés, sont arrachés de leur selle et aussitôt égorgés.

Côte à côte combattent Du Guesclin, qui abat les ennemis avec un long marteau de fer et se fait un rempart de leurs corps, et un jeune et beau chevalier du nom de Jean : c'est le fils naturel de l'austère, de l'insoupçonnable Charles de Blois ! A la suite d'un mouvement tournant des partisans de Montfort, Charles se trouve un instant isolé. Voici que ses chevaliers sont entourés de toutes parts et qu'ils succombent sous le nombre. Un des derniers à tomber est Jean, l'enfant du péché, qui est percé de coups de lance. Accablé de coups, Charles de Blois songe à se rendre : sa bannière est lacérée, on le traîne en bordure du champ de bataille où l'attend un prêtre qui lui demande de faire confesse.

Mortellement inquiet, Charles s'exécute. A peine s'est-il recommandé à saint Jean-Baptiste qu'un soldat survient et lui passe son épée à travers la gorge.

A quelques pas de là, Jean de Montfort conduit une percée décisive, précédé du lévrier blanc. Dans moins d'une heure il sera pour toujours le duc de Bretagne...

« Seigneur, écoute-moi bien ! avait dit jadis à son vieil oncle la prophétesse. Ce chien n'appartiendra jamais qu'au duc de Bretagne ! »

RÉPONSES À L'INCRÉDULE

— *Ceux qui parlent toujours de la fidélité exemplaire des chiens devraient méditer ce cas extraordinaire de l'infidélité...*

— C'est pourtant une histoire authentique, attestée par les *Chroniques de Bretagne*. A l'église des Cordeliers de Rennes, il y a un très beau vitrail qui représente le duc Jean IV de Bretagne, le vainqueur de Charles de Blois, ceint de la couronne ducale, revêtu du manteau à l'hermine, avec à ses côtés le lévrier blanc qui lui pose sa patte gauche sur l'épaule... Selon la prophétesse, Yoland ne devait appartenir jamais qu'à un duc de Bretagne. Charles de Blois va être tué, aussitôt le chien s'en va vers le camp de Jean de Montfort. L'histoire est d'autant plus vraisemblable que la mort de Charles de Blois n'a rien de fortuit. Avant le déclenchement de la bataille, une consigne atroce avait circulé dans les états-majors des deux armées en présence : pour mettre fin une fois pour toutes à cette guerre tragique, il fallait absolument qu'un des deux chefs restât sur le terrain. Le premier abattu fut Charles, alors que la bataille était encore très indécise...

— *Oui, mais la prophétesse a eu raison de dire que la guerre ne s'arrêterait pas là...*

— En effet, après avoir coûté plus de deux cent mille morts à la Bretagne, en vingt années de combats, elle va se poursuivre encore près de cent années. Jean de Montfort, sur l'instigation de son implacable mère, s'était fait aider par les Anglais. Il leur a manifesté sa reconnaissance en les autorisant à débarquer à Saint-Malo, pour traverser la Bretagne, puis se porter vers le Poitou où le roi de France avait massé son armée... On connaît la suite...

Cent ans plus tard, c'est encore une femme qui va bouter cette fois les Anglais hors de France et ce sera encore une Jeanne !...

— *Y-a-t-il d'autres chiens qui ont joué un rôle de cette importance dans l'histoire ?*

— Certes, et curieusement, c'étaient presque toujours des lévriers aussi. Cette race de chiens, qui passe bien à tort pour peu intelligente auprès de ceux qui n'y connaissent rien en la matière, a été la première à suivre l'homme sur tous ses terrains de chasse. Le lévrier a été aussi un fidèle et redoutable compagnon de guerre. Cyrus, le roi des Perses, a vaincu Crésus, roi des Lydiens, grâce à une meute de lévriers de combat. Si les lévriers ont chez certains mauvaise réputation, c'est que ce sont des bêtes qui ont besoin d'énormément d'espace pour pouvoir donner la mesure de leurs qualités. En les confinant dans un appartement parisien, il y a bien sûr toutes les chances pour que ces bêtes admirables s'éteignent. Quand on songe que les princes afghans les utilisaient pour la chasse aux grands fauves, et qu'ils étaient capables de courir à pleine vitesse quelque vingt ou trente kilomètres !...

— *Vous êtes un zélé propagandiste des lévriers, sans doute avez-vous des chiens vous-même ?*

— Bien sûr !

— *De quelle race ?*

— Des lévriers !... Il est d'ailleurs très possible aussi qu'un lévrier ait été à l'origine de l'Eglise d'Angleterre, pour en revenir à notre sujet...

Quand Henri VIII a voulu divorcer d'avec Catherine d'Aragon pour épouser Anne Boleyn, il a envoyé à Rome un ambassadeur. Au jour de l'audience, celui-ci s'est présenté devant le pape en compagnie de son lévrier. Quand le pape a allongé sa jambe pour que l'ambassadeur embrasse sa pantoufle, le chien s'est précipité sur le souverain pontife pour le mordre au pied. L'audience a aussitôt été suspendue et les négociations rompues. L'excommunication d'Henri VIII s'en est suivie après son remariage, et c'est alors qu'il a fondé l'Eglise d'Angleterre, rejetant ainsi l'autorité de Rome.

C'est toutefois Frédéric le Grand qui a eu la plus grande passion pour les lévriers...

Il ne se déplaçait jamais sans un carrosse qui le suivait et qui transportait ses six levrettes, installées sur de luxueux coussins. Il a laissé la réputation d'un tyran au moins aussi dur qu'éclairé, tendre, semble-t-il, avec ses chiens seulement.

Il leur voua ses dernières paroles, demandant qu'on abrite sous une couverture une de ses levrettes qui grelottait. Il a d'ailleurs fait élever un monument à ses chiens, tout à côté de son tombeau, qui se trouve dans le château de Potsdam : « Les chiens de rois sont les rois des chiens », disait-il...

SOURCES

Claude DERVENN, *Hommes et Cités de Bretagne.*
A. REBILLON, *Histoire de Bretagne.*
Roger VERCEL, *Du Guesclin*, Albin Michel.

L'arbre du marquis de Puységur

Le 17 mars 1781, au début de l'après-midi, une foule considérable se presse autour d'un arbre qui ombrage le boulevard Saint-Martin, à Paris. Au premier rang, il y a des aristocrates emperruqués que les gens du peuple, qui assiègent le lieu, n'osent serrer de trop près. Les journalistes, qu'on bouscule sans façon, essayent de prendre des notes, en suivant du mieux qu'ils peuvent chaque geste d'un personnage de haute taille qui officie en robe lilas, une baguette à la main. C'est bien en cette fin d'hiver la personnalité la plus célèbre de Paris, et tous les Parisiens connaissent au moins son nom, même au-delà des barrières... Aujourd'hui il a bien voulu se déranger personnellement pour diriger les travaux, alors que son temps, qu'il consacre d'habitude aux seuls Grands, est des plus précieux...

Quels travaux ? Ceux que conduisent deux de ses aides grimpés dans l'arbre et qui nouent aux branches de longues chaînes de fer, qu'ils laissent pendre à quelques centimètres du trottoir. Avec ses lourdes guirlandes, le platane du boulevard, dont les bourgeons percent seulement, ressemble plutôt à un arbre symbolique de la liberté, brisant les chaînes de l'oppression... Le personnage en robe lilas passe, avec un geste élégant de manipulateur, sa baguette dans l'entrelacs de guirlandes métalliques, prend un peu de recul, ce qui amène quelques spectateurs du second rang à toucher religieusement sa robe... Brusquement il se retourne et entreprend de fendre la foule qui s'écarte respectueusement et salue bien bas l'homme et sa suite aristocratique. Dame !... c'est le moins de ce que l'on doit à ce personnage majestueux, puisqu'il vient de faire don au bon peuple de Paris d'un arbre miraculeux !

Pendant de nombreuses semaines, les gens vont se bousculer au pied de cet arbre, pour tenter de happer une des chaînes qui en pendent. Quand ils y parviennent, ils se laissent tomber sur le pavé, agrippent la main de leur plus proche voisin et s'enroulent ladite chaîne autour du cou, du ventre ou de la jambe. Attendant les yeux fixes et pleins d'espoir la guérison de leurs maladies... « la guérison magnétique », comme ils disent...

Levons le voile sur ces singulières pratiques. On se souvient de l'étonnante histoire du Dr Anton Mesmer, cet Allemand qui, sous le règne de Louis XVI, bouleversa tout Paris en pratiquant une nouvelle médecine qu'il appelle le magnétisme. Fils d'un garde-chasse, Mesmer, qui est né en 1734, sur les bords du lac de Constance, fait d'abord de longues études de philosophie et de théologie et on pense qu'il est, dès cette période, soutenu financièrement par des sociétés secrètes. A trente-trois ans il épouse une femme richissime, ce qui lui permet de s'installer dans une propriété magnifique avec volière, belvédère et théâtre privé. Il reçoit Gluck, Haydn et toute la famille Mozart. En 1774, il soigne une demoiselle Osterlin qui ne présente pas moins de quinze signes pathologiques graves. Il lui fait avaler une mixture contenant du fer et lui applique ensuite en diverses parties du corps des aimants. La malade se sent aussitôt parcourue d'étranges courants, de fluides inexplicables, et se dit bientôt totalement guérie. C'est le début d'une aventure qui va conduire Anton Mesmer dans tous les pays d'Europe, auprès des plus grands rois et des particuliers aussi, à condition qu'ils soient très riches. Car Mesmer se fait payer très cher ses impositions de mains qui font courir dans le corps des patients les ondes bénéfiques du « magnétisme animal ». Son succès est bientôt si prodigieux, qu'il doit organiser — pour la très haute société seulement — des séances de soins collectives. Au même tarif, et qui a tendance à augmenter tous les jours...

Voici, selon une description de Jean-Sylvain Bailly, maire de Paris sous la Révolution, mais aussi astronome réputé, comment se déroule ces séances :

« Dans un coin de la salle, un assistant joue du piano-forte.

Portes et fenêtres fermées, les rideaux ne laissent pénétrer qu'une faible lumière. Les malades, en silence, forment plusieurs rangs autour d'un baquet. A l'intérieur du baquet, il y a de la limaille de fer magnétisée, d'où sortent des tiges. Chacun applique la tige sur sa partie malade. On forme la chaîne en se tenant par la main. Le docteur Mesmer promène sur les corps, soit sa longue baguette, soit sa main. Il descend des épaules aux extrémités des bras, touche la partie malade. On observe un silence rigoureux, dans l'attente des phénomènes nerveux. Certains sentent une chaleur, ont des sueurs. D'autres sont agités par des convulsions inconscientes. On voit des malades se sourire, se parler avec douceur, adoucir mutuellement leur crise. Tous sont soumis au magnétisme. Les crises mettent une ou deux heures à s'établir. Dès qu'il s'en produit une, toutes les autres commencent. Mais bien que des malades semblent avoir perdu conscience, un geste, un regard de Mesmer les fait revenir à eux... »

Le Tout-Paris court à ces séances, n'hésitant pas à payer les prix les plus exorbitants pour approcher le fameux baquet du docteur Mesmer autour duquel se pressent parfois quelque deux cents personnes tous les jours. Certaines font connaissance avec « la chambre des crises » où les manifestations nerveuses les plus spectaculaires se dénouent comme par enchantement, sous les attouchements sans intermédiaires du thérapeute.

C'est pour mettre le magnétisme à la portée des pauvres — répondant ainsi à ses détracteurs qui lui reprochent de ne songer qu'à s'enrichir — que le Dr Mesmer fait suspendre des chaînes magnétisées aux branches des platanes...

En 1782, devant les attaques de certains de ses confrères, qui récusent aussi bien ses théories que ses méthodes, il quitte Paris pour la Belgique. De là, il organise une souscription, pour mettre sa découverte à la disposition de ceux qui pourront régler le prix du « secret » et devenir membres de la Société de l'Harmonie. Le succès est incroyable et les noms les plus illustres de France se bousculent pour souscrire.

Mais la jalousie des uns et les justes critiques des autres finissent par porter des coups très rudes au mesmérisme, dont le grand prêtre est accusé en outre, dans un rapport demandé par le roi, d'exercer des privautés indécentes sur les plus jolies de ses malades.

Les chansonniers, les caricaturistes, les écrivains satiriques se déchaînent, et Mesmer, condamné par la médecine officielle, se retire amer et bientôt oublié sur les bords de son lac natal, ayant réussi à sauver, malgré tout, une bonne partie de son immense fortune.

La médecine officielle avait sans doute raison, encore que, dans ses rangs, des savants illustres, tel Jussieu, défendent ses découvertes. Le magnétisme, tel que le concevait Mesmer, n'existe pas. Mais ces crises, ces transes, ces apparences de sommeil, ces étranges phénomènes nerveux ?... On venait de découvrir quelque chose d'essentiel, pourtant. Mais personne, sur le moment même, ne s'en était rendu compte. Et Mesmer qui ne voulait croire qu'au magnétisme, peut-être parce qu'il était trop infatué de lui-même, mourut désespéré, sans s'être rendu compte qu'il avait le premier touché aux pouvoirs de l'inconscient.

Ce n'est que quelques années plus tard, à la veille de la Révolution, qu'un autre arbre va jouer un grand rôle dans l'histoire de la psychothérapie naissante. Cet arbre est un orme, très beau, qui se dresse sur l'immense propriété du marquis de Puységur, à Buzancy, près de Soissons.

Officier d'artillerie, Armand Marie-Jacques de Chastenet, marquis de Puységur, est issu d'une des plus nobles familles de France. Avec ses deux frères, officiers comme lui, il représente cette sensibilité de l'aristocratie française, volontiers portée aux démarches philanthropiques. C'est son frère Antoine-Hyacinthe, officier de marine et introducteur du magnétisme à l'île de Saint-Domingue où même les esclaves noirs s'adonnent aux séances de baquet, qui le convainc de l'intérêt de cette nouvelle méthode de soins.

Le marquis, qui était jusqu'ici captivé par les recherches sur l'électricité, qu'il poursuivait dans le « cabinet de physique » installé dans une des tours de son château, se laissa convaincre.

Il tenta de guérir un des paysans de son domaine, Victor Race, un jeune homme à l'esprit très éveillé, qui souffrait d'asthme. Victor accepte de se laisser « magnétiser », mais au lieu de tomber dans les spasmes ou les convulsions fréquents chez les autres malades, il sombre au contraire dans une sorte de léthargie étrange qui ne l'empêche nullement de répondre aux questions et au cours de laquelle il fait même preuve d'une vivacité d'esprit plus grande qu'à l'état de veille. Quand le marquis chantonne d'une manière, à dessein, presque inaudible, le jeune homme répète derrière lui d'une voix forte le même air. Quand le marquis l'interroge, il répond aux questions avec une rapidité et un esprit d'analyse dont il ne se sent guère capable une fois réveillé ; il disserte sur sa propre maladie avec une clairvoyance dont il faut tenir le plus grand compte, car les médications qu'il indique lui réussissent parfaitement.

A la fin de l'expérience le marquis le réveille : Victor ne se souvient absolument de rien. Le marquis essaye cette nouvelle forme de magnétisme sur plusieurs autres paysans, qui se révèlent tout aussi capables de répondre aux questions et de disserter sur leur cas, grâce à cet étrange état où ils semblent doués d'une autre conscience qui vient à la rescousse de leur conscience ordinaire...

Le nombre de ses malades augmente rapidement et comme le marquis est un homme foncièrement généreux et désintéressé, il songe, comme l'homme dont il s'affirme toujours le disciple, Mesmer, à mettre en place un traitement collectif. Entre alors en scène l'orme royal qui déploie ses ramures sur la place de Buzancy et abrite à son pied une source d'eau vive. Le décor est dressé où des paysans, mais bientôt des citadins aussi, vont venir s'asseoir de plus en plus nombreux sur les vieux bancs de pierre qui entourent l'arbre. A ses maîtresses branches, on fixe maintenant de simples cordes dont les patients enroulent les extrémités autour des parties malades de leur corps. Ils font la chaîne en se tenant par les pouces et sentent alors, avec une force variable, un fluide circuler à travers leur corps. Au bout d'un moment, Puységur interrompt la chaîne, choisit quelques malades chez lesquels il provoque ce qu'il appelle « la crise parfaite » en les touchant avec sa baguette de fer. Les malades, ainsi endormis, établissent le diagnostic des autres et prescrivent des remèdes et des traitements. Le marquis opère ensuite leur « désenchantement » en leur faisant embrasser l'orme. Ils se réveillent aussitôt de leur sommeil magnétique, sans avoir conservé le moindre souvenir de ce qui vient d'avoir lieu.

Puységur appelle cet état le « somnambulisme artificiel » et il fonde une société pour l'étudier. Cette société rassemble les esprits les plus distingués de son temps, choisis pour la plupart parmi l'aristocratie éclairée, et dans les rangs de la franc-maçonnerie. Et bientôt, dans les campagnes les plus reculées de France, on peut assister à des séances de magnétisme collectif, conduites par les baronnets locaux qui délaissent leur cabinet de physique, pour devenir, non sans succès souvent, les thaumaturges vénérés de leurs paysans...

Ce n'est que bien plus tard que le physicien anglais James Braid donnera au somnambulisme artificiel, tel qu'il a été décrit et utilisé par Puységur, son nom actuel : l'hypnose. Et ce n'est que bien plus tard aussi que l'on étudiera la possibilité de faire des interventions médicales diverses, y compris chirurgicales, sous hypnose.

Encore plus tard, tout à la fin du XIXe siècle, commencera la psychothérapie par le rêve éveillé.

C'est pourtant sous le grand orme de Buzancy que venait d'apparaître une direction nouvelle et capitale de cette « médecine des profondeurs ». Sous cet orme, dans lequel les paysans du lieu voyaient sans doute un descendant d'un de ces arbres magiques, celtes et druidiques, venait de se révéler l'inconscient.

Aujourd'hui, Buzancy est toujours un charmant village entouré de prairies. Mais le château des Puységur n'est plus qu'une ruine désolée. En 1938, la Société des amis de Mesmer voulut tourner un film dont l'orme devait être un des personnages. Mais une tempête terrible déracina l'arbre au moment où le tournage allait commencer.

Les paysans de la région accoururent pour en prélever des morceaux d'écorce auxquels ils attribuèrent le pouvoir de guérir. Ils les transmirent à leurs enfants mais oublièrent, tout comme les descendants du marquis, que celui-ci était à l'origine d'une nouvelle connaissance de l'homme qui donnera naissance à toute la psychiatrie moderne.

RÉPONSES À L'INCRÉDULE

— *Ainsi, c'est sous les arbres que l'on a découvert les pouvoirs, toujours bien actuels de l'hypnose ?...*

— Oui, ils sont réellement tombés dans le domaine public, comme on dit, à la veille de la Révolution. Cet intérêt est vite retombé, car, quelques années plus tard seulement, la race des marquis philanthropes avait totalement disparu, sur l'échafaud ou à l'étranger, et le peuple ne songeait plus qu'à planter des arbres de la liberté.

Il faut savoir, toutefois, que l'hypnose avait été largement utilisée pendant l'Antiquité égyptienne et grecque et qu'il s'agissait en quelque sorte d'une redécouverte. Il existe, par exemple, un texte égyptien précis du IIIe siècle de notre ère, où se trouve décrite une méthode pour obtenir l'hypnose (fixation d'un point lumineux) tout à fait proche de celle que pratiquera le grand physiologue français Charles Richet, au début de ce siècle.

— *Pour en revenir aux paysans du marquis de Puységur, est-il possible qu'ils aient pu faire sous hypnose le diagnostic des autres malades et indiquer les remèdes pour les guérir ?*

— Je le crois. Plus près de nous, il y a le cas de celui qui est sans doute le plus grand guérisseur de tous les temps, l'Américain Edgard Cayce, mort en 1945. Celui-ci prescrivait sous hypnose des médicaments et des compositions médicinales dont il ignorait la nature et les effets. Il existe aux Etats-Unis une fondation Edgard Cayce qui rassemble des documents, faisant état de dizaines de milliers de guérisons. Curieusement, ces documents rejoignent certaines observations du marquis et prouvent la vérité de ses intuitions.

— *Mais a-t-on une preuve de la guérison des malades de Puységur ?*

— Puységur, qui était la probité même, assure que sur trois cents malades qu'il a soignés en un mois, soixante, souffrant d'affections variées, ont été guéris...

— *Aujourd'hui, c'est tout à fait officiellement que la médecine utilise l'hypnose...*

— En effet. Aux Etats-Unis, il n'y a pas moins de cinq importantes sociétés de recherche sur les acquis et les perspectives d'avenir de l'hypnose et, en Angleterre, huit mille médecins et dentistes pratiquent des accouchements et des interventions chirurgicales de toutes sortes sous hypnose. On utilise aussi couramment la transe hypnotique en psychothérapie pour ressusciter des souvenirs d'enfance et les traumatismes qui y sont liés et dont la découverte permet la guérison de certaines affections. C'est un procédé ancien et, au siècle dernier déjà, le médecin Paul Bjerre parle de ce « plongeon bienfaisant dans l'état originel de repos, propre à la vie fœtale » que cette transe peut favoriser. Toujours au siècle dernier, le chirurgien anglais Esdaile, qui exerçait aux Indes, assure qu'il a pu faire trois cent quarante-cinq interventions chirurgicales sous hypnose « mesmérienne » mais que la méthode était nettement plus facile à appliquer aux Indiens qu'aux Européens. Yoga oblige !...

En fait, ces divers procédés thérapeutiques par l'hypnose sont universellement répandus dans toutes les sociétés et à toutes les époques. Il arrive à certains moments que leur aspect un peu magique leur donne mauvaise réputation.

C'est ce qui s'était passé au début du siècle avec l'apparition de la psychiatrie dynamique, dont le fondateur est assurément le grand, l'immense Pierre Janet, médecin et philosophe français, mort en 1947, aujourd'hui plus ou moins méconnu, et qui disait : « Aujourd'hui l'hypnose est morte !... Quand va-t-elle ressusciter ? »

SOURCES

Marquis de BLOSSEVILLE, *Les Puységur. Leurs œuvres*, Aubry, Paris.

A.M.-J. CHASTENET DE PUYSÉGUR, *Mémoires pour servir à l'histoire du magnétisme animal*, Cellot, Paris.

Pierre JANET, *De l'angoisse à l'extase*, Alcan, Paris.

Franz Anton MESMER, *Mémoire sur la découverte du magnétisme animal*, Didot, Paris.

Jean VINCHON, *Mesmer et son secret*, Legrand.

L'homme qui échappa à l'Histoire

« La semaine dernière à Paris, la reine Marie-Antoinette s'est rendue à l'Opéra. Quand elle est entrée dans la salle, elle a été très applaudie par les spectateurs debout. Selon l'usage, elle a fait trois révérences au public. A ce moment-là, on a entendu un coup de sifflet. Quoique cette insolence ne pût être commise que par un fou ou un homme abominable, la reine s'en est montrée très affectée. Elle s'est enfoncée dans sa loge et a déclaré qu'à l'avenir, quand elle viendrait au spectacle, les portes des théâtres seraient fermées et que seuls les gens de sa suite y seraient admis... »

C'est dans la *Correspondance secrète sur la cour de France*, dont le manuscrit était conservé à l'ancienne bibliothèque impériale de Saint-Pétersbourg, qu'on trouve ce passage, à propos d'un incident qui a eu lieu le 17 février 1787.

1787 ! Deux ans seulement nous séparent de la grande convulsion... Et quel est donc le maniaque, le furieux, qui pour la première fois dans l'Histoire a osé siffler la reine de France ? C'est un marquis, il est jeune, il a tout juste vingt ans. Il se nomme le marquis de Saint-Perne et il n'a rien de fou ni d'abominable... Il a tout simplement, comme nous dirions aujourd'hui, l'humeur un peu gauchiste.

Beaucoup de jeunes gens de la bonne société d'alors trouvaient ainsi le monde mal fait, les chances médiocrement réparties. Cela leur était d'autant plus commode qu'ils ne manquaient de rien, et leur mérite eût été plus grand encore s'ils avaient eu une claire connaissance de ce qui les attendait, quelques années plus tard...

Quoi qu'il en soit, ce coup de sifflet à l'Opéra, adressé à une princesse qui en entendra de plus rudes, est bien la première manifestation de cette révolution qui, cinq ans plus tard, allait balayer le trône. Il en coûta au jeune marquis d'être tiré hors du parquet avec si peu de façon que son gilet perdit tous ses boutons et que sa perruque ne lui fut rapportée que le lendemain. Entre-temps, il fut traîné au poste et dut subir un interrogatoire très long. Toujours moins long, toutefois, que l'épilogue de cette histoire, qui se fit attendre, lui, très, très longtemps...

En feuilletant de vieux numéros de la *Gazette des tribunaux* parus au siècle dernier, on peut prendre connaissance du rapport d'audience suivant :

— Tribunal civil de la Seine. Première chambre. Sous la présidence de M. Rigal. Affaire marquis de Saint-Perne. Irrévérence envers la reine Marie-Antoinette...

Comment ?...

Il ne peut s'agir que d'une faute d'impression, puisque nous sommes en 1837, le 14 mai précisément, c'est-à-dire plus de cinquante ans après le coup de sifflet de l'Opéra. Quarante-trois ans après l'exécution de Marie-Antoinette. Après la Révolution, l'Empire, la Restauration, les Cent-Jours, Charles X, la seconde Restauration, et donc, sous le règne de Louis-Philippe !...

Le marquis de Saint-Perne avait vingt ans lorsqu'il siffla la reine. Il a soixante-dix ans quand il répond devant la justice de cette insolence, après que la France eut connu les plus grands bouleversements de son histoire, changé cinq fois de régime et perdu plusieurs millions d'hommes au cours d'inexpiables guerres civiles et sur tous les champs de bataille de l'Europe. Gravement, mais avec bienveillance aussi, M. Rigal interroge le marquis, qui est encore vert, mais dont le dos voûté et la voix douce et flûtée, comme une voix qui n'aurait pas beaucoup servi, contrastent singulièrement avec le chef d'accusation.

— Voyons, monsieur le marquis, ce coup de sifflet à l'encontre de la malheureuse reine, il y a un demi-siècle, c'est une frasque de jeunesse ? peut-être une farce après boire ?...

L'accusé qui, comme son juge, a l'air de se demander un peu ce qu'il fait là, ne se souvient plus très bien. Y a-t-il encore des témoins, seulement ? Ma foi non ! Il y a bien longtemps que tous les spectateurs de cette soirée de gala de l'Ancien Régime sont morts sous la guillotine, dans les rangs des chouans, les armées de la Coalition ou au service de l'Empereur, ou tout simplement dans leur lit...

Alors, avec mansuétude, et peut-être un peu d'ironie aussi, M. Rigal acquitte ce doux vieillard pour l'irrévérence de son jeune âge et le rétablit dans tous ses droits...

Mais s'il faut le rétablir dans ses droits... C'est que l'accusé avait été déjà condamné autrefois ?...

Reprenons depuis le début le fil de cette extraordinaire comparution. Son explication est à première vue inconcevable. Et si la vie de l'étrange marquis paraît incroyable, elle n'en est pas moins tout à fait authentique.

Après son fatal coup de sifflet, qui eût pu lui valoir une sévère bastonnade et quelques années d'embastillement si sa famille eût été moins bien en cour, celle-ci plaida l'excentricité, en faisant valoir que, dès son plus jeune âge, le marquis de Saint-Perne s'était singularisé par des comportements aberrants, à imiter, par exemple, un curé disant sa messe, avec un petit calice d'étain, qu'on lui avait offert.

— Doux Jésus ! s'écria, devant la reine, un conseiller complaisant... Si le marquis a fait preuve si jeune d'une imagination aussi dépravée, il ne relève assurément pas de la Bastille mais bien plutôt de l'asile !

Non pas des « Petites-Maisons » de Charenton où les malheureux fous sont l'objet des pires sévices, faut-il l'ajouter, mais d'un de ces confortables pensionnats, entourés de jardins, à la table distinguée, au service discret et où, moyennant, il est vrai, un prix de pension élevé, on pouvait garder sous cloche, un assez long temps, des parents compromettants.

Le jeune marquis de Saint-Perne avait fait de solides études classiques. L'établissement dans lequel il fut placé comportait une vaste bibliothèque de l'antique, et des chambres spacieuses. De quoi étaler à l'aise une centaine d'in-quarto. Etre au ban de la société dans d'aussi bonnes conditions lui convenait assez. Il se plongea donc dans l'étude des historiens d'Athènes et de Rome et ne vit pas le temps passer...

Pendant trois ans, ses parents payèrent sa pension. Puis vinrent des jours terribles pour l'aristocratie.

Les Saint-Perne émigrèrent et disparurent de l'autre côté du Rhin et la nation s'empara de tous leurs biens. Qui payerait désormais pour notre érudit qui se complaisait de mieux en mieux dans Lucrèce et Virgile ? L'Etat, bien sûr, car dans la France déjà très centralisée de l'époque, ce genre d'établissement se devait de passer aussitôt sous la tutelle des pouvoirs publics.

A travers tous les bouleversements, l'Administration continuera de régler cette pension, alors même que la maison du faubourg Saint-Antoine, qui « retient » le marquis, est plusieurs fois revendue à de nouveaux directeurs. Leurs affaires sont d'ailleurs plutôt moins prospères : l'époque où la pension était une annexe dorée de la Bastille est révolue et l'on se montre à présent plutôt moins accommodant pour les fils de maison dévergondés. Avec le départ progressif des pensionnaires, les jardins et la bibliothèque paraissent au marquis de plus en plus grands. Il s'en félicite, car il est d'autant plus à l'aise pour achever l'œuvre qui doit couronner ses travaux : une ample compilation sur les historiens de la décadence grecque. De blonds, ses cheveux sont devenus gris et de gris tout blancs, mais qu'importe ! puisque ses travaux n'ont souffert aucun retard... Justement, il lui apparaît que la dernière partie de ses recherches mériterait d'être un peu mieux portée sous le feu de la critique. Le mieux, se dit-il, est de la dédier au roi, comme c'était l'usage au temps de sa jeunesse. Il obtient qu'un éditeur spécialisé vienne examiner son manuscrit et convienne avec lui des termes de la dédicace...

« A Sa Majesté Louis XVI, roi de France et de Navarre, son très humble, très dévoué et très obéissant serviteur », a commencé d'écrire, sur la page de garde, le prisonnier.

— Monsieur le marquis ne souhaiterait-il pas plutôt dédier

son ouvrage *à la mémoire* de Louis XVI ? Cela serait plus judicieux, sans doute...

— Tiens ! s'exclame le marquis, Sa Majesté est donc décédée... Récemment ?...

L'imprimeur a comme un léger mouvement de recul et se demande visiblement où il a mis les pieds...

— Eh bien... mettons alors Louis XVII, hasarde le marquis.

— C'est que... Il y a combien de temps que monsieur le marquis s'est retiré du monde ?

— Ma foi ! il y a bien quelques années... Vous savez, je suis si occupé ! le temps coule si vite, quand on le passe à le remonter... Qui règne en France, monsieur, dites-le-moi enfin !... je lis si peu les journaux...

— C'est Louis-Philippe, depuis sept ans.

— Et nous sommes en ?...

— 1837 !

— Oh ! là, là... comme le temps passe ! Mais, alors, ce Louis-Philippe serait le petit-fils de Louis XVI ?

— Ecoutez, monsieur le marquis... C'est un peu plus compliqué que ça !... Entre-temps, il y a eu un certain Napoléon, deux révolutions...

— Tiens ! tiens ! tiens !... racontez-moi donc ça !

En une heure de temps le marquis apprit ce que les enfants des écoles mettent des années à découvrir, et les autres, le temps d'une vie.

Ainsi, après une absence d'un demi-siècle, le plus chargé d'événements de toute notre Histoire, le marquis de Saint-Perne consentit à rentrer dans le monde. Sans trop s'y intéresser toutefois. Il avait juste assez du reste de son âge, pour écrire un additif à son traité sur les auteurs grecs de la décadence...

RÉPONSES À L'INCRÉDULE

— Pardonnez-moi, mais ou votre marquis avait l'esprit sérieusement frappé ou votre histoire est tout à fait invraisemblable...

— Elle est pourtant absolument authentique. L'audience du tribunal de la Seine, siégeant le 17 février 1837, rapporte tout cela en détails et avec toutes les pièces que dans une enquête approfondie l'historien G. Lenôtre a complétées.

— *Comment expliquer alors l'inexplicable ?*

— Par le régime de ces fameuses maisons de santé. Il y en avait de nombreuses dans Paris : à Picpus, au Chemin-Vert, à la Nouvelle-France, à Charonne, dirigées soit par des dames vertueuses et charitables, soit par des médecins.

Ordinairement, on y internait des fils de famille, de manière passagère et pour leur éviter les rigueurs d'un véritable emprisonnement. Comme la pension coûtait très cher, les familles faisaient leur possible pour que l'élargissement de l'intéressé intervienne le plus vite possible. Tout autre était le cas de ceux qu'on y faisait enfermer sur ordre du roi. Ceux-là dépendaient de l'Administration et, comme nul n'avait intérêt à les voir sortir vite, ils risquaient fort d'être oubliés. On connaît ainsi le cas de plusieurs internés qui ont proprement disparu, nul ne se souvenant au bout de quelques années où ils avaient été enfermés. Cela a été le cas d'un certain Stanislas d'Andrenos arrêté en 1773, et qui n'a pas pu être retrouvé. De même, et en dépit d'actives recherches menées par l'Assemblée constituante en 1791, on ne put jamais savoir où avait été interné le révérend père Luc d'Argent, victime d'une lettre de cachet en... 1767.

Quand éclatent les événements de 1789, la famille du marquis s'enfuit à l'étranger. C'est immédiatement l'Administration qui se substitue à elle et qui prend en charge les frais de pension du marquis. Voici donc les propriétaires successifs de l'établissement où il est interné assurés d'une rente qui leur sera versée aussi longtemps qu'ils pourront garder le jeune homme par-devers leurs hauts murs. Mieux, il semble même qu'ils se le soient « revendu » les uns aux autres, assurant à ceux qui voulaient demander de ses nouvelles — il y en a eu — qu'il avait sombré dans la folie la plus noire et qu'il ne supportait absolument plus les visites.

Il faut bien dire à la décharge des tenanciers peu scrupuleux qu'ils étaient fortement encouragés dans leurs pratiques par l'attitude du marquis qui ne demandait nullement à sortir.

Il a été en somme une Belle au Bois Dormant qui ne s'est réveillée que cinquante ans plus tard, poussée par le besoin de dédicacer son œuvre au roi. A ce moment-là il s'est d'ailleurs trouvé un descendant de sa famille pour le rétablir dans ses droits, après le procès du sifflet à la reine. Ce rétablissement a été acquis lors d'un second procès en 1838, et on a, par la même occasion, conclu à la parfaite bonne santé mentale du marquis.

— *Comment cela ?*

— Le tribunal s'est fondé sur une déclaration du marquis à propos de la littérature de son temps dont il venait de prendre connaissance. Ses préférences vont nettement aux classiques, on s'en serait douté ! Il trouve en effet la poésie romantique tout à fait abominable et la donnerait tout entière pour un seul vers de Racine. « Comment voulez-vous dans ces conditions que cet homme ait jamais été fou ? » déclara le plus sérieusement du monde M. de Gérando, avocat du roi, en relevant le marquis de son interdiction, sans même écouter les réquisitions de l'avoué Boissière...

Compte tenu de son grand âge et du peu d'habitude qu'il avait du monde dans lequel il était appelé à vivre désormais, on le dota d'un conseil de famille. Comme on sait, il ne fut guère fasciné par les temps nouveaux. Tant il est vrai que s'il y a de la magie dans l'Histoire, il y a encore beaucoup plus de magie à échapper à l'Histoire.

SOURCES

Georges LENOTRE, *Vieilles Maisons, Vieux Papiers*, Perrin.
Claude MANCERON, *La Révolution qui lève*, Robert Laffont.

La Révolution ?... Connais pas !

Est-ce un grand mariage qui, ce matin, fait le plein à l'église des Carmélites de Paris ? Il ne le semble pas... Car, en dépit des robes à panier, des ruches et des bouillons de soie, certains visages paraissent contraints... Un enterrement alors ! Pas davantage... Certes, les soutanes violettes de nos seigneurs les évêques pourraient le faire croire ; mais du fond de l'église, aussi, on peut voir que ces excellences ont passé l'aumusse de petit-gris sur le bras... D'ailleurs, les dames n'ont pas craint de mettre du rouge à leurs joues, et certaines à leur costume... Ça y est !... c'est sûrement une première communion : la communiante, c'est cette frêle petite fille agenouillée au centre du chœur, aux pieds de Mgr l'archevêque de Paris... Voyons ! ce n'est tout de même pas pour elle seule, toute cette fastueuse cérémonie qui a fait accourir de Versailles les premiers noms de France et beaucoup d'autres aussi bien nés, venus de province ?...

Si on se bouscule tant aujourd'hui, rue de Grenelle, c'est en fait pour assister dans son affliction une des premières familles de France. Affliction ? Monseigneur vient du haut de sa chaire parler de la « jubilation céleste » des chers parents !... A dire vrai, le père de la petite agenouillée, Charles-Joachim de Seiglières de Belleforières, comte de Soyecourt et de Tuppigny, marquis de Guerbigny, baron d'Itre, seigneur des Grandes Tournelles, Montdidier, de Séricourt, de Grand-Manoir-de-Lihons, de Champignolles et de vingt autres lieux, ne partage en rien, pour l'heure, un sentiment aussi positif. Il s'est proprement exilé sur ses terres pour n'avoir pas à assister à la cérémonie. Quant à Mme de Soyecourt, la mère, elle vient de répondre aux paroles de l'archevêque par des sanglots.

Car le grand costume de cour que sa fille porte aujourd'hui, avec paniers, falbalas, coiffes, dentelles et piqués de rose, on va l'en dépouiller tout à l'heure et pour jamais. En place de ses jupes de quatre aunes et demie, on va lui passer une chemise de toile blanche, avant de couper à ras ses beaux cheveux blonds. Et quand elle aura disparu par cette petite porte latérale au fond du chœur, eh bien... autant le dire, elle sera rayée du nombre des vivants. Car c'est dans l'ordre le plus rigoureux qui soit que Camille de Soyecourt est aujourd'hui professe. Celui des carmélites qui exige des siens une abstinence perpétuelle, et d'aller — dans les strictes limites de la clôture — nu-pieds en toutes saisons.

Dans l'entourage du président Molé, son parrain, comme dans sa famille, on murmure que cette prise de voile équivaut à un suicide... Chère et pauvre Camille ! Folle Camille ! Si jeune, si dolente ! Les lunettes de théâtre se dirigent encore une fois vers la pâle forme abîmée dans son oraison et les éventails battent plus fort. Comme pour couvrir les soupirs de Mme de Soyecourt...

Huit années ont passé déjà depuis ce jour mémorable. Mais bien peu de ceux qui le vécurent l'ont fidèlement gardé en mémoire ! C'est que tant d'événements prodigieux sont venus chambouler le royaume... De royaume d'ailleurs il n'y a plus et ce sont les clameurs des dévots de l'ordre nouveau qui percent maintenant les murs épais du Carmel.

Ce matin du 12 septembre 1792, deux commissaires de la Commune ont fait forcer les portes du cloître de la rue de Grenelle. Toute une foule populacière les suit, avide de découvrir les mystères qui se dérobent depuis toujours derrière ces grilles, et de toiser sous le voile le visage des malheureuses, victimes de l'enfermement. Déception ! Les visages sont sereins et ne s'attristent que quand retentit l'ordre absurde du commissaire : « Sortez, citoyennes... Vous êtes libres ! »

Les sans-culottes sondent les planchers, à la recherche d'illusoires trésors, renversent le mobilier et fouillent le couvent de fond en comble. Pour faire bonne mesure, le bon peuple de Paris brise les reliquaires, et quand enfin on enjoint aux malheureuses sœurs de quitter les lieux sur-le-champ, leur seule défense est de s'embrasser entre elles, très tendrement.

Les voici dehors, prisonnières pour de bon. De la nuit, de cette ville tragique, dont les rues leur sont inconnues, sans feu ni lieu, avec quelques hardes sous les bras.

Par bonheur, Camille de Soyecourt, qui est maintenant leur directrice, a prévu la tourmente. Elle a fait louer une maison rue Mouffetard, loin de tout voisinage indiscret. Les sœurs transforment une des chambres en chapelle et, tous les jours, un « professeur de dessin » vient les visiter : c'est bien sûr un prêtre réfractaire qui cache dans ses cartons un ciboire et une pierre d'autel démontable...

Tout se passerait le mieux du monde si un voisin patriote, que l'existence de ces femmes solitaires intrigue, ne prenait le parti de les dénoncer à la Commune. Bientôt les sans-culottes, armés de piques, font irruption dans la maison et saisissent dans une armoire la correspondance que Camille échange avec plusieurs prêtres réfractaires, cachés dans Paris. Toute la petite communauté est incarcérée à la prison Sainte-Pélagie où Mlle de Soyecourt regroupe aussitôt d'autres religieuses pour la récitation de l'office et du bréviaire. Chaque semaine, un prêtre, déguisé en marchand de vin, vient leur distribuer les saintes espèces après avoir fait boire les geôliers.

Emprisonnée à Pâques, la sœur Camille est libérée le jour de la Pentecôte. Elle n'a plus d'asile consacré désormais et c'est à contrecœur qu'elle doit s'installer dans le magnifique hôtel de ses parents.

Mais le 1er février de l'année suivante, le comte, la comtesse et les deux sœurs de Camille sont arrêtés comme suspects et jetés en prison. Voici notre sœur toute seule dans l'immense hôtel déserté. Elle doit s'enfuir le soir même et n'emporte, tellement elle est ignorante des réalités, qu'un écu de six francs. Elle compte dépenser si peu qu'elle espère avec cette somme pouvoir subsister plusieurs mois !

Elle rencontre par hasard une dame pieuse qui lui offre l'asile d'une mansarde. Elle y passe son temps à prier ou à chercher des messes pour les prêtres réfractaires. Pour la première fois elle doit aussi songer à se soucier de sa nourriture. Elle s'en sort comme elle peut, en faisant cuire un hareng dont elle ne boit que le bouillon. Quand elle a trop faim, elle retourne en catimini à l'hôtel familial où l'unique domestique, qui garde à présent les lieux, lui donne des œufs d'une dernière poule qu'elle mange crus.

Une nuit elle apprend que sa mère est morte de dysenterie en prison et que son corps a été aussitôt jeté à la fosse commune...

Voici le printemps et le début de la Terreur. Tous les ci-devant nobles doivent, sous peine de mort, quitter Paris. Elle n'ira que jusqu'à Moulineaux pour ne pas s'éloigner trop des prisons où sont détenus les siens. Pendant six mois, elle est fille de ferme et retourne chaque semaine à Paris pour s'y confesser. Pour ne pas trop exposer la vie du prêtre réfractaire qui l'accueille, elle passe la barrière de Grenelle, habillée de blanc, une grande cocarde tricolore à son bonnet, ses habits dans un petit balluchon qu'elle dissimule du mieux qu'elle peut. A cette époque, le nonce du pape survivait en faisant cuire sur un petit fourneau portatif le cresson qu'il cueillait dans les fourrés !...

Un jour, en passant rue de Vaugirard, elle entend crier la liste des condamnés à mort du jour : le nom de son père y figure... A la prison on lui dit que la charrette a emmené son père la veille déjà.

A Moulineaux on a deviné qui elle est, et on lui demande de s'en aller. Son dénuement est alors si grand qu'elle va mendier un asile à la mairie. On la loge comme vagabonde dans une maison désaffectée. Elle apprend alors que sa sœur, Mme d'Hinnisdal, vient d'être guillotinée sous les yeux de son petit garçon, que les soldats repoussaient et qui est à présent livré à lui-même. Elle recueille l'orphelin, et s'en occupera jusqu'à sa mort. Mais son cœur a trop souffert et sa santé aussi tout au long de ces mois terrifiants : les médecins la condamnent.

15 octobre. La Terreur meurt de la mort des terroristes. Dès lors une seule ambition l'obsède : reconstituer son cher Carmel. Vêtue d'une grande robe noire « longue, pâle, mince et douce », comme la décrit un de ses contemporains, elle agite tous les notaires et hommes de loi de la capitale. Elle obtient

la restitution quasi totale de tous les biens de ses parents et les clercs restent stupéfaits d'entendre cette pauvresse jongler avec les millions et racheter des immeubles, alors que visiblement elle ne fait pas plus d'un repas par jour...

Elle achète notamment une maison rue Saint-Jacques, où ses sœurs en religion — la plupart à demi mortes de misère — viennent trouver le salut. Les persécutions, dont ses pauvres parents ont été les victimes, la hantent beaucoup. Elle fait de nombreux pèlerinages dans les lieux où sa famille a été détenue. Le couvent des Carmes, qui a été pour son père et pour tant d'autres la salle d'attente de la mort, est devenu un lieu de fêtes publiques, où se donne notamment « le bal des Marronniers ». Elle rachète le tout, église, bâtiments conventuels et immenses jardins, qui sont aussitôt envahis par une petite armée d'artisans qu'elle y a dépêchée. Le 24 août, elle prend possession des lieux avec ses compagnes. En propre, elle ne se réserve qu'une toute petite cellule munie d'une étroite fenêtre. Celle-là, elle y tient par-dessus tout : son père y a été enfermé durant cinq mois, avant d'être conduit à la guillotine... Pendant près d'un demi-siècle, celle qu'on appelle désormais la mère Camille va vivre dans ce cadre, se dévouant à ses compagnes mais ne se donnant qu'à Dieu. Non sans d'autres avatars déplaisants, quand, en 1811, elle vole à la rescousse du pape qui vient de lancer une bulle d'excommunication contre l'Empereur. Le couvent est devenu une grande salle de classe où l'on recopie à des centaines d'exemplaires le texte d'excommunication pour le faire circuler dans Paris. La police impériale se présente rue de Grenelle et emmène la Mère à la préfecture de police où on la retient prisonnière. Aussitôt, c'est un défilé des royalistes de Paris, qui tous veulent rendre visite à la persécutée. Cela suscite à toute heure du jour des embouteillages, non seulement dans les couloirs mais aussi dans les rues avoisinantes. Elle est alors mise au secret, puis exilée à Guise dans la Thiérache. Tous les mois elle revient, faisant une partie du chemin à pied, déguisée et contrefaisant, pour mieux tromper les limiers de l'Empereur, la boiteuse.

En 1815, la Restauration lui permet d'espérer enfin un peu de tranquillité. Ses effarantes tribulations, qui ont duré presque un quart de siècle, prennent fin en effet ; mais avec le retour au calme de son esprit, c'est son corps maintenant qui se venge de tant de privations. Elle est percluse de goutte, ne pèse plus que trente-cinq kilos et souffre de cette affection du cœur pour laquelle les médecins l'ont condamnée à dix-sept ans...

Cela n'empêche pas les fonctionnaires de la Restauration de lui demander de déguerpir, elle et ses compagnes, car le nouveau régime a besoin de mettre en place une école qui formerait des prêtres, fidèles aux idées monarchistes... Mère Camille résiste tant qu'elle peut et cela lui est comme un nouveau trépas de son père quand elle doit quitter ses murs vénérés. Elle achète un ancien couvent des bernardines, rue de Vaugirard, et c'est là qu'elle va passer les dernières années de sa vie. Elle a quatre-vingt-cinq ans, son corps déformé par les rhumatismes est presque transparent, mais elle dort toujours sur une planche et ne se nourrit que d'un peu de lait. A mesure que tout lui est retiré, la vue, et l'usage de ses jambes, sa gaieté reste intacte et, quand au matin ses jeunes compagnes accourent à son chevet, elle les reçoit en chantonnant sur des airs qu'elle improvise :

Dans ma longue carrière
J'ai eu bien des tourments
J'ai vu dessus la terre
Des bons et des méchants
Chacun meurt à son tour
Et moi je vis toujours.

— Ma voix n'était pas des plus belles ce matin, dit-elle aux sœurs, en riant. Que voulez-vous, cette nuit j'ai encore cru que j'y passais !

Cette âme inflexible quitta son corps « devenu un prétexte pour qu'elle reste sur terre » le 9 mai 1849. Elle avait quatre-vingt-douze ans et, pendant plus de soixante-quinze ans, elle avait traversé les cataclysmes de l'Histoire : révolutions, coups d'Etat, et changements de régimes, uniquement préoccupée d'être fidèle à sa foi. Elle est morte en bénissant ce monde qui avait été si terrible pour elle.

Avait-elle des opinions politiques ? Certes, non ! Elle était de ces saintes personnes, si rares, dont Victor Hugo disait qu'elles ont mérité de n'avoir pas d'opinions politiques...

RÉPONSES À L'INCRÉDULE

— *La mère Camille, non plus, n'est pas entrée au dictionnaire... Comment alors son histoire est-elle connue ?*

— Le roi Louis-Philippe, lui-même, avait été témoin dans sa jeunesse de cette prise de voile qui défraya longtemps la cour. Un soir, dans les derniers temps de son règne, il raconte la cérémonie dans sa maison de Neuilly. Le roi, qui se croyait un des tout derniers survivants de cette époque, répondit à une personne de l'entourage qui se demandait ce qu'avait pu devenir Camille qu'elle était certainement morte, soit du fait de l'austérité de la règle du Carmel, soit des persécutions de la Révolution.

Quelques jours plus tard, une dame de compagnie de la reine, qui s'est intéressée à l'anecdote, apprend de la bouche de Mgr Affre les destinées de la sœur Camille et les rapporte au roi.

« Sœur Camille, lui dit l'archevêque de Paris, existe toujours : elle a enterré toute sa famille et tout son couvent. Elle n'a jamais cessé, même au plus fort de la Terreur, de suivre strictement la règle de son ordre ; les deuils les plus cruels, les calamités les plus imprévues, les persécutions les plus acharnées n'ont pu avoir raison de son entêtement à vivre ; elle a aujourd'hui quatre-vingt-dix ans ; elle se fait saigner à chaque saison, ne mange que des purées à l'eau et sa bonne humeur est celle d'une fille de seize ans qu'attendent toutes les douceurs de la vie ; le roi honorerait cette digne religieuse s'il allait la voir... »

Louis-Philippe s'y engagea, mais la Révolution de 1848 ne lui laissa pas le temps de tenir sa promesse.

C'est l'historien G. Lenotre, qui, en découvrant la pierre tombale de la religieuse dans les caveaux des Carmes, à côté des ossements des victimes de la Terreur, a reconstitué la vie extraordinaire de cette femme.

— *Extraordinaire, certes... mais magique ?*

— C'est proprement magique que de pouvoir traverser une époque aussi bouleversée, avec cette foi, ce courage, et cette unité de l'esprit : c'est la magie de la foi !

On a pu dire que toutes les épreuves qui ne nous tuent pas nous grandissent. C'est vrai. Quand du moins on a déjà en soi quelque chose de grand... Cela s'applique parfaitement ici. Nombreux à cette époque, qui est une des plus agitées de notre Histoire, sont ceux qui ont cru se sauver en se reniant. Tel cet abbé Le Bon dont nous allons raconter l'histoire[1]. En se mettant du côté des vainqueurs et des persécuteurs, il a voulu s'assurer une belle vie. Il a péri sur l'échafaud, haï et méprisé.

Camille, elle, a bravé les lois révolutionnaires et celles qui ont suivi, en narguant continuellement la mort, qui la fuit, durant un siècle ou presque. Tout cela par fidélité à l'idée qu'elle s'est faite très jeune de sa vocation. Elle est morte dans la paix et l'allégresse du cœur à quatre-vingt-douze ans...

Conclusion ? Il y a tout de même une justice. Mais très au-delà de la société et de l'Histoire...

SOURCES

Archives nationales et Archives de la Préfecture de Paris.

Alexandre SOREL, *L'Europe et la Révolution.*

— *Le Couvent des Carmes et le séminaire de Saint-Sulpice pendant la Terreur.*

WALLON, *Histoire du tribunal révolutionnaire de Paris.*

1. Voir infra *L'abominable histoire du premier prêtre marié.*

L'abominable histoire du premier prêtre marié

Quel est donc ce bon père gesticulant qui passe, à la tête d'une petite troupe d'étudiants, les portes de la bonne ville de Beaune, capitale des grands crus bourguignons ? Nous sommes en mai 1790 et, avec les premières chaleurs et les idées nouvelles surtout, il n'est pas choquant qu'un professeur de rhétorique, même ensoutané, ait fait une escapade avec des élèves qui l'adorent, et même s'il s'est engagé un peu loin au passage, dans ces vignes que le Seigneur a ici si généreusement répandues... En vue de l'hôtel-Dieu, il presse le pas, et il apparaît même à certains qu'il titube un peu, tout en exhortant sa bande...

Eh là !... le voilà qui arrache son blanc collet d'oratorien et le jette dans la rigole !... Ses yeux bleus étincellent et son pas de jeune homme, rompu aux exercices physiques, s'accélère encore... Fichtre ! Qu'est-ce qui a bien pu mettre notre homme dans cet état-là ? Et tout d'abord, d'où vient-il cet oratorien de trente ans qu'au collège et même dans toute la petite ville on fait volontiers passer, jusqu'ici, pour un modèle d'intelligence, de dévouement magistral et apostolique ?...

Ce n'est peut-être pas sans importance, pour percer à jour le véritable caractère de celui qui va devenir le plus abominable persécuteur d'une période de notre Histoire... qui en compte pourtant d'insurpassables dans la cruauté.

Joseph Le Bon, puisque tel est le nom de cette créature de cauchemar, est né à Arras, d'une famille modeste dont le père était crieur de ventes. Vif d'esprit, réfléchi, volontiers porté à l'enthousiasme, l'enfant fait ses études chez les oratoriens de Juilly. En 1789, il est ordonné prêtre et nommé professeur à l'oratoire de Beaune. Sa foi est absolue, il respecte la règle avec une ardeur que ses supérieurs trouvent même excessive, ses élèves l'aiment « jusqu'à l'idolâtrie ».

Il se dépense sans compter, se fait recevoir dans les familles, où il arbitre, conseille, et fait des adeptes pour son ordre.

Ce fameux jour de mai 1790, ses rhétoriciens font une fugue pour assister à une fête révolutionnaire à Dijon. Il y a quarante kilomètres de Beaune à Dijon ; une promenade de santé pour des collégiens que l'abbé Le Bon a habitués aux longues courses par tous les temps. Averti de cette escapade, le supérieur du collège fait de vifs reproches à l'abbé Le Bon. Exaspéré, celui-ci tente alors de rattraper ses « terminales »... à pied. Il galope sans s'arrêter pendant douze kilomètres, saute ensuite dans une voiture, et rejoint la bande à Gevrey. Comme dit, ses élèves adorent Le Bon et il n'a aucun mal à les convaincre de renoncer à leur projet. Le chemin de retour s'appelle Chambertin, Musigny, Vougeot, Saint-Georges... un vrai supplice de Tantale et l'explication de la démarche hésitante de l'ecclésiastique, sur la fin.

Sitôt rentré au collège, il met en pièces son costume d'oratorien et jette sa démission à la tête du supérieur. Revenu dès le lendemain à des sentiments meilleurs, il veut revenir sur sa décision. Trop tard ! on jase en ville et il n'est plus possible de le garder. Commence alors pour le futur conventionnel une période de dèche, qui ne se termine qu'avec l'obtention, un an plus tard, d'une petite cure. Elle lui rapporte sept cents livres — une misère ! — et encore a-t-il dû prêter le serment civique, au grand désespoir de sa mère qui devient folle de honte et de chagrin.

Ces événements paraissent sonner le glas des ambitions du jeune prêtre apostat que ses amis et toute sa famille vouent à la malédiction du Ciel. « Ciel », précisément, où il est vicaire et il s'appelle en plus Le Bon ! Il y a vraiment des noms prédestinés !...

Bientôt il obtient dans les environs d'Arras une cure constitutionnelle à mille huit cent cinquante livres, mais sans paroissiens : presque tous sont restés fidèles à leur ancien curé et ce ne sont pas ses pratiques d'avant-garde qui risquent de les faire venir !... Le jour de la première communion il a conduit ses quelques rares petits paroissiens... au cabaret et, là, filles et garçons ont bu à la régalade un demi-tonneau de bière.

Dans sa petite ville des faubourgs d'Arras il n'est pourtant pas complètement isolé. Les intellectuels rouges fréquentent chez lui, des avocats, notamment, et même deux messieurs dont on allait bientôt entendre parler, Maximilien de Robespierre et son frère Augustin. Ses relations de gauche le servent et le voici vicaire à Arras, puis, le 2 septembre 1792, député suppléant à la Convention.

Sa cousine germaine, qu'il appelle Mimie, vient de temps en temps l'aider à tourner la broche. C'est une grande rousse à la peau blanche mais aux traits vulgaires et déjà empâtés. Le Bon trouve que c'est un morceau de choix, et entreprend de séduire la fille, au grand scandale de sa mère, la très dévote veuve d'un aubergiste de Saint-Pol.

Le traitement de Le Bon s'élève maintenant à trois mille francs, ce qui lui permet de vaincre et les hésitations de la fille et les scrupules de la mère. Le 5 novembre de la même année a lieu un événement sans précédent en France, depuis que Clovis s'est fait baptiser à Reims : le premier mariage purement civil et le premier mariage d'un prêtre. Devant tous les invités rassemblés, il tient un discours qui, nonobstant les sophismes qu'il renferme, ne manque pas d'allure...

« Magistrats du peuple ! lance-t-il. Je viens terrasser le préjugé féroce qui condamnait une classe d'hommes à vivre dans le crime et ne leur laissait que le choix des forfaits !... Puisse ma démarche solennelle leur ôter toute excuse ; puissent-ils se déterminer enfin à respecter à la fois la nature et la société [...] en ne se servant plus de leur ministère pour abuser la femme ou la fille d'autrui !... »

Le lendemain de la cérémonie, il adressa copie de son propos à ses amis politiques qui, dès le 29 juin suivant, après avoir décrété d'accusation le député d'Arras en titre, l'invitent à siéger à la Convention. Il n'y reste guère car, comme naguère à Beaune, il est pris d'une frénésie de dévouement et d'agitation dont ses nouveaux maîtres n'auront qu'à se louer : pendant huit mois, il établira en leur nom le plus terrifiant des proconsulats : une charge de liquidateur des ennemis de la Révolution qu'il honore en famille, doublement, puisqu'il choisit ses assesseurs uniquement parmi ses anciens amis et collègues de l'Oratoire et que sa femme, la plantureuse Mimie, décrète, en faisant son entrée dans Arras :

— Il faut qu'il tombe ici cinq mille têtes !...

A son mari, éperdu de tendresse, elle vient aussi de faire une petite Pauline qui naît à l'instant où Marie-Antoinette grimpe dans la charrette des condamnés...

Tout ce monde s'installe en communauté, dans une jolie maison du XVIe siècle, avec tourelle, escalier en spirale et balcon, donnant précisément sur la place des exécutions. Ainsi, disent-ils, ils seront sûrs d'avoir « le nez sur la guillotine ». Pendant huit mois terribles, ces hommes de Dieu repentis, mais sans remords, massacreront avec les mêmes certitudes qui les poussaient, voici deux ans encore, à servir l'Evangile. Avec la même franche gaieté aussi qui les faisait alors tant apprécier de leurs élèves.

« Défense d'être triste », enjoint le bourreau à la ville qu'il va dépeupler. La citoyenne Le Bon obtempère toujours la première. « Il me fait rire à ventre déboutonné », dit-elle quand le juré Caudrières lui raconte, avec force détails sadiques, les exécutions du jour.

Empanaché et fièrement appuyé sur un cimeterre, Le Bon interpelle les condamnés qui montent sur l'échafaud, mime par avance leur comportement, imite leurs cris de détresse et lance l'orchestre qui campe aux pieds de la guillotine. On joue des airs à la mode, la carmagnole, le « Ça ira », que les enfants rangés en carré répètent à tue-tête. La buvette, installée contre les bois de justice, ne désemplit pas et, quand l'équarrissage quotidien est terminé, le bourreau et les aides s'amusent à disposer les corps des suppliciés dans des attitudes grotesques à la grande joie de la populace. La tribu Le Bon se retire ensuite de son balcon et gagne les salons où s'agite un personnel nombreux. Après les amuse-gueule, on passe à table qu'on ne quitte que trois heures plus tard, tant les scènes de l'après-midi ont mis en appétit. Les arrêtés du Comité de salut public, prescrivant de sévères rationnements, ne valent pas pour les pourvoyeurs de la guillotine, qui après avoir dégusté la mort se gobergent en bons vivants : huîtres de Boulogne, bavaroises au chocolat, rôts et poissons, alors que la malheureuse population d'Arras est réduite à une demi-livre de pain d'orge et d'avoine...

Le vivier de la guillotine, cependant, s'épuise dans Arras. Le Bon et ses affidés songent à aller dévaster la ville voisine de Cambrai. Le 5 mai 1794, les Cambraisiens voient entrer dans la ville une troupe portant carmagnoles et pantalons, ceux-ci à la dernière mode de Paris, c'est-à-dire bien effrangés du bas. Ils toisent les badauds avec mépris et font traîner ostensiblement leurs larges sabres sur le pavé. Derrière eux, mais à distance respectable, caracole Le Bon, le buste fortement cambré, le visage maquillé de rouge, les cheveux en broussaille et ramenés sur la nuque comme un guerrier d'Attila...

De temps en temps, il fait tourner son sabre comme une badine et apostrophe les spectateurs...

— Signez-vous, Cambrésiens, car c'est la mort qui passe !

Et pour compléter ce tableau d'apocalypse, la racaille débraillée qui entoure le bourreau et ses commis : ils feront office de juges.

Dès le surlendemain, les exécutions commencent, histoire de faire un peu de place à la révolution en marche : on peut ainsi s'installer chez les guillotinés. Les plus aisés d'abord, pour que Mimie puisse disposer d'argenterie frais briquée. On s'assure que la maison comporte un balcon aussi, pour que Mimie puisse voir commodément « tomber les abricots », comme elle dit. On améliore encore le spectacle, en aménageant des entractes : dès qu'une tête est tombée, une troupe de comédiens prend le relais. Et puis ce sont des rondes d'enfants, joyeusement emmenées par un orchestre. Sitôt le couperet retombé pour la dernière fois de la journée, la maison du dictateur s'ouvre aux familles qui n'osent refuser les invitations et reconnaissent la vaisselle des suppliciés.

« J'ai deux amours..., chante Le Bon devant les convives terrifiés, Mimie et la guillotine... » Très assidue aux débats du tribunal, Mimie s'assied dans la journée aux côtés de son mari et quand la tête d'un condamné ne lui revient pas, elle se passe le tranchant de la main sur le cou, ce qui suffit à sceller le sort du malheureux.

Un jour, une pauvre femme vient dans son salon implorer la grâce de son mari.

— Mettez ça à la porte ! lance-t-elle, et dites-moi bien plutôt combien nous avons mis de têtes de veaux au « saloir à Le Bon ».

Ce qui, dans son lugubre jargon, désigne bien sûr la fosse commune...

Le bruit de ces horreurs se répand dans tout le nord de la France et, pour éviter la ville maudite, les voyageurs n'hésitent pas à faire un détour de cinq lieues. Dans la région, on tente de conjurer le fleuve de sang en improvisant des complaintes, dédiées le plus souvent à la femme de Le Bon...

Quinze par jour, je m'en contente !
J'ai, de la sorte, ouï parler
Madame la représentante
Qui voulait voir le sang couler...

Le 11 thermidor, au milieu d'une fête qui tourne à l'orgie, on apprend que l'oiseau tutélaire de ces carnages a été frappé en plein vol : la mort de Robespierre ne signifie rien de bon pour l'Attila du Nord, qui monte dans une chaise et gagne Paris. Quelques jours après il est arrêté, de même que sa femme qui est incarcérée, elle, à la prison d'Arras, convaincue d'« actes d'oppression ».

Le Bon restera un an en prison, heureux, écrit-il dans ses lettres, d'être « enfin l'objet de la persécution des méchants ». A la prison d'Arras, Mimie accouche le 19 brumaire d'un petit Emile. « Il se souviendra un jour, le luron, qu'il est né dans les fers », écrit Le Bon à sa femme, comme pour prévenir les ennemis de la République de la vengeance de sa descendance...

Enfin le voici qui comparaît devant ses juges, calme, « vertueux comme un Romain », dit-il, assuré d'avoir fait son devoir et d'une manière exemplaire. Comme ceux-ci tentent de le persuader que ses crimes n'ont plus rien d'humain, il s'abrite derrière les ordres reçus ; parfois pointe comme un remords et il se laisse aller à dire qu'il n'est plus en son pouvoir que le passé n'ait existé. Quand on lui présente les parents de ses victimes, des dizaines d'enfants orphelins de père et de mère, des veuves ou des fils dont il a fait décapiter les pères nonagénaires, il grommelle :

— Vous auriez dû me brûler la cervelle !

Mais il se reprend très vite et ajoute, cynique :

— Si, maintenant, on fait paraître les veuves et les orphelins !...

Pour le prêtre qu'il est et pour le père de famille aimant, c'est vraiment un mot qui fait date !... Il se rassied ensuite avec la mine de quelqu'un qui trouve le procédé vraiment déloyal.

« Adieu à tous nos amis ! écrit-il une heure avant d'être exécuté. Je m'endors à bien des maux !... N'oubliez pas de payer vingt francs au geôlier pour mes draps. Vive la République ! Ce 24 vendémiaire, jour où Pauline a deux ans ! »...

Il dîne ensuite calmement, avale une pinte d'eau-de-vie et passe avec détachement la robe rouge des parricides, comme l'y obligent les termes du jugement. Sur la charrette cependant, le bourreau doit le soutenir pour l'empêcher de tomber. Mais arrivé devant la sinistre lunette, il se jette courageusement sur la bascule.

Une foule en délire fait cortège au corps qui est emmené à la fosse. Et là, dernière scène hallucinante d'une vie qui ne fut qu'un long rêve de sang, cette foule lapide longuement le cadavre. Comme si cela ne suffisait pas à traduire son exécration, elle continue à jeter des pierres, longtemps après que la fosse fut remplie à ras bords...

Plus d'un demi-siècle plus tard, ce tumulus de pierres subsistait encore au cimetière d'Amiens...

RÉPONSES À L'INCRÉDULE

— *Votre monstre, c'est vraiment un cas limite, comme on dit...*

— Oui et non. On connaît d'autres cas de prêtres défroqués

qui se sont fait une réputation d'accusateurs publics. Pour eux, pourrait-on dire, la meilleure manière de faire régner sur terre la morale égalitaire de l'Evangile est de raccourcir d'une tête leurs semblables... Mais effectivement Joseph Le Bon est un cas poussé à son extrémité, et, à ce titre révélateur, l'un des aspects les plus tragiques de la révolution, qui met le Cambodge à deux pas de la doulce France.

— Mutatis, mutandis, *non ?*

— C'est vrai, mais ce qui me paraît exemplaire dans cette histoire est valable pour tous les temps, c'est le caractère magique de cette « conversion » au mal. On pourrait dire qu'elle est le symétrique inverse de celle des saints ; Augustin, par exemple, disant à Dieu : « Nunquam », « Jamais plus, je ne ferai le mal ».

Pendant toute l'instruction de son procès, et il y a eu vingt audiences, jamais, non plus, on n'a pu déceler la moindre trace d'humanité vraie chez cet homme qui, avant sa « conversion », pouvait être donné en exemple aux hommes.

— *Malgré cela, n'a-t-on pas exagéré un peu ses méfaits ? Il n'a pas laissé un grand souvenir parmi les égorgeurs les plus notoires de cette époque...*

— Il a dépeuplé des rues entières d'Arras et de Cambrai, des enfants jusqu'aux vieillards hors d'âge. A son exécution assistait un homme dont la famille comptait dix-sept guillotinés. Tous victimes de Le Bon... Non, Le Bon a été assurément un monstre, mais je pense que pour réussir la potion magique qui fait verser des hommes ordinaires dans la cruauté absolue, il suffit de deux ingrédients : l'idéologie dogmatique et la haine de l'autre, de celui qui n'adhère pas au dogme, haine absolue que l'idéologie sait si bien inoculer... Vous avez cependant raison : une de mes sources notamment, Lenôtre, un historien qui n'aimait guère les hommes de 89, doit être balancée avec d'autres... Manceron, par exemple.

— *Quel a été le sort de sa femme et de ses enfants ?*

— Il est certain que sa femme a été au moins aussi acharnée

que lui. L'extrême cruauté n'a jamais été l'apanage du « sexe fort ». Il est possible que, chez la femme Le Bon, la méchanceté naturelle se double d'hystérie, comme semblent l'indiquer ses crises de fou rire au récit de certaines atrocités. Il n'est pas impossible non plus qu'il y ait eu chez ce couple tragique une propension au sadisme sexuel, comme les orgies, accompagnant ou suivant immédiatement les exécutions, le font penser. Ces dispositions se font souvent jour lors de grandes répressions ou de supplices publics. Un exemple frappant en est donné par Casanova dans ses *Mémoires*. Arrivant à Paris en 1757, le 28 mars, il assiste le jour même au supplice de Damiens. La pièce où il se trouve donne sur la place de Grève où l'on écartèle Damiens après quatre heures de tortures affreuses. A sa surprise, il s'aperçoit que l'abominable spectacle émoustille fort une dame élégante qui finit par faire l'amour avec son compagnon. Angoissantes ombres de l'âme humaine !

Alors que Le Bon semble mesurer par instants l'étendue de ses crimes, sa femme reste jusqu'au bout l'implacable harpie assoiffée de nuire : incarcérée le 8 fructidor 1794, elle est visitée par tous les sicaires de son mari encore en liberté. A chacun, elle déclare : « J'ai encore quatre mille têtes à faire tomber, car mon règne va recommencer : j'ai toujours régné, même en prison !... »

— *Est-elle finalement condamnée ?*

— Non, pas du tout. Elle est libérée dès le lendemain de l'exécution de son mari. Elle se réfugie chez sa mère à Saint-Pol, où elle reste jusqu'en 1814. A ce moment-là, elle redoute d'éventuelles représailles de la part des royalistes triomphants et il semble qu'elle se réfugie alors dans une ville de l'est de la France...

— *Et ses enfants ?*

— On n'a pas la moindre idée de ce qu'est devenue sa fille Pauline. Son fils Emile, par contre, connaît une curieuse destinée. Elevé par les amis de son père dans l'idée que celui-ci avait été un saint et un héros « d'une expansive et inépuisable bonté dont la vie aurait été défigurée par la calomnie et le machiavélisme », il entreprend de vouer son existence à sa réhabilitation. Diplômé de droit, il est nommé juge d'instruction à Chalon-sur-Saône, où il vivra durant trente-huit ans dans une solitude quasi absolue, résigné au célibat, pour ne pas perpétuer « son nom douloureux ». Mais tout occupé aussi durant toutes ces années à défendre la mémoire de son père. Il publie d'abord l'ensemble des lettres écrites par celui-ci avant et pendant sa carrière politique puis une « Réfutation, article par article, du rapport à la Convention nationale sur la mise en accusation de Joseph Le Bon ». Réfutation dont il puise les principaux éléments dans... les souvenirs de sa mère et des amis de son père qu'il voyait régulièrement ! Il se ruine à faire imprimer et distribuer gratuitement ces libelles, sans aucun succès. Année décisive, il vient à Paris en 1858, et peut prendre connaissance alors des papiers concernant son père, conservés aux Archives nationales. Il s'installe tout un été à Paris et copie, copie...

Ce qu'il découvre, au fil de ces feuillets jaunis, lui donne enfin une image de son père plus conforme à la vérité...

Il entreprend néanmoins la rédaction d'un nouvel ouvrage : *Joseph Le Bon dans sa vie privée et dans sa carrière politique*. Il le sème à tous vents, sans plus de succès, mais se fait taper sur les doigts par le ministère de la Justice qui estime que c'est là « une imprudente entreprise de piété filiale ». Dès qu'Emile Le Bon atteint l'âge de la retraite, on se dépêche de liquider sa pension qui est très faible ; il ne peut plus, dès lors, envisager de nouvelles publications.

Il se tourne alors vers la religion, ne se montre presque plus en société et chaque matin on le voit prosterné sur les dalles de l'église Saint-Pierre de Chalon. Aux enfants frissonnants de peur, on dit : « Regardez, c'est le fils d'un monstre qui expie les forfaits de son père »...

Un jour, peu de temps avant la guerre de 1870, qui devait amener le rétablissement de cette République qui lui arrachait des larmes de nostalgie, il disparaît et nul ne sait où ni quand il est mort...

SOURCES

Georges LEFEBVRE, *Les Thermidoriens*, Paris, 1937.
Georges LENOTRE, *Vieilles Maisons, Vieux Papiers*.
Claude MANCERON, *Histoire des révolutions*, Robert Laffont.
Stefan ZWEIG, *Joseph Fouché*.

L'assassinat de l'archevêque de Paris

Une tête de mort qui trône sur une vaste bibliothèque bourrée de volumes à reliure ancienne, de hauts rideaux rouges passablement délustrés, et une immense reproduction du tableau de Dürer, *Saint Jérôme dans sa cellule* : nous sommes dans l'univers du mage Desbarolles, le plus célèbre chiromancien de son temps. Son atelier d'artiste, au dernier étage d'un bel immeuble sis à l'angle de la rue La Fayette et du Faubourg-Poissonnière — le Neuilly de l'époque — ne désemplit pas... Les actrices du Second Empire, les financiers et même les ministres, dit-on, de Sa Majesté, lui font dire, dans les lignes de leurs mains, si leurs jours sont tissés de mort ou de soie...

Le mage, aujourd'hui, est soucieux. Il a demandé à son vieil ami Alphonse-Louis Constant de venir l'assister. Constant, connu de tous les écrivains romantiques sous le nom d'Eliphas Lévi, est le rénovateur de l'occultisme français.

Celui dont les œuvres de philosophie occulte devaient impressionner profondément Victor Hugo en exil a accepté de bonne grâce, non pas pour le seconder dans ses démarches chirologiques, mais pour lui être près de la main d'une autre manière. Pour le protéger éventuellement, contre un de ses clients...

Certes, Desbarolles a l'habitude de recevoir des gens étranges, parfois même inquiétants. Aucun jusqu'ici ne lui a cependant envoyé de lettre où le déséquilibre paraît avec tant de force. Une grande écriture échevelée, un gribouillage plutôt, aux phrases grandiloquentes, terminées par une signature emphatique, illisible...

Un fou ? L'inconnu lui a en tout cas demandé rendez-vous ferme, pour ce jour-là, à deux heures.

« Nous avions devant nous un ecclésiastique en soutane, un jeune homme tonsuré, maigre, au nez pointu et busqué, aux yeux bleus et ternes », rapportera plus tard Eliphas Lévi. Son portrait se complète de la façon suivante : « Ses cheveux plats et courts, séparés par une raie sur le côté, étaient d'un blond grisâtre, mais tirant sur le châtain, avec une nuance particulièrement désagréable. Son sourire était douteux et fatal... »

A deux heures tapantes, donc, notre homme fait son entrée, il a un mouvement de recul quand il aperçoit Eliphas Lévi. Apprenant l'identité de ce témoin inattendu, il en paraît au contraire flatté et entre sans ambages dans le vif du sujet :

— Je cherche le *Grimoire d'Honorius* ! dit-il en se passant continuellement la langue sur les lèvres.

— Ni moi-même ni mon ami Desbarolles ne pouvons vous le procurer, interrompt aussitôt Eliphas Lévi.

Prêtre défroqué, celui-ci a gardé pour les choses de la religion une révérence que la seule évocation de ce recueil de recettes sataniques, visant, à grand renfort d'ingrédients dégoûtants, à provoquer le malheur d'autrui, suffit à choquer.

— Cet ouvrage de magie noire... qui enseigne comment concentrer la haine... dit-il avec embarras, devant l'insistance de son visiteur. Non, vraiment, ne comptez pas sur nous !... D'ailleurs, je doute fort qu'il existe encore dans Paris.

— Ne voulez-vous pas plutôt que je lise les lignes de votre main ? interrompt prudemment Desbarolles devant le dépit très visible de l'étrange personnage.

Celui-ci lui tend aussitôt une main humide et glacée, aux doigts spatulés et lisses comme de la pierre, au pouce démesurément développé. Après un instant de silence gêné, Desbarolles murmure :

— La ligne de vie est courte... brisée... Vous êtes mystique et entêté... Vous êtes aussi la proie... oui... d'une imagination tyrannique qui vous enlève tout contrôle de vous-même... Vous aimez la solitude, les procès, peut-être... Je vous conseille de prendre du repos, monsieur l'abbé, un séjour à la campagne...

Desbarolles semble en avoir déjà trop dit au gré de l'homme qui paraît soudain vexé. Il dérobe vivement sa main, et s'écrie :

— Bientôt je ferai de grandes choses... et vous le saurez !

Il fixe durant un instant ses deux interlocuteurs avec des yeux franchement méchants, puis s'en va ou, plutôt, s'enfuit...

Ce singulier visiteur se nomme Jean-Louis Verger. Il est prêtre et dessert depuis quelques mois, depuis l'été 1856, la petite paroisse de Serris, dans le diocèse de Versailles. Fils d'un tailleur de Neuilly, il a fait de bonnes études au petit séminaire de Saint-Nicolas-du-Chardonnet, sous la houlette de l'abbé Dupanloup. Mais son caractère inquiète celui qui allait devenir le grand prélat libéral du Second Empire. Un caractère bien difficile, balançant sans cesse entre la colère et une humilité qui paraît plus belle que nature. A son ordination, il est néanmoins attaché à la paroisse prestigieuse de Saint-Germain-l'Auxerrois et ses qualités le font même désigner porte-croix de la chapelle impériale. Mais bientôt son caractère ombrageux reprend le dessus et, à la suite de colères répétées, il se fait chasser.

Loin de se soumettre, il envoie des lettres d'injures, tente de faire chanter ses supérieurs, et se laisse aller dans le même temps à un dévergondage qui s'affiche publiquement. Son archevêque, Mgr Sibour, en dépit de la bonté qui le caractérise, doit se résigner à l'interdire. Dans son bureau, Verger lui joue une telle scène de désespoir et de résipiscence que le prélat pardonne et fait octroyer au repentant la charge d'une petite cure dans les environs de Meaux. Il ne s'amende pas et bientôt de nouvelles plaintes affluent. Ses paroissiens lui reprochent de les terroriser, de s'absenter souvent — il a gardé une chambre rue Dauphine à Paris — et pis... de mettre en danger la moralité des jeunes gens qui lui sont confiés.

Après sa visite à Desbarolles, il ne rejoint d'ailleurs pas sa cure et passe son temps à courir les bouquinistes, à la recherche du fameux *Grimoire d'Honorius*. Cette année-là, ses paroissiens se passeront de lui pour Noël.

Nous voici maintenant le 3 janvier dans l'après-midi. Jean-Louis Verger est revenu à Paris après des nuits entières de veille dans l'église qu'il dessert près de Versailles. Des habitants de Serris affirmeront que, pendant toutes ces nuits, l'église s'illuminait d'étranges lueurs...

Au début de l'après-midi de ce jour-là, un homme jeune en

veston et chapeau rond débouche de la rue de Buci pour se diriger vers la place du Panthéon. Il est très pâle, marche d'un pas rapide et, à certains instants, son visage est agité de spasmes nerveux. Arrivé sur la place du Panthéon, il tourne à main gauche et passe le porche de Saint-Etienne-du-Mont. Il s'adresse au suisse d'église qui accueille les fidèles, car un office important va avoir lieu. L'homme au bicorne d'apparat oppose un ferme refus à la demande que lui fait Verger. C'est en effet le prêtre dévoyé qui s'apprête à pénétrer dans le chœur de l'église, quelques instants avant que ne commence l'office célébré en l'honneur de sainte Geneviève, patronne de Paris.

Sous les voûtes de Saint-Etienne-du-Mont il n'y a plus une place quand, à seize heures, débute l'office présidé par Mgr Sibour lui-même.

La cérémonie doit être précédée d'une procession qui se déroulera à l'intérieur de l'église, les bannières paroissiales en tête, le clergé de Paris ensuite et, fermant la marche, Mgr Sibour, en chape dorée portant mitre et crosse. La procession parcourt d'abord lentement les bas-côtés, puis pénètre dans la nef où les fidèles s'agenouillent. Monseigneur s'avance pour les bénir et progresse à nouveau vers le fond de l'église, en prenant tout le temps que cette ferveur populaire mérite. Jean-Louis Verger est là aussi sur son prie-Dieu, abîmé, semble-t-il, dans un recueillement intense. Lentement toujours, Monseigneur s'approche et arrive à sa hauteur. Jean-Louis Verger bondit alors comme un fauve, la main armée d'un long poignard. Il en porte un coup terrible à Monseigneur en proférant un cri atroce : « A bas la déesse ! »...

Atteint en pleine poitrine, Monseigneur recule en chancelant. Il laisse tomber sa crosse, se penche en avant, la mitre roule par terre et il s'écroule, frappé à mort. Un grand tumulte couvre aussitôt la voix des orgues et, autour de l'assassin, un grand vide se fait tout d'abord... On fuit, on enjambe les corps des femmes et des enfants tombés à terre. Une femme courageuse tente de désarmer Verger. Elle est profondément coupée à la main.

Un sergent de ville enfin, qui est là pour faire oraison, se jette sur le misérable et le ceinture sans difficulté. Il est traîné au poste et, pendant qu'on lui fait traverser la place du Panthéon, tous ces bons chrétiens se ressaisissent ; chacun tente de lui tirer un horion ou un coup de pied, de sorte qu'il arrive au commissariat en sang...

De mémoire de juriste on ne se souvient pas d'un procès plus expéditif que celui qui se termina... le 17 janvier, oui, quinze jours plus tard, par la condamnation à mort de Verger. Moins de quinze jours plus tard il a la tête tranchée...

Le procès, en dépit de sa brièveté, est l'un des plus incroyables qui soient. Audience après audience, l'ecclésiastique accable les juges et les témoins d'injures si affreuses que chaque séance finit dans la confusion.

Quand son avocat, qui a été commis d'office, veut plaider l'irresponsabilité mentale, il est à son tour empêché de parler sous les insultes !... Quand enfin tombe le verdict, après quelques minutes de délibération seulement, Verger l'écoute, en silence, comme soulagé.

Au matin de l'exécution, il faut à nouveau le tirer de force au bas de sa paillasse. Il se débat, écume de rage et supplie les magistrats de retarder son exécution de deux heures. Il a d'importantes révélations à faire dans une lettre qu'il veut faire tenir à l'Empereur. Sa requête est bien entendue rejetée. Il s'enroule alors dans ses couvertures d'où on a beaucoup de mal à l'extraire.

Curieusement, quand le bourreau lui applique ses ciseaux dans la nuque, pour échancrer comme c'est l'usage sa chemise, il se calme comme par miracle ; son visage devient d'une pâleur mortelle et il déclare qu'il se conduira désormais docilement.

— Pardonnez-moi ma révolte, dit-il. Maintenant je ne veux plus écouter que mon âme. Je veux mourir en chrétien, en catholique, en prêtre. Je le déclare en pleine possession de ma raison...

Puis il monte calmement sur l'échafaud.

Etrange personnage. Etrange crime. Etrange procès. Des perquisitions ont eu lieu au domicile de l'accusé.

Il n'existe aucun procès-verbal d'audience. Tous les documents saisis ont été brûlés. Et visiblement le procès a été bâclé...

Pourquoi a-t-il crié « A bas la déesse » au moment de frapper ? Personne ne le lui a demandé...

Le *Grimoire d'Honorius* ? Personne ne l'a seulement évoqué au cours de ce procès expéditif...

Dans les dictionnaires historiques il est indiqué que Mgr Sibour a été poignardé par un prêtre déséquilibré, qui voulait se venger d'avoir été déplacé de sa paroisse parisienne. Cette conclusion laisse dans l'ombre nombre de questions essentielles...

RÉPONSES À L'INCRÉDULE

— *Il est clair que Verger était tout simplement un dément sans doute irresponsable, au sens où on l'entend aujourd'hui ?*

— Son avocat, Me Nogent Saint-Laurent a en effet plaidé la folie et il était probablement fou. Mais d'un genre de folie sur lequel on s'est bien gardé d'attirer l'attention. Une folie satanique aux rites de laquelle Verger s'était d'abord systématiquement livré. Il est significatif que le fameux *Grimoire d'Honorius*, qui était une des obsessions centrales de l'assassin, n'ait jamais été évoqué aux assises. Alors que Desbarolles avait largement répandu dans Paris l'épisode de la visite de Verger et son étrange demande...

— *Qu'est-ce que ce* Grimoire *?*

— C'est une somme de toutes les recettes de magie noire à l'usage des prêtres qui veulent se convertir aux pratiques sataniques. A grand renfort d'ingrédients aussi ragoûtants que des poils de pubis de vieille femme, de la bave de crapaud, des menstrues et des humeurs d'enfants frais égorgés.

Pour l'envoûtement recherché par Verger, concentrer sur une

victime désignée les effets de la haine, le grimoire, ou plutôt le démon commande, entre autres, ceci :

« Tu choisiras un coq noir et tu lui donneras le nom de l'esprit des ténèbres que tu veux évoquer. Tu tueras le coq et en réserveras la langue, le cœur et la première plume de l'aile gauche.

» Tu diras la messe des anges à l'aube et tu traceras sur l'autel avec la plume du coq, trempée dans le vin consacré, des pentacles qui m'évoqueront.

» Tu auras préparé un cierge de cire jaune. Tu te lèveras à minuit et, seul dans ton église, tu réciteras l'office des morts puis tu m'invoqueras. Après l'office, tu veilleras, en concentrant ta haine, et ce, jusqu'au lever du soleil.

» Tu mêleras la poudre de la langue et du cœur du coq noir, et tu feras avaler le tout à un jeune agneau mâle ; dans la même journée, tu égorgeras l'agneau... »

— *Tout cela fait des journées bien remplies...*

— En réalité, ces préparatifs s'étalent sur sept jours. Le temps que Verger a passé dans sa sacristie ou dans son église les jours qui ont précédé le meurtre. Il est à remarquer que dans la symbolique du grimoire « agneau » signifie « petit enfant »...

— *Faut-il croire que Verger a également assassiné un enfant ?*

— Il est en tout cas regrettable que la question n'ait pas été posée par la cour... Si l'on tient compte de la froide détermination qui a été la sienne au moment du meurtre... Cette question et plusieurs autres, tout aussi importantes...

— *Lesquelles ?*

— Celles qui concernent d'éventuels complices... Le tribunal, qui n'était pas à cela près, n'a attaché aucune importance aux témoignages selon lesquels, au moment de l'assassinat, un homme roux de très grande taille a poussé des cris de joie quand il a vu Mgr Sibour s'effondrer. Tout à côté de cet inconnu, une dame avait eu un comportement identique...

— *A-t-elle été identifiée, elle ?*

— Oui. Il s'agissait d'une certaine dame Dutruck, qui se nommait en réalité Mlle de La Morlière et qui avait joué un rôle important lors de la controverse provoquée par les apparitions de la Vierge à La Salette-Fallavaux. A l'origine du pèlerinage qui attire tous les ans cent mille personnes dans cette petite ville d'Isère, il y a la vision de deux petits bergers de quatorze et douze ans, Mélanie Calvat et Maximin Giraud, auxquels la Vierge confie, en septembre 1846, qu'elle va châtier les turpitudes de plusieurs nations européennes.

En 1855, la dame Dutruck est condamnée pour outrages, malgré une brillante plaidoirie de Jules Favre, et interdite de religion. A aucun moment le tribunal ne tenta de faire un rapprochement entre son comportement à l'église et les pratiques sataniques dont elle avait été convaincue. Je suis persuadé que le trio faisait partie d'une même secte d'adorateurs du diable, comme il y en avait beaucoup à cette époque.

— *Quelle signification faut-il alors donner au cri poussé par Verger, au moment où il tue l'évêque ?*

— « A bas la déesse », cela voulait dire : « A bas la Vierge Marie ». Le 8 décembre 1854, Pie IX avait promulgué le dogme de l'Immaculée Conception. Au grand dam des adorateurs de Satan, qui voyaient ainsi leur ennemie désignée, promue par le pape. Qu'on se souvienne en effet de la Genèse, où il est dit par Dieu à Satan : « Je mettrai de l'inimitié entre toi et la femme, entre ta postérité et la postérité de la femme et cette postérité t'écrasera la tête. »

C'est pour cette raison aussi que, sur les portails des cathédrales, on voit la Vierge écraser la tête du serpent.

— *Votre conclusion alors ?*

— A cette époque, où l'Eglise et la Justice sont très liées, on a voulu se montrer le plus discret possible, en une matière où les controverses et les attaques ne manquaient pas. L'Eglise était légitimement inquiète du développement prodigieux de l'occultisme, et du spiritisme dans la deuxième partie du XIXe siècle, qui a également vu une prolifération extraordinaire des sectes maçonniques, pour certaines très mal vues du pouvoir. L'Eglise comme l'Etat s'efforçaient de garder impénétrables aussi bien cette mystique diabolique que les rites obscurs qui échappaient au contrôle de la raison, surtout quand elle s'appelle la raison d'Etat.

Cette ténébreuse affaire comporte enfin un autre prolongement irrationnel, dont le poète des *Châtiments* est responsable. Victor Hugo venait en effet d'écrire des vers vengeurs contre Mgr Sibour qui avait contribué à la répression de 1848 et que Napoléon III, sa bête noire, avait fait archevêque de Paris :

Le meurtre à tes côtés suit l'office divin
Criant : feu sur qui bouge.
Satan tient ta burette et ce n'est pas de vin
que ton calice est rouge.

Avouez qu'après cela le coup de poignard meurtrier d'un dément sataniste, c'est tout de même une curieuse prophétie involontaire !

SOURCES

Robert AMADOU, *L'Occultisme, esquisse d'un monde vivant*, Julliard.

Alphonse-Louis CONSTANT, *L'Assomption de la femme ou le Livre de l'amour*, Paris, 1841.

Eliphas LÉVI, *Œuvres complètes de philosophie occulte*, Paris, 1865.

Archives criminelles de la Préfecture de Paris.

Les alchimistes de la douleur

Mettez-vous à genoux et vous croirez ! c'est donc la génuflexion qui donne la foi ? La gymnastique qui modèle la pensée ? La plupart des religions l'assurent. Mais c'est le christianisme qui a poussé le plus loin l'idée d'un esprit qui n'y voit clair que dans la consomption totale de la chair. D'un esprit qui trouve dans les souffrances physiques les plus insupportables le germe d'une félicité infinie... Suivons Théodoret de Cyr, un théologien syrien du ve siècle qui a décrit, en reporter à qui rien n'échappe, les étranges prouesses des saints du désert. Voici tout d'abord saint Marcien, empereur d'Orient en 450. C'est un homme de caractère. Avec une obstination égale, il refuse de payer tribut à Attila et de laisser en paix les monophysiens, ces hérétiques qui pensent que la nature du Christ ne peut être à la fois divine et humaine. Lassé du pouvoir et de la polémique, il invente mille ans avant Louis XI les fameuses « demoiselles », ces prisons si petites qu'on ne peut s'y tenir ni debout ni couché. Non pas pour y enfermer comme le roi de France ses ennemis politiques. Mais pour lui-même, pour y faire loin de la lumière du jour et dans d'affreux tourments une fin édifiante.

Saint Acepcime l'imite, mais perfectionne la geôle. C'est dans une minuscule maisonnette en bois, une sorte de niche, dont la porte ne s'ouvre que de l'intérieur, qu'il se retire. Par un trou on lui passe une fois par semaine un bol de nourriture, quelques lentilles crues, détrempées. Acepcime constate que par le trou lui parviennent encore quelques images du monde extérieur. Il le fait boucher et creuser un autre, oblique. Contrairement à d'autres emmurés de cette époque, Acepcime accepte de sortir de temps en temps pour satisfaire à la nature. Mais à la nuit noire seulement et il est tellement chargé de chaînes qu'il est obligé de se traîner à quatre pattes...

Saint Salaman fait encore mieux. Claquemuré dans un édicule à peine plus grand, bâti sur les bords de l'Euphrate, il prie et médite. Mais il a fait murer toutes les issues. Une fois par an, il creuse avec ses mains un trou sous le mur par où on lui glisse la nourriture pour les douze mois suivants. Imagine-t-on au bout de quelques années l'état de ce cachot obscur, seulement aéré par quelques défauts de la toiture ?

En fin limier qui file tous ceux qui se jettent à corps perdu dans leur foi, Théodoret découvre d'autres chambres de torture. Celle de Thalèle a quatre-vingt-dix centimètres de haut et un peu plus d'un mètre de long. Elle est faite de deux roues de char reliées entre elles par des barreaux de fer. Exquise punition. Bientôt, les membres s'ankylosent et le patient a l'impression d'être écorché vif. Pour être davantage à sa douleur, Thalèle demande qu'on suspende sa cage dans les airs par trois longues perches. Lui au moins respire, mais il est cinglé nuit et jour par les intempéries. Son corps lui-même a bientôt la forme d'une roue. Accroupi, la tête pliée entre les genoux, il lit les Ecritures et disperse ses matières qui passent pour miraculeuses.

Saint Eusèbe, à la même époque, passe une partie de sa vie à rompre des lances avec ces chrétiens qui ne croient pas à la divinité de la mère de Jésus. Sans doute pour leur faire mieux sentir le poids de leurs erreurs, il se charge de chaînes de plus en plus lourdes. De cinq en cinq kilos, il finit par s'enfouir sous un double quintal de fer et consume ses dernières années dans un marais asséché, au milieu d'un nuage de moustiques qui le dévorent sans qu'il puisse bouger.

Dans sa longue quête, notre journaliste tombe aussi sur des femmes : sainte Marane et sainte Cyre qui vivent dans les chaînes, immobiles depuis quarante-deux ans...

Qui pourrait dire si c'est saint Maron, fondateur de l'Eglise maronite qui pousse le plus loin cette alchimie de la douleur ? Pour plus d'inconfort encore, il se glisse dans un arbre creux qu'il a fait garnir préalablement d'épines. Ce n'est pas suffisant. Maron veut aussi s'empêcher de dormir : par le haut, on lui verse une brouettée de pierres qu'il soutient avec sa tête, se privant aussi, pour mieux méditer, de toute lecture.

Voici qu'au milieu du ve siècle, certains de ces fous de Dieu trouvent que le contact du fer et des épines est encore trop douillet. Ils rêvent de souffrir dans un état de dénuement encore plus total à brûle-pourpoint de l'Invisible. C'est du soleil et des éléments déchaînés qu'ils attendent l'essentiel de leurs tourments. Ils grimpent donc au faîte des plus hauts cyprès et restent là jusqu'à ce que la fatigue les terrasse, tel ce moine d'Apamée qui le premier met à l'épreuve ce système. Une chaîne rivée au tronc retient le patient en fin de chute, qui éprouve une mortification supplémentaire à regagner, tout pantelant, son perchoir. D'autres s'installent en des lieux qui peuvent paraître à première vue moins exposés : flancs ou sommets de montagne. Mais ils prennent soin de choisir des sites où la foudre frappe fréquemment, où aux orages glacés succèdent les vents et les chaleurs les plus torrides.

Quand saint Eusèbe fonde le monastère de Téléda, il se fait river un collier autour du cou et autour des reins, qu'une chaîne relie. Il fait raccourcir la chaîne à mesure que son échine se déforme. La douleur est telle qu'elle empêche le saint de prendre le moindre repos. Pendant plus de quarante ans. Cloîtré, de plus, dans une cellule où n'entrent ni soleil ni étoiles...

Eusèbe et ses épigones restent, peu ou prou, dans la proximité des hommes. A la fin du ve siècle, quand la chrétienté se déchire plus que jamais en mille hérésies incompréhensibles, l'imagination de ses servants les conduit à se retrancher le plus complètement possible de leurs semblables. Plusieurs saints de notre calendrier se terrent ainsi dans des cavernes et des trous de rocher et s'efforcent d'imiter en tous points la vie des bêtes sauvages. Ils s'interdisent de manger avec les mains, ne se nourrissent qu'en broutant l'herbe ou en arrachant avec leurs dents l'écorce des arbres, vont exclusivement à quatre pattes, absorbent pour tout liquide la rosée du matin et s'imposent de ne jamais revoir un visage humain...

Certains, à cette époque, pensent que si c'est là une des formes extrêmes de l'oubli et du mépris de soi, elle a l'inconvénient d'occulter le témoignage. Dans ce qu'il doit avoir de spectaculaire... Ceux-là élisent domicile, définitivement aussi... au sommet d'une colonne !

Inutile de relater dans le détail les raffinements qu'ils apportent à cette ahurissante mortification. Le premier d'entre eux, saint Siméon, donne d'entrée une sorte de perfection à cette pénitence et surpasse en fureur mystique les siècles de paganisme qui ont précédé.

Siméon, un berger syrien, est visité par le Verbe alors qu'il a dix-sept ans. Il entre au monastère mais s'inflige des macérations si terrifiantes que ses supérieurs, épouvantés, lui demandent de rendre son froc. Siméon se retire alors sur le sommet d'une montagne proche d'Antioche et se fait enchaîner à une muraille rocheuse. Seule concession au confort : sa chaîne a dix mètres de long. « Cela vous est commode ! lui fait remarquer le patriarche d'Antioche. Cette chaîne vous retient... S'il vous fallait demeurer par la seule volonté ! » Piqué au vif, Siméon se fait aussitôt construire une colonne de cinq mètres de haut et se juche à son sommet sur une plate-forme de deux mètres sur deux, entourée d'une balustrade. Nous sommes en 423. En trente-six ans, Siméon descendra trois fois de sa colonne. Pour se détendre un peu ? Nullement. Il ne met le pied par terre que pour remonter sur une autre colonne plus élevée, six mètres d'abord, puis onze. Seule relation avec le monde d'en bas, un disciple qui vit en permanence au bas de la colonne et lui fait tenir dans un panier attaché à une cordelette un peu d'eau, très peu de nourriture solide, mais une abondance de textes sacrés. Quand tombe la nuit sur ce paysage lunaire, Siméon élève les bras au-dessus de sa tête calcinée par le soleil, garde cette position jusqu'au lever du jour. Le prodige fait accourir des foules innombrables, venues même du lointain Occident. Le jour, la cohue est telle que le reporter Théodoret manque de périr d'étouffement. Et à quoi Siméon passe-t-il ses journées ? Debout contre la balustrade qui l'empêche de tomber quand il succombe parfois au sommeil, il commence par lire les Evangiles. Puis le rite est immuable. A chaque verset des Ecritures, Siméon se prosterne jusqu'à toucher de son front ses doigts de pied. Il est vrai que son embonpoint ne le gêne pas, car il est d'une maigreur squelettique. Les pèlerins qui campent dans les rochers s'amusent à compter ces prosternations. Un jour, Théodoret, qui observe depuis le lever du soleil, arrive au milieu de l'après-midi au chiffre de deux mille deux cent quarante-quatre. Il doit s'arrêter, épuisé. Un autre jour, note notre chroniqueur, le saint aperçoit dans la foule un Gaulois. Il lui dit d'aller porter son salut à sa sœur Geneviève qui protège Paris. Comment peut-il savoir seulement qu'il y a une Geneviève et une ville qui s'appelle Paris ? Du haut de sa colonne, il prophétise, il exhorte à la foi...

« La multitude est telle, dit encore Théodoret, qu'on dirait un océan humain recevant par divers chemins comme des fleuves, des peuples innombrables, accourus de tous côtés, Juifs, Perses, Arméniens, Ibères, Ethiopiens, et bien d'autres encore, venus de tout le monde connu et inconnu... » Combien de temps tiendra-t-il encore ? se demandent les pèlerins. On fait des paris, les pessimistes l'emportent ; la peau de Siméon est tannée comme un vieux cuir, elle se déchire, laissant suinter un pus qui propage escarres et ulcères. Au point que les vers se logent dans ses plaies et pullulent, tombant en paquets par terre. Antoine son serviteur les ramasse à son commandement et les lui fait remonter dans le panier. « Mangez ce que Dieu vous a donné ! » dit Siméon en remettant les vers sur ses plaies...

Un matin, l'étrange saint ne se relève pas. Couché sur son tombeau suspendu, bras croisés sur la poitrine, il agonise. Dans le désert s'est fait un silence prodigieux et on entend tomber des airs un marmonnement indistinct de prières. La nouvelle s'est répandue dans toute la région et les pèlerins plus nombreux que jamais assiègent la colonne : tous veulent avoir une parcelle du corps comme relique. D'Antioche, on envoie en toute hâte six cents soldats armés jusqu'aux dents. Ils transforment les abords de la colonne en camp retranché et quand enfin Siméon expire ils doivent opposer leurs lances aux plus fanatiques.

L'histoire du berger syrien qui s'était ainsi mis durant la moitié de sa vie au-dessus de la mêlée, si l'on peut dire, cause une impression profonde. Beaucoup veulent l'imiter : être stylite devient un style, presque une mode. D'un bout à l'autre du bassin méditerranéen et jusqu'au fin fond de l'Asie

Mineure. A Byzance, un disciple de Siméon se juche sur une colonne si haute que, l'échafaudage qui a servi à l'élever abattu, il est aussi isolé que s'il habitait une planète lointaine. C'est à peine si sa voix parvient encore au sol et pourtant les plus hauts dignitaires de l'empire, Léon et l'impératrice Eudoxie en tête, vont prendre ses conseils et recevoir ses bénédictions. A la fin du Ve siècle, à Gethsémani, au pied du mont des Oliviers, pousse une véritable forêt de colonnes, couvent aérien qui ne compte pas moins d'une centaine de nacelles dont les occupants rivalisent de zèle évangélique, sous l'autorité d'un supérieur dont la colonne est un peu plus élevée que les autres. Emulation et bientôt jalousies fermentent au sommet des colonnes. En 630, le moine syriaque Jean Moschus rapporte dans *Le Verger spirituel* que le jardin des supplices des stylites s'est changé en champ clos où l'on s'invective et l'on s'excommunie de colonne à colonne.

La race des stylites, pourtant, ne s'éteindra pas de longtemps. Pendant douze siècles — plus que la durée de l'Empire romain — ces saints étranges continueront de jouer à dieu perché et les derniers seront contemporains d'Henri IV...

Mais au-delà de la constance du phénomène et de la longévité des stylites — Luc d'Ephèse meurt à cent ans, après cinquante ans passés sur son perchoir ! —, que penser de cette alchimie du sacrifice dont le sens, la pratique et les symboles nous échappent pour l'essentiel ? Amour de la douleur ou de la plus grande gloire de Dieu ? Qu'un lit de pierres se change, pour certains, en lit de roses et la souffrance en jouissance, cela n'est-il pas un insondable mystère ?...

RÉPONSES À L'INCRÉDULE

— *Mystère peut-être, mais ne pensez-vous pas que vos stylites, à force de se l'éventer, finissaient par se mettre la tête à l'envers ?*

— Il est fort possible que ces formes extrêmes de mortifications aient attiré des fous et dérangé des cerveaux... Souvenez-vous de l'histoire des postjansénistes, les convulsionnaires de Saint-Médard, qui s'infligeaient, sous l'effet de la psychose collective, des brutalités effroyables [1]. Coups de bûche et de barre de fer, expositions prolongées au feu, tout les laisse insensibles. Le temps du moins de la crise hystérique ou de l'état de suggestion dont ils sont victimes. Dans le cas des stylites ou des saints du désert, il s'agit évidemment d'autre chose...

— *C'est-à-dire ?*

— La maladie est toujours absence de cohérence, de créativité et de suite dans les idées. Ces ascètes semblent au contraire agir, en dépit de leur immobilité : ils lisent, interprètent les textes sacrés, prophétisent et font à l'occasion des miracles. Les rois viennent aussi leur demander conseil, et leur nom est passé dans l'histoire. Rien de tel pour ces malades qui ne présentent que des manifestations cliniques et dont la personnalité a généralement subi des amputations graves...

— *Le comportement de ces étranges athlètes de la foi semblait, dans ce récit, vous inspirer quelques réserves. Voici maintenant que vous leur trouvez des mérites ?*

— Je note que le comportement de certains d'entre eux s'inspire de celui des mystiques de toutes les grandes religions, dont la forme extérieure peut surprendre : prières incompréhensibles, invocations monotones et répétitives, stases, c'est-à-dire postures immobiles, abstinence et frugalité. En cette matière, le christianisme n'a rien inventé et le rituel de la prière pythagoricienne, six siècles av. J.-C. déjà, les *Vers dorés* qu'on récitait matin et soir, a été démarqué par l'Eglise. Le propre de ces prières, c'est d'être inintelligibles pour la masse. Comme l'étaient les prières des premiers chrétiens, gens de basse classe sociale, pour la plupart illettrés. En Inde aussi le sens des prières védantiques n'était connu que des érudits et dans l'Eglise catholique traditionnelle de même, certains ordres

1. Voir « Les grands bizarres », *Le curé Bonjour, ou la crucifixion d'Etiennette* (Tome 1).

religieux n'avaient pas le droit d'apprendre le latin, alors même qu'ils faisaient oraison toute la journée dans cette langue. « Prier n'est pas parler », disent les fondateurs de ces ordres, qui ont bien compris que le sens intelligible de la prière est un élément de perturbation pour celui qui veut se mettre en état de méditer. La récitation purement mécanique du chapelet favorise au contraire la méditation...

— *Je croyais que le chapelet était plutôt une spécialité de bigote et de chaisière...*

— Détrompez-vous ! Pascal, Racine et même Renan, par ailleurs si critique vis-à-vis de certains aspects du catholicisme traditionnel, récitaient assidûment le chapelet. Ils croyaient que la pratique si monotone du rosaire, qui est tout le contraire d'une démarche de l'intelligence, permet de se concentrer et de se conditionner pour la méditation. C'est aussi par la suppression la plus complète possible de toutes les « modifications du mental » que le yoga tente de parvenir à cet état méditatif qui est « la félicité du moi ». La *Bhagavad-gītā*, le texte sacré le plus vénéré de l'Inde, précise que c'est lorsque le contact est définitivement rompu avec la souffrance physique, si vive soit-elle, qu'on atteint au yoga, l'extase bienheureuse qui confère une lucidité surhumaine. Voyez comme toutes ces techniques de méditation bien antérieures au christianisme sont proches de celles des Pères du désert !...

— *Dont les prouesses vous paraissent davantage sujettes à caution ?*

— Il me semble que pour les religions autres que la chrétienne, les techniques de méditation, qui font certes une part à la souffrance, ne sont que des moyens pour dominer le corps, pour se hisser à un stade de clairvoyance supérieur. Pour le christianisme, au contraire, la douleur est une fin en soi, une identification à un Dieu souffrant, crucifié, qu'il faut aimer au point de partager son sort...

— *Vous indiquez que cela peut avoir des résultats enviables...*

— Sans doute. Mais voyez aussi que ces ascèses extrêmes conduisent au fanatisme, à l'invective, à la négation haineuse de ceux qui partagent une vérité différente. Et le point d'origine du fanatisme, c'est toujours la croyance en une transcendance qui n'existe que dans les religions monothéistes...

— *Comment cela ?*

— Dans la pensée chinoise et indienne par exemple, qui ont engendré les religions les plus anciennes et les plus répandues dans le monde, l'idée d'un dieu transcendant, créateur tout seul du ciel et de la terre et juge de toutes choses, n'existe absolument pas. Dans la vie chinoise, le sentiment du sacré joue également un rôle important. Mais le sujet de la vénération n'est pas dieu. Le « souverain d'en haut » n'a qu'une existence littéraire et l'incrédulité chez les bonzes est totale.

Chez les Indiens, le mot « Dieu » n'est même pas mentionné dans les sommaires des livres de spiritualité ! C'est pour cela que ces religions, dans lesquelles se sont reconnus des milliards d'individus, sont aussi plus tolérantes que le christianisme. Renan disait que le désert était monothéiste. En suivant l'itinéraire des saints qui s'y sont retirés, on a l'impression qu'ils ont été investis totalement par ce que le désert a d'extrême, d'excessif et d'inhumain. Que c'est l'amour du néant et de la souffrance qui l'emporte sur tout autre désir.

C'est saint Jean de la Croix, un des plus grands mystiques chrétiens, disant : « Non point le savoureux mais l'insipide, non point le repos mais la fatigue, non point le désir mais l'indifférence envers les choses ! Travaillez au mépris de vous-même et désirez que les autres vous méprisent !... » Tant d'humilité n'empêcha d'ailleurs pas que Jean de la Croix fût emprisonné et déféré devant le tribunal de l'Inquisition. On chercherait vainement de tels défauts de mesure dans les religions polythéistes et les grandes doctrines religieuses d'Extrême-Orient, qui ignorent aussi les persécutions religieuses telles que l'Occident les a connues.

— *Ainsi du haut de leurs colonnes les stylites ne sont que les muezzins de la guerre sainte ?*

— Il faut bien reconnaître que des pénitences aussi excessives ne sont pas faites pour développer l'indulgence et l'esprit de nuance...

— *Mais les fakirs de l'Inde font la même chose !*

— Les fakirs ne font pas de prosélytisme religieux et ne sont souvent que d'habiles illusionnistes. Certes, la stase, le jeûne, sont également pratiqués par les sages indiens, mais ils ignorent les raffinements de torture des ascètes chrétiens. Ne soyons pas manichéens ! Ceux-ci ont aussi su enrichir le patrimoine de la littérature sacrée et de l'art, et on ne peut vraiment pas leur dénier du tempérament et un style de vie original ! Dans leurs excès mêmes, ils sont sans commune mesure avec de simples malades, hystériques, hémiplégiques, paranoïaques, auxquels certains tentent de les assimiler. L'hystérie est toujours subie, et une fois la crise passée il ne reste rien que des séquelles pathologiques. Rien de comparable chez des saints comme Marie-Madeleine de Pazzi et saint François d'Assise par exemple. Marie-Madeleine était issue de la puissante famille florentine des Pazzi, tribu de poètes, de banquiers et à l'occasion d'assassins (Julien de Médicis est abattu en pleine messe par un des oncles de la sainte) qui vivaient tous dans un luxe et des débauches inouïes. La jeune fille, qui est très belle, est promise à la plus heureuse des destinées. Mais dès son plus jeune âge elle ne rêve que d'une chose : se retirer à ses quinze ans au Carmel pour ne plus jamais être associée à cette vie fastueuse. En 1586, elle prédit au cardinal-archevêque de Florence qu'il sera pape... pendant moins d'un mois ! Prédiction qui se révèle exacte une vingtaine d'années plus tard, Léon XI mourant le 27 avril 1605, vingt-sept jours après son élection. Au Carmel, qui la reçoit à quinze ans en dépit des pressions extraordinaires de ses parents, elle s'administre des pénitences épouvantables. Un an déjà après son entrée au couvent, la merveilleuse jeune fille n'est plus qu'une épave que ses parents tentent en vain d'arracher à la mort. Mais elle est aussi capable d'analyser avec une subtilité merveilleuse ses extases, donnant un des plus beaux textes de la mystique chrétienne. Elle vivra encore vingt ans, infirme, tuberculeuse, édentée, couverte d'escarres...

— *Comme les plus endurcis des stylites !*

— Non, comme les meilleurs d'entre les saints, ceux qui ne se sont pas contentés de s'exhiber et de s'anéantir, mais qui ont aussi su agir et créer. Tel saint François d'Assise, stigmatisé et menant une vie de privations absolues, prêchant dans le même temps, fondant un ordre religieux voué à la sympathie et à la compassion d'autrui, écrivant une merveilleuse œuvre poétique et inspirant même un style artistique — l'art franciscain — encore vivace aujourd'hui...

— *Il n'est donc de bon saint que celui qui consent un jour à sortir du désert...*

— Je le crois. Car selon la théologie chrétienne même, la sainteté n'est pas dans la douleur, mais dans la grâce, ce don gratuit, qui se dessèche s'il n'est pas redistribué. « Je veux m'éloigner un temps d'entre les hommes, disait saint François d'Assise, pour retourner, plus humain, au milieu d'eux... »

SOURCES

M. DELAHAYE, *Les Saints stylites.*
A. J. FESTUGIÈRE, *Antioche païenne et chrétienne.*
Jacques LACARRIÈRE, *Les Hommes ivres de Dieu*, Fayard, 1961.
Mario MEUNIER (traducteur), *Les Vers d'Or*, Paris, 1925.
Aimé MICHEL, *Le Mysticisme*, Ed. CAL.
— *Les Pouvoirs du mysticisme*, éd. Retz.
Jean MOSCHUS, *Le Verger spirituel*, éd. du Cerf.
THÉODORET de CYR, *Histoire des moines de Syrie*, Le Cerf, 1979.
M. VAUSSARD, *Sainte Marie-Madeleine de Pazzi*, Paris, 1925.

L'étrange aventure de Victor Hugo devenu dieu au Vietnam

Dans un de ses poèmes sur la mort, ou plutôt sur l'après-vie, Victor Hugo déclare, avec ce talent de visionnaire qu'on lui connaît, que nous devrons aller « d'astre en astre, de ciel en ciel et de sphère en sphère », et il ajoute ces deux vers étonnants : *... et chaque fois nous sommes de plus en plus des dieux tout en restant des hommes...* En écrivant ces mots, il ne se doutait certes pas, malgré une certaine propension à la mégalomanie, qu'une religion nouvelle ferait de lui, quarante et un ans après sa mort, une espèce de dieu, et que son portrait auréolé figurerait un jour dans un temple cambodgien...

C'est pourtant l'étrange aventure posthume qui est arrivée à l'auteur des *Châtiments*.

Comment ?

Ecoutez cette étonnante histoire.

Il y avait, en 1919, au poste de l'administration coloniale de Phu Quôc, île située dans le golfe du Siam, un fonctionnaire nommé Ngô Van Chiêu qui aurait sans doute connu une destinée sans éclat s'il n'avait, dans sa petite enfance, refusé le sein de sa mère, obligeant celle-ci à le nourrir de bouillon de riz. Or le bouillon de riz, qui est recommandé en Occident par les médecins de famille pour arrêter les coliques infantiles, a la réputation, en Orient, de développer l'intellect des nourrissons. Comme dit le sage Fou-Chou, « Ne méprise pas la fiente de l'oiseau, elle est de même nature que ta cervelle »...

Le petit Ngô-Van Chiêu fut donc très tôt ouvert aux choses de l'esprit.

Après des études qu'il poussa hardiment jusqu'au certificat, il entra dans l'Administration, ce qui lui permit l'accès de la bibliothèque que des dames charitables avaient constituée grâce aux dons de familles françaises, heureuses de débarrasser leurs greniers et d'aider à l'instruction des petits Indochinois.

Saisi par une véritable fringale de lecture, M. Ngô Van Chiêu dévora littéralement cette bibliothèque sans en percevoir le côté hétéroclite. C'est ainsi qu'il lut pêle-mêle, mais avec le même ravissement, une comédie de Labiche, la *Bible*, le *Cours de philosophie positive* d'Auguste Comte, l'*Astronomie populaire* de Camille Flammarion, tous les romans d'Henri Lavedan, des *Morceaux choisis* de Victor Hugo, *Les Aventures du sapeur Camember*, un tome dépareillé de l'*Histoire du Consulat et de l'Empire* d'Adolphe Thiers, une *Vie de Jeanne d'Arc, Vingt mille lieues sous les mers*, un *Essai* du Sâr Peladan, le *Tour de France par deux enfants*, le *Génie du christianisme, Les Trois Mousquetaires, Les Mémoires d'un âne*, les *Œuvres* de Paul Déroulède, un *Guide de Versailles*, un *Traité de spiritisme* d'Allan Kardec, une brochure sur les champignons vénéneux et l'*Histoire illustrée de la franc-maçonnerie*...

Ces ouvrages apportèrent un tel bonheur à M. Ngô Van Chiêu qu'il les relut tous plusieurs fois. Pourtant, il avait une préférence pour le *Traité de spiritisme* d'Allan Kardec qui lui donnait, non seulement une vision nouvelle de l'au-delà, mais un moyen pratique de communiquer avec les esprits. Pendant des mois, il eut une envie folle de faire « parler un guéridon » et de se lancer sur les traces du maître ; mais une sorte de frayeur superstitieuse le paralysait.

Un soir enfin, ayant réuni quelques amis fonctionnaires, curieux, comme lui, de scruter l'invisible, il décida de tenter une expérience. Le résultat dépassa ses espérances : la table, interrogée selon les principes d'Allan Kardec, transmit avec une sorte de frénésie joyeuse des messages émanant d'esprits fort distingués.

Dès lors, le groupe se réunit régulièrement pour dialoguer avec les habitants de l'au-delà.

Or, au cours de ces séances de « table », un esprit se fit bientôt remarquer par des discours « d'une grande élévation de pensée ». Après avoir chassé d'un ton autoritaire les « entités inférieures » qui entouraient le groupe de spirites, il dispensait, par l'intermédiaire du pied de la table, des préceptes qui avaient, nous assure-t-on, la luminosité du soleil, le parfum de la rose et la profondeur même de l'infini. C'est dire assez la joie qu'éprouvaient les assistants à l'écouter. Parfois, il s'adressait directement à M. Ngô Van Chiêu.

Celui-ci, au bout de quelques mois, se permit de demander à l'esprit comment il s'appelait.

— A A A ! fut la réponse.

Le jeune fonctionnaire, fort perplexe, fouilla tous les livres religieux qu'il avait sous la main et ne trouva ce nom étrange mentionné nulle part. Il finit par penser que ces trois lettres devaient être une sorte de pseudonyme que Dieu lui-même s'était donné.

Etreint par une émotion bien compréhensible, M. Ngô Van Chiêu demanda à A A A la permission de l'adorer sous une forme tangible. Il reçut alors l'ordre de dessiner un œil symbolique. Ce qu'il fit sur-le-champ. Puis il exigea que ses amis se prosternassent devant cet œil en disant une prière qu'il improvisa sous le coup d'une évidente inspiration divine. En voici le début : « Œil de Dieu, tu es l'or et le cristal du ciel. Essence éthérée de toute essence, de toute chose, tu vois en toute chose. » Et cela se terminait par « Amen », fin qu'on est en droit de trouver bien classique pour une oraison venue du ciel par le pied d'un guéridon...

Des mois passèrent pendant lesquels M. Ngô Van Chiêu et ses amis adorèrent le grand œil sans bien savoir à qui ils s'adressaient. Puis, le soir du 25 décembre 1925, à l'occasion de Noël, A A A révéla qu'il était l'Etre suprême et qu'il s'appelait Cao Daï !... Après quoi, il fit, au moyen d'appareils permettant l'écriture automatique, un petit discours assez bien tourné sur sa toute-puissance, et bénit les médiums.

Très émus, M. Ngô Van Chiêu et ses amis annoncèrent qu'ils fondaient la religion caodaïste. Cao Daï se déclara enchanté et désigna pour pape de son Eglise un certain M. Lê Van Trung qui était membre du Conseil du gouvernement.

Les spirites se rendirent sans tarder chez ce personnage et lui apprirent la bonne nouvelle. Le brave homme, qui vivait alors dans la débauche la plus absolue, fut un peu étonné d'avoir été choisi par le Seigneur ; mais, touché par la grâce, il chassa bientôt ses maîtresses, réduisit son train de vie, cessa de s'enivrer, adhéra au caodaïsme et eut le regard velouté des prophètes...

Comme le nouveau pape était un notable, sa conversion fit sensation. En quelques jours, la religion caodaïste eut des centaines d'adeptes.

Or, un soir que les médiums invoquaient le Seigneur, un esprit vint troubler la séance. Sans avoir été appelé, il prit la place de l'Etre suprême et s'exprima en un flot de paroles. Il vociféra, prophétisa, harangua, invectiva dans un style ampoulé. On ne put l'arrêter.

— Qui êtes-vous ? demanda finalement Ngô Van Chiêu.

— Je suis Victor Hugo. Je viens vous aider à fonder une religion cosmique. Elevez des temples grandioses à l'Etre suprême sous toutes ses formes. Avec les dieux d'hier, vous construirez la religion de demain...

Il ajouta que les saints caodaïstes devaient être choisis parmi les grands esprits de ce monde et conclut en disant :

— Je ne suis pas le plus grand poète de tous les temps ; je suis la Poésie, et la Poésie, c'est Dieu !...

Alors, sur son ordre et d'après ses plans, on se mit à construire des temples merveilleux décorés de dragons effrayants, de monstres multicolores et de triangles maçonniques. Des cérémonies, qui tenaient à la fois de la messe catholique et de la réunion spirite, y eurent lieu régulièrement. Cérémonies dont le rite était singulier. Après avoir adoré Cao Daï, les fidèles s'associaient au clergé pour invoquer, au moyen de tables tournantes ou de « corbeilles à bec[1] », l'esprit de grands personnages que les prêtres de la nouvelle religion, à la demande de Victor Hugo, avaient élevés au rang de « guides spirituels ». Parmi ces dieux du panthéon caodaïste figuraient de nombreux occidentaux : Allan Kardec, Camille Flammarion, Descartes, Auguste Comte, Jeanne d'Arc, Chateaubriand et, naturellement, Victor Hugo lui-même.

1. Appareil en rotin permettant la lecture directe, comme le oui-ja.

Celui-ci, qui avait son portrait en habit d'académicien (avec une auréole autour du bicorne) sur une fresque de la cathédrale de Tây Ninh et son visage dans tous les autres oratoires, était vénéré à l'égal d'une divinité. Rien n'était décidé sans son avis. Il intervenait dans le choix des vêtements sacerdotaux, la désignation des prélats et naturellement la composition des cantiques. Considéré comme un véritable peseur d'âmes, c'est vers lui que l'on se tournait lorsqu'un personnage important quittait cette terre.

— Qu'en pensez-vous, Victor ? demandaient humblement les caodaïstes agenouillés. Le défunt peut-il devenir un guide spirituel ?

Et le poète, ayant jugé, répondait. C'est ainsi que les amis de M. Ngô Van Chiêu apprirent avec émerveillement que le président Roosevelt et le Mahatma Gandhi étaient entrés dans le panthéon caodaïste, alors que Staline avait été dirigé vers les « infernaux paluds ».

Mais ce dieu académicien n'était pas seulement dans l'au-delà. D'après une théorie, à vrai dire assez compliquée, il continuait de vivre ici-bas sous la forme inattendue d'un cheval, d'une tulipe ou d'un brin d'herbe. Certains caodaïstes affirmaient même qu'ils étaient *la réincarnation de plusieurs Victor Hugo*. « Des faits assez curieux, disaient-ils, semblent le faire croire »... On ne sut malheureusement jamais lesquels...

L'esprit de l'auteur des *Misérables* était, bien entendu, doué d'une faconde extraordinaire. Et l'Eglise caodaïste comptait dans son clergé des médiums dont le plus gros travail consistait à transcrire les messages-fleuves que leur envoyait le dieu-poète... Presque tous, naturellement, étaient en vers. Un fidèle ayant demandé à être instruit sur l'origine du monde, l'esprit de Victor Hugo répondit :

Il y a, sachez-le, fidèles réunis,
Bien d'autres univers tournant dans l'infini.

Ce que n'importe quel astronome amateur, possesseur d'une longue-vue, aurait d'ailleurs répondu...

Il ajouta :

Et notre Créateur vécut à ses débuts
Sur l'un de ces soleils que l'on mit au rebut.

Enfin, à la question : « Quelle était la forme de l'eau dont on parle dans la Genèse biblique ? », l'esprit du poète répondit par ces deux vers étranges :

Une sorte de gaz qu'on appelle hydrogène
Dont l'absence a pour nous quelque chose qui gêne...

Il y avait, parfois, des vers assez beaux et d'un ton tout à fait hugolien. Par exemple :

L'instant où Jéhovah au nom cent fois béni
Sema ces nébuleuses jusqu'à l'infini...

Les caodaïstes devaient d'ailleurs apprendre un jour, avec l'allégresse que l'on devine, que Jéhovah, dont Victor Hugo bénissait cent fois le nom, n'était autre que le poète lui-même. Cao Daï, en effet, tint un soir aux médiums cambodgiens (toujours par l'intermédiaire de la table) le discours suivant :

— Je suis le Jéhovah des Hébreux, le Dieu des armées israélites, le Dieu inconnu des Juifs et le vrai père de Jésus-Christ. Priez-moi sous le nom symbolique de Cao Daï et vos vœux seront exaucés. Bouddha, c'est moi. Lao-tseu, c'est moi. Confucius, c'est moi. Victor Hugo, c'est moi. Allah, c'est moi. Je suis là pour vous guider dans la voie spirituelle et dans la voie temporelle. J'ai le devoir de communiquer spirituellement avec les trente-six cieux, les trois mille mondes, les soixante-sept planètes et les dix tribunaux de l'Enfer...

C'est ainsi que l'auteur d'*Hernani*, l'amant de Juliette Drouet, le rival de Sainte-Beuve et le grand-père de Jeanne au pain sec, devint, pour plus de sept millions de personne, un des éléments de la Divinité suprême. Aventure spirituelle qui est sans doute unique dans l'histoire de la littérature...

Mais on conviendra que rien de tout cela ne serait arrivé si M. Ngô Van Chiêu, lorsqu'il était bébé, n'avait un jour fait un caprice et refusé de téter le sein de sa mère...

RÉPONSES À L'INCRÉDULE

— *Victor Hugo devenu un dieu et figurant sur un vitrail dans une cathédrale vietnamienne, avec une auréole au-dessus de son bicorne, voilà qui est extravagant ! Et je me demande si votre histoire est bien sérieuse...*

— Tout ce qu'il y a de plus sérieux ! L'Eglise caodaïste qui exista de 1926 à 1955 (date à laquelle Ngô Dinh Diêm élimina l'empereur Bao Daï pour devenir président de la République du Sud-Vietnam), eut jusqu'à sept millions de fidèles. Elle avait un clergé dont la hiérarchie était copiée sur celle de l'Eglise catholique, avec pape, cardinaux, archevêques, évêques, etc., et des temples dont le plus extraordinaire, situé à Tây Ninh, semblait avoir été construit par un architecte délirant qui aurait eu l'idée étrange de transformer Notre-Dame de Paris en pagode...

— *Quelle était la doctrine de cette étrange Eglise ?*

— Le caodaïsme était un syncrétisme — pour ne pas dire un mélange — de bouddhisme, de christianisme, de taoïsme et de confucianisme. Les fidèles devaient à la fois adorer Dieu, obéir aux esprits, vénérer les génies et rendre un culte aux ancêtres. Les règles de morale étaient très strictes. La loi caodaïste condamnait « tout acte qui retirait la vie » (à un homme, un animal ou une plante), le vol, le pillage, le mensonge, le jeu, les mets recherchés, l'alcool, l'injure, la cupidité, la luxure, l'adultère et la fréquentation des prostituées. Le mariage était d'ailleurs considéré comme l'acte le plus important de la vie et les unions ne pouvaient se faire qu'entre coreligionnaires...

— *La vie un peu légère — c'est le moins qu'on puisse dire — de Victor Hugo ne les gênait pas ?*

— Ils devaient l'ignorer et c'était bien ainsi. Leur dire

que leur dieu avait été pris en flagrant délit d'adultère avec Mme Biard dans un hôtel meublé du passage Saint-Roch eût risqué de leur faire beaucoup de peine...

— *Que faut-il penser des messages en alexandrins que les caodaïstes attribuaient à l'esprit de Victor Hugo ?*

— Vous savez que Victor Hugo s'est beaucoup intéressé au spiritisme. A Jersey, il faisait régulièrement tourner les tables [1] et les esprits invoqués, qu'il s'agisse de Jules César ou de Napoléon, s'exprimaient dans un style tout à fait hugolien... Certains sceptiques ont prétendu que Charles Hugo, qui participait aux séances et était imprégné de l'œuvre de son père, n'était peut-être pas étranger au « phénomène »...

— *Ceci est valable pour Jersey ; mais Charles Hugo n'était pas au Vietnam...*

— Sans doute ; mais on peut penser qu'il y avait, parmi les médiums de la secte, des admirateurs du poète qui agissaient — plus ou moins consciemment — sur la table et faisaient des pastiches...

— *L'Eglise caodaïste a-t-elle joué un rôle politique ?*

— Oui. En 1945, malgré la présence de Victor Hugo et de Jeanne d'Arc dans son panthéon, elle eut une activité nettement anti-française et lutta même un moment aux côtés du Viêt-minh. Puis, en 1946, elle se brouilla avec les communistes et se rallia à la France. En 1954, le pape caodaïste, un certain Pham Công Tac, qui régnait de la frontière du Cambodge à la banlieue de Saigon et possédait une armée de cinquante mille hommes, est venu à Paris où le gouvernement français le reçut comme un chef d'Etat.

— *Comment cette religion qui semblait si puissante disparut-elle soudainement en 1955 ?*

— Je vous ai dit qu'à cette date, Diêm prit le pouvoir et

1. Voir « Contacts avec l'au-delà », *Victor Hugo et les tables parlantes de Jersey* (Tome 1).

devint président de la République du Sud-Vietnam. Or Diêm était catholique. Il interdit le caodaïsme. Certains prétendent même qu'il fit massacrer tous ceux qui se réclamaient de cette religion. La secte entra donc dans la clandestinité, puis peu à peu disparut.

— *Et aujourd'hui ?*

— Il doit y avoir encore quelques adeptes ici et là, notamment en France où beaucoup de Vietnamiens sont venus s'installer. Vers 1952, il existait d'ailleurs, à Paris, un groupe caodaïste où Victor Hugo se manifestait, paraît-il, régulièrement. Et les fidèles étaient allés décorer de l'œil caodaïste le tombeau du poète, au Panthéon...

— *Ainsi, l'œil était sur la tombe et regardait Cao ?...*

— Ce qui donnerait à penser que l'idée leur avait été soufflée par Victor Hugo lui-même...

SOURCES

Philippe de BALEINE, « Une étrange religion », *Paris Match*, 1953.

Gabriel GOBRON, *Histoire et Philosophie du caodaïsme*, Dervy, 1949.

Trois têtes dans un arbre

Il est rare de posséder une relation complète d'un phénomène extraordinaire rédigée par la personne même qui en a été l'objet. La plupart du temps, le collectionneur de faits étranges, le « scribe de miracles », comme disait Charles Fort, doit se contenter de « propos recueillis », de rapports de police, de résumés imprécis ou — ce qui est pis — de récits à ambition littéraire... C'est pourquoi, lorsque la chance lui met entre les mains un témoignage direct, clair et détaillé, il commence par bénir le ciel, puis il prend sa plume, bien décidé à citer sans vergogne de larges passages du précieux document qui lui échoit.

C'est ce que je vais faire pour vous conter l'aventure vécue par Mme Anna Clarinval, femme d'officier — son mari était commandant, affecté au ministère de la Guerre —, qui habitait en 1916 à Paris, rue Ribera, dans le XVIe arrondissement. Ecoutons-la évoquer elle-même les débuts de son extraordinaire histoire.

« Le 2 septembre 1916, entre dix heures et onze heures du matin, écrit-elle, je faisais ma toilette lorsque, tout à coup, je fus prise d'une angoisse terrible, avec étouffements. Ce que j'éprouvais était si douloureux que je me précipitai dans la chambre de ma fille, à peine vêtue et me tenant aux murs pour ne pas tomber. Je criais : "Je ne sais pas ce que j'ai, je souffre, j'étouffe !" Puis, un peu calmée par les bonnes paroles de ma fille, je dis : "Mon Dieu, il arrive un grand malheur à René..." »

Deux jours après, le 4 septembre, le commandant Duseigneur, chef de l'escadrille 57, annonçait aux Clarinval que leur fils, pilote aviateur, avait disparu dans les lignes allemandes au cours d'un combat aérien. Il précisait que cet engagement avait eu lieu au-dessus de Verdun, le 2 septembre, entre dix heures et onze heures du matin. C'est-à-dire *au moment précis où Mme Clarinval avait ressenti son angoisse...*

Après l'armistice, les Allemands firent savoir au commandant Clarinval que son fils avait été abattu à Dieppe-sous-Douaumont et enterré dans le cimetière militaire de ce village, tombe 56. Les malheureux parents se rendirent immédiatement sur place. Ce qu'ils découvrirent les déchira : le pauvre terrain où l'on avait inhumé à la hâte, côte à côte, soldats français et allemands, avait été ravagé par les bombes. Certaines sépultures étaient éventrées et la plupart des croix brisées. On voyait apparaître, ici et là, une chaussure, une botte, un pan de capote vert-de-gris ou bleu horizon.

Comprenant qu'ils ne pouvaient retrouver les restes de leur fils, les Clarinval s'adressèrent à l'officier de secteur chargé de la relève des corps et lui demandèrent de les prévenir le jour où l'on procéderait aux exhumations. Puis ils rentrèrent à Paris. Des mois passèrent. De temps en temps, le commandant écrivait à Dieppe-sous-Douaumont pour qu'on ne l'oublie pas. Et voilà qu'un matin, une chose étrange se passa. Ecoutons encore Mme Clarinval :

« Le 25 mai 1920, à huit heures trente, je fus saisie par un sentiment de tristesse affreuse ; j'étais encore plus triste que d'habitude, et sans raison. Pour secouer cette profonde tristesse, je me mis à la fenêtre et mon regard se dirigea du côté de la rue Ribera qui monte en face. Là, il y a des arbres et un peu de ciel bleu... Tout à coup, dans un groupe d'arbres, *je vois mon René, mon fils, apparaître* ! Son beau visage était pâle et triste ; il était comme dans un grand médaillon. A ses côtés, il y avait deux jeunes gens, l'un à droite, l'autre à gauche ; je ne les connaissais pas, je ne les avais jamais vus. Effrayée par cette vision, je quitte la fenêtre, je me prends la tête à deux mains, me demandant si je devenais folle ! Je fais quelques tours dans la chambre ainsi, puis je retourne à la fenêtre : la vision était toujours là... Il n'y a pas de doute : c'est René ! Il penche la tête à gauche, comme à son habitude. Mais qui peuvent être ces jeunes gens ? Celui de droite paraît être un

Russe ; celui de gauche un Allemand. Mais alors ?... Mon fils n'est pas mort, il doit être prisonnier quelque part... Bouleversée encore par la frayeur, je quitte de nouveau la fenêtre et je cours pour prévenir mon mari. Arrivée à la porte de sa chambre, je me ressaisis et me dis : "Non, il ne faut pas que je lui parle, il me croirait folle, il aurait trop de peine. Que faire ?..." Je retourne à la fenêtre : la vision est toujours là. Cette fois, je m'assieds sur le rebord, bien décidée à rester là jusqu'à la fin, près de lui... Que se passa-t-il ? Je revins à moi... M'étais-je endormie ? Ou bien avais-je perdu connaissance ? Je ne vois plus mon fils ! Je me lève péniblement, quitte la fenêtre, regarde l'heure. Il était dix heures trente. Tout cela avait duré deux heures. J'allai me coucher, très troublée, mais je ne pus dormir. Que signifiait cette vision ? Je ne cessais de me poser cette question. »

Quelques jours après, Mme Clarinval raconta tout ce qui lui était arrivé à trois de ses amies qui purent ainsi, par la suite, certifier la date de la vision.

Trois mois passent. Ecoutons encore Mme Clarinval :

« A la fin d'août, l'officier de secteur, en réponse à une nouvelle demande de mon mari, plus pressante que les autres, nous annonce que le cimetière de Dieppe a été relevé, et que *notre enfant n'y était pas*. Nous étions navrés. Comment saurons-nous jamais, maintenant, ce qu'est devenu notre pauvre petit ? J'étais, pour ma part, désespérée. Au bout de quelques jours d'accablement, je reprends courage et je veux retourner au cimetière de Dieppe.

» C'était une idée fixe. Mon mari s'y oppose en me disant très justement que, n'ayant rien pu trouver quand il y avait des corps, nous ne pouvions espérer quoi que ce soit à présent. Rien ne put me convaincre. Devant ma décision nettement arrêtée, mon mari voulut bien m'accompagner, et nous partîmes dans les premiers jours de septembre. Nous allâmes directement au secteur d'Eix. Je demandai à quelle date on avait fait relever ce cimetière. L'officier, consultant le registre, nous répondit : "L'opération a duré cinq jours (il y avait cent dix corps), du 20 au *25 mai*."

» Cette date était précisément *celle de ma vision* ! Je regardai mon mari car, fort heureusement, je m'étais décidée à tout lui raconter. Cette coïncidence de date nous troubla tous les deux. Nous partîmes. La distance était de cinq kilomètres pour arriver au cimetière.

» En route, je songeais que mon mari avait raison : qu'allions-nous chercher là puisqu'il n'y avait plus rien !

» Arrivés à destination, je commandai aux hommes de fouiller dans un grand trou d'obus, pensant qu'on n'avait certainement pas été chercher là-dedans. On y trouve une paire de lunettes d'aviateur. Je reprends courage : sans nul doute, un aviateur a été enterré ici. On fouille encore. Rien, absolument rien... Enfin, un petit soldat très intelligent prend le plan et le suit à la lettre. Nous arrivons ainsi dans une fosse vide où nous trouvons un grand morceau de fourrure que je reconnais, des gants, des fragments de bretelles en soie violette... Plus l'ombre d'un doute : mon fils a été là !

» — Où l'avez-vous mis ?

» — Au cimetière allemand, sous la rubrique "Inconnu", avec une croix noire.

» La croix de ces maudits ! Jugez de ma douleur et de mon indignation ! Vite, je veux aller à cet autre cimetière, je ne veux pas que mon fils reste là. Mais l'officier s'y refuse. Il ne peut prendre sur lui de faire déterrer des corps en cercueil. Et puis, où retrouver celui que nous cherchons ? Il y a plus de deux mille tombes dans ce cimetière allemand. Mais je suis résolue. Nous retournons à Verdun, à dix-huit kilomètres. Nous cherchons le commandant du service des sépultures. Après une longue discussion et devant notre attitude, il nous donne l'autorisation de faire des recherches.

» Le lendemain, à cinq heures du matin, nous étions à ce cimetière avec neuf hommes et plusieurs soldats. A midi, on avait ouvert vingt cercueils sans résultat. Les hommes vont déjeuner ; nous restons là, mon mari et moi, désolés à l'idée de laisser là notre enfant, au milieu de ces ennemis maudits. Nous nous désespérions lorsque, tout à coup, *je pense à ma vision* et, comme si un trait de lumière avait traversé mon cerveau : "Mais oui, dis-je, nous le retrouverons, *il est entre un Russe et un Allemand* ! Il y avait un Russe dans le cimetière de Dieppe ;

cherchons-le." Entre-temps, il nous faut, à chaque nouveau cercueil ouvert, venir vérifier ; cela retarde beaucoup nos recherches. A quatre heures enfin, je trouve le Russe. A sa gauche, il y avait un inconnu ; à la gauche de l'inconnu, un Allemand. Plus de doute, l'inconnu, c'est mon fils, je le sens, j'en suis sûre. On pioche. C'était lui ! Son pauvre squelette était au milieu de sa fourrure. Encore des morceaux de bretelles... Mais surtout, je reconnais ses dents... On avait ouvert quarante-deux cercueils ; il y en avait cent dix venant du cimetière de Dieppe, et en tout plus de deux mille provenant de différentes régions ! Sans ma vision, il aurait fallu renoncer !... »

Voilà l'histoire de Mme Clarinval. Vous comprenez maintenant pourquoi il était important — capital même — de mêler sa voix et son témoignage à mon texte d'écrivain...

RÉPONSES À L'INCRÉDULE

— *Cette histoire est certes émouvante. Mais est-on sûr de son authenticité ?*

— Oui. Le texte que j'ai largement cité a été envoyé par Mme Clarinval à Camille Flammarion en février 1921, c'est-à-dire moins d'un an après qu'elle eut sa vision, et six mois seulement après qu'elle eut retrouvé les restes de son fils dans le cimetière allemand. Or, Camille Flammarion, en homme de science qu'il était, a immédiatement fait une petite enquête, ce qui était facile, les événements étant extrêmement récents. Il a d'abord écrit au commandant Clarinval, mari de sa correspondante, puis aux trois personnes à qui elle s'était confiée. Tout le monde se souvenait parfaitement que Mme Clarinval avait parlé de sa vision *dès le 25 mai*... De plus, le commandant Clarinval a confirmé point par point les circonstances de la découverte de la tombe de son fils [1]...

---

1. Voir ci-après les attestations envoyées par ces différentes personnes à Camille Flammarion.

— *Est-ce que Mme Clarinval eut d'autres visions dans sa vie ?*

— Jamais ! Un médecin, le Dr Vercoutre, a certifié qu'elle ne présentait aucun trouble mental. En outre, une de ses amies a précisé que Mme Clarinval ne croyait nullement au spiritisme.

— *Ce qui est curieux, dans la vision de Mme Clarinval, c'est son côté devinette... Pourquoi cette apparition énigmatique de René entre un Russe et un Allemand ? Les esprits sont vraiment compliqués. Car si le message provenait du jeune aviateur mort, pourquoi celui-ci n'a-t-il pas indiqué clairement l'endroit où il avait été inhumé ?*

— Camille Flammarion s'est posé également cette question. Mais il n'a pu, bien entendu, y apporter aucune réponse... Il s'est contenté de noter, à ce sujet, quelques réflexions que je vous livre : « Nous ne devons pas, écrit-il, nous ne pouvons pas juger à notre point de vue terre à terre. Le monde invisible est tout entier à découvrir ; nous n'en connaissons ni les lois ni les états. Soyons heureux des éléments qui nous sont apportés pour en commencer l'investigation. Christophe Colomb a découvert l'Amérique en croyant atteindre les Indes occidentales : c'était un nouveau monde, à l'opposé des Indes. Le monde spirituel nous est encore plus inconnu que l'Amérique de 1492 à ses contemporains, quoiqu'il nous touche de plus près et qu'il nous environne. »

— *Connaît-on d'autres histoires de vision ou de contact télépathique dont auraient été l'objet les parents de victimes de la guerre 1914-1918 ?*

— Il y en a énormément. Je n'en citerai qu'une qui a un caractère tout à fait particulier. Elle fut racontée par un journaliste, Adrien-René Tourtebatte, à George Langelaan qui la nota dans ses *Faits maudits*. En 1918, à la Pentecôte, la Grosse Bertha bombarda Paris pour la première fois. L'alerte dura deux nuits et un jour. Adrien-René Tourtebatte, qui avait alors treize ans et qui habitait avec ses parents 16, rue Monsieur-le-Prince, à Paris, descendit dans la cave comme les autres locataires de son immeuble. Or, parmi les personnes qui se trouvaient là, il y avait une dame créole dont le mari et le fils étaient au front. Afin de passer le temps, un locataire, M. Sandoz, proposa d'hypnotiser la Créole « pour savoir quelque chose ». Tout le monde ayant accepté, il endormit la dame séance tenante.

— Combien de temps durera l'alerte ? demanda-t-il.

— Deux nuits et un jour... Je vois une maison détruite sur la rive droite (une bombe tomba effectivement rue Geoffroy-Marie) ; des dégâts au jardin du Luxembourg (cela fut confirmé le surlendemain), ainsi que sur l'Ecole des mines (une plaque apposée sur la façade en fait foi).

— Aurons-nous la victoire ? demanda encore M. Sandoz.

— Oui. Et je vois l'Arc de Triomphe. Dessous, il y a des fleurs, beaucoup de fleurs, et une flamme ! Et sous la pierre, il y a un soldat !

La Créole poussa alors un cri :

— Mon Dieu ! C'est mon fils !

Et la pauvre femme se mit à hurler de telle façon que le locataire dut la réveiller.

Revenue à la réalité, la Créole déclara qu'elle ne se souvenait de rien. Or, quelques jours plus tard, elle apprenait que son fils était porté disparu... Et ce fut longtemps, bien longtemps après, en 1920, que l'écrivain Binet-Valmer lança l'idée d'une tombe pour un soldat inconnu, sous l'Arc de Triomphe et que Gabriel Boissy, dans *L'Intransigeant* de Léon Bailby, suggéra d'y allumer une flamme perpétuelle. Et l'on peut penser que, sous la dalle sacrée devant laquelle les chefs d'Etat vont aujourd'hui se recueillir, se trouve peut-être le fils de cette Créole qui avait eu, pendant une nuit d'alerte de 1918, une vision en état d'hypnose...

ANNEXE

TROIS TÊTES DANS UN ARBRE

Camille Flammarion, après avoir lu le récit de Mme Clarinval, fit, selon son habitude, une petite enquête et demanda aux personnes citées par sa correspondante de lui envoyer leur témoignage.

Voici les attestations qu'il reçut.

La première émane du commandant Clarinval lui-même :

« Cette découverte est absolument providentielle. Sans la vision de ma femme, je certifie qu'il eût été tout à fait impossible de retrouver notre pauvre enfant. Il repose maintenant au cimetière Montparnasse, où nous l'avons ramené le 22 novembre 1920.

Le cimetière de Dieppe a été relevé du 20 au 25 mai 1920. Or, c'est exactement le 25 mai 1920 que ma femme a eu cette vision, et, après contrôle, c'est précisément à cette date du 25 mai que les restes de notre fils ont été transférés du cimetière de Dieppe au cimetière allemand.

Je certifie donc l'exactitude de cet événement, en ajoutant que ma femme a un esprit juste et pondéré, et d'un raisonnement toujours si sain, que j'avoue avoir été impressionné par le récit qu'elle m'a fait de cette apparition qui a duré deux grandes heures. Le fait est d'autant plus important qu'elle n'est sujette à aucune hallucination, et que, dans toute sa vie, c'est-à-dire depuis soixante-trois ans, *elle n'a jamais eu aucune vision.* »

CLARINVAL,
Chef de Bataillon en retraite.

Les autres attestations proviennent de différents amis de Mme Clarinval :

« C'est de grand cœur que je vous envoie ces lignes vous certifiant que *tout* ce que vous a écrit mon amie Mme Clarinval, elle me l'avait dit quelques jours après avoir eu la vision de son fils. Permettez-moi d'ajouter que cela ne m'étonne nullement, et que, voulant la tranquilliser, je lui ai conseillé d'espérer, malgré ce que j'en pensais.

Je tiens à ajouter que mon amie Mme Clarinval, avant cette vision, ne croyait nullement au spiritisme et ne voulait même pas en entendre parler. »

BARONNE DE BOURNAT

« Je suis très heureuse de pouvoir venir vous certifier que Mme Clarinval, dans les premiers jours de juin de l'année dernière, m'a raconté que, le 25 mai, elle avait vu son fils lui apparaître dans un groupe d'arbres de la rue Ribera, qui est juste en face de chez elle ; de chaque côté de son fils, il y avait deux jeunes gens qu'elle ne connaissait pas, mais qui lui ont paru être, l'un russe, et l'autre allemand. Cette vision la préoccupait beaucoup, elle en parlait souvent.

Ce n'est qu'à son voyage à Verdun, en septembre, qu'elle comprit la signification de cette vision si extraordinaire. »

J. DUMAILLET

« Je suis heureuse de venir vous attester la communication que vous avez reçue de Mme Clarinval, et dont j'avais pris connaissance avant son envoi.

Cette relation est scrupuleusement exacte dans tous ses détails, Mme Clarinval m'ayant raconté sa vision huit jours après qu'elle s'était produite. »

M. BARBIER

Enfin, Camille Flammarion s'était adressé à un médecin pour connaître son avis sur l'état mental de Mme Clarinval. Voici sa réponse :

« Je soussigné, Docteur en médecine de la Faculté de Paris, certifie que Mme Anna Clarinval n'a jamais, en dépit des rudes épreuves qu'elle a subies par la perte de son fils René, aviateur tué au front, présenté le moindre trouble mental, et que, tout au contraire, c'est grâce à la parfaite lucidité de son intelligence qu'elle a pu mener à bien la recherche extrêmement difficile des restes du cher disparu. »

Paris, le 14 février 1921.

Docteur VERCOUTRE,
de l'Association des Médecins de France,
Officier de la Légion d'honneur.

SOURCES

Camille FLAMMARION, *Après la mort*, éd. Flammarion.
George LANGELAAN, « Les Faits maudits », *Planète*, n° 39.

Le mystère de Nantes

Nous sommes le 28 mai 1944, à Nantes. Il est vingt-trois heures trente. Au deuxième étage d'un presbytère, un vicaire, l'abbé L..., lit son bréviaire. La journée a été particulièrement fatigante : messe de six heures, mariage, enterrement, catéchisme, patronage, visites de malades à l'hôpital, confessions, cercles d'études. Il va fermer son livre et prendre enfin un peu de repos quand un violent coup de sonnette retentit à la porte du rez-de-chaussée. L'abbé L... se précipite dans l'escalier et va ouvrir. Il se trouve face à une dame qui joint les mains et lui dit :

— Monsieur l'abbé, vite, un jeune homme va mourir.

— Je prends ce qu'il faut pour lui donner l'extrême-onction, madame, et je vous suis...

— Mais il n'habite pas chez moi...

— Dans ce cas, soyez aimable d'écrire sur mon agenda le nom de la rue, le numéro et l'étage.

La dame entre dans le vestibule. Le vicaire la voit en pleine lumière. Elle peut avoir quarante ans et son visage est douloureux. L'abbé L... se souvient de l'avoir rencontrée une ou deux fois à l'église, quelques années auparavant. Mais il ignore son nom. La paroisse, il est vrai, compte trente-cinq mille âmes.

— Voilà l'adresse. Faites vite, je vous en prie, monsieur l'abbé !

Le vicaire jette un coup d'œil sur son agenda et lit : « 7, rue Descartes, 2e étage ».

— Comptez sur moi, madame, j'y serai dans dix minutes.

Les yeux de la visiteuse deviennent soudain très doux :

— Que Dieu se souvienne de votre charité, dit-elle, car vous étiez bien las... Et qu'Il vous protège à l'heure du danger...

Puis elle fait un petit salut de la tête et s'enfonce dans la nuit.

Le prêtre enfile sa douillette et prend son nécessaire d'extrême-onction. Trois minutes plus tard, il est dans la rue déserte, marchant à grands pas. Soudain, une lampe électrique l'éblouit : c'est une patrouille allemande.

— *Ausweis ?*

L'abbé L... montre son laissez-passer permanent et poursuit son chemin. Au bout d'un quart d'heure, il est rue Descartes. Au 7, il y a un grand immeuble de cinq étages. Il entre, monte au deuxième et sonne. Un jeune homme, d'une vingtaine d'années, ouvre la porte et paraît surpris de voir un prêtre sur son palier :

— Bonsoir, monsieur l'abbé, dit-il respectueusement, auriez-vous besoin de quelque chose ?

— Non, dit l'abbé L..., je viens pour un malade... un mourant. C'est bien ici ?

— Il n'y a aucun malade chez moi, monsieur l'abbé.

— Je suis bien au 7, rue Descartes, 2e étage ?

— Oui, mais je suis seul dans cet appartement et, vous le voyez, je n'ai rien d'un mourant...

L'abbé est perplexe.

— Une dame est venue tout à l'heure au presbytère. Elle m'a dit que c'était urgent et m'a écrit ici l'adresse. Voyez vous-même...

Et il montre la page de son agenda.

— C'est étrange, dit le jeune homme, j'ai l'impression de connaître cette écriture... Qui est cette dame ?

— Elle ne m'a pas dit son nom. C'est une paroissienne que j'ai vue quelquefois avant la guerre.

— Comment était-elle ?

— Il est difficile de vous la décrire. Elle pouvait avoir une quarantaine d'années. Elle paraissait bouleversée.

— Dans son émotion, elle a sans doute fait une erreur... Je crois qu'il y a une rue Desportes ou Despartes du côté du Champ-de-Mars... Peut-être est-ce là qu'elle souhaitait que vous alliez ? Je regrette de ne pas avoir un plan de la ville pour vous aider...

— Je vais me renseigner, dit le prêtre.

Déjà il s'engage dans l'escalier. Mais le jeune homme le retient :

— Vous paraissez fatigué, monsieur l'abbé, voulez-vous entrer vous reposer quelques minutes ?

L'abbé L... est tellement essoufflé qu'il accepte et pénètre dans un studio garni de livres. Lorsqu'il est assis, il regarde attentivement son hôte :

— Il me semble vous avoir vu autrefois au catéchisme ou au patronage ?

— Oh ! il y a bien longtemps, monsieur l'abbé...

— Vous avez décidé de ne plus pratiquer ?

— Décidé ? Non ; cela s'est fait insensiblement... On manque une messe, deux messes, puis un jour on cesse d'aller à l'église...

— Le regrettez-vous ?

— Parfois.

Alors, l'abbé L... entreprend avec beaucoup de douceur de ramener au bercail cette brebis égarée. La tâche n'est pas difficile. Au bout de quelques minutes, le jeune homme parle de sa mère, qu'il a perdue en 1939, puis, très ému, déclare qu'il désire se confesser.

Après l'absolution, il serre la main du prêtre.

— Je suis très heureux de vous avoir vu. Cette erreur est vraiment providentielle...

Dans un récit qu'il a laissé de cette soirée, l'abbé L... écrit : « Je le quittai, l'ayant réconcilié avec Dieu »...

Il se hâte maintenant vers le presbytère où se trouve un plan de Nantes qui lui permettra de trouver la rue Desportes. Comme il aborde la rue du Calvaire, un coup sonne au clocher de Saint-Nicolas. L'abbé regarde sa montre : une heure et quart. Il presse le pas.

Soudain, un bruit assourdissant éclate au-dessus de sa tête : l'alerte ! Aussitôt, toutes les sirènes de la ville mêlent leurs hurlements sinistres et, dans les immeubles, les familles dégringolent les escaliers pour se réfugier au fond des caves.

L'abbé, qui est encore loin du presbytère, s'élance au pas de course. Il n'a pas fait deux cents mètres que la première vague de forteresses volantes s'annonce par un bourdonnement qui fait vibrer les vitres. Presque aussitôt, le bombardement commence et le prêtre n'a que le temps de se précipiter dans un abri. Pendant trois quarts d'heure, l'explosion des torpilles et des bombes incendiaires fait trembler toute la ville. Puis la dernière vague de bombardiers s'éloigne. C'est fini.

« Quand je sortis, écrit l'abbé L..., de grandes lueurs éclairaient les toits de la cité. Il y avait au moins deux cents foyers d'incendie. Partout, des façades éventrées, comme d'un coup de couteau, des immeubles écroulés au milieu de la chaussée, des nuages de fumée, de poussière, des cris de désespoir fou. Je me rendis au poste de secours le plus voisin. Là, plusieurs centaines de morts et de blessés étaient rangés dans une cour. Il en arrivait sans cesse de nouveau : femmes, enfants pour la plupart. Au front, je n'avais pas vu de boucherie aussi atroce. J'allais de l'un à l'autre, donnant l'absolution ou traçant sur les fronts inanimés une rapide extrême-onction. »

Soudain, il doit s'appuyer contre la muraille.

— Qu'avez-vous, monsieur l'abbé ? demande un des médecins du poste de secours. C'est un de vos parents ?

— Non, un paroissien.

Parmi les corps que les secouristes amènent sans cesse, l'abbé L... vient de reconnaître celui du jeune homme de la rue Descartes.

« Il y a une heure à peine, écrit-il encore, je l'avais laissé plein de vie, bouleversé de joie par le pardon de ses péchés. Et ses paroles me reviennent : “Vous faites erreur, monsieur l'abbé, il n'y a pas de mourant ici ; je suis en bonne santé.” Et il riait ! Il était au bord de son éternité et il n'en savait rien... »

L'abbé fouille la veste du jeune homme et en tire un portefeuille où il trouve une carte d'identité au nom de R... N..., né en 1922, des tickets d'alimentation, une lettre jaunie et des photos. L'une d'elles représente une femme d'une quarantaine d'années que le prêtre reconnaît immédiatement. C'est la visiteuse qui est venue tout à l'heure le supplier d'aller au 7 de la rue Descartes... Au dos du portrait, il lit ce simple mot : « Maman ». Puis il déplie la lettre et voit l'écriture : elle est exactement semblable à celle qui se trouve sur son agenda...

RÉPONSES À L'INCRÉDULE

— *Comment connaît-on cette extraordinaire histoire ?*

— Par le prêtre lui-même qui en a laissé un récit. Récit qui fut recopié, à l'époque, par de nombreuses personnes — parfois avec des erreurs de détails — et parvint à quelques écrivains intéressés par les phénomènes *post mortem*, notamment à Jean Prieur qui en publia une version dans son ouvrage *Les morts ont donné signe de vie*.

— *Vous avez dit que le prêtre lisait son bréviaire après une journée très fatigante. Ne peut-on pas penser qu'il s'est endormi et qu'il a rêvé la visite de l'inconnue ? Il ne s'agirait, en somme, que d'une sorte de rêve prémonitoire. Ce qui me paraît plus facile à admettre que l'apparition d'une dame décédée depuis quatre ans...*

— Vous oubliez qu'il existe une preuve tangible de la visite de cette dame : l'adresse écrite par elle sur l'agenda...

— *Alors, quelle explication peut-on donner ?*

— Aucune. C'est un cas qui s'ajoute à la liste, très longue, des interventions de défunts dans le destin des vivants. Souvenez-vous de l'histoire de cette dame « revenue » pour empêcher son fils de monter à cheval [1].

— *Il y a tout de même quelque chose qui me chiffonne dans le récit que vous venez de nous faire : Pourquoi cette dame serait-elle revenue pour permettre à son fils de se confesser avant de mourir, alors qu'elle aurait pu lui sauver la vie ? Il*

1. Voir « Contacts avec l'au-delà », *Une châtelaine venue de l'au-delà* (Tome 1).

lui aurait suffi de demander au prêtre d'éloigner le jeune homme, sous un prétexte quelconque, de la rue Descartes...

— Je vous répondrai par une phrase de Conan Doyle qui avait beaucoup fréquenté l'au-delà : « Les morts ont des raisons que la raison des vivants ne connaît pas »...

— *Vous m'avez dit que la liste des interventions de défunts dans le destin des vivants était longue. Pouvez-vous me citer d'autres exemples ?*

— Il y en a énormément. Je ne vous en citerai qu'un qui est rapporté par Danielle Hemmert et Alex Roudène dans leur ouvrage *L'Univers des fantômes*. C'est l'histoire d'une femme dans la misère qui, un jour, prie à l'église Saint-Roch, à Paris, pour demander du travail. En sortant, elle croise dans la rue Saint-Honoré un personnage fort élégant qui vient vers elle et lui dit à brûle-pourpoint cette phrase stupéfiante :

— Seriez-vous contente de trouver du travail ?

La femme est littéralement éblouie. En larmes, elle répond :

— Oh oui ! monsieur. Que Dieu m'en fasse trouver. Je suis si pauvre !...

— Eh bien, allez dans telle rue, à tel numéro. Vous demanderez Mme T... Elle vous engagera.

La femme remercie et court à l'adresse indiquée. Là, elle s'adresse à Mme T... qui lui dit :

— J'ai en effet besoin de quelqu'un ; mais comment le savez-vous ? Je n'ai encore prévenu personne.

La femme, avisant un portrait pendu au mur de la pièce, répond :

— J'ai rencontré ce monsieur qui m'a envoyée...

— Ce monsieur ?... Mais c'est impossible. C'est mon fils qui est mort il y a trois ans...

— *A vous entendre, les rues seraient remplies de gens revenus de l'au-delà pour nous aider dans nos affaires. Maintenant, je vais regarder les passants avec inquiétude...*

— Ne soyez pas inquiet, mais ouvrez l'œil. Peut-être finirez-vous par être, comme Lord Dowding, le maréchal de l'air britannique qui dirigea la Royal Air Force pendant la dernière guerre et gagna la bataille d'Angleterre. Il prétendait voir les défunts qui hantent notre monde et assurait avec le plus grand sérieux que, « dans une foule de cinq cents personnes, il y a toujours un ou deux morts qui se promènent »...

SOURCES

Danielle HEMMERT et Alex ROUDÈNE : *L'Univers des fantômes*, Albin Michel, 1972.
Jean PRIEUR : *Les morts ont donné signe de vie*, Fayard, 1976.
Presse de mai 1944.

Index général des personnages principaux

Composé par Nord Compo, Villeneuve-d'Ascq, Nord
Imprimé par Normandie Roto Impression s.a., 61250 Lonrai, France
en octobre 2000 n° d'impression : 002078 — n° d'édition : 33878
pour France Loisirs, 123 boulevard de Grenelle, Paris.
Dépôt légal : octobre 2000